Inhalt

Allgemeiner Teil

Topicbegleitender Teil

Anhang

Allgemeiner Teil

A Didaktisch-methodische Konzeption

1 Konzeptionelle Schwerpunkte

Neukonzeption Green Line New Bayern ist ein sechsbändiges Lehrwerk für Englisch als 1. Fremdsprache an Gymnasien in Bayern. Es wurde auf der Grundlage des neuen bayerischen Lehrplans für das achtjährige Gymnasium entwickelt. Green Line New Bayern knüpft zwar an die bewährten Grundlagen des Vorgängerlehrwerks *Green Line Ausgabe Bayern* an, stellt aber durch seine völlig neue Gestaltung, die Orientierung an neuen Rahmenbedingungen, die neue Schwerpunktsetzung analog zu den Vorgaben des bayerischen Lehrplans und die Berücksichtigung zahlreicher Erfahrungen aus der Unterrichtspraxis eine Neukonzeption dar.

Mit Green Line New Bayern 5 wurde die Phase des grundlegenden Spracherwerbs weitestgehend abgeschlossen. Die Forderung des bayerischen Lehrplans nach oberstufengemäßem Lernen in der Jahrgangsstufe 10 führt deshalb in Green Line New Bayern 6 zu einer Reihe erheblicher konzeptioneller Änderungen gegenüber den bisherigen Bänden. Mit Green Line New Bayern 6 erreichen die Lernenden die Stufe B1+ des Gemeinsamen Europäischen Referenzrahmens.

Aufbau In Green Line New Bayern 6 wird der Lernstoff in fünf themenbezogenen Modulen *(Topics)* sowie in den fertigkeitenorienterten Teilen *Skills* und *Grammar* angeboten, die alle miteinander vernetzt sind. Hinzu kommen ein modulbegleitendes Vokabular *(Vocabulary)* sowie eine Reihe von sogenannten Service-Seiten einschließlich einer alphabetischen Wortliste *(Dictionary)* für die Bände 1–6. Dieser neue Aufbau trägt in Verbindung mit der methodisch-didaktischen Ausrichtung der einzelnen Teile zu einem oberstufengemäßen Unterricht bei und ermöglicht insbesondere den vom Lehrplan geforderten selbstständigen Umgang mit dem Lernstoff.

Topics Bei den *Topics* handelt es sich um fünf Einheiten von jeweils 16 Seiten, die die Themenvorgaben des bayerischen Lehrplans erfüllen und eine intensive Auseinandersetzung mit diesen Themen ermöglichen. Sie enthalten ein umfassendes Angebot an Textsorten und werden in einem neuen, erwachseneren Layout angeboten, dessen wichtigstes Merkmal die Einfügung einer Randspalte ist. Diese wird genutzt für *Annotations* (Erläuterung schwieriger, nicht erschließbarer Begriffe und Namen), *Word banks* (Bereitstellung von Redemitteln zur Durchführung der jeweiligen Übung), *Fact files* (mit zusätzlichen Informationen zum Thema), und *VIP files* (mit Informationen über Autoren usw.). Darüber hinaus enthält die Randspalte Hinweise zu den *Grammar*- und *Skills-Sections* und gelegentlich *While-reading* Aufgaben.

Die Texte sind überwiegend authentisch, einige sind als fakultative Texte ausgewiesen, die zur Vertiefung bestimmter Themenschwerpunkte, auch im Selbststudium, genutzt werden können. Es wird eine Vielfalt an verschiedenen Textsorten angeboten, die vom bewährten Romanklassiker bis zu Gegenwartsliteratur und Zeitungsartikeln über aktuelle gesellschaftliche Themen reicht.

Da die Einführung der Grundgrammatik bis zum Ende der Klasse 9 erfolgt ist, wurde bewusst darauf verzichtet, Grammatikübungen im *Topic*-Teil anzubieten, um eine stärker ganzheitlich orientierte Textarbeit zu ermöglichen. Reine Grammatikübungen finden sich nur in der *Grammar-Section* und im *Workbook*. Die Reihenfolge der Bearbeitung der Module ist frei wählbar, sodass der Lehrer oder die Lehrerin (künftig: L) eigene Vorlieben, aktuelle Entwicklungen und Synergieeffekte mit anderen Unterrichtsfächern usw. berücksichtigen kann. Das Vokabular eines jeden *Topics* wurde auf den Endstand des Wortschatzes von Green Line New Bayern 5 abgestimmt, sodass L selbst entscheiden kann, in welcher Reihenfolge die *Topics* bearbeitet werden.

Skills Die *Skills-Section* ist gegliedert nach

- *Text skills*
- *Word skills*
- *Writing skills*
- *Speaking skills*
- *Special skills* (u. a. zur Informationsbeschaffung).

  Hier werden bereits bekannte *Skills* wiederholt und für die Jahrgangsstufe 10 neue *Skills* erarbeitet. Dieser Teil kann auch zum Nachschlagen oder zum Selbststudium genutzt werden, er ist teilweise übungsorientiert angelegt. Aus den Modulen erfolgen zahlreiche Verweise auf die *Skills-Section*, ebenso umgekehrt Rückverweise aus den *Skills*-Seiten in die Module.

Grammar Die *Grammar-Section* bietet – ähnlich wie die *Skills-Section* – eine zusammenfassende Wiederholung der wichtigsten und fehlerträchtigsten, bereits bekannten Strukturen sowie eine Darstellung der wenigen, in der Jahrgangsstufe 10 noch neu einzuführenden Pensen. Je nach Niveau der Lerngrupe kann die *Grammar-Section* stärker oder weniger stark genutzt werden.

Die wichtigste Neuerung in **Green Line New Bayern 6** ist, dass die *Grammar-Section* jetzt nach funktionalen Gesichtspunkten gegliedert und stark übungsorientiert angelegt ist. Der Schwerpunkt liegt auf der Fehlervermeidung bei der eigenen Texterstellung, sodass die Grammatik noch stärker eine dienende Funktion hat als bisher. Jedes Kapitel enthält einen Diagnose-Teil *(Checking up)*, eine zusammenfassende Darstellung der Regeln auf Englisch *(Basic rules)* sowie einen Übungsteil *(Practice)*. Auch hier erfolgt der Verweis auf die Grammatikpensen in den Modulen. Die Verweise finden sich dort, wo die entsprechenden Strukturen im *Topic*-Teil vorkommen. Unabhängig davon kann bei Bedarf auch an anderer Stelle mit der *Grammar-Section* gearbeitet werden. Die Auswahl der Grammatikpensen orientiert sich an deren Relevanz für die mündliche und schriftliche Textproduktion. Die Lösungen zu *Checking up* sind auf Seite 201 im Schülerbuch enthalten, sodass die Schüler und Schülerinnen (künftig: S) Möglichkeit zur Selbstevaluation haben.

Vokabular Auch **Green Line New Bayern 6** enthält wieder ein umfassendes Vokabular, bestehend aus dem modulbegleitenden *Vocabulary* und der alphabetischen Wortliste *Dictionary*. Um dem fortgeschrittenen Kenntnisstand der S Rechnung zu tragen, wurde bewusst auf die Angabe von leicht erschließbaren Wörtern, die nicht gelernt werden müssen, verzichtet (z. B. Ableitungen von Verben auf *-er* oder Wörter, die im Deutschen fast identisch sind). Eine Auswahl häufig vorkommender und nützlicher Vokabeln pro *Topic* ist als Lernwortschatz gekennzeichnet. Zusätzlich werden wie bisher diejenigen Vokabeln angegeben, die nicht leicht erschließbar, aber zur Behandlung bestimmter Texte und Themen notwendig sind. So wird L die Möglichkeit gegeben, bei Bedarf zusätzliche Wörter aus den im Buch behandelten Themengebieten lernen zu lassen, wenn dies für sinnvoll erachtet wird.

Der Umfang des Vokabulars ergibt sich aufgrund der Mehrfachnennungen, die dadurch bedingt sind, dass die Reihenfolge der Module frei wählbar ist und jeder *Topic* auf dem Vokabularstand am Ende von **Green Line New Bayern 5** aufbaut. Die bisherige Dreispaltigkeit der Wortliste wurde aufgehoben, dafür enthält das modulbegleitende Vokabular in Verstärkung der bisherigen Linie zahlreiche Übungen zur Anregung des Selbststudiums. Diese sind als Angebot zu verstehen und geben Anstöße, die bisher vermittelten Lerntechniken selbstständig weiter zu vertiefen und auszubauen. Es werden bewusst keine Lösungen angeboten, da die Übungen zum großen Teil offen gehalten sind und zur Erstellung eigener Wortlisten anregen sollen. Eine Kontrolle können die S mit ihrem Wörterbuch vornehmen, zu dessen Gebrauch sie im Hinblick auf die Oberstufenarbeit ebenfalls vermehrt angeregt werden sollen.

Neu im modulbegleitenden Vokabular ist jeweils eine ganze Seite pro *Topic* zum Thema *Everyday English*. Auf diesen motivierend gestalteten Seiten werden Wortschatz und Redemittel zur Bewältigung wichtiger Alltagssituationen zusammengefasst und in

Kombination mit einer Hörverständnisaufgabe geübt. Ziel ist der weitere Ausbau der Sprechfertigkeit. Die besondere Anlage des Vokabulars in **Green Line New Bayern 6** bietet somit optimale Voraussetzungen für den systematischen Wortschatzaufbau in der Oberstufe.

Fertigkeiten

2 Kommunikative Fertigkeiten

Hörverstehen

Die Hörverstehenstexte bieten auch in **Green Line New Bayern 6** wieder ein breites Textsortenspektrum, z. B. Alltagsdialoge, Augenzeugenbericht, politische Rede, Hörbuchauszug, *Radio feature*. Nahezu alle Texte sind authentisch, in vielen Fällen ist es sogar gelungen, die Original-Tondokumente zu beschaffen. Länge und Schwierigkeitsgrad der Hörverstehenstexte nehmen weiter zu, die Übungen zielen sowohl auf Detail- als auch auf Globalverstehen ab. Die *Listening tasks* wurden auch in **Green Line New Bayern 6** in weiterführende Aufgaben integriert. Zahlreiche Übungen bieten verschiedene Anregungen zum kombinierten Hör-/Sehverstehen.

Sprechfertigkeit

Sämtliche Forderungen des bayerischen Lehrplans in Bezug auf die Schulung der mündlichen Ausdrucksfähigkeit werden in **Green Line New Bayern 6** erfüllt. Auf den *Everyday English*-Seiten werden zahlreiche Übungsmöglichkeiten für die Teilnahme an Gesprächen angeboten. Diskussionen und Debatten gehören ebenso dazu wie die Darstellung von Arbeitsergebnissen und das Halten von Referaten. Ebenso häufig wird den S abverlangt, Sachverhalte darzulegen und über Ereignisse bzw. Erfahrungen zu berichten. Sie werden darüber hinaus vielfach aufgefordert, eigene Stellungnahmen abzugeben und auf die Argumentation anderer einzugehen. Wortschatzhilfen erscheinen in den *Word banks* der Module und im Vokabular, wobei der interaktive Aspekt stark betont wird. Strukturierende Hilfen bieten die *Speaking skills* in der *Skills-Section*.

Leseverstehen

Die Übungen zum Umgang mit Lesetexten knüpfen nahtlos an das umfang- und variationsreiche Material der vorangehenden Bände 1–5 an. Ausgangslage ist wiederum ein breites Angebot an Textsorten, insbesondere an authentischen Texten. Übungen zur reinen Verständnissicherung treten vermehrt in den Hintergrund zugunsten von textanalytischen Fragestellungen, Aufgaben zu Stil und Form-Inhalt-Beziehungen sowie Aufgaben, deren Lösung die Bearbeitung einer Kombination von Textsorten voraussetzt. In **Green Line New Bayern 6** erweitern *pre-*, *while-* und *post-reading tasks* das Übungsspektrum.

Schreiben

Die Lernenden erhalten in **Green Line New Bayern 6** erneut ausführlich Gelegenheit, Texte unterschiedlicher Art zu produzieren. Anknüpfend an die von Anfang an in **Green Line New Bayern** verfolgte Linie gibt es in den *Topics* sowohl Aufgaben zur freien als auch zur textgebundenen Textproduktion. Ausführliche Hilfen zu neuen Textsorten wie *Comment/Argumentative essay* oder *News writing* finden sich in der *Skills-Section*. Sowohl bei der Textrezeption als auch bei der Textproduktion wird noch stärker auf textsorten- und adressatenspezifische Unterschiede aufmerksam gemacht. Es werden immer wieder Hinweise gegeben, worauf bei der Fehlerkontrolle und bei der Überarbeitung eigener Texte besonders zu achten ist. Die Bereitstellung wichtiger Redemittel zur Herstellung der Textkohäsion erfolgt ebenfalls in der *Skills-Section*. Auch die *Grammar-Section* stellt die Grammatik bewusst in den Dienst der Textproduktion.

Sprachmittlung

Der Bereich der Mittlung zwischen den Sprachen ist auch in **Green Line New Bayern 6** wieder in die Übungsfolge des jeweiligen Moduls integriert. Die Texte und Übungen beziehen verschiedene Aspekte ein, z. B. das Dolmetschen oder die zusammenfassende Wiedergabe von Informationen auf Englisch bzw. auf Deutsch. In der *Skills-Section* werden noch einmal Tipps zu *Mediation* und *Translation* gegeben und auf die dazu notwendigen weiteren Fertigkeiten verwiesen.

3 Sprachliche Mittel

Lautung Die zahlreichen mündlichen Aufgaben bieten Gelegenheit zum Üben des flüssigen Sprechens und zur bewussten Artikulation. Sprachliche Muster hierzu bieten die Hörverstehenstexte aus vielen unterschiedlichen Bereichen, vor allem auch auf den *Everyday English*-Seiten.

Wortschatz Der Wortschatzarbeit wird auch in **Green Line New Bayern 6** große Bedeutung beigemessen. Dies wird vor allem deutlich mit der nochmaligen Aufwertung des modulbegleitenden Vokabulars durch zahlreiche strukturierende Aufgaben und durch die *Everyday English*-Seiten zur Schulung der Sprechfertigkeit. Die alphabetische Wortliste *Dictionary* enthält alle obligatorischen Wörter der Bände 1–6 in der bekannten und bewährten Anlage. Im Modulteil bieten die *Word banks* nützliche Zusammenstellungen von Wortschatz und Redemitteln als Hilfestellung für die Durchführung von Übungen. Darüber hinaus bietet **Green Line New Bayern 6** im Rahmen des Übungsangebots in den Modulen *Vocabulary work* an. Die *Text skills* in der *Skills-Section* wiederholen und vertiefen den Wortschatz zur Textanalyse.

Grammatik Die *Grammar-Section* wurde bereits detailliert beschrieben (siehe Seite 5). Die neuen grammatischen Pensen sind mit dem Hinweis **NEW** gekennzeichnet. Die Kriterien für die Auswahl der Strukturen sind ihre Relevanz für die mündliche und schriftliche Textproduktion und ihre besondere Schwierigkeit für deutsche Lernende.

Sprachreflexion In **Green Line New Bayern 6** wird noch mehr als in den Vorbänden Wert auf die Differenzierung verschiedener sprachlicher Ebenen gelegt. In zahlreichen Übungen zur Textrezeption, -analyse und -produktion wird verlangt, dass die S sich Gedanken zu Zielgruppe, Zweck und Textsorte machen. Darauf wird auch in der *Skills-Section* immer wieder hingewiesen.

Der *Topic*-Teil enthält eine Vielfalt an Textsorten (Lese- und Hörtexte), die sowohl Beispiele für soziale und regionale Varietäten enthalten, z. B. Jugendsprache, Umgangssprache bis *Slang*, karibisches Englisch, als auch unterschiedliche Stilebenen oder Konventionen für die Konversation, z. B. im Abschnitt *Teachers and pupils*. Die wichtige Stellung der Bewusstmachung dieser Konventionen kommt in **Green Line New Bayern 6** auch dadurch zum Ausdruck, dass sie außer im *Topic*-Teil im Abschnitt *Speaking skills* und in den Übungen im Teil *Vocabulary* thematisiert werden.

Im fortgeschrittenen Stadium der Textanalyse wird noch deutlicher als bisher herausgearbeitet, welche Mittel ein Autor oder eine Autorin einsetzt, um eine bestimmte Wirkung beim Adressaten zu erzielen. Die Möglichkeit wird geboten, Texte gezielt miteinander zu vergleichen, z. B. Reden, Romanauszüge, Werbetexte mit Sachtexten oder den literarischen Text mit dem Sachtext, ebenso verschiedene Zeitungsschlagzeilen zum selben Ereignis. Die S werden auch bei der eigenen Textproduktion immer wieder dazu angehalten, sich vor der Erstellung über die beabsichtigte Wirkung eigener Texte im Klaren zu sein. Angeregt durch die Texte und Themen in den *Topics* beschäftigen sich die S außer mit verschiedenen Textsorten und Stilebenen auch mit zahlreichen Varietäten des Englischen, die durch die koloniale Vergangenheit vieler Länder entstanden sind, z. B. dem von Afroamerikanern, von aus Südasien oder der Karibik eingewanderten Briten oder von Südafrikanern gesprochenen Englisch in den *Topics* 2 und 4. Die historischen Hintergründe sowie die heutige Sprache und Kultur werden in den entsprechenden landeskundlichen Abschnitten thematisiert.

4 Texte und Medien

Texterschließung **Green Line New Bayern 6** bietet ein stark verändertes Textsortenangebot. Der Schwerpunkt liegt nun eindeutig auf authentischen Texten, sowohl im Bereich der literarischen Texte (z. B. Kurzgeschichten und Romanauszüge) als auch der Sachtexte.

Weitere Textsorten sind neben Dialogen und Hörverstehenstexten:

- Zeitungsartikel
- Songtexte
- Cartoons und Bilder
- Diagramme, Tabellen
- Statistiken
- Augenzeugenbericht
- Auszug aus Jugendzeitschrift
- Persönliche Stellungnahme
- Fallbeschreibung
- *Fact box*
- Vorschriften und Ratschläge *(Dress code, Netiquette)*
- Gedicht
- Fachwissenschaftlicher Text
- *School report*

Nicht als Texte enthalten, aber behandelt werden Hör-/Sehtexte anderer Medien:

- Filme, Videoclips und Werbespots (als Anregung)
- Internetkommunikation

Zahlreiche Übungen bieten entsprechende Formen der Texterschließung an (siehe Stichwort **Leseverstehen**, Seite 6). Insbesondere bei der Auswertung der literarischen Texte wird das Zusammenwirken von Inhalt, Form und Sprache thematisiert. Die S erkennen dadurch auch die Wirkung sprachlicher und formaler Gestaltungsmittel.

Texterstellung Wie bereits erwähnt (siehe Stichwort **Schreiben**, Seite 6), bietet **Green Line New Bayern 6** zahlreiche Hilfen zur Texterstellung in der *Skills-Section*, vor allem in den *Writing skills*, sowie eine Vielzahl an Übungsmöglichkeiten in den *Topics*.

5 Interkulturelles Lernen und Landeskunde

Themenbereiche **Green Line New Bayern 6** realisiert die im neuen bayerischen Lehrplan vorgesehenen Themenbereiche in lernerorientierten Inhalten und Formen. Aktuelles und Geschichtliches wird stets in einen erkennbaren größeren Zusammenhang gestellt. Oberstes Ziel von **Green Line New Bayern 6** ist es, Verständnis für andere Lebens- und Verhaltensweisen und die Bereitschaft zur Akzeptanz anderer Kulturen zu entwickeln, aber auch eigene Standpunkte, Interessen und Ansichten begründet zu vertreten. Die Problematik von Vorurteilen und Stereotypen wird in vielen Texten angesprochen.

Lernmethoden **Green Line New Bayern 6** bietet durch das System der *Skills-Section* eine konsequente Fortsetzung und Weiterentwicklung des in den vorangegangenen Bänden erreichten Standards hinsichtlich Lernmethoden und Strategien. Es werden auch Strategien der Informationsbeschaffung einbezogen. Die Strukturierung des Wortschatzes steht ebenfalls im Mittelpunkt (z. B. Vokabular). Die S verfügen damit, wie vom Lehrplan gefordert, an der Schwelle zur Oberstufe über ein festes Repertoire zur selbstständigen Erarbeitung von Lerninhalten aller Art. Von besonderer Bedeutung ist ein Angebot für die Arbeit in unterschiedlichen Sozialformen in der Klasse. Dieses umfasst Projekte sowie Gruppen- und Partnerarbeit.

B Überblick über das Lehrwerk

1 Lehrwerkteile

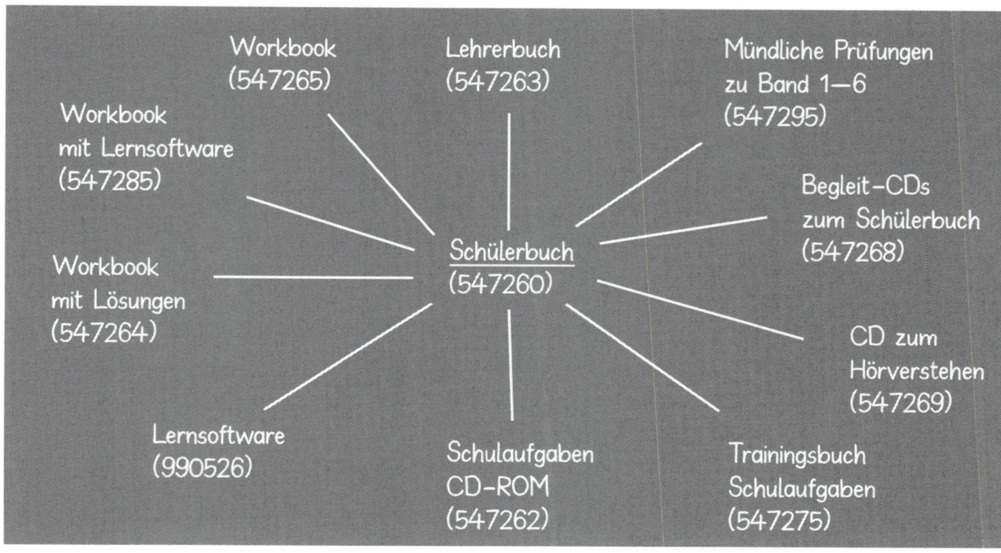

2 Schülerbuch

Aufbau

Green Line New Bayern 6 besteht aus fünf thematischen Modulen *(Topics)* von jeweils 16 Seiten sowie einer *Skills*- und einer *Grammar-Section*. Fakultative Texte und *Mediation*-Aufgaben sind in die Module integriert.

Die *Topics* stehen am Anfang. Im Anschluss daran folgen 22 Seiten *Skills-Section* mit Materialien unterschiedlicher Art und Länge. Es folgen die *Grammar-Section*, das modulbegleitende Vokabular *(Vocabulary)* und die alphabetische Wortliste *(Dictionary)*. **Green Line New Bayern 6** wurde wegen der Transparenz des Aufbaus, wegen der optimalen Nutzung gestalterischer Möglichkeiten und wegen einer reibungslosen Orientierung bis auf ganz wenige Ausnahmen konsequent nach dem Doppelseitenprinzip aufgebaut. Jedes Modul beginnt mit einer einführenden Doppelseite als Auftakt. Auf eine altersgemäße Gestaltung wurde geachtet.

3 Workbook

Nachbereitung

Die *Workbook*-Übungen zu **Green Line New Bayern 6** ergänzen und erweitern das Übungsangebot des Schülerbuchs. Sie dienen vorwiegend als zusätzliche schriftliche Übungen zur Nachbereitung des Unterrichts in Form von Hausaufgaben und sind genau auf die Pensen des Schülerbuchs abgestimmt. Ein Teil der Übungen kann zum Methodenwechsel oder zur Vertiefung auch mündlich im Unterricht durchgeführt werden. Das *Workbook* enthält weitere Hörverstehensübungen, die auf der CD zum Hörverstehen aufgezeichnet sind. Die Hörtexte des *Workbooks* sind im Anhang des Lehrerbuchs (Seite 251 ff.) abgedruckt. Die jeweilige *Track*-Nummer ist in der Randspalte zur raschen Orientierung angegeben. Längere Hörtexte sind zur leichteren Handhabung in mehrere *Tracks* unterteilt. Den Abschluss der *Topics* bilden jeweils eine Seite mit *Tandem activities* sowie eine Doppelseite mit Übungen zur Selbstkontrolle unter dem Titel *Test yourself*. Die Lösungen und Erwartungshorizonte zu den *Test yourself*-Übungen sind am Ende des *Workbooks* im Sinne der Lernerautonomie zur Selbstevaluation abgedruckt.

Die *Workbook*-Übungen sind in Anlehnung an die *Topics* im Schülerbuch organisiert und den entsprechenden Abschnitten zugeordnet. Die Verzahnung wird durch die Angabe des optimalen Einsatzortes dokumentiert. Die zentralen Lernbereiche wie Wortschatz- und Grammatikarbeit, Schulung von Hörverstehen und Sprechfertigkeit, Aufbau der schriftlichen Sprachproduktion stehen auch im *Workbook* im Mittelpunkt. *Tandem activities* zu den fünf *Topics* runden das Angebot ab.

Auch das *Workbook* enthält weitere Übungen zur Sprachmittlung. Sie sind in **Green Line New Bayern 6** – analog zum Schülerbuch – in die *Topics* integriert. Besonderer Wert wurde bei der Konzeption des *Workbooks* auf die Möglichkeit zum selbstständigen Umgang der S mit dem Medium gelegt. Dazu dienen neben den vorhandenen Elementen zur Selbstkontrolle *(Test yourself)* die einfach, aber klar formulierten Übungsanweisungen. Um das Übungsangebot möglichst abwechslungsreich zu gestalten, werden auch Übungen angeboten, deren Bearbeitung nicht ausschließlich im *Workbook* stattfindet *(Write in your exercise book)*.

Lehrerausgabe Neben der Schülerausgabe des *Workbooks* gibt es zur Erleichterung der Unterrichtsvorbereitung eine Lehrerausgabe mit eingearbeiteten Lösungen. Zu den kreativen Aufgaben ist ein Erwartungshorizont angegeben. Die Lösungsvorschläge zu den Übungen mit dem Arbeitsauftrag *Write in your exercise book* sind im Anhang der Lehrerausgabe abgedruckt.

4 Tonträger

PB-CDs **[PB◎1]** Entsprechend der stärkeren Gewichtung der Fertigkeit Hörverstehen kommt den Tonträgern zu **Green Line New Bayern 6** eine zentrale Rolle zu. Alle Textteile, die auf den CDs aufgezeichnet sind, sind mit CD-Symbolen ausgewiesen. Das grüne Symbol kennzeichnet die beiden Schülerbuch-CDs *(PB-CD)*, die alle Texte und Lieder enthalten. Diese CDs wenden sich an L und S. Die Angabe der *Track*-Nummer im CD-Symbol erleichtert den reibungslosen Einsatz im Unterricht. Längere Textabschnitte sind in mehrere *Tracks* unterteilt. Im Schülerbuch weist ein grünes Viereck (■) zu Beginn eines Textabschnitts auf einen neuen *Track* hin.

LC-CD **[LC◎1]** Nur für die Hand der L sind die beiden CDs zum Hörverstehen *(LC-CD)*. CD 1 enthält die Hörverstehenstexte der Schülerbuch-*Topics* (ohne *Everyday English*). Diese Texte sind durchgängig mit dem blauen CD-Symbol kennzeichnet. Neben den Hörverstehenstexten des Schülerbuchs sind auch die Hörtexte des *Workbooks* aufgezeichnet. Die Hörverstehensübungen zu den *Everyday English*-Seiten und zum *Workbook* befinden sich auf CD 2. Alle Hörtexte sind zur schnellen Orientierung auch hier im Lehrerbuch – analog zu Schülerbuch und *Workbook* – mit dem CD-Symbol und der entsprechenden *Track*-Nummer gekennzeichnet.

5 Schulaufgaben

Lernzielkontrolle Ein weiterer Bestandteil des Lehrwerks **Green Line New Bayern 6** sind die Schulaufgaben mit sorgfältig ausgewählten Vorschlägen zur Leistungsüberprüfung. Die vielfältigen Aufgabenformen erscheinen in editierbarer Form und orientieren sich genau an den kommunikativen Pensen des Schülerbuchs. Die Hörtexte der Schulaufgaben können mit der CD-ROM auf jedem handelsüblichen CD-Player abgespielt werden.

Versionen Um eine möglichst große Flexibilität zu gewährleisten werden zu jedem *Topic* zwei verschiedene Versionen angeboten. Die Schulaufgaben decken die Bereiche Hörverstehen, Leseverstehen, Sprechfertigkeit, *Mediation*, *Language in use* und Textproduktion ab. Sie werden ausschließlich auf CD-ROM angeboten und können leicht entsprechend den individuellen Bedürfnissen der Lerngruppe gekürzt oder erweitert werden.

Trainingsbuch Zur Vorbereitung auf die Schulaufgaben gibt es ein Trainingsbuch für die Hand der S. Es bietet Übungsmaterialien zu den fünf *Topics* des Schülerbuchs, mit denen die S sich selbstständig auf eine Schulaufgabe vorbereiten können. Das Trainingsbuch hat *Workbook*charakter und enthält Übungen zu allen wichtigen Lernbereichen des Lehrplans. Es ist bewusst nicht auf die Schulaufgaben der CD-ROM ausgerichtet, um auch für die S eine sinnvolle Möglichkeit zur Vorbereitung zu bieten, deren L eigene Schulaufgaben erstellen.

Pro *Topic* stehen 10–12 Seiten an Übungsmaterialien zur Verfügung. Die Lösungen sind separat beigelegt und können aus dem Trainingsbuch herausgenommen werden. Die S erhalten im Vorwort eine ausführliche Anleitung zum Umgang mit den angebotenen Materialien. Neben den gängigen Übungstypen (Entscheidungsübungen, *Multiple choice, Error spotting, Crosswords, Mixed bag*-Übungen, *Mediation*, Übungen zur Wortschatzerschließung, Vorbereitung von Textproduktion, Leseverstehen, *Cloze test, C-test* usw.) sind pro *Topic* auch zwei Hörverstehensübungen enthalten, die auf einer eingelegten CD aufgezeichnet sind.

6 Lehrerbuch

Aufbau Das Lehrerbuch zu **Green Line New Bayern 6** besteht aus drei Teilen: dem Allgemeinen Teil mit den wesentlichen Informationen zur didaktisch-methodischen Konzeption des Lehrwerks, dem *topic*-begleitenden Teil mit ausführlichen Kommentaren zum konkreten Einsatz der Schülerbuchmaterialien sowie einem umfangreichen Materialienteil im Anhang. Neben den Hörtexten zum *Workbook* befindet sich dort ein abwechslungsreicher Fundus an Kopiervorlagen mit Lösungsvorschlägen sowie das kumulierte alphabetische Wörterverzeichnis der Bände 1–6 mit genauer Angabe der Fundstelle.

Kommentare Die Kommentare zu den *Topics* beginnen mit einer ganzseitigen Planungsübersicht zur Erstorientierung. Hier sind neben den Abschnitten die veranschlagten Unterrichtsstunden, die Titel, Textsorten und Autoren sowie alle Übungen und Begleitmaterialien zusammengestellt. Es folgen Erstinformationen zum *Topic* und bei Bedarf Hintergrundinformationen in englischer Sprache. Die Kommentare zu den Texten und Übungen enthalten Lernzielangaben, den Kerwortschatz und Hinweise auf die zur Verfügung stehenden Begleitmaterialien.

Die folgenden unterrichtspraktischen Hinweise sind je nach Bedarf in die Abschnitte „Hinführung", „Erarbeitung", „Alternativen" und „Erweiterungen" untergliedert. Zur Veranschaulichung wurden an vielen Stellen Vorschläge für Tafelbilder aufgenommen. Sie können von den S in ihr Schulheft übertragen oder zusammen mit den Kopiervorlagen in einem Hefter gesammelt werden. Bei Übungen, die durch die Arbeitsanweisungen selbsterklärend sind, wird auf eine Kommentierung verzichtet. Die Eintragungen in der Randspalte ermöglichen die sofortige Einordnung der zu erwartenden Informationen. Den Abschluss der Kommentierung bilden die Lösungen bzw. Lösungsvorschläge.

Auch im Lehrerbuch zu **Green Line New Bayern 6** befinden sich bei geeigneten Übungen Vorschläge zur Vorbereitung auf eine mündliche Prüfung. Die Hinweise enthalten Informationen zu Aufgabenart, Arbeitsform, Lernziel, Thema, Dauer, Materialien und Hilfsmitteln sowie zum Verlauf einer möglichen mündlichen Lernzielkontrolle.

Materialien Das Übungsangebot im Schülerbuch und *Workbook* wird durch ca. 10 Kopiervorlagen (KV) pro *Topic* ergänzt, die mit unterschiedlicher Zielsetzung eingesetzt werden können. Die Arbeitsblätter eignen sich neben der Erweiterung der vorhandenen Übungsmaterialien auch zur Freiarbeit, zur Differenzierung innerhalb der Lerngruppe oder zum Einsatz in Vertretungsstunden. Die Kopiervorlagen sind vielfältig und werden den unterschiedlichsten Bedürfnissen gerecht. Alle Kopiervorlagen sind im Kommentarteil hier im Lehrerbuch in den Unterrichtsablauf integriert. Sie sind als fakultatives Angebot gedacht, aus dem L je nach den Bedürfnissen der Lerngruppe auswählen kann.

Die Arbeitsblätter können auch unter folgenden Gesichtspunkten verwendet werden:

- **Grammar**
  Die Kopiervorlagen *Grammar* bieten ein zusätzliches Übungsangebot zu ausgewählten Strukturen. Sie können als Hausaufgabe oder zur Vorbereitung von Schulaufgaben herangezogen werden. Mit diesen Kopiervorlagen stehen ergänzende Grammatikübungen über das Angebot in der *Grammar-Section* im Schülerbuch und im *Workbook* hinaus zur Differenzierung in der Lerngruppe zur Verfügung.
- **Communication skills**
  Neben den Arbeitsblättern zum Bereich Strukturen bietet die Materialsammlung ausgewählte Übungen zur Unterstützung der mündlichen Ausdrucksfähigkeit. Es handelt sich überwiegend um Partnerübungen, häufig in Form von Tandembögen, die vor allem in größeren Lerngruppen Gewinn bringend eingesetzt werden können. Die Sprechanteile der S werden bei dieser Form der Partnerarbeit deutlich erhöht.
- **Cloze test/C-test**
  Mit den *Cloze tests* und *C-tests* stehen Kopiervorlagen zum gezielten Üben der Textrekonstruktion zur Verfügung. Es handelt sich dabei um an den Inhalten der *Topics* ausgerichtete Transfertexte, deren Lücken die S sinngemäß ergänzen müssen. Bei den *Cloze tests* sind die einzusetzenden Wörter in der Regel unten auf der Seite in alphabetischer Reihenfolge angegeben. Je nach Niveau der Lerngruppe entscheidet L, ob die Kopiervorlagen mit oder ohne Lösungshilfen eingesetzt werden.
- **Word power**
  Die *Word power*-Kopiervorlagen wälzen den Kernwortschatz der *Topics* nochmals vielseitig um. Besonderer Wert wird auf ökonomisches Üben gelegt, wobei es nicht in erster Linie um das Einzelwort, sondern um die Verwendung der Wörter im Kontext geht.
- **Extras**
  Die letzte Rubrik innerhalb der Materialsammlung wird unter der Bezeichnung *Extras* zusammengefasst. Es handelt sich dabei pro *Topic* um ca. 4–5 Arbeitsblätter, die unterrichtsbegleitend eingesetzt werden können. Die *Extras* unterstützen entweder die im Kommentarteil angebotenen Alternativen oder sie erweitern den vorgeschlagenen Übungsapparat. Auch spielerische Übungsformen zur Auflockerung des Unterrichts kommen hier zum Tragen. Diese Kopiervorlagen runden das Gesamtangebot ab und stehen unter dem Stichwort „Methodenvielfalt“.

Alle Arbeitsblätter sind speziellen Aufgaben in den *Topics* zugeordnet und entsprechend dem vorgeschlagenen Einsatzort durchnummeriert. Zusätzlich zur Nummer des Arbeitsblatts wird der Abschnitt, zu dem die Kopiervorlage konzipiert wurde, ausgewiesen. Selbstverständlich können alle Arbeitsblätter auch zu einem späteren Zeitpunkt oder zum selbstständigen, wiederholenden Lernen eingesetzt werden. Mit den 59 Kopiervorlagen im Anhang des Lehrerbuchs wird das Übungsangebot zu **Green Line New Bayern 6** noch einmal erheblich erweitert.

7 Zeitplan

Zeitbedarf Ausgangspunkt für die folgende Übersicht sind 35 Unterrichtswochen mit drei Wochenstunden, d.h. insgesamt ca. 105 Unterrichtsstunden. Der Zeitplan schließt die Arbeit mit dem *Workbook* ein und umfasst auch alle fakultativen Elemente, die einen Zeitbedarf von ca. 4–5 Wochen haben. Spielräume zur Gestaltung und Schwerpunktsetzung sind im Schuljahr gegeben und sollten auch genutzt werden.

Zur Erleichterung der Standortbestimmung sind die Monate im Verlauf des Schuljahres mitangegeben. Die vorgesehenen Stundenzahlen sind zusätzlich in den

Planungsübersichten eingetragen. Im direkten Zusammenhang mit den Titeln, Textsorten und Autoren kann L sich dort rasch orientieren, wie viele Unterrichtsstunden pro Abschnitt veranschlagt werden. Selbstverständlich sind diese Angaben nur Richtwerte. Die individuellen Unterrichtsbedingungen können hier zu Abweichungen führen.

Zeitplan

	Topic 1	**Stunden**
September	A	3
	B	7
Oktober	C	3
	C ⟨Sierra Wave⟩	⟨2⟩
	D	3
	⟨E Joanne's story⟩	⟨4⟩
	Summe	**22**
	Topic 2	
November	A	3
	B	7
	B ⟨I get my culture where I can⟩	⟨2⟩
Dezember	C	5
	C ⟨Half-caste⟩	⟨2⟩
	Summe	**19**
	Topic 3	
	A	3
Januar	B	5
	B ⟨How dare you?⟩	⟨2⟩
	C	4
Februar	D	3
	D ⟨The secrets of an inspirational headmistress⟩	⟨2⟩
	E	3
	Summe	**22**
	Topic 4	
März	A	3
	B	5
	C	7
April	D	3
	E	2
	⟨F The wildlife trade⟩	⟨2⟩
	⟨F The moment before the gun went off⟩	⟨2⟩
	Summe	**24**
	Topic 5	
Mai	A	3
	B	3
Juni	C	6
	D	4
	D ⟨The next step in brain evolution⟩	⟨2⟩
	D ⟨Love chips⟩	⟨2⟩
Juli	E	4
	Summe	**22**
	Gesamtsumme	**109**
	ohne fakultative Teile ⟨ ⟩	**93**

Topic 1: Growing up (Planungsübersicht)

Young people in the English-speaking world: their feelings, attitudes and relationships as they approach adulthood

Abschnitt	Seite	Stunden	Titel/Textsorte/Autor	Hauptaufgaben	Übungen	Workbook	CDs	Kopiervorlagen
A Responsibility only comes with age?	8, 9	3	**Minimum legal age limits:** Statistics and fact file; **A student's opinion:** Statement by Joseph Lemanski in the *Western Courier*	Discussion; Debate • Listening • Survey	1–4	1–3	LC 1/1	1, 2
B Being a teenager	10–15	7	**Teenage voices:** Extracts from *Headliners* (Children's Express) articles written by young people for young people; **I go along:** Short story by Richard Peck	Discussion • Listening; Text analysis • Creative writing	1–8	1–10	PB 1/1–6, LC 1/2–4; PB 1/7–9	3–6
C No risk – no fun?	16–19	5	**Tombstoning: Dying to jump?:** Article in *Shout* youth magazine; ⟨**Sierra Wave**⟩**:** Short story by William Hauptman	Dictionary work • Discussion • Team project; Text analysis • Creative writing	1–6	1–4		7, 8
D I'm gonna be like you	20, 21	3	**Father and son cartoons:** Cartoons by Adey Bryant and Mike Baldwin; **Cat's in the cradle:** Song by Ugly Kid Joe; **Mama ist die Beste:** Article by Lara Fritzsche in *Die Zeit*	Discussion; Role play • Discussion; Mediation • Debate	1–5	1–4; Tandem Activity 1; Test yourself 1–9	PB 1/10	9
⟨*E My child is starving herself to death*⟩	22, 23	4	⟨**Joanne's story**⟩**:** Diary by Joanne Kates in the *Globe and Mail*, Toronto	Vocabulary work • Listening • Interpreting a diagram	1–5		LC 1/5–10	10

Topic 1 Growing up

Seite 8–23

ERSTINFORMATION

Topic 1 zeigt Jugendliche, die zwischen Kindheit und Erwachsensein stehen. Im Alter von 16 bis 17 Jahren spielt zunehmend die Frage eine Rolle, welche Verantwortung und Aufgaben auf die Jugendlichen in Kürze zukommen. Eine weitaus größere Bedeutung haben allerdings die Rechte, die mit der Volljährigkeit verbunden sind. Diese Zweischneidigkeit des Erwachsenwerdens wird im A-Teil thematisiert.

Abschnitt B *(Being a teenager)* fordert die S ganz konkret auf, die Gefühle und Meinungen zu äußern, die sie mit ihrem Alter verbinden. Sie vergleichen diese mit englischsprachigen Jugendlichen, die hier zu Wort kommen. Dieser Abschnitt zielt u.a. auch darauf ab, aufzuzeigen, dass Jugendliche des gleichen Alters in unterschiedlichen Ländern im Großen und Ganzen ähnliche Probleme und Haltungen haben. Interkulturelle Unterschiede treten hier kaum auf. Auch im Hörtext benehmen sich die Jugendlichen wie typische Teenager der westlichen Hemisphäre.

In der Kurzgeschichte *I go along* lässt sich ein Schüler einer mittelmäßigen Englischklasse auf das Abenteuer ein, mit seiner Englischlehrerin und guten Schülern der fortgeschrittenen Klasse zu einem Gedichtvortrag zu fahren. Er lernt dabei eine völlig andere Welt kennen und es deutet sich ein Perspektivenwechsel an. Die Geschichte zeigt die für Jugendliche bedeutsame Notwendigkeit auf, den eigenen, engen Kreis verlassen zu müssen, um die Chance zu haben, neue Welten kennenzulernen.

Abschnitt C handelt von Jugendlichen auf der Suche nach dem ultimativen „Kick". Um sich einen solchen ohne Drogen und andere Suchtmittel zu verschaffen, verfallen immer mehr Jugendliche auf risikoträchtige Extremsportarten. Bei dem sogenannten *Tombstoning* springen sie z. B. von hohen Felsen ins Meer, ohne genau zu wissen, wie es dort unten aussieht. Äußerungen von Jugendlichen zeigen den Spaß, den dieser „Sport" bereiten kann, aber auch die großen Gefahren, die damit verbunden sind. In der fakultativen Kurzgeschichte *Sierra Wave* wird die Thematik erneut aufgegriffen, nur dass der Protagonist sich diesmal von einer anderen Sportart, dem Drachenfliegen, mitreißen lässt.

Der D-Teil *(I'm gonna be like you)* handelt von Vorbildern, in diesem Fall den eigenen Eltern. Dass diese Funktion nicht immer ideal ausgefüllt wird zeigt das Lied *Cat's in the cradle.* Doch sind Eltern häufig die realistischsten Vorbilder, weil die Jugendlichen sie nun einmal am besten kennen und ihre Vorgaben entsprechend gut einschätzen können. Schließlich thematisiert der fakultative Abschnitt E *(My child is starving herself to death)* die Gefahren und Umstände von Essstörungen.

Die sprachlichen Aufgaben sind vielfältig und regen die S an, autonom ihre Sprachkenntnisse zu erweitern. Neben unterschiedlichen Präsentationstechniken spielen das Hörverstehen, das Beschaffen von Informationen aus unterschiedlichen Quellen sowie die eigenständige Erweiterung und Strukturierung des Wortschatzes eine wichtige Rolle in diesem ersten *Topic*.

A Responsibility only comes with age?

Seite 8/9

Thema Rechte und Pflichten junger Erwachsener

Lernziel Vergleiche zwischen gesetzlichen Altersgrenzen unterschiedlicher Länder aus verschiedenen Kulturkreisen anstellen, Vermutungen über die Gründe äußern

Minimum legal age limits

Seite 8

HINTERGRUNDINFO

***Minimum legal age limits** vary a lot from country to country and often even from state to state within a nation. The implementation of corresponding legislation sets an official threshold at which certain rights are considered appropriate in a particular society and provides a legally enforceable tool in preventing young people from activities that are thought to be dangerous for the young or presuppose a certain degree of maturity. Some age limits such as the one for drinking alcohol may also be considered as a reflection of local culture.*

Kernwortschatz *minimum, limit, election, criminal, spirits, sex, to take sb to court, to purchase, ID card, capable (of + gerund), irresponsible, to dictate, to ban, violent, liberty*

Hinführung L fragt, welchen bisherigen oder zukünftigen Geburtstag die S für den wichtigsten halten. Es ist anzunehmen, dass hier die Zahl 18 bereits angeführt wird. Es schließt sich die Frage nach den Gründen an und was sich mit diesem Geburtstag verändert. Wahrscheinlich werden von den S in erster Linie neue Rechte genannt. Nun werden die Bilder im Buch präsentiert und es wird kurz diskutiert, inwiefern auch eine gesteigerte Verantwortung mit der Volljährigkeit verbunden ist.

Alternative Soll in Vorbereitung auf eine mündliche Schulaufgabe die Beschreibung von Bildern besonders geübt werden, bieten sich die Fotos auf dieser Doppelseite an. L kopiert sie zu diesem Zweck auf eine Folie. Die S betrachten die Bilder und beantworten folgende Leitfragen:
When and where was the photo taken?
What is the social identity of the subject of the photo?
Are there different components in the photo? If so, how are they arranged?
Is there anything in the photo that particularly catches the viewer's eye?
Was the photo taken from a specific perspective?
If you saw this picture in a movie, what genre would it be (thriller, documentary, scifi, etc.)?
What use is made of colour?
Are there any specific technological effects?
Does the photo contain any message?
Can the photo be interpreted in different ways?
What type of viewer is the photo intended for?

Erarbeitung **Kernwortschatz:** Der Großteil des unbekannten Wortschatzes kann problemlos aus dem Kontext oder aufgrund bereits bekannter Vokabeln der gleichen Wortfamilie abgeleitet werden. Für die Begriffe *consent, spirits, compulsory, provided that, to take sb to court, to purchase* werden einzelnen S aus der Klasse Definitionen auf einer Karteikarte an die Hand gegeben, nicht jedoch die Wörter selbst. Die S erhalten nun den Auftrag, zunächst „ihre" Vokabel ausfindig zu machen und sie dann dem Rest der Klasse zu erklären.
Consent: if you agree to sth, it is done with your consent; spirits: alcoholic drinks; compulsory: if sth is compulsory, it must be done because it is the law or sb gave you the order to do it; provided that: if, in case; to take sb to court: to bring a legal case against sb; to purchase: to buy.

→ S16, p. 100

1 *Look at the photos, …*

Ziel → S23, p. 105
Analyse und Vergleich der Altersbeschränkungen in verschiedenen Ländern und Diskussion über Sinn oder Unsinn dieser Regelungen

Materialien
- Kopiervorlage 1 (*Communication skills*)
- → WB ex. 1

Erarbeitung
Zur Vorbereitung der Diskussion über die aufgeführten Altersgrenzen in verschiedenen Ländern werden zunächst fünf Gruppen gebildet, die sich jeweils mit den Bestimmungen eines Landes auseinandersetzen und versuchen, diese zu begründen. Hierbei verweist L auf **Skill 16**, Seite 100 im Schülerbuch. Anschließend werden die Gruppen so neu gebildet, dass sich jeweils ein/e „Vertreter/in" eines Landes in jeder Gruppe befindet. Da sich viele Altersgrenzen in den genannten Ländern ähneln, ist es sinnvoll, nur die Besonderheiten im Detail zu besprechen. In der Diskussion werden auch mögliche Gründe für die Besonderheiten in den genannten Ländern gesucht. Diese sind in erster Linie:
Pakistan: leaving school: at any time; AOC: only in marriage; MPA: illegal for all.
USA: driving a car: 14–17; MPA: 21; criminal responsibility: 6–10.
Peru: smoking: 12.
Germany: criminal responsibility: 14.
Schließlich werden die S noch gefragt, ob ihrer Meinung nach wichtige Kategorien in der Übersicht fehlen (z. B. *gambling, lottery, consuming alcohol, soft drugs, etc.).*

Lösungsvorschlag
Pakistan is a Muslim country, which explains, at least in part, the strict regulations on alcohol and sex before marriage.
In some areas within the USA, people depend so much on their cars for transport that the legal age limit is quite low. The high age limit for alcohol may be part of America's puritan heritage. On the other hand, Americans attach a lot of importance to free will and taking responsibility for one's decisions: this may be one of the reasons why the age limit for taking legal responsibility is relatively low there.
Smoking is probably so common in Peru or not considered as dangerous as in many other countries that it is allowed from an early age on.
There have been quite heated debates on the age limit for criminal responsibility in Germany recently. Young people under 14 can usually not be sent into a closed institution. Therefore, and because there has been increased media coverage of crimes committed by youths recently, the call for the lowering of the age of criminal responsibility is stronger than in the past.

Erweiterung
Kopiervorlage 1 *(Being a teenager in the 21st century in …)* bietet die Möglichkeit, spielerisch über weitere Unterschiede von Jugendlichen in verschiedenen Ländern zu sprechen und aufgrund der Präsentation zu erraten, um welches Land es sich handeln könnte. Vor der Vorstellung ihres jeweiligen Landes sollte den S Zeit zur Recherche, am besten in häuslicher Vorbereitung mit Unterstützung des Internets, gegeben werden.

A student's opinion Seite 9

Erarbeitung
Die Diskussion über Sinn und Unsinn der in der Grafik aufgeführten Altersgrenzen leitet unmittelbar zum Text *A student's opinion* über. Lag der Schwerpunkt bei der vorangegangenen Aufgabe noch auf der Höhe bestimmter Altersgrenzen, so wird hier provokativ die Frage aufgeworfen, ob Altersbeschränkungen überhaupt notwendig und mit den Grundrechten bzw. den Rechten der Eltern auf die Erziehung ihrer Kinder vereinbar sind. Die Frage *Should there be legal age limits at all or should parents have the right to tell their children when they may start smoking, drinking alcohol, etc.?* wird von L gestellt und kurz im Plenum erläutert. Anschließend lesen die S den Text in Stillarbeit. Der neue Wortschatz kann ausnahmslos aus dem Kontext erschlossen werden und wird nur erläutert, wenn Fragen dazu von den S gestellt werden. Im nächsten Schritt wird das Globalverständnis überprüft (mögliche Antworten in Klammern):

What is the student's view of a responsible age?
(He starts out with the example of drinking alcohol, stating that dealing in a responsible way with it is independent of one's age. This idea is, in his opinion, not limited to alcohol, but applies to many fields of life.)
Who educates children in a state with age limits, according to the student?
(He thinks that putting age limits to certain activities takes away parents' freedom to raise their children the way they want to. The one who sets the rules – in this case the government – also educates the children, who have to obey these regulations.)
Im Anschluss werden die S zu ihrer eigenen Meinung zu diesem Thema befragt. Hier ist bereits einige Kritik zu erwarten. Diese leitet unmittelbar über zur nächsten Aufgabe, die sich gut als **Hausaufgabe** eignet.

2 Write a response ...

Ziel Eine kritische Stellungnahme zu dem Kommentar schreiben

Erarbeitung Die S werden gebeten, in ihrer Antwort auf Lemanskis Äußerungen möglichst viel Wortschatz aus der *Word bank: Legal language* zu benutzen.

Lösungsvorschlag

Dear Joseph,
You are certainly right when you say everybody can be irresponsible at times. However, I do not agree with your conclusion that child-raising should be left exclusively to parents.
From a negative perspective, the state may seem to dictate some laws. But the final intention is to protect children. Just think of teenage mothers or parents generally who are still children themselves, who may never have had a proper role model and just do not know how to raise children. If all parents had a sense of responsibility, I might go along with your standpoint. But this is not the case, so choices should be restricted and age limits introduced.
Psychologists say that children must learn to deal with limits. If they are allowed to do whatever they want, how should they be able to deal with this early independence and to lead reasonable social lives as adults? If scientists find out that violent video and computer games may harm a child's development or social life, they should be banned, because the risk for society is too big to leave everything to parents. In most cases, they may care, but it is the children of the few irresponsible parents who are most at risk!

→ S17, p. 100

3 Debate: "Violent computer games should be banned."

Ziel Eine Debatte über eine strittige Frage führen

Erarbeitung Zur Vorbereitung der Debatte über die Frage, ob gewaltverherrlichende Computerspiele verboten werden sollten oder nicht, wird die Klasse in sechs Gruppen aufgeteilt: 1. *parents,* 2. *developers of computer games,* 3. *psychologists,* 4. *politicians,* 5. *students,* 6. *teachers*. Dabei werden jeder Gruppe Leitlinien an die Hand gegeben, um sich auf die Debatte vorzubereiten:

1. ***Parents:*** *You are not quite sure what to think of violent computer games. On the one hand, you've heard about the government's plans to ban them and the media have repeatedly reported on juvenile crime as an apparent consequence of playing these games too much. On the other hand, your son/daughter likes playing these games very much and you've never had the impression so far that the games make him/her more aggressive or influence him/her in any other way.*
2. ***Developers of computer games:*** *Of course, you want to have a safe job, so you try to convince others that computer games are not dangerous at all. Children have to learn how to deal with negative aspects of life, such as crime and violence, and in your games, they can do that in a playful way. Violence is not an invention of your industry, it is part*

of life. Your games even have a positive side effect: after playing your games, a lot of adolescents are less aggressive than before because they have used the game as an outlet for their aggression.

3. ***Psychologists:*** *You know from scientific evidence that in most cases, violent video or computer games do not necessarily have a strong influence on young people's behaviour. However, there are some cases – usually of adolescents in socially broken families or simply left to themselves, who find it far more difficult to distinguish between fact and fiction, i.e. between real life and what they see in these games – where violent computer games may cause serious psychological damage to young people or even make them imitate what they have seen in these games.*
4. ***Politicians:*** *At the moment you are in an election campaign and want to get, of course, as many votes as possible. Recently there has been a rising amount of youth violence, and you have the feeling that something must be done about it. There is some scientific evidence that in some cases, violent computer games may influence young people's behaviour. That is why you want to ban them. On the other hand you must be careful: there is a computer games company in your area, and lots of people depend on it for their work. So you should find a compromise.*
5. ***Students:*** *You just love playing computer games, even if they are sometimes a bit violent. Actually you find them much more interesting if there is some violence in them, although you cannot really tell why. In any case it is not because they make you more aggressive. Quite the opposite is the case: after playing these games, you usually feel rather more relaxed and balanced than before. You don't know much about the results of psychological or social studies, but you cannot imagine that these games may do any harm to young people just because they play them.*
6. ***Teachers:*** *You are in a dilemma. On the one hand you know perfectly well that politicians just want to introduce stricter regulations on computer games because some elections are round the corner. You've heard about different studies, but somehow, they seem to contradict each other to some point. It all depends very much on the perspective. You guess that violent computer games may have some seriously bad effects on outsiders nobody cares for, but you also know that forbidding these games doesn't really help them. You are perfectly aware of the fact that banning these games just makes them even more interesting to young people. And where's a will, there's a way: young people will always get these games if they really want them.*

Mündlichkeit

Aufgabenart: Debatte
Arbeitsform: Gruppenarbeit, Plenum
Lernziele: Vorbereitung einer Debatte, Sammeln geeigneter Argumente für den eigenen Standpunkt, Ordnen und Organisieren der Argumente, Entwicklung von Diskursstrategien (Zuhören, Nachfragen, Überzeugen), Durchführung einer Debatte mit einer abschließenden Abstimmung
Thema: Verbot von gewaltverherrlichenden Computerspielen
Dauer: erste Gruppenphase ca. 10 Minuten, zweite Gruppenphase ca. 15 Minuten; Podiumsdiskussion ca. 15 Minuten
Materialien: Leitlinien zur Vorbereitung der Gruppenarbeit (siehe oben)
Hilfsmittel: ggf. ein- oder zweisprachiges Wörterbuch

Verlauf: Die S bilden sechs Gruppen und suchen gemeinsam möglichst viele und überzeugende Argumente für ihre jeweilige Ansicht und tauschen sich darüber aus. In einem zweiten Schritt wird die Klasse in neue Gruppen aufgeteilt, sodass in jeder Gruppe jeweils mindestens ein/e Vertreter/in der unterschiedlichen Gruppen seine/ihre Ansicht äußern kann. Die „Eltern" haben in erster Linie die Aufgabe, zuzuhören und sich ein möglichst umfassendes Bild vom Für und Wider eines möglichen Verbots zu machen. Sie sollen zu diesem Zweck an die anderen Gruppenmitglieder viele Fragen stellen. Nach dieser Gesprächsrunde treten die Gruppen wieder in der ursprünglichen Form zusammen und wählen aus ihrer Mitte jeweils eine/n Vertreter/in für die Podiumsdiskussion. An dieser nehmen insgesamt sechs S teil. Am Ende findet eine Abstimmung der „Eltern“ per Handzeichen statt.

4 *Listening: My big brother Jerry*

Ziel Einem Hörtext die wesentlichen Informationen entnehmen (a), die erhaltenen Informationen auf eine fiktive Situation anwenden (b)

Materialien
- LC-CD 1, Track 1
- Kopiervorlage 2 *(Extras)*
- **→ WB ex. 2, 3**

[LC◎1] **Text:**

Patrick: *So, your big brother Jerry has finally left home, has he?*

Sophie: *Big brother? Big baby! My parents had to throw him out in the end.*

Patrick: *Why? Didn't he want to leave home? I would've thought that at his age, he'd be also …*

Sophie: *Oh, no. Jerry found it very comfortable at home, with Mum to cook and clean for him, and the keys to Dad's BMW whenever he wanted. But when he finished college and got his first job, my parents suggested it was time he moved out.*

Patrick: *I'd leave home today if I could. Then I could do whatever I want, whenever I want, however I want. Freedom, that's what I want!*

Sophie: *Yeah, it's about independence, isn't it?*

Patrick: *Exactly. I'm fed up with people telling me to tidy my room, finish my homework, turn down my stereo, do this, do that, blah blah blah. I can't wait to have my own place.*

Sophie: *Yeah, well, but moving out doesn't necessarily mean nobody's telling you what to do. Anyway, you need to be ready for independence. Like, I thought Jerry was ready – after all, he's nearly twenty-two! The thing is, I went to visit him in his new flat yesterday and …*

Patrick: *What, has he got his own flat already? Cool.*

Sophie: *Well, he hasn't got it all to himself. He shares it with three other guys, students.*

Patrick: *So where is it, then?*

Sophie: *It's not far from where we live, actually. About a mile, I guess. And you know what? He's really changed since he moved. The way he looks, I mean! He's shaved off his goatee beard and he doesn't wear earrings any more.*

Patrick: *Really? I wonder why …*

Sophie: *Well, he works in a bank now, and his boss wants him to look professional. When I saw Jerry yesterday he'd just come back from work and he was wearing a suit and tie!*

Patrick: *Poor guy. Well, at least he'll be earning enough to pay the rent.*

Sophie: *Yeah. But I'm afraid there are some other things he will have to change.*

Patrick: *What do you mean?*

Sophie: *Well, you know, he's always been completely useless in the house, that's why he was in trouble with Mum and Dad a lot. He's only been gone a week, and his room is already in a complete mess. It even stinks! When I visited him yesterday, there were loads of dirty plates and mugs all over the place. Jerry never does any washing up. And he can't cook to save his life, so he's been living on takeaway curries, chocolate biscuits, crisps and beer. But you know what? Those guys he moved in with – they have a plan for each week saying whose turn it is to do the shopping etc., clean the kitchen, the bathroom and even the loo! Really tough for him, but he has no choice. – Oh, and there was this huge pile of dirty clothes on the floor. He wanted me to take it all back to Mum to wash. I told him to take it back himself.*

Patrick: *Isn't there a washing machine in their flat?*

Sophie: *Yeah, but actually he had no idea how to work it. And, would you believe it? I couldn't help him either. Embarrassing, isn't it?*

Patrick: *It can't be that difficult.*

Sophie: *Yeah, it is! These new machines have, like, little computers built into them. And we never listened when Mum wanted to show it to us. But luckily Dave, one of Jerry's flatmates, told us how it works, and we wrote it down.*
Patrick: *Um, maybe it does make sense to prepare for independence before you move out.*
Sophie: *Oh yeah, obviously some things don't get done by themselves.*

Erarbeitung Beim Entwurf des Fragebogens in Teilaufgabe b) werden den S einige Hilfen an die Hand gegeben. Es empfiehlt sich, nicht einfach zu fragen, ob die anderen S kochen, waschen usw. können. Vielmehr sollte der Fragebogen detaillierte Fragen enthalten, aus denen geschlossen werden kann, ob ein S mit dieser Erfahrung bzw. mit diesen Kenntnissen alleine auskommen könnte. Beispiele:
How many different dishes can you cook?
What temperature do you wash (shirts, trousers, socks, ...) at?
How often have you changed fuses so far?
What is the present price of fuel oil?
How often do you do the shopping for your family?
Die Ergebnisse können dann nach Punkten bewertet werden. In Anlehnung an ähnliche Fragen aus Jugendmagazinen werden die erreichten Punktzahlen in drei Bereiche eingeteilt, z. B.: *0–8 points: You wouldn't be able to survive for much more than a week or two without your parents' help. 9–16 points: ...*

Lösungsvorschlag

a)

Before moving out	After moving out
• *life was very comfortable for him* • *his mum cooked and cleaned for him* • *he could use his father's car whenever he wanted*	• *he shares a flat with three other boys* • *he works in a bank* • *he wears a suit and tie and looks professional* • *his room is full of dirty plates and mugs* • *he doesn't cook, but lives on fast food, sweets and beer* • *he has to take turns with the other boys taking care of the shopping, cleaning the kitchen, the bathroom and the loo* • *he couldn't even cope with the washing machine until a friend told him*

→ S29, p. 110

b) *What you need to do when you live on your own: to cook, to do the washing up, to wash your clothes, to earn enough money, to buy food, to buy clothes, to take care of the household (administration), to get a telephone, to take care of the electric equipment, to take care of the heating, etc.*

Vertiefung **Kopiervorlage 2** *(My brother Jerry)* vertieft das Hörverstehen mittels einer Multiple-Choice-Aufgabe.

Erweiterung

- **Buchpräsentation:** Als Kontrast zur allgemeinen Thematik von *Topic* 1, der sich in erster Linie mit den Rechten und Vorzügen des Erwachsenwerdens befasst, bietet es sich an, eine/n S das Buch *The Catcher in the Rye* unter der Überschrift *The hardships of growing up* vorstellen zu lassen. Hierfür genügt es, sich mit der Grundthematik des Werks z. B. anhand der frei verfügbaren *Sparknotes* (http://www.sparknotes.com) auseinanderzusetzen. Dies trägt zusätzlich zu einer Vertiefung der Thematik bei, da im Roman die Erwachsenenwelt als alles andere als erstrebenswert dargestellt wird.

- **Klassenbibliothek:** Nach der Vorstellung des Romans kann L die Einrichtung einer Klassenbibliothek anregen. Den S wird vorgeschlagen, dass sich jede/r S, der/die am Projekt teilnehmen möchte (ggfs. auf Vorschlag von L) eine Lektüre anschafft, die er/sie dann in der Klassenbibliothek zur Verfügung stellt. Während des Schuljahres können die Bücher in der Klasse verliehen werden, am Schuljahresende bekommt jede/r S das ursprünglich angeschaffte Buch zurück. Förderlich ist zu diesem Zweck, dass des öfteren Buchvorstellungen – ggf. auch in regelmäßigem Rhythmus als Referate – stattfinden, um das Interesse der S zu wecken.

B Being a teenager

Seite 10–15

Thema Typische Äußerungen von Mädchen und Jungen über sich selbst und über das andere Geschlecht

Lernziel (Vor-)Urteile über das andere und das eigene Geschlecht kritisch reflektieren, einem Lese- und einem Hörtext gezielt Informationen entnehmen, einen Dialog kreativ fortführen, Erweiterung des Wortschatzes

→ S16, p. 100

1 *Brainstorming*

Ziel Einige *statements* aufschreiben (a) und kritisch im Plenum über die Aussagen diskutieren (b)

Erarbeitung Das Brainstorming wird in vier Gruppen erledigt, die jeweils nach Geschlechtern getrennt sind. Die erste Mädchengruppe sucht nach Aussagen über Mädchen, die zweite Mädchengruppe nach Aussagen über Jungen. Die gleiche Arbeit wird von den beiden Jungengruppen erledigt. Anschließend werden die Ergebnisse verglichen, v.a. im Hinblick darauf, inwiefern sich die Aussagen über die beiden Geschlechter von den unterschiedlichen Gruppen ähneln. Die Aussagen werden auf Karten geschrieben und dann an der Tafel oder der Wand fixiert. Dabei werden die Aussagen in positiv, neutral und negativ getrennt. Auf diese Weise ist auf einen Blick erkennbar, ob z. B. die Jungengruppe mehr negative Aussagen über Mädchen gefunden hat als die Mädchengruppe, und umgekehrt. Um diesen Schritt nicht zu sehr auszudehnen, sollte die Zahl der zu findenden Aussagen auf ca. fünf beschränkt werden.

Teenage voices

Seite 10/11

Kernwortschatz *cliché, supportive, bitchiness, to compliment, to judge, personality, to impress, to comfort, to jump to conclusions, to tease, appearance, confident, timid, vulnerable, to succeed (in + noun or gerund)*

Materialien
- PB-CD 1, Track 1–6
- Kopiervorlage 3 *(Extras)*

Erarbeitung Die Texte werden entweder von einzelnen S vorgelesen oder von der CD vorgespielt. Jedes Aussage ist zur leichteren Handhabung in einem separaten **Track** aufgezeichnet.

[PB◎1–6] Die Erarbeitung des Wortschatzes, der nicht unmittelbar aus dem Kontext oder aufgrund von Ähnlichkeiten zum Deutschen abgeleitet werden kann, wird von den S in einer kurzen Partnerarbeitsphase mit dem Wörterbuch geleistet.

Alternative Alternativ kann die Wortschatzerarbeitung auch über Textumschreibungen erfolgen. Dazu wird **Kopiervorlage 3** *(Teenage voices)* ausgeteilt. Die Partner lesen die sechs Textabschnitte abwechselnd vor und ordnen die umgeschriebenen Aussagen, die vom Inhalt her jeweils mit der Aussage eines der Jugendlichen identisch sind, den richtigen Urhebern zu. Danach wird der unbekannte Wortschatz durch Textvergleich geklärt.

→ S16, p. 100

2 *Collect information from the texts and …*

Ziel Einem Text gezielt Informationen entnehmen und diese in Stichworten zusammenfassen (a), die Ergebnisse vergleichen und diskutieren (b)

Materialien Kopiervorlage 4 *(Grammar)*

Erarbeitung Das Heraussuchen der Informationen und Ausfüllen des *grid* erfolgt in einer Stillarbeitsphase. Danach werden die Ergebnisse im Plenum verglichen und diskutiert.

Roddy: *Should do. There's an aerial and everything.*
Anne: *(weakly) Yeah, but do they have cable here?*
Roddy: *Not sure, but there's definitely TV, I promise, OK?*
Mum: *OK, is everybody happy now? Can we get on with enjoying our holiday? You can help Dad with the car for a start.*
Nick: *(sniffs) Urgh, this place stinks, too!*
Mum: *No, it doesn't, Nick. It's good old sea air. I just opened a window.*
Anne: *Have you seen the bathroom, Mum? It hasn't got a shower, so how the hell am I going to wash my hair?*

Announcer: *A few days later*
Mum: *What's the matter, Nick?*
Nick: *I want to go home, Mum.*
Mum: *Why? Is this really such a terrible holiday? I mean, you told us what a wonderful time you had cycling along the coastal paths. And we've rented DVDs. And you've been swimming. And the beach is lovely.*
Nick: *It isn't that this is a terrible holiday. It's just that I have to get back to London. There's things I have to do there.*
Dad: *It's not things you* have to *do, is it? It's things you* want to *do. There is a difference, you know.*
Mum: *What things? When you were still in London, you sat around looking bored all the time.*
Nick: *All I need is a couple of days there. Then I won't be so bloody pissed off about being here.*
Dad: *That's enough of that language! The fact is, we are not letting you travel back to London on your own.*
Nick: *Well, Roddy's going back, isn't he? So if I go back with him, I won't be on my own.*
Dad: *Ah, but Roddy's going to Manchester. He's just changing trains in London. He won't even be there for a night.*
Nick: *OK, so why can't I go home for one night and then catch a train back here?*
Mum: *Because we won't let you stay at home alone, Nick. You're only 14 years old.*
Nick: *(exasperated) Oh God! Why can't you guys trust me?*
Mum: *Possibly because you never switch the lights off in your bedroom. Or because recently you left the house with the front door wide open!*
Anne: *What you guys don't seem to understand –*
(sound of seagulls gets louder)
Nick: *Those fucking birds are driving me mad! (shouting) Shut up!*
Dad: *One more swearword from you, Nick, and I'm deducting from your allowance.*
Anne: *(to Nick) Thanks! I was going to defend you actually, Nick. But OK, forget it.*
Nick: *I don't need to be defended by someone as stupid as you, Anne.*
Anne: *(sarcastically) Ooh, that really hurt!*
Mum: *That's enough, you two. We're taking Roddy to the station now. See you later. And please don't fight.*

Announcer: *Later, Mum and Dad arrive back at the cottage.*
Dad: *Hi, you two. Are you speaking to each other again?*
Nick: *Guess what? We've been into the village to get some things. We thought maybe we'd have a picnic on the beach this evening.*
Anne: *There's some coke in the fridge. Can we take that, Mum?*
Nick: *We'll need a torch for when it gets dark. You never know what could happen.*
Anne: *Oh yeah!*
(They leave.)
Dad: *That's brilliant. One minute it's Ozzie Osbourne, the next it's Enid Blyton!*
Mum: *Now don't make fun of them. You were young once.*

[LC◎4] ***Part 3 (The family is at home again)***

Mum: *Hello, Nick. Just what do you think you're doing?*
Nick: *Just popping out. Be back in a minute.*
Dad: *Oh no, you won't.*
Mum: *Nick! It's late. Why aren't you ready for bed?*
Nick: *'Cos I'm starving. I gotta eat something.*
Dad: *Because you didn't eat your supper, that's why.*
Mum: *You can have something from the fridge. Or some cereal.*
Nick: *I don't want cereal. I want a burger.*
Dad: *Well, you can't have a burger. Forget it.*
Nick: *I'll be back in two minutes. I promise.*
Mum: *No, Nick. You're not going to go up to the High Street at this time of night. It's not safe.*
Nick: *(exasperated) Oh! The burger place is perfectly safe. Everybody's there at this time.*
Dad: *How do you know? When have you been there at 11pm?*
Nick: *This is pathetic! I can look after myself.*
Mum: *I'm sorry, Nick, but you're not going out. You should have eaten your supper like the rest of us. If you're hungry, you can have some cereal. Now go and get ready for bed. (Nick stands still.) Go on.*
Nick: *(weakly) What if I won't?*
(Roddy bursts in.)
Mum: *Oh, hello, Roddy.*
Roddy: *OK, who's got my money?*
Dad: *What?*
Roddy: *The 20 quid I finally got back from Jimmy. It's missing, and I want to know who's stolen it?*
Dad: *What do you mean? Nobody here is going to steal money off you, Roddy.*
Roddy: *Well, give me the cleaner's number then.*
Mum: *Why do you want Conchita's number?*
Roddy: *So I can ask her where she's put it, of course!*
Nick: *Well, I'm off.*
Dad: *You stay right there, Nick.*
Mum: *Look, Roddy, Conchita would never touch any money she found in this house. So there's no way we'll allow you to phone her.*
Roddy: *Who else could it be? The money's not where I left it last night and she was here this morning –*
Mum: *Where did you leave it?*
Roddy: *(as if it's obvious) On the floor in the living room.*
Dad: *Hold on, Roddy. Let me get this straight. You left £20 on the living room floor and you're surprised it's not there any more?*
Roddy: *For Christ's sake! I dropped it there last night and went to bed. I knew exactly where it was. And when I looked for it this morning, it was gone – is that so hard to understand?*
Nick: *(laughs, then yawns) OK, I'm starving. I'm off.*
Dad: *(shouts) No!*
Nick: *I'm going.*
Mum: *Nick! Don't you dare walk out of this house!*
Nick: *(weakly) OK, you win.*
(Anne comes in.)
Anne: *Hello. What's going on?*
Roddy: *Anne, have you seen the money I left on the living room floor?*
Anne: *(slowly, teasing) Now let me think, how much money was it?*
Roddy: *Oh, get lost. It was 20 bloody quid and I need it for tomorrow night! My entire social life was based on it. So what am I supposed to do now?*

Erarbeitung **Kernwortschatz:** Der Kernwortschatz wird kurz anhand der *Word bank* vor dem Hören des jeweiligen Textabschnitts erläutert. *Part 1: to doss down: infml. for to sleep; to sleep over: to spend the night at sb's house. Part 2: swearword: a word you say when you're very* *angry, but shouldn't really say; to deduct: to take away, to reduce; allowance: money you get from your parents every week/month; torch: flashlight, light which runs on batteries and which you use when there is no electricity. Part 3: to pop out: to go out; supper: meal late in the evening; quid: pound.*

Lösungsvorschlag

a) *Part 1:*

1. *right (up to six, maybe also only four)*
2. *right (if sleepovers don't cause too much work for them)*
3. *wrong (he has already spent three nights away from home)*
4. *wrong (parents don't say he can use Roddy's room)*

b) *Part 2:*

The parents have hired a cottage at the seaside. The children keep complaining about various things. Anne wants to watch TV but cannot find a TV-set at first. Nick would like to do some things in London, but he's only 14, so his parents don't want to let him go back on his own. Moreover, Anne complains about the bathroom, because there's no shower, and Nick doesn't like the smell of fresh sea air. Nick also feels bored.

Anne and Nick aren't yet old enough to spend holidays with friends or alone, so if they want to get away from home during their holidays, they have to spend them with their parents. But they do not appreciate their parents' effort to offer them a nice holiday at the seaside at all. Actually they want to do the same things they always do at home: Anne wants to watch TV and Nick even wants to go back home to London. But in the end, they have come up with an alternative and want to have a picnic on the beach, something that is certainly far more entertaining in your holidays than doing the same things you always do.

Their parents seem to be quite understanding. They listen to their children's arguments, although they cannot, of course, allow their 14-year-old son to spend some time in London all on his own. Other parents might get much angrier and tell their children that they should be more grateful for what their parents offer them.

c) *Part 3:*

Mum: *I guess there can be no doubt none of us has taken your money. And who tells you Conchita did? I mean, she may have vacuum-cleaned the living room floor and if you treated your tenner the way you treat everything else, I would not be surprised if it wasn't recognizable any longer. Maybe Conchita thought it was just a piece of paper.*

Roddy: *So, now for the vacuum cleaner. Where is it?*

Mum: *Shouldn't you use it from time to time to clean your room? Oh boy, I just hope you'll change when you get married. Your poor wife …*

Roddy: *Marriage … That's for … Well, anyway, I guess my girl will leave me if I can't go out with her this weekend. And if I want to go out, I need my tenner. So where is this damned vacuum cleaner?*

Dad: *Remember about the swearwords. That applies to you, too. Even I know where it is. And I'm a hard-working man. Not like you, hanging around all weekend.*

Roddy: *W h e r e   i s   t h e   v a c u u m   c l e a n e r?*

Mum: *It's downstairs, in the basement.*

Roddy: *(coming back from the basement) Thanks, Mum, you've saved my life! And next time you see Conchita, tell her to take a closer look before she sucks up everything that comes her way.*

Dad: *Oh these boys, will they ever grow up? By the way, where is our second nightmare? I hope he …*

Anne: *While you were arguing about Conchita and the tenner, I heard the front door. I guess my dear brother is at the burger place now.*

Dad: *If he really left the house after what we've told him, I won't be deducting from his allowance. There won't be any allowance at all. And no sleepovers for the next four weeks.*

Anne: *Then I can use Roddy's room? You know, my friends Sandra and Karen …*

Erweiterung **Kopiervorlage 5** *(Family life)* enthält Aussagen aus dem Hörtext, die einzelnen Sprechern zugewiesen werden müssen. Dazu werden die drei **Tracks** noch einmal einzeln von der CD vorgespielt.

I go along

Seite 12–15

Thema Ein Junge verlässt die enge Welt der eigenen Klasse und beginnt, auf einer Fahrt zu einem Gedichtvortrag durch das Gespräch mit einer Schülerin aus einer fortgeschritteneren Klasse seine Sichtweise zu ändern

Lernziel Typische Merkmale einer Kurzgeschichte erkennen und anhand eines konkreten Beispiels aufzeigen, an einer Diskussion über Literatur teilnehmen und die eigenen kreativen Fertigkeiten in einer schriftlichen Transferleistung unter Beweis stellen

HINTERGRUNDINFO

__Richard Peck__ was born in 1934 in Decatur, Illinois, a rather quiet and safe little town. His mother was a dietitian and his father worked as a merchant. He went to college in Exeter, England and then served time in the army. He went on to become a junior high school teacher. He taught in Illinois and in New York City. It was at this time when his first steps into the writing profession began. For a while, he taught and, at the same time, wrote columns for various newspapers and magazines such as the "New York Times" and the "Saturday Review of Literature" or the "Chicago Tribune". In 1971 he gave up his teaching career to become a full time writer. His first novel was "Don't Look and It Won't Hurt".
For many years Richard Peck worked as a temporary lecturer all around the world. He went on many trips and, during these travels, came across a wide variety of characters that also appeared in his books. When young writers ask him for advice, he tells them they should first of all meet people they can write about, and these people should not fit in society. He himself also often writes about those characters. Richard Peck has no website of his own. He has a deep distrust of modern technology, and therefore even refuses to write his stories on a computer. Rather, he uses a typewriter for his daily work. Peck doesn't restrict himself to just one or two genres. Some of his stories might be called realistic, sometimes containing social criticism, others are historical, and again others try to impress their readers by mystery, the occult or outright horror. Some of his novels in alphabetic order: "Are You in the House Alone?", "Blossom Culp and the Sleep of Death", "The Dreadful Future of Blossom Culp", "Father Figure", "The Ghost Belonged to Me", "Ghosts I Have Been", "A Long Way from Chicago: A Novel in Stories", "Remembering the Good Times", "Strays Like Us", "A Year Down Yonder".

Materialien PB-CD 1, Track 7–9

Kernwortschatz *pregnant, junior, advanced, to reach, attendance book, notebook, gifted, major, to fail, campus, grant, to fund, locker, curious, bright*

Hinführung Als Einstieg eignet sich das Thema *peer pressure*, da es kein zentrales Motiv in der Geschichte darstellt und somit die Spannung nicht wegnimmt, andererseits aber die S gut auf die Geschichte einstimmt. Zunächst wird die Frage gestellt, ob die S sich in der Regel dem Verhalten der anderen anpassen, wenn sie sich in einer (größeren) Gruppe befinden, z. B. ob sie schon einmal geraucht haben, obwohl sie es eigentlich nicht wollten, nur weil alle anderen es ebenfalls getan haben. An diesem konkreten Beispiel lässt sich der Begriff *peer pressure* gut erklären. Schließlich werden die S gebeten, in Partnerarbeit mögliche Beispiele von *peer pressure* aus den Bereichen *sports, school, friendship, family* zu finden. Einige werden kurz vorgestellt.

Alternative Der Begriff *peer pressure* lässt sich gut über die folgenden zwei kurzen Anekdoten einführen. Sie können auch spielerisch als Verständniskontrolle genutzt werden:
A reporter interviewed a 104-year-old man.
"And what do you think is the best thing about being 104?" the reporter asked.
"No peer pressure," he replied.

A monkey fell out of a tree. Why?
It was dead.
A second monkey fell out of a tree. Why?
It was knocked out by the first monkey.
A third monkey fell out of a tree. Why?
Peer pressure.

Erarbeitung

Kernwortschatz: Um ein möglichst zügiges Hören und Lesen des Textes trotz der unbekannten Vokabeln zu ermöglichen, wird als häusliche Vorbereitung die Aufgabe gestellt, den Wortschatz in acht Gruppen vorzubereiten, und zwar in den Rubriken: 1. *adjectives describing people,* 2. *school vocabular* 3. *verbs of thinking,* 4. *verbs of action,* 5. *jobs,* 6. *places,* 7. *parts of cars/buses,* 8. *parts of the body.*
Dabei ist es durchaus beabsichtigt, dass manche Wörter von zwei Gruppen bearbeitet werden, weil sie sich verschiedenen Kategorien zuordnen lassen. Aufgrund des unterschiedlichen Umfangs ist es möglich, manchen Gruppen zwei oder mehr Wortfelder zuzuweisen. Die übrigen Wörter werden von L erklärt. Bei dem Hören bzw. der Lektüre des Textes werden nur dann Fragen nach dem Wortschatz gestellt, wenn dieser zum einen für das Verständnis notwendig und zum anderen nicht erschließbar ist.

1. ***Adjectives describing people:*** *pregnant: expecting a baby; orderly: taking good care of things, careful; bent double: in a position so that your legs are close to your body; gifted: talented; weird: strange; curious: eager to know a lot of things; bright: intelligent; stubborn: unwilling to accept what others want or say.*

2. ***School vocabulary:*** *sub: substitute teacher; junior: student in the lower classes of a high school; period: lesson; attendance book: booklet where teachers write down which students are missing or what they are doing in a subject; notebook: exercise book; campus: university or college grounds; dean: person in a university who is responsible for a particular area of work; grant: scholarship, money you get on a regular basis (from the state or another organisation) during your studies; exclamation point: AE for exclamation mark; locker: small cupboard in a school where students can put their books etc.*

3. ***Verbs of thinking:*** *to figure: to imagine, to think; to tune out: to stop paying attention to sb; to be clean out of impressions: to have no impressions at all, to have no idea of what is going on.*

4. ***Verbs of action:*** *to slow sb down: to keep sb from moving faster; to rub: to move your hand over a surface while pressing firmly; to reach: to stretch out one's hand in order to get; to put sb on: to make fun of sb; to mill around: to walk around; to wheel: to roll; to consolidate: to unite, to put together; to swing: to move from side to side; to hiss: to make a sound like a snake; to shield: to protect; to flinch: to move back, e.g. in fear; to jam: to push hard; to shift: to move somewhat away from one's original position; to stay put: not to move; to fund: to support financially; to flip (a book) open: to open (a book) suddenly or with one quick movement; to bob up: to appear; to stir: to move slightly; to jerk sb around: to throw sb around; to lace one's fingers: to put one's fingers from both hands together; to glance at: to have a short look at; to brake: to slow down (a car).*

5. ***Jobs:*** *sub: substitute teacher; plumber: sb whose job it is to repair water pipes, baths, toilets etc.; dean: sb who works in a university and is responsible for a particular area of work.*

6. ***Places:*** *parking lot: area where you can park your car; district: area of the town or in the countryside; campus: university or college grounds.*

7. ***Parts of cars/buses:*** *hood: metal covering over the engine of a car; brake: what you have to use when you want to slow down a car; aboard: in a car, bus, ship, etc.; dashboard: part in front of the driver in a car that has the controls on it; aisle: long passage between rows of seats in a plane, bus etc.*

8. ***Parts of the body:*** *small of the back: lower part of the back; lap: upper part of your legs when you are sitting down; chin: front part of your face below your mouth.*

Rest of the words: *due: when sth is due, it is supposed to happen at a certain time; service: here: military service; jump school: school where you learn how to handle a parachute; advanced: having already a good basis; benefit: advantage, improvement; to get a big bang out of sth: to have a lot of fun with sth; needless to say: of course; offhand: without much thinking; goddess: female god; circuit: circle where electricity flows; patchy: happening or existing in some parts but not in others; bleachers: long wooden benches arranged in rows, where you sit to watch sport; heavy-duty: strong and thick, not easily damaged; belt: band of leather that you wear around your waist to hold up your clothes; buckle: piece of metal used for fastening the two ends of a belt; flash: bright light that shines for a short time and then stops shining; loose: not tied tightly; buck-toothed: with teeth that stick forward out of your mouth; hostage: someone who is kept as a prisoner by an enemy so that the other side will do what the enemy demands; radiator: thin metal container that is fastened to a wall and through which water passes to provide heat for a room; boxed in: surrounded so that you are unable to move; zit: pimple; outline: line around the edge of sth which shows its shape.*

Erarbeitung **Text:** Die S lesen den Text in Stillarbeit bis Zeile 47 oder sie hören **Track 7** von der CD. Die Tonaufnahme ist zur leichteren Handhabung in drei Tracks unterteilt: **Track 7** (*ll. 1–47*), **Track 8** (*ll. 48–92*) und **Track 9** (*ll. 93–175*). Es schließen sich zunächst allgemeine Verständnisfragen an (mögliche Antworten in Klammern):

[PB◎7]

1. *What is special about the teacher in the class? (She's pregnant.)*
2. *Where can you see for the first time what type of class this is?*
   (As early as in l. 5, the author shows us that the class is not really interested in who is teaching them: "not in this class".)
3. *Why do the class respect their teacher at least to some extent?*
   (On the one hand, she's pregnant, and even though the youths know everything about sex, they feel somewhat insecure about how to treat a woman in that particular state. On the other hand, she's married to a man they respect because he did his military service and was a parachutist.)
4. *What is the advanced English class going to do?*
   (They are going to hear a poet that night.)
5. *In what passage is the idea we get at first – that this class is academically rather weak – confirmed?*
   (In the passage starting in l. 29, there is some information to confirm that first impression: there is one student who's in class for the first time this month. Usually there's only one girl who raises her hand, so the others don't seem to be very cooperative.)

[PB◎8] Nach der Beantwortung der Verständnisfragen lesen die S weiter bis Zeile 92 oder sie hören **Track 8** (*ll. 48–92*) von der CD. Folgende Fragen bieten sich zum zweiten Textabschnitt an (mögliche Antworten in Klammern):

→ G14, p. 123

1. *When Gene is at the parking lot, is he sure it was a good decision to go there? Why or why not?*
   (First of all, he's the only one from his class who has appeared. He can understand the others well. Apparently, he doubts whether it was right to come, because he "can't think of anybody who wants to ride a school bus thirty miles to see a poet". And he includes himself.)
2. *In what ways are the advanced class different from his own class, and in what ways are they similar?*
   (The students in the advanced class also have their gangs, and there are even some smokers among them. But generally they are more orderly.)
3. *Where can you see that the narrator doesn't want to be seen by his classmates going to the poetry session?*
   (Gene sprints to the bus and is the last one to get on. So he doesn't want to stand outside, because the danger of being seen would be greater there. Then he pulls his cap

down over his face, so that nobody can recognize him. And to be completely safe, when the bus passes 7-eleven, where the risk of being seen might again be higher, he goes down in his seat and puts his hand in front of his face on the side of the window.

4. *What contrast is there between Gene's behaviour and Sharon's?*
   (Gene wants to "play it cool". He tries to give the impression that he doesn't really care too much about anything. Sharon, on the other hand, behaves in a very natural way. She talks to Gene and asks him some questions without being pushy in any way.)
5. *In what way does Sharon behave differently from the other girls from her class?*
   (The other girls move around in the bus and stick together. They ask Sharon whether she doesn't want to sit with them. But Sharon seems to be looking for a change. She's with the other girls all the time, so she wants to get to know somebody from the other class.)

[PB◎9] Jetzt wird der letzte Textabschnitt gelesen bzw. **Track 9** (*ll. 93–175*) von der CD gehört. Folgende Fragen sichern das Textverständnis (mögliche Antworten wieder in

→ G13/14, p. 123 Klammern):

1. *Does the poet meet Gene's expectations? Why or why not?*
   (The poet is quite different from the way Gene thinks a typical poet should be. He's young, wears ordinary clothes, just looks quite normal. However, there's something about him which attracts the audience's attention.)
2. *What are the topics of his poems?*
   (The topics of his poems, too, are quite ordinary: waking up, his truck, his time at college. But generally his poems are quite personal.)
3. *What is the audience's reaction to the poems?*
   (They like them very much and ask the poet for autographs after the performance. Only Sharon and Gene stay where they are.)
4. *What does Sharon think of Gene?*
   (She thinks he's clever enough to be in the advanced course.)
5. *How does Gene react to Sharon's compliment?*
   (He feels embarrassed and doesn't quite know what to say or do. So he doesn't say anything at all, just behaves as if Sharon's words didn't interest him. But finally, he asks her how she knows.)

Alternative Es bietet sich alternativ zu der beschriebenen Vorgehensweise an, die Geschichte als Ganzes von den S in häuslicher Vorbereitung lesen zu lassen. Die Einordnung des Wortschatzes nach Gruppen kann dann entfallen. Die S erhalten jeweils kurze Zeit zum nochmaligen Überfliegen des Textes in den jeweiligen Textabschnitten, bevor mittels der Kontrollfragen das Grobverständnis überprüft wird.

4 *What are the main themes of the story?*

Ziel Erarbeitung der Hauptthemen der Kurzgeschichte

Materialien Kopiervorlage 6 *(Extras)*

Erarbeitung Nach der groben inhaltlichen Erarbeitung machen sich die S zunächst in Stillarbeit Notizen zu den Hauptthemen der Kurzgeschichte und vergleichen diese im Anschluss mit dem Nachbarn/der Nachbarin. Schließlich werden die Vorschläge im Plenum besprochen.

Lösungsvorschlag *us and them; changing sides; new perspectives; poetry; teachers and students; school life; girls and boys*

Erweiterung **Kopiervorlage 6** *(I go along)* überprüft das Leseverstehen mit Hilfe einer Multiple-Choice-Aufgabe. Der Einsatz des Arbeitsblattes bietet sich vor allem dann an, wenn die Geschichte von den S als **Hausaufgabe** gelesen wurde (siehe **Alternative**).

down over his face, so that nobody can recognize him. And to be completely safe, when the bus passes 7-eleven, where the risk of being seen might again be higher, he goes down in his seat and puts his hand in front of his face on the side of the window.

4. *What contrast is there between Gene's behaviour and Sharon's?*
   (Gene wants to "play it cool". He tries to give the impression that he doesn't really care too much about anything. Sharon, on the other hand, behaves in a very natural way. She talks to Gene and asks him some questions without being pushy in any way.)
5. *In what way does Sharon behave differently from the other girls from her class?*
   (The other girls move around in the bus and stick together. They ask Sharon whether she doesn't want to sit with them. But Sharon seems to be looking for a change. She's with the other girls all the time, so she wants to get to know somebody from the other class.)

[PB◎9] Jetzt wird der letzte Textabschnitt gelesen bzw. **Track 9** (*ll. 93–175*) von der CD gehört. Folgende Fragen sichern das Textverständnis (mögliche Antworten wieder in Klammern):

→ G13/14, p. 123

1. *Does the poet meet Gene's expectations? Why or why not?*
   (The poet is quite different from the way Gene thinks a typical poet should be. He's young, wears ordinary clothes, just looks quite normal. However, there's something about him which attracts the audience's attention.)
2. *What are the topics of his poems?*
   (The topics of his poems, too, are quite ordinary: waking up, his truck, his time at college. But generally his poems are quite personal.)
3. *What is the audience's reaction to the poems?*
   (They like them very much and ask the poet for autographs after the performance. Only Sharon and Gene stay where they are.)
4. *What does Sharon think of Gene?*
   (She thinks he's clever enough to be in the advanced course.)
5. *How does Gene react to Sharon's compliment?*
   (He feels embarrassed and doesn't quite know what to say or do. So he doesn't say anything at all, just behaves as if Sharon's words didn't interest him. But finally, he asks her how she knows.)

Alternative Es bietet sich alternativ zu der beschriebenen Vorgehensweise an, die Geschichte als Ganzes von den S in häuslicher Vorbereitung lesen zu lassen. Die Einordnung des Wortschatzes nach Gruppen kann dann entfallen. Die S erhalten jeweils kurze Zeit zum nochmaligen Überfliegen des Textes in den jeweiligen Textabschnitten, bevor mittels der Kontrollfragen das Grobverständnis überprüft wird.

4 *What are the main themes of the story?*

Ziel Erarbeitung der Hauptthemen der Kurzgeschichte

Materialien Kopiervorlage 6 *(Extras)*

Erarbeitung Nach der groben inhaltlichen Erarbeitung machen sich die S zunächst in Stillarbeit Notizen zu den Hauptthemen der Kurzgeschichte und vergleichen diese im Anschluss mit dem Nachbarn/der Nachbarin. Schließlich werden die Vorschläge im Plenum besprochen.

Lösungsvorschlag

us and them; changing sides; new perspectives; poetry; teachers and students; school life; girls and boys

Erweiterung **Kopiervorlage 6** *(I go along)* überprüft das Leseverstehen mit Hilfe einer Multiple-Choice-Aufgabe. Der Einsatz des Arbeitsblattes bietet sich vor allem dann an, wenn die Geschichte von den S als **Hausaufgabe** gelesen wurde (siehe **Alternative**).

5 Text analysis

Ziel Notizen für eine detaillierte Analyse der Kurzgeschichte anfertigen (a), die Aufzeichnungen in der Klasse präsentieren und diskutieren (b)

Erarbeitung Für die Gruppenarbeit in Teilaufgabe **a)** bieten sich Vierergruppen an, die die Textanalyse arbeitsteilig entsprechend den vier genannten **Skills** vornehmen. Da die zu erwartenden Ergebnisse zum Punkt *Characters* umfangreicher sind als z. B. zu *Narrative techniques* kann die Gruppe *Characters* noch weiter unterteilt werden *(Mrs Tibbetts, Gene, Sharon)*. Statt der Vierergruppen werden dann Sechsergruppen gebildet. Die arbeitsteilige Textanalyse erfolgt innerhalb der Arbeitsgruppen zunächst in einer Stillarbeitsphase. Anschließend stellt alle S ihre Arbeitsergebnisse den anderen Gruppenmitgliedern vor. Die spätere Präsentation entsprechend Teilaufgabe **b)** erfolgt im Plenum. Jede Gruppe präsentiert ein Arbeitsergebnis, die Mitglieder der anderen Gruppen ergänzen die Ausführungen des Referenten/der Referentin bei Bedarf.

→ S3, p. 89
→ S5, p. 91
→ S6, p. 92
→ S7, p. 93
→ S16, p. 100

Alternative Als Alternative zur arbeitsteiligen Gruppenarbeit bietet sich bei dieser Aufgabe auch eine arbeitsgleiche Gruppenarbeitsphase an: Ausgangspunkt sind vier Gruppen, entsprechend den geforderten vier **Skills**. Dabei bietet es sich an, dass die S den Text zunächst in einer Stillarbeitsphase bearbeiten und ihre Ergebnisse im Anschluss daran mit den anderen Gruppenmitgliedern vergleichen. Das Resultat wird zur besseren Anschaulichkeit auf einem großen Bogen Papier zusammengestellt und anschließend von einem „Experten" den Mitgliedern der übrigen Gruppen vorgetragen. In großen Klassen bietet es sich aus organisatorischen Gründen an, von jeder Lösung zwei Exemplare zu erstellen, um die Vorstellung zügiger durchführen zu können.

→ S16, p. 100

Die Präsentation in Teilaufgabe **b)** erfolgt nach folgendem Muster (Beispiel 32 S): Die S erhalten Karten mit den Zahlen 1–32 auf der einen Seite und den Buchstaben A–D auf der anderen Seite. Die Buchstaben werden den Zahlen der Reihenfolge nach zugeordnet: 1–A, 2–B, 3–C, 4–D, 5–A, 6–B usw. Zunächst werden die S entsprechend ihren Zahlen in vier Gruppen eingeteilt (1–8, 9–16 usw.). Nachdem die Ergebnisse angefertigt wurden, präsentieren im ersten Durchgang alle S mit A auf ihrer Karte, im zweiten Durchgang die S mit B usw. Die nicht vortragenden S gehen jeweils in Dreiergruppen zum nächsten Plakat. Beispielsweise tragen somit im ersten Durchgang die S mit den Kombinationen 1–A, 5–A, 9–A, 13–A, 17–A, 21–A, 25–A, 29–A vor. Die S 2–B, 3–C, 4–D gehen zu 9–A, die S 6–B, 7–C, 8–D zu 13–A usw.

Lösungsvorschlag

a) ***Text analysis/Plot:*** *The story begins in medias res, which is typical of short stories. Thus, the reader doesn't learn much about the background of the story. The story is written in the present tense, which helps keep up the suspense, because the impression is given that the narrator himself doesn't know what is going to happen. The text can be divided into five parts:*

1. *Mrs Tibbetts tells her class about the poetry performance (ll. 1–39)*
2. *Gene gets on the bus and goes along to the performance (ll. 40–60)*
3. *Sharon, one of the "top" girls of the advanced class, is sitting next to him (ll. 61–89)*
4. *The poet and his poetry (ll. 90–145)*
5. *Has Gene changed perspectives? (ll. 146–175)*

Characters:

1. *Mrs Tibbetts: a very committed teacher, trying to get also her weaker class interested in poetry, even driving them herself to the college where the performance is going to take place; pregnant*
2. *Gene: one of the "bad" class, but interested and open enough to go along to the poetry performance; plays it cool, hiding his real feelings; somewhat self-conscious when Sharon sits next to him; may be changing sides or at least perspectives towards the end of the story, although he doesn't admit it openly*
3. *Sharon: one of the advanced class, a "goddess", but doesn't shy away from contacts with the "other" class; interested in Gene as a person and in his individual response to the kind of poetry they have just experienced; doesn't sit on her high horse, but*

Going on with life as before	Changing his lifestyle
• it's much more fun hanging around, doing nothing • Sharon is a goddess, she isn't good for you • poetry and other topics the advanced class is dealing with are so abstract • if you go to the advanced class, you will lose us as friends • the really "cool" guys are in our class, they've got life experience, the advanced class are mere academics • you have to work much harder if you want to be successful in the other class • ...	• Sharon told you how clever you are, why should you waste all your talent • the poetry program showed you that the stuff the advanced class is dealing with is really interesting • if you try to go to the advanced class, you may keep in touch with Sharon much more easily • if you want to have a good job later on, going to the advanced class will get you further than staying with your class • being in your old English class is really boring, just think of how little you were looking forward to going to it after the poetry program • the guys in your class have a bad influence on you, you should try to avoid them • ...

⟨8⟩ *Can you remember a situation where …*

Ziel Transfer auf die persönliche Erfahrungswelt der S

Erarbeitung Die Fragestellung kann entweder in der Klasse mündlich diskutiert oder als schriftliche **Hausaufgabe** aufgegeben werden.

Alternative Fordern Sie die S alternativ auf, in Partnerarbeit abwechselnd zu dem Thema *Something I'd never have expected* eine Geschichte zu schreiben: *Write a short text with your neighbour. The title of the story is "Something I'd never have expected". Take turns after each sentence and make sure that you adapt your story to what your neighbour wrote in the sentence before. Don't write sentences of more than twelve words. Then it's again up to your neighbour to continue the sentence you started.*

C No risk – no fun?

Seite 16–19

Thema Suche nach dem ultimativen „Kick" durch Extremsportarten

Lernziel Sich mit dem Für und Wider von gefährlichen Sportarten auseinandersetzen, die Herkunft von Wörtern klären, die Analyse von Medien, die Ausarbeitung eines ähnlichen Artikels in Projektarbeit

Tombstoning: Dying to jump?

Seite 16/17

HINTERGRUNDINFO

***Tombstoning** is an adrenaline-rushing activity which involves jumping off cliffs, bridges, rocks or other high structures into the sea. It has got its name from the danger involved: over the past few years, there has been about one accident per week along the British coastline, and more than 120 people have died in a few years. The police have even threatened possible jumpers with anti-social behaviour orders (ASBOs), but the coastline is just too long to enforce the orders. In 2006, Doug Johnstone published a book with the title "Tombstoning", another proof of its increased popularity. According to the website www.tombstoning.com, the activity was originally conceived as an extreme sport, but only in safe places. Recently, however, more and more drunken thrillseekers have jumped quite mindlessly into the sea, many of them have been seriously injured or even died. Therefore, the "sport's" reputation has deteriorated a lot.*

***Shout** is a magazine for teenage girls in the UK. It was first published in 1993 and appears on a fortnightly basis, on Thursdays. Its current circulation is 520,000. The topics it deals with are typical of teenage magazines: celebrities, trends, youth problems, fashion, as well as embarrassing moments. It gives its online readers the opportunity to tell their own stories, some of which will then be published. Its official website is www.shoutmag.co.uk. Its first editor was Jackie Brown, the current one is Maria T. Welch.*

***ASBO** is short for **anti-social behaviour order**. It is based on the 1998 Crime and Disorder Act and was introduced in April 1999. An ASBO can be an order against any kind of action considered to be anti-social, yet still legal, such as (slight) violence, intimidation or drunkenness. In the 1990s, there was a widespread feeling in the UK that loutish behaviour was on the increase, especially among youths. Society felt that this should not be tolerated any longer. Through the ASBOs, louts were given the chance to change their behaviour before they got a real criminal record. By now, the government has issued more than 10,000 ASBOs since their introduction. The government relies on information from case workers. Those do not only inform the courts about the individual's behaviour, but also about mitigating circumstances and evidence that the person has not been discriminated against. It's then up to the magistrate to rule. The consequences can be manifold and are considered to be tailor-made: individuals can be prohibited from visiting certain areas, carrying weapons, riding a motorbike, or just swearing, depending on what their anti-social behaviour was like. The restrictions last at least for two years, but they can be extended or even run indefinitely. The legal character of the ASBOs is sometimes regarded as contradictory: the ASBO itself is a civil order, but as soon as individuals break it, they commit a criminal offence for which they can be arrested and possibly imprisoned for up to five years. ASBOs can be given to anyone aged ten or older. Some apparently extreme cases concerned a boy who was banned from playing football and an 87-year-old man who was banned from being sarcastic. Moreover, not everyone is satisfied with them. For one thing, they involve a lot of paperwork. In addition, lawyers are anything but happy with the extremely wide and vague character of the legal definition, according to which anti-social behaviour is acting in a "manner that caused or was likely to cause harassment, alarm or distress to one or more persons not of the same household".*

Kernwortschatz *site, injury, obstacle, to lurk, current, shallow, collision, severe, to bruise, split second, cut, to shatter, to paralyse, waist, temporary*

Hinführung Auf der Website www.bigmoviezone.com/filmsearch/clips/clip.html?uniq=367 steht der Trailer zum Dokumentarfilm *Adrenaline Rush: The Science of Risk* zur Verfügung. In dem Filmvorspann wird angedeutet, dass das Risiko ein menschliches Grundbedürfnis darstellt und hinsichtlich der Evolution des Menschen wohl von großer Bedeutung war. Die S werden nach der Vorführung des Trailers aufgefordert, Vermutungen anzustellen, wovon der Dokumentarfilm handeln könnte. Die Verbindung zwischen Risiko und menschlichem Fortschritt dürfte ohne Probleme erkannt werden. Nun werden die S nach typischen Extremsportarten gefragt, die sie kennen. Wahrscheinlich werden hier *skydiving, parachuting, bungee jumping, paragliding, hang gliding, rafting* oder *canyoning* genannt. Als den S bisher möglicherweise noch unbekannte „Sportart" wird *tombstoning* eingeführt.

Erarbeitung **Kernwortschatz:** Die gezielte Suche nach Themenwortschatz kann anhand dieses Textes insbesondere zu den Bereichen Gesundheit/Krankheit/Verletzungen sowie (Extrem-) Sport eingeübt werden. Dabei wird hier gleichzeitig die Arbeit mit dem einsprachigen Wörterbuch geübt. Die S erhalten den Auftrag, nur aufgrund des Textzusammenhanges bzw. der Definitionen des einsprachigen Wörterbuches den (neuen) Wortschatz in drei Gruppen einzuteilen: 1. Gesundheit/Krankheit/Verletzungen, 2. (Extrem-)Sport, 3. restlicher Wortschatz. Dabei soll für die ersten beiden Kategorien auch Wortschatz aufgegriffen werden, der den S bereits bekannt ist. Es bietet sich an, diese Aufgabe arbeitsteilig von drei Gruppen erledigen zu lassen. An der Tafel werden nur die beiden ersten Gruppen fixiert.

Health/illness/injuries	(Extreme) Sports
to risk one's life deadly — death fatality injury: wound to be discharged (= released) from hospital — doctor to (severely = seriously) bruise: to wound, to injure heart lung: cf. German word to suffer disability to be hurt rescue service cut: cf. verb bruise: cf. verb to shatter: to break, burst, demolish vertebra(e): small hollow bone down the centre of your back to be paralysed (from the waist down) temporary: only for some time permanent: for ever ...	tombstoning, cf. tombstone: stone on sb's grave craze: fashion, game, crazy idea to jump (off cliffs) daredevil: not afraid of anything follower buzz: excitement split second: small part of a second rush: sudden, strong, usually pleasant feeling you get from doing sth very exciting to land fun ...

Other words: *to expand: cf. German word; site: cf. website; fatality: death in an accident or a violent attack; obstacle: sth that stands in your way, sth that makes it difficult to achieve sth; to lurk: to lie and wait; to sweep away: to push, move away as in water; current: continuous movement of water in a river, lake or sea; shallow: (of water): opposite of deep; collision: cf. German word; ASBO: anti-social behaviour order; to suppose: to think, guess; to egg sb on: to try to make sb do sth, to motivate sb; to paralyse: to make sb lose the ability to move part or all of their body; waist: narrow part in the middle of the human body.*

→ S9, p. 84

1 *Dictionary work*

Ziel Die Herkunft eines Neologismus mit Hilfe eines einsprachigen Wörterbuches erschließen, eine deutsche Entsprechung finden

Erarbeitung Die Wörterbücher enthalten den Begriff *tombstoning*, so wie er im vorliegenden Artikel verwendet wird, noch nicht. Das zeigt den S, wie lebendig und innovativ die englische Sprache ist. Die Aufgabe der Wörterbucharbeit besteht hier darin, *tombstone* zu erklären und Hypothesen anzustellen, warum man für die Sportart ausgerechnet dieses Ausgangswort verwendet hat.

Lösungsvorschlag

The word "tombstoning" is derived from tombstone, a stone that is put on dead persons' graves and that shows when they were born and when they died. The word was probably taken as a basis for the sport because it is so dangerous that it involves a high number of casualties. Metaphorically, the high cliffs can be considered as tombstones, and those who jump off them jump directly into their own grave. In my opinion, it does not describe the activity itself very well, because a tombstone has usually nothing to do with any movement. However, if you see the tombstone as a figurative expression that represents a high cliff, it is certainly apt to create the associations its inventor probably intended it to do.
The problem about translating it into German is the fact that you either translate the activity itself e.g. Klippenspringen *and lose the association the English word arouses, or you try to keep that picture, translating it e.g.* Grab(stein)springen, *and then nobody really knows what it is about. The problem is mainly due to the fact that in English, you can simply convert nouns into verbs without having to change the form, which is usually not possible in German.*

→ S14, p. 98

2 *Analysing the article*

Ziel Wesentliche Elemente eines Zeitungs- bzw. Zeitschriftenartikels benennen und hinsichtlich ihrer Wirkung interpretieren (a), den Sprachstil des Artikels analysieren (b)

Kernwortschatz *various, headline*

Lösungsvorschlag

a) *The article's headlines want to express, in a very succinct way, that there are definitely pros and cons of tombstoning. So, the first headline asks a questions "Dying to jump?", the second one (Why do it?) indicates that there are reasons for taking part in this activity, whereas the third headline gives reasons why people should not do it "Don't do it!".*
The pictures support the possible doubts about this craze. On the left, there are two pictures which show people jumping from high cliffs into the water. The first one is in black and white, and you only see three people high on a cliff, but not what is below or how far down they are going to jump. The second one shows a young person in the act of jumping, in midair, and the sea below. In the sea, you can also see some rocks near the surface. Thus again, the impression of possible danger is given. Two persons are watching the jumper, one of them only in his trunks, so he may be preparing to jump next. There are two more pictures on the right. One of them shows a young girl, looking quite relaxed and happy. She was interviewed by "Shout" and gave reasons why tombstoning is a lot of fun. The other girl at the bottom of the page was also interviewed, representing the opposite view. She sits in a wheelchair, and we only see her profile from behind. She's on the beach, which suggests that she still loves the sea, but she obviously had to pay a very high price for her craze. Being photographed from behind, her wheelchair is much more visible and in focus, and that is probably the purpose of the picture.
The texts are generally quite short and follow a given order. The first chapter explains what tombstoning is all about. Below two pictures, the captions give some amazing

information about a tombstoner's "addiction" to his sport and the number of times rescue services are called due to tombstoning. Then, the main risks of tombstoning are indicated in bullet points, not in complete sentences. On the right side, you can read the two interviews of the girls, whose photographs are shown as well. The interviews are chosen to give the pros and cons of tombstoning, i.e. one of the girls is in favour of it or even loves it, the other one loved it, too, but had such a bad accident that she has to sit in a wheelchair now and does not know whether she will ever be able to walk again.

b) *The article uses quite ordinary language and does without complicated definitions or explanations. It is written in a straightforward way. The texts are very short, also the interviews can be read quickly. The target group is probably quite young: teenagers. The two girls that were interviewed are 14 and 17 years old, therefore the young readers can identify with them. Both of them are girls, so maybe "Shout" is a girls' magazine. The purpose of the article is obvious: on the one hand, it wants to inform its readership succinctly about a new craze, but on the other hand, it also wants to show both sides of the coin, i.e. that tombstoning can also be very dangerous.*

→ S16, p. 100

3 *Discussion*

Ziel Pro- und Kontra-Argumente zu den vorgegebenen Themen sammeln und in einer Diskussion umsetzen und begründen

Erarbeitung Um die Diskussion ähnlich wie bei der Behandlung von *tombstoning* im Artikel zu gestalten, bietet es sich an, einige Aktivitäten vorher auszuwählen bzw. von den S vorgeben zu lassen, und dazu anschließend in Kleingruppen Pro- und Kontra-Argumente zu suchen. Als Beispiel eignen sich die in der Hinführung genannten Sportarten oder *driving a car without a permit* usw.

→ S18, p. 101

4 *Team projects*

Ziel Erstellen einer Wandzeitung in Projektarbeit

Materialien
- Kopiervorlage 7 *(Cloze test)*
- → WB ex. 1, 2, 3, 4

Erarbeitung Um die S im Vorfeld nicht zu lange suchen zu lassen, könnten einige ausgefallene Aktivitäten vorgegeben werden, z. B. die in der Hinführung genannten Sportarten, *toadbusting in Australia, kitesurfing, dog cafés in Japan, car surfing, speedriding* (vgl. z. B. das Video auf www.guardian.co.uk/travel/video/2008/feb/15/speed.riding.

→ S14, p. 98
→ S29, p. 110

Erweiterung
- Die S werden aufgefordert, im Internet einen weiteren Artikel über *tombstoning* zu finden und aufgrund der Form der Berichterstattung Aussagen über die Art der Zeitung zu machen. Als Beispiel sei hier www.independent.co.uk/news/uk/this-britain/man-killed-in-tombstoning-cliff-accident-453655.html genannt. *The Independent* ist in den Beispielen auf S. 98 nicht aufgeführt, sodass die S gefragt werden können, ob die Zeitung ihrer Meinung nach eher den *quality papers* oder den *tabloids* zuzuordnen ist.

  Mögliche Lösung: *"The Independent" is obviously a serious paper. First of all, it does completely without pictures in this article. A representative of the tabloids would certainly draw on pictures of dead or injured people in such a context. The circumstances of the accidents are described in great detail, but without any sensationalism. Although the language used is not too sophisticated, it isn't informal either. Much of the information given relies on an interview with a representative of the coastguard, an expert. Thus, the article's intention is to provide objective information.*
- Um das Verfassen eigener Stellungnahmen weiter zu vertiefen und zu üben, können die S aufgefordert werden, einen kurzen Artikel oder einen *comment* zum Thema zu

schreiben: *Write a short article defending the craze of tombstoning.* Alternativ zur o. g. Themenstellung ist es natürlich auch möglich, die Haltung offen zu lassen.

Mögliche Lösung: *Recently there have been some serious injuries and even deaths of people tombstoning. Therefore more and more critical voices ask for a government regulation to prohibit the activity altogether. However, such decisions should not be taken too fast. Even if the activity has got a name now, whose sound alone is enough to deter some people, it is nothing new: there have always been cliffs, and people have always jumped off them. While many other so-called "extreme sports" such as hang gliding, parachuting or snowboarding require expensive equipment, tombstoning completely does without any extra costs at all. All you need is a high point to jump from and the courage to do so. The activity itself may seem stupid to many, but once you have started jumping from high cliffs, there is hardly any way for you to escape this addiction. It gives you an adrenaline rush comparable to few, and you needn't use any drugs to get it. The press may keep criticizing the activity. But the effect is probably the opposite of what was originally intended: the more you hear about it and the more you are warned against it, the bigger the thrill of finally doing it yourself. This is not to say that the press shouldn't mention the dangers, but one must be aware of human curiosity: if we are asked not to press the red button, this is exactly what we are going to do. Finally, the dangers aren't that big if you get acquainted with the place you jump from and the water you jump into. Of course, you should know the exact depth of the water, and you should be a good swimmer. Moreover, you shouldn't practice the sport all alone – bring a friend who can warn the coastguard in case of emergency. Tombstoning can cause serious injuries, but the feeling of free falling through the air and the impact of hitting the water is an experience I wouldn't want to miss. It may be risky, but the immense adrenaline rush is a reward that is worth all these dangers.*

- Weiterführende Aufgabenstellung: *Search the Internet to find out about how business is trying to profit from the craze of tombstoning.* Als Beispiel kann ein am 19. August 2007 im *Observer* erschienener Artikel angeführt werden, der unter folgender Website abrufbar ist: www.guardian.co.uk/uk/2007/aug/19/travel.travelnews.

Mögliche Zusammenfassung:
- *tombstoning is fast rising in popularity*
- *now more and more supervised sea jumps are offered by big organizers*
- *in order not to be associated with the dangerous craze of tombstoning, they call their activity "coasteering"*
- *the industry is, however, unregulated, so there's the danger of misuse*
- *nowadays, all you need if you want to organize cliff diving events is a lifeguard's certificate → stricter regulations have to be set up*
- *so far, there has only been one example of someone dying on a coasteering trip*
- *It should be added that, although in the article tombstoning and coasteering are used more or less synonymously, coasteering usually covers a wider range of activities along the coast, including swimming or jumping from high rocks.*

- **Kopiervorlage 7** *(Tombstoning)* bietet einen Lückentext zur Textrekonstruktion und dient zur Wiederholung des Themenwortschatzes in bekanntem Kontext.

⟨Sierra Wave⟩ Seite 18/19

Thema Der besondere Reiz, die eigenen Grenzen bei einem Sport, hier dem Drachenfliegen, auszutesten

Lernziel Anwendung der auf der vorhergehenden Doppelseite besprochenen Thematik an einem konkreten Beispiel in literarischer Form, Vermutungen über den Fortgang einer Kurzgeschichte anstellen, beim Erstellen eines Literatur- oder Sachtextes die eigene Kreativität einsetzen

HINTERGRUNDINFO

William Thornton Hauptman *was born on November 26, 1942, in Wichita Falls, Texas. His family background is working-class. His literary interest was aroused by plays and readings he attended as a child. After his graduation from Wichita Falls Senior High School he went on to study acting and drama at the University of Texas, where he earned a B.F.A. in Drama in 1966. He then changed to Yale University School of Drama, where he completed an MFA in playwrighting in 1973. After his degree, he started teaching at Adelphi College in Garden City. Later on, in 1976, he taught at Yale University School of Drama. With the help of numerous grants, he could give up teaching and devoted himself completely to writing. Among the plays that earned him a good reputation and various awards are "Domino Courts/ Comanche Café", 1978, "Denmark Vesey", 1981, "Big river", 1985, "Gillette", 1986. Also in 1986 appeared a collection of short stories, called "Good Rockin' Tonight and Other Stories", from which "Sierra Wave" is taken. His plays are mostly set in the working-class milieu he comes from. In 1992, he published the novel "The Storm Season". In 2000, he returned to teaching.*

Hang gliding *already started out centuries ago, but then it was just gliding down hills. Nowadays, however, modern technology allows expert hang gliders to stay in the air for hours. Hang gliding is mainly an air sport, although it has been used for military and commercial purposes, too. German engineer Otto Lilienthal was the first to carry out recorded controlled flights in a hang glider about 120 years ago. Its technology and safety has been developed ever since, although still today, the sport is considered to be rather unsafe. Otto Lilienthal, for example, had been practising the sport for only five years when he died from a fractured spine after a glider accident. Although safety measures and materials have been much improved, hang gliders are always at the mercy of thermal currents, which are often quite unpredictable. Thus, there have been repeated and serious accidents, even among experienced pilots. The thermals that can keep pilots up for hours are heated air that soars as a result of the sun heating the ground. Pilots quickly learn to read the signs and have expert equipment in the gliders, which shows them any changes.*

Kernwortschatz *extreme, hang glider, to float, thermal, oxygen, to soar, hop, parachute, eagle, control, distant, consciousness, joy*

Hinführung L führt mit der folgenden Frage zum Thema hin: *When you hear the expression: "Don't fligh too high", what are your associations?* Eventuell wird hier bereits ein Verweis auf die Geschichte von Ikarus kommen. Andernfalls werden die S gefragt, ob ihnen die Geschichte bekannt ist und L bittet ggf. darum, sie kurz zu resümieren.
Mögliche Lösung: *Daedalus, a mythical Greek architect and sculptor, lost King Minos' favour and wanted to flee from Crete. For that purpose, he constructed wings of wax and feathers and fled to Sicily, together with his son Icarus. The latter, despite his father's warnings, flew too close to the sun, so that the wax melted and he drowned in the sea.*

Alternative Auf der Website www.etext.lib.virginia.edu/latin/ovid/trans/Metamorph8.htm#_Toc 482327661/ steht eine englische Prosaübersetzung der Metamorphosen von Ovid zur Verfügung. Die Sprachebene dürfte die S allerdings etwas überfordern. Deshalb wird empfohlen, falls den S der gesamt Text vorgelegt wird, eine freiere und dem Sprachniveau der S angepasstere Version zu wählen, z. B.:

Daedalus and Icarus: *Meanwhile Daedalus, hating Crete, and his long exile, and filled with a desire to return to his home country, was imprisoned by the waves. "He may prevent our escape by land or sea," he said, "but the sky is surely open to us: we will go that way: Minos rules everything but he does not rule the heavens." Having said this he applied his thought to a new invention and changed the natural order of things. He laid down lines of feathers, beginning with the smallest, following the shorter with longer ones, so that you might think they had grown like that, in an angle. The same way, long ago, the country pan-pipes were shaped, with lengthening reeds. Then he fastened them together with thread at the middle, and bees'-wax at the base, and, when he had arranged them, he*

bowed each one into a gentle curve, so that they imitated real bird's wings. His son, Icarus, stood next to him, and, not realising that he was holding in his hands things that would endanger him, caught laughingly at the down that blew in the passing breeze, and softened the yellow bees'-wax with his thumb, and, in his play, disturbed his father's wonderful work.
When he had put the last touches to what he had begun, the artist balanced his own body between the two wings and hovered in the moving air. He instructed the boy as well, saying "Let me warn you, Icarus, to take the middle way, in case the moisture weighs down your wings, if you fly too low, or if you go too high, the sun burns them. Travel between the extremes. And I order you not to aim towards Bootes, the Herdsman, or Helice, the Great Bear, or towards the drawn sword of Orion: take the course I show you!" At the same time as he laid down the rules of flight, he fitted the newly created wings on the boy's shoulders. While he worked and issued his warnings the ageing man's cheeks were wet with tears: the father's hands trembled.
He gave a never to be repeated kiss to his son, and lifting upwards on his wings, flew ahead, anxious for his companion, like a bird, leading her children out of a nest above, into the empty air. He urged the boy to follow, and showed him the dangerous art of flying, moving his own wings, and then looking back at his son. Some angler catching fish with a quivering rod, or a shepherd leaning on his stick, or a ploughman resting on the handles of his plough, saw them, perhaps, and stood there amazed, believing them to be gods able to travel the sky.
And now Samos, sacred to Juno, lay ahead to the left (Delos and Paros were behind them), Lebinthos, and Calymne, rich in honey, to the right, when the boy began to take pleasure in his daring flight, and leaving his guide, drawn by desire for the heavens, rose higher. His nearness to the devouring sun softened the fragrant wax that held the wings: and the wax melted: he beat with bare arms, but losing his oar-like wings, could not ride the air. Even as his mouth was crying his father's name, it disappeared into the dark blue sea, the Icarian Sea, called after him. The unhappy father, now no longer a father, shouted "Icarus, Icarus where are you? Which way should I be looking, to see you?" "Icarus," he called again. Then he caught sight of the feathers on the waves, and cursed his inventions. He laid the body to rest, in a tomb, and the island was named Icaria after his buried child.

Erarbeitung Im Anschluss an die Geschichte werden die S aufgefordert, zu beurteilen, inwiefern *Sierra Wave* als moderne Ikarus-Geschichte gesehen werden kann und sie erhalten den Auftrag, die Gemeinsamkeiten herauszuarbeiten.
Mögliche Lösung:
1. *Both Icarus and Steve are warned against possible dangers.*
2. *They both want too much, have too high ambitions.*
3. *Icarus dies in the end, and so does, probably, Steve.*

Anschließend stellt L die Frage, warum Hauptman, im Gegensatz zur Geschichte von Ikarus, auf ein eindeutiges Ende verzichtet hat.
Mögliche Lösung: *In Greek mythology, many stories and legends have an instructional purpose and clearly tell the reader what to do and what not to do. Modern short stories usually have an open ending. They leave it open to the readers' imagination to find their own ending: the reader is more emancipated.*

→ S7, p. 93

5 *Is it clear to you how the story ends?*

Ziel Vermutungen über das Ende einer Kurzgeschichte anhand der Struktur, der Charaktere und des Verlaufs anstellen

Lösungsvorschlag

Although the ending is open, it is probable that the thermal will take Steve ever further up and that he will die, either from the effect of the cold or from lack of oxygen. Steve's character supports this ending: although he knows what he's doing is dangerous, he's keen on it, because he thinks that "in danger, you learned something about yourself" (l. 25). Catherine's sentence "I don't want to hear about it. You're going to get yourself killed …" (l. 22) could be seen as a foreshadowing: she warns Steve of what is going to happen, but he doesn't listen, so he is finally punished by fate. Joe's advice "Maybe you'd better not try for a thermal yet" (l. 65) is another hint that Steve wants too much too soon. He gets into a thermal (l. 74), a dangerous wind that even expert gliders can often not cope with. The last sentences show that Steve is slowly losing consciousness. The lack of oxygen is already working on his brain and will probably soon kill him.

→ S11, p. 96

6 *Creative writing*

Ziel Literarische und nicht-literarische Texte verfassen, die eine Kurzgeschichte als Basis bzw. Ausgangspunkt haben

Materialien Kopiervorlage 8 *(Communication skills)*

Erarbeitung Die Sicherheitstipps in Aufgabe **c)** sollten unabhängig von technischem Know-how nur aufgrund der Kurzgeschichte zusammengestellt werden.

Lösungsvorschlag

c) ***Safety tips for hang gliders***
- *Listen to warnings from experts as to equipment, weather conditions, etc.*
- *Don't get too ambitious too soon.*
- *Avoid thermals unless you have really practised a lot.*
- *In case you're not sure about weather changes, take an oxygen bottle.*
- *Always take a parachute.*

Erweiterung **Kopiervorlage 8** *(An imaginary interview)* regt dazu an, im Anschluss an die Lektüre sich über die Gefühlswelt von Steve in den unterschiedlichen Phasen der Geschichte Gedanken zu machen und ihn hierzu zu interviewen. Die S können sich mit ihm identifizieren und zu Fragen der eigenen Gefühlswelt Auskunft geben. Diese Aufgabe eignet sich auch zur Vorbereitung auf eine mündliche Prüfung (siehe Stichwort **Mündlichkeit**).

Mündlichkeit

Aufgabenart: Interview
Arbeitsform: Partnerarbeit
Lernziele: Sich in die Gefühlswelt eines Charakters aus einer literarischen Geschichte hinein versetzen bzw. ihn hierzu befragen
Dauer: Vorbereitung ca. 5 Minuten; Durchführung ca. 10 Minuten
Verlauf: Es empfiehlt sich, das Interview nicht jeweils mit den Banknachbarn durchführen zu lassen, sondern die Interviewpartner zufällig auszuwählen. Dies erfordert von den S größere Spontaneität und trägt somit zur Authentizität der Interviewsituation bei.

D I'm gonna be like you

Seite 20/21

Thema Eltern als Vorbilder für Jugendliche

Lernziel Kritische Auseinandersetzung mit Vorbildern, insbesondere mit der Vorbildfunktion von Eltern, Cartoons vergleichen und interpretieren, die wesentlichen inhaltlichen Aussagen eines *Songs* verstehen

HINTERGRUNDINFO

Ugly Kid Joe *is a heavy metal band from Isla Vista, California. Their name is a pun on Pretty Boy Floyd, whose music they also mocked. They formed in 1989 and had a large variety of different styles, such as hard rock, southern, funk or rap & thrash. They were much influenced by bands such as Black Sabbath or AC/DC, and they also covered some of their songs. "Cat's in the Cradle" was one of their most successful songs, along with "Everything about you" and "Neighbor". Their debut album was called "America's Least Wanted", which was released in 1992, and it was from then to the mid 1990s when they were most successful. Their logo was an "ugly kid" wearing a backward baseball and giving the finger. They released another album, "Motel California", in 1996, which wasn't a big success at the beginning, but has gained something like cult status recently. In 1997, "Ugly Kid Joe" disbanded.*

Harry Chapin *was born in 1942 into a New York music family. Two of his brothers were later on members of Harry's band, which toured the world. Harry was very enthusiastic about the folk boom in the late 50s and 60s and played many of the songs of the time for his own pleasure. He studied architecture at the Air Force Academy and later on philosophy at Cornell University. But in 1964, he gave up his studies and joined his father and two of his brothers in the group called the "Chapin Brothers", which disbanded, however, when his brothers took up their studies. Harry also worked in the film industry, first in different manual jobs, later on as a director of his own documentaries. The most famous one, "Legendary Champions", won him an Academy Award nomination for best documentary in 1969.*

In the late 1960s he also wrote his own songs, and in 1970 he reunited with his brothers. However, he didn't play himself, but only provided the songs for the band. He became increasingly successful. "Cat's in the Cradle" is taken from his fourth album, "Verities and Balderdash". In the 1970s, apart from his very individual kind of folk music, Chapin also started committing himself to other entertainment areas such as musicals and shows. Still, his average was about 200 concerts a year all over the United States, but also in many other countries. Besides that he took part in a lot of benefit events and supported various charities. In particular he organized concerts for Africa to support the victims of drought. About half of the 200 concerts were benefits, which helped raise millions of dollars.

Chapin was also one of the founders of the World Hunger Year. In his campaign he urged members of the House and Senate as well as the President of the United States to pass a resolution to establish a government commission on world hunger.

In July 1981, Chapin died in a car accident. The philosophy of his life is best described by the words he said in an interview: "Our lives are to be used and thus to be lived as fully as possible. And truly it seems that we are never so alive as when we concern ourselves with other people."

Cartoons

Seite 20

Hinführung L beginnt mit folgender Anekdote: *A famous child psychiatrist, Fritz Redl, is reported as saying to a group of parents: "Get out your papers and pencils. I'm going to tell you the three most important things you will ever need to know about raising children." The parents were very eager to get to know the words of wisdom. Finally, Redl said, "Example, example, example." What does this anecdote tell us about Redl's concept of education?*

Mögliche Lösung: *Apparently Redl didn't think much of parents who gave their children detailed instructions but never lived by them themselves. In his opinion, the most important thing for parents to do was to set good examples and thus to be role models for their children. So it's "monkey see, monkey do," and not at all "do as I say, not as I do." Thus, consistency between teaching and example is very important.*

→ S24, p. 106

1 *Compare the cartoons and …*

Ziel Cartoons beschreiben und interpretieren, zwei Cartoons mit gleicher Thematik vergleichen

Lösungsvorschlag

In the first cartoon you can see a clown with his son. In the background there is a tent and a caravan, obviously belonging to the circus the clown probably works for. The clown is wearing his typical clothes, i.e. a hat, a colourful striped shirt and chequered trousers, and very big shoes. The son, too, is wearing shoes far beyond his usual size. But he seems anything but happy about them. He's complaining to his father: "Dad, why can't I have sensible shoes?" This statement may be unexpected for two reasons: first of all, most children love clowns and would be happy to be allowed to wear the same clothes. Secondly, boys tend to imitate their fathers, also as far as clothes are concerned. But such extremely large shoes are simply not practical, so the son is complaining because he feels a victim of his father's profession.
In the second cartoon a man is sitting in front of his oversized TV-set. The screen covers most of one side of a wall. His son is standing in front of him, holding a ball in his hand and looking at him. Apparently he would like his father to play football with him. But the father feels disturbed by his son and asks him to move away, because he's blocking the TV. On top of it, the father is watching a sport that is considered as rather boring and where usually nothing much happens – golf. Here, the father prefers watching a boring sport to playing a usually far more entertaining activity with his son. Although the son is so small that he covers only a tiny part of the screen, he is a mere nuisance to his father, who doesn't want to be kept from seeing all the details.
In both cartoons the relationship between father and son is a rather bad one. Both fathers seem to lack any sense of empathy with their sons: the first one makes him wear shoes that he himself may feel well in because they are part of his profession, but which are not practical at all. The father in the second cartoon doesn't care about his son's wishes for a game and for spending some time together, preferring to watch a boring game on TV.

Cat's in the cradle (Ugly Kid Joe) — Seite 20

Materialien PB-CD 1, Track 10

Erarbeitung [PB◎10] Das Lied wird bei geöffneten Büchern vorgespielt. Da die Thematik aufgrund der vorhergehenden Besprechung der Cartoons bereits klar ist, wird sofort zur Kernaussage übergeleitet. L kann dazu folgende Leitfragen stellen (mögliche Antworten in Klammern):

→ G4, p. 117

1. *What do father and son have in common in the song when they are adults?*
   (Both of them don't have time for their father/son.)
2. *Name the concrete situations where father or son would like to spend some time with the other.*
   (The son would like to play football with his father, but his father is too busy. During the son's time at college, he has no time to sit with his father, probably going to a party; all he wants is his car keys. When his father is already retired, he still has no time for him, being too busy with his job and his family.)

3. *To what extent is the sentence "I'm gonna be like you/him." ambiguous?*
   (First, the sentence is meant in a positive way: sons like imitating their fathers, they want to be like them one day. In the end the son really turns out to be like his father, which the latter sums up in the words "My boy was just like me." But here, this is not positive at all: just as the father had no time for his son while his son was still small, his son has now no time for him. He's always busy.)
4. *What does the song want to express, in your opinion?*
   (The song is meant as a critical comment on today's hectic life. Fathers have no time for their children, because they care far too much for their careers, although in the end the family is what really counts. They find that out when it's too late: as adults or when they have retired, they would like to spend more time with their children, but then their grown-up children are busy themselves for the same reasons their fathers were busy when they were still small.)

2 *Role play*

Ziel Ein Gespräch unter zwei Elternteilen als Rollenspiel ausarbeiten und aufführen

Materialien Kopiervorlage 9 *(Communication skills)*

Erarbeitung Das Rollenspiel eignet sich auch als Vorbereitung auf eine mündliche Prüfung (siehe Stichwort **Mündlichkeit**).

Erweiterung Zusätzlich zu dem im Schülerbuch gegebenen Beispiel können weitere Rollenspiele jeweils paarweise vorgetragen werden. Hierzu bietet es sich an, Rollenkarten zu entwerfen und ggf. dem Rest der Klasse nicht mitzuteilen, welche Rollen die jeweils Vortragenden spielen. Die S der Klasse, die nicht dieselben Rollenkarten haben, müssen mit Hilfe der Präsentation die Situation selbst erklären. Beispiele für mögliche Rollenkarten befinden sich auf **Kopiervorlage 9** *(Role play)*.

Mündlichkeit
Aufgabenart: Rollenspiel
Arbeitsform: Partnerarbeit, Plenum
Lernziele: Umsetzen problematischer Eltern-Kind-Beziehungen in einem Rollenspiel
Thema: Fehlende Zeit der Eltern für die Kinder – und später umgekehrt
Dauer: Vorbereitung ca. 5 Minuten; Vortrag ca. 3–4 Minuten pro Paar

→ S16, p. 100

3 *Discuss*

Ziel Die Fragen diskutieren, ob Eltern eine Vorbildfunktion einnehmen sollten oder nicht

Materialien → WB ex. 1, 2, 3

Erarbeitung In Vorbereitung einer *composition* können die wesentlichen Punkte an der Tafel festgehalten werden. Mögliche Argumente:

Should parents be examples to their children?

Yes:	No:
· it's parents children spend most time with, so they should show them how to behave · because of the genetic similarity, there's a good chance that children will develop personalities much the same as their parents' · children need idols to stick to; if they can't take their parents as such, they	· today's world is changing so fast that often you cannot transfer behavioral patterns from one generation to the next · parents also need the chance to let go; at least they cannot be examples all the time · the divorce rates are so high these days that relying too much on a parent

will look for others, often less reliable or desirable ones • …	as an example implies the danger of children being at a complete loss in case their parents split up and one of them moves away • …

Meditation: Mama ist die Beste

Seite 20

Erarbeitung Um mit den S die Technik der Mediation Schritt für Schritt zu üben, ist es sinnvoll, zunächst die wichtigsten Stellen des deutschen Textes markieren und dann abschnittsweise zusammenfassen zu lassen. Kopieren Sie dazu Seite 21 aus dem Schülerbuch und machen Sie die S darauf aufmerksam, dass sie bereits hier versuchen sollten, den Ausgangstext auf etwa ein Drittel zu kürzen und keinesfalls zu nah am Text zu „kleben“, sondern unbedingt ihre eigenen Worte zu benutzen.

→ S28, p. 128

4 *Mediation*

Ziel Einem deutschen Text die wesentlichen Informationen entnehmen und sie in englischer Sprache zusammenfassen

Lösungsvorschlag

(abschnittweise)

Vorbilder gab es immer. Die Definition hat sich bloß geändert. Ein Vorbild ist niemand, der für eine besondere Idee steht, sondern jemand, der gut aussieht, viel Geld hat oder schlicht so ist, wie wir auch gern wären. Die eigenen Eltern nennt sicher kein 16-Jähriger als Vorbild. Was war an denen schon besonders? Die gehen arbeiten, kochen, reden, putzen, lesen Zeitung und schlafen. Wie viel das ist, merkt man erst, wenn man es selbst tut. Erst dann überholen die Eltern die Popstars auf der Liste der am häufigsten genannten Vorbilder. Aber dafür muss man ein bisschen älter werden.
The definition of idols has changed. Nowadays, they are those who are rich or look good. For 16-year-olds, parents cannot take over this role. But later, when we realize what they do every day, they even overtake pop stars in the hit list of idols.

Mit 18 hatten wir genug von Individualisierung und gespielter Auflehnung gegen gar nichts. Zeit für Kate Moss. Sie vereinte uns alle wieder – in einer Diät. Ein paar Jahre mit dünnen, schönen und operierten Vorbildern folgten. Erst Abitur und Auszug aus der Parallelwelt Kinderzimmer brachten die Wende. Die Vorbilder mussten dringend überdacht werden. Das lief bei uns etwa so ab: Schauspielerin Angelina Jolie, die ihren Erfolg dem Ruhm ihres schauspielenden Vaters verdankt, wird ausgetauscht gegen Lehrertochter Franka Potente. Der junge Mann mit Ambitionen zum Unternehmer verabschiedet sich vom Vorbild Bill Gates und wendet sich dem eigenen Onkel zu, der erfolgreich Hörakustik vertreibt.
At the age of 18 we gave up rebellion for rebellion's sake and imitated Kate Moss's love for diets. After our A-levels and moving out we had to think again: it was time for new idols within our own reach.

In diese Zeit etwa gehört auch die Studie mit dem grausamen Namen *null zoff & voll busy* der Universität Siegen, die als Erste wieder einen Trend zum Vorbild feststellt. Zwei von drei Jugendlichen hätten demnach wieder eines. Auf Platz eins der Jungs thront immer noch der Sportler, gefolgt von Papa. Bei den Mädchen belegen Popstars, Models und Schauspielerinnen nur Rang zwei, drei und vier. Vorbild Nummer eins ist Mama, fanden die Forscher um den Erziehungswissenschaftler Jürgen Zinnecker heraus. Das sollte sich auch nicht mehr ändern. Die aktuelle Shell-Studie 2006 besagt dasselbe: Eltern, Familie im weiteren Sinne und Bekannte der Eltern sind noch heute die häufigsten Vorbilder für junge Menschen.

Also according to the study "null zoff & voll busy", two thirds of youths have an idol again. With boys, sportsmen are at the top, followed by fathers. With girls, pop stars, models and actresses are second, third and fourth – number one being mothers. Another current study by Shell had the same results.

Eltern sind die besten Vorbilder, weil ihre Vorgaben realistisch sind. Sie besitzen ähnliche Fähigkeiten wie man selbst. Der kanadische Psychologe Albert Bandura kam Anfang des 20. Jahrhunderts zu dem naheliegenden Schluss: Der Mensch sucht sich immer ein Vorbild, dessen Erfolge auch für einen selbst erreichbar scheinen. Wer liegt also näher als Mama und Papa? Dass die Vorbilder vorher immer Popstars waren, kann nur an jugendlicher Selbstüberschätzung liegen.
Parents are the best idols, because, as the Canadian psychologist Albert Bandura found out, humans look for idols whose achievements are within reach for them.

Und heute, mit Anfang 20, klingt der einst belächelte Tagesablauf »arbeiten gehen, kochen, reden, putzen, Zeitung lesen, sich zusammen schlafen legen« plötzlich ganz wunderbar. Viel besser als »alleine aufwachen, irgendwo jobben, shoppen, telefonieren und allein hinlegen«. Was die Eltern geschafft haben, ist genau das, wonach wir uns sehnen, seit wir ausgezogen sind: Liebe, Treue und ein Zufluchtsort mit einer warmen Couch und einem vollen Kühlschrank. Da denken wir praktisch.
To people in their early twenties the daily routine they once looked down upon suddenly seems quite perfect. Since we moved out, we've been trying to reach exactly what our parents managed to acquire: love, faithfulness and a cozy place to live and to eat in.

Summary: *The definition of idols has changed. Nowadays they are those who are rich or look good. For 16-year-olds, parents cannot take over this role. But later, when we realize what they do every day, they even overtake pop stars in the hit list of idols. At the age of 18 we gave up rebellion for rebellion's sake and imitated Kate Moss's love for diets. After our A-levels and moving out we had to think again: it was time for new idols within our own reach. Also according to the study "null zoff & voll busy", two thirds of youths have an idol again. With boys, sportsmen are at the top, followed by fathers. With girls, pop stars, models and actresses are second, third and fourth – number one being mothers. Another current study by Shell had the same results. Parents are the best idols, because, as the Canadian psychologist Albert Bandura found out, humans look for idols whose achievements are within reach for them. To people in their early twenties the daily routine they once looked down upon suddenly seems quite perfect. Since we moved out, we've been trying to reach exactly what our parents managed to acquire: love, faithfulness and a cozy place to live and to eat in.*

→ S17, p. 100

5 *Debate*

Ziel Eine Debatte darüber führen, ob Eltern, die versuchen jung zu bleiben, die besten Vorbilder für ihre Kinder sind

Materialien
- → WB ex. 4
- → Test yourself ex. 1–9

Erarbeitung Machen Sie die S vor der Debatte im Plenum auf **Skill 17** (Seite 100 im Schülerbuch) aufmerksam.

Erweiterung Gewissermaßen als Gegenpol zur positiven Vorbildfunktion von Eltern kann mit den ersten Szenen aus dem Film *The Graduate* aufgezeigt werden, dass Jugendliche nicht unbedingt das Vorbild der Eltern nachahmen wollen. Die Gründe hierfür sollten in diesem Zusammenhang nur angerissen werden.

Schritt 1 Als erste Szene wird den S der Ausschnitt 02:55 – 07:00 gezeigt. Ben hat gerade das College mit Erfolg abgeschlossen und seine Eltern haben für ihn ein Fest mit den Freunden der Familie organisiert. Die S erhalten den Auftrag, in zwei Gruppen zu

arbeiten. Eine Gruppe achtet auf Ben, die andere auf die Erwachsenen. Anschließend werden die Personen beschrieben.
Mögliche Lösung: *Although the party has been organized for Ben, he doesn't seem to be enthusiastic about it at all. Rather, he seems to be quite absent-minded. Apparently he needs some time off to think about his future. When his father asks him what he thinks his future should look like, he just answers: "different". This seems to suggest that he doesn't want to imitate his parents and their generation. He doesn't accept them as role models. The adults at the party all seem to be cheerful. But the things they talk about are quite superficial. They give themselves airs, thinking that what they say is of great importance. A good example of that is a friend of his father's who takes Ben aside to tell him what seems to be a great secret. Finally, he just says "plastics", indicating that this material promises a great economic future.*

Schritt 2 Die zweite Szene (16:40 – 20:40) spielt im Haus der Robinsons. Mr Robinson ist der Geschäftspartner von Bens Vater. Die beiden Familien sind seit sehr langer Zeit freundschaftlich verbunden. Mrs Robinson versucht, Ben zu verführen.
Aufgabenstellung für diese Szene: *Judging by what you see in this scene, what do you think is the relationship between a) Ben and Mr Robinson (group 1) and b) the Robinsons (group 2) like?*
Mögliche Lösung: a) *At the beginning of the scene Ben seems to be quite nervous. Mr Robinson has known him for a very long time and gives him fatherly advice. He seems to be worried about him, because he takes things too seriously. So he tells him he should take it easy and have fun with girls.*
b) *Mrs Robinson hardly listens to what her husband is telling Ben. Either she has heard these things many times before, or she just isn't interested. The relationship between the Robinsons seems to be anything but cordial. They live side by side without caring too much for each other.*

Schritt 3 In der dritten Szene (22:30 – 24:20) werden die S angehalten, vor allem auf die Kameraführung und -perspektiven und deren Wirkung zu achten. Aufgabenstellung: *Take a close look at the perspectives used here. What is their effect?*
Mögliche Lösung: *For most of the scene we see everything from Ben's perspectives. His parents made him a present they are obviously proud of: a scuba diving costume. Now he has to demonstrate it to his parents' friends. In a point-of-view shot, the spectator looks through Ben's goggles without hearing what everybody else is saying. Quite unwillingly, he jumps into the pool and is pushed under water by his father. Finally he decides to stay under water, being safe from his parents and their friends for some time.*

Schritt 4 Zusammenfassend sollten die drei Szenen noch einmal dahingehend interpretiert werden, inwiefern Bens Eltern und Freunde für ihn Vorbilder sind: *From the scenes we have just seen, do you think Ben sees his parents and their friends as role models?*
Mögliche Lösung: *Ben doesn't seem to see his parents and their friends as role models at all. He wants his future to be "different", without knowing what exactly he is looking for. The world of his parents and their friends seems to be superficial and self-important. Ben is apparently disillusioned with a consumerist middle class future. His parents' generation is thus a negative role model: they show him what he does not want to be.*

⟨E My child is starving herself to death⟩

Seite 22/23

Thema Essstörungen bei Jugendlichen

Lernziel Verschiedene Arten von Essstörungen und deren Gründe kennenlernen

Hinweis Da nicht auszuschließen ist, dass in der eigenen Klasse Fälle von Essstörungen vorliegen, über die L nicht oder nicht ausreichend Bescheid weiß, ist in diesem Kapitel unbedingt auf eine äußerst sensible Behandlung des Themas zu achten. Auf keinen Fall sollten persönliche Erfahrungen von den S eingefordert werden – es sei denn, dies ist deren ausdrücklicher Wunsch.

→ S23, p. 105

1 *Before you read*

Ziel Schönheitsideale unterschiedlicher Epochen anhand von Fotos vergleichen

Kernwortschatz *grace*

Erarbeitung Zunächst wird nur das rechte Bild mit den drei Supermodels aus dem Jahr 2006 betrachtet. Die S werden befragt, inwiefern das Aussehen dieser Frauen ihrem Schönheitsideal entspricht. Anschließend wird das linke Bild hinzugezogen. Die S werden aufgefordert, dazu Stellung zu beziehen, was ihnen an diesen drei Frauen gefällt und was nicht.

Alternative Der Vergleich der Schönheitsideale ist für die S eindrucksvoller, wenn die Fotos einzeln zugänglich gemacht werden. Kopieren Sie sie dazu (vergrößert) auf Folie.

Lösungsvorschlag

The picture on the right shows three supermodels who are, according to today's standards, some of the most beautiful women in the world. They are very slim, tall, and have a nice tan. The three women in the left picture look quite different: they are pale and not slim at all. And yet, they seem to have represented the ideal of beauty at their time, because the caption says that they are the three graces and were painted by Rubens in the 17th century. The comparison between the two pictures shows the viewer that the ideal of beauty is not timeless at all, but has, on the contrary, very much changed over the last few centuries.

⟨Joanne's story⟩

Seite 22/23

HINTERGRUNDINFO

1. ***Anorexia nervosa*** *is a serious, potentially life-threatening eating disorder characterized by self-starvation and excessive weight loss. Anorexia nervosa has four primary symptoms:*
   - *Resistance to maintaining body weight at or above a minimally normal weight for age and height.*
   - *Intense fear of weight gain or being "fat", even though underweight.*
   - *Disturbance in the experience of body weight or shape, undue influence of weight or shape on self-evaluation, or denial of the seriousness of low body weight.*
   - *Loss of menstrual periods in girls and women post-puberty.*

   Eating disorders experts have found that prompt intensive treatment significantly improves the chances of recovery. Therefore, it is important to be aware of some of the warning signs of Anorexia nervosa.

   Warning signs of Anorexia nervosa:
   - *Dramatic weight loss.*
   - *Preoccupation with weight, food, calories, fat grams, and dieting.*
   - *Refusal to eat certain foods, progressing to restrictions against whole categories of food (e.g. no carbohydrates, etc.).*

- *Frequent comments about feeling "fat" or overweight despite weight loss.*
- *Anxiety about gaining weight or being "fat".*
- *Denial of hunger.*
- *Development of food rituals (e.g. eating foods in certain orders, excessive chewing, rearranging food on a plate).*
- *Consistent excuses to avoid mealtimes or situations involving food.*
- *Excessive, rigid exercise regimen – despite weather, fatigue, illness, or injury, the need to "burn off" calories taken in.*
- *Withdrawal from usual friends and activities.*
- *In general, behaviors and attitudes indicating that weight loss, dieting, and control of food are becoming primary concerns.*

2. ***Binge eating disorder*** *(BED) is a type of eating disorder not otherwise specified and is characterized by recurrent binge eating without the regular use of compensatory measures to counter the binge eating. Binge eating disorder is characterized by:*
   - *Frequent episodes of eating large quantities of food in short periods of time.*
   - *Feeling out of control over eating behavior.*
   - *Feeling ashamed or disgusted by the behavior.*
   - *There are also several behavioral indicators of BED including eating when not hungry and eating in secret.*

   Health consequences of Binge eating disorder: The health risks of BED are most commonly those associated with clinical obesity. Some of the potential health consequences of Binge eating disorder include:
   - *high blood pressure*
   - *high cholesterol levels*
   - *heart disease*
   - *diabetes mellitus*
   - *gallbladder disease*

   About Binge eating disorder:
   - *The prevalence of BED is estimated to be approximately 1–5 % of the general population.*
   - *Binge eating disorder affects women slightly more often than men--estimates indicate that about 60 % of people struggling with binge eating disorder are female, 40 % are male (Smith et al., 1998).*
   - *People who struggle with binge eating disorder can be of normal or heavier than average weight.*
   - *BED is often associated with symptoms of depression.*
   - *People struggling with binge eating disorder often express distress, shame, and guilt over their eating behaviors.*

3. ***Bulimia nervosa*** *is a serious, potentially life-threatening eating disorder characterized by a cycle of bingeing and compensatory behaviors such as self-induced vomiting designed to undo or compensate for the effects of binge eating. Bulimia nervosa has three primary symptoms:*
   - *Regular intake of large amounts of food accompanied by a sense of loss of control over eating behavior.*
   - *Regular use of inappropriate compensatory behaviors such as self-induced vomiting, laxative or diuretic abuse, fasting, and/or obsessive or compulsive exercise.*
   - *Extreme concern with body weight and shape.*

   Eating disorder specialists believe that the chance for recovery increases the earlier bulimia nervosa is detected. Therefore, it is important to be aware of some of the warning signs of bulimia nervosa.

   Warning signs of Bulimia nervosa:
   - *Evidence of binge eating, including disappearance of large amounts of food in*

short periods of time or the existence of wrappers and containers indicating the consumption of large amounts of food.

- *Evidence of purging behaviors, including frequent trips to the bathroom after meals, signs and/or smells of vomiting, presence of wrappers or packages of laxatives or diuretics.*
- *Excessive, rigid exercise regimen – despite weather, fatigue, illness, or injury, the need to "burn off" calories taken in.*
- *Unusual swelling of the cheeks or jaw area.*
- *Calluses on the back of the hands and knuckles from self-induced vomiting.*
- *Discoloration or staining of the teeth.*
- *Creation of lifestyle schedules or rituals to make time for binge-and-purge sessions.*
- *Withdrawal from usual friends and activities.*
- *In general, behaviors and attitudes indicating that weight loss, dieting, and control of food are becoming primary concerns.*

Health consequences of Bulimia nervosa: Bulimia nervosa can be extremely harmful to the body. The recurrent binge-and-purge cycles can damage the entire digestive system and purge behaviors can lead to electrolyte and chemical imbalances in the body that affect the heart and other major organ functions. Some of the health consequences of bulimia nervosa include:

- *Electrolyte imbalances that can lead to irregular heartbeats and possibly heart failure and death. Electrolyte imbalance is caused by dehydration and loss of potassium and sodium from the body as a result of purging behaviors.*
- *Inflammation and possible rupture of the esophagus from frequent vomiting.*
- *Tooth decay and staining from stomach acids released during frequent vomiting.*
- *Chronic irregular bowel movements and constipation as a result of laxative abuse.*
- *Gastric rupture is an uncommon but possible side effect of binge eating.*

About Bulimia nervosa:

- *Bulimia nervosa affects 1–2 % of adolescent and young adult women.*
- *Approximately 80 % of bulimia nervosa patients are female (Gidwani, 1997).*
- *People struggling with bulimia nervosa usually appear to be of average body weight.*
- *Many people struggling with bulimia nervosa recognize that their behaviors are unusual and perhaps dangerous to their health.*
- *Bulimia nervosa is frequently associated with symptoms of depression and changes in social adjustment.*

4. ***What causes eating disorders?***

Eating disorders are complex conditions that arise from a combination of long-standing behavioral, biological, emotional, psychological, interpersonal, and social factors. Scientists and researchers are still learning about the underlying causes of these emotionally and physically damaging conditions. We do know, however, about some of the general issues that can contribute to the development of eating disorders.

While eating disorders may begin with preoccupations with food and weight, they are most often about much more than food. People with eating disorders often use food and the control of food in an attempt to compensate for feelings and emotions that may otherwise seem over-whelming. For some, dieting, bingeing, and purging may begin as a way to cope with painful emotions and to feel in control of one's life, but ultimately, these behaviors will damage a person's physical and emotional health, self-esteem, and sense of competence and control.

Psychological factors that can contribute to eating disorders:

- *low self-esteem*
- *feelings of inadequacy or lack of control in life*
- *depression, anxiety, anger, or loneliness*

Interpersonal factors that can contribute to eating disorders:
- *troubled family and personal relationships*
- *difficulty expressing emotions and feelings*
- *history of being teased or ridiculed based on size or weight*
- *history of physical or sexual abuse*

Social factors that can contribute to eating disorders:
- *Cultural pressures that glorify "thinness" and place value on obtaining the "perfect body".*
- *Narrow definitions of beauty that include only women and men of specific body weights and shapes.*
- *Cultural norms that value people on the basis of physical appearance and not inner qualities and strengths.*

Biological factors that can contribute to eating disorders:
- *Scientists are still researching possible biochemical or biological causes of eating disorders. In some individuals with eating disorders, certain chemicals in the brain that control hunger, appetite, and digestion have been found to be unbalanced. The exact meaning and implications of these imbalances remains under investigation.*
- *Eating disorders often run in families. Current research is indicates that there are significant genetic contributions to eating disorders.*

Eating disorders are complex conditions that can arise from a variety of potential causes. Once started, however, they can create a self-perpetuating cycle of physical and emotional destruction. Professional help is recommended in the treatment of eating disorders.

5. ***What is eating disorders prevention?***

Prevention is any systematic attempt to change the circumstances that promote, initiate, sustain, or intensify problems like eating disorders.
- *Primary prevention refers to programs or efforts that are designed to prevent the occurrence of eating disorders before they begin. Primary prevention is intended to help promote healthy development.*
- *Secondary prevention (sometimes called "targeted prevention") refers to programs or efforts that are designed to promote the early identification of an eating disorder to recognize and treat an eating disorder before it spirals out of control. The earlier an eating disorder is discovered and addressed, the better the chance for recovery.*

Basic principles for the prevention of eating disorders:
Eating disorders are serious and complex problems. We need to be careful to avoid thinking of them in simplistic terms, like "anorexia is just a plea for attention", or "bulimia is just an addiction to food". Eating disorders arise from a variety of physical, emotional, social, and familial issues, all of which need to be addressed for effective prevention and treatment.

Eating disorders are not just a "woman's problem" or "something for the girls." Males who are preoccupied with shape and weight can also develop eating disorders as well as dangerous shape control practices like steroid use. In addition, males play an important role in prevention. The objectification and other forms of mistreatment of women by others contribute directly to two underlying features of an eating disorder: obsession with appearance and shame about one's body.

Prevention efforts will fail, or worse, inadvertently encourage disordered eating, if they concentrate solely on warning the public about the signs, symptoms, and dangers of eating disorders. Effective prevention programs must also address:
- *Our cultural obsession with slenderness as a physical, psychological, and moral issue.*
- *The roles of men and women in our society.*

- *The development of people's self-esteem and self-respect in a variety of areas (school, work, community service, hobbies, etc.) that transcend physical appearance.*

Whenever possible, prevention programs for schools, community organizations, etc., should be coordinated with opportunities for participants to speak confidentially with a trained professional with expertise in the field of eating disorders, and, when appropriate, receive referrals to sources of competent, specialized care.

From: info@NationalEatingDisorders.org

Kernwortschatz *vomit, to throw up, bulimic, to diet, calory, calorie, loss, eating disorder, support, to monitor, to pretend, over-exercising, weigh-in, to overachieve, to rebel, refusal*

Erarbeitung L weist als Einstieg auf die Informationen in der *Fact file* zu *Eating disorders* hin. Wenn die Klasse gesprächsbereit erscheint und L den Eindruck erhält, dass eine Diskussion der unterschiedlichen Krankheitsbilder sowie deren Ursachen und Möglichkeiten zur Prävention im Plenum auf Interesse stößt, können die Informationen, die die *Fact file* in komprimierter Form zur Verfügung stellt, um Details aus den **Hintergrundinfos** erweitert werden. Die S können auch dazu angeregt werden, selbst auf der Website der *National Eating Disorders Association* (www.nationaleatingdisorders.org) nach weitergehenden Informationen zu suchen. Danach werden die sieben Textabschnitte in Stillarbeit gelesen und die spontanen Reaktionen der S auf die Geschichte entsprechend Aufgabe 2 im Plenum gesammelt.

Erweiterung Sofern die Klasse sich dem fakultativen Thema gegenüber deutlich aufgeschlossen zeigt und L den Eindruck hat, dass aufseiten der S keine Bedenken gegen eine tiefergehende Auseinandersetzung mit dem Thema Essstörungen bestehen, können die S den Auftrag erhalten, sich im Gruppenmixverfahren zunächst die wesentlichen Informationen selbst zu erarbeiten und diese anschließend in verschiedenen Gruppenarbeitsphasen an die Mitschüler/innen weiterzugeben. Dabei werden die Informationen der *National Eating Disorders Association* zugrunde gelegt. Die S werden entsprechend der Anzahl der Informationsschwerpunkte (siehe **Hintergrundinfo**) in fünf Gruppen eingeteilt. Die fünf Gruppen erarbeiten die Themenbereiche arbeitsteilig. Innerhalb der Gruppen wird zunächst der Auftrag erteilt, die Informationen auf einige Kernaussagen reduziert zusammenzufassen, sodass die S sie auch mündlich, ohne Unterlagen, an ihre Mitschüler/innen weitergeben können. Diese Vorbereitung kann auch als **Hausaufgabe** gestellt werden. Nachdem die S sich innerhalb der Gruppen auf die wesentlichen Punkte geeinigt haben, beginnt die zweite (fakultative) Arbeitsphase. Jetzt tauschen sich jeweils zwei Mitglieder unterschiedlicher Gruppen über ihr „Fachgebiet" aus. In der dritten und letzten Arbeitsphase bilden sich Gruppen aus jeweils fünf S so, dass Informationen zu allen Sachgebieten ausgetauscht werden können. Aufgrund des Umfangs sollten sich die S in der letzten Arbeitsphase Aufzeichnungen machen. Nachdem die Klasse sich auf diese Weise grundlegende Fakten über Essstörungen und deren Gründe selbst erarbeitet hat, lesen die S still die im Schülerbuch abgedruckte Geschichte.

Gruppenarbeit Gruppengröße in den drei Arbeitsphasen bei einer Klassenstärke von 30 Schülern:

1. **Arbeitsphase:** In fünf Sechsergruppen werden die Kernaussagen aus den fünf Informationsschwerpunkten (siehe **Hintergrundinfo**) entnommen.
   Dauer (bei häuslicher Vorbereitung): ca. 10 Minuten.
2. **Arbeitsphase** (fakultativ)**:** Je zwei S tauschen sich über ihr Spezialgebiet aus.
   Dauer: ca. 10 Minuten.
3. **Arbeitsphase:** Gegenseitiger Informationsaustausch in sechs Fünfergruppen, in denen alle Themengebiete vertreten sind.
   Dauer: ca. 20–25 Minuten.

Da die Gruppen immer wieder neu gemischt werden, ist es empfehlenswert, die Zusammenstellung vorher genau zu planen. Vorschlag: Die S erhalten farbige Karten mit Zahlen von 1–6. Es werden fünf verschiedene Farben benötigt, z. B. rot, blau, gelb, grün, orange.

1. **Arbeitsphase:** Die S finden sich gemäß ihren Farben zusammen, also in insgesamt fünf Sechsergruppen (z.B. rot 1–6, blau 1–6 usw.). Dabei werden die Themen der Reihe nach vergeben, also *Anorexia nervosa* – rot, *Binge eating disorder* – blau usw.
2. **Arbeitsphase** (fakultativ)**:** Jeweils zwei S mit unterschiedlichen Farben und unterschiedlichen Zahlen treten in Partnerarbeit zusammen, z.B. rot 1 und blau 2 usw. Hier können sich die S intensiv über Ähnlichkeiten bzw. Unterschiede ihrer Spezialgebiete austauschen und Ursachen sowie Präventionsmöglichkeiten kennenlernen. Die Paare sollten so zusammengestellt werden, dass immer auch ein Krankheitsbild diskutiert wird. Das schließt im o.g. Beispiel aus, dass grün und orange (also Ursachen und Prävention) zusammenarbeiten.
3. **Arbeitsphase:** In sechs Fünfergruppen arbeiten die S jetzt so zusammen, dass alle Themengebiete vertreten sind, also alle S mit der Ziffer 1 (in fünf Farben) usw.

2 *Describe in one or two sentences ...*

Ziel Die Tragweite von Essstörungen anhand einer konkreten Geschichte kennenlernen und spontan zu dem Problem Stellung nehmen

Lösungsvorschlag

First reactions might include:
- *It's amazing that Mara's mother realizes so late what's going on.*
- *Mara's mother seems to be quite caring, so one may wonder why Mara has never told her about her problems.*
- *The eating disorder Mara suffers from turns out to be extremely dangerous.*
- *It's difficult for parents to strike a balance between letting go and caring, because apparently, too much caring can cause bulimia, too.*
- *It's a very long way back to a "normal" life.*

3 *Vocabulary work*

Ziel Wortschatz nach Sinnzusammenhang gruppieren und *mind maps* erstellen

Materialien Kopiervorlage 10 *(Word power)*

Lösungsvorschlag

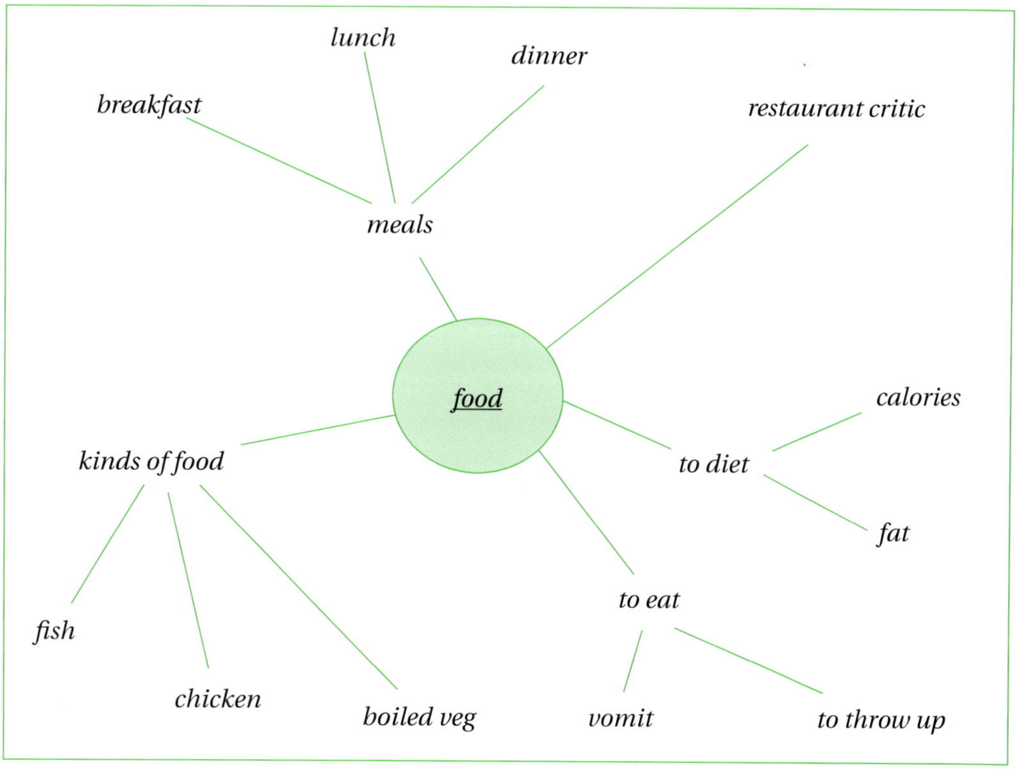

Lösungsvorschlag

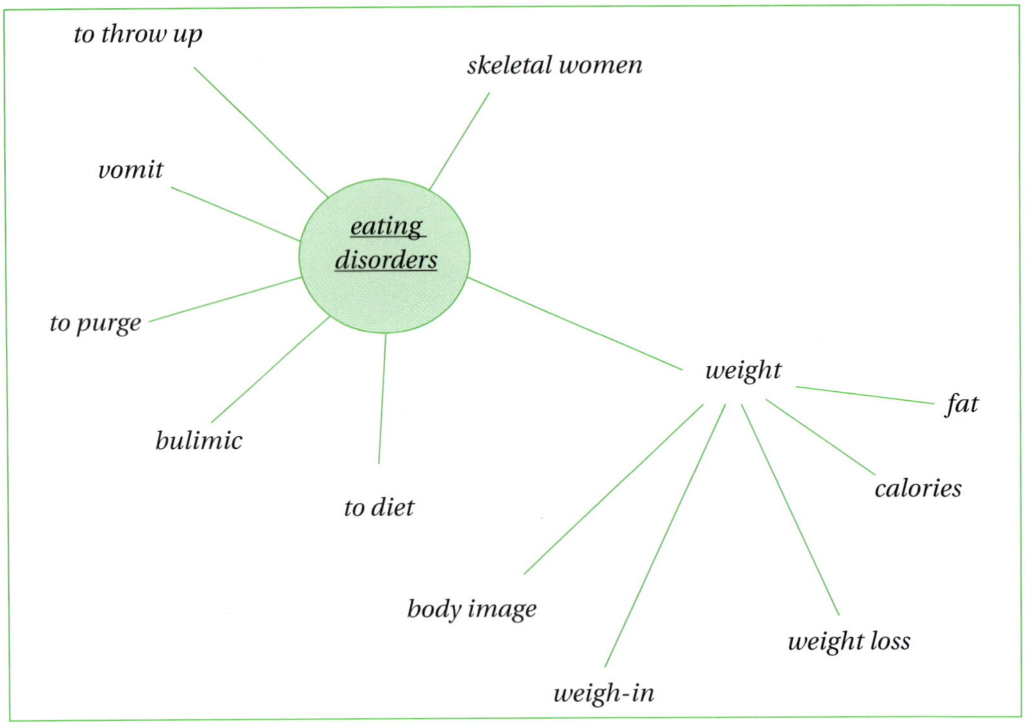

Lösungsvorschlag

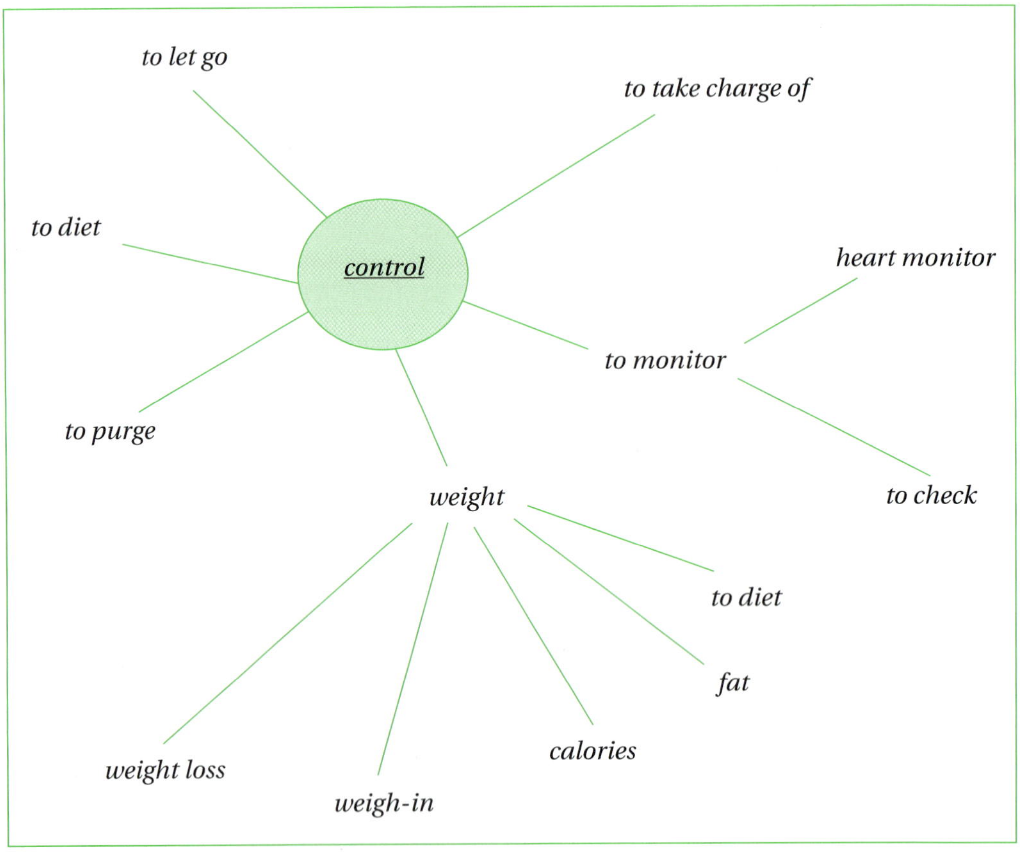

Erweiterung **Kopiervorlage 10** *(Taboo)* bietet die Möglichkeit, den Wortschatz des *Topics* noch einmal spielerisch zu wiederholen.

4 *Describe Joanne's problem and her feelings ...*

Ziel Zusammenfassung der wesentlichen Informationen des Textes

Kernwortschatz *to cope with*

Lösungsvorschlag

- *Joanne doesn't think that her daughter can be suffering from eating disorders; she is too sure of that. (l. 6: "My daughter can't be bulimic.")*
- *As soon as Joanne knows about it, she's very sad and tries to get help from experts. (ll. 13–15: "I get advice from Sheena's Place, a support centre for people with eating disorders, …")*
- *Joanne is unsure about how to react, and when she doesn't get her daughter to eat more, she adds fat to her meals without Mara knowing about it. (l. 16: "Family dinners are a nightmare.")*
- *Joanne's very upset when she learns that Mara's life is in danger. (l. 24: "I give up sleeping.")*
- *Joanne tries to do her best to help her daughter, but then wonders to what extent she might be the reason for her daughter's disorder. (ll. 33/34: "Am I the reason for this illness?")*
- *She's getting more and more unsure of herself and has doubts about her education style, controlling her child too much. (ll. 39/40: "Maybe her illness is a metaphor of refusal to be the daughter we control.")*
- *She's sad when she has to admit that it's best for her daughter to leave home and go to a health centre. (ll. 44/45: "We hated the thought of Homewood.")*
- *She decides to leave it to her daughter what to do. (ll. 47/48: "I am accepting her decision to take charge of her life.")*
- *She's happy after the process of letting go because her daughter has survived and there's now a new relationship between them. (ll. 50/51: "I have relinquished control over her, and with it the folly of trying to be the perfect mother.")*

→ S29, p. 110

5 *Listen to what Mara, Joanne's daughter, …*

Ziel Einen Hörtext verstehen (a), sich Notizen zu den einzelnen Abschnitten machen (b), Aussagen zuordnen (c), ein Diagramm zur Erklärung eines Ablaufs interpretieren (d)

Materialien LC-CD 1, Track 5–10

Text *(Mara speaks)*

[LC◎5] ***1. September, 2000, How it all began:*** *Camp is over. I wonder if I can make it through Grade 10. I spend hours studying every night, but I still don't do as well as everyone else. I wish I could be the best at something. If only I looked like Julia or could play volleyball like Jen or had clothes like Liz or a boyfriend like Laura I would be happy. I can't tell my mom, or I'll get the 'everyone's different and that's okay' lecture, which I already know by heart. I envy people who have enough willpower to get in shape, but I don't think I could give up junk food. Besides, my mom would flip if I went on a diet.*

[LC◎6] ***2. October, 2000, Taking control:*** *I go running in the morning instead of eating breakfast. I tell my parents I'll buy something later. I feel guilty for lying, but it's thrilling to do something they don't know about. I get hungry in the mornings, but if I make myself wait until lunch, I feel so proud. I bet I could do more. Lunch is easy to skip because I am at school. Family dinner is a tradition I can't avoid, so I try throwing up afterward. It's hard at first, but I get used to it. When I am empty, I feel like I'm in control.*

[LC◎7] ***3. January, 2001, Self-deceit:*** *I agree to seeing an eating disorder specialist. I really don't need it. I can't have an eating disorder. I know too much about them. I am still in control. Just to make sure, I decide to give up purging. I can't stand the feeling of food in my stomach, so I also stop eating pretty much all together. My parents can't do anything about it.*

[LC◎8] ***4. April, 2001, Realising the problem:*** *They put me in the hospital. I can't believe it. I'm not even sick. I hate my parents for making me stay here. On the outside, I smile and say I'm ready to get better. Really I don't care about anything. I try to convince the people here that I don't need their help. I need to get out of here and take control of my life again. It gets harder to get through the days with a positive attitude. There are two separate beings* *inside my head: eating disorder and me. Whatever I do, one is discontented. If I eat, I am weak for indulging myself, but if I don't, I am weak for not fighting it. I am in a lose-lose situation. I need help, but I won't admit it. I am supposed to be independent and mature.*

[LC◎9] ***5. September, 2001, Everything starts again:*** *I come back home believing I am okay. I jump immediately into a normal lifestyle. I join the cross-country team. It is fun, but I wish I could be as fast or as pretty as the other girls. As usual, I am not good enough. I have to punish my body. I begin cutting back on food again.*

[LC◎10] ***6. May, 2002, Making it all by myself:*** *Homewood has been a turning point for me. Everything I've done before has been for other people or because I didn't have a choice. Now for the first time, I am doing something for ME! It is demanding and scary and incredibly liberating. I've never even been away from my parents for much more than a week and the beginning is rough. There is nobody standing over my shoulder forcing me to eat, but if I don't, I can't stay. I have to let go of every way I know to deal with stress. Instead of going for a run when I feel uncomfortable, I have to sit with it and experience it. Without my eating disorder to focus on, there is nothing to cushion me from my raw feelings. I have to come to terms with them. This hurts a lot, but there are people here who understand, and after a while it gets easier. I spend four months here. I make the transition from eating disorder to free person.*

Lösungsvorschlag

c)
- *I bet I could do more: part 2*
- *I need help, but I won't admit it: part 4*
- *I can't have an eating disorder: part 3*
- *I wonder if I can make it through Grade 10: part 1*
- *I have to let go of every way I know to deal with stress: part 6*
- *I jump immediately into a normal lifestyle: part 5*

d) *This line graph shows Mara's feelings as well as her ups and downs from September 2000 to May 2002. At the very beginning she's slightly in the minus range, i.e. she's not quite satisfied with herself. However, from then on till January 2001, there's a constant increase in her well-being. In October her negative (sense of guilt for lying to her parents) and her positive (thrill because she does something they don't know) feelings are more or less in balance. The line keeps till January 2001, where it reaches a peak: although not believing she's ill, Mara agrees to seeing a specialist, a decisive step towards tackling her problems. This is the turning point towards a first big low in April 2001. At that time, she's in a lose-lose situation: whether she eats or not, she always feels weak. April 2001 is another turning point towards more positive feelings. In September 2001 she's home again and falls back into her former lifestyle. As a consequence, her emotional line keeps falling till May 2002, so far her biggest low. She's in Homewood Health Center now. She's far away from home and suffers terribly at the beginning. But at the same time, it's another turning point towards far more positive feelings. She starts letting go and this may be a first and decisive step towards liberating herself from her obsession of control.*

Erweiterung

Mit dem folgenden Arbeitsauftrag kann die Einschätzung von Mutter und Tochter abschließend verglichen werden: *Listen again and find statements that prove that Joanne's way of seeing things were the same as or different from her daughter's.*
Mögliche Lösung:

1. *"My mom would flip if I went on a diet." Mara is hiding her real wishes from her mother.*
2. *"I feel guilty for lying, but it's thrilling to do something they don't know about." Joanne learns from experts that people suffering from eating disorders lie to protect themselves.*
3. *"I can't have an eating disorder. I know too much about them.". This statement makes us think of what Joanne said in October 2000: "Mara understands that, so it can't happen to her." So her mother realizes earlier than Mara that she does have an eating disorder after all.*

4. *"On the outside, I smile and say I'm ready to get better." Also Joanne only pretends that everything is all right, but she is fully aware of the problem and feels useless because she cannot help her daughter.*
5. *"As usual, I am not good enough." This shows that Mara doesn't meet expectations, maybe her own ones, maybe also those of her mother (cf. also part 6/Track 10: "Everything I've done before has been for other people or because I didn't have a choice."). This might refer to Joanne's statement: "Maybe her illness is a metaphor of refusal to be the daughter we control."*
6. *"… the beginning is rough." This sentence supports Joanne's idea that Mara is homesick. "I make the transition from eating disorder to free person." is accepted by Joanne, who lets Mara decide to take charge of her life.*

Topic 2: Major minorities (Planungsübersicht)

Ethnic diversity in the USA and the UK: historical roots and present-day significance

Abschnitt	Seite	Stunden	Titel/Textsorte/Autor	Hauptaufgaben	Übungen	Workbook	CDs	Kopiervorlagen
A Origins	24, 25	3	**In the US …:** Diagrams and fact file; **In the UK …:** Informative text and statistics	Interpreting diagrams • Listening • Internet research; Internet research • Transfer	1–7	1–6	LC 1/11	11
B Black Power	26–32	9	**Rosa Parks and today's white youth:** Article by Joan Venocchi in the *International Herald Tribune*; **Sister Rosa:** Song by the Neville Brothers; **I have a dream/A different way:** Speeches by Martin Luther King and Malcolm X; ⟨**I get my culture where I can**⟩: Extract from Zadie Smith's novel *On Beauty*	Mediation • Vocabulary work; Point of view • Creative writing; Listening • Text comparison • Writing a comment; Characterization • Creative writing	1–16	1–10	PB 1/11, 12; LC 1/12, 13; PB 1/13–15	12–16
C Living together in the UK	33–39	7	**Asian voices:** Articles by Ian Herbert in *The Independent*, Sarfraz Manzoor in *The Guardian* and Zia Haider Rahman in *The Sunday Times*; **A family drama:** Extract from Hanif Kureishi's novel *The Buddha of Suburbia*; ⟨**Half-caste**⟩: Poem by John Agard; **Multi-ethnic Britain:** Photo collage	News writing • Reading techniques • Debate; Characterization • Writing tasks • Film project; Text analysis and interpretation • Creative writing; Oral presentation • Creative writing • Research	1–13	1–11; Tandem Activity 2; Test yourself 1–8	PB 1/16–17, 18	17–19

Topic 2 Major minorities

Seite 24–39

ERSTINFORMATION

Waren die Jugendlichen in *Topic* 1 mehr mit sich und ihren persönlichen Fragen befasst, so lenkt *Topic* 2 ihren Blick auf ein Thema, das sich mit dem sozialen Umfeld der Menschen in den USA und Großbritannien beschäftigt, in seiner grundsätzlichen Relevanz aber auch ihr Leben in Deutschland berührt. Dieser *Topic* hat das Leben unterschiedlicher ethnischer Gruppen in einer weitgehend von Weißen bestimmten Welt zum Inhalt. Die S erfahren zunächst einiges über die Gründe, warum es in den beiden Staatsgebilden zu der multikulturellen Vielfalt kam, wobei ihnen wegen der geringen Stundenausstattung in dieser Jahrgangsstufe nur einige Einblicke in historische Zusammenhänge gegeben werden können.

Zu Recht stellt dieser *Topic* einzelne Ereignisse und Personen in den Mittelpunkt: den Busboykott in Montgomery, Alabama, im Jahr 1955 und die Rolle von Rosa Parks, den Demonstrationsmarsch in Washington unter der Führung von Dr. Martin Luther King jr. im Jahr 1963 sowie den Einfluss von Malcolm X auf das poltitische Bewusstsein der schwarzen Bevölkerung. Den S wird damit anschaulich vor Augen geführt, welche Widerstände überwunden werden mussten, um eine annäherende Gleichberechtigung für die farbige Minderheit in den Vereinigten Staaten zu erreichen.

Zeitungsberichte beschreiben das Alltagsleben ethnischer Minderheiten im Vereinigten Königreich, ihre geglückte Integration, aber auch ihre Schwierigkeiten. Schließlich wird der Frage, wie sich das Zusammenleben von Angehörigen unterschiedlicher Rassen und Kulturen literarisch niedergeschlagen hat, ausführlich Rechnung getragen: ein Song der Neville Brothers, Auszüge aus je einem Roman von Zadie Smith und Hanif Kureishi und ein Gedicht des Schriftstellers John Agard veranlassen die S, sich mit persönlichen Facetten dieser Thematik zu befassen.

Der *Topic* fordert die S in starkem Maße dazu heraus, eigenständig sowie in Partner- oder Gruppenarbeit unterschiedliche Arbeitsaufträge anzugehen. Sie müssen selbst Materialien zur Lösung von Aufgaben beschaffen und interpretieren, längere schriftliche und mündliche Stellungnahmen abgeben, ihre Standpunkte in Diskussionen vertreten und ihre kreativen Fähigkeiten unter Beweis stellen. Ihre Fertigkeiten, mit literarischen Texten umzugehen sowie Hörverstehen und Mediation erfahren eine weitergehende Schulung.

A Origins

Seite 24/25

Thema Ethnische Minderheiten in den USA und Großbritannien, ihre Entstehung und die Problematik ihres Zusammenlebens mit der weißen Mehrheit

Lernziel Unterschiedlichen Informationsquellen sachliche Informationen entnehmen und Schlussfolgerungen daraus ziehen

In the US ...

Seite 24

HINTERGRUNDINFO

Teenager: *This term was first used in 1941, describing a person who is between 13 and 19 years of age, whereas adolescence is referred to as the life span between 10 to 19 or – as in the US – 12 or 14 to 19 or 21 years. In the United States it is common practice to call all pupils teenagers who go to high school.*

Harlem: *The boundaries of this neighbourhood in Manhattan always change depending on where African-Americans decide to live in this area. It roughly stretches from west to east between the East River to the Hudson River; its southern border is at the northern boundary of Central Park, marked by 110th Street; it extends as far as 155th Street, where it meets Washington Heights. The East Harlem (Spanish Harlem) community lives in an area stretching from First Avenue to Fifth Avenue and from East 96th Street to East 25th Street (see map of Manhattan on p. 65).*
Harlem was founded in 1658 when Dutch farmers under the leadership of Peter Stuyvesant moved to a place about 10 miles north of the colony of Manhattan because of the fertile land. In the course of the following century, the village of Nieuw Haarlem (named after Haarlem, the town in Holland) became a rich and prestigious New York suburb.
Towards the end of the 1880s, over the top speculative property transactions caused serious drops in prices and prompted black people to move there. In 1920 about 200,000 African-Americans lived in Harlem. In the following decade, called the "Harlem Renaissance", this neighbourhood attracted black musicians, writers and intellectuals, thus making Harlem the "Capital of Black America". The Great Depression of 1929, however, put a sudden end to this era.
In the 1960s, Harlem became a centre of political and social activism, leading to serious riots in 1968 (killing of Malcolm X). Its black inhabitants demanded economic and social help because of their bleak housing and hopeless job situation. In the mid-seventies, a lot of landlords had their houses burnt down in order to take insurance money, aggravating the dismal situation of the blacks even more.
In this decade, the situation took a turn to the better, though, because the authorities tried to improve the living conditions in Harlem by confiscating and reselling abandoned houses and giving financial help to renovate them, overhauling the sewage system and redeveloping unsightly streets and squares with the successful aim of attracting shops and business centres. Today, Harlem is a multi-ethnic neighbourhood vibrant with entrepreneurial activities and rising housing prices.

Black slavery in the United States: *The first example of slavery occurred in North Carolina in 1526 and lasted only one year because the slaves refused to work for their masters, fled into the wilderness and lived among an Indian tribe, the Cofitachiqui. In 1619, 20 Africans, already enslaved on a Spanish ship, were captured by a Dutch vessel and sold to the English colony of Jamestown. As there was a high mortality rate among the Jamestown residents and thus a scarcity of labourers, this human cargo was welcomed and traded for food and services. These first slaves became free after a fixed period of years and were given land and supplies (so-called indentured servants). The change from indentured servitude to slavery developed gradually, and in 1661 a reference of black slavery was made in Virginia law. 46 years later the status of black Africans living in Virginia was officially confirmed by law.*

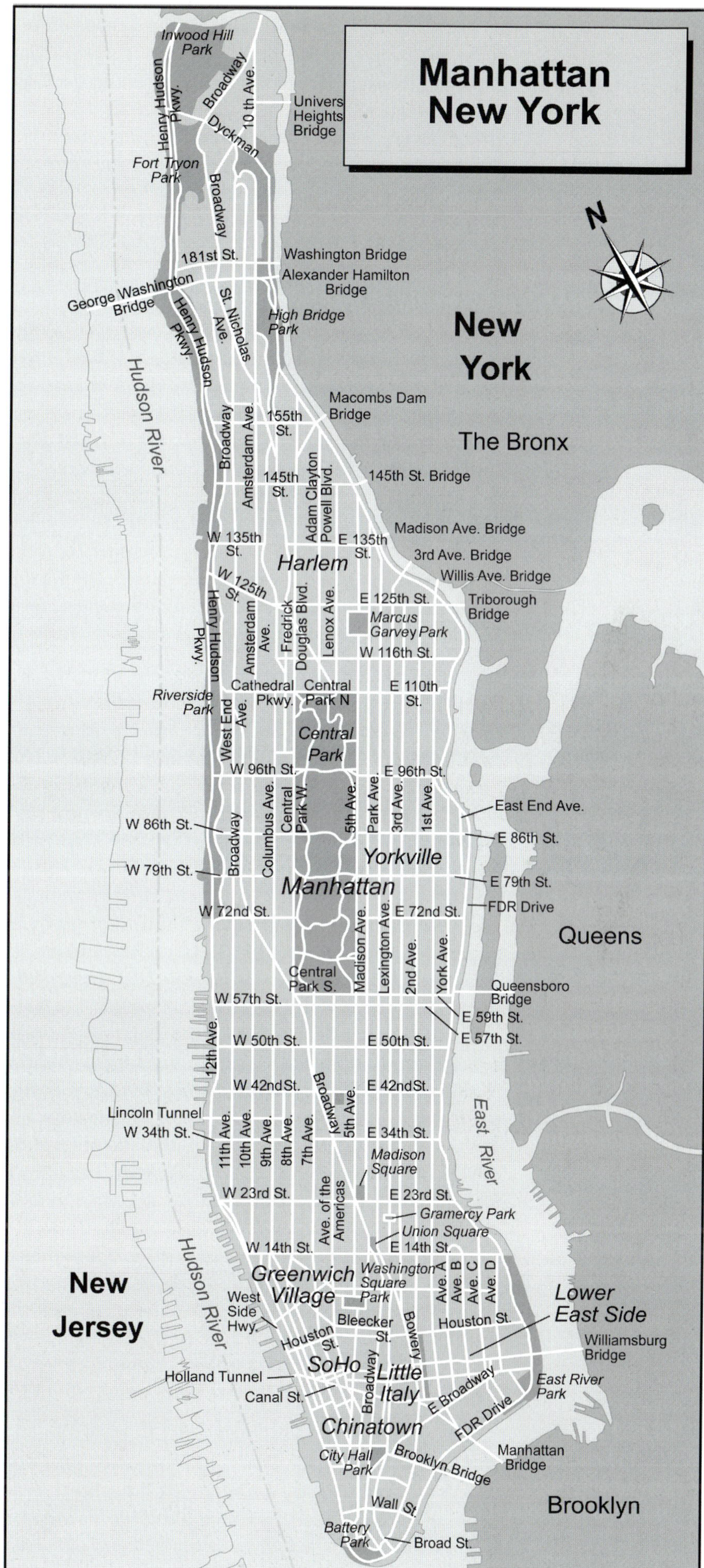
Manhattan
New York
Inwood Hill Park
Henry Hudson Pkwy.
Broadway
10 th Ave.
Dyckman
Univers Heights Bridge
Fort Tryon Park
Broadway
181st St.
Washington Bridge
Alexander Hamilton Bridge
George Washington Bridge
Henry Hudson Pkwy.
St. Nicholas Ave.
High Bridge Park
New York
Hudson River
Macombs Dam Bridge
155th St.
Broadway
Amsterdam Ave.
The Bronx
145th St.
Adam Clayton Powell Blvd.
145th St. Bridge
Madison Ave. Bridge
W 135th St.
E 135th St.
Harlem
3rd Ave. Bridge
Willis Ave. Bridge
W 125th St.
E 125th St.
Triborough Bridge
Henry Hudson Pkwy.
Amsterdam Ave.
Fredrick Douglas Blvd.
Lenox Ave.
Marcus Garvey Park
W 116th St.
Riverside Park
Cathedral Pkwy.
Central Park N
E 110th St.
West End Ave.
Central Park
W 96th St.
E 96th St.
Columbus Ave.
Central Park W.
5th Ave.
Park Ave.
3rd Ave.
1st Ave.
East End Ave.
W 86th St.
Broadway
E 86th St.
Yorkville
W 79th St.
Manhattan
E 79th St.
W 72nd St.
E 72nd St.
FDR Drive
Madison Ave.
Lexington Ave.
2nd Ave.
York Ave.
Queens
Central Park S.
Queensboro Bridge
W 57th St.
E 59th St.
E 57th St.
12th Ave.
W 50th St.
E 50th St.
W 42nd St.
Broadway
5th Ave.
E 42nd St.
Lincoln Tunnel
W 34th St.
11th Ave.
10th Ave.
9th Ave.
8th Ave.
7th Ave.
E 34th St.
East River
Madison Square
W 23rd St.
Ave. of the Americas
E 23rd St.
Gramercy Park
Union Square
W 14th St.
E 14th St.
New Jersey
Hudson River
Greenwich Village
Washington Square Park
Ave. A
Ave. B
Ave. C
Ave. D
Lower East Side
West Side Hwy.
Bleecker St.
Bowery
Houston St.
Houston St.
Williamsburg Bridge
SoHo
Little Italy
Holland Tunnel
Broadway
Canal St.
E Broadway
East River Park
FDR Drive
Chinatown
City Hall Park
Brooklyn Bridge
Manhattan Bridge
Wall St.
Brooklyn
Battery Park
Broad St.

During the British colonial period, slaves were common in all 13 colonies; those living in the north were mainly house servants while the slaves in the south worked on farms and plantations. In the 1660s, the sharp decline in the price of tobacco forced its producers to grow this plant on a large-scale basis at the lowest cost possible. The African slaves met this demand perfectly because they guaranteed a large, dependable and permanent supply of cheap labour to the detriment of a growing mass of slaves, victimizing small white planters and white labourers at the same time.
Between the 17th and the 19th century, about 645,000 black Africans were brought to what is now the United States. In 1808, the importation of slaves into the United States was prohibited, but not the involvement in internal or external slave trade. By 1860 the slave population was roughly four million. The Civil War (1861–1865) put an end to slavery, which, however, was not the most important goal the Union had pursued. In order to weaken the economy of the Confederate States, thus avoiding the establishment of a Southern nation, President Lincoln proclaimed freedom for slaves within the Confederacy and those Confederate territories the Union armies had conquered (Emancipation Proclamation of 1863). For strategic reasons the Union border states (West Virginia, Maryland, Delaware, Missouri, and Kentucky) were excluded. All slaves within the United States, whether freed or still under the control of their owners, held an illegal status until the recognition of the Thirteenth Amendment to the Constitution on December 18, 1865.
The annulment of being second class citizens of the former descendents of African slaves was only enforced after the success of the civil rights movement in the 1950s and 60s.

***Hispanic immigration:** Hispanic settlement of North America came early; in fact, the first permanent European settlement was founded by Spanish colonists (Pensacola 1559, St. Augustine, Florida 1565). At the same time, the Colorado River valley was populated by Mexicans. The future state of New Mexico was colonized in 1598. Texas was governed as a Spanish colony, the "Kingdom of Texas", which lasted from 1690 to 1821. Los Angeles was founded in 1781 by Spanish settlers. Louisiana became a Spanish colony after the Seven Years' war in 1763. Around 1848, after the Treaty of Guadalupe Hidalgo, which ended the Mexican war, about 64,000 Mexican immigrants lived in New Mexico and California (other figures about inhabitants of Hispanic origin are non-existent). The California Gold Rush in 1849 led to a sharp increase in immigration from Mexico. The Mexican Revolution (1910–1929) drove at least about 678,000 Mexicans into the USA. During the Great Depression many of them returned and only about 23,000 stayed. In a new wave of illegal immigration of about one million Mexican inhabitants found their way to the US. Between 1944 and 1954, "Operation Wetback", a quasi military operation, was initiated to force these immigrants to return. They had crossed the American-Mexican border in order to find work mainly in the agricultural sector. The number of those who returned is estimated less than 1,300,000. In the course of the Cuban revolution 1959 until 1970, about 409,000 families emigrated to the US. In the decade after 1965, when the Immigration and Nationality Act Amendments brought an end to the system of national-origin quotas, 453,000 Mexicans immigrated to the US. In 2000 war and serious political unrest in Central America caused 1,357,000 families from the Dominican Republic and El Salvador to successfully apply for US citizenship.*
According to the US Census in 2000, about ten million citizens of Hispanic origin lived in the United States. In 2006 official statistics confirm the number of about 342,000 Mexicans, 300,000 former inhabitants of Central America and slightly less than 300,000 immigrants from South America with illegal status.

***Asian immigration:** Until the late 1700s, only small numbers of Chinese immigrants came to the US to trade goods or to carry out educational missions. In 1778 Chinese sailors settled in Hawaii and married Hawaiian women. A smaller number of Chinese, Korean and Japanese labourers were employed on sugar plantations. The discovery of gold in California brought about 300,000 Chinese immigrants between*

1848 and 1882; racial discrimination among the gold-digging communities forced them to be indentured in the railroad and mining industries. The white public, however, strongly opposed these new immigrants, labelled them as the "yellow peril", so that the US Congress finally passed the Chinese Exclusion Act in 1882, which prohibited immigration from China for ten years (the Geary Act in 1892 extended this term). Their workforce was replaced by Korean, Indian and Japanese immigrants.
Before 1934, just over one million Asian immigrants came to the US, the Chinese and Japanese being the majority groups (Chinese: 430,000, Japanese: 380,000, compared to over 35 million from Europe). In 1943 Chinese immigrants were permitted to enter the USA (Magnuson Act), but noticeable Chinese immigration only began in 1965 when the Immigration Act suspended national origin quotas.
During World War II, Japanese Americans were declared a risk to national security, leading to the relocation of approximately 120,000 Japanese to so-called War Relocation Centers. 62 % of them were United States citizens. After World War II, anti-Asian prejudice did not play an important role in immigration policy any more. Family reunification programmes, vacancies for highly skilled workers, the Luce-Celler-Act of 1946, supporting immigration from India and the Philippines, the end of the Korean and Vietnam wars, bringing a lot of refugees to the US, made Asians the fastest growing group of immigrants. In 2006 about 15 million Asian Americans made up 5 % of the US population.

Kernwortschatz *census, descendant, labour, to be based on, Civil Rights Act, racial, segregation, discrimination*

Hinführung L leitet in das Thema mit einem Brainstorming zu den beiden Fotos auf Seite 24 ein. Um den S die ungeteilte Konzentration auf diese Phase zu ermöglichen, bietet es sich an, die Fotos auf eine Folie zu kopieren. Damit können die S besonders gut zu den abgebildeten Motiven Stellung nehmen – entweder ohne direkte L-Steuerung oder unter folgender Vorgabe: *Describe these photos. Guess where these photos were taken.* Über eine bloße Beschreibung der Fotos hinaus sollten die S veranlasst werden, darüber nachzudenken, ob – und wenn ja, welche – Schlussfolgerungen im Hinblick auf die Umwelt der Abgebildeten gezogen werden können: *Can you draw any conclusions as to the world the people live in? Have a closer look at the way the two boys are looking at the photographer.* Der Betrachter kann vermuten, dass die Blicke der Jugendlichen Distanz, Misstrauen oder gar Ablehnung verraten, während das zweite Bild den Eindruck vermittelt, dass sich die abgebildeten Farbigen in einer Welt bewegen, in der nur sie zu Hause sind, nachdem kein Weißer darauf zu sehen ist. Die folgende Frage schließt sich an: *Does it really make sense to live within one's ethnic group only?* Erste Vermutungen werden in einem Tafelanschrieb oder auf Folie festgehalten. Der Hinweis von L, dass man zu dieser Frage nur sinnvolle Aussagen machen kann, wenn man genauere Daten und Fakten kennt, führt zur Beschäftigung mit den weiteren Materialien auf der Doppelseite im Schülerbuch.

Alternative

- L lässt die S Vermutungen über die Überschrift anstellen: *What are major minorities?* Die weiterführende Frage, was es für eine Gesellschaft bedeuten könnte, in der eine oder mehrere *major minorities* leben (*What might be the consequences of a society in which there are one or more major societies?*), führt zu ersten Aussagen, die festgehalten werden Die Fortsetzung erfolgt wie oben beschrieben. Am Ende sollte die Struktur des Begriffs *major minority (play on words, coining a catchword with the help of words of opposite meanings)* angesprochen werden.

- Die S notieren sich entweder in einem Brainstorming oder im Gespräch mit einem Partner bzw. in Kleingruppen, welche Assoziationen sie mit dem Begriff *minority* oder *major minority* verbinden. Die Ergebnisse werden ebenfalls gesammelt. Erste Hinweise auf mögliche Unterthemen, denen man nachgehen möchte, werden hervorgehoben.

Erweiterung

- Die Bildlegende unter dem Foto auf Seite 2, rechts *(New York City – a Harlem street scene)*, kann Anlass sein, eine kleinere Gruppe von S damit zu beauftragen, im Internet über Harlem zu recherchieren und die Ergebnisse der Klasse vorzutragen.

- Die Überschrift *Major minorities* wird von den S begrifflich geklärt mit dem Ziel, erste Definitionsübungen in der Zielsprache anzubieten. Die S beantworten die Frage: *What are major minorities?* Sie erhalten sprachliche Hilfestellungen, indem sie zum einen auf Formulierungsmöglichkeiten aufmerksam gemacht werden *(By the term … we mean; major minorities are…, major minorities can be characterized as…, major minorities are defined as …)* und zum anderen darauf hingewiesen werden, dass die Bestandteile des Begriffs in der Defintion nicht verwendet werden dürfen. Ist dies die erste Aufgabe dieser Art, wird sie am besten in Partner- oder Kleingruppenarbeit bewältigt. Mögliche Lösung: *By the term major minorities we mean larger groups of people in a society that differ from their main ethnic group, but exert an obvious influence on the latter.*

Erarbeitung **Kernwortschatz:** Um den S einen schnellen Zugang zu den Aufgaben zu ermöglichen, lesen sie die Information auf den blauen Flächen zunächst selbstständig durch und nennen die ihnen unbekannten Ausdrücke, deren Bedeutung gleich im Plenum geklärt wird. *A long time ago, the families of most black people in the US were slaves; their descendants were slaves. When it came to slavery, people with a different colour of their skin became slaves; they became slaves because of their racial differences. Slaves had to do hard work; they had to do hard labour which means labour-intensive work. They did not have the same rights as other citizens; they did not have the same civil rights. They could not find help in the law that makes sure that they have the same rights, the Civil Rights Act was of no use for them. There are civil rights because people think that all men are equal; civil rights are based on the idea that all men are equal. If groups of different racial background try not to get in contact with each other, they practise racial segregation. If a government wants to know how many people live in their country, they carry out a census.*

→ S29, p. 110 **Text:** L wendet sich mit den S zunächst dem Tortendiagramm zu. Das Wort *pie chart* für Tortendiagramm wird eingeführt und L macht die S auf **Skill 29** *(Making a survey)* aufmerksam. Es wird die Frage gestellt: *How does the pie chart help to explain the term major minorities?* Folgende Antworten sind zu erwarten:

- *The pie chart shows that especially black and Hispanic minorities can be put in the category major.*
- *Other ethnic groups do not appear to be major ones. In certain neighbourhoods, however, these minorities can also have considerable influence on their environment.*
- *As a result of these observations, the term major minority seems to be rather inaccurate, and it might not be very helpful when it comes to discussing matters of ethnic relationships.*

Die Ausdrücke *to be/to fall under, can be put in the category (of), can be categorized, to fall under the heading* können den S zusätzlich angeboten werden, damit sie ihre Überlegungen angemessen formulieren können.

1 *Slavery*

Ziel Auswertung der Informationsmaterialien zum Sklavenhandel in den USA

Materialien Kopiervorlage 11 (*Extras*)

Erarbeitung Die Komplexität des Informationsmaterials legt Gruppenarbeit nahe, in der sowohl arbeitsteilig als auch arbeitsgleich vorgegangen wird, um eine gegenseitige Kontrolle der Ergebnisse zu sichern. Es wird vorgeschlagen, die S zunächst eine Auflistung der erforderlichen Informationen erstellen zu lassen (Lösungsvorschlag 1) und sie – nach gemeinsamer Überprüfung der Ergebnisse – anschließend aufzufordern, einen zusammenhängenden Text zu verfassen (Lösungsvorschlag 2). Den S sollte zudem ermöglicht werden, weitere, nicht im Text direkt vorhandene Angaben hinzuzufügen, um

Ursachen und Ablauf des Sklavenhandels sinnfälliger zu machen und auch Jahresdaten zu verwenden (z. B. Vorteile der neuen Spinnmaschinen, nicht genügend weiße Arbeitskräfte, Grund, warum es in den Nordstaaten weniger schwarze Sklaven gab).

Lösungsvorschlag

1:
- *New spinning machines were invented in Britain: more wool was produced within a shorter period of time.*
- *This increased the demand for this material.*
- *Cotton grew well in the US.*
- *This is very labour-intensive, and there were not enough white people to do this job.*
- *From 1619 on black slaves were bought in Africa, paid for with guns, rum and mirrors and brought to the United States*
- *This continued in the Southern states, even after trading slaves was prohibited in 1808.*
- *Black labour made cotton, tobacco and sugar cheaper and increased their demand in Europe.*
- *More slaves were needed to meet this demand.*
- *Most slaves worked in the south; the northern states were more industrialized and did not need so many black slaves.*

2: (Verknüpfungen hervorgehoben)
As *new spinning machines were invented in England, more wool was produced withing a shorter period of time.* ***Consequently****, the demand for cotton, a plant that grew well in the U.S., increased. Picking this plant was very labour-intensive,* ***however****.* ***In additon****, there were not enough white people to do this job.* ***This*** *problem was solved by buying black slaves in Africa,* ***paying*** *for them with guns, rum and mirrors and* ***bringing*** *them to the United States from 1619 on.* ***Although*** *the slave trade was prohibited in 1808, slaves were still kept in the southern states.* ***As a result of this*** *labour system, cotton, tobacco and sugar became cheaper and increased their demand in Europe, which,* ***in turn*** (angeben!), *meant that more slaves were needed to meet the demand. Most slaves lived in the south* ***because*** *the northern states were more industrialized and therefore did not need so much black labour.*

Erweiterung **Kopiervorlage 11** (*The history of slavery*) enthält eine Aufgabe, in der die S sachliche Zusammenhänge sprachlich verdeutlichen, wobei sie sowohl zeitliche als auch inhaltliche Beziehungen berücksichtigen müssen. Gleichzeitig bietet der Text den S die Gelegenheit, ihre Kenntnisse über diesen Abschnitt der amerikanischen Geschichte zu überprüfen und ihr Wissen um interessante Details zu erweitern.

→ S1, p. 88

2 *Listening*

Ziel Hörverstehensschulung anhand des Erfahrungsberichts eines ehemaligen Sklaven

Materialien LC-CD 1, Track 11

[LC◎11] **Text: *Charles Ball's first day in the cotton fields***
I woke before daybreak to the blowing of a horn. I went to the overseer's house, and soon all the workers arrived. We walked nearly a mile through one vast cotton field to reach our workplace. We stopped and eleven men were chosen to command groups of us as we hoed and weeded the cotton. Each man and woman had a row, children worked in groups of two or three, depending on age. At about seven in the morning the overseer sounded his horn and we went to the shade of some trees for breakfast. There was a cart with three barrels of water, and several baskets full of corn bread. The overseer had bread, butter, cold ham and coffee for breakfast. The women with babies laid them at the side of the field as they worked, and fed them when they stopped for water and food. We could not rest longer than it took us to eat and we worked until we were no longer able to distinguish weeds from cotton plants, when the horn was sounded and we went home.

I talked to a woman as we were returning home, and we fell behind. She said we had better hurry or we would be late. We ran and I arrived back just before her. Hers was the first name called. I said she was just behind, but was ignored. When she arrived she was asked where she had been. "I only stopped to talk to this man," she said, in tears. "I will not do it again."
"Lie down," was the overseer's reply. He stripped her and gave her ten lashes with his long whip. Then she was sent to supper, and told not to be late again. He turned to me. "Boy, let me give you some advice. When I get a negro I never whip at first, I give him a few days to learn his duty. You should not have stopped to talk, but as this is your first offence I will overlook it, go to supper." I was forced to thank him for his kindness.

Erarbeitung L weist als Einstieg auf **Skill 1** *(Listening)* hin. Die Hinweise werden von den S in Stillarbeit gelesen oder anschließend kurz im Plenum besprochen. Danach bearbeiten die S die Höraufgabe am besten ebenfalls in Stillarbeit, nachdem sie den Text ein- oder zweimal gehört haben. Da beabsichtigt ist, dass sie auf das Gehörte affektiv reagieren, schreiben sie ihre Reaktionen sofort nieder oder geben sie gleich im Plenum wieder. Erwartet werden kann, dass sie ihrem Zorn oder Unverständnis über die Unmenschlichkeit Ausdruck geben, wie mit den Sklaven und ihren Familien umgegangen wurde. Falls keine oder nur wenig verwertbare Antworten kommen, macht L mit folgender Frage, in denen das Verhalten der Aufseher besonders deutlich wird, auf die Bereiche aufmerksam: *How does the overseers' cruelty and injustice become evident?* Folgende Aspekte können erwähnt werden: *long working hours, child labour, mothers with babies have to do hard work, very severe corporal punishment, the overseers' insincere friendliness.*

Erweiterung Die S verfassen einen Augenzeugenbericht über die Arbeitsbedingungen der Sklaven auf einer Plantage (kreatives Schreiben). Sie erhalten folgende Aufgabe: *You are the witness of what a day on a plantation was like for the slaves. Write a letter to the editior of a regional newspaper, expressing your shock and anger at what you saw.*

Alternative Interview mit einem Sklaven nach einem Arbeitstag.

→ S30, p. 111

3 *Research*

Ziel Suchen und Aufbereiten von Informationen zur Einwanderung verschiedener ethnischer Gruppen in die USA

Erarbeitung Auch wenn die S aus den früheren Jahrgangsstufen bereits mit Recherchen dieser Art vertraut sind, weist L auf die zusammenfassenden Hinweise in **Skill 30** *(Internet search tips)* hin. Lesen Sie die Tipps gemeinsam mit den S und stellen Sie sicher, dass die Informationen verstanden wurden. Gehen Sie dann zur Bearbeitung von Aufgabe 3 über und machen Sie die S darauf aufmerksam, dass die Erkundigungen nicht ausschließlich im Internet eingeholt werden müssen. Empfohlen wird, diese Aufgabe nicht allzu extensiv bearbeiten zu lassen, um die Motivation für das Thema des *Topics* zu erhalten. Computergesteuerte Präsentationen bieten sich an, bei denen die S aufgefordert werden, Daten übersichtlich darzustellen und sie dann im Plenum zu erläutern.

Erweiterung Einzelne S oder S-Gruppen bekommen den Auftrag, im Internet nach Augenzeugenberichten von Immigranten der genannten ethnischen Gruppen zu suchen und einige der Klasse vorzustellen.

In the UK … Seite 25

HINTERGRUNDINFO

***Asian, Chinese and black immigration to the UK: South Asian** immigration began in the 17th century when the East India Company recruited sailors to replace vacancies in their crews. Arriving in England, many of them were refused passage back and had to make a living in London. They were mostly employed as servants. From the mid-19th century onwards, small numbers of professionals – doctors, lawyers and businessmen – settled down but also poorer ex-seamen and ex-soldiers.*

***Chinese** sailors who had been employed by then were allowed to work in the docks, many of them unloading China tea. By 1880 a Chinese communiy of less than 100 inhabitants was founded in Limehouse, catering for Chinese and Indians that arrived from abroad.*

***Black slaves** appeared in wealthy households in England in the 1560s. African-Caribbeans, the descendants of West African slaves who had to work in European colonies, were rare before World War II. From the mid-19th century, only small communities lived in the ports of Cardiff, Liverpool and South Shields. About 15,000 Caribbean migrants had their homes in the northwest of England at the time of World War I and worked in ammunition factories. After the World War II, mass immigration from countries of the British Empire was encouraged to fill shortages in the labour market. Migration from India and Pakistan reached its peak in 1961 and 1962 with 96,000 people altogether, most of them young males. Later their dependents followed them. The rise in mass immigration in the 1950s led to racial clashes with the white community, erupting between citizens of Caribbean descent and whites in London, Birmingham and Nottingham. In 1962 the Commonwealth Immigrants Act was passed, restricting the entry of immigrants, and by 1972, due to the Immigration Act of 1971, only holders of work permits or people with parents or grand-parents born in the UK would be accepted, thus reducing the numbers of Caribbean immigrants considerably.*

Kernwortschatz *lack (of), to restrict, refugee, asylum seeker, diversity, prejudice, victim, race, race relations*

Hinführung Die parallel zur gegenüberliegenden Seite 24 angelegte SB-Seite fordert zu einer kontrastiven Betrachtung auf. L leitet die Bearbeitung mit einer Frage zu den Fotos ein: *Do these photos have anything in common?* Mögliche Antwort: *People seem relaxed. The conclusion may be drawn that they are accepted as equal members in the majority community.* Alternativ oder ergänzend bietet sich die Frage an: *Are there any differences between the photos on the two pages?* Die S werden schnell auf die Absicht der Zusammenstellung kommen, dass mit diesen Fotos ein größerer Unterschied in der Hautfarbe und im Kleidungsstil verdeutlicht werden soll. Es drängt sich die Schlussfolgerung auf, dass die ethnischen Gruppen in Großbritannien ihren ursprünglichen Lebensstil bewahren können, anders als die Einwanderer in den USA. Diese Frage wird mit den S kurz diskutiert.

Erweiterung Einzelnen S kann der Auftrag erteilt werden, hierzu Informationen aus einer Internet-Recherche beizusteuern, indem sie verschiedene Suchmaschinen mit entsprechenden Stichwörtern füttern (z. B. *UK + Indian minorities + discrimination, UK + prejudice + racial minorities*).

Erarbeitung **Kernwortschatz:** Haben die S den unbekannten Kernwortschatz zum Abschnitt *In the US …* im Klassengespräch mit L geklärt, sollte diese Aufgabe jetzt zur Abwechslung auf einzelne S verteilt werden. Sie erklären die neuen Vokabeln mit Hilfe einsprachiger Wörterbücher, verdeutlichen sie mit je einem Beispielsatz und tragen sie im Plenum vor. Bei Unsicherheiten wird die deutsche Entsprechung genannt. Auch hier sollte sowohl induktives als auch deduktives Vorgehen möglich sein. Es bietet sich auf dieser Stufe eine naheliegende Wortschatzerweiterung durch L an. Kollokationen, Synonyme und

Antonyme sowie Ausdrücke aus dem Bereich der Wortfamilien können eingebracht und gleich von den S mit vorbereitet werden. L kann, um ein übersichtliches Arbeiten sicher zu stellen, eine Folie mit den zu klärenden Ausdücken vorbereiten, in die ein S die gefundenen und allgemein akzeptierten Lösungen einträgt.

Alternative Falls L die Wortschatzsemantisierung nicht in die Hand der S geben möchte, bieten sich folgende Erklärungen an. Die möglichen Erweiterungen – auch diejenigen in der *word bank*, so dass dort nur noch *to be aware of* und *tension* geklärt werden müssen – sind in Klammern angegeben. *Lack (of): the absence of something (to lack); to restrict: synonym of to limit or to reduce (to restrict to, restriction); refugee: someone who is forced to leave his or her country (political refugee, refuge); asylum seeker: someone who wants to be allowed to live in a country; diversity: the existence of many differences in a certain area or condition or quality (cultural diversity, diverse); prejudice: attitude towards sb or sth without really knowing why this attitude exists (to be prejudiced against sb/sth, prejudice against, racial prejudice, to have strong prejudices, unprejudiced); victim: someone who suffers from other people's actions or a general situation (to be the victim of, to fall victim to, to victimize sb); race: a group of people or animals that show some common characteristics (racial); racial relations: the way racial groups behave towards one another (race relations); to be aware of: to know about sb or sth, especially of a problem involved (awareness, unaware, unawareness); tension: a situation that may turn into a conflict (religious, social tensions).*

Erarbeitung **Text:** Der Text sollte einmal laut vorgelesen werden, um etwaige Ausspracheprobleme zu klären. Die Erarbeitung erfolgt in Aufgabe **4**.

4 *Asians and blacks in the UK*

Ziel Informationen über die Einwanderung ethnischer Minderheiten nach Großbritannien erhalten (a) und sie mit der Situation in den USA vergleichen (b)

Erarbeitung Es empfiehlt sich, die beiden Teilaufgaben in arbeitsgleichen Kleingruppen erledigen zu lassen, weil sie ein unterschiedliches Niveau aufweisen. Die S notieren ihre Antworten auf Folie, wobei sie durchaus direkt auf das Wortmaterial des Textes zurückgreifen sollten, um sich mit ihm vertraut zu werden. Es ist damit zu rechnen, dass die S den Begriff *labour shortage* missverstehen („Mangel an Arbeit" anstatt „Arbeitskräftemangel"). Hier sollte L bei Bedarf klärend eingreifen. Sinnvoll ist außerdem der Hinweis, dass die S ihre Antworten klar gliedern und bei den übergeordneten Gesichtspunkten darauf achten sollten, identische Kategorien zu verwenden. Die Ergebnisse zu Teilaufgabe **b)** werden übersichtlich in Form einer Tabelle aufgelistet. Im darauf folgenden Klassengespräch werden die Ergebnisse überprüft und ggfs. in einem Tafelbild festgehalten.

Erweiterung Einigen S kann der Auftrag erteilt werden herauszufinden, aus welchen Ländern die in der Statistik aufgeführten 0,4 % der Asiaten kamen.

Lösungsvorschlag

a) ***1. Home countries of the minority groups:***
Black immigrants: from the Caribbean; Asians (Indian, Pakistani and Bangladeshi): from the Indian subcontinent.
2. Reasons for Asian and black immigration to the UK:
These groups were members of the former British Empire.
Labour shortage in Great Britain and lack of opportunities for men in their home countries.

b)	*Situation of the blacks and Hispanics in the USA*	*Situation of the Asians and blacks in the UK*

Historical background	*The majority of the blacks were descendants of slaves; before World War II, many Hispanics lived in*	*Only a small number of Caribbeans lived here before World War I; mass immigration*
	various parts of the US. The rate of their illegal immigration increased during and after World War II.	*of both ethnic groups began after that time.*
Reasons for immigration	*There was hardly any black immigration; Hispanics came to the US to find work.*	*Labour shortage in the UK and a bad labour market in their home countries made them come.*
Present-day situation	*The American authorities try very hard to reduce the number of illegal immigrants from Mexico; the black minority group has the same rights as the white majority, though there are still cases of racial discrimination.*	*Immigration is restricted for all people trying to find entry into the UK. Racial conflicts, which mainly break out between citizens of Caribbean origin and whites, have become rare.*

Erweiterung Ergänzend können die S aufgefordert werden, die Angaben in einen zusammenhängenden Text umzuformulieren, bei dem sie besonders auf die sprachliche Verknüpfung gedanklicher Zusammenhänge achten. Dazu wird das Wortmaterial aus der *Word bank* mit herangezogen.

→ S30, p. 111

5 *Research*

Ziel Arbeitsteilige Suche von Informationen zu verschiedenen thematisch relevanten Themenbereichen

Erarbeitung Dieses Projekt kann samt der Präsentation in einer Doppelstunde bewältigt werden. Ein arbeitsteiliges Verfahren in Kleingruppen ist angebracht. Für die Bereitstellung der Informationen und das Gespräch darüber wählen die S unterschiedliche Wege: Computerpräsentation, Darstellung mit Hilfe von Postern und Handzetteln. Es ist auch denkbar, aus den Gruppen Vertreter für eine „Expertenrunde“ auszuwählen, die mit Hilfe eines Gesprächsleiters ihre Ergebnisse vortragen und kommentieren lassen.

6 *Thinking further*

Ziel Kritische Bewertung des Einflusses von ethnischen Minderheiten auf eine Gesellschaft

Erarbeitung Für diese Aufgabe wird Partner- oder Einzelarbeit vorgeschlagen. Bei letzterem können sich die Nachbarn anschließend über ihre Ergebnissse austauschen und diese somit einer Vorprüfung unterziehen, bevor sie sie im Klassengespräch zur Diskussion stellen. Die Ergebnisse werden an der Tafel oder auf Folie festgehalten und in Bezug auf ihre Bedeutung diskutiert.

Erweiterung Den S kann anschließend der Auftrag erteilt werden, die gefundenen Aspekte oder Teile davon in einen *Comment* umzusetzen.

Lösungsvorschlag

Positive aspects:
Minority groups …
… make social and cultural life more diverse,
… increase interest in different cultures and thus further understanding and tolerance among multi-ethnic groups,
… help to reduce labour shortage,
… can increase consumption and thus be an important economic factor.
Possible problems:
Minority groups …
… often have to deny their cultural heritage,
… often rouse prejudice, which may lead to social tensions,
… are causes of conflict if their integration into society is not successful,
… in times of economic crises they make the situation on the labour market more serious,
… do not contribute to mutual understanding if they live in ghetto areas only.

7 *Your country*

Ziel Transfer auf die Situation im eigenen Land, Sammeln von Informationen über Minderheiten in Deutschland

Materialien → WB ex. 1, 2, 3, 4, 5, 6

Erarbeitung Die erste Teilaufgabe kann als **Hausaufgabe** oder als Partnerarbeit aufgegeben werden. Für die zweite Aufgabenstellung wird eine bestimmte Zeitspanne festgelegt (z. B. eine Woche), in der die S die Materialien zu Hause sammeln. Folgende Aspekte können bei der ersten Aufgabenstellung von den S angesprochen werden:

Lösungsvorschlag

- *At the beginning of the 1960s, a lot of foreign "guest workers" came to Germany because they were needed to work here, and the German economy profited from this situation.*
- *They also settled down mainly in the metropolitan areas.*
- *Later they were given permanent right to stay because they simply could not be sent back home.*
- *Today only inhabitants of the European Union are allowed entry into Germany without any problems.*
- *Today, due to a severe lack of highly qualified workers, foreign specialists in certain branches of industry from outside the European Union are given a permit in order to stay and work in Germany for a certain period of time.*

B Black Power

Seite 26–32

Thema Die Wahrnehmung ethnischer Unterschiede im amerikanischen Alltag

Lernziel Einem Text gezielt Informationen entnehmen und vermitteln, Mutmaßungen über Konsequenzen anstellen, Erweiterung des Wortschatzes

Rosa Parks and today's white youth

Seite 26/27

HINTERGRUNDINFO

Black Power: *A political movement that came into being in the mid sixties and was embedded in the Student Nonviolent Coordinating Committee (SNCC), which aimed at articulating a new racial self-confidence among black people in the US. It is generally assumed that Robert F. Williams (1925–1996), a chapter president of the NAACP (National Association for the Advancement of Colored People), was the first to use this term in a political sense. It became a political slogan from 1966 on after the shooting of James Meredith, the first African-American student at the University of Mississippi, later a civil rights activist. "Black Power" became a catchword of the radical wing of the black civil rights movement against the white establishment. Its objectives, however, cannot be defined succinctly enough. They range from black nationalism, the use of violence to remove racial separation, political and economic independence or the emphasis of the blacks' cultural heritage, especially its African roots. As a result of the latter demands, college students requested curricula in studies of black history in order to explore their cultural background. Their identification with African culture was often expressed by wearing brightly coloured African garments and the "Afro" hair style. The most prominent representatives of the Black Power movement were Malcolm X (1925–1965), the black Muslim leader, Stokely Carmichael (1951–1991), and H. Rap Brown (born 1943).*

Rosa Parks *(1913–2005) became famous for refusing to give up her bus seat to a white passenger in Montgomery, Alabama, in 1955. Her action led to the Montgomery bus boycott, a citywide non-violent protest against segregation. The boycott, which lasted for 382 days, was initiated by Dr Martin Luther King jr., the then pastor of the Dexter Avenue Baptist Church. The ordinance under which Rosa Parks had been fined for her infringement was nullified, and regulations leading to racial segregation on public transportation were repealed. As a former seamstress, she had joined the NAACP long before the incident leading to the bus boycott, and together with her husband she was a civil rights activist. In an interview she stated that her fearlessness leading to her decision not to give in to racial discrimination stemmed from her lifelong acquaintance with fear because she had always felt unprotected against racial violence. After her death, her casket was placed in the rotunda of the United States Capitol. She was the first woman to lie in state, an honour normally conferred on Presidents of the US only. Her autobiography, "Rosa Parks: My Story", was published in 1992. In 1995 her memoirs "Quiet Strength" were available in print.*

Martin Luther King jr. *(January 15, 1929 – April 4, 1968) was born in Atlanta, Georgia. His father and grandfather, both Baptist ministers, had already been active in the civil rights movement. As a student at a theological seminary he learned about Mohandas Gandhi's non-violent ideas and Henry David Thoureau's concept of non-violent resistance to social injustice, convincing him that similar methods could be applied in the black civil rights movement. After marrying Coretta Scott, King became pastor of the Dexter Avenue Baptist Church in Montgomery, Alabama, where he, together with his friends Ralph David Abernathy, Edgar Nixon, and Bayard Rustin, helped to organize the bus boycott. In 1957 he, Abernathy and Rustin founded the Southern Christian Leadership Conference (SCLC) to plan and carry out non-violent demonstrations in order to end segregation. His strategy was adopted by black students in the South whom he encouraged to practise non-violent sit-ins. The SCLC*

supported John F. Kennedy's presidential campaign in 1960 because he promised to support a new Civil Rights Act. Black support helped Kennedy win the 1960 election. In order to influence the Congress to agree to Kennedy's legislative aims, King and other civil rights leaders organized the "March on Washington for Jobs and Freedom", which took place on the 28th of August, 1963, drawing a crowd of more than 250,000 people. Kennedy's successor, Lyndon Baines Johnson, succeeded in getting the proposed law passed. In 1965 King organized a protest march from Selma to the state capitol building in Montgomery, in order to change the discriminatory federal voting-rights law, which was successfully changed by a large majority. King became also famous for his opposition to the Vietnam war. Shortly before a march in Memphis, Tennessee, supporting a sanitation workers' strike, King was shot and killed on the balcony of the Lorraine Motel in Memphis. James Earl Ray admitted to the killing and was sent to jail for 99 years.
Martin Luther King jr. was arrested about 20 times and physically attacked at least four times. He was awarded five honorary degrees, was "Man of the Year" by Time Magazine in 1963 and received the Nobel Peace Prize in 1964.

Kernwortschatz *to turn out to be, persistent, to prevail, rerun, affect, graduation, admission, relief, headline, peer, chapter, to diminish, to accomplish, defiance, eventually, to be up to sb, backyard, smart, to figure out, tiny, grand, gesture*

Materialien
- PB-CD 1, Track 11
- Kopiervorlage 12 *(Word power)*
- Kopiervorlage 13 *(Extras)*

Hinführung L greift die Überschrift *Black Power* auf und fragt die S, welche Vorstellungen sie mit diesem Begriff verbinden. Erwartet werden können Antworten wie:
- *The term is in opposition to "White Power",*
- *The name of an organization supporting the black people's cause,*
- *It means that violence and aggressiveness play an important role.*

Hier können dann genauere Informationen nachgereicht werden. Abschließend werden die S gefragt, ob ihnen der Name Rosa Parks bekannt ist. Nach einigen Hinweisen auf ihre Person und ihre Rolle in der schwarzen Bürgerrechtsbewegung wird zum Text übergegangen.

Alternative
- Vor dieser Stunde wird eine S-Gruppe gebeten, sich Informationen zur *Black Power*-Bewegung und zu Rosa Parks zu besorgen und sie der Klasse vorzutragen. Zu beiden Themen findet sich im Internet passendes Bildmaterial.
- Die S suchen Fotos aus dem Internet zur *Black Power*-Bewegung. Sie werden in Farbe ausgedruckt und im Klassenzimmer aufgehängt. In einer Art „Bilderrallye" studieren die S in Gruppen die Abbildungen und diskutieren einige Leitfragen:
  1. *Why might the photographer have taken this photo/the artist drawn this picture?*
  2. *What message becomes clear when studying this photo/picture?*
  3. *What feelings arise when you see this photo/picture?*
- Die beiden Bilderpaare auf den Seiten 26 und 27 werden beschrieben und miteinander verglichen. Dazu bekommen die S folgende Aufgabe gestellt: *Describe the photos on pages 26 and 27. Can you make out any differences concerning the way the young people are presented in those sets of photos?* Diese Aufgabe kann gleich im Plenum erörtert oder zunächst in Partnerarbeit vorbereitet werden. Sie eignet sich auch zur Vorbereitung auf eine mündliche Prüfung (siehe Stichwort **Mündlichkeit**).

Mündlichkeit

Aufgabenart:	Bildervergleich
Arbeitsform:	Partnerarbeit/Klassengespräch
Lernziele:	Beobachtungen und Schlussfolgerungen wiedergeben, sie im Plenum überzeugend vertreten und zur Diskussion stellen
Thema:	Vergleich von Fotos mit ähnlichen Motiven
Dauer:	Vorbereitung: ca. 5 Minuten; Diskussion: ca. 5–10 Minuten
Materialien:	Fotos auf den Seiten 26/27
Hilfsmittel:	ggf. zweisprachiges Wörterbuch

Verlauf: Die Bildbeschreibungen werden in einer einleitenden Partnerarbeitsphase in Stichpunkten schriftlich festgehalten. Anschließend erfolgt die Diskussion der Beobachtungen im Klassengespräch.

Erarbeitung [PB◎11]

Kernwortschatz: Damit die S einen leichteren Zugang zu den neuen Wörtern finden, werden sie ihnen zunächst im Kontext präsentiert. Dazu wird der Text entweder von der CD gehört und anschließend gelesen oder nur gelesen. Das Grobverständnis wird mit Hilfe einiger Fragen gesichert:

1. *What is the text about? Give an answer in one or two sentences.*
2. *Do the children who were asked know who Rosa Parks was?*
3. *How much do white kids know about black culture?*

Anschließend erarbeiten die S in arbeitsteiligen Gruppen (z. B. zwei Großgruppen für je elf Vokabeln) Erklärungen für die unbekannten Wörter in der Zielsprache und referieren sie. Dazu wird ein Arbeitsblatt vorbereitet, das die zu erläuternden Ausdrücke auflistet. Folgende Worterklärungen bieten sich an (naheliegende Erweiterungen in Klammern): *to turn out to be: to discover that sb or sth is what it, he or she actually is; persistent: continuing to exist, even if it is difficult (persistence); to prevail: to dominate or have the most powerful influence (prevalent, prevalence); rerun: a film, programme or play that is shown again; affect: preference for, adoption of (to affect); graduation: act of getting an academic degree (to graduate); admission: here: the right to be accepted in an institution (to admit); relief: the lifting of a burden or stress (to relieve); headline: a title in a newspaper article; peer: being of the same age, belonging to the same group of people; chapter: a division in a series of historical events; usually a division in a book or a long written article; to diminish: to become smaller, to reduce; to accomplish: to succeed in doing sth, to complete; bravery: act of showing courage; defiance: act of resisting (to defy); eventually: after a longer period of time, at last, finally; to be up to sb: to depend on; backyard: the yard or garden behind a house; smart: here: intelligent; to figure out: to find out; tiny: very small; grand: wonderful, great; gesture: act of moving one's arms to show one's attitude or idea.*

Erweiterung

Mit **Kopiervorlage 12** *(A crossword puzzle)* können die S wesentliche neue Ausdrücke sowie einige bereits bekannte Wörter, die hier verwendet werden, in einem Kreuzworträtsel wiederholen.

Erarbeitung → G14, p. 123 → G4, p. 117

Text: Das Textverständnis wird nun mit Hilfe von Leitfragen gesichert, die entweder im Plenum geklärt oder den S in Kleingruppen zunächst zur Bearbeitung vorgelegt werden. Anschließend werden die Ergebnisse im Gespräch mit der Klasse erörtert.
Mögliche Leitfragen, die die Fragestellungen in Aufgabe 2 nicht vorwegnehmen, wobei gelegentlich eigene Stellungnahmen diese Lernzielkontrolle unterbrechen sollten, um die Aufmerksamkeit neu anzuregen (siehe 3. und 5.):

1. *How do American school children learn about courageous people fighting against racial discrimination?*
2. *What is the white kids' attitude towards the black in general?*
3. *What is the relationship between white and black young people like? Can you imagine any reason for it?*
4. *What does the author feel that is lacking in the relationship between white and black people today?*
5. *Does the author give an optimistic or a pessimistic outlook into the future of the relationship between black and white people? What do you feel could really help?*

Erweiterung

Das Arbeitsblatt in **Kopiervorlage 13** *(Rosa Parks)* bietet eine inhaltliche Zusammenfassung mit Lücken, die die S ausfüllen müssen. Damit überprüfen sie sowohl ihr Textverständnis als auch ihre Wortschatzkenntnisse.

→ S28, p. 108

1 *Mediation*

Ziel Aufbau und Inhalt des Artikels analysieren und auf Deutsch wiedergeben

Erarbeitung Zunächst empfiehlt es sich, mit den S genau zu besprechen, was man unter der Strukturierung eines Textes versteht. Die S sollen erkennen, dass ein Text aus Aussageeinheiten besteht, die nicht unbedingt deckungsgleich mit den einzelnen Abschnitten sind, die einander aber in einer bestimmten Weise zugeordnet sind (Strukturierung). Diese Aufgabe wird am besten mit der zweiten Aufgabenstellung – der Zusammenfassung der Aussageeinheiten – verknüpft. Die S erarbeiten auf diese Weise gleich eine strukturierte Zusammenfassung. Mit der Lösung dieser Aufgabe wird ihnen deutlich, dass ein gut strukturierter Text das Verständnis für seinen Inhalt entscheidend fördert. Als Sozialform empfiehlt sich entweder Stillarbeit (als **Hausaufgabe**) oder Kleingruppenarbeit mit anschließender Erörterung im Plenum. Die Art der Strukturierung ist im Lösungsvorschlag durch Unterstreichungen hervorgehoben.

Lösungsvorschlag

Der Text leitet ein mit einem bezeichnenden Einzelbeispiel, in dem die Frage beantwortet wird, inwieweit Rosa Parks unter weißen Jugendlichen bekannt ist und ob sie eine Beziehung zu ihren schwarzen Altersgenossen haben *(ll. 1–12)*. Dieses Einzelbeispiel wird im Folgenden verallgemeinert, indem behauptet wird, dass die amerikanischen Kinder die Leistungen von Bürgerrechtlern zur Beseitigung der Rassentrennung kennen, jedoch wird diese Aussage gleich durch den Hinweis eingeschränkt, dass dieses Wissen bei ihnen nicht nachhaltig verankert ist *(ll. 13–16)*. Die folgenden Abschnitte veranschaulichen diesen Sachverhalt, indem einerseits auf die Vorliebe der weißen Teenager für die schwarze Kultur, andererseits auf ihre Unkenntnis über ihre schwarzen Mitbürger und ihr nur oberflächliches Wissen über deren Kultur hingewiesen wird *(ll. 17–33)*. Ihre Haltung zu den Schwarzen wird nun mit der ihrer Eltern verglichen: beide weiße Generationen wissen und wussten als Jugendliche wenig über Schwarze *(ll. 34–39)*.
In einem kurzen historischen Exkurs wird die überragende Rolle von Rosa Parks im Kampf um Gleichberechtigung hervorgehoben (*ll. 40–46*) und im Folgenden das größte Problem zur Überwindung der Rassendiskriminierung genannt: die Veränderung der persönlichen Einstellungen, die wesentlich schwieriger zu bewerkstelligen ist, als gesetzliche Neuerungen und offzielle Regelungen *(ll. 47–53)*. Die Verfasserin zieht den Schluss, dass dies wohl erst der nachfolgenden Generation gelingen wird, wenn Worten Taten folgen und kleine Schritte zu diesem Ziel hin unternommen werden *(ll. 54–59)*. Der Text bestätigt diese Aussage mit einem Rückgriff auf das, was Rosa Parks leistete *(ll. 59–62)*.

Erweiterung In leistungsstärkeren Klassen kann der Versuch unternommen werden, die gemeinsam erarbeitete deutsche Vorlage in die Zielsprache zurück zu übertragen. Dies sollte jedoch unbedingt in Gruppenarbeit erfolgen, wobei genügend ein- und zweisprachige Wörterbücher zur Verfügung stehen müssen. Für die S ist es hilfreich und zeitsparend, wenn L Formulierungen zur Verfügung stellt, die bei der Benennung der Strukturierungsmittel helfen.

Lösungsvorschlag

The author introduces the topic by referring to an isolated example, in which the question is answered to what extent white young people know the name of Rosa Parks and whether they have a relationship with black people of their age (ll. 1–12). The following paragraph generalizes these answers by maintaining that white American children know about the contributions of black civil rights activists to the abolition of segregation. This statement, however, is corrected by mentioning that their knowledge about them is not solid enough (ll. 13–16). The following paragraphs illustrate this fact by referring to the white teenagers' love of black culture on the one hand, and their ignorance about their black fellow citizens and their shallow knowledge about their culture (ll. 17–33) on the other. Their attitude towards the blacks is now compared with that of their parents: both white generations know and knew litte about black people (ll. 34–39).

The outstanding role of Rosa Parks in her fight for equality is pointed out in a short historical excursion (ll. 40–46), and the author names the most serious problem when it comes to overcoming racial discrimination in the following lines: the change in one's personal attitude, which is much more difficult than to make new laws and enforce official regulations (ll. 47–53). The author draws the conclusion that the future generation may be successful if words are followed by action and very small steps are taken to achieve this aim (ll. 54–85). The text ends confirming this idea by referring to what Rosa Parks accomplished (ll. 58–62).

→ S8, p. 94

2 *Working with the text*

Ziel Inhaltliche Textauswertung (a)), Zusammenfassung der Veränderungen seit dem Zeitpunkt der beschriebenen Ereignisse (b)) und vertiefende Wortschatzarbeit (c))

Erarbeitung Aufgabe a) kann in Still- oder Partnerarbeit bewältigt werden. Die S versuchen, ihre Aussagen möglichst in eigenen Worten zu formulieren, ohne auf gängige Ausdrücke zu verzichten, die auch im Text verwendet werden. Bei Aufgabe b) sollten die S den ersten Teil so lösen, dass das Besondere an der Handlungsweise von Rosa Parks deutlich wird. Für den zweiten Teil gelten die zu a) gelieferten Hinweise. Aufgabe c) bewältigen die S am besten in Still- oder Partnerarbeit.

→ S8, p. 94

Lösungsvorschlag

a) *Young white people like some black cultural activities, especially as far as music and fashion are concerned, and admire black athletes and entertainers, but they do not play a permanent role in their lives; as their likes and dislikes change, so does their interest in black culture.*

b) *Rosa Parks did not accept being discriminated against. She was completely on her own when she protested against the way white people treated the blacks by opposing the white majority's attitude and official regulation that ordered her to give up her seat to a white man. When she did this, she could not expect to be helped. She had to realize that everybody would be against her on this bus, she might even have faced violence.*
One of the most important changes was that, in the end, segregation was officially abolished. But black and white people have failed to live together on a personal basis by ignoring racial differences.

c) *civil rights icon: a famous person that supports the idea of the civil rights movement; a bubble of time and space: state of not being really aware of what is going on outside one's own world; headliner cause: an important event worth being presented to the public; comfort level: the degree someone really feels in harmony with the world around; talk the talk: to communicate with others about topics that should be discussed; walk the walk: to do what has to or should be done.*

Erweiterung Die S beantworten bei Aufgabe c) ergänzen die Frage nach dem Kontext: *Explain in a few sentences in which context these expressions are used.*

→ S8, p. 94

3 *Thinking about the future*

Ziel Kritische Bewertung der Integrationspolitik in den USA und Überlegungen zu nötigen Veränderungen in der Zukunft

Materialien → WB ex. 1, 2, 3, 4

Erarbeitung Die Aufgabe kann sowohl im Plenum als auch in Kleingruppen zügig bewältigt werden. Ebenso ist denkbar, sie als **Hausaufgabe** in Form eines im Umfang begrenzten *Comments* (ca. 150 Wörter) zu stellen, wobei der zweite Teil der Aufgabe lediglich in zwei Sätzen bearbeitet werden soll. Folgende Aussagen sind zu erwarten:

Lösungsvorschlag

Frage 1:
- *making sure that equal opportunites for all races are really given so that affirmative actions and quotas are not necessary any more*
- *any racist behaviour should be severely punished by law*
- *ghettos should be abolished*
- *schools should try very hard to help children not to develop prejudices against people of different colours*

Frage 2:
- *only if really getting in closer contact is possible*
- *not if racial prejudice is adopted from adults*
- *only interracial marriages can do away with racial discrimination*

Sister Rosa (The Neville Brothers) Seite 28

Thema Rosa Parks und ihre Bedeutung für die Beseitigung der Rassendiskriminierung

Lernziel Den Inhalt eines Liedes erfassen, formale Aspekte *(point of view* und *mood)* bestimmen, kreatives Schreiben

HINTERGRUNDINFO

The Neville Brothers: *A group of four brothers (Art, Charles, Aaron and Cyril Neville) from New Orleans that has been playing and publishing records since 1977. Their music is a blend of rhythm and blues, funk, pop and jazz, which, at first, made it difficult for them to become known to a wider audience. It was not until 1984 when Aaron Neville released a solo album that they became popular in the US. Their most famous album "Yellow Moon" was published in 1989, in which the song "Sister Rosa" made them known world wide.*

George Wallace (siehe Hintergrund im Foto rechts auf Seite 28), geb. 1919, gest. 1998, war zur Zeit des Busboykotts in Montgomery Richter im Dritten *Judicial Circuit Court.* In seiner erster Amtszeit von insgesamt vier als Gouverneur des Bundesstaates Alabama (1962–1970) fielen die schweren Rassenunruhen in Städten wie Birmingham, Huntsville, Mobile und Montgomery. Berüchtigt ist er für den folgenden Satz, den er bei der Ablegung seines ersten Amtseids sagte: *"In the name of the greatest people that have ever trod this earth, I draw the line in the dust and toss the gauntlet before the feet of tyranny, and I say segregation now, segregation tomorrow, segregation forever."* 1963 bezeichnete Martin Luther King Wallace als *"perhaps the most dangerous racist in America today".*

Kernwortschatz *to deserve, spark, without fail, jail, fine, to obtain, to dedicate, dignity, to assassinate, mood*

Materialilen PB-CD 1, Track 12

Hinführung Die S werden aufgefordert, das Foto mit der älteren Rosa Parks (Seite 28 rechts) zu beschreiben, das zusammen mit ihr die Ereignisse um den Busboykott und seine Folgen verdeutlicht. Auf ihm ist die jüngere Rosa Parks, eine Festnahme M. L. Kings und eine zweite Abbildung von ihm als Pastor zu sehen. Die weiße Person im Hintergrund stellt George Wallace (1919–1998) dar. Mit Hilfe folgender Leitfragen beschreiben die S die Abbildung: *Can you identify the people in the picture? What might have been the reason for taking a photo of Rosa Parks with the painting as a background?* Die Tatsache, dass sie tatsächlich als Ikone gesehen wird, soll mit der Betrachtung des Liedes verdeutlicht werden.

Erarbeitung **Kernwortschatz:** Der Kernwortschatz wird in Partnerarbeit gesichert. Die S suchen Worterklärungen und fragen einander anschließend ab. *To deserve: to be worth having or getting sth; spark: a small bit of sth burning; without fail: as can be expected; jail: synonym for prison; fine: the money one has to pay for having done sth wrong; to obtain: to get, to receive; to dedicate: to give for a certain purpose only; dignity: quality of being of great* *worth so that people should respect you; to assassinate: to kill somebody having a social or political function; mood: emotional impression in or of a certain situation.*

[PB◎12] **Text:** Nach einmaligem Vorspielen lässt L die S ohne Lenkung auf das Gehörte reagieren. Nach dem zweiten Hören wird Aufgabe 4 im Klassengespräch bearbeitet.

→ S6, p. 92

4 What story does this song tell …

Ziel Inhalt und Erzählperspektive des *Songs* beschreiben

Materialien Kopiervorlage 14 *(Extras)*

Erarbeitung Das gemeinsame Ergebnis wird fixiert, wobei möglichst S-Formulierungen verwendet werden.

Lösungsvorschlag

Frage 1: *The song is about Rosa Park's act of bravery when she refused to give up her seat to a white person on a bus in Montgomery, Alabama, and it is also about the boycott that was organized after this incident.*
Frage 2: *The story is told from the black people's point of view, whose lives took a change for the better because her deed marked the turning point from official segregation to equality before the law.*

Erweiterung

- Die S werden aufgefordert, eine weitere Strophe zu verfassen, die vor dem letzten Refrain eingefügt werden kann.
- Das Arbeitsblatt in **Kopiervorlage 14** *(Sister Rosa)* gibt den Text verändert und mit Lücken wieder. Die S verbessern es und füllen es aus. Sie beschäftigen sich so noch einmal intensiv mit dem Lied und festigen zugleich ihren Wortschatz.

5 Describe the mood of the song …

Ziel Stimmung und Ausdruck des *Songs* analysieren

Erarbeitung Nach dem dritten Hören notieren die S ihre Eindrücke, tauschen sie mit ihren Partnern aus und stellen sie im Klassengespräch zur Diskussion. Zur Lösung des zweiten Teils der Aufgabe werden die S auf die allgemeine Struktur des Liedes aufmerksam gemacht: das Verhältnis von erzählender Strophe und Refrain. Für diese Aufgabe sollten die S zweisprachige Wörterbücher heranziehen. L verweist außerdem auf das *Glossary of literary terms* im Anhang des Schülerbuchs (Seite 202/203), das den S einen schnellen Überblick über das für die Aufgabenstellung benötigte Vokabular ermöglicht.

Lösungsvorschlag

The general mood of this song is positive and cheerful. The rap style adds some dynamics and slight aggressiveness to it, underlining the idea that, ultimately, the good ending of the incident on the bus gave reason to be optimistic for what the civil rights movement tries to achieve. The dominance of the chorus gives emphasis to this positive outlook.

→ S11, p. 96

6 Creative writing

Ziel Ein fiktives Gespräch mit Rosa Parks schriftlich ausarbeiten und vortragen

Erarbeitung Die Aufgaben **a)** und **b)** sollten an die S weitergegeben werden, um die Präsentation abwechslungsreicher gestalten zu können. Auch der Vorschlag zur **Erweiterung** kann hier mitberücksichtigt werden. Denkbar ist, dass mehrere S an den einzelnen Aufgaben beteiligt werden, indem L für Auftrag **a)** eine Pressekonferenz vorschlägt, bei der mehrere
→ S15, p. 99
Reporter beteiligt sind, und für Auftrag **b)** das Verhör von mehr als einem Polizisten durchgeführt wird. Die Hinweise in den Lösungsvorschlägen können den S zur

Verfügung gestellt werden, wenn sie sich nur unzureichend in diese Aufgabe einfinden können.

Lösungsvorschlag

a)
- nach Gründen für die plötzliche Weigerung aufzustehen fragen, da Rosa Parks schon vor der Tat ein Mitglied der Bürgerrechtsbewegung war
- woher sie den Mut nahm, sich zu wehren
- was sie nach ihrer Weigerung empfand
- wie die Mitreisenden reagierten
- wie sie von der Polizei oder den Rechtsvertretern behandelt wurde
- wie es nach ihrer Meinung mit der Bürgerrechtsbewegung weitergehen wird

b)
- Polizisten weisen auf die Gesetzeslage hin
- Wiedergabe in eigenen Worten, wie es zu dem Vorfall kam und was Rosa Parks genau tat
- ob jemand von den Passagieren sie unterstützt hat bzw. ihr entgegengetreten ist
- ihre Gründe für ihr Verhalten
- was nun weiter mit ihr geschehen wird

Erweiterung Die S erstellen einen Dialog zwischen Rosa Parks und einem oder mehreren weniger mutigen Aktivisten, die ihre Bedenken über negative Folgen dieser Tat äußern.

→ S22, p. 104

⟨7⟩ *Find another song …*

Ziel Weitere *Songs* suchen, die sich mit historischen Ereignissen auseinandersetzen

Lösungsvorschlag

Folgende Lieder könnten von den S genannt werden:
Can't truss it von Public Enemy (Sklavenhandel),
Pride von U2 (über Martin Luther King),
Sunday Bloody Sunday von U2 (Nordirlandkonflikt),
Biko von Simple Minds (über den südafrikanischen Freiheitskämpfer Biko),
19 von Paul Hardcastle (Vietnamkrieg),
Holiday in Cambodia von Dead Kennedys (Vietnamkrieg),
Once in a Lifetime von Talking Heads (Reagan-Ära),
Mosh von Eminem (Irakkrieg).

I have a dream

Seite 29

Thema Rede eines bekannten Vertreters der schwarzen Bürgerrechtsbewegung in den USA

Lernziel Wesentliche Aussagen einer Rede, Redebedingungen und -mittel erkennen

HINTERGRUNDINFO

*The **Lincoln Memorial**, a neoclassical building, was designed by Henry Bacon after the model of ancient Greek temples. The 190 feet long, 119 feet wide and almost 100 feet high building is situated at the west end of the National Mall. The north and south chambers show carved inscriptions of Lincoln's Second Inaugural and Gettysburg Address. The 19 feet high and 175 tons sitting figure of Lincoln is placed in the central hall. Construction began in 1914 and was completed eight years later. The memorial has always been regarded as a symbol of freedom – the reason for Martin Luther King jr. to deliver his speech from this place.*

Kernwortschatz *to devote, stylistic device*

Erarbeitung L erteilt in der Stunde, bevor der Abschnitt *I have a dream* bearbeitet wird, einige Arbeitsaufträge an einzelne S. Zwei S werden gebeten, in der nächsten Stunde die beiden unbekannten Ausdrücke zu erklären: *to devote: to give a lot of time and energy to an activity or a person; stylistic device: the way the language is used to achieve a certain effect.* Einige S erhalten den Auftrag, sich über den Protestmarsch in Washington kundig zu machen. Sie liefern die wichtigsten Informationen als Einstieg, anschließend wird der Text gelesen. Mögliche Wortschatzfragen werden geklärt und das Vorwissen über Martin Luther King wird erfragt und ergänzt.

→ S1, p. 88

8 Listen to an extract ...

Ziel Einen Auszug aus der berühmten Rede von Martin Luther King hören und die Atmosphäre beschreiben (a), die Inhalte in eigenen Worten zusammenfassen (b) und die Stilmittel herausarbeiten, die die Rede auszeichnen (c)

Materialien LC-CD 1, Track 12

[LC◎12] **Text:** ***I have a dream – Martin Luther King's Washington speech (1963)***

(Extract from original recording of M. L. King's speech.)

I say to you today, my friends, so even though we face the difficulties of today and tomorrow, I still have a dream. It is a dream deeply rooted in the American dream.

I have a dream that one day this nation will rise up and live out the true meaning of its creed: "We hold these truths to be self-evident: that all men are created equal."

I have a dream that one day on the red hills of Georgia the sons of former slaves and the sons of former slave owners will be able to sit down together at the table of brotherhood.

I have a dream that one day even the state of Mississippi, a state sweltering with the heat of injustice, sweltering with the heat of oppression, will be transformed into an oasis of freedom and justice.

I have a dream that my four little children will one day live in a nation where they will not be judged by the color of their skin but by the content of their character.

I have a dream today.

I have a dream that one day, down in Alabama, with its vicious racists, with its governor having his lips dripping with the words of interposition and nullification; one day right there in Alabama, little black boys and black girls will be able to join hands with little white boys and white girls as sisters and brothers.

I have a dream today.

I have a dream that one day every valley shall be exalted, every hill and mountain shall be made low, the rough places will be made plain, and the crooked places will be made straight, and the glory of the Lord shall be revealed, and all flesh shall see it together.

This is our hope. This is the faith that I go back to the South with. With this faith we will be able to hew out of the mountain of despair a stone of hope. With this faith we will be able to transform the jangling discords of our nation into a beautiful symphony of brotherhood. With this faith we will be able to work together, to pray together, to struggle together, to go to jail together, to stand up for freedom together, knowing that we will be free one day.

Erarbeitung Bevor Aufgabe **a)** bearbeitet wird, empfiehlt es sich, mit den S den Begriff *atmosphere* zu klären. Die Erläuterung *an overall feeling or mood of a certain place or situation* kann hilfreich sein. L verweist an dieser Stelle noch einmal auf das *Glossary of literary terms* (Schülerbuch, Seite 202/203). Die S notieren sich unmittelbar nach dem ersten Hören ihre Eindrücke, verifizieren sie im Gespräch mit ihren Nachbarn und stellen sie anschließend im Plenum zur Diskussion. Die Ergebnisse werden an der Tafel oder auf Folie fixiert, wobei L Formulierungshilfen anbietet, die in den Lösungsvorschlag unten bereits eingearbeitet sind (neue Wörter sind unterstrichen).

→ S3, p. 89

In Aufgabe **b)** kann die im Allgemeinen übliche Festlegung einer Zusammenfassung auf nicht mehr als ein Drittel der Wörter des Originals (der Hörtext enthält 385 Wörter) problemlos angewandt werden, weil sich im Text eine Reihe von Aussagen wiederholen.

Die S werden darauf aufmerksam gemacht, dass sie Schlüsselwörter der Rede verwenden können (*dream, freedom, justice* u.ä.) und sich bei der Abfassung der *summary* nicht unbedingt an die Reihenfolge der Aussagen halten müssen. Für die Aufgabe ziehen sie Wörterbücher zu Rate und arbeiten am besten zu zweit. Mit ihren Vorschlägen wird später eine Musterlösung auf Folie erarbeitet.
Aufgabe **c)** kann in Partner- oder Kleingruppenarbeit bewältigt werden. Hilfreich ist es für die S, wenn sie ihre Aufzeichnungen in einer Tabelle mit zwei Spalten anlegen: Spalte 1 für die Nennung des Stilmittels, Spalte 2 (die größere) für die Belege. Das spätere Zusammentragen der Ergebnisse wird erleichtert, wenn jeder S eine Kopie des Redetextes mit durchnummerierten Zeilen erhält, auf der sie Markierungen vornehmen können. Die verbindlichen Ergebnisse werden auf Folie oder an der Tafel wiedergegeben. Erwartet werden kann, dass die S die Stilmittel Wiederholung, Metapher, Aufzählung, Antithese und Alliteration benennen und belegen. L kann anhand von Beispielsätze aus der Rede auf weitere stilistische Besonderheiten hinweisen und die entsprechenden Begriffe einführen. Die S sollen erkennen, dass die besondere Wirkung der Rede in der Kombination rhetorischer Mittel besteht.

Alternative Nach dem Lesen des Textes kann alternativ auch die Filmaufnahme (im Internet zugänglich) über den Protestmarsch bis zum Einsatz der Rede gezeigt und anschließend die Höraufnahme von der CD vorgespielt werden. Denkbar ist auch, dass der Film einschließlich der Rede vorgeführt wird und die S danach direkt Aufgabe **a)** bearbeiten.

Lösungsvorschlag

a) *The overall impression one has of this event is that the overwhelming number of people show unanimous agreement with what Martin Luther King says. Enthusiastic shouts and applause alternate with moments of rapt silence showing the audience's undivided attention.*

b) *Martin Luther King jr. has the dream, which is also fixed in the idea of the "American Dream", that in the future equality, the living together of blacks and whites in harmony, freedom and justice will dominate life in America. He hopes that people will only be judged by personal qualities and that all children will be able to live together in peace, no matter what the colour of their skin is. All people should focus on God. This hope will encourage black people to work and suffer together until freedom will have come. (96 words)*

c)

stylistic device	*evidence/quotations*
alliteration	*… not by the color of their skin but by the content of their character* *… not by the color of their skin but by the content of their character*
anaphora	*I have a dream, … This is our hope.* *This is the faith …*
antithesis	*… heat of oppression – oasis of freedom and justice,* *… jangling discords – beautiful symphony of brotherhood*
climax	*… to pray together, to struggle together, to go to jail together, to stand up for freedom together, knowing …*
enumeration	*… we will be able to work together, to pray together, to struggle together etc.*
epiphora	*I still have a dream. It is … deeply rooted in the American dream …*
metaphor	*… rooted in the American dream, this nation will rise up, the table of brotherhood*
metonymy	*the red hills of Georgia, … will join hands, the sons of former slaves and the sons of former slave owners*
parallelism	*This is our hope. This is the faith … – With this faith we will …*

quotation	*We hold these truths … (2nd paragraph of the Declaration of Independence), … every valley shall be exalted … (Old Testament: Isaiah 40:4)*
repetition of words	*I … have a dream. It is a dream deeply rooted in the … dream*

Erweiterung In einem Klassengespräch wird versucht, die allgemeine Wirkung dieser Stilmittel für die Rede zu benennen. Aussagen wie *easy to understand, clear, illustrative, more emotional than argumentative* können erwartet werden. L führt die treffenden Ausdrücke ein, um für die erforderliche begriffliche Klarheit zu sorgen.

A different way

Seite 29

Thema Rede eines bekannten Vertreters der schwarzen Bürgerrechtsbewegung in den USA

Lernziel Wichtige Aussagen erkennen, zwei Reden miteinander vergleichen, Stellungnahme, Informationen beschaffen

HINTERGRUNDINFO

***Malcolm X**, born Malcolm Little on May 19, 1925 in Omaha, Nebraska, experienced from his early childhood on what it meant to live in a world of racial discrimination: his father, a civil rights activist, received several death threats and had to move together with his family to different places in order to avoid physical danger. In 1929 he was killed, probably by members of the Black Legion, an additional organization within the Ku Klux Klan. After having been involved in different criminal activities, Malcolm used a seven-year prison sentence to concentrate on his education. Inspired by his brother, a converted Muslim, he studied the teaching of Nation of Islam leader Elija Muhammed, who, among other ideas, supported an independent Negro state. In 1952 Malcolm became a Moslem, too, and adopted his new surname "X", denoting his surname as a slave name and "X" to indicate his lost tribal name. He soon became a national spokesman for the Nation of Islam and successfully promoted its messages across the US. Due to growing discord in the Nation of Islam leadership (Malcolm had criticized Elija Muhammed because of his moral misconduct), he left this organisation and founded the Muslim Mosque Inc. in 1964. The conflict between him and the Nation of Islam was aggravated by the fact that, after a pilgrimage to Mecca, Saudi Arabia, he became convinced that white people could also be called his "brothers". On February 21, 1965, he was assassinated in the Audubon Ballroom in Manhattan. All three killers were members of the Nation of Islam.*

Malcolm X contributed to the strengthening of the black civil rights movement by trying to provide a nationalist orientation with the aim of establishing African-American autonomy. The impact of this philosophy on the Black Panther movement was immense, its activists were called "the children of Malcolm X".

The excerpt is taken from Malcolm X's speech "The Bullett or the Ballot" on 12 April, 1964, held in Detroit, shortly after he had become the leader of the Muslim Mosque Inc. The whole speech can be found on the Internet: www.americanrhetoric .com/speeches/malcolmxballotorbullet.htm.

Kernwortschatz *to justify*

Erarbeitung L oder S erklärt das Wort *to justify: to explain that an idea or activity is right.* Die S vergleichen das Foto auf Seite 29 oben mit der Abbildung von der Siegerehrung in Mexiko 1968 (unten links). Der Gegensatz zwischen dem aggressiveren Verfolgen der Ziele der Bürgerrechtsbewegung und der gewaltloseren Auseinandersetzung im Gefolge von Martin Luther King jr. wird herausgearbeitet. Der Hinweis, dass die S sich nun mit einem Vertreter des militanteren Flügels befassen werden, führt zur ersten Aufgabenstellung. Es ist sinnvoll, mit den S die hier verwendete Bedeutung des

Schlüsselworts *philosophy* zu klären: *a basic idea upon which you try to justify your plans or activities. Here it is not a system of thought one tries to explain causes, reality or values with.*

Erarbeitung Einige Szenen aus dem Film *Malcolm X* (1992, Regie: Spike Lee) können gezeigt werden. Die S nennen ihre Eindrücke und können erste Vergleiche zu den Informationen ziehen, die sie über Martin Luther King jr. erhalten haben.

9 *Listen to an extract ...*

Ziel Einen Auszug aus einer Rede von Malcolm X hören und verstehen (a/b) und mit der Rede von Martin Luther King vergleichen (c)

Materialien LC-CD 1, Track 13

[LC◎13] **Text:** ***Malcolm X on Black Nationalism (April 1964)***

(Extract from original recording of Malcolm X's speech.)

Black Nationalism is a self-help philosophy. What's so good about it? You can stay right in the church where you are and still take Black Nationalism as your philosophy. You can stay in any kind of civic organization that you belong to and still take Black Nationalism as your philosophy. You can be an atheist and still take Black Nationalism as your philosophy. This is a philosophy that eliminates the necessity for division and argument. 'Cause if you're black you should be thinking black, and if you are black and you not thinking black at this late date, well I'm sorry for you.

Once you change your philosophy, you change your thought pattern. Once you change your thought pattern, you change your – your attitude. Once you change your attitude, it changes your behavior pattern and then you go on into some action. As long as you got a sit-down philosophy, you'll have a sit-down thought pattern, and as long as you think that old sit-down thought you'll be in some kind of sit-down action. They'll have you sitting in everywhere. It's not so good to refer to what you're going to do as a 'sit-in'. That right there castrates you. Right there it brings you down. What – What goes with it? What – Think of the image of a someone sitting. An old woman can sit. An old man can sit. A chump can sit. A coward can sit. Anything can sit. Well you and I been sitting long enough, and it's time today for us to start doing some standing, and some fighting to back that up.

When we look like – at other parts of this earth upon which we live, we find that black, brown, red, and yellow people in Africa and Asia are getting their independence. They're not getting it by singing 'We Shall Overcome.' No, they're getting it through nationalism. It is nationalism that brought about the independence of the people in Asia. Every nation in Asia gained its independence through the philosophy of nationalism. Every nation on the African continent that has gotten its independence brought it about through the philosophy of nationalism. And it will take Black Nationalism – that to bring about the freedom of 22 million Afro-Americans here in this country where we have suffered colonialism for the past 400 years.

Erarbeitung Der anspruchsvolle Text macht es wahrscheinlich erforderlich, dass der Redeausschnitt zwei- oder dreimal von der CD vorgespielt wird. Die S beantworten dazu einige Leitfragen:

1. *What are the key words in this speech?*
   (self-help philosophy, black nationalism, change of attitude).
2. *What does Malcolm X want his audience to do?*
   (change their philosophy into the idea of nationalism)
3. *Why does he mention people in Africa and Asia?*
   (they are the proof that nationalism can bring about independence).

Die S klären das ihnen unbekannte Vokabular mit Hilfe der Wörterbücher und bearbeiten diese drei Fragen in Aufgabe **b)** in Partner- oder Kleingruppenarbeit. Um den Aufwand möglichst gering zu halten, können sie diese Fragen in jeweils einem Satz beantworten. Anschließend gleichen sie ihre auf Folien fixierten Lösungen im Klassengespräch ab.

Aufgabe **c)** kann in Gruppenarbeit erledigt werden. Dazu greifen die S auf ihre Ergebnisse zu Aufgabe **8 c)** zurück, wobei sie sich nicht nur auf einen Vergleich der Stilmittel beschränken sollten. Ziel ist es herauszufinden, dass Martin Luther King jr. in seiner Rede mehr auf die Gefühle der Zuhörer einwirken möchte und Malcolm X eher auf die Überzeugungskraft von Argumenten setzt.

Lösungsvorschlag

b) ***Frage 1:*** *By explaining black nationalism as a self-help philosophy, Malcolm X wants to point out that black people can use their own power and talents to defeat racial discrimination.*
Frage 2: *He does not like this passive type of protest because he is convinced that action alone can help black people in their fight for equality.*
Frage 3: *People in Africa and Asia have proved the statement to be true that it was the idea of nationalism that put an end to colonialism and gained independence.*

c) *Both Martin Luther King jr. and Malcolm X try to establish a personal relationship to their audience. While King only does so at the beginning of his speech ("I say to you today, my friends …" and the use of the first personal pronoun in the plural), Malcolm X addresses his listeners more often (see the frequent use of "you" in the first two paragraphs and "we" in the last). In his speech Malcolm X also uses a lot of stylistic devices to bring his message home to the reader (parallelism, anaphora, repetition of words, accumulation). His speech is particularly characterized by very short sentences with which he leads his listeners to conclusions that appeal to their minds. It is also typical of his way of presenting his ideas that he employs only few metaphors which are not unfolded extensively ("a sit-down philosophy", "that right there castrates you"; one exception: "… you and I been sitting long enough, and it's time … to start doing some standing …"), proving the fact that he rather tries to convince his audience by appealing to their emotions. This is why he also uses a lot of examples from everyday life and history to make his listeners believe that he is right in what he says.*

→ S13, p. 97

10 *Write a comment on…*

Ziel Gewaltanwendung zur Erreichung politischer Ziele kritisch bewerten

Materialien
- Kopiervorlage 15 (*Communication skills*)
- → WB, ex. 5, 6, 7, 8, 9, 10

Erarbeitung Die S notieren in Einzel- oder in Partnerarbeit Argumente, die anschließend im Plenum gesammelt, auf ihre Stichhaltigkeit überprüft und geordnet werden. Bei Bedarf weist L auf die Strategie *Writing an argumentativse essay* hin. L ergänzt die Ausführungen auf Seite 97 um den Hinweis, dass die Argumentation überzeugender wirkt, wenn die Argumente, die die eigene Ansicht belegen, im zweiten Teil des *Comments* aufgeführt werden.

Lösungsvorschlag

Introduction: *What really made the civil rights movement in the US a success story: violence or non-violence?*
Arguments for the use of violence:
– *a means of making one's views known to a wider public*
– *violence sometimes the only way to stop more serious violence*
– *non-violence seldom works*
Arguments against the use of violence:
– *violence breeds violence*
– *violence causes bitterness and resentment among the groups of people involved*
– *violence against violence is morally unacceptable*
– *there are many examples of successful non-violent actions*
Conclusion:
Winning the support of as many people as possible is the most successful way to achieve social justice.

Erweiterung Mit **Kopiervorlage 15** *(Is violence an acceptable means to stop social injustice?)* kann eine *Panel discussion* zu dem Thema organisieren werden. Die S bereiten die Diskussion in Gruppen vor, indem sie sich jeweils die Argumente der Interessenvertreter zu eigen machen und eine/n „Fachmann/Fachfrau" aus ihren Reihen für das Expertengespräch wählen. Ein oder zwei S übernehmen die Aufgabe des Moderators/der Moderatorin. L greift nur ein, wenn Probleme auftauchen, die die S nicht selbst lösen können. Zusätzliche Texte, besonders Hinweise auf historische Ereignisse, die als Anschauungsmaterial für die einzelnen Positionen herangezogen werden können, sind hilfreich. Der/Die Moderator/in sollte daran denken, den Vertreter der *squatters* (4. Rollenkarte) genauer zu interviewen. Diese Übung eignet sich auch zur Vorbereitung auf eine mündliche Prüfung (siehe Stichwort Mündlichkeit).

Mündlichkeit

Aufgabenart: moderierte Diskussion/Expertengespräch
Arbeitsform: Gesprächsrunde vor einem Plenum
Lernziele: sich über ein Thema genauer informieren, eigene Ansichten als „Experte/Expertin" überzeugend vortragen und von anderen beurteilen lassen, ein Gespräch moderieren
Thema: *Is violence an acceptable means to stop social injustice?*
Dauer: Vorbereitung: ca. 5 Minuten; Expertengespräch: ca. 15 Minuten
Materialien: Rollenkarten auf **Kopiervorlage 15**
Hilfsmittel: ggf. zweisprachiges Wörterbuch

Verlauf: Der Ablauf des Expertengesprächs ist in der Beschreibung der *panel discussion* unter **Erweiterung** skizziert.

⟨11⟩ *Find out more about …*

Ziel Suchen und Aufbereiten weiterer Informationen zu den Themen *Black Panther* oder *Ku Klux Klan* (a), Beispiele aus der amerikanischen Musikszene finden und mit der Stimmung in *Sister Rosa* vergleichen (b)

HINTERGRUNDINFO

Hip-hop *is a cultural movement in which music plays a decisive role, consisting of rap music, breakdance, free-style dancing and also any form of modern black or Latino dancing; sometimes the use of the term rap music is identical with hip-hop music. It mainly consists of speaking or chanting short tales, giving information in an all-dominant rhythmic way. It can either be performed a cappella, by a disc jockey using techniques to support a rap song, or by a live band. Hip-hop has its origins in the African-American ghettos in New York in the 1970s and has reached the status of a worldwide youth subculture. Only about ten years after its beginnings hip-hop entered the mainstream of American music.*

Gangsta rap *is a subgenre of hip-hop, claiming to take their topics from street life, including criminal activities. Its most famous representatives are Ice-T, The Beastie Boys, N.W.A., Run DMC, Snoop Dogg.*

Erarbeitung Zwei Schülergruppen recherchieren im Internet und in diversen Lexika über die beiden Themen in Aufgabe **a)**. Sie erstellen Informationsblätter und Vokabellisten für ihre Mitschüler/innen und referieren ihre Ergebnisse. Mindestens eine der Berichterstattungen sollte mit Hilfe einer computergesteuerten Präsentation erfolgen. Auch zu Aufgabe **b)** suchen die S angemessene Beispiele und tragen sie der Klasse vor.

Lösungsvorschlag

b) *American hip-hop or gangsta rap:*
Asheru (Gabriel Benn): *Black Moses, No Edge Ups in South Africa*
Arrested Development: *Years, 5 Months & 2 Days in the Life Of…*
Eminem: *The Marshall Mathers (LP)*
Mos Def: *Graduation*
N.W.A. (Niggaz With Attitude): *Gangsta Gangsta*

⟨I get my culture where I can⟩ Seite 30–32

Thema Das Zusammentreffen von Menschen mit unterschiedlichem ethnischen und kulturellen Hintergrund

Lernziel Charakterisierung literarischer Figuren, eine wesentliche inhaltliche Frage klären, kreatives Schreiben

HINTERGRUNDINFO

Zadie Smith, *the daughter of a Jamaican mother and an English father, was born on October 27, 1975, and graduated in English Literature at King's College in Cambridge. As a student she began writing short stories, attracting the attention of a publisher who gave her a contract for her first novel, "White Teeth" (2000), a story of three ethnically different families, thus delivering a portrait of the multicultural London of today. It became a bestseller immediately and won international acclaim. Her second novel, "The Autograph Man", published 2002, was also a commercial success. Her experiences at Harvard University, USA, and Cambridge are reflected in her third novel "On Beauty" (2005), a campus novel about the life of a British-American family of mixed race, dealing with problems of race and gender. In 2004 she married the poet and novelist Nick Laird. Zadie Smith has also become known for her short stories written between 1996 and 2007 and a collection of essays (2006), "The Morality of the Novel". Zadie Smith won several important prizes and awards, such as EMMA, for Best Novel and Best Female Media Newcomer (2000), Commonwealth Writers Prize (Overall Winner, Best First Book, 2001), Orange Prize for Fiction (2003 and 2006).*

Kernwortschatz *to swear, firm, sharp, cautious, confusion, light, tight, neither … nor, humble, deal, to swap, rather, to inhibit, pretty, artificial, to counter, to blush, previous, bewildered, to release*

Materialien PB-CD 1, Track 13–15

Hinführung Die S informieren die Klasse über die Schriftstellerin. Sie hören den Text einmal unter der Fragestellung: *What kind of relationship between the people in this text can you make out?* Die Ergebnisse werden unkommentiert festgehalten und die Bemerkung *Let's find out if we're right so far* leitet zur genaueren Beschäftigung mit dem Text über.

Erarbeitung **Kernwortschatz:** Die S sollten die erforderlichen Erklärungen in Partnerarbeit selbstständig erarbeiten. *To swear: you bind yourself to a promise or: to use a word that is not generally accepted because it is a taboo word; firm: fixed and definite; sharp: a knife must be sharp to use it for cutting sth; cautious: careful, not risking anything; confusion: state of not knowing what to do, where one is; light: opposite of heavy; neither … nor: negative form of either … or; humble: opposite of proud or arrogant; deal: an agreement; to swap: to get sth by giving sth; rather: more exactly, with more right; to inhibit: to hold back; pretty: pleasing, attractive; artificial: opposite of natural; to counter: here: to answer against; to blush: to become red in one's face; previous: existing or coming before; bewildered: not knowing where one is, what one should do; to release: to set free.*

[PB◎13] [PB◎14] [PB◎15] **Text:** Der Text ist auf der CD in drei Tracks unterteilt: **Track 13** *(ll. 1–110)*, **Track 14** *(ll. 111–179)*, **Track 15** *(ll. 180–262)*. Da die Bearbeitung der ersten vier Aufgaben (12–15) zeitintensiv ist, bietet sich dazu eine arbeitsteilige Gruppenarbeit an. Die S notieren ihre Ergebnisse auf Folien und referieren sie. Sie werden von L dazu angehalten, ihre Aussagen am Text zu belegen, sodass alle S – auch die, die die jeweiligen Aufgaben nicht bearbeitet haben – dazu Stellung nehmen können.

→ S15, p. 125

12 *Compare the reactions of …*

Ziel Die Reaktion der verschiedenen Protagonisten zueinander vergleichen

Lösungsvorschlag

Levi, the son of Kiki and Howard Belsey, the white university lecturer, is the first to talk to Carl, the young man whose Discman was taken by mistake. He addresses Carl, using the word "bro" (ll. 47 and 74) to show that, on his side, there is no social difference between him and Carl. Levi simply assumes that the young man accepts being called like that because Carl calls Zora "sister" (ll. 34). She, in turn, first does not speak to Carl at all when she could have done this to explain who the owner of the Discman is. Only when Carl speaks to her directly, does she answer him, but in a very impolite way ("Yeah, well, I put mine under my chair," she said tartly – ll. 106 ff.). Does she talk like that because she feels embarrassed or because she does not like Carl? She does not even apologize because it was she who made the mistake, and walks back to her parents. Carl and Levi, however, feel at ease with each other: they use the same language, "clap hands" (ll. 114–123) and introduce themselves to each other. Levi takes an interest in the music Carl makes and even admires him for it (ll. 134–142) and for his way of getting to know about "culture" (l. 174). They even give their phone numbers to each other. There is some kind of disturbance in their free and easy communication, however, when Levi learns about Carl's age (ll. 163–165). When the family meet at the exit of the park, Carl is only spoken to once by Zora asking him if he knew Claire Malcolm, the poetry professor at Wellington College. The way the family behave here seems to have put an end to the relationship between Carl and Levi.

Alternative

Sollten die S Probleme haben, ihre Beobachtungen in einer zusammenhängenden Darstellung zu formulieren, können zunächst die Einzelergebnisse stichpunktartig gesammelt und anschließend unter Lenkung von L in einen kohärenten Text umgearbeitet werden. Eine ähnliche Vorgehensweise bietet sich für die Aufgabe **13** und **14** an.

13 *Comment on …*

Ziel Auswertung des Umgangs der Protagonisten miteinander

Lösungsvorschlag

While Levi uses the same slang as Carl does when talking to him, he speaks correct English and avoids slang words when he addresses Zora and the other members of his family. When his father asks Carl if he is a student at Wellington College, he seems to have touched a sore point: the boy becomes very angry and abusive ("Not everybody goes to your stupid college … People do other shit than go to college"– ll. 209–212). Levi seems to live in both worlds: the world of his family and the one of the black people of his age. The words he uses are not restricted to a certain social class, however. From this point of view, it becomes clear that there is a social divide between the Belseys and Carl. This is confirmed by the fact that it is only Levi who bridges the social gap between the lecturer and his family and Carl; their inquiries lack personal interest in the young man: they only want to be polite ("'Are you at Wellington? Familiar face', said Howard distractedly.") or gain some superficial information. Only Jerome's interest is roused: "'Really?', asked Jerome with interest." (l. 113). Their distance to Carl becomes obvious when Howard Belsey is reminded of a painting by Rubens when looking at Carl and then turns off to hail a taxi (ll. 256 ff.). Carl only seems important to him not as person but only as someone he can demonstrate his academic knowledge with.

14 *"I get my culture where I can."*

Ziel Herausarbeiten des unterschiedlichenen Verständnisses des Begriffs Kultur

Lösungsvorschlag

***Carl's** idea of culture is very individual: cultural knowledge cannot be transferred to him in the traditional way by becoming educated through the institutions society provides for the younger generation. He is open to be educated in anything that may teach him*

something new and which is not exclusively presented to him in an academic way.
***Levi** is certainly brought up with the ideas of traditional education because he lives in a family guided by academic standards. But he has already crossed this border by becoming interested in non-academic culture: he likes hip-hop and has also adopted black people's slang.*
***Zora** would also like to cross this border and become part of black popular culture as well as of the academic world (ll. 219–222), but it seems that she has done so in a more superficial way: she explains "Spoken Word" in one sentence only, showing no enthusiasm and by referring to what the poetry professor does (ll. 222–227).*
***Howard's** idea of culture is certainly restricted to academic life and teaching. He shows total lack of understanding of black popular culture, and his only statement concerning cultural achievements is what he says about the painter Rubens.*

→ S5, p. 91

15 *Choose one of the characters …*

Ziel Beschreibung der Darstellung eines der handelnden Charaktere

Materialien Kopiervorlage 16 *(Extras)*

Erarbeitung Es bietet sich an, hier die Ergebnisse nicht in einem zusammenhängenden Text zu formulieren, sondern tabellarisch festzuhalten. Die Ausformulierung kann sich auf einzelne Ergebnisse beschränken. Die S werden ausdrücklich auf den *character grid* (Seite 91 unten) in der Strategie *Characters*, aufmerksam gemacht, nach dessen Muster sie die Übersicht für eine Figur aus dem Text erstellen sollen. Diese Übersicht wird gemäß der Aufgabe noch um die Rubrik *relevant words and phrases* ergänzt werden. Der Lösungsvorschlag beschränkt sich auf Carl, die Hauptfigur in dem Text, und wird als Tafelbild oder auf einer Folie festgehalten.

Lösungsvorschlag

Carl	
outward appearance	*black, athletic, good-looking, tall (187 cm), 20 years old, wears a baseball cap and a hoodie*
function in the constellation of characters	*a stranger, from a different cultural and social background of the group of people he meets by accident*
roles, social background	*member of the black community, no other social function known*
main traits	*intelligent, patient, unconventional, a matter-of-fact person, does not show his feelings*
actions, behaviour, mood	*impulsive, friendly, smiles a lot, reserved, cannot be provoked into becoming angry*
language	*uses black slang (slang expressions, "wrong grammar"), polite*
relevant words and phrases	*'Hey, man – is that your girl'?* *'The girl with the glasses you was just calling?'* *'I been trying to call her.' 'Yo, thanks, man.'* *'Nah … I'm not an educated brother'*

Erweiterung Mit **Kopiervorlage 16** *(How would you describe these characters?)* erhalten die S die Möglichkeit, Charaktermerkmale und Verhaltensweisen für die Hauptfiguren dieses Textes in einer Übersicht zu sammeln. Sie können aus einer umfangreichen Liste die zutreffenden Begriffe auswählen und müssen dabei eine Rangfolge aufstellen.

→ S11, p. 96

16 *Creative writing*

Ziel Schriftliche Ausarbeitung eines möglichen Endes der Geschichte (a) oder eines Interviews mit einem der Protagonisten für ein Kulturmagazin (b)

→ S15, p. 96

Erarbeitung Die Aufgaben **a)** und **b)** können in Einzel- oder Partnerarbeit angefertigt werden. Bei **a)** ist es wichtig, dass die S eine geeignete Szene wählen, die die angedeuteten Handlungsmotive des im Schülerbuch wiedergegebenen Textes aufgreift. L kann folgende Varianten für das *setting* vorschlagen:

1. Carl, Levi und Zora treffen sich zufällig am *bus stop*, die Eltern kommen später hinzu, weil sie ihre Kinder abholen wollen.
2. Carl und Levi treffen sich im Park wieder, sie haben ja ihre Telefonnummern ausgetauscht. Levi bringt seine Schwester mit.
3. Levi ist es gelungen, Carl zu überreden, zu ihm nach Hause zu kommen, weil er Carls Musik näher kennenlernen will. Zora und Jerome gesellen sich zu ihnen.

Erweiterung Denkbar ist auch ein Gespräch zwischen den Eltern und Kindern der Belseys, wobei sich die Mutter auch einschalten sollte: *After the walk in the park the Belseys sit down for dinner. A heated discussion starts about the way the kids and the father have behaved towards Carl …*

C Living together in the UK

Seite 33–39

Asian voices

Seite 33/34

Thema Stimmen von Vertretern ethnischer Minderheiten in Großbritannien

Lernziel Sachliche und fiktionale Texte verstehen, mit ihnen kreativ umgehen, wesentliche Aussagen zusammenfassen, eigene Standpunkte zu kontroversen Themen öffentlich vertreten, Informationen beschaffen und auswerten

1 *Pre-reading*

Ziel Anhand der Illustrationen zu den drei Texten auf die möglichen Textinhalte schließen (a), die Vermutungen anhand der Lektüre überprüfen (b)

Kernwortschatz *to subject (sb to sth), outlook, to judge, let alone, evidence, plain, to rank, to persist, abuse, harmful, compulsory*

Materialien Kopiervorlage 17 *(Extras)*

Hinführung S lösen die Aufgabe **a)** und **b)** in Partner- oder Kleingruppenarbeit. Ihre Ergebnisse sind anschließend Gegenstand einer Erörterung im Plenum. Aufgabe **b)** dient ebenfalls der Hinführung. Die S tauschen sich nach dem Lesen darüber aus, ob ihr Urteil aus **a)** zutreffend war oder nicht.

Erweiterung Die S werden aufgefordert, die Bilder auf den Seiten 33 und 34 zu betrachten und folgende Frage zu beantworten: *What conclusion can you draw from the pictures chosen for the illustration of the article?* Die S sollen erkennen, dass dem Betrachter der Eindruck vermittelt werden soll, dass sich die multiethnische Gesellschaft im Alltagsleben widerspiegelt.

Lösungsvorschlag **a)** *Certainly, the text is about ethnic minorities in urban areas. Brick Lane, for example, is a street in London's East End. The people in these photos seem to be part of everyday life; their influence becomes obvious when one sees the mosque. The photos suggest that there is no conflict between members of different ethnic origins.*

Erweiterung **Kopiervorlage 17** *(Who said what?)* ist eine Lernzielkontrolle, die die S im Anschluss an die Erstbegegnung mit den drei Texten in *Asian voices* durchführen können. Das Arbeitsblatt enthält zusammengefasste Aussagen, die die S den einzelnen Vertretern ethnischer Gruppen aus dem Gedächtnis zuordnen müssen. Um die Aufgabe anspruchsvoller zu gestalten, müssen sie auch nicht vorkommende Äußerungen erkennen und als solche kennzeichnen.

Erarbeitung **Kernwortschatz:** Die S klären im LdL-Verfahren (Lernen durch Lehren) die Bedeutung der Ausdrücke für ihre Mit-S. Sie machen ihre Ergebnisse mit einer Folie für alle zugänglich. *To subject (sb to sth): here: to suffer from what others do to sb; outlook: what sb expects for the future; to judge: here: to form an opinion; let alone: not to mention; evidence: a thing that proves sth to be true; plain: clear and simple; to rank: to have a certain position in a row; to persist: here: to hold firmly to a goal or a purpose; abuse: the act of treating sb or sth in a wrong way; harmful: causing physical or psychological damage; compulsory: sth that is absolutely necessary to be done.*

→ S14, p. 98

2 *The texts*

Ziel Überschriften zu den drei Zeitungsartikeln überlegen (a) und Gründe für oder gegen die Integration von ethnischen Minderheiten auflisten (b)

Erarbeitung
→ S2, p. 88

Die S bilden für die Bearbeitung von Aufgabe **a)** arbeitsteilige Kleingruppen und stellen ihre Ergebnisse nach der Gruppenarbeit im Plenum zur Diskussion. Für Aufgabe **b)** arbeiten die S mit ihren Nachbarn oder in Kleingruppen zusammen und erstellen getrennte Listen zum Für und Wider. Im Plenum wird eine endgültige Fassung der Ergebnisse erstellt. Die Argumente aus den Zeitungsbeiträgen sind im Lösungsvorschlag mit *t* für *text* gekennzeichnet.

Lösungsvorschlag

a) *Ian Herbert in The Independent: No crime, no racism – no wealth. Or: Poverty no reason for leaving Higher Broughton.*
Sarfaz Manzoor in The Guardian: British Asians: prospering in a non-multicultural world. Or: More business potential for British Asians in the Northeast.
Zia Haider Rahman in The Sunday Times: Will English compulsory courses solve integration problems?
Or: Compulsory English – a way out of radicalism and crime?

b)

Arguments for minorities living in their own communities	***Arguments against minorities living in their own communities***
1. *helps newcomers to get used to their new life*	1. *no real need to integrate into society (t)*
2. *not so much violence within their boundaries*	2. *difficult to leave social boundaries (t)*
3. *a stronger sense of communal spirit*	3. *may lead to economic stagnation (t)*
4. *easier access to goods and facilities one is used to (t)*	4. *which will prevent better living conditions*
5. *people do not stand out in their identity group (t)*	5. *a constant threat of multi-ethnic conflicts*
6. *helps to stay in contact with one's social and cultural roots (t)*	6. *widens the divide between minority and majority group*
7. *lack of language barrier makes life easier*	7. *social outsiders may be faced with lack of understanding and repression*
8. *cheaper housing and other living conditions*	8. *no trading between different ethnic communities (t)*

Erweiterung

Eine sinnvolle Erweiterung besteht darin, die Argumente nach ihrem Gewicht zu ordnen, die drei wesentlichen Aspekte für und wider ein Leben in geschlossenen Gemeinschaften in einem längeren *comment* darzulegen und diesen mit einem Einleitungs- und Schlussgedanken zu versehen. Vorschläge für die drei wichtigsten Argumente zu beiden Positionen: *Arguments for minorities living in their communities: 1., 4., 6.; Arguments against minorities living in their communities: 5., 2., 3.* Die S sollten ihre Strategie für die Erstellung des *comments* um zwei Aspekte erweitern:

- Zum einen sollen sie sich der Funktion des ersten Arguments nach der Einleitung besonders bewusst werden: Es sollte für den Leser interessant und sofort nachvollziehbar sein, damit er für die weitere Argumentation gewonnen wird. Im vorliegenden Fall wäre dies Argument 1. der Gruppe *Arguments for minorities …*, wenn man die Meinung vertritt, das Leben in einer ethnischen Gemeinschaft sei mit mehr Nachteilen als Vorteilen verbunden, und Argument 3. der Gruppe *Arguments against…*, wenn man auf Seiten derer steht, die der Beibehaltung einer ethnischen Gemeinschaft das Wort reden. Falls erforderlich, werden die S noch einmal darauf aufmerksam gemacht, dass die Argumentationsgruppe, die man selbst befürwortet, im zweiten Teil der Ausführungen zum Tragen kommt.

- Zum anderen sollen sie sich um einen sachlogischen Übergang von der ersten zur zweiten Argumentationsgruppe bemühen. Im oben aufgeführten Beispiel müssen sie versuchen vom Argument 6 der *Arguments for minorities* … eine Brücke zu Argument 5. der *Arguments against minorities* … zu schlagen. Fällt dies zu schwer, sollten die Argumente umgestellt werden. In dem konkreten Fall ist der Übergang von Argument 6. zu Argument 2. für die S sinnfälliger.

→ S17, p. 100

3 *Class debate*

Ziel Eine Debatte führen und die Frage kritisch bewerten, ob Bewohner eines Landes gezwungen werden sollten, die Landessprache zu erlernen

Hinführung L kann die Frage stellen: *What problem worth discussing is mentioned in the texts and what can be done about its solution?* Der umstrittene Vorschlag, Englisch zwangsweise lernen zu lassen, wird sicher genannt werden.

Erarbeitung L geht mit den S zunächst die **Skill 17** (*Debate*) durch. Die wesentlichen Merkmale und Schritte dieser Diskussionsform werden besprochen und ihre Durchführung organisiert. In einer arbeitsteiligen Gruppenarbeit werden zunächst die Argumente gesammelt, die Leitung der Diskussion und die Gesprächsteilnehmer ausgewählt (dies können die S auch selbst vornehmen) sowie ein zeitlicher Rahmen festgelegt (siehe Stichwort **Mündlichkeit**). Folgende Argumente können zur Sprache gebracht werden:

Without compulsory courses in English…	***With compulsory courses in English …***
the most serious obstacle to integration remains	*resentment between the ethnic groups would increase*
everyday life cannot be made easier (less communication, misunderstandings)	*a different culture and way of life would be enforced on minority groups*
children cannot be given equal opportunities through education	*a strategy would be applied in education that may not be accepted by the people concerned and thus will be of no success*
knowledge of the dominant culture is hardly possible	*immigrants will lose their cultural identity*
immigrants are less likely to get good jobs	

Mündlichkeit

Aufgabenart: Debatte
Arbeitsform: Gruppenarbeit
Lernziele: Abgeben einer eigenen Stellungnahme, Entwicklung von Diskursstrategien (Zuhören, Nachfragen, Überzeugen), Durchführung einer Debatte
Thema: Meinungsäußerung dazu, ob die Einwohner eines Landes die Landessprache zwangsweise erlernen sollten
Dauer: Vorbereitung: ca. 6 Minuten; Diskussion: ca. 10–15 Minuten
Materialien: Hinweise zu *Debate* auf Seite 100 (**Skill 17**) im Schülerbuch
Hilfsmittel: ggf. zweisprachiges Wörterbuch

Verlauf: Die Argumente werden in einer einleitenden Gruppenarbeitsphase gesammelt und das Für und Wider anschließend unter Anleitung des Gesprächsleiters/der Gesprächsleiterin gemeinsam erörtert.

Erweiterung Die S nehmen zu der Forderung, dass alle Bewohner eines Landes dieselbe Sprache lernen sollen, in einem *comment* (**Hausaufgabe**) Stellung. Dieser kann in einen situativen Kontext eingebunden sein: *Explain to an immigrant friend of yours why he or she should learn the national language of the country he or she lives in.* Oder: *Write a* *letter to the editor of a newspaper in which you contradict the idea expressed in an article that it is absolutely necessary to learn the national language.*

→ S19, p. 101

4 *Project/Mediation*

Ziel Transfer auf die Situation ethnischer Minderheiten in Deutschland

Materialien → WB ex. 1, 2, 3, 4

Erarbeitung Bei einem solchen Projekt ist es sinnvoll, dass die S die Methode und das Ziel selbst überlegen. Die Aufgabenverteilung sollte deshalb auch von den S selbst vorgenommen werden. Das Projekt wird im Idealfall ohne L-Steuerung gestaltet, ggfs. kann angeregt werden, dass die S Vertreter von Minoritäten oder deren Interessenvertreter zu Wort kommen lassen und Interviews in ansprechender medialer Form (z. B. Film-Interviews an typischen Schauplätzen) präsentieren. Die Kompetenz *Mediation* fließt in dieses Projekt ein, indem die Technik der Sprachenüberlagerung (Originalton wird reduziert, Übersetzung darüber gelegt) berücksichtigt wird.

A family drama

Seite 35–37

HINTERGRUNDINFO

***Hanif Kureishi** was born December 5, 1954 in Bromley in Kent, England, to a Pakistani father and an English mother. His first-hand experiences of racial and cultural conflicts are almost always reflected in his writings. He decided to become a writer when he was still a teenager and even produced a few novels which he intended to have published. He studied philosophy at the University of London and first made a living by writing pornography under a pseudonym. His first play "Soaking Up the Heat" was performed in 1976, his second play "The Mother Country" won the Thames Television Playwright Award in 1980. The play "Borderline" about immigrants in London was his breakthrough as a respected author describing the lives and issues of people living in minority communities. His first steps into the film-making world was very successful: his screenplay "My Beautiful Launderette", written in 1985, won several awards. The world of a racially mixed couple was depicted in the film "Sammy and Rosie Get Laid" (1988), which won less acclaim. His first novel "The Buddha of Suburbia" was published in 1990. It is about a bisexual man, half-Indian and half-English, growing up in London. It won the Whitbread Book of the Year Award for the first novel category. The film "London Kills Me", scripted and directed by him focuses on another topic Kureishi has taken great interest in: the idea of home and homelessness. He also wrote "The Black Album" (1995), dealing with issues of the Muslim community and his collection of short stories "Love in a Blue Time" (1997) is about different characters working in the media world. His latest novel "Gabriel's Gift", about a boy and his trauma of his parents' separation was published in 2001. In the novel "The Body", followed in 2003, in which he allows an aged writer to live in the body of a young man. His latest novel "Something to Tell You" will be published in 2008.*

Kernwortschatz *novel, to stretch, to turn on sb, council, to take sth out on sb, to insist on, as though, torture, to chew, sick, out of date, to bother to do sth, not … either, to come up with*

Materialien PB-CD 1, Track 16/17

Hinführung L stellt die Frage: *What problem do you feel is the most serious one a family with a non-British background may be faced with in the UK?* Die Antworten werden an der Tafel oder auf Folie gesammelt und – wenn überhaupt – nur kurz kommentiert. Als Überleitung kann die Bemerkung dienen: *Let's have a closer look at a few scenes from the life of a British-Asian family and the way they deal with their problems.*

Alternative
- Eine oder mehrere Szenen aus der Verfilmung des Romans werden gezeigt. Die S stellen Mutmaßungen über die Hintergründe bzw. das weitere Geschehen an. (Informationen über die Verfilmung auf DVD sind im Internet unter www.moviemail-online.co.uk/films/12812/The_Buddha_of_Suburbia/ erhältlich. 1993 wurde der Roman in einer von der BBC verfilmten vierteiligen Serie gesendet.)
- Die S werden mit dem Zitat von Kureishi (in *The Rainbow Sign*) konfrontiert: *From the start I tried to deny my Pakistani self… it was a curse and I wanted to be rid of it. I wanted to be like everyone else.* Sie werden gefragt, in welcher seelischen Lage sich eine solche Person befinden mag und wieso jemand wohl zu einer solchen Aussage kommt. Das Gespräch leitet zur Beschäftigung mit den Aufgaben über.

Erarbeitung **Kernwortschatz:** Die S tragen entweder im arbeitsteiligen Verfahren die Worterklärungen zusammen oder zwei bis drei S , die sich bereits mit dem Kernwortschatz befasst haben, liefern ihre Erläuterungen und führen eine Lernzielkontrolle durch, indem sie nach der deutschen Bedeutung der unbekannten Wörter fragen. *Novel: a book of considerable length about sth that did not happen in reality; to stretch: here: to spread one's arm or leg as far as possible; to turn on sb: to prepare to fight against sb; council: here: a group of people responsible for decisions in a community; to take sth out on sb: to direct one's anger against sb; to insist on: to be firm in one's demand or views; as though: as if; torture: act of causing pain to somebody's body to get information; to chew: to move one's teeth on a piece of food to make it smaller; sick: ill, feeling not well, out of date: old-fashioned; to bother to do sth: to try hard to do sth; not … either: negative form of 'also'; to come up with: to suddenly have an idea.*

[PB◎16] [PB◎17] **Text:** Die S hören zunächst den Text von der CD. Er ist in zwei Tracks unterteilt: **Track 16** *(ll. 1–47)* und **Track 17** *(ll. 48–107)*. Einige Leitfragen sichern das Grobverständnis:

→ G3, p. 116
1. *What do we learn about the family?*
2. *Can you identify the main characters?*

→ G9, p. 118
3. *What is the problem the text is dealing with?*
4. *Are any solutions mentioned?*

→ G4, p. 117
Im Anschluss daran lesen die S den Text für sich und klären noch verbleibende Wortschatzfragen.

→ S5, p. 91

5 *First reaction*

Ziel Entscheiden, welche der handelnden Personen sympathisch erscheint und die Entscheidung begründen

Erarbeitung Die S beantworten die Frage für sich, tauschen sich mit ihren Nachbarn aus und stellen ihre Ergebnisse im Klassengespräch zur Diskussion. Ihre Wahl wird wohl auf Jamila fallen. Mit folgenden Begründungen kann gerechnet werden:

Lösungsvorschlag
- *Jamila might be of the same age as we are.*
- *She is torn in a conflict between the fact that her parents insist on their traditional values and her own ideas of how to live her life. This situation is typical of many young people of our age.*
- *Usually we sympathize with characters that have to suffer under pressure placed on them by the world they live in.*

6 *Reasons for the drama*

Ziel Herausarbeiten der Gründe für das Verhalten der beiden Protagonisten

Erarbeitung Auch hier können die S die Fragen für sich und/oder mit ihren Nachbarn erörtern und anschließend im Plenum abklären. Sie sollten erkennen, dass die erste Frage lediglich darauf abzielt, das Problem zwischen Vater und Tochter zu benennen, und die zweite

Frage die Ursachen für ihr Verhalten klären möchte. An der Tafel oder auf Folie wird ein gemeinsames Ergebnis erarbeitet, wobei L den erforderlichen neuen Wortschatz einführt *(to question, cultural background, matriomonial)*.

Lösungsvorschlag

Anwar wants to decide who his daughter should marry. Jamila, in turn, refuses to accept his intention. Anwar is of the opinion that he is responsible for his daughter's happiness, which can only be achieved if she marries a man chosen for her by him and his brother. Above all, he feels that his authority in deciding matters like that – which is based on this cultural background – is questioned by Jamila's refusal to accept his decision. She, on the other hand, is convinced that choosing a husband by herself is the only way of finding matrimonial happiness.

→ S12, p. 96

7 A step further

Ziel Die Beziehung zwischen den handelnden Personen analysieren und überlegen, wie die Geschichte weitergehen könnte, die mögliche Weiterführung der Geschichte schriftlich ausarbeiten

Materialien Kopiervorlage 18 *(Extras)*

Erarbeitung Der erste Teil der Aufgabe sollte im Plenum gelöst werden, um verbindliche Voraussetzungen für das nachfolgende kreative Schreiben zu schaffen. Die Aussagen werden gesammelt und allen S zugänglich gemacht. Die Aufgaben 1. bis 3. können sowohl in Stillarbeit als auch in Partner- oder Gruppenarbeit bearbeitet werden. Im Idealfall entscheiden die S selbst, welcher Art von Arbeit sie sich zuwenden wollen. Die Ergebnisse sollten allen S in Form einer kleinen Ausstellung zugänglich gemacht werden.

1. Den S können weitere Hilfen gegeben werden, indem sie im folgenden Kapitel eine dramatische Zuspitzung (der Vater wird gewalttätig, der auserkorene zukünftige Ehemann erscheint auf der Bildfläche und pocht auf die Einhaltung der Zusage, dass er Jamila heiraten kann), eine plötzliche Alternative (Jamila verliebt sich in einen den Eltern genehmen zukünftigen Ehepartner) oder ein Ereignis, das den Konflikt verdrängt bzw. weniger vordringlich erscheinen lässt (der Vater oder die Mutter erleidet eine Herzattacke) skizzieren.
2. → S12, p. 96 Den S kann die Anregung gegeben werden, dass Jamila umso erfolgreicher in ihrem Bemühen sein dürfte, die erzwungene Hochzeit abzuwenden, je mehr Verständnis sie für ihre Eltern zeigt, je mehr sachliche Argumente beibringt (hier wäre der mutmaßliche Schwiegersohn genauer zu charakterisieren) und nur als ultima ratio eine Trennung vom Elternhaus in Erwägung zieht.
3. Hier sollten sich die S eine klare Rollenverteilung überlegen, z. B. Jamila als die emotional bestimmte, Karim als der rational Denkende, der dennoch auf ihrer Seite steht und mit ihr schließlich eine Strategie entwickelt, die zum Erfolg führen kann. Sie könnten sich darauf einigen, den Heiratskandidaten unter die Lupe zu nehmen, zu diskreditieren und ihre Ergebnisse den Eltern zu präsentieren.

Lösungsvorschlag

Relationship between the characters:
Anwar and his wife Jeeta: *Anwar takes out his frustration on his wife about Jamila's refusal to marry the man he chose for her. She supports his decision to find a husband for his daughter.*
Jamila and Anwar: *Jamila rejects his plan. He wants her to avoid boys and tries to find a husband for her without her consent. He simply informs her about his decision. She shows no respect for her father and even threatens to do him harm if he does not leave her mother in peace.*
Jamila and Jeeta, his mother: *Jamila does not obey her; her mother is angry with her. But Jamila does not leave home because she wants to protect her mother from Anwar's aggressiveness.*
Jamila and Karim: *They seem to be friends and use friendly names for each other. Karim*

morally supports her in her efforts to decide things for herself and takes her side in her argument with her father.
Karim and Anwar: *Karim sympathizes with Anwar though he is not on his side as far as the latter's marriage plans for his daughter are concerned; he feels sad about the way Anwar behaves after he failed to arrange the intended marriage. Karim is the one who tries to act rationally by doing everything to talk Anwar out of his decision to marry his daughter to a man she does not like. Anwar, in turn, does not seem to really be aware of Karim and hardly talks to him directly.*

Alternative Als Alternative zu den im SB aufgeführten Beschäftigungen mit dem Text schlägt **Kopiervorlage 18** *(A family drama)* vor, sich dem Buchauszug mit Hilfe des Verfahrens des *progressive reading* zu nähern. Die S befassen sich schrittweise mit den Textabschnitten, beantworten Fragen bzw. wählen zwischen Alternativen und stellen Vermutungen über den Fortgang des Geschehens und die Reaktionen der Protagonisten an. Sie erfahren nicht den Inhalt des ganzen Textes auf einmal, sondern setzen sich intensiv und aktiv mit den einzelnen Abschnitten auseinander. Die S erhalten entweder die einzelnen Textabschnitte nacheinander von der CD präsentiert oder L hat den gesamten Text auf Folie kopiert und deckt die jeweiligen Textteile auf, die besprochen werden. Für diese Vorgehensweise sind ca. 30 Minuten anzusetzen.

Erarbeitung Die S schreiben Jamilas Leserbrief an die Beratungsstelle einer Jugendzeitschrift, in dem sie ihr Herz ausschüttet und um Rat bittet. Die Antwort auf ihr Schreiben wird ebenfalls von den S geschrieben: *Write a letter to the agony person of your favourite magazine, in which you explain your situation and ask for advice.*

→ S20, p. 102

8 *Film project*

Ziel Weitere Filme zum Thema auswerten und im Unterricht vorstellen

Materialien → WB, ex. 5, 6

Erarbeitung Diese Aufgabe eignet sich sehr gut für ein fächerübergreifendes Projekt zusammen mit den Fachrichtungen Kunsterziehung und Deutsch. Sie kann Ausgangspunkt für eine eigene filmische Umsetzung zu dem Thema *Young people with an immigration background in Germany* sein.

→ S16, p. 100

Erweiterung Ein weiterer geeigneter Film ist **Namesty** (**Namasty**) **London** (2007), Regie: Vipul Shah mit Katrina Kaif in der Hauptrolle. Es handelt sich um einen indischen Film in der Bollywoodtradition, der aber fast ausschließlich in England gedreht wurde und der eine unglückliche Liebe und das Problem der kulturellen Identität zum Thema hat. Weitere Hinweise auf geeignete Filme finden sich unter der Internetadresse www.screenonline.org.uk/film/id/475617/index.html.

⟨Half-castle⟩

Seite 38

HINTERGRUNDINFO

John Agard*, playwright, poet, short-story and children's books' writer, was born on 21 June, 1949, in British Guyana of a Portuguese mother and a black father. Before moving to London in 1977, he had worked for the Guyana Sunday Chronicle newspaper. He became a touring lecturer for the Commonwealth Institute there, travelling to about 2000 schools throughout the UK to further a better understanding of Caribbean culture. In 1993 he was appointed the first Writer in Residence at London's South Bank Centre, and in 1998 he was Poet in Residence for the BBC. In 1995 he won the Nestlé Smarties Book Prize for his children's book "We Animals Would Like a Word With You", and the Paul Hamlyn Award for Poetry in*

1997, and six years later and the Cholmondeley Award, also for poetry. His latest book "We Brits" appeared in 2007. The poem "Half-caste" was published in 2005.

→ S21, p. 104

9 *Comment on ...*

Ziel Klang und Sprachmittel des Gedichts beschreiben

Kernwortschatz *overcast, keen, consequently*

Matarialien PB-CD 1, Track 18

Hinführung Ein S oder eine kleinere S-Gruppe informiert über den Autor John Agard.

Alternative Ein typisches Beispiel der Calypso-Musik aus der Karibik wird vorgespielt. Die S tragen ihre Reaktionen darauf zusammen. Die Frage, ob sich das Gehörte auch auf ein Gedicht übertragen lasse, leitet zur Bearbeitung der Aufgaben über.

Erarbeitung **Kernwortschatz:** Auch hier liefern die S die Wortschatzerklärungen selbst*: overcast: covered with clouds or mist; keen: here: fine; consequently: as a result, therefore.*

[PB◎18] **Text:** L fordert die S auf, zunächst nur auf den Klang des Gedichts zu achten. Es wird ein- oder zweimal von der CD vorgespielt. Die S notieren ihre Beobachtungen und tauschen sich mit ihren Nachbarn darüber aus. Die Ergebnisse werden im Plenum zusammengetragen und an der Tafel oder auf Folie fixiert. Aufgabe **b)** bewältigen die S am besten in Partnerarbeit, wobei sie ihre Beobachtungen nach übergeordneten Kriterien gruppieren. Im Anschluss daran werden die Ergebnisse besprochen und schriftlich festgehalten.

Lösungsvorschlag

a) *The sound of the poem shows that the author is overwhelmed by emotions; aggressiveness and sarcasm dominate the way this text is presented to its audience.*

b) Andere Buchstaben: *th → d: de (the), dem (them) da /(there), wid (with); e → ih: mih (me; corr.: my); i → ah (I);* Auslassung von Buchstaben: *yuself (yourself), you (your) wha (what), o (of), half-a-eye (half-an-eye);* Auslassung von Wörtern: *when (the) moon begin to glow, I (a) half-caste human being;* Groß-/Kleinschreibung: *england (England), tchaikovsky (Tchaikovsky);* fehlendes *s* in der 3. Person Singular: *tchaikovsky sit(s) down, when moon ... begin(s) to glow;* Wortkombinationen: *half-a-hand, half-a-eye, half-a-dream, half-a-shadow;* nicht Englisch: *ah rass (West Indian).*

10 *In your own words, ...*

Ziel Die in dem Gedicht ausgedrückten Gefühle in eigenen Worten wiedergeben

Erarbeitung Die S lösen Aufgabe **a)** in Still- oder Partnerarbeit und stellen ihre Ergebnisse anschließend im Plenum zur Diskussion. L macht darauf aufmerksam, dass die S keine Begründungen und Belege für die Gefühle des Sprechers anführen müssen. Dies ist erst in Aufgabe **b)** zu leisten. Die Lösung zu **a)** kann in einem Satz formuliert werden. Bei der am besten in Kleingruppen zu bearbeitenden Aufgabe **b)** sollten die S ihre Beobachtungen zu bündeln versuchen, indem sie ihre Lösungen unter die Begriffe *images* und *words and phrases* zusammenfassen. Anschließend formulieren sie ihre Ergebnisse aus.

Lösungsvorschlag

a) *The speaker shows harsh criticism and sarcasm at those people who consider members of mixed races as half-castes.*

b) *The author uses three images to show his feelings when hearing or reading the word half-caste:* 1. *The painter Picasso is not considered to be a second-rate person because he uses a variety of colours.* 2. *The English weather, which is not rejected because of its* *dark and light colours. 3. Tchaikovsky who uses black and white keys on the piano and who is still acknowledged as an outstanding musician. The phrases "standing on one leg", "half of mih ear", "half of mih eye", "half-a-hand", "half-a-eye", "half-a-dream" and "half-a-shadow" also show the absurdity of using the word "half-caste" for people of mixed races.*

11 *Comment on ...*

Ziel Die letzten Zeilen des Gedichts kritisch betrachten und die Auswirkungen auf den Leser analysieren

Erarbeitung Die S erstellen den Text entweder in Still- oder Partnerarbeit. Sie werden evtl. auf die Zweiteiligkeit der Aufgabenstellung hingewiesen.

Lösungsvorschlag *Having talked about himself and called himself a "half-caste", Agard now directly confronts the reader and, in turn, blames him for being half-caste. His apology given in the first line now makes way for a demand: the reader "must come back tomorrow". The tone in the last few lines has become even more aggressive. The effect on the reader is that he has to face a reversal of roles: he is only one half person because he fails to see only half of the truth. In addition, he may realize that the author does not want to live with this kind of discrimination any longer, and that it is up to him to accept him as a "complete" person.*

Erarbeitung Die S können sich noch folgenden Aufgaben zuwenden, die in Gruppenarbeit oder gleich im Plenum angegangen werden:

1. *Do you think that there is humour expressed in this poem?*
2. *What is the effect of the frequent repetitions?*
3. *Why does the author not use standard English?*
4. *Why does he not use punctuation?*
5. *Why does the author not tell the "other half of the story"?*
6. *What basic idea does the author want to bring across to the reader / listener?*
7. *Comment on the statement: "I think Agard is over-reacting. Nobody wants to be offensive when using the term 'half-caste'."*

12 *Creative tasks*

Ziel Sich für eine kreative Aufgabenstellung entscheiden und die Inhalte des Gedichts darin verarbeiten

Materialien Kopiervorlage 19 *(Extras)*

Erarbeitung Die Bilder sollten allen S in Form einer Klassenausstellung (oder darüber hinaus) zugänglich gemacht werden. Eine fächerübergreifende Zusammenarbeit mit der Kunsterziehung bietet sich bei Aufgabe **a)** an. In Aufgabe **b)** sollten die S versuchen, den Inhalt des Gedichts selbst zu dramatisieren. Auch ist denkbar, dass sie einen Dialog entwerfen, der gegensätzliche Ansichten zum Inhalt des Textes zum Ausdruck bringt. Bei Aufgabe **c)** müsste geklärt werden, was unter der Formulierung *other half of the story* zu verstehen ist: dieser Ausdruck kann sich sowohl beziehen auf die Folgen der Diskriminierung, die ein *half-caste* erleiden muss, als auch auf den Beitrag, den die multiethnischen Bürger zur Vielfalt ihrer neuen Heimat liefern können.

Erweiterung **Kopiervorlage 19** *(What can you do against racial discrimination?)* bietet einen C-Test zum Thema.

Multi-ethnic Britain

Seite 39

HINTERGRUNDINFO

***Lewis Hamilton**, the first black driver ever to take part in Formula 1 races, was born January 7, 1985, in Stevenage, England, and was named after US Olympic gold medallist Carl Lewis. At the age of ten, having meet Ron Dennis, the owner and director of the Mc Laren Formula 1 team, and having told him that he wanted to become a driver for Mc Laren, he was later accepted for this team's driver development programme. After a successful karting career – having won 5 British Kart Championships between 1995 and 2000 – he finished third in the Formular Renault series in 2002 and came top a year later. In 2005 he was champion of the Formula 3 Euro Series, and in 2006 he won the Grand Prix 2 series.*
In his first season as a Formula 1 driver he was the youngest driver ever to lead in the championship; at the end of the racing season 2007 he came in second, only to be defeated by the Finnish champion Kimi Raikkonen.

***Queen Elizabeth II** is the fortieth monarch since William the Conqueror and also the great-great-granddaughter of Queen Victoria. She was born on 21 April, 1926, as the first child of The Duke, – who later became King George VI – and Duchess of York, and was christened Elizabeth Alexandra Mary. In 1936, her grandfather, King George V, died, and his eldest son came to the throne as King Edward VIII; but before the end of the year, he decided to give up the throne in order to marry Mrs Wallis Simpson. Due do this abdication, Princess Elizabeth's father acceded to the throne as King George VI, Elizabeth now being first in line to become Queen after her father. In 1947 she married a distant cousin, Philip Mountbatten, now His Royal Highness The Prince Philip, Duke of Edinburgh. Their four children are Prince Charles, now The Prince of Wales, Princess Anne, now The Princess Royal, Prince Andrew and Prince Edward. In 1952, her father died and she was crowned Queen of the United Kingdom of Great Britain and Northern Ireland and Head of the Commonwealth on June 2nd, 1953. In 2002 she celebrated her golden jubilee (50 years on the throne) and in 2006 her 80th birthday. Queen Elizabeth II is Head of State of the UK and 15 other Commonwealth realms. She is 38th in direct line of descent from Egbert, King of Wessex from 802 and of England from 827 to 839.*

***Parminder Kaur Nagra** was born to Sikh parents who had emigrated to the UK from northern India in the late 1960s, on October 5th, 1975, in Belgrave, Leicester, England. After playing some minor roles in a musical ("Nimai", 1994), a Christmas-time production ("Sleeping Beauty", 1995) and smaller Indian theatre companies, she landed her first television roles in a medical drama ("Casualty", 1996 and 1998) and a film ("King Girl", 1996); soon more important performances on TV followed when she caught the attention of director Gurinder Chadha, who wrote the script for "Bend It Like Beckham" (released in 2002), turning her into an international celebrity. Another role in a motion picture, "Ella Enchanted" (2004), followed, but she also took on television roles again (Shakespeare's "Twelfth Night", 2003, and "Second Generation", 2003) both in the UK and the United States, where she played the first recurring Indian doctor role on American TV in "Emergency Room" (2004 ff.).*
Nagra was given the Asian Excellence Award in the category of Outstanding Female Television Performance in 2006, and the Honorary Degree of Doctors of Letters by the University of Leicester in 2007.

Kernwortschatz *celebrity*

Erarbeitung Ein S kann die Erklärung liefern: *celebrity: here: a famous person, often used for top athletes and people working in the media or pop industry.* Nachdem die S selbst entscheiden sollen, mit welchem der Bilder sie sich beschäftigen möchten – und dies möglichst spontan –, ist es ratsam, sie einfach mit der Aufgabe zu konfrontieren. Auch eine zu dieser Aufgabe hinführende Leitfrage würde einer freiwilligen und schnellen

Wahl eher hinderlich sein. Die S werden lediglich aufgefordert, ein Foto auszuwählen, das ihnen gefällt. Erst nach der Wahl wenden sie sich den Aufgaben zu.

13 *Choose one of these pictures ...*

Ziel Eines der Fotos auswählen und eine mündliche oder schriftliche Ausarbeitung dazu vorbereiten und vortragen

Materialien
- → WB, ex. 7, 8, 9, 10, 11
- → Test yourself 2, ex. 1–8

Erarbeitung L sollte sich hier darauf beschränken, die vorgeschlagenen Aufgaben möglichst gleichmäßig zu verteilen, wobei die S die Sozialform selbst wählen können. Aufgaben a) und c) dürften für die S kaum Probleme bereiten, anders als Aufgabe b), da nicht jedes Bild einen direkten Gesprächsanlass liefert. Hier können folgende Hinweise Hilfestellung leisten:

→ S18, p. 101

1. *Assume that the photos are stills taken from documentaries and let two reporters talk about the scenes.*
2. *One reporter could comment on the photos, supporting the idea that racial integration has turned out to be successful after all, the other reporter takes a more critical view.*
3. *Pick people from the photos and interview them on what happened and how they feel about it.*

Die Dialoge können gespielt oder per Video dargeboten werden.

Erweiterung Die S nehmen zur Auswahl der Bilder Stellung. Sie werden voraussichtlich zu dem Urteil kommen, dass sie einseitig ausgefallen ist, und entwerfen eine Bildpräsentation, die einen eher realistischen Eindruck der Wirklichkeit über das Zusammenleben der Ethnien mit der weißen Mehrheit vermittelt.

Topic 3: Schooldays (Planungsübersicht)

Aspects of school life in America and the UK

Abschnitt	Seite	Stunden	Titel/Textsorte/Autor	Hauptaufgaben	Übungen	Workbook	CDs	Kopiervorlagen
A The question of what to wear	40, 41	3	**Houston County schools dress code policy (grades 6–12):** Page from the website of the *Houston County Board of Education*, Perry, Georgia; **Going to court over school dress code rules:** Informative text and fact file	Discussion; Discussion • Role play	1–3	1–5		
B Teachers and pupils	42–47	7	**The sheep:** Extract from Frank McCourt's novel *Teacher man*; ⟨**How dare you?**⟩: Extract from Malachy Doyle's novel *Who is Jesse Flood?*; **School cartoons:** Cartoons by Mike Baldwin and Ralph Hagen; **Geography lesson:** Poem by Brian Patten	Dictionary work • Text analysis • Role play; Text analysis and comparison; Text comparison; Text analysis and interpretation	1–14	1–13	PB 1/19–20, 21–22, 23	20, 21
C Why bother?	48, 49	4	**Addicted to fame:** Article by Hannah Frankel in the *Times Educational Supplement*; **Money for nothing:** Song by Dire Straits	Reading techniques • Role play; Point of view	1–6	1, 2	PB 2/1	22, 23
D School – and how to improve it	50–53	5	⟨**The secrets of an inspirational headmistress**⟩: Extracts from the autobiographical report *Ahead of the class* by Marie Stubbs; **Visiting a public school:** Dialogue about a famous British public school; **Just for fun:** Cartoon by Andrew Toos	Writing a comment • Transfer; Mediation	1–6	1–4		24(a)
E Education in the US and the UK	54, 55	3	**Map of the US education system:** Flow chart; **The UK education system:** Informative text and fact file; **The beginning of term at Hogwarts:** Extract from J. K. Rowling's novel *Harry Potter and the Goblet of Fire*	Interpreting a diagram; Visualizing facts • Comparison; Listening	1–4	1–5; Tandem Activity 3; Test yourself 1–6	LC 1/14	25–27

Topic 3 Schooldays

Seite 40–55

ERSTINFORMATION

Die S befassen sich in diesem *Topic* mit unterschiedlichen Aspekten des Schullebens in den *USA* und dem *UK*. Sie erwerben die Kenntnis des amerikanischen und britischen Schulsystems, setzen sich mit den Vor- und Nachteilen von Kleiderordnungen an Schulen auseinander und befassen sich mit dem oft problematischen Verhältnis zwischen Lehrern und Schülern. Des Weiteren diskutieren sie über Vorschläge, die das Schulleben verbessern, und erkennen anhand eines Zeitungsartikels und eines Liedes den Wert von Schulbildung.

Auf den einleitenden Seiten *The question of what to wear* diskutieren die S den Sinn von einer strengen Kleiderordnung an einer Schule in Houston, Texas. Sie erfahren von drei Rechtsfällen zum Kleidungsstil an amerikanischen Schulen und nehmen dazu Stellung. In einem Rollenspiel erarbeiten die S einen Dialog zwischen einem Lehrer und einem nicht adäquat gekleideten Schüler.

In *Teachers and pupils* lesen und hören die S zwei Romanauszüge, in denen es um das problematische Verhältnis zwischen Schülern und Autoritätspersonen geht. Frank McCourt berichtet in dem Auszug aus seinem Roman *Teacher Man* eine Episode aus seinem Lehrerdasein, in der er auf die unverschämten Äußerungen und Fragen eines Schülers mit einem ironischen Kommentar reagiert, der massive Beschwerden seitens der Eltern und Schulleitung nach sich zieht. Die S festigen an diesem Text ihren Umgang mit einem Wörterbuch, analysieren den Text in Bezug auf Personenkonstellation, Erzählperspektive, Sprache und Stil. Des Weiteren äußern sie ihre Meinung zu verschiedenen inhaltlichen Aspekten und vertiefen das Thema in einem Rollenspiel und einer graphischen Umsetzung. Der zweite Romanauszug aus Malachy Doyles *Who is Jesse Flood?*, in dem ein Schüler es wagt, seinem Schulleiter die Meinung zu sagen, wird von den S ebenso im Detail analysiert und mit McCourts Text verglichen. Anhand von zwei Cartoons und einem Gedicht üben und festigen die S ihre Fertigkeiten der Textanalyse und -interpretation.

In *Why bother?* stehen das Streben nach Erfolg und Ruhm sowie die Verlockung des schnellen Geldes im Mittelpunkt. Die S lesen einen kritischen Zeitungsartikel über das Streben vieler Jugendlicher nach Ruhm und die damit zusammenhängende Vernachlässigung der Schule. Zur genaueren Untersuchung des Textes wenden die S verschiedene Lesetechniken an. Ihre kommunikativen Fähigkeiten festigen sie in einem Rollenspiel. Abschließend analysieren die S das Lied *Money for nothing* von den *Dire Straits* und äußern sich zu Inhalt und Sprache.

Der folgende Abschnitt *School and how to improve it* befasst sich im Wesentlichen mit Verbesserungsvorschlägen für die Schule. Durch den autobiographischen Bericht der Schulleiterin Marie Stubbs bekommen die S einen Einblick in die Probleme einer Londoner Schule, an der vor allem sozial schwache und verhaltensauffällige Kinder unterrichtet werden. Die S nehmen zu den dargestellten Maßnahmen zur Gewaltprävention und der Verbesserung des Schulklimas Stellung und übertragen die angesprochenen Themen auf ihre eigenen Schulerfahrungen. In einer Übung zur *Mediation (Visiting a public school)* lernen die S das Leben an einem britischen Eliteinternat kennen und dolmetschen ein Gespräch zwischen dem Schulleiter und Schülereltern. In einem *argumentative essay* setzen sich die S kritisch mit provokativen Thesen zum Thema Schule auseinander.

In *Education in the US and the UK* erwerben die S Wissen über das amerikanische und britische Schulsystem. Sie deuten ein Flussdiagramm, setzen Fakten graphisch um und vergleichen das deutsche Schulsystem mit dem der *USA* und des *UK*. Mittels einer Episode aus *Harry Potter and the Goblet of Fire*, die während der Begrüßungsveranstaltung eines neuen Schuljahres spielt, schulen die S ihr Hörverstehen.

A The question of what to wear

Seite 40/41

Houston County schools dress code policy (grades 6–12)

Seite 40

Thema Kleidervorschriften an amerikanischen Schulen

Lernziel Sich mit der Kleiderordnung an amerikanischen Schulen auseinandersetzen und darüber diskutieren, ein Rollenspiel zu diesem Thema zwischen einem Lehrer und einem nicht adäquat gekleideten Schüler erarbeiten und vortragen

1 *Your opinion*

Ziel Bildbeschreibung, Abgeben einer eigenen Stellungnahme und Eingehen auf die Argumentation anderer

Kernwortschatz *appropriate, inappropriate, dress code, to distract sb (from sth), to groom, to prohibit, extreme, conventional, to permit, to expose, waist, offensive, to tuck in*

Hinführung L lässt die S in der Klasse den Kleidungsstil einzelner Mitschüler beschreiben und fragt nach der Angemessenheit für die Schule. Haben S beispielsweise im Vorjahr an einem Englandaustausch teilgenommen, können sie hier von ihren Erfahrungen mit den dort herrschenden Kleidervorschriften an Schulen berichten. Das Gespräch kann sich so zu einer Diskussion über die Vor- und Nachteile einer Schuluniform entwickeln.

Erarbeitung **Kernwortschatz:** Mit Hilfe eines Wortfeldes bzw. durch das Finden von Antonymen werden die wichtigsten neuen Vokabeln, die für das Sprechen über das Thema Kleiderordnung an Schulen wichtig sind, erarbeitet. Zudem sind die Vorschläge zur Vernetzung des Wortschatzes **V12** und **V13** auf Seite 137 im Schülerbuch sehr hilfreich, um mit korrekten Vorsilben Gegenteilpaare aufzustellen und mit Endungen andere Wortarten zu bilden. Die erarbeiteten Ergebnisse werden in einer Tafelanschrift festgehalten.

wichtig

Dress codes

☺	☹
appropriate	inappropriate
conventional	extreme
inoffensive, conservative	offensive
pleasant	unpleasant
‹unobtrusive›	distracting
well-groomed	untidy
to tuck in shirts	to expose parts of the waist or hips
to cover the top of the shoulder	to expose the top of the shoulder
to avoid clothing that is cut or has holes	to expose underwear; low-cut or see-through
girls: allowed to wear conventional earrings	boys: may not wear earrings
↓	↓
to permit	to prohibit

→ S23, p. 105 **Text:** Die S schauen sich die Fotos auf den Seiten 40/41 im Schülerbuch an, beschreiben die Art und Weise, wie die Schüler gekleidet sind und äußern ihre Meinung zum jeweiligen Kleidungsstil. L macht dazu auf **Skill 23** (Seite 105 im Schülerbuch) aufmerksam. Danach lesen die S den Text und tauschen sich mit einem Partner/einer Partnerin darüber aus. Für das Gespräch ziehen sie **Skill 16** *(Tips for discussions)* auf Seite 100 im Schülerbuch bei Bedarf zusätzlich heran. Diese Diskussionsübung eignet sich zur Vorbereitung auf eine mündliche Prüfung (siehe Stichwort **Mündlichkeit**).

Lösungsvorschlag

a) *Picture 1: I can see a boy wearing a white undershirt and a black cloth on his head. Additionally his right arm exposes a black and white tattoo saying "Money Maker".*
Picture 2: A boy is wearing a torn pair of jeans, his gray (grey) shirt is not tucked in and you can see part of his underwear. In addition his purse (wallet) doesn't fit in his pocket.
Picture 3: The girl's shirt is much too short and exposes her waist. She isn't wearing proper jeans, but cut ones.
Picture 4: Here are two Islamic girls who cover their hair with black head-scarves.
Picture 5: Four students are wearing school uniforms which consist of a gray (grey) skirt or trousers, a white blouse or shirt and a dark blue pullover.
I don't think the students in pictures 1–3 are dressed appropriately for school because their style might distract students and teachers and doesn't contribute to a supportive and positive learning environment. Students should show some respect, which can be achieved by wearing school uniforms, for example, as shown in picture 5.

b) *I strongly disagree with the statement that there is a direct connection between student dress and student behavior. Students might be styled extremely or have pink hair, but be nice, polite and eager to learn at the same time.*
Surely you have to admit that some rules make sense. Underwear shouldn't be exposed, clothing mustn't have holes or piercings aren't allowed in schools because you're not on your own. Younger students might be shocked by your style and it's a question of respect towards the teachers. For the same reason it's obvious that shirts mustn't show offensive words, designs or advertise drugs.

Mündlichkeit

Aufgabenart: Diskussion mit einem Partner
Arbeitsform: Partnerarbeit
Lernziele: Abgeben einer eigenen Stellungnahme, Entwicklung von Diskursstrategien (Zuhören, Nachfragen, Überzeugen), Durchführung einer Diskussion
Thema: Meinungsäußerung zu den strengen Kleidervorschriften an einer amerikanischen Schule
Dauer: Vorbereitung: ca. 3 Minuten; Diskussion: ca. 10–15 Minuten
Materialien: *Tips for discussion* und *Discussion phrases* auf Seite 100 (**Skill 16**) im Schülerbuch
Hilfsmittel: ggf. zweisprachiges Wörterbuch

Verlauf: Die S äußern sich spontan zu der strengen Kleiderordnung an der beschriebenen amerikanischen Schule und diskutieren ihre Ansichten mit einem Partner.

Going to court over school dress code rules

Seite 41

Thema Rechtsfälle zum Kleidungsstil an amerikanischen Schulen

HINTERGRUNDINFO

The First Amendment *(1791): "Congress shall make no law respecting an establishment of religion or prohibiting the free exercise thereof; or abridging the freedom of speech, or of the press; or the right of the people peaceably to assemble, and to petition the government for a redress of grievances." The Constitution, which came into effect in 1788, defines the powers conferred by the people to the federal government. Shortly after, a set of ten amendments called the "Bill of Rights" was added to the Constitution. It lists the fundamental freedom and rights of individual citizens.*

Kernwortschatz *to take sb to court, ban, to discourage, discipline*

Erarbeitung **Kernwortschatz:** Die neuen Wörter können aufgrund ihrer Ähnlichkeit zum Deutschen bzw. durch bereits bekannte verwandte englische Wörter erschlossen werden und brauchen nicht gesondert erklärt zu werden.

Text: Die S lesen drei Fälle, in denen amerikanische Schüler gegen bestimmte Verbote, die ihren Kleidungsstil betrafen, geklagt haben. Im Klassenverband äußern die S ihre Meinungen und überlegen, wie die Prozesse ausgegangen sein könnten.

→ S16, p. 100

2 *What did the court decide?*

Ziel Diskussion der drei dargestellten Rechtsfälle

Lösungsvorschlag

Case A: The court decided that wearing rosaries as necklaces is a form of religious expression protected by the First Amendment. Students intended by that symbolic expression to communicate their faith to others. School regulations prohibiting students from wearing rosaries violated the First Amendment right to free exercise of religion for students wanting to wear rosaries as a sincere expression of their religious belief. Furthermore the school could not provide sufficient evidence of actual disruption to school activities. The court suggested providing a definite list of prohibited items and update that list as needed.

Case B: The case ended positively for the students. School officials are allowed to restrict vulgar speech, but in this case the dress code policy that prohibited clothing intended to threaten or harass because of sex, color, race, religion, handicap, national origin or sexual orientation was unconstitutional as being directed to speech rather than disruption or vulgarity.

Case C: The court decided that the school was right in prohibiting the wearing of earrings by males. Evidence was presented that a strict dress code helped to improve students' attitudes towards school which led to improvements in school attendance, drop-out rates, and academic performance. Moreover, earrings were considered as typically female and so the wearing of earrings by males didn't follow community standards in the area. It's also a sign of respect for authority and discipline in school which are necessary to create a positive educational environment.

Erweiterung Zur besseren Anschaulichkeit setzen die S die drei geschilderten Rechtsfälle in einem Rollenspiel um.

→ S15, p. 99

3 *Role play*

Ziel Rollenspiel in Form eines Streitgesprächs zwischen Lehrer und Schüler

Materialien → WB ex. 1, 2, 3, 4, 5

Erarbeitung In einem Rollenspiel, das in einer etwa zehnminütigen Phase vorbereitet wird, spielen die S in Partnerarbeit eine Szene vor, in der sich ein Lehrer mit einem Schüler, der nicht angemessen gekleidet ist, auseinandersetzt. Da die auf den Seiten 40/41 im Schülerbuch behandelten Texte und Bilder genügend Anregungen für ein derartiges Steitgespräch geben und die nötigen Vokabeln noch einmal in der *Word bank* aufgelistet sind, wird hier auf einen Lösungsvorschlag verzichtet. Diese Übung eignet sich zur Vorbereitung auf eine mündliche Prüfung (siehe Stichwort **Mündlichkeit**).

Mündlichkeit

Aufgabenart: Rollenspiel
Arbeitsform: Partnerarbeit
Lernziele: Einüben wichtiger Redemittel (Vorlieben bzw. Abneigung ausdrücken, Vorschläge machen bzw. ablehnen, Gegenvorschläge machen, Zustimmung/Ablehnung signalisieren, den eigenen Standpunkt erklären und begründen) und Sprechsituationen (als Lehrer/Schüler seinen Standpunkt klarmachen)
Thema: Kleiderordnung an Schulen
Dauer: Vorbereitung: ca. 10 Minuten; Durchführung: ca. 5 Minuten

Materialien: Fotos auf Seite 40 und Informationen auf den Seiten 40/41 im Schülerbuch, Tipps bzw. Redemittel auf Seite 99 (**Skill 15**) im Schülerbuch

Hilfsmittel: ggf. zweisprachiges Wörterbuch

Verlauf: Die S arbeiten mit einem Partner zusammen und bereiten gemeinsam einen Dialog vor. Dafür suchen sie sich einen der Jugendlichen, die auf den drei Bildern auf Seite 40 im Schülerbuch abgebildet sind, aus. Der Partner schlüpft in die Rolle des Lehrers, der mit dem Kleidungsstil seines Schülers nicht einverstanden ist. Auf Seite 99 (**Skill 15**) im Schülerbuch finden die S hilfreiche Diskursstrategien sowie Redemittel, die den Gesprächsverlauf positiv beeinflussen. Sie S bereiten ihre Streitgespräche in einer ca. 10-minütigen Arbeitsphase vor und spielen sie dann mit gestischer und mimischer Unterstützung der Klasse vor. Nach den jeweiligen Präsentationen, die möglichst frei (allenfalls unter Verwendung eines Stichwortzettels) erfolgen sollen, wird ein S aus der Klasse gefragt, wer am überzeugendsten argumentiert hat.

B Teachers and pupils

Seite 42–47

Thema Lehrer-Schüler-Verhältnis

Lernziel Mit Hilfe eines Wörterbuches einen Text vorentlasten, zwei Romanauszüge, zwei Cartoons und ein Gedicht analysieren und interpretieren

The sheep

Seite 42–44

HINTERGRUNDINFO

***Frank McCourt** received several prizes for his first novel "Angela's Ashes" (1996). It was the first of his three-volume memoirs. The second book is called "Tis" (1999), a novel in which he focuses on his life as a new immigrant in America. In 2005 he wrote "Teacher Man" which is about the start of his teaching career in New York City. It shows the problems he had to cope with as a 27-year-old teacher at McKee High School where the students were disobedient and rebellious. Teachers get very little attention in the USA. Therefore McCourt wanted to write a novel that dealt with the inside life of a teacher, the teacher in the classroom. An incident that happened on his very first day in the classroom is emblematic of his life as a teacher. Several students were fighting over a delicious Italian sandwich, throwing it at each other and it ended up landing on McCourt's desk. He looked at it for a moment, picked it up and ate it. That got the student's attention and respect and it turned out to be his breakthrough.*

Kernwortschatz *to nudge, to tolerate, patient, to give sb a break, intellectual, critic, fanatic, to brood (over sth), saint, creature, to be on to sth, to delay, to hiss, bloody, obedient, Egyptian, to capture, sincere, to pretend, industrious, to be in command, to know the ropes, the phone is ringing off the hook, to be up in arms, exasperated*

Materialien PB-CD 1, Track 19/20

Hinführung Um auf das Thema unterschiedliche Stilebenen bzw. Konventionen für Kommunikation hinzuführen, sammelt L mit den S bereits bekannte umgangssprachliche Ausdrücke und deren hochsprachliche Entsprechungen (z. B. *stuff – things, mates – friends, wimp – coward, cool – nice*).

Erarbeitung **Kernwortschatz:** Ausgehend von den hier vorkommenden Personenbezeichnungen bietet es sich an, Wortfamilien aufzustellen.

Word power

1. intellectual:	intellectual (adj.), intellect, intellectualism, intelligence, intelligent, intelligible
2. critic:	critical, criticism, to criticize, critique
3. fanatic:	fanatical, fanaticism, fan
4. saint:	sainthood, saintly
5. creature:	to create, creation, creative, creator
6. Egyptian:	Egypt, Egyptology, Egyptologist

Des Weiteren werden feststehende Wendungen thematisiert und vom L erklärt: *to give sb a break: to give sb a chance, to be on to sth: to know, to be in command: to order and control, to know the ropes: to know the rules, the phone is ringing off the hook: the phone is ringing permanently, to be up in arms: to rebel, to revolt.* Die Bedeutungen weiterer wichtiger Adjektive (*patient, bloody, obedient, sincere, industrious, exasperated*) und Verben (*to nudge, to tolerate, to brood (over sth), to delay, to hiss, to capture, to pretend*) ergeben sich aus dem Kontext bzw. aus der Wörterbucharbeit, die die S als vorbereitende **Hausaufgabe** durchgeführt haben.

→ G5, p. 118
→ G3, p. 116
→ G15, p. 125

Text: Nachdem der Auszug aus dem Roman *Teacher Man* von Frank McCourt als **Hausaufgabe** gelesen wurde und die wichtigsten unbekannten Wörter geklärt sind, befassen sich die S nun mit dem Verhältnis der vorkommenden Personen (Lehrer

Schüler, Schulleiter und Eltern) zueinander. Hierfür wird der Text im Unterricht zuvor von der CD präsentiert. Er ist zur leichteren Handhabung in zwei Tracks unterteilt: **Track 19** (*ll. 1–68*) und **Track 20** (*ll. 69–95*).

[PB◎19]
[PB◎20]

→ S5, p. 91

1 Characters

Ziel Aufzeigen der Personenkonstellation (Lehrer, Schüler, Schulleiter, Eltern)

Lösungsvorschlag

Most pupils, in particular Joey Santos, don't show any respect for their teacher Mr. McCourt. Joey, the mouth, talks to him in a very impolite and rude way (e.g. he addresses him with "Yo, teacher man..."). The pupils' aim is to distract Mr. McCourt from teaching. The English teacher is very polite and understanding. He patiently explains to Joey that he should raise his hand first and then address him with "Mr. McCourt". In a way he can understand Joey's behaviour because McCourt himself used to be the mouth in class. However, he talked to the teachers in a very polite way. Other types of pupils like the goody-goody, the saint or the critic don't have a good relationship wih their teacher as they are the first ones to report his mistake to their parents. They are sure that their parents will stand up for them. In general, teachers at McKee need at least five years until they are in command in the classrooms.
The principal seems to be very strict and doesn't understand the teacher's ironic remark. He seems to be on the parents' side. They have great influence. They even suggest that Mr. McCourt should be fired.

→ S6, p. 92

2 Point of view

Ziel Analyse der Wirkung der Ich-Perspektive des Autors auf den Leser

Erarbeitung Mit Hilfe von **Skill 6** auf Seite 92 im Schülerbuch bestimmen die S die Erzählperspektive in dem Roman und beschreiben die Wirkung auf den Leser.

Lösungsvorschlag

The story is written from Mr. McCourt's point of view. It's a first-person narrator and the main character is identical with the author. This type of narrator brings us close to the teacher's feelings and opinions. Because we get to know Mr. McCourt's character and that his remark was meant to be ironic we understand him and feel sorry for him.

→ S7, p. 93

3 Language and style

Ziel Analyse der sprachlich-stilistischen Gestaltungsmittel

Wortschatz *punctuation*

Erarbeitung L erklärt kurz: *<u>punctuation</u> = the marks used in writing that divide sentences and phrases, e.g. full stops, commas, question marks, etc.* In einer kurzen Stillarbeit untersuchen die S den Text in Bezug auf sprachliche Auffälligkeiten und stilistische Besonderheiten. Danach werden die Ergebnisse im Klassenverband zusammengetragen.

Lösungsvorschlag

<u>Use of narrative and dialogue:</u>
mixture, not clearly marked (no quotation marks or names of the characters who speak in direct speech), interrupted by flashback/retrospect (ll. 20–35), thoughts and feelings of the first-person narrator (ll. 13–19)
<u>Formal and informal language:</u>
Joey Santos: informal (e.g. l. 10 "Yo, teacher man...", l. 12 "So, you Scotch or somethin'?", l. 46 "Aw, teacher, aw, Gawd, aw man"), Mr. McCourt: formal when he talks to others (exception: l. 54 "dammit"), informal in his thoughts (l. 15 "jock", l. 44 "Take no shit",

l. 61 "smart-ass"), principal: formal when he talks to parents, informal when he talks to McCourt (l. 79 "damn", l. 80 "cover my ass")
Tenses:
mostly present tense, expressing past habits with "would" (e.g. l. 21 "The master would write…", l. 27 "He'd say…")
Punctuation:
no quotation marks with direct speech
Effect on the reader:
sometimes hard to follow/to understand, quite confusing (e.g. question in l. 12 "Yeah. OK. So, you Scotch or somethin'?", then thoughts, comments and flashback, answer in l. 36 "No. I'm not Scotch. I'm Irish." or: ll. 69–72 the principal speaks to parents on the phone and to Mr. McCourt who is sitting in his office.)

Erweiterung Anknüpfend an die Untersuchung des Sprachstils bietet sich als festigende Übung **V14** auf Seite 138 im Schülerbuch an. Hier müssen die S die Ausdrucksweise von Joey Santos in angemessenen Konversationston umwandeln. Außerdem üben sie ihrem Lehrer fiktive Situationen in geeignetem Umgangston zu schildern.

→ S15, p. 99

4 Creative tasks

Ziel Rollenspiel und graphische Umsetzung eines Charakters

Erarbeitung Die S entwerfen in Teilaufgabe **a)** in einer Partnerarbeit ein Telefongespräch zwischen einem Elternteil und dem Schulleiter und präsentieren es dann vor der Klasse. In Aufgabe **b)** zeichnen die S nach den Informationen aus dem Text ein Bild eines Schülertyps aus Frank McCourts Klasse. Aufgabe **a)** bereitet auf eine mündliche Prüfung vor (siehe Stichwort **Mündlichkeit**).

Lösungsvorschlag

a) *parent:*
- *complains that Mr. McCourt said the rude word "dammit"*
- *McCourt should be a role model, needs to be fired*
- *accuses the teacher of bestiality*

principal:
- *is sorry, will talk to McCourt*
- *it won't happen again*
- *new teacher, is not familiar with the rules*

b) Individuelle Lösungen, abhängig von den S-Beiträgen.

Mündlichkeit

Aufgabenart: Rollenspiel
Arbeitsform: Partnerarbeit
Lernziele: Telefongespräch zwischen einem Elternteil und dem Schulleiter über McCourts Fehlverhalten ausarbeiten
Thema: Beschwerde über einen Lehrer
Dauer: Vorbereitung: ca. 10 Minuten; Durchführung: ca. 5 Minuten
Materialien: Textauszug *The sheep* auf den Seiten 42/43 im Schülerbuch, Tipps bzw. Redemittel auf Seite 99 (**Skill 15**) im Schülerbuch
Hilfsmittel: ggf. zweisprachiges Wörterbuch

Verlauf: Die S arbeiten mit einem Partner zusammen. In einer Vorbereitungsphase versetzen sie sich in ihre Rolle hinein und notieren stichpunktartig ihre Meinung und Argumente zu der Beschwerdesituation. Bei der Durchführung des Telefongesprächs achten die S darauf, dass sie verknüpfende Ausdrücke verwenden, die zeigen, dass sie auf ihren Gesprächspartner eingehen.

wichtig

5 Your opinion

Ziel Meinungsäußerung zu ironischen Kommentaren von Lehrern

Materialien → WB ex. 1, 2, 3

Erarbeitung Abschließend machen sich die S Gedanken zu ironischen Kommentaren und Verhaltensweisen von Lehrern in der Schule. Sie äußern ihre Meinungen und diskutieren diese mit ihren Mitschülern.

Lösungsvorschlag

a) *I can understand Mr. McCourt quite well. His pupils didn't show any respect for him and kept asking him stupid questions. If Joey talks to him in a rude and informal way, he has the right to make an ironic comment. I can also understand that he is distracted and can't continue with his lesson because he's a new teacher and doesn't have the experience of how to cope with situations like these.*

b) *It depends on how old your pupils are. Younger pupils might not understand the irony and take something seriously. This can be dangerous and cause some trouble. However, when pupils are older and know your character because you have been their teacher for several years, it is OK to use irony in the classroom.*

c) *In my opinion parents should only have influence on what goes on in school to a certain degree because they are not present at lessons and so do not know exactly what is going on. Their children might report incidents in a complete different way from their teacher. However, in some cases, it might be useful if parents complain because the principal will probably take parents more seriously than pupils.*

⟨How dare you?⟩

Seite 44–46

HINTERGRUNDINFO

***Malachy Doyle** was forty when he started to write. He really loves writing picture book stories and stories that follow Irish or Welsh folk tales. Every time he finishes a new story, he runs up the nearest hill and does a little dance. He used to live in West Wales, together with his wife, Liz, and three children, Naomi, Hannah and Liam, many goats, pigs and chickens. Today he lives in a small town on the edge of the Snowdonia National Park and writes full time. His books are available in eleven different languages. Doyle loves talking about his books or running workshops in schools and walking in the mountains.*

Kernwortschatz *to clamp down, desperate, weird, subconscious, to freak out, insolence, to yell, revolting, to turn up, to humiliate, expulsion, excuse*

Materialien PB-CD 1, Track 21/22

Erarbeitung **Kernwortschatz:** Als Kernwortschatz werden die Vokabeln ausgewählt, die für das Textverständnis zentral sind, die aufgeladene Stimmung zwischen Mr. Frost und dem Schüler Jesse wiedergeben und für die Bearbeitung der Aufgaben wichtig sind. Die restlichen Wörter schauen die S selbst im Vokabelteil nach.

→ S30, p. 111
→ G4, p. 117
→ G16, p. 125
[PB◎21]
[PB◎22]

Text: Bevor der Auszug aus dem Roman *Who is Jesse Flood?* im Unterricht analysiert wird, sollte er bereits zu Hause von allen S gelesen werden. Im Unterricht wird der Text dann von der CD vorgespielt und die S stellen mit L die Wörter zusammen, die mit dem Streit zwischen den beiden Hauptpersonen zusammenhängen. Die Tonaufnahme ist in zwei Tracks unterteilt: **Track 21** (*ll. 1–63*) und **Track 22** (*ll. 64–91*). In leistungsstärkeren Klassen wird der Text als Ganzes vorgespielt, damit die gesamte emotionsgeladene Situation und die Stimmung eindrucksvoll wahrgenommen werden. In schwächeren Klassen wird das Vorspielen des ersten Tracks noch zweimal unterbrochen (nach *l. 21* und *l. 44*) und L stellt nach jedem der Abschnitte eine Verständnisfrage:

1. *(ll. 1–21): What makes Jesse angry when he returns to school?*

2. *(ll. 22–44): Describe the inconvenient truth that Jesse tells the headmaster.*
3. *(ll. 45–63): How does Mr. Frost react?*
4. *(ll. 64–91): In what way have Jesse's attitude and feelings towards Mr. Frost changed?*

→ S5, p. 91

6 Analyse the way …

Ziel Personencharakterisierung

Hinführung Die S analysieren die Art, wie der Schüler Jesse Flood und sein Schulleiter Mr. Frost charakterisiert werden. Des Weiteren äußern sie sich zu der Frage, ob die Figuren realistische Personen sein könnten.

Lösungsvorschlag

Jesse:
- *information/description in the introduction: "[…] is a British schoolboy who is often in trouble with his headmaster"*
- *remark "You'd think he'd be glad to see me. Clap his arm around my shoulder and say, 'Young Jesse Flood, it's great to have you back!'" (ll. 2–3) → naïve/ironic*
- *comment "But oh no! It's make-an-example-day. Let-them know-who's-in-charge day." (l. 4) → defiant/sarcastic*
- *informal/vulgar expressions, e.g. "bloody" (l. 5), "crap" (l. 6), " turfing out" (l. 16), "sucking-up" (l. 22), etc.; using the nickname "Frostbite" for his headmaster → without respect*
- *his secret thoughts: "And I'm so sick of all their sucking-up" (l. 22) → honest*
- *his attitude (cf. ll. 37–44) → industrious, clever*

Mr. Frost:
- *"[…] decides to clamp down on school uniform" → strict*
- *direct speech (cf. ll. 53–57) → conservative*
- *description by Jesse: "Fear of his power, his anger, his capacity to humiliate you, to make you feel worthless, to serve it up double by getting in touch with your parents " (ll. 71–72) → terrifying, frightening*
- *"anywhere on your disgusting body" (ll. 60–61) → unfair, getting personal*
- *"But then Frost explodes" (l. 45) → irritable*

I think they are realistic characters because in every school there's the type of pupil like Jesse who revolts against authority. In my opinion the headmaster is a realistic character, too.

7 Explain how the conflict …

Ziel Textanalyse

Erarbeitung Die S untersuchen, wie sich die Auseinandersetzung zwischen Schüler und Lehrer entwickelt.

Lösungsvorschlag

Jesse tells Mr. Frost what he really thinks about him, thoughts that usually stay deep in his subconscious. Once started he can't stop. Jesse tells Mr. Frost that he hadn't originally planned to come to school, but would have preferred to go to the Town Library in order to do his own research instead of attending lessons. After that Mr. Frost explodes and can't understand how Jesse could dare talk to him like that. He's very angry at Jesse criticizing the school system and gets personal by offending Jesse. Jesse tries to calm his headmaster down, but doesn't succeed. Mr. Frost yells at the pupil and tries to tell him something about the general behaviour of teenagers. After that Jesse explains his attitude one more time (cf. ll. 76–79).

8 *How appropriate is the language …*

Ziel Sprachanalyse

Erarbeitung Im Unterrichtsgespräch äußern sich die S zur Angemessenheit der Sprache, die von den beiden Parteien verwendet wird.

Lösungsvorschlag

Jesse: appropriate, but according to Mr. Frost "revolting phraseology" (l. 53) and "inane mid-Atlantic clichés" (l. 56)
Mr. Frost: gets personal: e.g. "your puny academic aspirations" (ll. 49–50), "[…] on your disgusting body" (l. 61)

→ S13, p. 97

9 *Do you agree with Jesse?*

Ziel Stellungnahme zu den Äußerungen der Hauptfigur

Erarbeitung Die S nehmen dazu Stellung, ob sie mit Jesse einer Meinung sind und seine Gründe und Argumentation nachvollziehen können.

Lösungsvorschlag

a) *I don't agree with Jesse's reasons for missing school (boring repetitive lessons are boring and useless, he prefers doing his own research in the quiet surroundings of the library) because you have a duty to go to school and you can't learn everything on your own, but need a teacher who explains things to you.*

b) *Usually you say that being honest is always a good trait. However, you mustn't talk to your teacher or even the headmaster like this. In some situations it's of no use to tell the truth. If you tell an authority the inconvenient truth you don't change anything but have to bear the negative consequences, e.g. expulsion from school.*

c) *I agree with Jesse on some points he mentions. An advantage of doing your own research in the library is that you can set your individual speed of learning and that it is more effective because you have a quiet environment without any distractions. Some children might learn something more easily when they read about it than by getting taught by a teacher. On the other hand it's inevitable to go to school and join a class because you learn important things like teamwork as well. I also agree with Jesse's opinion on school uniforms in this regard that they mean a loss of individuality.*

→ S3, p. 89

10 *Compare this text with …*

Ziel Vergleich zweier Romanauszüge in Bezug auf Inhalt, Perspektive und Stil

Erarbeitung Die S vergleichen abschließend zu dem Thema Lehrer-Schüler-Konflikt die Texte von McCourt und Doyle in Bezug auf den Inhalt, die Erzählperspektive und den Stil.

Lösungsvorschlag

	The sheep	***How dare you?***
content:	*one episode, argument (teacher – pupil – headmaster – parents)*	*one episode, argument (teacher – pupil)*
	parents/headmaster to teacher: "How dare you?"	*teacher to pupil: "How dare you?"*
	funny	*something to think about*
point of view:	*teacher (Frank McCourt)*	*pupil (Jesse Flood)*

style:	*many informal/vulgar expressions* *interrupted by flashbacks*	*very emotional* *interrupted by thoughts and feelings*

I prefer the first text because it tells a funny and entertaining episode. However, the incident makes you think about different aspects (e.g. Should irony be used in the classroom? How much influence should parents have on what goes on in schools? Respect towards teachers, etc.) as well.

Two cartoons — Seite 46

→ S24, p. 106

11 *First look at the cartoons and ...*

Ziel Vergleich zweier Cartoons

Erarbeitung Die S schauen sich die zwei Cartoons an und stellen in einer kurzen Partnerarbeit anhand der Leitfragen sicher, dass sie den jeweiligen Witz verstanden haben. Im Anschluss daran beschreiben sie die Cartoons und erklären, welchen der beiden sie besser finden. L achtet darauf, dass sie ihre Meinung begründen.

Lösungsvorschlag

Cartoon 1: Normally the phrase "history repeats itself" is used for events like wars or other catastrophes. However, here you can see two pupils who have fallen asleep and some others who look extremely bored because their History teacher is obviously repeating a boring topic.

Cartoon 2: The letter F stands for the worst grade ("failed") that you can get in a test. The student can't wait to put it on his blog because he seems to be proud of it whereas his teacher looks very angrily at him. A blog is a personal record that somebody puts on their website giving an account of their activities and their opinions. The student in the cartoon wishes to say that he doesn't care much about school and might want other people to comment on that or even regard him as being cool.

I prefer cartoon 1 because I can see myself in one of the bored students. My History lessons are boring, too.

Erweiterung In einer **Hausaufgabe** suchen die S im Internet weitere Cartoons zum Thema Lehrer-Schüler-Verhältnis, zeigen sie in der folgenden Stunde ihren Mitschülern und interpretieren sie.

Geography lesson — Seite 47

Lernziel Analyse und Interpretation des Gedichts *Geography lesson* von Brian Patten

HINTERGRUNDINFO

***Brian Patten** is one of Britain's leading poets working today. His main aim is to make poetry immediate and accessible for the audience. In addition, it's a perfect mixture of serious and humorous work. He made his name in the 1960s as one of the Liverpool Poets (together with Adrian Henri and Roger McGough) and has been writing and performing ever since, mostly poetry collections for children. Patten left school at the age of fifteen and one of his teachers who covered his classrooms in maps, and always said when he retired from school, he would go to certain places on those maps, inspired him to write the poem "Geography lesson". Patten himself loves travelling (he has crossed the deserts, has been in jungles, up the Andes, has followed Darwin's voyage to the Galapagos Islands, etc.) and everything that has to do with boats and rivers.*

12 *First reaction*

Ziel Spontanäußerungen zu einem Gedichtvortrag

Kernwortschatz *to long (for), drab, to take ill, to fade away*

Materialien PB-CD 1, Track 23

Erarbeitung **Kernwortschatz:** L erklärt kurz: *to long (for) = to want sth very much, drab = dull and boring, to take ill = to become ill, to fade away = to become very ill and die.*

[PB◎23]

→ G12, p. 121

Text: Ein S liest das Gedicht *Geography lesson* von Brian Patten laut vor. Dann spielt L die Aufnahme von der CD vor, in der der Dichter sein Gedicht selbst vorträgt. Dies ist am wirkungsvollsten, wenn der L die S bittet, während des Hörens die Augen zu schließen, um sich besser auf den Vortrag konzentrieren zu können. Im Anschluss daran äußern die S ihre ersten Eindrücke.

Lösungsvorschlag

The beginning of the poem sounds very nice, but then the poet's voice gets more and more sad because the teacher's dreams don't come true in the end.

13 *Form and function*

Ziel Analyse der Sprache, Metaphorik und Form eines Gedichts

Materialien
- Kopiervorlage 20 *(Grammar)*
- Kopiervorlage 21 *(Extras)*

Hinführung Als Hinführung zum *Seize-the-day*-Thema dienen die beiden Auszüge aus N. H. Kleinbaums Roman *Dead Poets Society* auf den **Kopiervorlagen 20** *(Make your lives extraordinary)* und **21** *(The dialogue between Neil and Mr. Keating)*. Das erste Arbeitsblatt enthält eine Grammatikübung zu *gerunds* und *present participles* und auf der zweiten Kopiervorlage fassen die S die wesentlichen Ergebnisse des Gesprächs zwischen dem Schüler Neil und seinem Lehrer Mr. Keating auf Deutsch zusammen *(Mediation)*.

Erarbeitung Die S befassen sich nun genauer mit dem Gedicht und suchen in einer kurzen Stillarbeit Wörter und Ausdrücke heraus, die mit den Themen Schule, Natur und Freiheit zusammenhängen. L sammelt diese an der Tafel und die S äußern sich zu den Gefühlen, die diese Wörter hervorrufen. Hier erkennen die S, dass die Stimmung des Gedichts oft auch indirekt, durch Metaphern und Symbole, erzeugt wird. Diese suchen und deuten die S in einem nächsten Arbeitsschritt. Des Weiteren äußern sich die S dazu, welche Rolle ihrer Meinung nach Rhythmus und Reim in diesem Gedicht spielen.

Lösungsvorschlag

a)/b) ***Geography lesson (Brian Patten)***

First reaction: *sad tone*

Form and function:

school:	*headline ("Geography lesson"), "teacher" (l. 1), "maps" (l. 3), "school's stranglehood" (l. 13), "final term" (l. 13), "classroom wall" (l. 18), "lesson" (l. 20), "our teacher taught me" (l. 24)*
nature:	*"warm blue sea" (l. 2), "Sweet-scented jasmine clambering up walls, And green leaves burning on an orange tree" (ll. 7-8), "the ocean's glass-clear and blue" (l. 23)*
freedom:	*"And sail across a warm blue sea To places he had only known from maps, And all his life had longed to be" (ll. 2-4), "But in his mind's eye he could see" (l. 6), "And shook off […] stranglehood" (l. 13), "I travel to where the green leaves burn" (l. 22)*
lack of freedom:	*"The house he lived in was narrow and grey" (l.5), "school's stranglehood" (l. 13)*

Feelings: *school and home as pl… striction, lack of freedom → teacher is unhappy; dreams of travelling, freedom → longing for something new (beautiful landscapes)*

Imagery:

pictures:
- *"sail across a warm blue sea" (l. 2), "sweet-scented jasmine clambering up walls, And green leaves burning on an orange tree" (ll. 7–8), "the ocean's glass-clear and blue" (l. 23) → colourful places that sound perfect for holidays*
- *"The house he lived in was narrow and grey" (l. 5), "drab or cold" (l. 11), "school's stranglehood" (l. 13) → something you want to escape from*

colours:
- *positive (aim): blue (l. 2), orange (l. 9), green (l. 9)*
- *negative (reality): grey (l. 5), drab (l. 11)*

smells: "sweet-scented jasmine" (l. 7) → positive/you want to be there and smell it in reality

sounds: "sail" (l. 2): quiet and peaceful → a place to relax

Message: *Carpe diem/Seize the day! Don't wait, but take an opportunity as soon as it appears in order to fulfil your dreams.*

c) *I don't think that rhythm and rhyme (lines 2 and 4 rhyme in every stanza) play an important role in this poem because Brian Patten is talking about an episode in school and wants to convey the message of carpe diem/seize the day. It means that you should not wait, but should take an opportunity as soon as it appears in order to fulfil your dreams. Therefore, the theme is much more important than the form here.*

→ S21, p. 104

14 *Interpreting the poem*

Ziel Interpretation eines Gedichtes

Materialien → WB ex. 4, 5, 6, 7, 8, 9, 10, 11, 12, 13

Erarbeitung Um die S zu motivieren, ihre Sichtweisen zu äußern, weist L ausdrücklich darauf hin, dass es nicht die eine richtige Deutung eines Gedichts gibt. Die S stellen sich das Leben des im Gedicht erwähnten Lehrers vor, versuchen ihn zu charakterisieren und analysieren den Titel des Gedichts *Geography lesson*.

Lösungsvorschlag

a) *I pity the teacher in the poem. He seems to lead a boring life and plans to travel to faraway places after he has retired. Unfortunately, he falls ill and can't fulfil his dreams. In a way he was a successful teacher because he involuntarily taught his pupils a lesson for their lives: Don't miss a chance!*

b) *Brian Patten might have chosen the title "Geography lesson" because it's about a lesson in school, where the classroom walls are covered with maps and the teacher talks about travelling and foreign countries. The term "lesson" might also stand for the message of the poem: The pupils learned a lesson for their lives (cf. l. 20). This lesson that the teacher involuntarily taught them was that they should take a chance before it is too late.*

C Why bother?

Seite 48/49

Thema Vernachlässigung der Schule aufgrund von Streben nach Erfolg und Ruhm

Lernziel Sich mit einem Text über einen Jugendlichen auseinandersetzen, der sich in den Kopf gesetzt hat, berühmt zu werden und daher seine schulischen Pflichten vernachlässigt, Talentshows kritisch hinterfragen

Addicted to fame

Seite 48

HINTERGRUNDINFO

***The X-Factor** is a television music talent show, comparable to "Pop Idol". The competition is divided into three categories: solo singers aged 14–24, singers aged 25 and over, and vocal groups. The prize that they can win is a recording contract. The winner of the 2006 shows, Leona Lewis, has become very famous. On the show's homepage www.xfactor.tv pupils can get more information and photos.*

Kernwortschatz *fame, celebrity, effort, to skip sth, to turn up, attendance, to hinder, role model*

Hinführung Als Einstieg dienen die beiden Fotos auf Seite 48 im Schülerbuch, die Szenen aus *Casting shows* für junge Sänger zeigen. Auf dem ersten Bild ist beispielsweise die Amerikanerin Kelly Clarkson zu sehen, die 2002 die Show *American Idol* gewonnen hat und den S vielleicht bekannt sein wird. Hieran anknüpfend tauschen sich die S in der Klasse über verschiedene Talentshows im Fernsehen aus und äußern ihre Meinungen dazu.

Erarbeitung **Kernwortschatz:** Der Kernwortschatz, der nötig ist, um über die Verlockungen des Berühmtseins zu sprechen, wird in eine *mind map* eingebunden. L hält die Ergebnisse in einem Tafelbild fest. In ein Unterrichtsgespräch über die negativen Aspekte bzw. die Unvereinbarkeit mit dem Schulalltag fließen Verben wie *to skip classes*, *to turn up to lessons*, *to hinder* und Nomen wie *effort* und *attendance* ein und werden im Kontext erklärt.

→ G13, p. 123
→ G16, p. 125

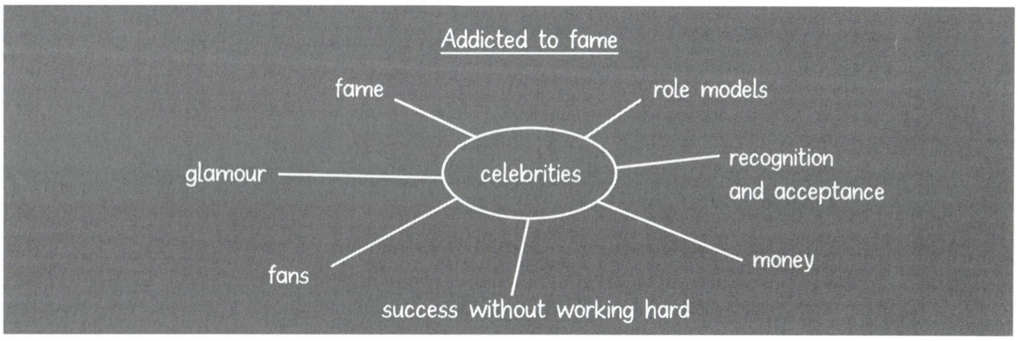

→ S2, p. 88

1 *Looking at the text*

Ziel Textverständnis und Finden von Belegen für eine bestimmte Haltung

Erweiterung Nachdem der Zeitungsartikel gemeinsam gelesen wurde, stellen die S Murats Selbsteinschätzung den Ansichten anderer im Text erwähnten Personen gegenüber. In einer Stillarbeit suchen die S Wendungen aus dem Text, aus denen deutlich wird, dass die Meinung der Autorin von Murats Einstellung abweicht.

Lösungsvorschlag

a) *Murat is very self-confident. He's convinced that he will be famous one day, no matter what kind of career he will be successful at it (as a model, actor or singer). His main aim is to become a celebrity. He's very naïve because he thinks his looks are more important than his talent so he doesn't mind having some plastic surgery. Professionals have a different view of him. They say behind his back that he neither has the looks nor the* *talent to match his enormous ambition. They believe that he will never make it. Murat's teachers seem to be realistic and know about the minimal chance of being picked. So they are very angry about Murat's lack of work and attendance which are hindering his academic potential.*

b) *The author disagrees with Murat's attitude which can be seen in several phrases in her article:*
- *"may be" (l. 1) instead of "is" (irony)*
- *"he does not particularly mind which" (ll. 3–4), "even less likely than winning the lottery" (l. 20) (comments)*
- *"wannabe" (l. 5), "nose job" (l. 6–7) (informal expressions)*
- *"No sooner is he back ..." (l. 9) (inversion)*
- *ll. 16–28 (facts)*

wichtig

2 *Your opinion*

Ziel Meinungsäußerung

Erarbeitung Mit Hilfe der auf Seite 48 im Schülerbuch angegebenen *Word bank* sowie der *mind map* zur Klärung der unbekannten Wörter nehmen die S Stellung zu der Frage, warum so viele Jugendliche glauben, dass die Teilnahme an einer *reality show* wichtiger sei als Schule.

Lösungsvorschlag
- *People are addicted to fame, being famous and a glamorous life mean everything to them*
- *they are naïve and think that they will be successful forever when they've made it, they don't care about the future*
- *they are convinced that the money they earn will make them get whatever they want and so they don't need any qualifications*
- *they admire role models*
- *they don't see the hard work and lack of time of celebrities*
- *they long for acceptance and recognition that they don't get in school*

→ S15, p. 99

3 *Role play*

Ziel Rollenspiel zur Förderung der *speaking skills*

Materialien
- Kopiervorlage 22 *(Word power)*
- Kopiervorlage 23 *(Grammar plus)*
- → WB ex. 1

Erarbeitung In Partnerarbeit skizzieren die S einen Dialog zwischen Murat und seinen Eltern/Lehrern, die ihn von seinen Plänen abbringen wollen, und tragen ihn dann vor der Klasse vor. Zur Vorbereitung nehmen die S **Skill 15** auf Seite 99 im Schülerbuch zu Hilfe, wo sie Tipps für eine gelingende Diskussion finden. Diese Übung eignet sich zur Vorbereitung auf eine mündliche Prüfung (siehe Stichwort **Mündlichkeit**).

Lösungsvorschlag

Murat:
- *doesn't want to waste time in school*
- *wants to earn money now*
- *wants everyone to know who he is*
- *wants to feel accepted*

teacher/parents:
- *fame won't last forever*
- *think of your future*

- *money is not everything, a good education is very important*
- *be aware of all the problems that come with being famous (no private life, stress might lead to drug abuse)*

Mündlichkeit

Aufgabenart: Rollenspiel
Arbeitsform: Partnerarbeit
Lernziele: Einüben wichtiger Redemittel (Vorlieben bzw. Abneigung ausdrücken, Vorschläge machen bzw. ablehnen, Gegenvorschläge machen, Zustimmung/Ablehnung signalisieren, den eigenen Standpunkt erklären und begründen) und Sprechsituationen (den Partner von seinem Standpunkt überzeugen)
Thema: Die Schule zugunsten einer Talentshow/Gesangskarriere aufgeben
Dauer: Vorbereitung: ca. 10 Minuten; Durchführung: ca. 5 Minuten
Materialien: Informationen auf Seite 48 im Schülerbuch, Tipps bzw. Redemittel auf Seite 99 (**Skill 15**) im Schülerbuch
Hilfsmittel: ggf. zweisprachiges Wörterbuch

Verlauf: Die S arbeiten mit einem Partner zusammen. Während der Diskussion wird darauf geachtet, dass die Partner aufeinander eingehen und nicht isoliert ihre Argumente präsentieren. Hierzu ziehen sie die Tipps auf Seite 99 (**Skill 15**) im Schülerbuch heran. L geht in der Klasse herum, hört einzelnen S-Dialogen ausschnittsweise zu und weist ggf. auf eine korrekte Gesprächsführung hin.

Erweiterung An dieser Stelle können zusätzlich die **Kopiervorlagen 22** *(School's over: What now?)* und **23** *(Unable to read)* eingesetzt werden. Die S übersetzen die Aussagen eines Teenagers, der sich Gedanken über seine Zukunft macht. Anhand des zweiten Arbeitsblattes, das einen informativen Text über einen Analphabeten enthält, vertiefen die S die Anwendung von Hilfsverben.

Money for nothing (Dire Straits) Seite 49

Lernziel Auflockerung des Unterrichts durch ein Lied über angeblich leicht verdientes Geld als Popstar, Textanalyse *(characters, setting, point of view)*

HINTERGRUNDINFO

***Dire Straits** was a British rock band, formed in 1977 by Mark Knopfler (lead guitar, lead vocals), his brother David (guitar), John Illsley (bass), and Pick Withers (drums). Their shortness of money inspired them to their name "Dire Straits". Their most successful album "Brothers in Arms", which was released in 1985, contained famous songs like "Walk of Life" or the US number one hit "Money for Nothing", which was the first video ever played on MTV in Britain. Dire Straits won several prizes (e.g. the BRIT Award and the Grammy Award) in the 1980s.*

Kernwortschatz *thumb, refrigerator, airplane, to bang*

Materialien PB-CD 2, Track 1

Erarbeitung **Kernwortschatz:** Die Bedeutungen der unbekannten umgangssprachlichen Ausdrücke sind unter dem Foto erklärt. Weitere wichtige Wörter werden durch Zeigen/Vorführen *(thumb, to bang)* oder durch kleine Skizzen *(refrigerator, airplane)* erklärt. Die restlichen Vokabeln erschließen sich aus dem Kontext bzw. aufgrund bereits bekannter englischer Wörter.

→ S24, p. 105

[PB◎1] **Text:** Als Einstieg beschreiben die S die beiden Bilder und stellen einen Bezug zum Titel des *Songs* her. Bei geöffneten Büchern spielt L das Lied dann von der CD vor. Nach dem ersten Hören schildern die S ihre spontanen Eindrücke bzw. äußern sich zum Musikstil. Im Unterrichtsgespräch befassen sich die S dann mit den Charakteren, dem Geschehen und dem Standpunkt des lyrischen Ichs.

4 The characters

Ziel Erkennen der Personenkonstellation in dem Lied

Lösungsvorschlag

In the song a band is performing a number on MTV. The band consists of a singer-guitarist, a drummer and possibly an extra percussionist playing the bongo(e)s (or more likely the conga drums). No other member of the band (such as a bass player, second guitarist or keyboarder) is mentioned, but there is a woman dancing to the music. The MTV show is being watched and commented on by two workmen: the "lyrical I" of the song and his 'buddy' or workmate.

5 The setting

Ziel Situationsbeschreibung

Lösungsvorschlag

The band are performing in a video on MTV and can be seen on several large TV screens in a media store that sells all kinds of electrical goods. Two workmen whose job is to move refrigerators and TVs and install microwave ovens are watching the video and making fun of the musicians. One of them appears to be doing all the talking. He accuses the pop stars on TV of having no talent. They are paid a fortune for doing something that anybody could do. That's not real work ("money for nothing"), he says and they even have their pick of the most attractive girls ("chicks for free"). If he and his companion had learned the guitar or the drums, they could be up there on the TV screen, too.

→ S22, p. 104

6 The point of view

Ziel Beschreibung der Ansichten des lyrischen Ichs und Vergleich mit der bekannten Band *Dire Straits*

→ S6, p. 92

Materialien → WB ex. 2

Lösungsvorschlag

The "lyrical I" is a man who is not very well educated, to judge from his ungrammatical and informal use of English. The work he does is physically tiring and rather repetitive, and he is ordered about a lot. He is clearly jealous of people who earn a fortune just playing the guitar or the drums. He is jealous of the good time they seem to have being followed around by hordes of girls. He even feels respect for them ("them guys ain't dumb"), but this is mixed with contempt at their appearance ("the little faggot with the earring and the makeup"), ignorance about music ("what's that? Hawaiian noises?"). His comments range from the sexist "she got it stickin' in the camera" to the racist "bangin' on the bongoes like a chimpanzee".
Since the writer of the song, Mark Knopfler, is a performing singer-guitarist and the band featured in the song resembles his own band, Dire Straits, it seems unlikely that the views of the two workers are his views. The unflattering way in which the workers are portrayed makes it clear that Knopfler is not making fun of musicians of little talent who appear on MTV, but rather of the cheap criticisms of people who are jealous of the stars of the pop world and their wealth and lifestyle. Success in the music business, he is saying, is not something that anyone who learns the guitar or drums can achieve. The worst thing that can happen to pop stars is not having a blister on their little finger or thumb. That the workers are being parodied is clear from the language they use and their illogical arguments.

D School – and how to improve it

Seite 50–53

Thema Probleme an Schulen und deren Lösung, Internate

Lernziel Lösungsansätze für Probleme an Schulen kennenlernen und abwägen, Vor- und Nachteile von Internaten diskutieren, einen *argumentative essay* zum Themenkomplex Verbesserung des Schulalltags schreiben

⟨The secrets of an inspirational headmistress⟩

Seite 50/51

HINTERGRUNDINFO

***Marie Stubbs** was born in Glasgow in 1939. Lady Stubbs was brought out of retirement in March 2000 to turn around St. George's School in Maida Vale, where head teacher Philip Lawrence was muredered outside its gates in 1995. Besides those changes mentioned in the text Lady Stubbs persuaded Harrow to share their sports fields with her pupils, and invited celebrities (e.g. Ralph Fiennes, Kevin Keegan) to the school to give the children positive role models. She also reformed the staff at St. George's. Many of the teachers were cynical and weary, and used words like "kids" and "scum" for the pupils which Lady Stubbs regarded as highly disrespectful. She usually refers to the children as "young people". She left school after 17 months and hoped that her deputy Sean Devlin would get her job, but school authorities chose Philip Jakszta, the acting head of a Catholic school in Tower Hamlets, east London, to be the new principal. Marie Stubbs was very disappointed by that decision because she appreciated all the knowledge and experience that her colleague Devlin had built up during the past year. She has had no contact with St. George's since August 31, 2001. Her book "Ahead of the Class" was adapted for the screen and attracted more than ten million viewers.*

Kernwortschatz *headmistress, curious, measure, matted, troublesome, bin, refugee, determined, badge, incident, flippant, touching, spirit*

Erarbeitung **Kernwortschatz:** Da der Text zahlreiche unbekannte Wörter enthält, werden die S aufgefordert, in einer Gruppenarbeit die Bedeutungen wichtiger Wörter selbst herauszufinden. Jeder S notiert sich während des stillen Lesens des Berichts sechs Wörter, deren Bedeutungen für ihn nicht zu erschließen sind. Dann formen die S Gruppen zu je vier bis fünf Personen, tauschen sich in ihrer Gruppe über ihre Wörter aus und versuchen gemeinsam die unbekannten Vokabeln zu klären. Die Ausdrücke, die immer noch nicht verstanden werden, werden in einem Wörterbuch nachgeschlagen. Jede Gruppe einigt sich auf sechs Wörter, die sie für das Verständnis des Textes am wichtigsten erachtet und schreibt diese mit ihren Bedeutungen an die Tafel. Gemeinsam mit L stellt die Klasse aus den Gruppenbeiträgen eine endgültige Wortliste zusammen.

→ G14, p. 123
→ G13, p. 123

Text: Bevor zu den Aufgaben 1–3 auf Seite 51 im Schülerbuch übergegangen wird, wird der Text in der Klasse noch einmal abschnittsweise gelesen. Damit die inhaltlichen Voraussetzungen für eine detaillierte Textuntersuchung und einer Kommentierung der Situation bei allen S gegeben sind, stellt L Verständnisfragen:

1. *(ll. 1–13): What did the headmistress ask the two pupils to do? How did they react? What happened to former head teacher Philip Lawrence? What has been the situation like at St. George's since that tragedy?*
2. *(ll. 14–27): What do the playground and the interior of the school look like? What are Mrs. Stubbs and her colleagues' first measures to improve the situation at the school?*
3. *(ll. 28–41): How does the headmistress welcome the pupils and how do they react?*
4. *(ll. 42–61): Describe the incident that happened in the playground. What did the new headmistress put around the school and what was its purpose?*
5. *(ll. 62–73): Describe the Inspection Day. What is the inspectors' decision?*

Im Anschluss lässt L die S das Foto auf Seite 51 kurz von den S beschreiben und lenkt die Aufmerksamkeit besonders auf den Gesichtsausdruck der abgebildeten Schüler.

1 *Make a list of the problems*

Ziel Auflisten und Begründen der an der *St George's School* vorherrschenden Probleme

Erarbeitung Nachdem der Kernwortschatz geklärt und das wesentliche Textverständnis gesichert sind, wird zu Aufgabe 1 übergegangen. Die S erstellen eine Liste mit den Problemen, die an der beschriebenen Schule herrschen, und diskutieren deren Ursachen.

Lösungsvorschlag

problems:
- *dirty floors*
- *ugly playground and dull interior*
- *violence: physical attacks on teachers and fights between pupils*
- *troublesome teenagers, rude behaviour*
- *lack of order, respect and discipline*

causes:
- *many children speak English only as a second language*
- *some are refugees, no family in Britain*

→ S13, p. 97

2 *Comment on the changes …*

Ziel Eigene Textproduktion

Erarbeitung Mündlich kommentieren die S die Maßnahmen, die Mrs. Stubbs mit ihren Kollegen ergriffen hat, um die Situation zu verbessern und eine Schließung der Schule zu verhindern. In einer **Hausaufgabe** schreiben die S einen *Comment* und ziehen dabei **Skill 13** auf Seite 97 im Schülerbuch zu Rate.

Lösungsvorschlag

- *posters saying "Welcome back", "Respect Each Other", "Walk Don't Run", Talk Don't Shout", "Put Rubbish in the Bin": positive because it's more effective if you are visually reminded of the rules every day; different languages so that all pupils understand the messages*
- *stagger the children's return: positive, but not possible in reality because of fixed dates of holidays*
- *speak to them in a loud voice and force them to say "Good morning, Headmistress": positive because pupils respect authority*
- *prefects: positive because pupils more willingly listen to what other pupils tell them than what adults tell them; pride and sense of responsibility from those pupils who are prefects*
- *interfere in fights: positive because pupils realize that you do care about them*
- *spend some money to make the playground more attractive for pupils (e.g. provide a place where the children can play basketball)*
- *suggestion boxes: positive because you know what the children want and can find solutions for their problems; thank-you messages prove the success*

3 *Your turn*

Ziel Zusammenstellen von Maßnahmen, die weitere Missstände an Schulen beseitigen

Erarbeitung L teilt die S in acht Gruppen ein und lässt sie jeweils eines der vorgegebenen Themen ziehen, zu deren Lösung sie sich Gedanken machen und ihre Vorschläge dann diskutieren. Nach der Diskussion in den Kleingruppen einigen sich die Mitglieder auf eine Maßnahme und stellen diese in der Klasse zu Diskussion.

Lösungsvorschlag

- *the ugly playground: provide a basketball court, plant trees, provide benches*

- *chewing gum on the carpets: make those pupils who you catch red-handed clean the carpet, provide more bins*
- *dull paint on the walls inside: let pupils paint their classroom walls and decorate their classrooms (competition), put up posters and plants along the corridors in the school building*
- *children from homes with no books: ask parents to collect money for them, organize a stand where pupils can sell and buy used books*
- *pupils arrive late for school: report them to the headmistress and give them detention*
- *fighting in the lunch hour: presence of more teachers to watch them, offer courses on solving conflicts without violence*
- *rubbish dropped everywhere: put up more bins, only sell drinks in bottles with deposit, make those pupils who you catch red-handed clean the corridors and classrooms in their free time*
- *bullies: form groups of older pupils and train them in settling arguments/basic psychology, offer courses on solving conflicts without violence*

Mediation: Visiting a public school

Seite 52/53

HINTERGRUNDINFO

Harrow *is one of Britain's leading independent schools providing a high quality boarding school education for boys. They combine academic excellence with an outstanding range of opportunities beyond the classroom. In addition, Harrow prepares pupils for a life beyond school and university by promoting independence of thought, respect for others, creativity, and a sense of responsibility for one's own actions, and for the good of society. The school was founded in 1572 and many famous persons went to Harrow (e.g. Winston Churchill, Jawaharlal Nehru). It costs about £26,445 per year to attend Harrow, full-time board included. As pupils can see on the pictures on page 52 in their books the school uniform consists of a white shirt, black tie, grey trousers, blue jumper and a dark blue uniform jacket called bluer. Additionally the boys have a straw hat with a dark blue band.*

Hinführung Die Hinführung zu dem Dialog über eine berühmte britische Privatschule übernimmt der L in einem kurzen L-Vortrag, in dem er den S die Bedeutungsunterschiede zwischen einer britischen *public school* und einer *boarding school* erklärt. Im Zusammenhang mit den Hintergrundinformationen zu Harrow erfolgt u. a. ein Hinweis auf die Schuluniform, die auf dem Foto auf Seite 52 zu sehen ist.

→ S28, p. 108

wieder-holen

4 *Mediation*

Ziel Dolmetschen

Erarbeitung Die S übernehmen die Rolle von Frank, der das Gespräch zwischen seinen Eltern und dem Schulleiter von Harrow dolmetscht. L weist darauf hin, dass der Dialog nicht wörtlich übersetzt werden soll und unwichtige Details und Bemerkungen weggelassen werden sollen.

Lösungsvorschlag

Frank:
- *How big is the school?*
- Harrow hat 800 Schüler.
- *And how many pupils are there in one class?*
- Durchschnittlich 15.
- *Sounds good. How old are the pupils when they start at your school? I'm already 16.*
- Die meisten Schüler kommen mit 13 nach Harrow, aber manche stoßen erst in den letzten zwei Jahren dazu, wenn sie 16 sind.

- *So it's possible to attend your school for only two years?*
- Klar, viele von ihnen kommen aus dem Ausland, um den zweijährigen *A-level*-Kurs zu belegen und einen Studienplatz zu bekommen. Von allen Schülern wird erwartet, dass sie an eine gute Universität gehen. Viele schaffen es sogar nach Oxbridge.
- *My mother has never heard of Oxbridge, but she knows Oxford.*
- Er meint ja auch Oxford und Cambridge, Englands zwei berühmteste Universitäten. Harrow blickt auf eine lange Tradition zurück, in der sie ihre Schüler dorthin geschickt haben. Aber natürlich gibt es auch noch andere gute Universit äten.
- *Where do the pupils live?*
- Die Schüler wohnen in einem der elf Internatsgebäude. Dort übernimmt ein Heimleiter, der auch Lehrer an der Schule ist, die Betreuung. Er ist es auch, mit dem ihr über mich sprechen könnt.
- *Do many pupils sleep in one big dormitory?*
- Nein. In den ersten zwei Jahren sind zwei bis vier Jungen zusammen untergebracht. Danach haben sie ihre eigenen Zimmer. Für die Schüler der letzten zwei Jahrgangsstufen gibt es außerdem einen Fernsehraum und eine Küche.
- *I think I will have to get used to living at a boarding school.*
- Er ist sich sicher, dass es mir gefallen wird, weil es kleine Klassen gibt, hochmotivierte Lehrer, die auch in der Schule wohnen, und viele außerschulische Aktivitäten. Daher profitieren vor allem die Schüler davon, die in der Schule und in ihrer Freizeit engagiert sind.
- *What's so special about Harrow?*
- Zuerst ihre hervorragenden Abschlussnoten. Außerdem legen sie sehr großen Wert auf Sport, Musik, die Schauspielerei und andere kulturelle Aktivitäten. Im Großen und Ganzen sind sie gut darin, die Jungen den ganzen Tag zu beschäftigen und herauszufordern.
- *Why aren't there girls at Harrow?*
- Es ist Tradition und außerdem wird die gleichgeschlechtliche Erziehung wieder beliebter. Jungen und Mädchen lenken sich gegenseitig ab und das führt zu schlechteren Leistungen.
- *Don't your boys have the chance to meet girls?*
- Doch. Viele Aktivitäten wie Theater, Musik und Diskussionsrunden finden gemeinsam mit Mädchenschulen statt. Außerdem werden an vielen Samstagen Partys mit Mädchenschulen zusammen veranstaltet.

Erweiterung Um sich noch intensiver mit *Harrow* zu befassen, bietet sich eine Stunde im Computerraum an, in der die S der Homepage www.harrowschool.org.uk weitere Informationen zum Schulleben in diese m Eliteinternat entnehmen können. Die S gewinnen anhand von ausführlichem Text- und Bildmaterial einen Einblick in das Internatsleben und die Angebote der Schule.

5 *What makes a good school?*

Ziel Abwägen von Vor- und Nachteilen von Internaten

Materialien Kopiervorlage 24/24a *(Word power)*

Erarbeitung Nachdem die S durch den Dialog einen Einblick in das Leben in einem Internat bekommen haben, wägen sie nun die Vor- und Nachteile von *boarding schools* ab und äußern ihre persönliche Meinung dazu. In einer fakultativen Transferübung ⟨b)⟩ vergleichen die S ihre Schule mit *St. George's* und *Harrow* und setzen sich mit Problemen und deren Lösung an ihrer Schule auseinander.

Lösungsvorschlag

a)

Boarding schools

Advantages	Disadvantages
— a lot of fun to spend the whole day (and night) with your friends — no parents — teachers can help with your homework	— you cannot choose what to eat — you have to share your bedroom — not enough free time to do what you want — fixed bedtime — hard to find friends who aren't at the same school

⟨b)⟩ *My school …*

1. *compared to St. George's:*
- *no chewing gum on the floors*
- *playground with trees, facilities to play table tennis and badminton*
- *most pupils are polite when they talk to their teachers and obey them; respect towards the teachers*
- *bullies, fights between pupils in the playground*
- *colourful walls inside*
- *no physical attacks on teachers*
- *the mother tongue of almost all pupils is German*

2. *compared to Harrow:*
- *you cannot live at the school*
- *it is for boys and girls*
- *only a few extra-curricular activities*
- *bigger classes (average size: 30)*
- *pupils come to my school at the age of 10*

My school

Problems	Possible solutions
— fights between pupils at the bus stop — classrooms are too small — lack of teachers	— parents or teachers schould be present — bigger classrooms, smaller classes — government must provide more money for more jobs

Erweiterung An dieser Stelle bietet sich der Einsatz von **Kopiervorlage 24/24a** *(Extracurricular activities in American high schools)* an. Die S lesen von vier Aktivitäten, die außerhalb des Stundenplans stattfinden, und erschließen selbstständig die Bedeutungen wichtiger Wörter.

→ S13, p. 97

6 *Writing*

Ziel Eigene Textproduktion

Materialien → WB ex. 1, 2, 3, 4

Erarbeitung L geht mit der Klasse die Themen kurz durch, um sicherzugehen, dass sie alle S verstanden haben. Als **Hausaufgabe** schreiben die S dann zu einem der drei Themen eine kurze Erörterung *(argumentative essay)*.

Lösungsvorschlag

1. *yes:*
- *complicated mathematical terms (e.g. calculus of probabilities)*
- *Latin (language that isn't spoken)*

no:
- *Latin useful for many courses of studies (Medicine, Modern Languages, etc.)*
- *social manners, general education, important skills like teamwork (help you to find a good job)*

2. *yes:*
- *old-fashioned (in later life you will probably have to work together with the opposite sex)*
- *it's more fun*

no:
- *distraction from each other → underachievement*
- *different fields of interests and talents*

3. *yes:*
- *own speed of learning/studying*
- *various sources: internet, foreign country, books, etc.*

no:
- *lessons are compulsory*
- *easier when a teacher explains you sth*

→ S13, p. 97

Just for fun Seite 53

Ziel Auflockerung des Unterrichts durch einen Cartoon

Erarbeitung Lassen Sie einen S den Cartoon beschreiben und den Witz kurz erläutern, um sicherzugehen, dass die Aussage auch wirklich verstanden wurde.

E Education in the US and the UK

Seite 54/55

Thema Das amerikanische und britische Schulsystem

Lernziel Einem Diagramm Informationen entnehmen, graphische Darstellungen versprachlichen, die Fakten eines informativen Textes als Diagramm darstellen, unterschiedliche Schulsysteme miteinander vergleichen

Map of the US education system

Seite 54

Kernwortschatz *undergraduate, degree*

→ S29, p. 110

1 *Understanding the diagram*

Ziel Auswerten eines Flussdiagramms

Materialien Kopiervorlage 25 *(Grammar)*

Erweiterung L erklärt im Rahmen der Aufgabenstellung 4 die Vokabeln undergraduate und degree: *An undergraduate is a university or college student who is studying for their first degree. The degree is the qualification obtained by students who successfully complete a university or college course.* L liest die Fragen vor und die S versprachlichen die dem Flussdiagramm über das amerikansiche Schulsystem entnommenen nötigen Informationen.

Lösung

1. *John was 9 years old when he left his Elementary School. He will be 14 when he starts High School.*
2. *Students start Junior High School at the age of 12 and after that they attend Senior High School from age 15 to 17.*
3. *Marie is at High School now. In her postsecondary education she will attend undergraduate programs at college or university, get her Bachelor's Degree after three years and then attend a professional school of Medicine for four years. If she wants she can do a Doctor's Degree Study after that.*
4. *It will take Sam three years to get his Bachelor's Degree.*

Erweiterung An dieser Stelle bietet sich thematisch der Einsatz von **Kopiervorlage 25** *(Young people and university)* an. Die S festigen an drei Berichten die Anwendung von bestimmten und unbestimmten Artikeln.

The UK education system

Seite 55

Lernziel Graphische Darstellung von Fakten aus einem informativen Text über das britische Schulsystem

2 *Make a diagram*

Materialien Kopiervorlage 26 *(Cloze test)*

Kernwortschatz *stage, postgraduate*

Erarbeitung Die Bezeichnungen für die unterschiedlichen Schularten sowie die beiden neuen Vokabeln stage u nd postgraduate werden während des Lesens von L erklärt.
In einer Stillarbeit erstellen die S dann ein Flussdiagramm, das das britische Schulsystem veranschaulicht. Diese Übung bietet sich auch als **Hausaufgabe** an.

Lösungsvorschlag

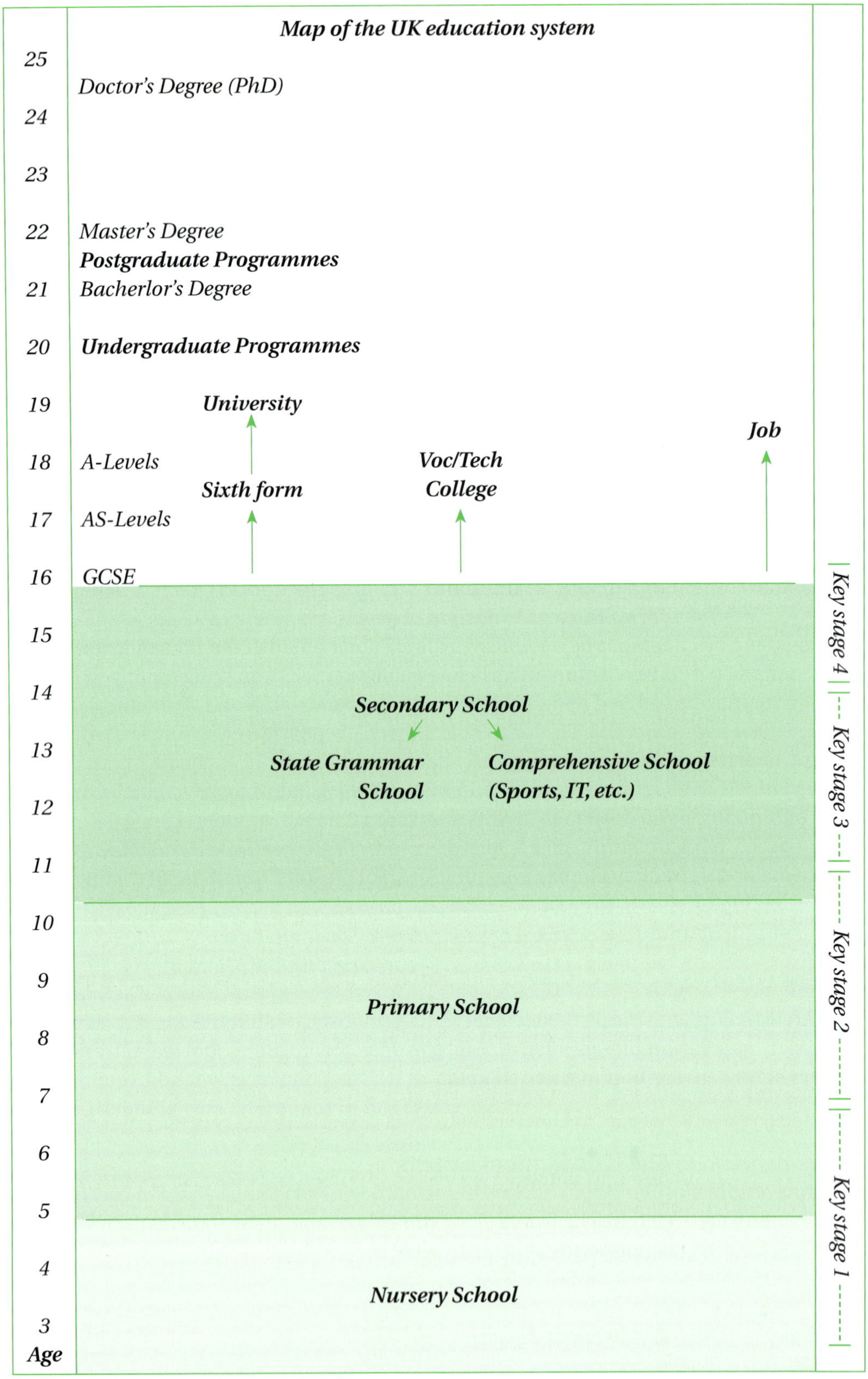

Erweiterung

- Zur Festigung entwerfen die S in einer Partnerarbeit nach dem Muster von Übung 1 auf Seite 54 im Schülerbuch vier Fragen zum britischen Schulsystem, die sie sich mit Hilfe ihres Diagramms gegenseitig beantworten.
- Als **Hausaufgabe** eignet sich **Kopiervorlage 26** *(Jenny's A-level results)*. Sie bietet einen Transfertext zur Textrekonstruktion. Die Lösungswörter sind in alphabetischer Reihenfolge angegeben. Sie können je nach Niveau der Lerngruppe entweder mitgeliefert oder von L vor dem Kopieren abgeschnitten werden. Nach der Bearbeitung verteilt L die Lösungen an die S zur Selbstkontrolle.

3 *Different systems*

Ziel Vergleich des amerikanischen, britischen und deutschen Schulsystems

Materialien Kopiervorlage 27 *(Communication skills)*

Erarbeitung **Lösungsvorschlag:** *What all three education systems have in common is the fact that children start school at the age of 5/6. Before they attend kindergartens or nursery schools. British and German children then have to stay at the same school for another four years before they can decide which school to attend next. In the US they can start a new school at the age of 10, 12 or 14. In Germany pupils can decide whether to attend a "Hauptschule", "Realschule" or "Gymnasium", depending on their grades. After eight years in a "Gymnasium" pupils can start their further education (e.g. at university) or look for a job. This stage is comparable to the American High School Diploma at the age of 17 or the AS-/A-Levels in the UK at the age of 17/18. Students in the US or UK are a bit younger when they finish university.*

Erweiterung An dieser Stelle kann zusätzlich **Kopiervorlage 27** *(European education)* eingesetzt werden. Die S üben hier mit einem Partner bzw. in Kleingruppen ihre Sprechfertigkeiten anhand eines Rollenspiels und Diskussionen.

The beginning of term at Hogwarts

Seite 55

→ S1, p. 88

4 *Listening: An impressive appearance*

Ziel Schulung des Hörverstehens

HINTERGRUNDINFO

Joanne K. Rowling's *Harry Potter books are read by children and adults all over the world and have won many prizes, e.g. The British Book Awards Children's Book of the Year, and the Smarties Prize. Their success is also shown in their being translated into many languages. Now they are even available in Latin and Welsh. Like that of her main character, Harry Potter, J. K. Rowling's life also has much of a fairy tale. Divorced and living on public assistance in Edinburgh, with her baby daughter, she wrote the first volume of Harry Potter in a café while her daughter was sleeping. According to Rowling herself, she got the idea of Harry Potter on a train journey from Manchester to London. At present there are seven titles available in the Harry Potter series (in reading order: "Harry Potter and the Philosopher's Stone", "Harry Potter and the Chamber of Secrets", "Harry Potter and the Prisoner of Azkaban", "Harry Potter and the Goblet of Fire", "Harry Potter and the Order of the Phoenix", "Harry Potter and the Half-Blood Prince", "Harry Potter and the Deathly Hallows").*

Kernwortschatz *additional, appearance*

Materialien
- LC-CD 1, Track 14
- → WB ex. 1, 2, 3, 4, 5
- Test yourself 3, ex. 1–6

[LC◎14] **Text:** ***The beginning of term at Hogwarts***

'So!' said Dumbledore, smiling around at them all. 'Now that we are all fed and watered' ('Hmph!' said Hermione), 'I must once more ask for your attention, while I give out a few notices'.

'Mr Filch, the caretaker, has asked me to tell you that the list of objects forbidden inside the castle has this year been extended to include Screaming Yo-yos, Fanged Frisbees and Ever-Bashing Boomerangs. The full list comprises some four hundred and thirty-seven items, I believe, and can be viewed in Mr Filch's office, if anybody would like to check it.'

The corners of Dumbledore's mouth twitched.

He continued, 'As ever, I would like to remind you all that the Forest in the grounds is out-of-bounds to students, as is the village of Hogsmeade to all below third year.

'It is also my painful duty to inform you that the inter-house Quidditch Cup will not take place this year.'

'What?' Harry gasped. He looked around at Fred and George, his fellow members of the Quidditch team. They were mouthing soundlessly at Dumbledore, apparently too appalled to speak.

Dumbledore continued, 'This is due to an event that will be starting in October, and continuing throughout the school year, taking up much of the teachers' time and energy – but I am sure you will all enjoy it immensely. I have great pleasure in announcing that this year at Hogwarts –

But at that moment, there was a deafening rumble of thunder, and the doors of the Great Hall banged open.

A man stood in the doorway, leaning upon a long staff, shrouded in a black travelling cloak. Every head in the Great Hall swivelled towards the stranger, suddenly brightly illuminated by a fork of lightning that flashed across the ceiling. He lowered his hood, shook out a long mane of grizzled, dark grey hair, then began to walk up towards the teachers' table.

A dull clunk echoed through the Hall on his every other step. He reached the end of the top table, turned right and limped heavily towards Dumbledore. Another flash of lightning crossed the ceiling. Hermione gasped.

The lightning had thrown the man's face into sharp relief, and it was a face unlike any Harry had ever seen. It looked as though it had been carved out of weathered wood by someone who had only the vaguest idea of what human faces were supposed to look like, and was none too skilled with a chisel. Every inch of skin seemed to be scarred. The mouth looked like a diagonal gash, and a large chunk of the nose was missing. But it was the man's eyes that made him frightening.

One of them was small, dark and beady. The other was large, round as a coin, and a vivid, electric blue. The blue eye was moving ceaselessly, without blinking, and was rolling up, down and from side to side, quite independently of the normal eye – and then it rolled right over, pointing into the back of the man's head, so that all they could see was whiteness.

The stranger reached Dumbledore. He stretched out a hand that was as badly scarred as his face, and Dumbledore shook it, muttering words Harry couldn't hear. He seemed to be making some enquiry of the stranger, who shook his head unsmilingly and replied in an undertone. Dumbledore nodded, and gestured the man to the empty seat on his right-hand side.

The stranger sat down, shook his mane of dark grey hair out of his face, pulled a plate of sausages towards him, raised it to what was left of his nose and sniffed it. He then took a small knife out of his pocket, speared a sausage on the end of it, and began to eat. His normal eye was fixed upon the sausages, but the blue eye was still darting restlessly around in its socket, taking in the Hall and the students.

'May I introduce our new Defence Against the Dark Arts teacher,' said Dumbledore brightly, into the silence. 'Professor Moody.'

It was usual for new staff members to be greeted with applause, but none of the staff or students clapped except Dumbledore and Hagrid. Both put their hand together and applauded, but the sound echoed dismally into the silence, and they stopped fairly quickly. Everyone else seemed too transfixed by Moody's bizarre appearance to do more than stare at him.

Erarbeitung Die S lesen zuerst die sechs Aussagen durch, hören dann den Auszug aus *Harry Potter and the Goblet of Fire* an und machen sich während des Hörens Notizen, die die falschen Aussagen betreffen. Nach nochmaligem Vorspielen des Textes verbessern sie diese in ganzen Sätzen.

Lösungsvorschlag

1. *Mr Filch doesn't come in while Professor Dumbledore is making an announcement.*
2. *He doesn't read the full list of things that must be brought to school by everyone. He only tells the pupils the objects that are additionally forbidden this year (i.e. Screaming Yo-yos, Fanged Frisbees and Ever-Bashing Boomerangs).*
3. *Dumbledore regrets the fact that there will be no Quidditch Cup this year.*
4. *Professor Moody makes a fuss when he comes in. The doors bang open with a loud noise and a bright flash can be seen on the ceiling. Moody is dressed in a black coat and has long grey hair which he is shaking impressively when he comes in. He walks up towards the teachers' table and sits down on Dumbledore's right-hand side.*
5. *Moody's face is indeed very ugly, it's full of scars. One of his eyes is large, round as a coin and extremely blue, but the other eye is small and dark.*
6. *Only Dumbledore and Hagrid applauded. The pupils were silent and stared at Moody.*

Topic 4: South Africa (Planungsübersicht)

South Africa: its history, geography, economy and culture, and place within the English-speaking world

Abschnitt	Seite	Std.	Titel/Textsorte/Autor	Hauptaufgaben	Übungen	Workbook	CDs	Kopiervorlagen
A The Rainbow Nation	56, 57	3	**See the best of South Africa/Economy/Colonial past/ Languages:** Advertising text, informative texts and fact file	Text comparison • Internet research	1–3	1–4		28, 29
B Segregation	58, 59	5	**Out of sight:** Extract from Nadine Gordimer's short story *What were you dreaming?*; **The development of townships around Johannesburg:** Informative texts from *South African History Online*; **Gimme hope, Jo'anna:** Song by Eddy Grant	Text comparison • Team project; Text analysis and interpretation	1–7	1–5	PB 2/2, 3–5, 6	30, 31
C The struggle against apartheid	60–63	7	**Long walk to freedom:** Extracts from Nelson Mandela's autobiography; **Soweto 1976: A schoolboy's memories:** Autobiographical report by Milton Nkosi on the BBC website; **In detention:** Poem by Christopher van Wyk; **Facing the past:** Article by Greg Barrow on *BBC News*	Oral presentation • Creative writing; Text analysis • Transfer/ Discussion; Text analysis and interpretation; Transfer	1–8	1–6	PB 2/7, 8	32–36
D Culture and sports	64, 65	3	***Tsotsi*: a film from South Africa:** Introduction to a *Movie Time* radio show about the film *Tsotsi*; Interview with director Gavin Hood; Feature about Kwaito music; **Sport in Südafrika:** Extract from an *online travel guide*	Listening Mediation • Internet research	1–4	1–4	PB 2/9; LC 1/15, 16	37–39
E Present-day challenges	66	2	**Young … and free!?:** Personal statements by young South Africans; **Madam and Eve:** Cartoon strip by S. Francis, H. Dugmore and Rico	Mediation • Writing a comment	1–2	1–6; Tandem Activity 4; Test yourself 1–6		
⟨F Out in the country⟩	67–71	4	**⟨The wildlife trade⟩:** Article by Rolf Hogan in the *Daily Mail*; **⟨The moment before the gun went off⟩:** Short story by Nadine Gordimer	Writing a letter to the editor • Listening • Internet research; Text analysis • News writing	1–8		LC 1/17–21; PB 2/10–12	40, 41

Topic 4 South Africa

Seite 56–71

ERSTINFORMATION

Mit dem Thema Südafrika wendet sich **Green Line New Bayern 6** einem Land zu, das wegen seiner bewegten und bewegenden Geschichte, seines in vielen Bereichen deutlich erkennbaren *Rainbow*-Charakters zu Recht eine nähere Beschäftigung in einem Lehrbuch verdient. Das moderne Südafrika ist ein junges Land, nicht nur wegen seines politischen Neubeginns im Jahre 1994. Etwa 38 % der Bevölkerung sind bis 19 Jahre alt (in Deutschland etwa 20 %), es ist das modernste westlich geprägte Land des schwarzen Kontinents und konnte doch wesentliche Teile seiner Landschaften, Tier- und Pflanzenwelt erhalten.

Topic 4 nähert sich diesem Land, indem es einige typische Eindrücke vermittelt, die dem Touristen wichtig sind, die auf seine rasante wirtschaftliche Entwicklung hinweisen, die schwierige Vergangenheit kurz beleuchten und die Sprachenvielfalt erwähnen. Der eindeutige Schwerpunkt dieses *Topics* liegt auf dem Thema der Rassentrennung und ihrer Überwindung. Die S erfahren über einen literarischen Text, was es bedeutete, wegen seiner Hautfarbe vertrieben worden zu sein, erhalten einige wichtige Informationen darüber, wie es zur Entstehung von *Townships* kam, in denen die so vertriebenen Schwarzen unter erbärmlichen Bedingungen unterkamen, und hören auf eine Stimme, die die Missstände der Apartheid anprangert.

Nelson Mandela, der erste schwarze Staatspräsident Südafrikas, kommt zu Wort, ein Augenzeuge berichtet von dem ersten Aufstand in Soweto gegen die weißen Machthaber und in einem Gedicht werden die menschenverachtenden Haftbedingungen der Gefangenen unter dem Apartheidregime vor Augen geführt. Besondere Beachtung – und mit Recht befassen sich die S damit – verdient der insgesamt erfolgreiche Versuch der neuen Regierung, die Vergangenheit mit der Einsetzung der *Truth and Reconciliation Commission* so zu bewältigen, dass ein friedliches Zusammenleben der Angehörigen unterschiedlicher Rassen möglich wird.

Der *Topic* wendet sich abschließend der „Normalität" des Landes heute zu, indem er die S einen Blick auf Kultur, Sport, die Situation der jungen Menschen und die Problematik des Umgangs mit der Tierwelt werfen lässt. Eine Kurzgeschichte von Nadine Gordimer, die noch einmal das schwierige Zusammenleben von Menschen unterschiedlicher Rassen zum Thema hat, rundet diesen Teil des Lehrbuchs ab.

In diesem *Topic* beschäftigen sich die S besonders mit der inhaltlichen und formalen Analyse unterschiedlicher Schreib- und Hörtexte, verfassen eigene Stellungnahmen, haben die Möglichkeit, ihre kreative Kompetenz zu erweitern, vermitteln Inhalte zwischen Mutter- und Zielsprache *(Mediation)*, beschaffen und präsentieren Informationen auf unterschiedliche Weise.

A The Rainbow Nation

Seite 56/57

Thema Einblicke in Geschichte, Geografie, Wirtschaft und Kultur Südafrikas

Lernziel Gehörtes und Geschriebenes miteinander vergleichen, analysieren, zusammenfassen, eigene Texte verfassen, Ergebnisse präsentieren, Inhalte zwischen Mutter- und Zielsprache vermitteln

See the best of South Africa – Economy – Colonial past – Languages

Seite 56/57

HINTERGRUNDINFO

South African history *reaches back thousands of years but only a small number of its former inhabitants – members of the Khoisan language groups – has survived until today. The majority of black South Africans belong to the Bantu language community, who came from the south of central Africa before 100 AD and inhabited the Transvaal region. Ancestors of the Zulu and Xhosa tribes settled on the eastern coast by 1500. In 1488 the first Europeans, the Portuguese, set foot on the Cape of Good Hope, but it was the Dutch East India Company that brought the first settlers to this region, founding a colony in 1652. In the following decades, French Huguenots and Germans also settled in this area. Towards the end of the 18th century, the Dutch colonists numbered about 15,000 Boers or Afrikaners, speaking a Dutch dialect known as Afrikaans, and trying to establish an independent republic. As the demand for labour grew, slaves were imported from East Africa, Madagascar and the West Indies. As more land was used for farming, more and more of the indigenous inhabitants were dispossessed and incorporated into the colonial economy as servants.*

In 1795 the British set up a strategic base on the Cape against the French in order to control the sea route to the East. They had to give up this post in the course of the Napoleonic wars and retook it later to support their territorial claim, which marked the beginning of a long conflict between the Afrikaners and the English. As the latter took over the government of this region and freed the slaves in 1833, about 12,000 Afrikaners, called the "Vortrekkers", made the "great trek" to the north and east into African tribal territory in 1836, where they founded the republics of Transvaal and the Orange Free State later. They were met with strong resistance especially by the Zulus, whom they finally defeated in 1838. Both Boer republics were in constant conflict with the British Government. The tension between these two communities was heightened by the discovery of diamonds at Kimberley and huge gold deposits in the Witwatersrand region of the Transvaal, increasing the influx of mainly British immigrants and investors. This situation finally led to the Anglo-Boer Wars of 1880–1881 and 1899–1902. As a result, the Boer republics were integrated into the British Empire. In 1910 these two republics and the British colonies of Cape and Natal formed the Union of South Africa, a self-governing dominion of the British Empire. All political power of the Union was kept in the hands of the whites with Louis Botha, a Boer, the first prime minister. In 1912 the African National Congress (ANC) began with its political activities.

Under the Prime Minister Jan Christiaan Smuts, South Africa became involved in World War II on the side of the Allied troops and joined the United Nations as a charter member in 1945, but did not sign the Universal Declaration of Human Rights. As the influence of the Nationalist movement became greater, the idea of apartheid dominated domestic politics: black voters were removed from the voter rolls, the non-white population was forced to leave designated white areas, and about 1.5 million black Africans had to move from cities to rural townships. In 1960, 70 black protesters were killed during a peaceful demonstration in Sharpeville. The ANC was prohibited in that year, and in 1964 Nelson Mandela, its leader, was sentenced to life imprisonment. Only after more violent black protest, international opposition to apartheid and sanctions imposed by the UN, the position of politicians supporting apartheid was weakened, and in 1989 President de Klerk revoked the ban on the ANC and released Nelson Mandela after a 27-year-long imprisonment. In 1991 a new constitution was under way, drafted by the Convention for a Democratic South Africa under the leadership of de Klerk and Mandela, and in 1994 the first multiracial election resulted in an overwhelming victory for the ANC. In 1997 the Truth and Reconciliation Commission, chaired by Archbishop Desmond Tutu, took up its work investigating human rights violations between 1960 and 1993. In 1999 Mandela retired and Thabo Mbeki won the ensuing election. He was sworn in for second term in 2004. He had to deal with a declining economy, the highest number of HIV positive patients, denying a direct connection between HIV and AIDS. In December 2007 he was ousted from power by the election of Jacob Zuma as the leader of the ANC.

The term ***Rainbow Nation*** *was first used by Archbishop Desmond Tutu to characterise South Africa after 1994 when apartheid was put to an end. Nelson Mandela used this expression in a speech shortly after he had been elected President, referring to the "jacaranda trees of Pretoria and the mimosa trees of the bushveld". As a cleric he is assumed to have chosen this term to refer to the rainbow in the Old Testament story of Noah, alluding to the era of peace lying ahead of South Africa. The rainbow is also a symbol of peace in Xhosa culture.*

Kernwortschatz *segregation, abundant, expansion, rather than, vast, wool, currency, racial, race, to defeat, policy, descendant, current*

Materialien
- Kopiervorlage 28 *(Extras)*
- Kopiervorlage 29 *(Word power)*

Hinführung L greift den Titel dieses Abschnitts auf und fragt die S: *Why do you think advertising experts might choose the term "rainbow nation" to characterize a country?* Der Hinweis auf den Urheber der Bezeichnung (siehe **Hintergrundinfo**) und dessen religiöse Funktion kann den biblischen Bezug andeuten, zum Vergleich mit dem Aufziehen des Regenbogens nach der Sintflut (1. Mose 9,12 ff.) führen und die S darauf bringen, dass von Südafrika die Rede ist. An dieser Stelle bietet es sich an, die südafrikanische Flagge (evtl. auf Folie kopiert) zu präsentieren, die sechs Farben aus dem Regenbogenspektrum aufweist und die Symbolik des Regenbogens für Buntheit und Vielfalt wieder aufgreift, auch wenn die Gestaltung der Flagge selbst nicht absichtlich einem Regenbogen nachempfunden wurde.
Schließlich wird die Aufmerksamkeit der S auf die abgedruckten Bilder gelenkt und die Frage gestellt, inwiefern der Begriff *Rainbow Nation* durch die ausgewählten Motive gerechtfertigt ist. Die S werden gebeten, anhand der Fotos die folgenden Fragen zu beantworten: *What general impression about South Africa do you get when studying the photos? Do they confirm what you know about this country?* Diese Aufgabensstellung eignet sich zur Vorbereitung auf eine mündliche Prüfung (siehe Stichwort **Mündlichkeit**). Dazu versuchen die S in einer Gruppengesprächsrunde herauszufinden, inwiefern die Bilder geeignet sind, den Begriff *Rainbow Nation* zu verdeutlichen.

Mündlichkeit

Aufgabenart: Frage-Antwort-Verfahren
Arbeitsform: Gruppenarbeit
Lernziele: Fragen mit dem Ziel stellen, Bilder zu beschreiben und zu interpretieren; Beobachtungen wiedergeben, Aussagen zu direkten und indirekten Informationen machen; sich auf wechselnde Gesprächpartner einstellen
Thema: Erläuterung des Begriffs *Rainbow Nation* anhand von Fotomotiven
Dauer: ca. 5 Min, Vorbereitung; ca. 10 Min. Gruppengespräch
Materialien: Fotos auf Seite 56/57; **Skill 23**, Seite 105 im Schülerbuch
Hilfsmittel: ggf. zweisprachiges Wörterbuch

Verlauf: Die Klasse wird in Vierergruppen eingeteilt, je zwei Partner sitzen einander gegenüber. Nach einer kurzen Vorbereitungsphase, in der die S die Bilder studieren und sich Fragen überlegen – wozu zweisprachige Wörterbücher herangezogen werden können – stellt Partner A eine Frage zu einem Bild an sein Gegenüber (Partner C); dieser beantwortet sie und fragt Partner B; nach dessen Antwort fragt B sein Gegenüber D und dieser fordert nach der Beantwortung Partner A auf, auf die Frage zu reagieren. In der zweiten Runde richtet A seine Frage an B, und dieser fragt nach seiner Antwort C usw. Den S kann auch die Aufgabe gestellt werden, danach zu fragen, was sie an den Bildern vermissen. L beobachtet die einzelnen Gruppen und kann so mündliche Leitungserhebungen erstellen.

Alternative

- Die südafrikanische Nationalhymne weist einige außergewöhnliche Besonderheiten auf, die sich als Hinführung zu den Texten sehr gut verwerten lassen. Sie besteht aus zwei unterschiedlichen musikalischen Teilen, einem, der aus der Tradition der Schwarzen kommt (*Nkosi Silel i'Afrika,* 1897 ursprünglich als Kirchenlied geschrieben und später als Protestlied gegen die Apartheidpolitik gesungen) und einem anderen (*Die Stern von Suid-Afrika,* 1918 von C. J. Langenhoven verfasst), der zusammen mit der englischen Nationalhymne von 1936–1957 die Nationalhymne Südafrikas war. Die südafrikanische Regierung bestimmte 1995 beide Lieder in einem zusammenhängenden musikalischen Ganzen zur neuen Nationalhymne. Der Text ist in fünf Sprachen verfasst: Xhosa (die ersten 2 Zeilen der 1. Strophe), Zulu (die letzten 2 Zeilen der 1. Strophe), Sesotho (2. Strophe), Afrikaans (3. Strophe) und Englisch (4. Strophe). L spielt die Hymne vor, die im Internet zu finden ist (z. B. unter www.lionsmd410.org.za/forms/sanationalanthem.mp), und lässt die S auf das Gehörte reagieren. Die sprachlichen Auffälligkeiten werden sicher genannt, geben zu Vermutungen nach ihren Ursachen Anlass und lenken die S auf mögliche Aspekte, deren Behandlung in Aussicht gestellt wird. Ein Abdruck des Textes mit der englischen Übersetzung befindet sich auf **Kopiervorlage 28** (*The National Anthem of South Africa*). Sie ist dazu gedacht – besonders wenn die musikalisch-gesangliche Umsetzung nicht zur Verfügung steht – die S selbstständig die hinführenden Fragen mit einem Partner oder in Kleingruppen bearbeiten zu lassen.
- Die Zuordnung der Flagge zu dem Staat Südafrika kann zu der Aufforderung an die S überleiten, sich in einem Brainstorming zu notieren, welche Begriffe ihnen zu diesem Land einfallen. Dies kann als Einzel- oder Kleingruppenarbeit erfolgen. Eine Gesprächsrunde über die gefundenen Begriffe erläutert und bewertet die Ergebnisse. Mögliche Themen für eine vertiefende Beschäftigung werden festgehalten, die in Form von Kleingruppenreferaten und -präsentationen Eingang in den Unterricht finden können (siehe Aufgabe 3).

Erweiterung

- **Kopiervorlage 29** *(The Rainbow Nation)* nennt eine Anzahl von Begriffen, unter denen die S diejenigen heraussuchen müssen, die ihnen für Südafrika zutreffend erscheinen. Zum klareren Verständnis der Aufgabe sollte der Begriff *generic term* (Oberbegriff) eingeführt werden.
- Die S werden aufgefordert zu überlegen, welche Wirkung eine solch positive Bezeichnung wie *Rainbow Nation* für die Bewohner eines Landes haben könnte. Folgendes Ergebnis könnte nach dem Gespräch vorliegen: *Such a term could lead to a greater sense of identity about what the nation and the country want to stand for, especially when people of diverse races and cultures live there, because the word rainbow can mean that all groups contribute to the positive image the country intends to communicate.*
- Der sehr häufige Gebrauch des Begriffs *Rainbow Nation* im politischen Kontext hat in Südafrika zur Bildung des Wortes *Rainbowism* geführt, um eine Haltung zu kennzeichnen, die die problematischen Seiten der südafrikanischen Wirklichkeit ausblenden möchte. Die S können gefragt werden: *Shortly after the expression "rainbow nation" had become known, the term "rainbowism" was coined. What might people understand by it? Can you find examples from what you know about South Africa, showing what this word refers to?* Der Ausdruck *to coin a term* kann dazu eingeführt werden. Hinweise auf die überaus hohe Zahl von Gewaltverbrechen und

Aidskranken sowie die Armut unter dem Großteil der schwarzen Bevölkerung können genannt werden.

Erarbeitung **Kernwortschatz:** Entweder eine Kleingruppe oder vier einzelne S bereiten die Erklärung der Ausdrücke vor und präsentieren ihre Ergebnisse mit jeweils einem anschaulichen Beispielsatz. *Segregation: the policy of separating people of different races and classes; abundant: existing in very large numbers, more than is thought to be necessary; expansion: act of increasing, enlarging, widening; rather than: here: more than; vast: here: very great in area; wool: material made of hair; currency: the money used in a country or an economic or political community; race: a group of people different from other groups because of their characteristics; racial: adjective of race; to defeat: to win victory over, to beat; policy: a plan in order to carry sth out successfully; descendant: a person, an animal or a plant that has his/her or its origin in people, animals and plants before; current: belonging to the present time.*

Text: Die Erstbegegnung mit den Einzeltexten erfolgt am besten über eine arbeitsteilige Gruppenarbeit. Ist die Klasse größer als 20, können bei fünf Mitgliedern pro Gruppe auch arbeitsgleiche Gruppen eingesetzt werden. Jede Gruppe befasst sich mit einem Text und beantwortet folgende Aufgaben: a) *Sum up the text in one sentence.*
b) *Characterize the reader the text is written for.* Vor jeder Präsentation der Ergebnisse lesen alle S den entsprechenden Text für sich, um für eine mögliche Aussprache darüber vorbereitet zu sein.

Lösungsvorschlag

See the best of South Africa
a) *South Africa offers unusual attractions for wealthy tourists.*
b) *People who do not want to spend a holiday with their families but look for various adventures and extraordinary sights.*

Economy
a) *South Africa has a modern strong and growing economy which its black population cannot sufficiently profit from.*
b) *Someone who is interested in the economy, who may think about investing money there and has to be informed about the risks.*

Colonial past
a) *Europeans played an important role in the political and economic past of the country and are also responsible for segregation and apartheid.*
b) *People interested in the "white" history of South Africa only.*

Languages
a) *Although the vast majority of the population of South Africa speak no English, this language is understood by almost all of its inhabitants.*
b) *Tourists who are wondering how to make themselves understood or those who are interested in language matters.*

→ S25, p. 106

1 *Read the texts …*

Ziel Erstkontakt mit dem Land über die abgebildeten Fotos, Aktivierung von Vorwissen

Erarbeitung Vorgeschlagen wird, dass die S in den Gruppen, in denen sie die obigen Fragen bearbeitet haben, auch die hier aufgeführten Aufgaben lösen und anschließend in einem Klassengespräch ihre Ergebnisse referieren. Auf eine schriftliche Fixierung der Ergebnisse kann verzichtet werden. Für die erste Aufgabe befassen sie sich hauptsächlich mit Text 1 *(See the best of South Africa)*. Auch Text 2 *(Economy)* ist hier verwertbar, da er den Schluss zulässt, dass die touristische Infrastruktur der europäischen vergleichbar ist. Historisch Interessierte werden auch in Text 3 *(Colonial past)* fündig. Die zweite Aufgabenstellung rückt Text 2 *(Economy)* in den Mittelpunkt. Auch Text 3 *(Colonial past)* kann dazu herangezogen werden. Folgende Ergebnisse sind zu erwarten: *Tourists will be confronted with poverty and unemployment; there might still be problems lying in South Africa's past shaped* (S kennen bereits das Substantiv) *by* *apartheid.* Die S tragen in Gruppen- oder Einzelarbeit anhand der dritten Aufgabe zusammen, was sie bereits über Südafrika wissen – sofern nicht schon bei der Bearbeitung von Punkt 1 unter **Alternative** geschehen. Diese Aufgabe kann auch als **Hausaufgabe** gestellt werden. Dazu ist es hilfreich, wenn die S zunächst einige Kategorien in Form einer *mind map* anordnen, unter die sie dann ihre Stichwörter notieren. L kann folgende Bereiche vorschlagen: *geography, social problems, tourist attractions, economy, sports, culture.* Die Ergebnisse werden anschließend in eine Strukturskizze auf Folie übertragen.

Erweiterung An die S kann zusätzlich noch die Frage herangetragen werden: *What other first pieces of information would you like to have in order to decide where to go and what to see in South Africa?* Hierbei sollten die S nicht allzu sehr ins Detail gehen, sondern die zum Teil recht unbestimmten Hinweise zum Anlass nehmen herauszufinden, welche weiteren Informationen ihnen bei einer Entscheidung für einen Besuch in Südafrika helfen würden.

→ S4, p. 90

2 *Collect expressions ...*

Ziel Bewertung des Sprachstils, Erkennen von Werbesprache und Verfassen eines entsprechenden Textes über die eigene Region

Erarbeitung In Partner- oder Kleingruppenarbeit tragen die S diejenigen Ausdrücke zusammen, die den Text als Werbeanzeige klassifizieren. Ihr Augenmerk soll sich auf bildhafte und hyperbolische Ausdrücke konzentrieren. Sie werden nach der Partner- bzw. Gruppenarbeitsphase im Plenum zusammengetragen. Auch der zweite Teil der Aufgabe – die schriftliche Ausarbeitung des Transfertextes – wird mit einem Partner oder in einer Kleingruppe angefertigt.

Lösungsvorschlag *kaleidoscope, great deserts, thundering oceans, golden bushveld, thousands of plants, full safari experience, dramatic mountain scenery, wild side, fascinating Cape Town, perhaps the most famous mountain, connoisseur of wine, famous winelands, a world in one country for nothing*

→ S30, p. 111

3 *Research and give a short talk ...*

Ziel Sammeln von themenbezogenen Informationen und präsentieren der Ergebnisse in einem Kurzreferat

Materialien → WB ex. 1, 2, 3, 4

Erarbeitung Hier empfiehlt es sich, die S zunächst für die Themen zu gewinnen, sie sich in Kleingruppen zusammenfinden zu lassen und sie erst danach mit den Besonderheiten der Internet-Recherche entsprechend **Skill 30** (Seite 111) vertraut zu machen. Wenn der dafür vorgesehene Zeitrahmen nicht zu eng gesetzt sein muss, können die S auch Anschauungsmaterial mitbringen und die wesentlichen Informationen per Folien, computergesteuerte Präsentationen und/oder Handzettel aufbereiten. Zudem sollten die S darauf hingewiesen werden, eine kurze einleitende Aussage zu machen, die das Interesse an ihrem Thema weckt (aktueller Bezug, überraschende Tatsache, Zitat, bezeichnende Illustration usw.), und ihre Ausführungen mit einer pointierten Feststellung zu beenden (zugespitzte Zusammenfassung, Vermutung einer weiteren Entwicklung, Zitat, Bewertung aus persönlicher Sicht usw.).

B Segregation

Seite 58–60

Thema Rassentrennung in Südafrika

Lernziel Texten Informationen entnehmen, sie analysieren und miteinander vergleichen, gezielte Informationen finden und sie kreativ verwenden, den Inhalt eines Liedes und die Intention des Verfassers klären

Out of sight

Seite 58

HINTERGRUNDINFO

Nadine Gordimer *was born to Jewish immigrant parents in Springs, a mining town near Johannesburg, on November 11, 1923 and has lived in Johannesburg since 1948. She was educated at a Catholic convent school and went to Witwatersrand University, Johannesburg, for a year. A child often left on her own, she began writing at an early age. Her first short story was published when she was 15. At the beginning of the 50s of the last century she became known to an international public when the magazine "The New Yorker" printed one of her stories and has been doing so until now. From 1949 to 2007 a large number of short story collections was published, the first being "Face to Face" (1949) and the last so far "Beethoven Was One-Sixteenth Black" (2007). In 1954 she married Reinhold Cassirer, an art dealer and gallery owner. Her first novel, "The Lying Days", was made public in 1953. Her fourth novel, "The Late Bourgeois World" (1966) was the first of her books to be banned. Her novel, "The Conservationist" (1974), was awarded the Booker Prize. Other notable books winning literary awards are "A Sport of Nature" (1988) and "The Pickup" (2001). In 1991 she was awarded the Nobel Prize for Literature. Her last novel, "Get A Life", was written in 2005.*

The questions Nadine Gordimer has tried to answer in her short stories and novels are: How has apartheid affected the lives of South African people? What moral and psychological impact does the racial divide have on them? This became even more the focus in her writings when a friend of hers was arrested and when the police shot into a crowd of protesters in Sharpeville (1960), making her an anti-apartheid activist. She also joined the ANC when it was declared illegal. The short story "What were you dreaming?", published in the short story collection "Jump and other stories" in 1991, is about a white woman and an English visitor to South Africa who insists on picking up a black hitchhiker.

Kernwortschatz *out of sight, fortune, contract, to load, removal*

Materialien
- PB-CD 2, Track 2
- Kopiervorlage 30 *(Extras)*

Hinführung Ein S (evtl. mit Partner/in) hat in der vorherigen Stunde den Auftrag bekommen, die Schriftstellerin Nadine Gordimer kurz vorzustellen.

Erarbeitung **Kernwortschatz:** Die S bereiten die Klärung des neuen Vokabulars selbst in Partner- oder Kleingruppenarbeit vor und präsentieren ihre Erläuterungen der Klasse: *<u>out of sight</u>: person, object or situation that cannot be seen; <u>fortune</u>: here: synonym for wealth; <u>contract</u>: a written agreement; <u>to load</u>: to put sth into or onto a means of transport; <u>removal</u>: act of putting things or people into another place.*

[PB CD 2] **Text:** L liest die einführenden Sätze vor, danach hören die S den Text von der CD und sichern das Grobverständnis mit der Beantwortung folgender Fragen:

→ G3, p. 116

1. *What general situation is described in this text?*
2. *Who has to suffer from this situation, who gains from it?*
3. *What might be the reason for the repeated use of the expression "out of sight" towards the end of this dialogue?*

Erweiterung **Kopiervorlage 30** *(Out of sight)* veranlasst die S, genauer auf den Text zu hören, indem sie die fehlenden Sätze aus dem Original ergänzen. Die Vervollständigung kann auch sinngemäß geschehen. Der Text wird zweimal vorgespielt. Haben die S Schwierigkeiten mit dem Textverständnis, kann er beim zweiten Hören mitgelesen werden.

The development of townships around Johannesburg

Seite 59

HINTERGRUNDINFO

Johannesburg: *In 1886 a gold digger from Kimberley found gold in Witwatersrand, or Rand, in the district of the Transvaal. A few months later this area was proclaimed a goldfield and the village Johannesburg was founded. The discovery of large gold deposits resulted in a tremendous influx of miners and fortune seekers, primarily English and Germans, who were called Uitlanders. These foreigners eventually came to outnumber the Afrikaners two to one in the Transvaal. From 1904 on British-controlled authorities began to remove African and Indian residents of Bricksfield, an area that was cleared to make place for white Johannesburg residents, to Klipspruit. It is now part of the sprawling township of Soweto. Meadowlands and Diepkloof became townships in 1956. Both are now part of the Greater Soweto area. In 1955 black residents were forced to leave Sophiatown, founded in 1899, and moved to Meadowlands to provide homes for Afrikaner workers. In the late 1990s, the original name was restored by the ANC.*

The Population Registration Act*, Act No. 30, laid the basis for separating the South African population into different races. According to this act, all residents were classified as white, coloured or native (later called Bantu) people. Indians fell under the category "Asians" in 1959. The Group Areas Act, Act No. 41, of 1950 assigned races to specific residential and business sections in urban areas and gave the government the means to forcibly remove people from "wrong" neighbourhoods. The Land Acts of 1954 and 1955 restricted non-white residence to specific areas and further curbed the rights of black Africans to own land, helping the white minority to take control over more than 80 percent of South African land. The next step towards total segregation were laws prohibiting social contacts between races, creating the segregation of public facilities and different educational standards, race-specific job categories and restricted influence of non-white unions and participation in government.*

Kernwortschatz *to seek, approximate, to maintain, fare, therefore, hut, labour, act*

Materialien
- PB-CD 2, Track 3–5
- Kopiervorlage 31 *(Extras)*

Hinführung Die S können auf die Thematik durch eine Leitfrage vorbereitet werden: *Can you imagine any reasons why authorities might decide to establish residential areas for members of certain races?* Mögliche Antworten: *to avoid racial conflicts, to keep crime in certain areas.* Auch ausbleibende Antworten sind hier zu erwarten, was gleich thematisiert werden sollte *(Why is it so difficult to find an answer to this question?)*, um den aus heutiger Sicht schwer nachvollziehbaren Entscheidungen für *townships* Gehör zu verschaffen. Auf die Tatsache, mit welchen Bedingungen die südafrikanischen Behörden die in der Nähe der größeren Städte lebenden Schwarzen konfrontierten, können die S mit den Abbildungen auf S. 58 ff. aufmerksam gemacht werden. Der Hinweis, dass es lohnenswert ist, darüber Genaueres zu erfahren, leitet zur Textarbeit über.

Erarbeitung **Kernwortschatz:** Die Wortschatzarbeit kann in die Hand der S gegeben werden. Folgende Beispielsätze bieten sich an: *to seek: to try to find, to discover; approximate: almost exact, very similar; to maintain: to keep up, to continue; fare: the money one pays for being transported; therefore: for this reason, consequently; hut: a simple dwelling, often made of wood; labour: the work one has to do; hard work; the number of workers needed or working; act: document resulting from a decision based on law.*

Text: Nach dem erstmaligen Hören von der CD können die folgenden Leitfragen zur Sicherung des Grobverständnisses gestellt werden. Dabei ist eine Beantwortung entweder sofort im Plenum oder als Still-, Partner- oder Kleingruppenarbeit möglich, um den S mehr Zeit zum Überlegen zu geben bzw. ihre Antworten mit ihren Mitschüler(inne)n zunächst vergleichen zu können:

[PB 3] *Egoli – Place of Gold*
1. *How did the black people make a living before 1900?*
2. *How did the discovery of gold change their situation?*

[PB 4] *The creation of townships*
1. *What were the living conditions like in the township Klipspruit?*
2. *What made life especially difficult?*

[PB 5] *Systematic resettlement after the Group Areas Act*
1. *What was so special about Meadowlands and Diepkloof?*
2. *Why was it impossible for the Nationalist government to keep up Sophiatown?*
3. *How was this area turned into "Triomf"?*

Erweiterung Nach jedem von der CD präsentierten Abschnitt werden die dazu gehörigen Aufgaben in **Kopiervorlage 31** *(The development of townships)* in Still- oder Partnerarbeit gelöst. Die *tasks* sind nach Schwierigkeitsgraden abgestuft: Der erste Teil bietet eine einfache Multiple-Choice-Aufgabe, beim zweiten Teil müssen die S entscheiden, inwiefern die angebotenen Zusammenfassungen korrekt sind, und der dritte Teil erwartet, dass die S zunächst den Themenbereich finden, zu dem die Frage gehört *(Nationalist government)*, und sie danach die Fragen in den dazugehörenden Feldern korrekt beantworten. Die Kürze der Einzelaufgaben macht ein zweites Vorspielen der Texte von der CD nicht erforderlich.

1 *Explain why so many people ...*

Ziel Textverständniskontrolle durch Fragestellungen zu den zentralen Aussagen

Erarbeitung Die S organisieren sich in Kleingruppen und bearbeiten die Aufgabe arbeitsteilig, nachdem sie sich mit den Fragen als solchen genauer auseinandergesetzt haben (sieben Teilaufgaben), um Überschneidungen bei den Antworten zu vermeiden. Dies gilt insbesondere für die Fragen 6. und 7. (siehe unten). Die Ergebnisse werden in einer übersichtlichen Darstellung an der Tafel oder auf Folie wiedergegeben, wobei die S eigene Formulierungen versuchen sollten. Möchte L ihnen die Aufgabe erleichtern, kann er oder sie das unten stehende Lösungsblatt mit den Fragen den S als Kopie aushändigen.

Lösungsvorschlag

1. *Why did so many people came to live in the cities?*	*Because of the discovery of gold a lot of blacks came to the Rand area; the chance of opening businesses was another reason.*
2. *How did the coloureds and blacks live before the Group Areas Act?*	*They lived together, without racial boundaries, but separated from the whites.*
3. *How did they live after the Group Areas Act?*	*They lived within their ethnic groups.*
4. *Where did they live before the Group Area Act?*	*They lived in slums ("shantytowns"), far from the city centre.*
5. *Where did they live after the Groups Areas Act?*	*They lived in special areas only restricted to ethnic groups.*
6. *What did the government want to achieve by forced removals?*	*They did so in order to keep the ethnic groups under control and prevent them from speaking with one voice.*

7. *Why did they want to achieve this?*	*They wanted to keep the power in the hands of the whites.*

Erweiterung Einzelne S werden aufgefordert, die Ergebnisse mündlich in zusammenhängenden Aussagen zu referieren, wobei sie besonders auf die Verwendung von gedanklichen Verknüpfungen achten sollen.

→ S4, p. 90

2 How is the problem presented …

Ziel Vergleich der beiden Textsorten, die Sichtweise der Autoren herausfinden und bewerten

Erarbeitung L stellt zunächst sicher, dass die S die Aufgabe richtig verstanden haben. Dazu werden sie aufgefordert, das Problem noch einmal in einem Satz zu benennen und anschließend darauf einzugehen, wie es dargestellt wird. Für die S soll erkennbar werden, dass es bei der ersten Aufgabe um die Perspektive geht, aus der das angesprochene Thema betrachtet wird (persönliche Sichtweise gegenüber allgemeiner, objektiv-historischer Betrachtung). Die zweite Aufgabe zielt darauf ab, die jeweilige Perspektive zu bewerten. Falls die S sich mit der Bearbeitung dieser Teilaufgabe schwer tun, kann L darauf hinweisen, dass sie untersuchen sollen, welche Funktion eine Gegenüberstellung dieser beiden Betrachtungsweisen haben könnte. Abschließend geben die S ihren persönlichen Eindruck begründet wieder. Sie werden sehr wahrscheinlich für den literarischen Text votieren. L kann hier ggfs. die Klasse in zwei Gruppen einteilen und die Aufgabe stellen, dass eine Gruppe Argumente für die Bevorzugung des literarischen Textes, die andere für die des Sachtextes finden muss. Als Sozialform bietet sich Partnerarbeit an. So kommen die S zunächst miteinander ins Gespräch und können danach im Plenum ihre Ergebnisse austauschen. Abschließend werden die Ergebnisse auf Folie festgehalten. Diese Aufgabenstellung eignet sich zur Vorbereitung auf eine mündliche Prüfung (siehe Stichwort **Mündlichkeit**).

Lösungsvorschlag

1. *Problem:*
   The way black people in South Africa are treated by the white ruling class.
2. *Perspective:*
   In the literary text the problem is seen from a more personal view: the way black people try to organize their lives after being driven from their original homes and the concrete conditions they are faced with. The way white people might have seen the situation is ignored. The non-fictional texts try to give an objective account and state historically important facts; the bad situation of the black residents are only mentioned in general terms (ll. 15 ff.: "the miserable conditions of people inhabiting slums"; ll. 16 ff.: "Klipspruit was not better than the shantytowns they were leaving behind.").
3. *Point of view:*
   Both points of view complete our knowledge about segregation in South Africa. Of course, it is important to know what happened in the course of history in order to understand its importance. But we must also realize what a certain historical stage really means to people, how their lives as individuals are affected. It can make a government decide to change conditions if it realizes how people have to suffer. On the other hand, knowing about individual circumstances only may lead to a wrong evaluation of a situation. If only few cases of social injustice are known, a general policy need not necessarily be changed.
4. *Argument for the literary text:*
   It is more interesting because it makes you as a reader become more involved in what happens to people. You are challenged to put yourself in the position of the characters that act and speak in such a text.
   Argument for the non-fictional text-bits:
   It is more important because it gives you more objective insight into the causes, development and outcome of a historical development. Fictional texts can make you more emotionally biased, which may not reflect reality.

Mündlichkeit

Aufgabenart: Diskussion
Arbeitsform: Gruppenarbeit oder Gespräch im Plenum
Lernziele: Texte in ihrer Akzeptanz für den Leser bewerten
Thema: Vergleich zwischen der Wirkung von literarischen und nichtliterarischen Texten
Dauer: ca. 10 Minuten einschließlich Vorbereitungszeit
Materialien: Texte auf Seite 58/59; **Skill 4**, Seite 90 im Schülerbuch
Hilfsmittel: ggf. zweisprachiges Wörterbuch

Verlauf: Diese Aufgabe kann in Kleingruppen oder im Klassengespräch bearbeitet werden. Nach einer Phase der Vor überlegung tauschen sich die S über ihre Meinungen aus. L kann die Leitung des Klassengesprächs einem oder zwei S übertragen, sodass L selbst bei beiden Sozialformen lediglich Beobachter/in ist und sich auf die Bewertung der S-Leistungen konzentrieren kann.

3 *Vocabulary work*

Ziel Wortschatzerweiterung durch Überlegen von Definitionen und Beispielsätzen

Erarbeitung Diese Aufgabe eignet sich für eine arbeitsgleiche Kleingruppenarbeit. Empfohlen wird, dass sich die S als Einstieg auf den Text *Out of sight* konzentrieren. Nach der Untersuchung des Textes werden weitere, den S bekannte Ausdrücke gesammelt *(housing, dwelling, accommodation, flat, apartment)*. Die Ergebnisse werden am besten in tabellarischer Übersicht festgehalten (zunächst die Wörter, die im Text auftauchen, anschließend weitere Wörter aus dem Wortschatz der S).

Lösungsvorschlag

Housing words	***Definitions***	***Example sentences***
home	*the place where one lives*	*His place of work was not far from his home.*
tent	*a portable shelter made of canvas stretched over a framework*	*They found shelter from the rain in a tent.*
shack	*a small house mostly made of crude wood*	*They spent the first year in a primitive shack.*
(one-room) prefab	*sth made of a standard size that can be put together quickly*	*The rent for the prefab was very cheap.*
house	*a structure for a dwelling*	*It was the kind of house you would not want to live in.*
housing	*a place to live (dwelling)*	*The housing conditions in that area are miserable.*
dwelling	*a housing where sb lives*	*At last she found a cheap dwelling near the town centre.*
accommodation	*a room or flat where sb lives for a certain time*	*Students try to find cheap accommodation.*
flat	*an apartment on one floor (mainly British English)*	*The flat had a bedroom and small kitchen only.*
apartment	*a room or rooms in a house planned for more households*	*His apartment was on the third floor of a Victorian house and cost £300 a week.*

Erweiterung Nachdem die S zunächst nur den literarischen Text ausgewertet haben, können sie einen ähnlichen Auftrag für den nichtliterarischen erhalten: *Study the non-literary text-bits again and collect all words referring to living in units where people live together that are larger than buildings.* Die dritte Spalte besteht diesmal aus Zitaten der Textstellen, in denen die Ausdrücke verwendet werden. Wird auf diese Erweiterung zurückgegriffen, empfiehlt sich in Kombination mit der obigen Aufgabe eine arbeitsteilige Vorgehensweise.

Lösungsvorschlag

Where people live together	*Definitions*	*Quotations*
chiefdom	*an area where a tribe lives that is governed by a chief*	*"most people lived in chiefdoms"*
neighbourhood	*people living near one another in a certain area*	*"the poor were racially mixed and lived in the same neighbourhoods"*
native, mixed, white area	*a special part of a region*	*"a native area … outside Johannesburg"*
slum	*a heavily populated area with very bad housing conditions*	*"the miserable conditions of people inhabiting slums"*
shantytown	*a town, the houses of which are mainly shacks*	*"Klipspruit was not better than the shantytowns"*
community	*a district in which a group of people having sth in common lives*	*"Communities … were grouped according to their ethnic identity."*
suburb	*a housing region around a larger city*	*"Sophiatown, one of Johannesburg's original black suburbs"*
residential suburb	*a region around a larger city where people mainly live and do not work*	*"the area was redeveloped as a white residential suburb"*

→ S15, p. 99

4 Find out more …

Ziel Informationen zu verschiedenen Orten finden und drei Interviews mit fiktiven Personen ausarbeiten

→ S25, p. 106

Erarbeitung Internetrecherchen zu den drei genannten Orten geben genügend Anlass zu Gesprächsthemen. Besonders ergiebig sind die Homepages zu *Alexandra* und *Soweto*. *Sandton* selbst steht für den wirtschaftlichen Aufschwung des Landes. Die 1969 gegründete Stadt nördlich von Johannesburg ist bisher nicht sehr ausführlich im Internet vertreten, man erhält jedoch eine ausreichende Menge von Hinweisen auf die wirtschaftliche Bedeutung dieses Ortes. Die S, die sich mit dem Dialog mit einem weißen Geschäftsmann befassen, müssen sich dabei nicht auf *Sandton* beschränken, sondern das Gespräch auf die allgemeine ökonomische Entwicklung des Landes lenken, wofür diese Stadt stellvertretend steht. L kann den S ggfs. noch Gesprächspartner für die vorgesehenen Personen vorgeben (für den Geschäftsmann aus *Sandton*: den Interviewer einer Zeitung, der einen möglichen Investor aus Deutschland befragt; für die Frau aus Alexandra und den Jungen aus Soweto: einen offiziellen Vertreter der Stadt Johannesburg oder einen Touristen, der die Frau oder den Jungen, die beide Waren auf einem Markt verkaufen, trifft und interviewt).

Gimme hope, Jo'anna (Eddy Grant) Seite 60

HINTERGRUNDINFO

***Edmond Montague Grant**, later called Eddy Grant, was born on March 5, 1948 in Guyana. When he was a young boy, his parents emigrated to the UK and came to live in North London and then in Liverpool. 20 years later he became lead guitarist and main songwriter of the first multiracial pop and rock group to win international recognition, "The Equals", and stormed the charts with his song "Baby Come Back". His single "Gimme hope, Jo'anna" came out in 1988. The song was dedicated to Nelson Mandela and considered to be the anthem of the apartheid movement. The archbishop mentioned in the last stanza is Desmond Tutu. Other political songs were "War Party" and "Living On The Front Line".*

Materialien PB-CD 2, Track 6

Hinführung L nutzt den etwas rätselhaften Titel als Einstieg und gibt zunächst nur die Überschrift des Liedes an der Tafel oder auf Folie vor: *What could a song with such a title be about?* Die nächsten Fragen sind etwas gezielter: *What could a song with such a title have to do with apartheid? Who or what could "Jo'anna" be?* Die Klärung, dass dieses Wort *Johannesburg* bedeutet, führt zu weiteren verwertbaren Aussagen, die zur Behandlung des Liedes überleiten.

Alternative Im Internet befindet sich ein Videoclip mit dem Lied *Gimme hope, Jo'anna*. L kann die Videosequenz vorspielen, die S um die Wiedergabe ihrer Eindrücke bitten, den *Song* selbst wiedergeben und die Frage stellen, inwieweit Lied und Bilder zueinander passen.

Erarbeitung **[PB 6]** Der *Song* wird einmal vollständig von der CD vorgespielt und die S geben ihre Eindrücke wieder. Die folgenden Fragen sichern das Grobverständnis: *What role does Johannesburg play in this song? Do negative or positive statements about Johannesburg dominate?* (*to dominate* hier einführen).

5 *Explain how these ideas are expressed ...*

Ziel Die Wiedergabe der inhaltlichen Textaussagen untersuchen

Erarbeitung Die S lösen diese Aufgabe ohne die Zusatzfrage in arbeitsteiligen Kleingruppen. Zweisprachige Wörterbücher sollten zur Verfügung stehen. Ein verbindliches Ergebnis wird an der Tafel oder auf Folie festgehalten. Die Zusatzfrage wird im Plenum erörtert. Mit folgenden Antworten kann gerechnet werden:

- *These images are kept in mind better than arguments.*
- *They reduce the complex problem and its solution to ideas that can be understood by everyone.*
- *They appeal to the people's feelings, and thus support the song as such.*

Lösungsvorschlag

Idea	*Verbalization in the text + explanation*
Johannesburg as a symbol of South Africa	*"Gimme hope, Jo'anna": The writer sets all his hope in Johannesburg. The fate of South Africa stands and falls with it.*
one group of people holding all the power and exploiting the others	*"She's got a system they call apartheid": With this system "a few people", the whites, are "made happy", the rest of the population, the "brothers" are "kept in subjection".*
profits made by the mining industry	*"... she makes all the golden money": The writer is referring to the owners of the gold mines.*

biased media	*"She even knows how to swing opinion": The media only support the white government,*
signs of a change coming	*"Even the preacher who works for Jesus": Even the peaceful Archbishop hopes that the freedom fighters will be successful.* *"If you wanna hear the sound of drums": The "drums", a symbol of black resistance, can already be heard.*
reversing the balance of power	*"Can't you see that the tide is turning": The change will come – and it cannot be stopped.*

→ S22, p. 104

6 What is the perspective of the 'lyrical I' in the song?

Ziel Die Perspektive des „lyrischen Ichs" herausfinden

Erarbeitung Diese drei Aufgabenstellungen werden am besten in Kleingruppen bearbeitet und die Ergebnisse anschließend im Plenum besprochen. Die S werden dazu angehalten, ihre Wörterbücher zu Rate zu ziehen, um ihre Einschätzung sprachlich angemessen auszudrücken. Bei der Besprechung der Ergebnisse kann L auf entsprechendes Wortmaterial aufmerksam machen (z. B. *to oppress, oppression, to lure, etc.;* siehe **Lösungsvorschlag**). Bei der ersten Teilaufgabe ist es hilfreich, mit den S vorab den Begriff *perspective* zu klären: Es geht hier nicht um die literarische Bedeutung im Sinne von Erzählhaltungen, sondern lediglich um die Art und Weise, wie der Liedermacher die von ihm wahrgenommene Welt sieht und was er von ihr hält (z. B. *perspective means a way of looking at and thinking or evaluating sth*).

Lösungsvorschlag

Perspective of the 'lyrical I':
The 'lyrical I' is on the side of the black people, sees their miserable situation and criticizes those who are responsible for it. He thinks he has good reason for hoping that this situation will change soon.
What points are criticized?
- *only a few people take benefit from the present situation*
- *the large majority of people are "in subjection"*
- *the profits from the gold mines are used for buying weapons to kill black Africans*
- *the press is biased*
- *important people support them because they are rich and spend money*
- *South Africa's rulers try to make the country attractive so that people will invest more money*

Suitable headings and summing-up of criticisms:
1st stanza: Those who run the country are responsible for the oppression of black people to the advantage of only a few.
2nd stanza: The profit is used to increase violence against those who do not obey.
3rd stanza: The press and important people are on the side of those who rule the country.
4th stanza: This situation will change soon.
Summing-up:
Those who rule South Africa only care about a few people and oppress the black majority. Means of oppression are the weapons that are bought with the money that is made from exploiting gold mines and a biased press. In addition, rich and prominent people are lured into the country to increase the white people's wealth. But a radical change will certainly come soon.

7 *The song appeared in 1988 and ...*

Ziel Über die Absichten des Autors spekulieren und den Zeitpunkt berücksichtigen, zu dem der *Song* geschrieben wurde

Materialien → WB ex. 1, 2, 3, 4, 5

Erarbeitung Vorgeschlagen wird eine Internetrecherche, die hauptsächlich diverse *timelines* der Geschichte Südafrikas berücksichtigt. Hierfür erscheint Kleingruppenarbeit sinnvoll. Diese Aufgabe kann auch als **Hausaufgabe** aufgegeben werden. Zur Vorbereitung für die eigentliche Aufgabe sollten wichtige Ereignisse aufgeführt werden.

Lösungsvorschlag

Summing-up of the timeline 1987–1990

In 1987, several violent acts directed at anti-apartheid activists were committed (killing of 13 civilians in a Zulu township, Ashley Kriel, an anti-apartheid supporter, was killed by a police officer, who was acquitted later), and a law prohibiting any protest against unlawful detention was passed. In 1988, South African Archbishop Desmond Tutu and other religious leaders were arrested while kneeling near Parliament with a petition against government bans on anti-apartheid groups. All were freed hours later. Other crimes against freedom activists became known. In June the "Freedomfest" in Wembley Stadium, London, to celebrate Nelson Mandela's 70th birthday became a platform for drawing the public's attention to South Africa's apartheid policy and the black fight against the white regime. In 1989 President Botha resigned from office and de Klerk began his negotiations with Mandela with the aim of lifting the ban from the ANC and releasing its leader, which took place in February 1990. About four years later Mandela became President of the Republic of South Africa.

The author's intention

The time around 1988 was a period of crisis: on the one hand, the authorities were trying by all means to maintain the present regime. On the other hand, resistance against oppression was becoming stronger and stronger, making it possible to overthrow the white establishment. Eddy Grant realized this and gave his support to the black cause, doing what he could, and lent the black people his voice of protest.

Erweiterung Nachdem sich die S so intensiv mit dem Lied befasst haben, kann L als kreative Zusatzaufgabe das Verfassen einer 5. Strophe anregen. Dabei sollten die S die letzten beiden Zeilen der 4. Strophe wiederholen, um den Schlussappell zu bekräftigen. Mögliche Thematik: Aufruf an die internationale Staatengemeinschaft, das Anliegen der Schwarzen zu unterstützen; Streikaufruf; Appell, Mandela freizulassen.

C The struggle against apartheid

Seite 61–63

Thema Die Situation der Schwarzen zur Zeit der Apartheid und ihr Kampf gegen die Unterdrückung

Lernziel Historische Informationen einordnen, Aufbau und Perspektive untersuchen, Stellungnahmen verfassen, Informationen besorgen und vermitteln, kreatives Schreiben

Long walk to freedom

Seite 61

HINTERGRUNDINFO

__Nelson Rolihlahla Mandela__ was born on July 18, 1918. His father was chief councillor to an Acting Paramount Chief of Thembuland. After his father's death he became the Paramount Chief's ward. His experiences with cases in the Chief's court made him decide to study law at the University College of Fort Hare. He was suspended from college for taking part in a protest boycott. In Johannesburg he completed his BA at the University of Witwatersrand. In 1944 he was one of the founders of the ANC Youth League and became elected volunteer-in-chief of the 1952 Defiance Campaign, helping to organise resistance to discriminatory legislation. In the same year he opened the first black law firm in South Africa and became Transvaal President of the ANC and Deputy National President. Constant bannings forced him to resign from the ANC. His first arrest occurred after the Sharpeville massacre. After his release he went underground and led a campaign for a new national convention. In 1958 he married the politician and ANC member Winifred (Winnie) Zanyiwe Madikizela. In 1962 he left his country to undergo military training in Algeria. His arrest on his return for leaving the country illegally and "incitement to strike" led to conviction and jail on Robben Island for five years. While serving his sentence he was charged with sabotage and sentenced to life imprisonment. In the seventies he refused the offer of a remission of sentence if he recognised Transkei and settled there. Botha's offer of freedom if he renounced violence was also rejected. Only after his release on February 11, 1990, did he agree to the suspension of armed resistance. In 1991 he was elected President of the ANC and received the Nobel Peace Prize together with South African President F. W. de Klerk in 1993. In May 1994 he was elected State President of South Africa and retired from office in June 1999. His current residence is where he was born, in Qunu, Transkei.

The __African National Congress (ANC)__ was founded in Bloemfontein in 1912 by tribal chiefs and leaders of religious groups together with other prominent people to protect the rights and freedoms of black Africans, which were increasingly denied by the British colonial policy compelling black people to move to metropolitan areas and work as miners and to pay taxes. In 1931 women were admitted as affiliate members and as full members in 1943. The first important campaign against oppression was in 1919 when a campaign against the pass laws forcing black Africans to carry a pass and to show it to any official, employer and the police was initiated. The success of Mohandas Gandhi's non-violent protests made the ANC adopt this strategy after some serious debates as to its usefulness. The foundation of the ANC Youth League in 1944 led to more serious campaigns against the apartheid policy, challenging the government to take stricter measures against black resistance. Another decisive step in the ANC's fight for equal rights was the establishment of a partnership with the SA Indian Congress, the SA Coloured People's Organisation and the (mainly white) Congress of Democrats and the SA Congress of Trade Unions, who all signed the Freedom Charter in 1953. Those opposing the alliance of these political groupings later formed the Pan-African Congress (PAC). After the Sharpeville massacre of 1960 the ANC and PAC were prohibited. In 1961 the ANC changed its non-violent policy and started the armed struggle against the government, carrying out acts of sabotage. The seventies and eighties of the 20th century saw countless acts of violence, especially instigated by the white rulers to maintain control of the country; increasing internal destabilization and external political and economic pressure forced President de Klerk to lift the ban on a number of political organisations, including the ANC and the South African Communist Party, and after the release of Mandela and his election as President of the ANC, this party won a 63-percent-majority in the first free election. In 1997 Thabo Mbeki succeeded him, and in December 2007 Jacob Zuma, his former deputy, was elected President of the party.

Kernwortschatz *to ban, ban, to sentence, sentence, measure, to compel, failure, trial, jail, fine, annual, to extend, to attend, to prohibit, effort, to persecute, to deprive sb of, trade union, release*

Hinführung L zeigt ein Foto von Nelson Mandela und fragt die S, was sie über ihn wissen. Das Gespräch darüber führt zum Text.

Alternative

- Ein oder zwei S werden eine Stunde vorher beauftragt, die Klasse über Nelson Mandela zu informieren. Sie haben sich mit Bildmaterial versorgt und führen Person und Werk anschaulich vor.
- L schreibt den Namen Nelson Mandela auf eine Folie und fügt darunter folgende Begriffe an: 1. *imprisonment,* 2. *slave,* 3. *current President of the Republic of South Africa,* 4. *former leader of the African National Party,* 5. *lawyer,* 6. *supporter of non-violence.* Die S werden aufgefordert, diejenigen Ausdrücke zu benennen, die sie am ehesten mit dem Namen verknüpfen. Richtige Antworten: 1., 5., 6.

Erarbeitung **Kernwortschatz:** Die S informieren sich in Kleingruppen arbeitsteilig oder -gleich über die Bedeutung der unbekannten Wörter, formulieren Beispielsätze und tragen sie der Klasse vor. Dieser Auftrag kann aus Gründen der Zeitersparnis auch als **Hausaufgabe** gestellt werden. Er kann noch erweitert werden, indem L die S auffordert, naheliegende Ableitungen oder gängige Kollokationen hinzuzufügen (hier in Klammern): *to ban: to prohibit, especially for official reasons; ban: noun (to impose, to lift a ban); to sentence: to decide that one has to be punished by law; sentence: noun; measure: an action taken to change a situation (to take measures); to compel: to force (noun: compulsion); failure: noun of 'to fail': act of being not able to do what one intends to do; trial: official examination of the reasons and circumstances of a crime; jail: synonym for prison (to be jailed); fine: the sum of money one has to pay because one has done sth wrong (to be fined); annual: done or happening every year; to extend: to stretch out or cover (extension); to attend: to be present; to prohibit: to forbid by sb who has the authority to do so (prohibition); effort: the serious use of energy (to make an effort); to persecute: to treat sb badly because of his race, religion etc. (persecution); to deprive sb of: to take sth away from sb, or to keep from having sth (deprivation); trade union: an organisation trying to get more rights or money for its members; release: act of letting go sth or sb (to release).*

→ G5, p. 118 **Text:** Der Text wird einmal gelesen und anschließend das Grobverständnis mit der Beantwortung der folgenden Leitfragen gesichert: *Why was travelling in the 1940s difficult for Africans? How would you explain in one sentence what the word "crime" meant at that time? What was the aim of the government concerning the leaders of their opposition?*

Alternative Die S erstellen eine Zusammenfassung der Zeilen 1–22 in höchstens 80 Wörtern mit möglichst eigenen Formulierungen ohne Einleitungs- und Schlusssatz.

Lösungsvorschlag

It was very difficult for Africans to travel because they had to carry "Native passes" and to show them to any authority they came across. They became criminals if they went to places for whites only and did not obey a lot of laws regulating everyday life. Private and public meetings were restricted and the leaders of the groups fighting against apartheid could not practise their rights of protest, which meant a life with hardly any freedom. (79 words)

1 *Find headings for the paragraphs …*

Ziel Überschriften für die Textabschnitte finden, sich über die Hintergründe der beschriebenen Maßnahmen Gedanken machen

Erarbeitung Die S lösen die zweite und dritte Teilaufgabe arbeitsteilig in Partner- oder Kleingruppenarbeit und notieren ihre Ergebnisse auf Folien. Dabei sollten sie darauf achten, dass die Einzelaussagen eine gewisse sprachliche Parallelität aufweisen. Die Ergebnisse werden anschließend im Plenum besprochen.

Lösungsvorschlag

Headings for the paragraphs:
ll. 1–9: How the Africans were controlled
ll. 10–15: How laws regulated everyday life
ll. 16–22: How anti-apartheid leaders were hindered in their activities
What apartheid laws and regulations meant to the people:
The people felt that they were completely controlled by the authorities; in addition, their mobility was reduced to few places only. Above all, they lived in constant fear of breaking laws affecting almost any activity in their everyday lives.
The purpose of these measures:
It was the purpose of all these measures to keep up the absolute power of the whites.

→ S18, p. 101

2 *Find out more about Gandhi*

Ziel Informationen über Gandhi suchen und die Biographien der beiden politischen Persönlichkeiten vergleichen

Erarbeitung Diese Aufgabe kann an eine kleinere S-Gruppe vergeben werden, die die Untersuchungsergebnisse in der Klasse referiert. Die Arbeitsgruppe sollte dabei folgende Leitfragen berücksichtigen:

1. *Find out similarities and differences in the biographies of Gandhi and Mandela.*
2. *Who influenced their philosophy of resistance?*
3. *Were they successful in their efforts to put it into practice?*

→ S11, p. 96

3 *Creative writing*

Ziel Einen Nachrichtenbericht über Mandelas Haftentlassung (a) oder seine Machtübernahme (b) verfassen

Erarbeitung Bevor sich die S an die Arbeit machen, stellt L sicher, dass ihnen die wesentlichen Merkmale einer Nachricht (*topicality, factuality, objectivity*) sowie ihr Aufbau (siehe unten) bekannt sind. L weist ggfs. auf die für eine Nachricht notwendigen Kontrollfragen hin (*Who?, What?, When?, Where?, How?, Why?, Where from?*). Eine mögliche Faktenvertiefung, die die folgenden Aspekte umfasst, wird angeregt. L gibt genauere Hinweise darauf, welche Zusatzinformationen sinnvoll bzw. wünschenswert sind:

- *description or explanation of a complex situation*
- *the case history*
- *future development of an event substantiated by enough solid knowledge*
- *analysis of an event, its interpretation and impact*
- *conclusions drawn from the presentation of all facts*
- *information about the source of a piece of news*

Der Aufbau einer Nachricht folgt vom *Comment* abweichenden Regeln:

- *headline (not always necessary)*
- *lead (quintessence): no introduction!*
- *the circumstances leading to the event*
- *necessary details*

Erweiterung Die besten Ergebnisse werden in Zeitungsform gebracht und in Form eines Aushangs allen zugänglich gemacht.

Soweto 1976: A schoolboy's memories

Seite 62

HINTERGRUNDINFO

Soweto *obtained its name from the first two letters of each of the three words South Western Township, the first title of this area. It lies within the municipality of the Johannesburg Metro Council in the province of Gauteng, "place of gold", referring to its origin, the discovery of gold in this area in 1885. Twenty years later, under the pretext of fighting a bubonic plague, all black workers together with their families were relocated from the centre in Johannesburg to Klipspruit, now part of Soweto. In the 1930s, the housing area expanded considerably, and the first land invasion of about 20,000 squatters occupied land. In 1959 all residents of Sophiatown were forced to move to Soweto. In 1976 the world's attention was drawn to this area by what is now called the "Soweto uprising" when mass demonstrations were held to protest against the enforcement of Afrikaans as the official language in the field of education. The students' initially peaceful protest was met with violence by police forces opening fire on the demonstrators who marched from the Orlando High School to the stadium of this township. 566 people were killed. As an immediate result, international political and economic sanctions against the apartheid regime were exerted. In 1983 Soweto became an independent municipality with elected black councillors. In the following decades it was a centre of resistance against apartheid, and also had to suffer from various oppressive measures taken by the authorities, such as the prohibition of gatherings, and bomb attacks by a radical right wing group. In 1995 Soweto became part of the Southern Metropolitan Transitional Local Council, and was integrated into the city of Johannesburg in 2002.*

Milton Majaha Nkosi *was born in Soweto in the mid sixties of the last century. He first began freelancing for various news agencies and the BBC. In 1996 he was appointed Africa Producer for BBC News and in July 2000 BBC Bureaux Editor.*

Kernwortschatz *oppressor, mood, to reinforce, live, rifle, degree, to disperse, trail, to choke, to scatter, loose, attempt, to attempt, victim, riot*

Materialien
- PB-CD 2, Track 7
- Kopiervorlage 32 *(Extras)*

Hinführung Die S lesen an der Tafel oder auf Folie nur den zweiten Teil der Überschrift *(A school boy's memories)* und werden gefragt, worin diese Erinnerungen bestehen könnten. Die anschließend angefügte Ergänzung *Soweto 1976* führt sie zu weiteren, den historischen Kontext berücksichtigenden Antworten.

Erweiterung Ein Kurzreferat eines S kann die Beschäftigung mit Überschrift und Text vertiefen.

Erarbeitung **Kernwortschatz:** Die S klären die Bedeutung der aufgeführten Ausdrücke in Partner- oder Kleingruppenarbeit und informieren die Klasse darüber: *oppressor: a person who keeps down others with unjust methods (to oppress, oppression); mood: the way sb feels in a certain situation (moody); to reinforce: to make stronger, more effective; live: here: loaded with an explosive; rifle: a gun to be fired from the shoulder; degree: a certain step in a possible development; to disperse: to cause to disappear; trail: sth that shows that sth else was in a certain place; to choke: to have difficulty in breathing; to scatter: to separate and go in different directions; loose: here: free; attempt: an effort or a try (attempt at doing sth; to attempt: verb); victim: sb harmed or killed by another person or others; riot: act of disturbing the public peace by more than three people.*

[PB 7] **Text:** Die S hören den Bericht von Milton Nkosi zunächst von der CD. Anschließend lesen sie den Text sorgfältig in einer Stillarbeitsphase (ca. 10 Min.), klären weitere mögliche

→ G1, p. 114 Wortschatzfragen und bearbeiten anschließend **Kopiervorlage 32** *(This text was censored)*, in der sie den „zensierten" Text berichtigen, wobei eine sinngemäße Korrektur genügt.

Alternative Die S sichern lediglich das Grobverständnis durch die Beantwortung einiger Leitfragen und bearbeiten dann die Aufgaben 4–6:
- *What was the first incident that indicated that something was out of the ordinary?*
- *What was so unusual about the policemen's behaviour?*
- *How did the students react to them?*
- *Did all join in the students' protest?*

→ S3, p. 89

4 Analysing the text

Ziel Die Erzählperspektive kritisch beleuchten, sprachliche Belegstellen im Text finden

Erarbeitung Diese und auch die folgenden Aufgaben werden am besten in Partner- und Kleingruppenarbeit gelöst und im Plenum besprochen.

Lösungsvorschlag

Perspective:
The text is written from a boy's point of view, an innocent bystander, who is drawn into the violent acts of the oppressors and protesters. He is only reporting what he sees, feels and hears.
Experiencing the beginning of the riots:
He suddenly notices a noise outside the classroom which is louder than his teacher's voice; nothing has told him so far that he will be faced with a dangerous situation because, at first, the noise is merely loud singing, but will be followed by violence soon.
The reader's main impressions:
It is particularly the suddenness with which violence started, suggesting that it was planned. In addition, the overall impression is that of aggressiveness to the point of a war going on.
Expressions creating this picture:
All words describing weapons (rifles, armoured personnel carriers, teargas) and aggressiveness (shouting, radical slogans, barking dogs, police vans "revving higher and higher", the use of a loud hailer, gunshots and people screaming).
The suddenness of the beginning of violent actions is expressed by the following words: "suddenly" (l. 3), "… only to find that the police had already drawn …" (ll. 8/9): "… it all rose into a crescendo …" (l. 19).

5 Use the fact file to explain …

Ziel Die angebotenen Fakten zur Erklärung der politischen Unruhen auswerten

Lösungsvorschlag

The inhabitants of the township of Soweto were very angry because they were supposed to learn the language of their oppressors, Afrikaans. This would mean that they would no longer be able to identify with their own culture if they were denied the use of their native language at school.

In detention

Seite 63

HINTERGRUNDINFO

The exact date when Christopher van Wyk's poem ***In detention*** *was written is unknown. It was published in his volume of collected poems "It is Time to Go Home" in 1979, which won the Olive Schreiner Prize. The poem directly refers to the building where the Security Police detained anti-apartheid suspects in John*

Voster Square, Johannesburg. It is still used as a police station, occupied by more than 680 police officers and civilians. From 1971 on, at least eight people died there after being arrested by the Security Police and detained in prison cells on the tenth floor. According to official statements, all of them suffered accidental deaths: falling from the tenth floor, found hanged in cells, dead after hitting their heads on a table.

6 In the 1980s, the ...

Kernwortschatz *detention, to detain, award*

Materialien
- PB-CD 2, Track 8
- Kopiervorlage 33 *(Extras)*

Hinführung Um die Wirkung des Gedichts auf die S nicht durch längere Aussagen darüber zu mindern, wird vorgeschlagen, den Text ohne Einführung von der CD zu präsentieren und die S darauf spontan reagieren zu lassen, ohne das Gespräch zu lenken.

Erarbeitung **Kernwortschatz:** S erklären die Ausdrücke: *detention: a period of being under arrest before the beginning of a trial; to detain: verb (noun: detainee); award: a prize given for something done that is important for others.*

[PB 8]

→ S21, p. 104

Text: Der Hinweis in der Aufgabe *Use this background information* soll die S veranlassen, zunächst eine inhaltliche Deutung zu erstellen und diese dann durch strukturelle und sprachliche Beobachtungen zu ergänzen. L weist die S auf die Erläuterungen in **Skill 21** auf Seite104 im Schülerbuch hin. Vorgeschlagen wird Kleingruppenarbeit. Die Ergebnisse werden in einer Musterlösung zusammengefasst und auf Folie festgehalten. Erforderliche, bisher nicht bekannte Wörter werden während der Besprechung der S-Resultate eingeführt. Wenn L Hilfestellungen als notwendig erachtet, können folgende Leitfragen helfen:
- *Ignoring the information in the task, what could the poem be about?*
- *How does the background information change our way of understanding the poem?*
- *Why does the author mention only one person dying?*
- *Why does the author combine the bits of information concerning the causes of death even if these combinations make no sense?*
- *Why are so many details repeated over and again?*
- *Is there anything unusual about the language itself?*

Der folgende Lösungsvorschlag folgt möglichen Antworten auf diese Fragen und führt den Leser gewissermaßen investigativ zu einer brauchbaren Interpretation.

Lösungsvorschlag

At first sight the poem seems to be about a person who lived in a building and died accidentally. The situation that led to writing this text, however, changes the setting radically: apparently, this building is some kind of prison where the person was detained. And the fact that several causes of death are mentioned, can only mean that either the actual reason why "he" had to die has not become clear, or that the personal pronoun stands for all those who died there. And the fact that more than one person had to suffer death without any obvious reason suggests wilful killing by people who are in charge of the prisoners. And the combination of details concerning their deaths implies that these explanations are wilful as well, indicating the police's lack of interest in the causes of death: nobody seemed to care if the explanations were convincing or not because their deaths were not really investigated. The many repetitions may also show that this was the usual way of dealing with the problem of killing detained people without caring too much about them. The language used in this poem is very factual: no adjectives illustrate or reflect the author's attitude to what was going on on the ninth floor of this building. The writer wants to bring home to the reader: this is what happened, these are the bare facts – they speak for themselves and thus drastically reflect the brutality of those responsible for the crimes they committed against the detainees.

Erweiterung **Kopiervorlage 33** *(In detention)* bietet ein Arbeitsblatt mit den Leitfragen an, die die S Schritt für Schritt beantworten, indem sie zunächst Stichpunkte notieren, um anschließend einen zusammenhängenden Text zu verfassen.

Facing the past

Seite 63

HINTERGRUNDINFO

*The **Truth and Reconciliation Commission (TRC)** was established as a consequence of the National Unity and Reconciliation Act of 1995 to investigate politically motivated human rights violations committed from 1960–1994. Enabling the mandate of the commission was an important part of the negotiations for the transition from white rule to democracy. Its purpose was to "… bring about unity and reconciliation by providing for the investigation and full disclosure of gross violations of human rights committed in the past. It is based on the principle that reconciliation depends on forgiveness and that forgiveness can only take place if gross violations of human rights are fully disclosed. What is, therefore, envisaged is reconciliation through a process of national healing." (TRC, 1998). The Commission's mandate was to bear witness to, record and grant amnesty. Victims and perpetrators of human rights violations testified before the commission, often in public hearings and in different places, such as Johannesburg, Cape Town and Randburg. Amnesty was granted to applicants if two criteria were met: the crimes were politically motivated, and the applicant fully confessed to the truth. After the TRC had ended the mandate, 7112 petitioners had asked for amnesty, 849 were given official pardon, 5392 were refused amnesty and the rest had withdrawn or did not appear before the Committee for unknown reasons.*

Kernwortschatz *reconciliation, to reconcile, abuse, to grant, to expose, to commit a crime*

Hinführung Den S wird die Frage gestellt: *Should people responsible for acts of political crime be punished or given amnesty?* Das Gespräch darüber führt dann zum Text und dem *South African way of dealing with politically motivated crime.* Empfehlenswert ist es, den S zunächst Zeit zum Überlegen und zum Austausch mit dem Nachbarn/der Nachbarin zu geben und erst anschließend die Diskussion im Plenum zu eröffnen.

Erarbeitung **Kernwortschatz:** Die S bereiten die Wortschatzerklärungen selbst vor und informieren ihre Mitschüler/innen: *to reconcile: to do sth so that a conflict does not exist any more (noun: reconciliation), abuse: act of hurting sb by bad or immoral treatment (verb: to abuse); to grant: to agree to sb's wishes; to expose: to lay sth open so that everybody can see it; to commit a crime: to do sth against the law.*

Text: Der Text wird im Plenum gelesen. Einige Leitfragen klären, ob das Wesentliche verstanden wurde: *Why was the TRC established? What was its purpose? Was its work successful?* Mögliche Wortschatzprobleme werden angesprochen und geklärt.

7 Explain the idea behind …

Ziel Die Idee hinter der Kommission erkennen und kritisch bewerten

Materialien Kopiervorlage 34 *(Word power)*

Erarbeitung Die zwei Fragen werden in Einzel- oder Partnerarbeit vorbesprochen und anschließend mit der gesamten Klasse zu beantworten versucht. Die Lösungen werden auf Folie festgehalten. Die S versuchen, die Antworten zunächst mit möglichst eigenen Formulierungen wiederzugeben.

Lösungsvorschlag *It was the purpose of the TRC to establish peace among the divided people of South Africa by making those responsible for crime admit to what they had done wrong.*

The TRC was successful, but only to a degree. A misunderstanding might have been the reason for this: the TRC did not deal with punishment but tried to find a way of reconciling people, which may be harder to achieve than finding and punishing all those who committed politically motivated crimes.

Erweiterung

- Die S beantworten die Frage: *How do you explain the fact that most of the South African political organisations refused to take part in deciding how reconciliation should be achieved?*
- Um den Wortschatz der Teile A bis C zu festigen, bietet **Kopiervorlage 34** *(Truth-telling in South Africa: What witnesses told the TRC)* einen Text an, in dem die S die passenden Wörter für Umschreibungen finden müssen. Dabei wird auch auf Vokabeln aus früheren *Topics* zurückgegriffen.

8 *Do you think it makes sense ...*

Ziel Die Frage, ob politische Verbrechen der Vergangenheit untersucht werden sollten, kritisch beleuchten und Beispiele aus der deutschen Geschichte dazu heranziehen

Materialien

- Kopiervorlage 35 *(Word power)*
- Kopiervorlage 36 *(Cloze test)*
- → WB ex. 1, 2, 3, 4, 5, 6

Erarbeitung Empfohlen wird, den S zunächst im Gespräch untereinander Gelegenheit zu geben, sich über diese Frage auszutauschen. Das Verfahren „Doppelkreis" ist hierfür besonders geeignet: Die S bilden mit ihren Stühlen zwei Kreise, der innere ist dem äußeren zugewandt. Die einander gegenüber sitzenden Paare vertreten in der Zielsprache je eine Position (dafür und dagegen), die Partner nehmen zu den gegenseitigen Aussagen Stellung. Nach einer bestimmten Zeitspanne, deren Ende L signalisiert, bewegt sich der innere Kreis um eine oder mehrere Positionen weiter und die beiden neuen Partner stellen ihre Argumente einander vor. Nach etwa zehn Minuten wird die ursprüngliche Sitzordnung wieder hergestellt und das Thema noch einmal im Plenum erörtert.
Folgende Argumente können Gegenstand der Diskussion sein (die S werden darauf aufmerksam gemacht, auch entsprechende Beispiele aus der deutschen Geschichte heranzuziehen):

Looking into political crimes doesn't make sense because ...
... this will open up old wounds.
... past crimes cannot be undone. So what?
... the more time has passed the more difficult it will be to find the truth.
Looking into political crimes makes sense because ...
... the victims that are still alive should be see justice done.
... people should learn from the past and not make the same mistakes again.
... this helps to become aware of the fact that any political power must be under the control of the public.
... only the truth puts an end to exaggeration and speculation about what happened in the past.

Erweiterung

- Die S erstellen zu diesem Thema einen *Comment*, bei dem sie auf diese Ergebnisse zurückgreifen.
- **Kopiervorlage 35** *(A crossword puzzle)* bietet ein Kreuzworträtsel der Festigung des Wortschatzes aus den Teilen A bis C.
- **Kopiervorlage 36** *(A witness before the Truth and Reconciliation Committee)* enthält eine Übung zur Textrekonstruktion. Das Thema ist eine Zeugenaussage vor der *Truth and Reconciliation Commission*.

D Culture and sports

Seite 64/65

Thema Einblicke in das kulturelle und sportliche Leben Südafrikas

Lernziel Hör- und Lesetexten Informationen entnehmen, wesentliche Aussagen zusammenfassen, Mediation, Informationen finden und präsentieren, in einem Leserbrief Stellung beziehen

Tsotsi: a film from South Africa

Seite 64

HINTERGRUNDINFO

*The film **Tsotsi** won the Academy Award for best foreign film in 2005 and was nominated for the Golden Globe for Best Foreign Language Film in 2006. The main actor, Presley Chweneyagae, had no formal drama training; his theatrical experience was confined to performing in school plays and community theatre projects. The film DVD has been on sale since 2006.*

***Kwaito**, "the angry voice of the township" (the name came from the Afrikaans word "kwaai", meaning "angry" or "vicious"), started emerging in Johannesburg's urban area in the 1990s as a mixture of a number of different rhythms; the use of styles drawn from hip-hop, reggae, and jazz is also evident. It features rhythmically recited vocals over an instrumental backing with strong bass lines (influenced by **house music**, a style of electronic dance music with a strong bass drum on every beat). It is not performed using live instruments but is composed in the studio and then played as backup on stage or in clubs.*

Kernwortschatz *confident, wallet, to distract sb from sth, reluctant, burglary, to assault, tiny, to turn out to be, despair, contemporary*

Materialien
- PB-CD 2, Track 9
- Kopiervorlage 37 *(Extras)*

Hinführung L bereitet die S auf die Filmsequenz vor. *Here's the plot of a film: a young man who is stealing a woman's car finds out that there is a baby lying on the back seat, and, on impulse, decides to take care of it. Would you like to see the film?* L wird wohl auf geteilte Meinungen stoßen und nach den Gründen fragen. An dieser Stelle können die S die Aufgabe gestellt bekommen: *How would you develop or change the plot to make it more interesting?* Nach der Erörterung der Möglichkeiten kann L langsam immer mehr Details des eigentlichen Filmplots enthüllen (Ort der Ereignisse, das kriminelle Leben der Hauptfigur, mögliche Motive, warum er das Baby nimmt, Andeutung des Endes usw.) und so das Interesse für den Film bzw. den -stoff wecken. Eine Synopse des Films ist im Internet unter www.movieweb.com/movies/film-/82/3482/synopsis.php zu finden.

Alternative Die Eingangssequenz des Films wird vorgeführt und die S stellen Vermutungen über die Hauptfigur und den Fortgang der Handlung an.

Erarbeitung **Kernwortschatz:** Zwei oder drei S erarbeiten im LdL-Verfahren (Lernen durch Lehren) den relevanten Wortschatz mit der Klasse: *<u>confident</u>: to be convinced of what one can do or say (noun: confidence; to confide in); <u>wallet</u>: a flat case often made of leather, mostly made to hold money; <u>to distract sb from sth</u>: to make sb not concentrate on what he should do or notice (noun: distraction); <u>reluctant</u>: unwilling to do sth (noun: reluctance); <u>burglary</u>: act of entering a building in order to steal sth (a burglar, to burgle a house); <u>to assault</u>: a sudden violent attack (noun: asault); <u>tiny</u>: extremely small; <u>to turn out to be</u>: to prove to be, to end, to come up as a result; <u>despair</u>: loss of one's hope; <u>contemporary</u>: belonging to the same period of time.*

[PB 9] **Text:** Der Text wird zweimal von der CD präsentiert. Zur Sicherung des Grobverständnisses erhalten die S **Kopiervorlage 37** *(Tsotsi: a film from South Africa)*. Das Arbeitsblatt enthält Satzanfänge, die sich auf den Textinhalt beziehen und die die S sinngemäß vervollständigen müssen, ohne den Originaltext zu Hilfe zu nehmen.

1 *The text is from 'Movie Time' ...*

Ziel Den Zustand der südafrikanischen Filmindustrie erläutern (a), die wesentlichen Informationen aus einem als Hörtext präsentierten Interview zusammenfassen (b)

Materialien LC-CD 1, Track 15

[LC◎15] **Text:** ***An interview with Gavin Hood***

South African/UK co-production Tsotsi won the Best Foreign Language Film Oscar at the 2006 Academy Awards and is loosely based on the novel by renowned playwright Athol Fugard. It's a powerful drama about a young thug (played by newcomer Presley Chweneyagae) whose life changes when he carjacks a vehicle containing a baby. The film has put director Gavin Hood on the international map and he's now based in Los Angeles.

You shot the film on location in the shantytowns around Johannesburg. What was the experience like?
The people in the shantytowns were absolutely amazing to us. Obviously the crew were saying, "Will it be OK?" Some of our actors came from the shantytowns and some didn't – one from the shantytowns is an honours graduate in drama but I think he was more nervous about shooting there than I was. Our lead actor, Presley Chweneyagae, his mum is actually a police officer – although she works in a pretty tough area. The funny thing is people say to me, "What were they like?" The truth about people at every economic level of life is you get those who are kind and those who are not, those who are greedy, whether they be rich or poor. That's a common thread through humanity on any street you go to.

Tell us about the decision to shoot the film in the Tsotsi-Taal language ...
The first question after the script was finished was what language it would be shot in. I'd written it in English – although I speak Afrikaans and Zulu – but South Africa has eleven languages. I really didn't want to make it in English because it's not the language these street kids would speak. By not doing it in English we weren't going to get any big name actors, so we went through hoops initially and I'm grateful to the financiers for letting us go for authenticity and shoot in Tsotsi-Taal – which means "gangster speak". It's a blend of all sorts of languages. When you're using this you have to cast carefully, and one of the places my casting director goes to find young actors is the community theatre halls within the shantytowns. And that's where we found Presley.

What was he like to work with?
Presley's a brilliant character, I think he's a prodigy. He's 19 years old and he's always wanted to be an actor. Comes from a tough area, has done a lot of work in community theatres, and he's basically a self-taught method actor! The funny thing is, these kids have access to the Internet. Presley is completely hip to what's happening out there, he's watched tons of movies. Sometimes people in Europe are somewhat patronising towards these kids because they think they've had a tough life and therefore they don't know anything. Nonsense! Presley's highly educated, intelligent and well-read.
When he came in to audition I'd seen a lot of people, some of whom were very good, but emotionally he just blew me away. One of the things I needed most was actors who could spin on a dime emotionally – Presley understood the transitions from extreme rage to vulnerability that just happens in the eyes.

How much research did you have to do about Tsotsi's world?
Obviously I didn't grow up in the shantytowns and people say to me, "What do you know about this life?" But for me one of the privileges of being a writer is to poke your nose around and learn about worlds you don't know. If all we do is sit in our own patch then what are we really experiencing? In the early 90s I was hired to write educational dramas about HIV and AIDS in the shantytowns. I did that for two and a half years, and then I was hired on other films. When Tsotsi presented itself I thought, this is not a world I grew up in, but I've spent a great deal of time writing about it and researching it in my past. It just seemed like a story about compassion and dignity that I felt would be great to tell. And I hope that I've done it with respect.

There's a particularly realistic-looking scene in which ants crawl over a baby's face. Reassure us that it wasn't real!
I think we have to put it out to the world that the ants that crawl on the baby's face – which is a truly horrific scene – are CGI, computer generated images. An extraordinarily talented CGI artist drew every one of those ants. All of the scenes with the baby took forever to shoot. We had a sound recordist who would be with mothers and we recorded a huge number of screaming babies. Half the problem we had during the production is that we'd want the baby to be crying and it was fast asleep or just going (gentle sound) "Gurgh, gurgh". We'd have to put a louder crying sound in there that'd we'd recorded elsewhere and piece the baby's trauma together. It was also really tough getting the reaction shots we needed from the baby – we shot a lot of stock. I'm in no hurry to work with a baby again, it has to be said!

Erarbeitung Diese Aufgaben werden am besten in Kleingruppen gelöst und anschließend im Plenum zur Diskussion gestellt. Auch hier sollen die S zunächst auf ihr eigenes Sprachmaterial zurückgreifen. Für Teilaufgabe **b)** erstellen die S eine Zusammenfassung unter einer bestimmten Fragestellung, nämlich darüber, was Drehbuchautor und Regisseur Gavin Hood im direkten Zusammenhang mit dem Film sagt. Die S sollten darauf ausdrücklich hingewiesen werden. Ferner erscheint es bei dieser Textgrundlage angebracht, dass sie sich nicht an die Reihenfolge der vorgebrachten Aussagen halten müssen. Außerdem ist eine möglichst eigenständige Formulierung wünschenswert.

Lösungsvorschlag

a) *About the South African film industry:*
South African film makers do everything that is necessary to make films and therefore American and European film production firms like to work there. However, it is the local topics that have made South African film-making so successful.
The presenter's feelings about "Tsotsi":
In the last paragraph of his text the presenter explains to the audience that, at first, he thought "Tsotsi" was a very sentimental story – how a criminal becomes a better person by caring about a baby – but he had to admit that he was wrong. In his opinion there is more to this film: it is about "hope and despair in contemporary South Africa."

b) *Gavin Hood wanted to shoot the film in the Tsotsi language in order to be more authentic. Therefore he had to get as much information about life in the townships as possible and to be very careful as to who he wanted to have in his cast. This is why some of his actors came from shantytowns, too. He chose Presley Chweneyagae because of his emotional qualities. In particular, it was very difficult to shoot the scenes with the crying baby.*

2 *Listening: Kwaito music*

Ziel Einen typische südafrikanische Musikrichtung kennenlernen, Informationen über den Ursprung dieser Musik aus einem Hörtext entnehmen, Auszüge aus verschiedenen *Songs* hören

Materialien
- LC-CD 1, Track 16
- Kopiervorlage 38 *(Extras)*

[LC◎16] Text:

Kate G: *Hello and welcome to Sounds Cool. I'm Kate Gerachty. And this is my co-host Matt Jacobs …*
Matt J: *Hi, everybody.*
Kate G: *… who has just returned from sunny South Africa, lucky fellow, where he went to find out more about kwaito music. Which is what we're featuring on today's show.*
Matt J: *Right. I was in Johannesburg mainly, that's where kwaito started back in the early 90s.*
Kate G: *OK, so let's start by telling our listeners what kwaito is exactly. You're the expert.*

Matt J: *Yeah. Well, kwaito is basically the music young black South Africans are listening to. It's the voice of the townships. And if you consider that 80 % of South Africans are black and half the population is under the age of 21, then kwaito has to be big!*

Kate G: *So it's urban black music originating in Johannesburg. Like a sort of South African version of hip-hop?*

Matt J: *In a way, yes. But let's get a taste of it first. Arthur Mafokate is one of the pioneers of kwaito. This is one of his numbers. It's called "Oyi Oyi".*

(Excerpt from "Oyi Oyi" by Arthur Mafokate)

Kate G: *Now that really does sound African, with those percussion sounds and the chanting vocals. But then there's that steady beat, which is like disco dance music, though it's mixed with more complicated rhythms.*

Matt J: *Exactly. The music is definitely African, but it's a mixture of styles. Actually it grew out of American music, the electronic dance music produced with drum machine, synthesizer and so on.*

Kate G: *You mean house music?*

Matt J: *Right. It started with house, but the DJs and record producers wanted to give it an African feel so they slowed it down, added other instruments, you know piano or guitar, and then put in a strong bass line and loads more percussion – with African instruments like congas, marimbas, whatever.*

Kate G: *Let's hear some more. This is "Kleva" by a band called Mapaputsi.*

(Excerpt from "Kleva" by Mapaputsi)

Kate G: *Fabulous for dancing to. So is kwaito just disco music played by DJs or can it be performed live?*

Matt J: *Well, the backing isn't live, it's mostly pre-recorded – done in the studio using samples and putting on the extra stuff. The result is then played as backup on stage or in clubs for artists to sing live to.*

Kate G: *But you don't only hear kwaito in the discos and clubs?*

Matt J: *Oh no! When you're in Jo'burg, you can't avoid kwaito. It's everywhere. On radio and TV and in the magazines. There's a kwaito style of dressing and talking. And the faces of the kwaito stars look down at you from billboards all over the place.*

Kate G: *And one of these stars is Zola. Some of you listeners may have seen him in the Oscar-winning movie Tsotsi, in which he played a gangster.*

Matt J: *Yeah. What a face! Zola's really big as an actor and as a musician. And he has his own TV show, too. There's a lot of his music on the movie's soundtrack. And here's one of his songs, "Medlewembe".*

(Excerpt from "Medlewembe" by Zola)

Kate G: *I like that! You can hear all sorts of influences there. There's a basic house feel to it, but that chord progression is sort of latin, and of course the percussion and vocals aren't at all hip-hop, more like African-style chanting. What about the language they're singing in, Matt?*

Matt J: *Well, I can't speak it myself (laughs), but I'm reliably informed that it's a kind of street slang, a sort of mixture of (quoting from his script) "English, Zulu, Xhosa, Sesotho and Tsotsi-Taal, which is gangster language based on Afrikaans."*

Kate G: *Look who's done his homework!*

Matt J: *Thank you, Kate. And I bet you don't know where the name 'kwaito' came from.*

Kate G: *Haven't a clue, Matt. Can't be anything to do with 'quiet', can it?*

Matt J: *Ha, ha! No, quite the opposite actually. It comes from 'Amakwaito' – they were a group of gangsters in the 1950s in the Johannesburg township of Sophiatown. And they got their name from the Afrikaans word 'kwaai', which means 'angry' or 'vicious'.*

Kate G: *So kwaito's the angry voice of the township.*

Matt J: *Yes, there's anger there. In the 'new' democratic South Africa the people in the townships have gained their freedom, but there are still huge social problems – you know, poverty, crime, violence – and the lyrics are about these things. On the other hand, there's also pride – they're proud of the township and proud of being black and of creating this uniquely African music. And in a funny way they're even proud of the Afrikaans words in their street slang. That's because Afrikaans may have been the language of the hated oppressors but it's also unique to South Africa. It isn't spoken anywhere else in the world.*

(Excerpt from "Ndihamba Nawe" by Mafikizolo)

Kate G: *OK, let's hear some more music. This is a group called Mafikizolo with "Ndihamba Nawe". (fade out on music)*

Hinführung Der erste Teil des Interviews wird bis zur Einblendung des *Songs "Oyi Oyi"* by Arthur Mafokate vorgespielt und die S werden nach ihren spontanen Eindrücken gefragt. Anschließend wird die gesamte Darbietung der Aufnahme angekündigt.

Erarbeitung **Text:** Die S hören das Interview zunächst einmal vollständig, um einen Gesamteindruck zu gewinnen. Vor dem zweiten Hören teilt L **Kopiervorlage 38** *(Kwaito music)* aus. Die S lösen die Aufgabe auf dem Arbeitsblatt, nachdem sie den Text noch einmal gehört haben. Die Kopiervorlage sieht vor, dass die S ihre Ergebnisse miteinander vergleichen und ggfs. ergänzen. Zwei oder drei Paare notieren ihre Ergebnisse auf Folie und stellen sie anschließend in der Klasse zur Diskussion. Sind erhebliche Lücken in den Ergebnissen zu verzeichnen, insbesondere bei den Namen, kann L mit einer Tafelanschrift weiterhelfen. Ggfs. kann auch das Manuskript des Interviews kopiert und den S zur Verfügung gestellt werden. In diesem Fall können sie die fehlenden Informationen selbstständig nachtragen.

Lösungsvorschlag

Kwaito Music

Topics	***Information***
origins and roots	*black urban music, started in Johannesburg in the 90s; „the voice of the townships"*
the way of performance	*percussion sounds and chanting vocals; steady beat with complicated rhythms; African but a mixture of styles; strongly influenced by American electronic dance music („house"); the backing is not live.*
political and social importance	*deals with social problems after the abolition of apartheid; also shows pride in being black and in creating African music. Players are even proud of the Afrikaans words they use because they are also a unique part of South Africa*
the artists mentioned	*Arthur Mafokate, Mapaputsi, Zola, Mafikozolo*
the language of the songs	*a kind of street slang; a mixture between English, Zulu, Xhosa, Sesotho and Tsotsi-Taal (a gangster language)*

Erweiterung Die S erhalten das Interview in schriftlicher Form, suchen die musikalischen Fachbegriffe heraus und erarbeiten dazu Erklärungen in der Zielsprache.

Mediation: Sport in Südafrika

Seite 65

Hinführung L stellt den S die Frage, was sie über sportliche Aktivitäten in Südafrika wissen bzw. welche Sportarten durch die Vergangenheit des Landes dort wohl populär sein könnten. Der Hinweis auf die britische Kolonialzeit ergibt sicher verwertbare Hinweise *(cricket, rugby)*. Vielleicht ist einzelnen S auch die Bezeichnung der südafrikanischen Rugby-Mannschaft, *Springboks*, bekannt. Sicher wird Fußball bzw. die Fußballnational-mannschaft genannt werden, nachdem 2010 in dem Land an der Südspitze Afrikas die Weltmeisterschaft in dieser Sportart veranstaltet wird.

→ S28, p. 108

3 *Mediation*

Ziel Einen Text aus einem deutschen Reiseführer auf Englisch wiedergeben, die wesentlichen inhaltlichen Aussagen zusammenfassen und erläutern

Erarbeitung L steckt zunächst den Rahmen dieses Arbeitsauftrags ab. Die S sollen die Fragen nicht in aller Ausführlichkeit beantworten, sondern nur die wesentlichen Besonderheiten der Rolle, die der Sport in Südafrika spielt, wiedergeben. Für die Frage – was sich in diesem Land nach der Apartheid geändert hat – gilt dasselbe. Die S schreiben zwei Zusammenfassungen, entweder in Einzelarbeit oder zusammen mit einem Partner/ einer Partnerin und sprechen anschließend über ihre Ergebnisse im Plenum.

Lösungsvorschlag

Sport in South Africa:
Sport plays an important role in South Africa and the number of sports activities is similar to that in Europe (apart from winter sports), the most popular sports being rugby and cricket – at least as far as the white population is concerned –, which are taught and practised at school. South Africans are very proud of their national rugby team, which has been extraordinarily successful in the last few years. The black population, however, favours soccer, and the South African national soccer team, founded in 1992. They have also won an international reputation for the high quality of their players and their success in tournaments. South Africa will be the first African country to organise the Football World Championship in 2010.
Changes since the abolition of apartheid:
After the apartheid soccer also became popular at white schools. In addition, the national soccer team became a member of FIFA, could qualify twice for the world championship, won the African Cup once and organises the Football World Cup in 2010.

Erweiterung Die S schreiben einen *Comment* zu der folgenden Frage: *Do sports competitions really help to improve relationship among nations?* Es ist auch denkbar, dass diese Frage den Mitschülern als Interview eines fiktiven Radio- oder Fernsehsenders vorgelegt wird. Frage und Antworten werden aufgenommen, anschließend im Plenum vorgespielt und kommentiert.

→ S30, p. 111

4 *Research project*

Ziel Nachforschungen zur Karriere eines bekannten Sportlers anstellen und einen Steckbrief verfassen

Materialien → WB ex. 1, 2, 3, 4

Erarbeitung Zur Vorbereitung auf dieses Projekt sollten die S besonders die Internettipps der Abschnitte 2 und 5 auf S. 111 studieren. Diese Aufgabe eignet sich gut für eine Partner- und Kleingruppenarbeit. Erweitert werden sollte sie unbedingt um eine computergesteuerte Präsentation und/oder eine Aufbereitung der Ergebnisse auf Poster.

Erweiterung Dieses Internetprojekt kann unter dem Motto *Famous South Africans* eine Erweiterung erfahren, die in eine Art Ausstellung im Klassenraum mündet. Vorgeschlagen werden Vertreter aus Politik, Wissenschaft und Kultur wie Christiaan Barnard (erste Herztransplantation), Nelson Mandela, Steve Biko (politische Aktivisten), Nadine Gordimer, Alan Paton, J. M. Coetze (Schriftsteller).

E Present-day challenges

Seite 66

Thema Die gegenwärtige Situation junger Menschen in Südafrika

Lernziel Einem Text Informationen entnehmen, Vermutungen anstellen, eigene Perspektiven überdenken, einen Cartoon interpretiere

Young ... and free!?

Seite 65

Kernwortschatz *self-esteem, to afford, threat, murder*

Hinführung Die S bekommen auf einer Folie die *Fact File* dieser Seite mit der Frage vorgestellt: *Would you like to live in a country of which these figures are typical?* Die Antworten werden kommentarlos gesammelt und an der Tafel oder auf Folie fixiert. Mit der Ankündigung, dass man sich nun mit den Reaktionen südafrikanischer Jugendlicher auf diese Tatbestände befassen wird, leitet L zur Erarbeitungsphase über.

Alternative

- Die S werden aufgefordert, Antworten auf die Frage *What makes living in a country attractive for you?* stichpunktartig zu notieren, sich mit ihrem Partner auszutauschen und anschließend ihre Ergebnisse im offenen Unterrichtsgespräch zur Diskussion zu stellen.
- Die S werden aufgefordert, zu folgender Frage Stellung zu nehmen*: What ideas about young people in South Africa are expressed in the photo on page 66? Talk with your partner about it and then present your findings in class.* (Mögliche Antworten*: blacks and whites live together, the overwhelming majority is black, pride in one's country, people seem to be happy).*

Erarbeitung **Kernwortschatz:** Die wenigen unbekannten Wörter können einzelne S der Klasse erklären: *self-esteem: state of being proud of oneself; to afford: here: to have enough money to pay the cost of sth; threat: sth that is seen as dangerous; murder: the wilful killing of sb*

Text: Der Text wird gemeinsam gelesen und Verständnisschwierigkeiten werden ausgeräumt. Zwei S kann der Auftrag gegeben werden, die Klasse über die Aidsproblematik zu informieren.

1 *What opportunities do young peopole have ...*

Ziel Die Möglichkeiten von jungen Leuten in Südafrika kritisch betrachten, die jüngsten Entwicklungen bewerten

Erarbeitung Die Fragen 2 und 3 verdeutlichen, was mit der ersten Frage gemeint ist. Es genügt daher, wenn die S sich auf die Beantwortung der letzten beiden Fragen konzentrieren. Für die Bearbeitung wird Partner- oder Kleingruppenarbeit vorgeschlagen, besonders wenn die **Erweiterung** hinzugezogen wird. Die Ergebnisse werden anschließend im Plenum diskutiert.

Lösungsvorschlag

Why are some people happy with recent developments?
Young people are glad that there has been a change in the country because they feel that they are now free to do what they want. They are also given more chances to make a career because education has improved, modern equipment helps them in their studies and they are given financial support to get a degree.
Why are others disappointed?
Others think that nothing has really changed. There is still racial discrimination, no real support for those who want to go to university and get a decent job. Aids and crime are great risks in this country, which make people leave it.

Erweiterung Die S werden gefragt, ob die verschiedenen Aussagen Rückschlüsse auf die Zugehörigkeit zu der Gruppe der Weißen oder Schwarzen nahelegen: *What racial group might have welcomed the new developments, what group might have criticised it?*

Lösungsvorschlag

> *The conclusion may be drawn (Ausdruck einführen!) that those young people who are of the opinion that the recent developments are bad for them are black because they run a greater risk of being infected with the HIV virus and might not have enough money to get an academic education. Those who welcome the changes are people who enjoy personal freedom and are especially interested in cultural activities. They have left behind or ignore the terrible past of apartheid and do not want to be disturbed by what is still wrong in this country. They can be both black and white.*

→ S13, p. 97

2 *Mediation*

Ziel Transfer auf die Situation in Deutschland, Sammeln von positiven und negativen Aspekten aus der deutschen Presse, einen *Comment* über die Chancen deutscher Jugendlicher schreiben

Materialien
- Kopiervorlage 39 *(Communication skills)*
- → WB ex. 1, 2, 3, 4, 5, 6
- → Test yourself 4, ex. 1–6

Erarbeitung Die S sammeln Gesichtspunkte entsprechend der Aufgabe über einen bestimmten Zeitraum (empfohlen: 14 Tage) und verwerten sie im zu schreibenden *Comment* als anschauliche Beispiele.

Lösungsvorschlag

> *<u>The pros and cons of living in Germany:</u>*
> *pros: freedom, mobility, diversity, security*
> *cons: job situation (depending on economic situation, fear of unemployment), education (pressure to perform, no free access to higher education guaranteed, lack of bursary)*

Erweiterung In einer Tandemübung auf **Kopiervorlage 39** (Küssen verboten für Teenager in Südafrika) übertragen die S abwechselnd Informationen aus dem Deutschen ins Englische.

A cartoon

Seite 66

HINTERGRUNDINFO

*The comic strip **Madam & Eve** is the most popular cartoon series in South Africa. Its authors are Stephen Francis and Rico Schacherl who first published it in 1992, and now claims to have more than four million readers per day. The stories are centred around two characters mainly, a white middle class woman, Gwen, and her black maid Eve, who are trying to come to terms with the situation in their country after apartheid. In 2000 Madam & Eve was made into a very popular TV sitcom.*

Erarbeitung → S24, p. 106 Nach dem Studium des Cartoons können die S folgende Fragen beantworten:
1. *What is this cartoon about?* 2. *What is the message in this cartoon?*

Lösungsvorschlag

> 1. *A white lady asks her maid what the weather is like and if she has heard of any crimes. She is very glad to hear that there have been no problems whatsoever and feels happy about "another beautiful day in South Africa".*
> 2. *The cartoon illustrates the fact that white people seem to fear for their lives and their possessions* (einführen!). *Times are so dangerous that one can only live from day to day because the situation can change very quickly.*

Erweiterung Die S versuchen sich an einem ähnlichen Cartoon, in dem sie bestimmte Verhältnisse in Deutschland ebenso überspitzt darstellen.

⟨F Out in the country⟩

Seite 67–71

Thema Einblick in die Problematik südafrikanischer Nationalparks

Lernziel Einem Lese- und Hörtext Informationen entnehmen, persönliche Ansichten äußern, Vermutungen anstellen, Informationen beschaffen und präsentieren

⟨The wildlife trade⟩

Seite 67

Kernwortschatz *conservationist, hostile, extinction, rural, scheme, meanwhile, to reject, remedy*

Materialien Kopiervorlage 40 *(Extras)*

Hinführung Die S werden gefragt, ob, und wenn ja, welche Nationalparks sie kennen. Sinn und Problematik dieser Parks werden kurz erörtert. Die Frage, ob jemand den Namen eines südafrikanischen Nationalpark weiß, leitet zur Erstbegegnung mit dem Text über.

Alternative Das immer häufiger zu beobachtende Aussterben von Tierarten wird thematisiert. Die Frage, welche Tierarten besonders bedroht bzw. bereits ausgerottet seien und was dagegen unternommen werden könne, führt zum Hinweis auf Nationalparks. Ein Gespräch über Sinn und Problematik dieser Parks schließt sich an.

Erarbeitung **Kernwortschatz:** Einige S bereiten die Wortschatzerklärungen vor und erläutern sie ihren Mitschüler(inne)n: *conservationist: sb who tries to protect nature; hostile: here: showing that one does not accept sb else's ideas or suggestions (to be hostile to sb; noun: hostility); extinction: the act of destroying sb or sth (verb: to extinguish); rural: being part of the country, not of an urban area; scheme: a programme or a plan; meanwhile: during the time something else is happening; to reject: to refuse to accept; remedy: sth that heals a disease.*

→ G12, p. 121

Text: Der Text wird einmal gemeinsam gelesen. Die Frage: *Are we given any new information that may change our view concerning national parks?* wird gestellt und dient der Sicherung des Gorbverständnisses. Mögliche Verständnisprobleme werden geklärt.

Erweiterung Die S erhalten auf **Kopiervorlage 40** *(The wildlife trade)* den Text als *jumbled paragraphs.* Sie müssen die richtige Reihenfolge wieder herstellen und sich dazu sorgfältig mit dem Inhalt des Textes auseinandersetzen.

→ S12, p. 96

1 *List the problems ...*

Ziel Die wesentlichen inhaltlichen Aussagen aus einem Artikel auflisten und diskutieren, die persönliche Meinung zu dem Thema in einem Leserbrief formulieren

Erarbeitung In Partnerarbeit erstellen die S eine Übersicht über die im Text erwähnten Probleme und Lösungen. Außerdem finden sie eine passende Überschrift dazu. In einer anschließenden Diskussion werden die vertretenen Ansichten erörtert. Bei der Frage, ob die S mit den Schlussfolgerungen des letzten Abschnitts einverstanden sind, kann mit folgenden Argumenten gerechnet werden (wobei ggfs. auf passendes neues Wortmaterial hingewiesen werden sollte):

No agreement:
- *In order to make a profit, people will interfere with natural habitats sooner or later.*
- *Installing the necessary infrastructure for more productivity will destroy nature.*

Agreement:
- *People will be convinced to protect nature if they can profit from it.*
- *Only strict control by the government can help.*
- *In the long run, we will only survive if natural habitats are preserved; a radical change in our way of thinking about these conditions is absolutely necessary.*

Der *letter to the editor* kann eines dieser Argumente oder mehrere aufgreifen. Er wird in Still- oder Partnerarbeit verfasst.

Lösungsvorschlag

A national park is no paradise	
Problems	***Solutions***
– *The conservation of wildlife is expensive; money could be provided if limited trade in wildlife products were allowed.* – *But trade in wildlife products may increase their illegal sale, lead to more poaching and thus quicken animal extinction.*	– *Attempts to reduce the demand for wildlife products have been made (educational programmes in China; finding of alternatives to traditional medicines based on wildlife products).* – *Trade bans should be made more effective through international pressure.* – *People in need may profit from marketing wildlife products and providing tourist attractions; this can stop the reduction of wildlife areas and thus help wild animals to survive.*

2 *Five kinds of safari*

Ziel Einem Hörtext Detailinformationen entnehmen, die Informationen in einem *grid* festhalten *(note-taking)*, die persönliche Vorliebe formulieren

Materialien
- LC-CD 1, Track 17–21
- Kopiervorlage 41 *(Extras)*

Text : ***Five kinds of safari***

[LC◎17] ***Family safaris:*** *Take your own car or hire a car and choose your own route through the Kruger National Park, staying at one of the safari lodges in the park. Many of our lodges have large areas where children can play safely, allowing mom and dad to have time to themselves, too. Some lodges also offer special short game drives for children, with longer ones for parents. And it needn't cost the earth.*

[LC◎18] ***Luxury safaris:*** *The Kruger Park and the private game reserves around it offer some of the most luxurious safaris in the world. A combination of luxury and style in the heart of the African bush allows you to experience the culture of the local people while enjoying the elegant surroundings of your lodge, along with the highest level of service and comfort. Guided game drives with experienced rangers afford the opportunity to track the "Big Five" African animals.*

[LC◎19] ***Affordable safaris:*** *If it doesn't have to be luxury all the way, you can experience all the thrills of safari at one of our smaller camps. Trained field guides will take you on walking tours in small groups of not more than eight people to enjoy the sights and sounds of the early morning in the bush. You can also take part in game drives in the company of experienced rangers or watch the animals coming down to drink at the river.*

[LC◎20] ***Restcamps:*** *The restcamps at different locations within the Kruger National Park offer a variety of game-viewing opportunities. At one camp in the southeastern corner of the park the game-viewing area is famous for the prides of lions – each group with a different hunting technique. At another, a resident bird specialist offers bird-watching tours on foot. Each restcamp has its own special attractions. Accommodation is in bungalows, safari tents and in tents or caravans at camping sites.*

[LC◎21] ***Wilderness trails:*** *The idea here is to spend as much time as possible on foot: not just looking for the larger game animals but also for the smaller creatures of the bush. Small groups of eight people, who must be between the ages of twelve and 60, are led by an experienced – and armed – ranger, walking up to 20 kilometres a day. This is the way to get into close contact with the wilderness and the game. Accommodation is in two-bed huts and simple meals are provided.*

Erarbeitung Die S legen die tabellarische Übersicht nach dem Muster im Schülerbuch an, hören den Text einmal von der CD und füllen die Übersicht in Einzelarbeit aus. Die anschließende Aufgabe wird am besten in Partnerarbeit gelöst. Die dritte Teilaufgabe ist Gegenstand eines Klassengesprächs oder wird als **Hausaufgabe** bearbeitet. Hierbei nennen die S ihre eigenen Präferenzen und geben einsichtige Begründungen. Sie können zusätzlich noch gefragt werden: *What would be absolutely necessary for you to have or do? What could you do without? What do you think of people enjoying "luxury and style in the heart of the African bush" and wanting "to experience the culture of the local people" at the same time?*

Erweiterung Vor der Bearbeitung von Teilaufgabe 2 können die S **Kopiervorlage 41** *(Five kinds of safari)* bearbeiten, mit deren Hilfe sie das Textverständnis überprüfen können, nachdem sie den Text einmal gehört haben. Nach der Besprechung des Arbeitsblattes hören sie den Text ein zweites Mal und bearbeiten die Teilaufgaben 2 und 3.

Lösungsvorschlag

Safari	*1*	*2*	*3*	*4*	*5*
freedom	*choose one's own route*				
adventure			*walking tours or game drives*	*sleeping in safari tents possible*	*getting into close contact with the wilderness and game*
money		*luxury and high comfort*			
special features	*children's area; special game drives for kids and adults*	*the "Big Five" are tracked*	*watching animals drinking water*	*watching lions and birds (on foot)*	*long walking tours*

<u>*The best way for what target group?*</u>

1. *For families who want to stay together.*
2. *For rich people who would like to enjoy luxury and elegance and do not wish to walk around.*
3. *People with a relatively small budget* (einführen!) *who want to be as close to animals as possible.*
4. *For those who want to watch as many animals as possible but do not like moving around.*
5. *For those who want to explore wildlife as closely as possible and can do without comfort.*

→ S30, p. 111

3 *Find out what South Africa's ...*

Ziel Über Flora und Fauna in Südafrika recherchieren, einen Leitfaden über Tiere oder Pflanzen der eigenen Wahl erstellen

Erarbeitung Dieses Projekt kann bei entsprechender häuslicher Vorbereitung in zwei Schulstunden durchgeführt werden. Verschiedene S-gruppen bearbeiten einzelne Unterthemen (*the "Big Five"*, weitere Tiere und Pflanzen ihrer Wahl). Ergänzt werden können diese Vorschläge durch den Auftrag, über wichtige Nationalparks zu informieren oder die Lebensbedingungen eines schwarzen Stammes (Xhosa, Zulu) zu untersuchen. Bei dieser Aufgabe sollen auch unterschiedliche Darbietungsweisen zum Zuge kommen (Ausstellung mit Postern, Videosequenz, computergesteuerte Präsentation).

⟨The moment before the gun went off⟩ Seite 68–71

HINTERGRUNDINFO

*The short story "**The moment before the gun went off**" by Nadine Gordimer was first published in 1988 and later in the collection "Jump and other stories" in 1991. It was written towards the end of the period of apartheid. In 1985 the Immorality Act was repealed; in the same year US economic sanctions took effect; in the ensuing years riots organized by anti-apartheid movements and violent measures to crush them became more and more numerous. In 1989 the greatest demonstration against apartheid was organized by Arch Bishop Desmond Tutu. In the same year de Klerk was sworn in as the last apartheid president, and in 1990 Nelson Mandela was released from prison. One year later all apartheid laws were repealed and the armed struggle against apartheid was stopped by the ANC.*

Materialien PB-CD 2, Track 10–12

Erarbeitung Die S bekommen folgende Schlagzeile an der Tafel oder auf Folie präsentiert: *Farmhand boy killed – by accident?* L stellt dazu die Aufgabe*: Write the news behind it. The killing happened in 1990.* Die S lösen diese Aufgabe in Einzel- oder Partnerarbeit. Nach der

[PB◎10] Besprechung der Ergebnisse wenden sich die S dem Text zu. Die gesamte Tonaufnahme wird einmal vorgespielt und die S werden aufgefordert, zunächst nur grob den Ablauf

[PB◎11] des Geschehens wiederzugeben. Zur leichteren Handhabung ist der Text auf der CD in drei Tracks unterteilt: **Track 10** *(ll. 1–39)*, **Track 11** *(ll. 40–83)* und **Track 12** *(ll. 84–153).*

[PB◎12] Der für die S sprachlich anspruchsvolle Text lässt es ratsam erscheinen, die semantischen und syntaktischen Schwierigkeiten in Kleingruppen zu klären. Nach dieser Phase werden die möglicherweise immer noch vorhandenen inhaltlichen und sprachlichen Probleme im Klassengespräch geklärt. In einer weiteren Gruppenarbeitsphase wenden sich die S jetzt den Aufgaben zu, wobei die gemeinsame Ergebnissicherung nach der Bearbeitung der einzelnen Teilaufgaben erfolgen sollte, um für die nächsten Schritte eine gemeinsame Ausgangsbasis zu gewährleisten.

4 *What happened?*

Ziel Den *plot* der Geschichte zusammenfassen und einen Bezug zum politischen Kontext und zur Hauptperson der Geschichte herstellen

Erarbeitung Bevor die S Teilaufgabe **a)** bearbeiten, klärt L noch einmal den Begriff *plot*. Es ist wichtig, dass die S *plot* nicht mit *summary* verwechseln. Ein *plot* beschränkt sich auf die Wiedergabe der Handlung in der logischen Abfolge von Aktion und Reaktion (oder von Ursache und Wirkung), während in einer *summary* die Hintergründe und die genannten wirklichen oder anzunehmenden Folgen berücksichtigt werden müssen. Im Falle der vorliegenden *short story* sollen sich die S also nur auf das Geschehen um den Tod des Jungen und die dazu führende Vorgeschichte konzentrieren. L kann mit ihnen folgende Definition erarbeiten: *A plot is a series (sequence) of events that are linked together by action and reaction or cause and effect.* Erst bei Teilaufgabe **b)** beschreiben die S den politischen Kontext, in den die Handlung eingebettet ist. Auch hier wie bei den weiteren *tasks* bietet L behutsam geeignetes Wortmaterial zur besseren sprachlichen Bewältigung an.

Lösungsvorschlag

a) *A farmer goes on a hunting-trip with a young black farmhand. As the farmer assumes that the gun he has taken with him is not loaded, he puts it next to his seat. Driving fast over a pothole, the gun is fired and the bullet kills the boy. The farmer is deeply shaken by this accident and swears that the killing was an accident. The boy, who turns out to be his son, is buried later.*

b) *It is inevitable that the killing of the black boy is seen as an incident that is typical of the way members of the master race treat their black inferiors. In the eyes of the public,* *this killing cannot be an accident because this is what happens all the time. As the farmer has a political function – he is a regional party leader and in charge of the local security commando – this sad incident has a political dimension which will become known all over the world and will be made use of whoever needs an example of apartheid injustice. As a consequence, the short story is about two victims: the boy who was accidentally shot by his father, and the father himself who, as a representative of apartheid, is stigmatised by this fact because nobody believes his version of the incident.*

c) *Van der Vyver is both a representative of apartheid policy and a father of an illegitimate black child – but he must ignore the latter towards others: his family, the authorities, his fellow party members and the people who work for him. He cannot show his love for his son and he cannot give in to the mourning for his dead child in a way he would want to. His personality is reduced to someone only having a representative function and he cannot share with others what he really feels for his son.*

5 *Vocabulary work*

Ziel Wortschatzvernetzung in Form von *mind maps* zu verschiedenen Wortfeldern

Erarbeitung Den S sind *mind maps* hinreichend bekannt. L weist darauf hin, dass, wenn möglich, mit Oberbegriffen gearbeitet werden sollte, um mehr Übersichtlichkeit zu gewinnen.

Lösungsvorschlag

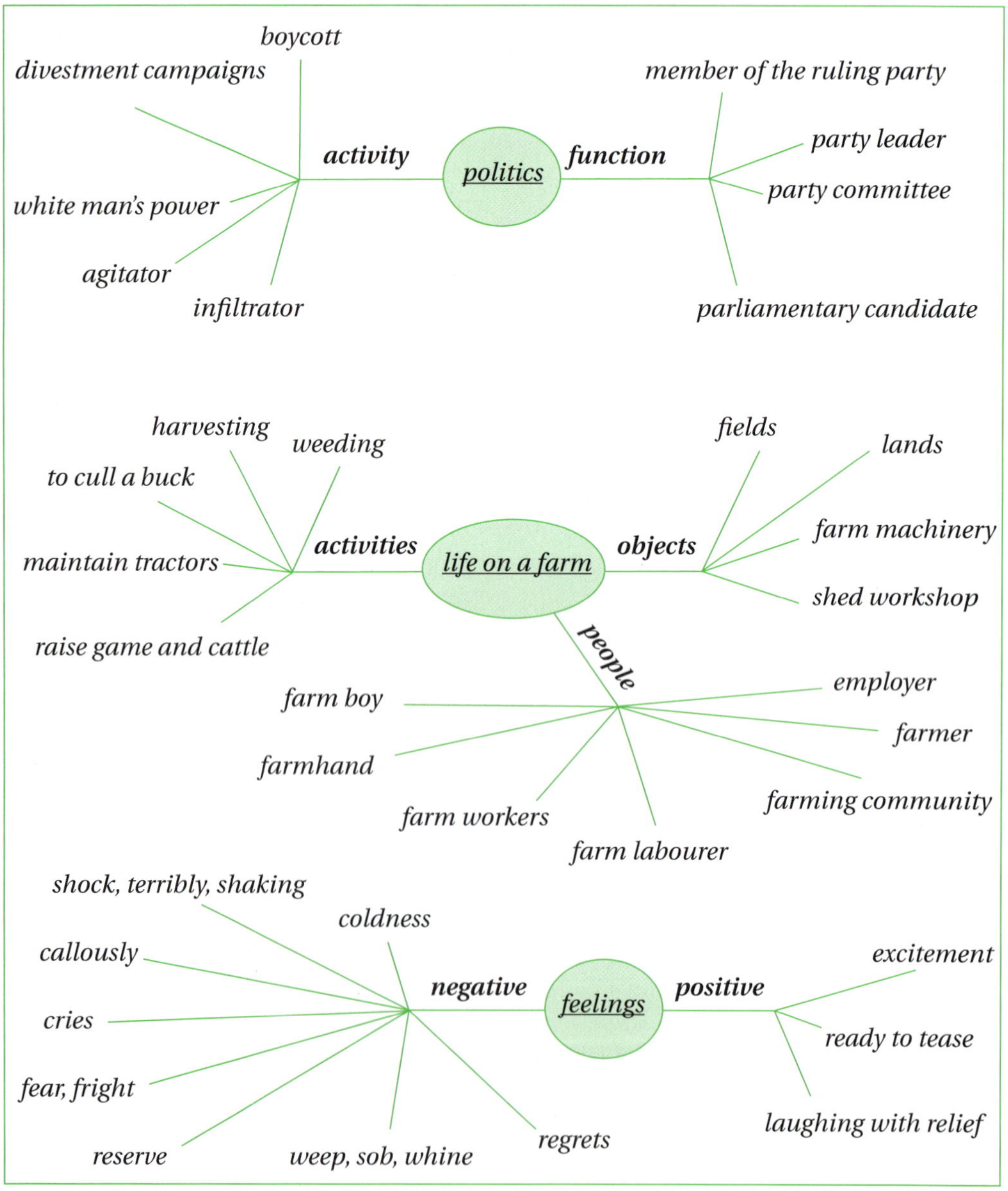

→ S6, p. 92

6 *How is the story told?*

Ziel Textanalyse unter besonderer Berücksichtigung von Struktur, Perspektive, Charakteren (ihren Gefühlen und Beziehungen) und Titel

→ S7, p. 93

Erarbeitung Die S legen die Sinnabschnitte fest. Dabei sollten sie nicht in allen Teilen der Geschichte kleinschrittig (auch über einzelne Abschnitte hinaus) vorgehen, damit der Überblick über den Ablauf des Geschehens erhalten bleibt. Beim Thema *perspective* werden die S noch einmal auf den Unterschied zwischen *author* und *narrator* aufmerksam gemacht werden. L verweist dazu auf **Skill 6** *(Narrative point of view)*, Seite 92 im Schülerbuch, und macht die S darauf aufmerksam, dass ein *limited third-person omniscient narrator* die Geschichte erzählt, der nicht jederzeit das Innere der Figuren offenbart, der jedoch nicht nur sein Wissen über das weitergibt, was in den Köpfen der Menschen vor sich geht, sondern zum Teil nur Vermutungen darüber anstellt, was sie denken, also eine scheinbare Objektivität vorgibt. Um den zeitlichen Rahmen nicht zu sprengen, sollten die S bei Punkt 3 *(characters, feelings, relationships)* nicht allzu ausführlich werden. Vorgeschlagen wird, dass sie sich auf den Jungen, die Mutter und den Farmer beschränken und eine tabellarische Übersicht erstellen. Abschließend erhalten die S die Anregung herauszufinden, wo die Überschrift in der Geschichte erwähnt wird und warum sie gerade dort auftaucht. L kann die Frage stellen, was dies für die Interpretation der Geschichte bedeuten könnte.

Lösungsvorschlag

1. *Structure:*
The first sentence of this story simply states the most important fact: the killing of a farm labourer (l. 1). This single incident is now compared with similar ones (ll. 1–5) and the reaction to this killing is described (ll. 5–38). After stating that the enquiry will prove Marais Van der Vyver's innocence and noting his reaction to the accident (ll. 39–48), the course of events leading to the killing is reported (ll. 49–69) and what it will mean for the farmer and his children and how the other white farm owners react to the incident (ll. 70–96). The funeral is described in detail (ll. 97–128), and the story ends with the description of how the boy and Van der Vyver felt about being together on this hunt and what the farmer saw and did after the shot and the explanation that the boy was Van der Vyver's son (ll. 129–147).

2. *Perspective:*
The story is told from a third person omniscient narrator: he or she seems to know what is going on in the characters' minds. He does not, however, tell us everything what the protagonists think or feel; the behaviour of the farmer and the pregnant black woman, for example, are observed from the outside, and only the ending of the story makes clear what they actually feel about the boy's death. Further, the narrator does not only inform the reader of what he knows but also lets him share his assumptions (what the farmers think about the incident for example).

3.

Characters	*Feelings*	*Relationships*
Marais Van der Vyver	*likes his son but cannot show it; when together there are "moments of excitement" showing that he enjoys his son's company very much; deeply moved by his son's death, not used to showing his feelings before, he weeps about his loss*	*married and has three children; no information as to a more than formal relationship to his wife; the black farm worker's father; has a sexual relationship with the "dead man's mother"*

the boy's mother	*deeply shocked at her son's death and has to be held upright by her parents; cannot find comfort in her lover because nobody is supposed to know about their relationship*	*Van der Vyve's sexual partner; the boy's mother*
the boy	*must certainly feel very uncomfortable that he cannot have a normal relationship with his father on the farm; is happy when alone with him*	*Van der Vyver's and his black mistress's son*

4. *The way whites and blacks live together:*
The story does not tell the reader that blacks and whites live close together; their relationship can be characterised as the one between an employer and his workers. The blacks live together on the farm or near it and, surely, the white farmer has to take care of his black employees because he needs their manpower, but this does not mean that he really cares for them. The way the funeral is held – see the quality of the coffin – must not mislead the reader. Van der Vyver has certainly given financial support to it because his son is to be buried. And we also do not know if he is really in love with the black woman, he may have exploited her sexually. We also do not know in what way communication between the blacks and the whites takes place, we only learn that Van der Vyver has to talk to the white authorities, the police.

5. *Title:*
The narrator himself explains the importance of the title: "The moment before the gun went off was a moment of high excitement …" (l. 129). This moment before the fatal shot marks the very short period of the father's and the son's joy in which they share something very exciting. It seems that this very short period of time was one of the happiest moments they may have had the chance of enjoying, but as they could only be together in the wilderness, away from all other people, those moments of happiness have probably been very rare. In this sense, the title is very ambivalent: on the one hand, both father and son could enjoy this moment, but on the other hand, it was only this one, or a few moments of happiness together because of the social and political situation they were in.

Erweiterung Die S erkennen sicher schnell, dass der *narrator* sein „Wissen" nicht chronologisch preisgibt, die entscheidende Information am Ende liefert und somit den Leser veranlasst, diese noch einmal genau zu lesen und jetzt mit dem Wissen, das er mit der letzten Zeile erlangt hat. Auf diesen Sachverhalt kann besonders aufmerksam gemacht werden, wenn die S folgende Frage beantworten: *What might the narrator have had in mind when he informs the reader about the farm worker's identity only at the end of the story?*

7 What do you think of the story?

Ziel Die persönliche Meinung zu der Geschichte ausdrücken

Erarbeitung Die S verfassen ihre persönliche Stellungnahme in Stillarbeit. L kann mit ihnen zunächst darüber sprechen, welche Vorüberlegungen sie anstellen können. Folgende Leitfragen sind möglicherweise hilfreich: *What character do you identify with most and why? Who is to blame? Could such a story happen in our country?*

8 *A black journalist comes to the farm ...*

Ziel Ein Interview ausarbeiten (a) oder einen Zeitungsnachricht über die Vorfälle verfassen, die zum Tod des Jungen geführt haben (b)

Erarbeitung Die S planen, erstellen und spielen in Aufgabe **a)** ein Interview und verbessern so ihre Fähigkeiten im Kompetenzbereich Mündlichkeit (siehe Stichwort **Mündlichkeit**). Dabei können sie folgende Aspekte einbeziehen:

- Erkundigungen über die Lebensumständen der schwarzen Familie,
- Informationen über das Verhalten des Jungen,
- Informationen darüber, ob Ausflüge dieser Art öfter stattgefunden haben,
- was die Polizei der Mutter berichtet hat,
- was nach ihrer Meinung eigentlich passiert ist,
- ob Van der Vyver danach Kontakt zu ihr aufgenommen hat.

→ S14, p. 98 Für die Zeitungsnachricht in Aufgabe **b)** werden die S angeregt, eine passende Überschrift zu finden und kurze Zeugenaussagen sowie die Meinung der Polizei zu dem Vorfall als Zitate wiederzugeben, um die Nachricht objektiver erscheinen zu lassen.

Mündlichkeit

Aufgabenart: Interview
Arbeitsform: Partnerarbeit
Lernziele: Interviewgerechte Fragen und Antworten erstellen; auf den Gesprächspartner eingehen; die Rollen der Gesprächspartner in einem Interview übernehmen
Thema: Erkundigungen über die Umstände eines Vorfalls einholen
Dauer: ca. 5 Minuten Vorbereitung; ca. 10 Minuten Durchführung
Hilfsmittel: ggf. zweisprachiges Wörterbuch

Verlauf: Die S erstellen das Interview in eigener Regie, wobei sie zunächst versuchen sollten, selbst Themen zu finden, bevor L die obigen Vorschläge anbietet. Die S notieren sich in Stichworten, was sie fragen und antworten wollen. Vor der Präsentation im Plenum bekommen die Paare noch ausreichend Zeit, ihr Interview zu proben.

Erweiterung Die S erstellen einen Zeitungskommentar, der die offizielle Version der Polizei, dass der Tod des Jungen lediglich auf unglückliche Umstände zurückzuführen sei, in Zweifel zieht. Dabei wird auf ähnliche Zwischenfälle in der Gegend verwiesen und der Polizei unterstellt, sie wolle nur verharmlosen, um kein internationales Aufsehen zu erregen.

Topic 5: Living in a modern world (Planungsübersicht)

Scientific and technological progress: its advantages and disadvantages for the individual and society

Abschnitt	Seite	Stunden	Titel/Textsorte/Autor	Hauptaufgaben	Übungen	Workbook	CDs	Kopiervorlagen
A Robots – in science-fiction and reality	72, 73	3	**Robots in science fiction/Robots and human beings:** Photo and text collage; National public Radio feature on the film *I, Robot* by Alex Proyas	Discussion; Listening • Oral presentation	1–4	1–4	LC 1/22	
B Is there anybody out there?	74, 75	3	**They're made out of meat:** Short story by Terry Bisson	Text analysis • Creative writing	1–3	1–5	PB 2/13	
C Big Brother	76–79	6	**Nineteen Eighty-four:** Beginning of the novel *Nineteen Eighty-four* by George Orwell; **CCTV cartoon:** Cartoon by Dave Carpenter; **Big Brother Britain:** Article by Maxine Frith in *The Independent*	Text analysis • Film project; Discussion • Debate • Transfer	1–13	1–7	PB 2/14–15, 16	42–44
D Digital culture	80–84	6	⟨**The next step in brain evolution**⟩: Article by Richard Woods in *The Sunday Times*; **Communicating online: Netiquette:** Page from the learnthenet website; ⟨**Love chips**⟩: Article from the *CTV News website* (Canada's largest private broadcaster)	Text analysis • Vocabulary word • Survey; Discussion; Reading techniques	1–8	1–6;		45–48
E Technology and the environment	85–87	4	**Photos/Towerkill radio feature and discussion:** Photo collage; *Earth and Sky* radio feature by Deborah Byrd and Joel Block; Discussion about the problem of towerkill; **White coats:** Song by New Model Army	Listening; Mediation; Text analysis and interpretation • Discussion	1–4	1–3; Tandem Activity 5; Test yourself 1–10	LC 1/23; PB 2/17	49

Topic 5 Living in a modern world Seite 72–87

ERSTINFORMATION

Die S befassen sich in diesem *Topic* mit den Vor- und Nachteilen des wissenschaftlichen und technologischen Fortschritts für den Einzelnen und die Gesellschaft. Schwerpunkte bilden dabei die Themen Roboter in Science-Fiction und der Realität, eine Kurzgeschichte zu einer Begegnung von außerirdischen Wesen mit Menschen, die Rolle von *Big Brother* in George Orwells 1984 und Videoüberwachung in der heutigen Welt, die digitale Revolution sowie die Interdependenz von Technologie und Umwelt.

Im Abschnitt A *(Robots – in science fiction and reality)* vergleichen die S die Darstellung von Robotern in der Science-Fiction-Literatur mit dem Einsatz realer Roboter in der Wirklichkeit. Sie beschreiben vielfältiges Bildmaterial und verbalisieren ihre Vorkenntnisse zu diesem Thema. Sie entnehmen einem Hörtext gezielt Informationen und recherchieren eigenständig zu einem der auf der Doppelseite angesprochenen Aspekte.

Im Teil B *(Is there anybody out there?)* steht die Kurzgeschichte *They're made out of meat* des Autors Terry Bisson im Mittelpunkt. Zunächst überlegen die S, warum Menschen seit jeher von *other worlds beyond their own* fasziniert waren. Die S beschäftigen sich intensiv mit der Kurzgeschichte und bearbeiten Fragen zum Inhalt und zur Sprache und setzen sich in einer kreativen Aufgabenstellung mit dem Thema Begegnung mit außerirdischen Wesen auseinander.

Big Brother im Abschnitt C beinhaltet den Beginn des Romans *1984* von George Orwell. Die S erarbeiten den inhaltlich und sprachlich anspruchsvollen Text mit Hilfe von verschiedenen Leitfragen und gehen dabei insbesondere auf *setting, characters, theme, atmosphere* und weitere Details des Textausschnitts ein. Sie beschäftigen sich mit der Frage, welche der zu Beginn des Romans angesprochenen Aspekte wohl als futuristisch zur Entstehungszeit des Romans angesehen wurden und inwiefern sie sich als korrekte Vorhersage der Zukunft herausgestellt haben. Zudem wird über die Relevanz des Romans in unserer heutigen Zeit diskutiert. Im zweiten Teil des *Topics* analysieren die S einen Cartoon und befassen sich mit einem Zeitungsartikel, der das Thema *CCTV cameras* in Großbritannien beleuchtet. Die S führen eine Debatte zum Thema Überwachungskameras und recherchieren die Verbreitung von Überwachungskameras in Deutschland sowie die rechtlichen Bedingungen, die deren Einsatz einschränken.

Abschnitt D *(Digital culture)* bietet zunächst einen Zeitungsartikel, in dem es um die Veränderung des Alltags und der Denkweisen, die digitale Medien bei Jugendlichen hervorrufen, geht. Die S bearbeiten Textfragen und führen eine Umfrage zur Rolle der digitalen Technologie im Alltag durch. Der folgende Text beschäftigt sich mit der veränderten Art der Kommunikation im Internet. Die S vergleichen herkömmliches Briefeschreiben mit der elektronischen Post und lernen Beispiele für sogenannte *Emoticons* kennen. Eine Diskussion über die Vorteile und Gefahren des Internets schließt sich an. Der fakultative Text *Love chips* beleuchtet den Bereich *digital culture* aus einer anderen Perspektive. Die S bearbeiten Fragen zum Text sowie darüber hinausgehende Aufgabenstellungen wie das Sammeln von Interviewfragen.

Im Teil E *(Technology and the environment)* werden die S auf den engen Zusammenhang von technologischem Fortschritt und der Umwelt hingewiesen. Dieses Thema wird in verschiedenen Fotos, einem Hörtext und einem Mediationstext sowie einem fakultativen *Song* der Band *New Model Army* beleuchtet. Die S gewinnen aufgrund der vielseitigen Text- und Bildstimuli einen guten Einblick in die Thematik und diskutieren am Ende des *Topics* über die Verantwortlichkeit auf Seiten der Wissenschaftler.

A Robots – in science fiction and reality

Seite 72/73

Thema Vergleich von Robotern in der Science-Fiction-Literatur und der Wirklichkeit

Lernziel Vorwissen über Roboter anhand verschiedener Bildstimuli verbalisieren, Unterschiede zwischen Robotern und Menschen erkennen, einem Hörtext gezielt Informationen entnehmen, eigenständige Recherche zu einem der angesprochenen Aspekte und Präsentation der Ergebnisse

HINTERGRUNDINFO

Star Trek *does not only comprise a highly successful science fiction TV series and currently ten very popular feature films. An eleventh movie is planned to be released in May 2009. The Star Trek setting, which was created by Gene Roddenberry, is the basis of various digital games and hundreds of novels and fictional stories. The Las Vegas Hilton even features a themed attraction based on the Star Trek universe. The original TV series, which aired from September 8, 1966 through September 2, 1969, is considered one of the biggest cult phenomena of modern times. The Star Trek universe portrays a much progressed and advanced human race which, in the mid-21st century, had developed faster-than-light space travel after a devastating nuclear war. Later, the United Federation of Planets was formed after humans had united with other sentient species of the galaxy. By the twenty-third century humanity eventually overcame many bad character traits and weaknesses they acquired as a result of the intervention and scientific teachings of the Vulcans, an advanced alien race. Star Trek stories usually evolve around the Federation's Starfleet whose crew members, both humans and artificial life forms, go through exciting adventures.*

Star Wars *is an epic science fiction franchise, which was originally designed by film director, producer and script-writer George Lucas (born May 14, 1944) during the 1970s. Since then it has been significantly expanded and spawns an extensive collection of licensed books, comics, video games, spin-off films, television series, toys, and other merchandise. Star Wars, eventually triggering off two sequels, was released on May 25, 1977 by 20th Century Fox, and became a worldwide pop culture phenomenon. In 1999 the first part of the second trilogy was released as a prequel to the original trilogy. The setting of Star Wars is a fictional galaxy "far, far away". Many of the main characters in the film are essentially identical to humans, though alien creatures are commonplace. Robotic "droids" are built generally to serve the inhabitants of this galaxy. Those with unique abilities can control and utilize the "Force" – "an energy field created by all living things [that] surrounds us, penetrates us, and binds the galaxy together." The Force can not only be pursued for good intentions. It has a dark side, which, when utilized, makes users hateful, aggressive and malicious. The six films feature the Jedi Knights, who use the Force for good, and the Sith Lords, who use the dark side for evil in an attempt to take over the galaxy.*

I, Robot*: The film, released in 2004, depicts the future in the year 2035 A.D., in which humans have become exceedingly dependent on robots in their everyday lives. Robots are everyday objects and are programmed to live alongside humans. Robots have become more and more advanced, but each one is preprogrammed to always obey humans and to, under no circumstances, ever harm a human. So, when the renowned robot scientist Dr. Alfred J. Laning turns up dead and a humanoid robot is the main suspect, the world is left to wonder if they are as safe around their electronic servants as previously thought. Will Smith stars as Del Spooner, the robot-hating Chicago cop assigned to the murder investigation. The story is attributed to Isaac Asimov's Robot Series, including a short story collection of the same name (Isaac Asimov's I, Robot).*

Isaac Asimov *(c. January 2, 1920 – April 6, 1992) was a Russian-born American author and professor of biochemistry. He is best known for his works of science fiction and for his popular science books. Asimov was a very prolific author, writing or editing more than 500 volumes and an estimated 90,000 letters or postcards.*

*Isaac Asimov's **I, Robot** – published in 1950 – was famous, not just for its depiction of artificial intelligence, but its three "laws of robotics." The book proposed a fairly realistic framework within which any level of artificial intelligence could usefully co-exist with humans. Basically, the "laws" advocated that a robot should not injure a human, must obey human orders and protect itself and humans. Asimov obviously developed the Three Laws (with the help of his editor John W. Campbell) because he was tired of the science fiction stories of the 1920s and 1930s in which the robots, like Frankenstein's creation, turned on their creators and became dangerous monsters. Further reference on Asimov: http://www.bbc.co.uk/sn/tvradio/programmes/horizon/broadband/archive/asimov/*
On this website you will find excerpts from two interviews the BBC programme "Horizons" conducted with Isaac Asimov in 1965: "Laws of robotics" (duration: 1:01 min), "Robot future" (duration: 0:44 min).

***Robot Hall of Fame:** The School of Computer Science at Carnegie Mellon University established the Robot Hall of Fame in 2003 "to honor landmark achievements in robotics technology and the increasing contributions of robots to human endeavors" (source: http://www.robothalloffame.org/about.html). The RHF honors both robots from science and robots from science fiction that have had an inspirational impact on robotics. Robots from science that are on the list of inductees, include, among others, Sojourner, the space exploration vehicle that landed on Mars in 1997 and AIBO, a dog-shaped robotic pet designed and manufactured by Sony.*

Kernwortschatz *robot, surgeon, patient, to weld, to be based on, to adopt, human being, to conflict, repetitive, artificial, strength, weakness, prejudiced, to approve, to abuse, to resemble, to navigate, spacecraft, to launch, accidental*

Hinführung Zur Einführung in das Thema schreibt L das Wort *Robots* an die Tafel und bittet die S, auf einem Zettel oder im Heft 60 Sekunden lang alle Assoziationen, die sie zu diesem Begriff haben, zu notieren. Beim anschließenden Unterrichtsgespräch stellen die S ihre Gedanken vor. L nimmt einzelne Gedanken auf und schreibt sie an die Tafel, bereits unterteilt in die beiden Rubriken *robots in science fiction* und *robots in reality*. Diese gedankliche Vorstrukturierung mündet in die Betrachtung der Fotos auf der Doppelseite, die die bildliche Grundlage für die Aufgabenstellungen 1–3 bilden.

1 *Robots in science fiction*

Ziel Bildbeschreibung und Verbalisieren von Vorwissen zum Thema (a), Vergleiche zu Robotern in der realen Welt herstellen (b)

Erarbeitung Die in der *word bank* aufgelisteten Vokabeln sind Teil des Kernwortschatzes von Abschnitt A. Da die im Kasten aufgeführten Wörter entweder einen Wortstamm besitzen, der den S aus dem Deutschen bekannt ist, oder Kollokationen sind, deren einen Teil die S bereits kennen, sind die Vokabeln selbsterklärend. Die weiteren unbekannten Wörter lassen sich ebenfalls leicht aus dem bereits gelernten Vokabular ableiten bzw. sind durch ihre Verwendung in den Bildunterschriften erschließbar. Beide Teilaufgaben eignen sich für eine Partnerarbeitsphase oder als Grundlage für ein gelenktes L-S-Gespräch im Plenum.

Lösungsvorschlag **a)** ***Data** is an artificial life form in the Star Trek fictional universe. He is an android, i.e. an automaton made to resemble human beings. He is portrayed by the actor Brent Spiner. Data serves as the second officer and chief operations officer aboard the starships USS Enterprise-D and USS Enterprise-E. The robot possesses strength, agility and computation skills that far exceed those of humans, or most other living beings. However, he would in his own words "give it all up to be human". He is not able to completely understand the intricacies of human behaviour and lacks the ability to feel emotions. In 2007 Data was named to Carnegie Mellon University's "Robot Hall of Fame".*

***Borg** is short for cybernetic organism, i.e. an organism that combines artificial and natural systems. In Star Trek the Borg form a technologically advanced collective inhabiting a vast region of space with many planets and ships. They continually threaten the Federation and the Starfleet by attempting an invasion of the Star Trek universe. Their aim is to assimilate other species which are biologically and technologically distinct in order for their collective to become perfect. When they come upon other artificial intelligences, they do not negotiate but assimilate these aliens forcefully.*

***Droids C3PO and R2D2** are two of the most important characters in the Star Wars universe. Ever since R2D2 (called R2, or "Artoo" for short) encountered C3PO they have been closest companions.*

***C3PO** is a protocol droid who was put together from spare parts by young Anakin Skywalker, one of the major characters in Star Wars. He was designed to serve humans, and says about himself that he is fluent "in over six million forms of communication." C3PO's main task is to assist with etiquette, customs, and translation. With his help meetings of different cultures are supposed to be conducted smoothly. Unlike R2D2 the protocol droid is not adventurous and he actually hates space travel and in particular fights, as one of the most likely results is that his body will be disassembled and then put together in the wrong way.*

***R2D2** is a resourceful, brave and adventurous robot who, among others, is responsible for the maintenance and repair of the starship and related technology. He is less than one meter tall but his frame is packed with all kinds of tools. Because of his outstanding bravery, the quirky Artoo is very popular with his friends and allies. R2D2, who is one of the only four characters to appear in all six Star Wars films, comes to the rescue at least once in every film of the Star Wars saga, when a human being is in danger.*

***Robots in the film I, Robot:** In the film, robots are everyday objects and are programmed to live alongside humans and assist them in various fields. However, Detective Spooner suspects that the death of a renowned scientist might not be suicide, but caused by one of the robots. All robots are programmed by three laws, but Spooner starts to wonder if a robot can in fact feel emotions, and possibly commit murder. This would imply that the robot had violated the Three Laws of Robotics, which is apparently impossible. With the help of Dr Susan Calvin, Spooner must now discover the truth before it's too late.*

***Other robots from the world of science fiction:** Maria of Metropolis (1927), David of Artificial Intelligence: AI (2001), HAL 9000 from 2001: A Space Odyssey.*

b) *In the real world, robots are used in microsurgery: they assist surgeons perform complicated operations that would otherwise be too fine for human hands. Surgeons can perform operations on patients remotely. Industrial robots perform tasks that are repetitive and too monotonous or too expensive for humans, e.g. at assembly lines in the automobile industry. Robots help care for the increasingly ageing population, e.g. by lifting elderly people from their beds.*

2 *Robots and human beings*

Ziel Sich der Einsatzmöglichkeiten von Robotern in der heutigen Welt bewusst werden (a), die Unterschiede zwischen Mensch und Roboter diskutieren (b)

Erarbeitung Vor der Besprechung der Teilaufgabe **a)** im Plenum machen sich die S in einer Stillarbeitsphase oder in Partnerarbeit Notizen zu den in der Fragestellung angesprochenen Aspekten. Die Ergebnisse des anschließenden L-S-Gesprächs werden in einem Tafelbild festgehalten. Teilaufgabe **b)** eignet sich als schriftliche **Hausaufgabe** ebenso wie als Grundlage für eine Diskussion in Kleingruppen.

→ S16, p. 100

Humans:	Robots:
· Complicated processes that require intelligent planning and readjusting.	· Repetitive, monotonous tasks, e.g. in factories. · Tasks that are too dangerous, dirty, difficult or too expensive for humans, e.g. rescue operations, space or deep water exploration, for military uses, in the household

Lösungsvorschlag

a) *Other tasks robots can be used for:*
- *Repetitive tasks in factories, e.g. packaging or storage of goods, machine loading, etc.*
- *Humans use robots for rescue operations, e.g. to find and help victims after an earthquake, avalanche or other natural catastrophes.*
- *Exploration: robots are used to explore underwater depths that humans can not access. They are built to explore space: they collect data, gather samples of soil or rock, take pictures and send these back to Earth.*
- *Robots are a means to clean up contaminated areas, e.g. after a chemical spill.*
- *The military are using robots to launch missiles, sweep mines or defuse bombs.*
- *Robots are used for household chores, e.g. mowing the lawn or vacuum cleaning the house.*
- *In general, jobs that involve complicated processes which require constant planning and highly intelligent readjusting suit humans better. However, jobs or tasks that are too dangerous, dirty, difficult, monotonous or too expensive for humans are appropriate for robots.*

b) *In science fiction, robots are often portrayed as sentient, i.e. as able to see or feel things through the senses. However, in the real world, robots can not think and feel like humans. Some science fiction robots, e.g. R2D2 display typical human emotions such as empathy or grief. But this, of course, is not true for robots in science. Humans are characterized by their morality, a feature some robots seem to have in science fiction, but do not have in the real world. Robots in science fiction are often depicted as self-aware beings very close to human beings. In reality, however, robots are only machines, although programmed to fulfill very intricate and sophisticated tasks.*

→ S1, p. 88

3 *Listening*

Ziel Einer Radiosendung gezielt Informationen entnehmen

Materialien
- LC-CD 1, Track 22
- → WB ex. 1, 2, 3, 4

[LC◎22] **Text:** ***Talking about a science fiction film***

Cathy: *Hi, Ian. Here's that DVD back. Thanks for lending it to me.*
Ian: *Oh, "I, Robot" – great movie, isn't it? Or what did you think?*
Cathy: *Well, it had its moments, I suppose, but all in all I was a bit disappointed.*
Ian: *Really? I'm not a great science fiction fan, but I thought this had everything – an exciting plot, witty dialogues, brilliant special effects. Maybe you should have seen it in the cinema first, like I did. It's more effective on the big screen.*
Cathy: *Maybe. I mean, some of the action scenes are certainly spectacular, but, er, …*
Ian: *What was the problem then?*
Cathy: *Well, I didn't see it in the cinema when it came out because, you know, I'm a fan of Isaac Asimov's and I'd read some bad reviews of the film. And now I've finally seen it, maybe I'm prejudiced, but to me it's a complete travesty of the original book.*
Ian: *Well, I haven't read Asimov. That stuff is fifty years old, isn't it? But does the movie have to be exactly like the book? I mean, does it actually matter?*

Cathy: *The makers of the film obviously think it doesn't. They've used the same title and two or three of Asimov's characters. And they go on and on about Asimov's three laws of robotics. But nothing else resembles the book in the least. The storyline is totally different. The Will Smith character isn't in the book. There are no car chases and big shoot-outs in the book, and definitely no menace to humanity through homicidal robots!*

Ian: *OK, but that's Hollywood, isn't it? It's entertainment – what people pay their money for. You have to expect these things in a blockbuster that costs millions of dollars. But I personally thought it was really gripping.*

Cathy: *Gripping? Take that action scene at the end. You know, where they're trying to destroy VIKI, the evil super-computer that's responsible for all the robots behaving strangely. They're at the top of that skyscraper, and the robots come after them and Will Smith and the girl are leaping around and shooting robots and falling off the edge and hanging on. Ridiculous! It was so obviously computer generated I had to laugh. More of a comedy than a thriller.*

Ian: *Well, I can't say I agree with you there, Cathy. But what about the plot? You must admit it really kept you guessing and made for an exciting movie, didn't it?*

Cathy: *Hm! Not really. I guessed the ending about half way through.*

Ian: *You're joking!*

Cathy: *No, honestly. But quite apart from that, I found the story a bit implausible.*

Ian: *How do you mean?*

Cathy: *Well, there's this genius of a professor who is smart enough to invent all the robots. But when he wants to tell the world that VIKI the evil supercomputer is starting to control them, what does he do? He builds a robot that will kill him, so everybody except robot-hating Will Smith will think it's suicide. Then he leaves Will a few really difficult clues. This guarantees that it'll take him ages to eventually sort things out. There must be a smarter way!*

Ian: *I thought it was clever. The professor can't do much because he's imprisoned and controlled by VIKI.*

Cathy: *Even so. What a complicated way to get a message through!*

Ian: *But you have to admit that the story has a certain logic. The reason VIKI the supercomputer gets robots to turn against humans is to protect humans from themselves. Because they're slowly destroying the world. So the robots are actually obeying Asimov's laws of robotics. They won't allow humans to harm themselves.*

Cathy: *So they go around killing them, eh? That's pretty farfetched, isn't it? I reckon Asimov will be turning in his grave. Especially when his scientist Dr Susan Calvin starts firing at robots with a machine gun!*

Ian: *Political correctness, Cathy. You can't have men doing all the shooting.*

Cathy: *Hollywood again. And Asimov's daughter approved the film, although it really abuses his vision of humans and robots working together. But do you know what really annoyed me?*

Ian: *No, but you're going to tell me anyway.*

Cathy: *The amount of totally unnecessary product placement.*

Ian: *Product placement? What products?*

Cathy: *You name it. There was some pretty obvious and unsubtle advertising for Chuck Taylor shoes, for the FedEx parcel service, for Audi cars, for JVC CD players, …*

Ian: *That's nothing new. It helps to cover the costs. Cathy, remind me never to lend you another DVD, will you?*

Erarbeitung L bereitet eine Folie mit englischsprachigen Definitionen der sechs in der *word bank* gegebenen Wörter vor, die die S in Partnerarbeit erschließen: *<u>prejudiced against</u>: biased, having an unreasonable preference for or dislike of sb or sth; <u>to resemble</u>: to be similar to another person or thing or to look alike; <u>menace</u>: something or somebody threatening, harming people or damaging things; <u>homicidal</u>: likely to kill or seriously harm another person; <u>to approve</u>: to agree with; to like sth./sb. or to give one's consent; <u>to abuse</u>: to misuse sb. or sth; to treat sb. in a cruel way.*

Lösungsvorschlag

Differences between the film version and Asimov's original stories:
Whereas Asimov's stories are based on the assumption that human beings and robots could live peacefully together and form a shared future, in the movie I, Robot, robots are becoming a menace to mankind and start fighting against them. Thus robots in Asimov's stories are nearly as human as humans themselves in contrast to the robots in the movie that turn out to be homicidal. In addition, the main character in Asimov's stories, a female psychologist working with robots, is replaced by the famous actor Will Smith starring as detective Spooner, who has to fight the violent robots.

Reasons for the fact that so many people were unhappy about the film:
Many people were biased towards the film even before its opening as there were reports that the film was quite different from its original source. Critics of the film like author and scientist Geoffrey Landis claim that the story of the robots turning into violent killer machines totally twisted and thus destroyed the message that Asimov wanted to convey in his stories. Asimov maintained that robots could not harm human beings and published this view in his well known Three Laws of Robotics. However, this view is challenged in the film, making Asimov fans believe that the film used and abused the author's set of rules.

→ S18, p. 101

⟨4 *Research*⟩

Ziel Informationen sammeln und sie aufbereitet in der Klasse präsentieren

Erarbeitung Die S erledigen diese fakultative Aufgabe entweder in Partner- oder Kleingruppenarbeit. Stellen Sie für die Recherche und die Aufbereitung der Materialien einen bestimmten Zeitraum (z. B. eine Woche) zur Verfügung und achten Sie darauf, dass die Ergebnisse auf unterschiedliche Weise präsentiert werden (siehe **Skill 30**, Punkt 7., Seite 111 im Schülerbuch). Weisen Sie die S auf die Informationen in der *Fact file* auf Seite 73 hin.

→ S30, p. 111

B Is there anybody out there?

Seite 74/75

Thema *Short story* aus dem Science-Fiction-Genre

Lernziel Detaillierte Analyse des Inhalts und der Sprache einer Science-Fiction-Kurzgeschichte, kreative Aufgabenstellung in Form der Beschreibung dreier Alltagsgegenstände aus Sicht eines Außerirdischen

HINTERGRUNDINFO

Terry Ballantine Bisson (born 1942 in Kentucky) is an award-winning American writer, primarily known for his science fiction and fantasy short stories. He is the author of six novels, too. Bisson' novels and stories have been published in France, Japan, Germany, Italy, Spain, Russia, and many other countries. In many of Bisson's short stories the author uses dialogue only, thus making the characters, the setting and the action much more immediate. His story "They're Made Out of Meat", published in 1991, is a striking example of this technique. In 2006 Stephen O'Regan turned this story into a film that won the Grand Prize at the SF Short Film Festival in Seattle.

Hinführung Die S beschreiben und analysieren zunächst die Karikatur auf Seite 74 oben im Schülerbuch. L leitet zum Thema der *short story* über, indem er die S fragt, welche Eigenschaften einem Außerirdischen wohl zunächst an Exemplaren der Spezies Mensch auffallen würden. Danach diskutieren die S mit ihrem Partner die Frage, die in der *pre-reading activity* aufgeworfen wird.

1 *Before you read*

Ziel Mutmaßungen darüber anstellen, warum die Menschheit seit jeher von anderen Lebensformen jenseits ihrer eigenen Lebenswirklichkeit fasziniert ist

Lösungsvorschlag

When people glimpse a world beyond their own, it is not only a form of entertainment which makes one forget about one's current problems and one's daily life. People can also learn something about themselves in the present. Looking beyond the horizon of current technologies or the intricacies of the social system, people will observe the possible impact of scientific progress and start asking questions about their own world.

They're made out of meat

Seite 74/75

Kernwortschatz *ambassador, aboard, sentience, stage, span, conscious, to swap, to slap, prejudice, harsh, slim, appropriate, to bear, award, novel*

Materialien PB-CD 2, Track 13

Erarbeitung **Kernwortschatz:** Die Wörter des Kernwortschatzes werden durch Beispielsätze bzw. Definitionen semantisiert: *ambassador: an official who lives in a foreign country as the representative there of his or her own country; aboard: on board (e.g. a ship, a spacecraft, etc.); sentience: life forms that are able to see or feel things through the senses; stage: a period or state that sth/sb passes through while developing or making progress: e.g. this technology is still in its early stages; span: the length of time that sth lasts or is able to continue; conscious: aware of sth; noticing sth, or: able to use your senses and mental powers to understand what is happening; to swap: give sth to sb and receive sth in exchange ; to slap: to hit sb/sth with the flat part of your hand; prejudice: unreasonable dislike of or preference for a person, group, custom, etc.; harsh: cruel, unfriendly; slim: thin; appropriate: acceptable or correct for the particular circumstances; to bear: to be able to accept and deal with sth unpleasant; award: a prize; novel: a story long enough to fill a complete book.*

[PB ◎13]
→ G12, p. 121
→ G10/11, p. 118

Text: Zunächst wird der Text bei geschlossenen Büchern von der CD präsentiert. Nach Zeile 54 wird unterbrochen, und die S fassen kurz zusammen, was sie bisher gehört haben. Vor dem nächsten Textabschnitt stellen sie Vermutungen darüber an, wie die beiden außerirdischen Wesen weiter verfahren werden. Dann wird der letzte Abschnitt des Textes (ab Zeile 55) von der CD präsentiert und die S fassen mit eigenen Worten zusammen, was die beiden Sprecher hinsichtlich ihres Vorgehen gegenüber der Menschheit beschlossen haben. Nach dem lauten Lesen des Textes im Plenum wird zur Textanalyse in Aufgabe 2 übergeleitet.

→ S3, p. 89

2 *Working with the text*

Ziel Erläuterung der Situation, in der der Dialog stattfindet (a), den Auftrag und die Einstellung der Sprecher zueinander vergleichen (b), Analyse der sprachlichen Elemente (c), Vorspielen des Dialogs in Partnerarbeit (d)

Erarbeitung Teilaufgabe **a)** wird im L-S-Gespräch bearbeitet. Für die Teilaufgaben **b)** und **c)** ist eine tiefer gehende Beschäftigung mit dem Text notwendig. Diese beiden Aufgaben werden von den S schriftlich erledigt. Die Bearbeitung der Teilaufgabe **d)** erfolgt in Partnerarbeit.

Lösungsvorschlag

a) *The situation evolves around two space travellers talking about the first contact with human beings. Obviously these aliens are a superior form of being, highly intelligent and physically completely different from human beings. Their task is to establish contact to all beings capable of perceiving and feeling things that live in their quadrant of the Universe. One of them is telling the other that various specimens of inhabitants of a remote planet have been "probed all the way through aboard [their] reckon vessel" (ll. 5–6). The overall result of this examination was that "they're made out of meat" (l. 1). The other alien can hardly be convinced of the fact that not only the bodies but also their brains seem to entirely consist of meat. The two space travellers, disgusted at the comparatively primitive creatures, then discuss which steps should be taken and decide to erase any record of their contact and mark the sector they are supposed to explore as unoccupied as they consider communicating with sentient meat beneath their dignity.*

b) *The speakers' mission is to detect any sentient beings living in their quadrant of the Universe, to make contact with them and enter the gathered information in an official report. They are supposed not to show any "prejudice, fear or favor" (ll. 56–57). However, throughout the text it becomes obvious that the space travellers are very biased, displaying a definite distaste for these creatures entirely made of meat who they consider as inferior (ll. 60–61). They see humans as basically physical beings at a technologically lower state (ll. 65 ff.). They refuse to officially contact these human beings and decide to erase all the records tracing their findings. On the other hand, the two speakers obviously favour creatures who resemble themselves, as becomes evident when they talk about other aliens, "a rather shy but sweet hydrogen-core cluster intelligence"(l. 80) whose attempt to "be friendly again" (l. 81–82) is warmly received by one of the speakers who thinks that the universe would be "unutterably cold" if "one were alone" (ll. 84–85).*

c) *The speakers relate to the unfamiliar concept of human beings by applying notions which are familiar to them. One of the space travellers constantly compares the human beings to aliens like "the orfolei" (l. 18) or "the weddilei" (l. 23). The sound of these names is funny. Moreover, the chatty style of the dialogue, containing many colloquialisms such as "Nope" (ll. 20/25), "Spare me" (l. 23) or the repetitive use of "Omigod" (ll. 37/40/52) add to the humourous effect. The fact that the characters speak everyday English and display common human character traits, but are so much different from human beings creates humour. The enumeration "[…] thinking meat. Conscious meat! Loving meat. Dreaming meat." (l. 34) stresses the fact that the speaker considers these attributes as incompatible with meat, thus creating a humourous tone. Other examples of the funny combination of words or concepts that do not really match are "Meat made the machines" (ll. 13/14), "They're born meat and they die meat" (l. 20), "So what does this meat have in mind?"*

(l. 40) or the phrase "meat container" (l. 64) which is applied to humans' spacecrafts. The rhetorical question "Who wants to meet meat?" (l. 70), illustrating the speakers' reservations about and contempt for the human race, contains two homophones and brings humour to the text. Moreover, it displays the obvious insignificance of the human race in the Universe, which is populated by seemingly superior creatures.

→ S11, p. 96

3 *Creative writing*

Ziel Kreative Auseinandersetzung mit Alltagsgegenständen, Erstellen eines fiktiven Textes

Materialien → WB, ex. 1, 2, 3, 4, 5

Erarbeitung Diese Aufgabe wird als schriftliche **Hausaufgabe** erledigt. L kopiert und laminiert die kreativsten Texte und stellt sie im Klassenzimmer aus.

C Big Brother

Seite 76–80

Thema Kontrolle des Einzelnen durch ein totalitäres System und durch moderne technologische Entwicklungen wie Überwachungskameras in der heutigen Welt

Lernziel Vorwissen zu historischen Persönlichkeiten aktivieren

HINTERGRUNDINFO

Joseph Stalin *(1878–1953) was General Secretary of the Communist Party of the Soviet Union's Central Committee from 1922 until his death in 1953. He also occupied other key positions which enabled him to build up enormous personal power in the party and government apparatus. During that time he established the regime now known as Stalinism. Through increasing control of the Party from 1928 onwards, he became the de facto party leader and dictator, a position that he retained for nearly a quarter of a century until his death. His rule is infamous for his use of police terror and the frequent mass murders of his own people. In particular, his crash programs of industrialization and collectivization in the 1930s and his campaigns of political repression cost the lives of millions of people. Within less than ten years under Stalin's reign, the Soviet Union became the second largest industrial nation. After the Second World War, the Soviet Union went on to achieve recognition as one of just two superpowers in the post-war era, a status that lasted for nearly four decades after Stalin's death.*

Mao Zedong *(1893–1976) was the leader and leading theorist of the Chinese communist revolution. As a Marxist, he became a founding member of the Chinese Communist Party (1921), whose leader he became a few years later. In 1936, under the increasing threat of Japanese invasion, Mao restored and vastly increased the political and military power of his Party. His claim to a share in the government led to civil war. The regime of Jiang Jieshi was ousted from the Chinese mainland, and the new People's Republic of China was proclaimed (1949) with Mao as both Chairman of the Chinese Communist Party and President of the Republic. He followed the Soviet model of economic development and social change until 1958, then broke with the USSR and launched his Great Leap Forward, which encouraged the establishment of rural industry and the use of surplus rural labour to create a new infrastructure for agriculture. The failure of the Great Leap lost Mao Zedong most of his influence, but by 1966, with China's armed forces securely in the hands of his ally Lin Biao, he launched the Great Proletarian Cultural Revolution, and the Great Leap strategy was revived (with caution) when the left wing was victorious in the ensuing political struggles (1966–71). However, many of Mao's socio-political programs such as the Great Leap Forward and the Cultural Revolution are blamed by critics from both within and outside China for causing severe damage to the culture, society, economy and foreign relations of China, as well as enormous and unnecessary loss of lives, a peacetime death toll in the tens of millions.*

1 *What do you know about these men?*

Ziel Versprachlichen von Vorwissen zu den beiden abgebildeten historischen Persönlichkeiten

Erarbeitung Im Unterrichtsgespräch werden die geschichtlichen Kenntnisse, die die S zu den beiden Führerpersönlichkeiten haben, gesammelt und die wichtigsten Fakten als Tafelanschrieb festgehalten.

Lösungsvorschlag

Joseph Stalin	*Mao Zedong*
• *Russian dictator who turned the Soviet Union from a backward country into a world superpower at unimaginable human cost.*	• *He was the key founder of the People's Republic of China in 1949.* • *Mao Zedong ruled China from 1949 until his death in 1976.*

• *Established the system known as Stalinism.* • *Ruled the Soviet Union for almost 25 years, his reign starting around 1930.* • *Police terror and the frequent mass murders of his own people resulted in the deaths of millions of people.*	• *Mao Zedong launched a reform programme that included the establishment of large agricultural communes which ran their own collective farms and factories; this programme was a failure, however.* • *Mao's reign has been made responsible for causing the death of millions of people and severely damaging the culture, society, economy and foreign relations of China.*

Nineteen Eighty-four

Seite 76–78

Thema Auszug aus dem Roman „1984“ von George Orwell

Lernziel Die Kontrolle des Einzelnen durch ein totalitäres System erkennen

HINTERGRUNDINFO

George Orwell *was the pen-name of Eric Blair (1903–1950), who was born in India to what he called "a lower-upper-middle class family". Blair grew up in Henley-on-Thames, west of London, until the age of eight. He then spent some miserable years at a boarding school where he was not really socially accepted. Later, at the renowned public school of Eton, Blair – again being a loner and social outcast – started writing. As the family could not afford to send him to university, Blair decided to join the Indian Imperial Police. He signed up for a five-year period in Burma, one of the British dependencies. In 1927 Blair resigned from the police and resolved to become an author. In 1936 the civil war broke out in Spain. Francisco Franco and his Spanish generals were attempting to overthrow the newly formed people's government, which had only recently replaced the Spanish monarchy. This military coup made idealists from all over the world commit themselves to support the people's government as they considered Franco a threat to democracy, freedom and liberty. At the same time, two totalitarian systems of government had been firmly established in Russia on the one hand, and Germany on the other hand. Franco was aided both by Stalin and Hitler. George Orwell decided to assist one of the parties in Spain fighting Franco and left England for Spain. However, Orwell became completely disillusioned by the fact that after some time, the vanishing class divisions in Spain had been firmly reestablished and that riots and street fights could not be thwarted. Returning home to Britain after Franco had taken over the country, Orwell decided that he would become a political reformer and change the world through his writing. He elaborated on his aims in "Why I Write" ("Every line of serious work that I have written since 1936 has been written […] against totalitarianism and for democratic socialism […]."). In 1944 Orwell's "Animal Farm", a parable about Stalinism, brought him instant recognition and financial security. Although seriously ill, he put off treatment several times in order to work on his novel "The Last Man in Europe", which he finally changed to the title "Nineteen Eighty-four". Published in 1949, a period when the Cold War started, this novel eventually made Orwell one of the most famous authors of the 20th century. George Orwell died in 1950.*

Nineteen Eighty-four: *The novel was published in 1949. Setting the book only 35 years in the future, the author wanted to warn his readers that his nightmare vision could become reality within their lifetime if they were not cautious. His aim was to display the perversions a centralized society is prone to and which he believed to have already been realized in Communism and Facism. "Nineteen Eighty-four" is one of the most famous and popular dystopian novels, set in a world where totalitarianism rules the inhabitants. All power is split into three roughly equal groups – Eastasia, Eurasia, and*

Oceania. "Nineteen Eighty-four" is set in Oceania, which includes the United Kingdom. The protagonist Winston Smith is a middle-aged, unhealthy character, a party member working for the Ministry of Truth, but secretly despising the totalitarian Party regime with the omnipresent, omniscient and omnipotent Big Brother as its figurehead. Winston hates the oppression and rigid control of the Party, which exposes citizens to 24 hour surveillance, prohibits free thought, sex, and any expression of individuality. Winston is determined to retain his humanity even under these inhuman circumstances. The book describes how Winston Smith, whose job it is to alter and distort history by changing old newspaper records to fit the needs of the Party, sets out to expose the Party for the cynically fraudulent organisation that it is. In the opening section of the book, Winston begins a diary in order to escape Big Brother's tyranny, at least inside his own mind. Keeping a diary, however, is considered high treason, an act punishable by death. When he meets Julia, a beautiful young woman much in contrast with Winston physically, but equally disgusted at the excesses of her rulers, he has not only found a lover but also an ally to fight against the Party and Big Brother. However, this turns out the be a futile attempt in the end.

Kernwortschatz *chin, effort, mansion, swirl, dust, cabbage, to tack, to depict, feature, to make for, seldom, current, preparation, ankle, to gaze, iron, plaque, surface, switch, to distinguish, frail, to emphasize, rough, blunt, to hover, to dart, to curve, to transmit, simultaneous, to plug in, wire, at any rate, assumption, to reveal, ministry, vast, vague, to squeeze, to rot, to patch, cardboard, heap, to spring up, startling, terrace*

Materialien
- PB-CD 2, Track 14/15
- Kopiervorlage 42 *(Word power)*

Erarbeitung **Kernwortschatz:** Es bietet sich an, in der Unterrichtsstunde vor der Behandlung des Textes die unbekannten Wörter in kleinere Portionen aufzuteilen und bis zu zehn Wörter an jeweils einen S oder ein S-Paar mit dem Arbeitsauftrag zu geben, für diese Vokabeln Semantisierungsmöglichkeiten auszuarbeiten und sie der Klasse vorzustellen. Dieses Verfahren entspricht dem methodischen Konzept *Learning by teaching* („Lernen durch Lehren"/LdL) und bietet methodische Abwechslung. Es stärkt die Eigenverantwortung der S, die auf diese Weise für den Lernfortschritt ihrer Mitschüler/innen verantwortlich werden.

→ G14, p. 123
[PB 14]
[PB 15]

Text: Nach der vorbereitenden Wortschatzarbeit wird der Romanauszug entweder in Stillarbeit gelesen oder von der CD vorgespielt. Die Tonaufnahme ist zur leichteren Handhabung in zwei Tracks unterteilt: **Track 14** (*ll. 1–28*) und **Track 15** (*ll. 29–76*).

Erweiterung Zur Überprüfung der Vokabelkenntnisse bearbeiten die S **Kopiervorlage 42** *(Nineteen Eighty-four)*, die verschiedene Übungen zur Wortschatzumwälzung, bezogen auf den Kernwortschatz des Textes, beinhaltet.

→ S7, p. 93

2 *The beginning of the story*

Ziel Analyse von *setting, characters* und *theme* sowie des ersten Satzes des Textabschnittes

Erarbeitung Im Plenum wird die Wirkung des ersten Satzes des Romans diskutiert. Dann beschäftigen sich die S in einer Gruppenarbeitsphase arbeitsteilig mit je einem der drei Aspekte *setting, characters* oder *theme* und stellen ihre Ergebnisse übersichtlich auf einer Folie zusammen. Ein/e Gruppensprecher/in präsentiert das Erarbeitete im Plenum.

Lösungsvorschlag

Effect of the first sentence: *The book opens with quite a short simple sentence, stating the weather, the month and the time of day. The reader is immediately drawn into the situation. The first part of the sentence makes the reader believe that it is just an ordinary day ("It was a bright cold day in April ..."), but the second part of the sentence ("... and the clocks were striking thirteen.") at once refute this impression. This is the* *first indication that the novel is set in the future. Moreover, thirteen is often associated with bad luck and thus might create a certain feeling of unease among the readers.*

Setting: *The story is set in London in the near future, the capital of an area called Airstrip One, which is "the third most populous of the province of Oceania (l. 59). It is "a bright cold day in April" (l. 1) in the year 1984, as the title suggests. All the buildings are old and in very bad condition (ll. 62–64). Bombs have obviously destroyed many parts of the city (ll. 64–68). Victory Mansions, where Winston lives, is shabby and rundown (ll. 5/9). On each floor of the house (l. 14), but also everywhere in the streets (ll. 32–33) posters depicting the enormous face of Big Brother and the slogan "Big Brother is watching you" can be seen. In Winston's apartment, an instrument called a telescreen spreading propaganda cannot be turned off. It is a means through which the Thought Police are known to monitor the actions of the citizens.*

Characters: *In this extract from the beginning of the novel, two characters are described in more detail: Winston Smith and Big Brother.*
Winston is a middle-aged (l. 12), physically weak and thin man wearing the Party's uniform overall: "A smallish, frail figure, the meagreness of his body merely emphasized by the blue overalls which were the uniform of the party" (ll. 23–25). He has got very fair hair and although he has got a ruddy face (ll. 26–27), he seems to be physically unfit (ll. 13–14). Winston has just returned home to his apartment in a rhamshackle building, which is ironically called Victory Mansions, in London. He seems to be disgusted at what has become of the city (ll. 58 ff.). Winston is very careful only to show his back to the telescreen, which is a means for the Thought Police to enter people's minds and spy on them. Looking out of the window, Winston Smith can see the Ministry of Truth, his workplace (ll. 56–57), one kilometre away from where he lives.The story is told from his point of view. The opening section of the book consists largely of Winston's observations of and reflections on the world in which he lives.
Big Brother is a man of about 45 years of age whose face is depicted on huge coloured posters inside and outside the buildings in the city. The man has got a "heavy black moustache and ruggedly handsome features" (l. 8). Big Brother is portrayed in such a way that people get the impression that they are being followed by his eyes whereever they go (ll. 16/35–36). This impression is enhanced by the caption of these enormous posters: BIG BROTHER IS WATCHING YOU (ll. 16–17/34–35).

Theme: *This extract reveals the terrifying impact of totalitarianism. The Party and its figurehead Big Brother seem to be omnipresent and omniscious and control people's actions and minds. Not only are citizens under constant observation, they are also permanently exposed to propaganda. There is no personal freedom and individual thought.*

→ S2, p. 88

3 *Looking at the language*

Ziel Sich detailliert mit der Sprache des Textausschnitts auseinandersetzen

Erarbeitung Diese Aufgabe eignet sich gut als umfassende schriftliche **Hausaufgabe**.

Lösungsvorschlag

a) *The world portrayed in this extract seems to be a dark, colourless and grim place. Although the day was bright and the sun was shining from a clear blue sky (ll. 1/31), "there seemed to be no colour in anything, except the posters" (ll. 31 ff.) depicting Big Brother. Most of the buildings in London at that time are dilapidated and run-down (cf. l. 63: "rotting nineteenth-century houses") and there is an atmosphere of destruction and decay as well as hopelessness hanging over the place: "bombed sites" (l. 63) and "heaps of rubble" (l. 66) are commonplace. There is also an atmosphere of menace and threat, e.g. when a helicopter of the Though Police spying on people's lives is described (ll. 40 ff.). All in all, the world portrayed seems to be a grim and terrifying place.*

b) 1. ***Big Brother and Winston:*** *Winston is desribed in much more detail than Big Brother. Whereas in the description of Big Brother the focus is on his facial features and the fact that his portrait is larger than life, Winston's outward appearance as well as his actions and thoughts are depicted at several points in this extract. Although Big Brother is a man of about 45, he seems to be superior to any other human being, as he is omnipresent and omnipotent. Winston, on the other hand, is portrayed as quite an ordinary character, whose appearance is not exceptional in any way. He suffers from a varicose ulcer above his right ankle, which makes him take the stairs slowly. He is described as "a smallish, frail figure" (ll. 24) and thus poses a contrast to the enormous, powerful face of Big Brother hanging at every corner and in every building.*

2. ***The Ministry of Truth and the general view of London:*** *Whereas London is depicted as a grim, decaying city with dilapidated and rhamshackle buildings (ll. 62 ff.), the Ministry of Truth is quite distinct from this general view of the city. In contrast to the crooked, boarded up houses, the Minitrue rises 300 metres into the air, built as an enormous pyramid "of glittering white concrete" (l. 73). Even from a distance of one km one could read the Party's three slogans "on its white face in elegant lettering (ll. 74–75).*

c) *Each of the three slogans: WAR IS PEACE, FREEDOM IS SLAVERY, IGNORANCE IS STRENGTH is self-contradictory. In these slogans two opposites are joined together and equated with each other. The slogans seem to be illogical at first glance. However, judging from the first impression one gets from the opening section of the book, the reader can guess that the Party is able to make people believe that these statements are true.*

4 *Then and now*

Ziel Sich mit der Frage auseinandersetzen, welche Bezüge im Text zur Entstehungszeit des Romans vermutlich als futuristisch angesehen wurden und inwiefern diese eine zutreffende Vorhersage der Zukunft darstellten

Erarbeitung Die S beantworten diese Frage in Partnerarbeit.

Lösungsvorschlag *The screen in the flat as a means to spread propaganda as well as to spy on people and control them would certainly have seemed futuristic at the time when "Nineteen Eighty-four" was written. It is not the fact that there is a power that is aiming at complete control of human minds as this could be seen in the totalitarian regimes of George Orwell's times, but rather the technological gadget that enables the Thought Police to actually read people's minds. Luckily, this scenario has not turned out to be true in the future. Although there is surveillance in public places, the oberservation of people in their homes is not a fact of today's world. However, a modern form of propaganda can be seen in commercials on TV. But, unlike Winston in "Nineteen Eighty-four", we are able to switch off the TV.*

5 *Your opinion*

Ziel Entscheiden, ob das Thema des Romans heute noch relevant ist und ob der Roman auch in 20 Jahren noch gelesen werden wird, die persönliche Einschätzung begründen

Materialien Kopiervorlage 43 *(Cloze test)*

Erarbeitung Die S setzen sich mit dieser Fragestellung vorbereitend zu Hause auseinander. In der Diskussion im Klassenverband werden die unterschiedlichen Positionen ausgetauscht. L legt besonderen Wert auf eine schlüssige Begründung der persönlichen Einschätzung.

Lösungsvorschlag *The theme of the novel, the dangers of totalitarianism and political authority, is still relevant today. There are still several countries in our world, e.g. Zimbabwe or China,* *which are ruled by a dictator or a ruling party. In these countries individual freedom of the people is curbed and the inhabitants are often exposed to propaganda or even terror. In my opinion, the novel will still be read in twenty years' time as its theme and motifs will always remain topical and relevant. Although some references in the text might have seemed futuristic or even ridiculous at the time of its first publication, and have since become quite commonplace (e.g. a TV screen in every flat), the novel is not outdated. "Nineteen Eighty-four" rises many interesting questions and critically points at developments which will still be relevant in 20 years time.*

Erweiterung An dieser Stelle bietet sich der Einsatz der **Kopiervorlage 43** *(George Orwell – the author and his times)* an. Das Arbeitsblatt enthält einen Lückentext zur Textrekonstruktion. Der Text beleuchtet George Orwells Biographie vor dem zeitgeschichtlichen Hintergrund des Spanischen Bürgerkriegs und der totalitären Regime in Deutschland und Russland.

→ S20, p. 102

6 *Film project*

Ziel Kritische Betrachtung des Films *Nineteen Eighty-four* und weitere Filme, die die Welt in der Zukunft beschreiben

Erarbeitung Der Film *Nineteen Eighty-four* wird im Klassenverband angesehen. Die S machen sich qualifizierte Notizen, um zu einem klaren Standpunkt zu dem Film zu gelangen, den sie in der abschließenden Diskussion vortragen. In Kleingruppen sehen sich die S zu Hause weitere Science-Fiction-Filme an, wählen geeignete Filmausschnitte zur Vorführung in der Klasse aus und präsentieren ihre Filmrezension zusammen mit den Ausschnitten im Plenum.

→ S20, p. 102

A cartoon

Seite 79

Ziel Die Aussage in einem Cartoon zum Thema *Big Brother* beschreiben und kritisch bewerten

7 *The situation*

Ziel Analyse einer Karikatur

Lösungsvorschlag

The cartoon shows two men standing at an intersection. There is a post with a huge poster or screen fixed onto it, displaying the sentence: "Carl, you and Ed can cross now". The caption reveals what one of the men says to the other one: "I'll tell you, Ed, this new technology is starting to really spook me out." This situation resembles the situation described in the excerpt from "Nineteen Eighty-four" as there are posters of Big Brother all over the place, depicting the slogan "Big Brother is watching you". Obviously the two men in the cartoon are also being observed as the poster/screen seems to be informed about the fact that the men want to cross the road. It gives the two men some hint or even command and thus tries to determine their behaviour just like Big Brother does in "Nineteen Eighty-four". Not only that, it even knows their names and can address them personally.

8 *Your reaction*

Ziel Persönliche Reaktionen auf die Situation in der Karikatur äußern und begründen

Erarbeitung Die Diskussion der Reaktionen kann statt im Plenum auch in Kleingruppen erfolgen. Anschließend werden die pro und contra Positionen im Plenum begründet.

9 *Creative task*

Ziel Finden weiterer geeigneter Bildunterschriften für die Karikatur

Lösungsvorschlag

1. *Are we on a first-name basis already?*
2. *Why do they always only tell us these obvious things? Couldn't they switch the programme and provide insider information about Wall Street for a change?*

Big Brother Britain

Seite 79/80

Kernwortschatz *CCTV (closed-circuit TV), surveillance, footage, to track sb, to monitor, to breach, guideline, evidence, evident, reduction, to account for, lax, undesirable, to sleep rough, to enable*

Materialien PB-CD 2, Track 16

10 *Before you read/While you read*

Ziel Erarbeitung der aufgelisteten Wörter und Begriffe (a), Erfassen der Kernaussage des Textes und sinnvoller Umgang mit unbekanntem Vokabular (b)

Erarbeitung **Kernwortschatz:** Leistungsstarke S versuchen, die Wörter der *word bank* im Plenum zu erklären. Schwierigere Begriffe, die die S nicht kennen, semantisiert L mit Hilfe von Definitionen, Beispielsätzen oder Synonymen. *Closed circuit television (CCTV): the use of video cameras to transmit signals to a television system that works within a limited area, for example public places or military installations, to protect it from crime; surveillance cameras: cameras which are used to observe a limited area from a distance; footage: part of a film showing a particular event; to track sb/to monitor sb: with the use of special electronic equipment watching sb/sth closely for some time and following the movements of sb/sth; to breach guidelines: not to obey or to act against a set of rules or instructions; evidence = proof: the information that makes you believe that sth is true; reduction in crime rate: the decreasing number of crimes that are committed.* Der Text enthält neben den Wörtern aus der *word bank* weitere unbekannte Vokabeln, die die S aber relativ leicht erschließen können. An dieser Stelle kann L die seit der Unterstufe bekannten gängigen Worterschließungstechniken im Plenum wiederholen und konkret auf die unbekannten Wörter im Text anwenden. Es bieten sich folgende Methoden an: Erschließung der Wortbedeutung aufgrund der Ähnlichkeit zu einem bekannten Wort im Deutschen oder in einer weiteren Fremdsprache: z. B. *lax (l. 13), reduction (l. 17), category (l. 42)*; Kompositum aus bereits bekannten englischen Wörtern oder Erschließung aufgrund eines bekannten Wortes aus der gleichen Wortfamilie: *security (l. 31) → secure, to enable (l. 42) → able, undesirable (l. 32) → desire*; Erschließung aus dem Kontext: *to account for (l. 8), rough sleepers (l. 32).*

[PB 16] **Text:** Der Text wird zunächst von der CD präsentiert. Es folgen erste Leitfragen, die das Hörverstehen überprüfen:

1. *What was said about the extent that CCTV is being used in Britain?*
2. *What do critics of CCTV like civil liberty groups complain about?*
3. *Summarize the main points Professor Norris makes.* → S9/10, p. 94/95
4. *Does CCTV really reduce crime rates?*

Nach dem Lesen im Plenum oder zu Hause kann direkt zur Bearbeitung der Aufgaben übergegangen werden.

Alternative Leistungsschwächere Klassen werden aufgefordert, ein *keyword outline* des Textes zu schreiben, um sicherzustellen, dass die S die Kernaussagen des Textes auch wirklich verstanden haben. Hierbei ist wichtig, dass die S die Informationen im Text so strukturieren und zusammenfassen, dass eine übersichtliche Gliederung nach Kernaussagen, Unterpunkten und wichtigen Einzelheiten entsteht.

Lösungsvorschlag

A keyword outline of the text "Big Brother Britain"

I *Britain is the nation with the highest number of surveillance cameras per capita.*
- *Number of CCTV cameras has quadrupled in the past three years.*
- *Britain accounts for one- fifth of all CCTV cameras worldwide.*
- *Londoners might be monitored on CCTV up to 300 times a day.*

II *Much of the footage violates existing data guidelines.*
- *Regulations concerning CCTV in GB are the least strict worldwide.*
- *Many citizens are not familiar with these guidelines and are often not even aware of being filmed.*
- *Other countries are more reluctant to employ CCTV because of their traditional emphasis on civil liberties such as freedom of expression and assembly.*
- *Many users of CCTV fail to obey the Data Protection Act, abusing the technological means to monitor undesired groups or individuals.*

III *Advantages and drawbacks of CCTV need to be discussed in public.*
- *CCTV does not only help to reduce crime rates.*
- *CCTV is being misused against people considered as social misfits.*
- *The Home Office has provided millions of pounds for the installation of CCTV systems but critics say that the money should be spent on more police officers as CCTV does not really change much.*

11 *Pros and cons*

Ziel Über die Vor- und Nachteile von Videoüberwachungen diskutieren

Materialien Kopiervorlage 44 *(Communication skills)*

Erarbeitung Die S sammeln in Kleingruppen Vor- und Nachteile von Videoüberwachungen und diskutieren diese. Die verschiedenen Punkte werden im Plenum gesammelt und an der Tafel strukturiert festgehalten.

Lösungsvorschlag

For CCTV cameras	*Against CCTV cameras*
• *Offences and criminal damage can be detected quickly.* • *Crime levels will be reduced in areas under surveillance as CCTV cameras prevent crimes in these places.* • *CCTV installation makes people feel safer.* • *Cameras provide valuable forensic evidence in crime and terror investigations.* • *Footage can be used as evidence in court to convict perpetrators.*	• *Innocent, non-suspicious people will be monitored at every step they take: our privacy is endangered by permanent surveillance.* • *Footage might be published, which would be a violation of one's privacy.* • *Breaching of data regulation guidelines is a serious and widespread problem.* • *Digital images might be manipulated.* • *CCTV cameras are no real protection against crimes and overall crime rates have not really decreased.* • *Crime might shift to other areas with no CCTV cameras.* • *CCTV monitoring is very expensive (gadgetry; employees to observe footage; storage of data, maintenance of systems).* • *Traditional law enforcement techniques are far more effective in preventing terrorism and crime in general.*

Erweiterung **Kopiervorlage 44** *(CCTV cameras at your school?)* bietet für eine Diskussion über Überwachungskameras einen Kontext an, der aus der unmittelbaren Erfahrungswelt der

S kommt. Auf vier verschiedenen *role cards* werden der Standpunkt des Schuldirektors, eines Elternteils, eines Schülers und eines Lehrer umrissen in der Frage, ob an der Schule Überwachungskameras installiert werden sollen.

12 *Class debate*

Ziel Eine Debatte regelkonform führen

Materialien Kopiervorlage 45 *(Communication skills)*

Hinführung Die S kennen bereits aus *Unit* 5 in **Green Line New Bayern 5** *(Skills: A class debate)* das Prozedere und die grundlegenden Regeln, die bei einer Debatte wesentlich sind. Diese Methode ist eine gerade an angelsächsischen Schulen und Universitäten weit verbreitete Interaktionsform, die verschiedenste kommunikative Fertigkeiten, aber auch soziales Lernen trainiert. Mit Hilfe von **Skill 17**, Seite 100 im Schülerbuch wiederholen die S die Methode des Debattierens.

→ S17, p. 100

Erweiterung **Kopiervorlage 45** *(Useful phrases for a debate)* bietet eine übersichtliche Zusammenstellung von nützlichen Wendungen, die die Gesprächsteilnehmer an unterschiedlichen Stellen der Debatte einsetzen können und wird der Klasse ergänzend zur Verfügung gestellt. Die S werden sich bewusst, dass bei einer Debatte in erster Linie die rhetorischen Fähigkeiten der Sprecher/innen ausschlaggebend sind, da es gilt, möglichst viele Zuhörer vom eigenen Standpunkt zu überzeugen. Diese Übung eignet sich zur Vorbereitung auf die mündliche Prüfung (siehe Stichwort **Mündlichkeit**).

Mündlichkeit

Aufgabenart: Debatte
Arbeitsform: Partner- bzw. Einzelarbeit, danach Plenum
Lernziele: Vorbereitung einer Debatte; Sammeln geeigneter Argumente für den eigenen Standpunkt, Ordnen und Organisieren der Argumente, Entwicklung von Diskursstrategien (Zuhören, Nachfragen, Überzeugen), Durchführung einer Debatte mit einer abschließenden Abstimmung
Thema: Überwachungskameras und deren Implikationen
Dauer: Vorbereitung: ca. 15 Minuten; Debatte ca. 30 Minuten
Materialien: Liste mit Redemitteln auf **Kopiervorlage 45** *(Useful phrases for a debate)*
Hilfsmittel: ggf. ein- oder zweisprachiges Wörterbuch

Verlauf: Die S wählen zunächst eine/n Vorsitzende/n, der/die die Debatte leitet, und vier Hauptredner. Zwei der Hauptredner präsentieren die Argumente, die für die Behauptung *(motion/proposal) Honest citizens have nothing to fear from CCTV surveillance* sprechen. Zwei weitere Hauptredner stellen Gegenargumente vor. Diese Redner bereiten ihre Beiträge jeweils in Partnerarbeit vor. Da sich auch der Rest der Klasse als „Publikum" an der Debatte beteiligen soll, bereiten die S in Einzelarbeit Argumente für ihre Meinung vor und notieren sie in Stichpunkten in ihr Heft. Hierfür können sie die in Aufgabe 11 diskutierten Argumente zur Hilfe nehmen (siehe Tafelbild, Seite 192). Nach der Vorbereitungsphase eröffnet der/die Vorsitzende die Debatte. Während die Hauptredner ihre Argumente anführen, verfolgt das „Publikum" den Gesprächsverlauf, hört genau zu, macht sich Notizen und bringt sich durch Handzeichen bzw. auf Aufforderung des/der Vorsitzenden in die Debatte mit ein. Es ist die Aufgabe des/der Vorsitzenden, stets einen respektvollen Umgang miteinander einzufordern und die Debatte nach einer angemessenen Zeit zu beenden, um abschließend die Abstimmung im Plenum durchzuführen. Diese erfolgt durch Handzeichen der S. Im Anschluss an die Debatte werden die vorgebrachten Argumente hinsichtlich ihrer Relevanz und Überzeugungskraft analysiert. Die S kommentieren die Diskursstrategien der einzelnen Hauptredner und üben konstruktive Kritik.

13 *CCTV and you*

Ziel Transfer auf die Situation in Deutschland, Informationen einholen und im Internet recherchieren

Materialien → WB, ex. 1, 2, 3, 4, 5, 6, 7

Lösungsvorschlag

In Europe, the number of cameras in public places has been well documented by the Urbaneye Project (2004). In their study of six European capitals the researchers found that CCTV is now common in public places such as shops, banks, restaurants, petrol stations, airports, etc. Across Europe, 29 % of such institutions used some form of video surveillance. Whereas in London, however, 40 % of public spaces were monitored by surveillance cameras, only 21 % were in Berlin. The contrast was even more obvious as far as open street surveillance is concerned. In Britain there were about 40,000 CCTV cameras in more than 500 cities, whereas open street CCTV could be found in only 20 cities in Germany.

In Germany CCTV can be installed by the police, public authorities but also by private persons or companies, most usually in order to prevent crime or to observe and later identify criminals. However, there are particular regulations, of course. Because of Germany's federal structure, the laws regarding camera surveillance differ from state to state. The German Constitutional Court has declared that "the knowledge of being under surveillance, why and by whom is crucial for a democratic society and the autonomy of its citizens", a condition which must be fulfilled when cameras are installed. That means that there must be an adequate warning that indicates that video surveillance is in operation. Thus, an employer is not allowed to install cameras without informing the employees about that fact, for example. A person may install and use CCTV around his or her own property. However, one is not allowed to film one's neighbour's property. The German consitution guarantees the right to one's own personality, which includes the right to one's own picture. Thus, the publication of pictures that allow a person to be identified is restricted.

D Digital culture

Seite 81–84

Thema Veränderung des Alltags, der Denkweisen und der Art der Kommunikation durch digitale Medien

⟨The next step in brain evolution⟩

Seite 81/82

Kernwortschatz *to shape, to transform, to come to terms with, track, to indulge (in) sth, impact, to chart a course, smart, ability, to diminish, to determine, consultancy, to draw (on sth), to confide in sb, pace, to evaluate, gender*

1 *While you read*

Ziel Notizen zu den im Text genannten Personen und deren Aussagen anfertigen

Erarbeitung **Kernwortschatz:** Ein Teil der unbekannten Wörter kann von den S leicht aufgrund der Ähnlichkeit zu deutschen Begriffen erschlossen werden, z. B. *digital* oder *essential*. Die übrigen Vokabeln werden durch Ableitungen, Entsprechungen, Gegenteile oder Beispielsätze bzw. Definitionen semantisiert: *instant: immediate; to come to terms with: to accept sth unpleasant by learning to deal with it; track: a rough path or road; or: marks left by sb or sth; or: a piece of music or song on a record, tape or CD; to indulge (in) sth: to allow yourself to have or do sth that you like; impact: effect; to chart a course: to plan a course of action; smart: intelligent; to diminish: to decrease; to determine: to decide definitely to do sth; consultancy: a company that gives expert advice on a particular subject to other companies or organisations; to pay attention to: listen and take sth seriously; to draw (on sth): to use a supply of sth that is available to you; to confide in sb: to tell sb secrets and personal information because you feel you can trust them; pace: the speed at which sb/sth walks, runs or moves, or the speed at which sth happens; to evaluate: to assess; gender: the fact of being male or female.*

→ G3, p. 116
→ G16, p. 125

Text: Nachdem der Kernwortschatz vorentlastet wurde, lesen die S den Text zu Hause intensiv durch und schlagen weitere unbekannte Wörter in ihrem einsprachigen Wörterbuch nach. Sie erledigen Aufgabe 1 als schriftliche **Hausaufgabe**. Das Ergebnis wird in der folgenden Stunde ggfs. als Tafelanschrieb festgehalten.

Lösungsvorschlag

People mentioned in the text and points they make:

1. *Emily Feld (20-year-old student)*	*Technology is a very important and absolutely necessary part of her daily life; Emily can't imagine being without it.*
2. *Christine Feld (55-year-old mother of Emily)*	*Children today are no longer interested in previously popular freetime activities such as reading or birdwatching but easily do various things at the computer at the same time nonstop.*
3. *Dr Anders Sandberg (Scientist at Oxford University)*	*Computer games can have a positive effect on the way we think, e.g. enhancing some aspects of attention.*
4. *Helen Petrie (Professor at the University of York)*	*People's ability to concentrate on sth for a period of time has not really changed.*
5. *Marc Prensky (American consultant and author)*	*Digital experiences make some students become bored with traditional teaching methods easily.*
6. *Nathan Midgely (Research consultant at TheFishCanSing)*	*His parents are as familiar with the Internet as he is but in contrast to him they do not regularly upgrade or replace the gadgetry.*

2 *Understanding the text*

Ziel Die Unterschiede zwischen *digital natives* und *digital immigrants* erklären und *mind maps* dazu anfertigen (a), die wesentlichen inhaltlichen Aspekte des Textes zusammenfassen (b)

Erarbeitung Beide Teilaufgaben werden von den S als schriftliche Hausaufgabe bzw. in einer Stillarbeitsphase im Unterricht erledigt. Bevor die S ihre Zusammenfassung in Teilaufgabe **b)** schreiben, weist L auf die Informationen zur Textanalyse in **Skill 3**, Seite 89 im Schülerbuch hin und geht noch einmal auf die besonderen Merkmale der *summary* ein. Bei Bedarf werden die wesentlichen Informationen als Kopie oder auf Folie zur Verfügung gestellt (siehe **Erweiterung**).

→ S3, p. 89

Lösungsvorschlag

a) ***The difference between "digital natives" and "digital immigrants":***

- *Digital natives actually spend much of their time in a different world, in "another galaxy" (ll. 2–3) or "the digital universe" (l. 3), which is ruled by technology and digital gadgetry such as computers and mobile phones.*
- *Their life is very much influenced by these new inventions: "Technology is an essential part of my everyday social and academic life." (l. 10)*
- *Digital natives have grown up in this world and they have "never known a world without instant communication" (l. 12) whereas digital immigrants are still learning how to deal with digital items such as e-mail or mobile phones (ll. 14–15).*
- *Digital immigrants spent their childhood with quite different freetime activities such as reading or watching TV, whereas "children today are multitasking left, right and centre … nonstop" (l. 17), i.e. they engage in many different activities on their electronic gadgetry at the same time.*
- *Digital natives are regular members of online communities such as MySpace.com, where they seek advice and share their experiences (ll. 50–54), whereas formerly teenagers used to confide their secrets to their diaries.*
- *Whereas digital immigrants do not rapidly adapt to technological change and are reluctant to buy new digital gadgetry (ll. 59–60), digital natives "are much more used to the turnover of gadgetry" (l. 62), i.e. they update and upgrade regularly and thus are used to the fast replacement of outdated technology by digital innovations.*

Mind maps:

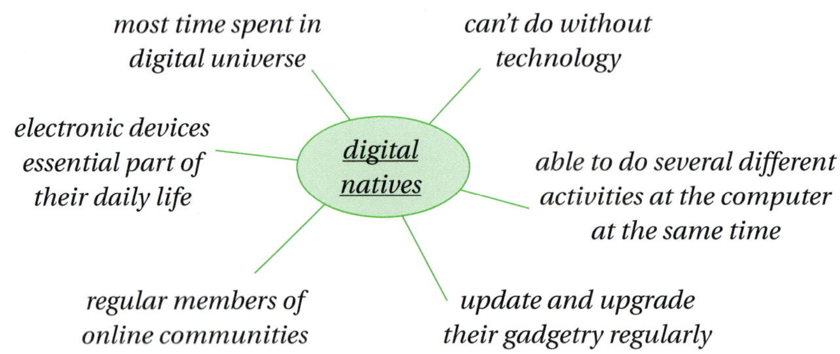

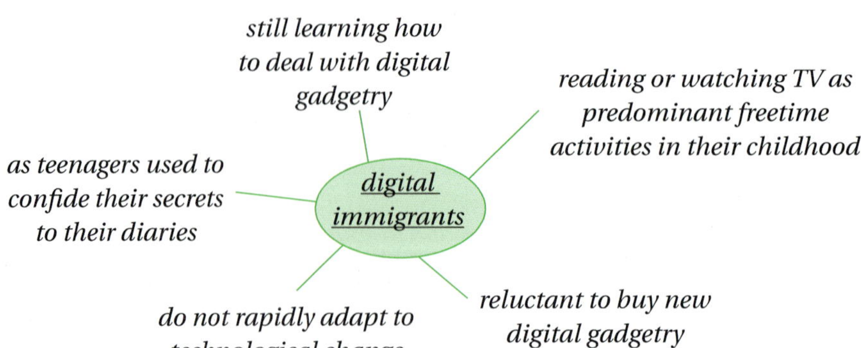

b) *Summary:* *The life of today's teenagers and young adults who have grown up in a world ruled by digital technology and thus can be considered as "digital natives" is very much influenced by this technology. It may even transform their brains. In contrast to "digital immigrants", who are still trying to become familiar with the new technological development and are reluctant to regularly update and upgrade their gadgetry, the younger generation can't do without the latest digital devices, which affects the way they spend their freetime as well as their way of thinking. Whereas formerly young people liked watching TV or reading, the "digital natives" spend a lot of time in front of the computer doing several things at the same time. Moreover, "digital natives" are becoming more visual than verbal and are able to itemise objects much faster than "digital immigrants". However, according to a reseacher, attention spans per se are not decreasing. Yet children today are often bored at school as teaching methods do not resemble the experiences students have in the digital world. Fast developments in the digital universe are just starting and have already totally changed the world we live in.*

Erweiterung ***How to write a summary:*** *A summary is a short text which contains all the important information from a longer text. The summary writer condenses the information in the longer text, writing it in his or her own words, but without adding his or her opinion or interpretation. The summary is written from the point of view of the author whose work you must summarize. Do not begin with expressions like "In this text the author is concerned with" or "The article is about …". Rather, the summary looks at the text from the inside and thus does not mention the author. A summary is usually written in the present tense and should not exceed the length of one third of the original text.*

Strategy:

1. *Read the text carefully in order to get the gist (the most important aspects) of the text. Establish the central idea in the text and summarize it in one sentence.*
2. *Read the text again and underline the most important passages which are closely connected with this idea or list the essential points in note form. Make sure that you have understood the text in its overall meaning and in its individual points.*
   Do not include elements that are not relevant for the line of thought/topic/narration of the text (particularly direct speech, illustrations, comparisons, statistics, examples, stylistic devices, quotations, proverbs, names of or details about less important people/ characters in the text, etc.).
3. *Arrange the main points in a skilful logical order so that a new self-contained passage is formed.*
4. *When you write the summary, remember to use connective devices to make your text logical and coherent (cf.* ***Skill 13****, p. 97: useful phrases).*

→ S13, p. 97

→ S8, p. 94

3 *Vocabulary*

Ziel Erklären von im Text verwendeten Wörtern oder Kollokationen und paraphrasieren dieser Textstellen mit eigenen Worten

Materialien Kopiervorlage 46 *(Word power)*

Erarbeitung Die S erledigen diese Aufgabe entweder schriftlich als **Hausaufgabe** oder im Unterricht in Partnerarbeit.

Lösungsvorschlag

really sad (l. 9): quite terrible
multitasking left, right and centre (l. 17): being able to do several things at the same time
generational divide (l. 21): the difference between the generations
filter (l. 37): decide what is important and what is not
markers (l. 51): differences
upgrading (l. 55): make a computer system more efficient
stick with it (l. 56): to continue using sth without replacing it after some time

Erweiterung An dieser Stelle bietet sich der Einsatz von **Kopiervorlage 46** (*The next step in brain evolution*) an. Die Kopiervorlage befasst sich mit Kollokationen, *idioms* und *phrasal verbs* und wälzt den Kernwortschatz des Textes noch einmal um.

→ S29, p. 110

4 *Project: Do a survey*

Ziel Eine Umfrage durchführen, die Ergebnisse auswerten und der Klasse präsentieren

Erarbeitung L weist die S noch einmal gezielt auf Skill 29, Seite 110 im Schülerbuch hin und achtet darauf, dass die Präsentation der Arbeitsergebnisse auf unterschiedliche Weise erfolgt.

Communicating online: Netiquette Seite 83

Thema Besondere sprachliche Zeichen für die *Online*-Kommunikation

Kernwortschatz *to observe, to come in handy, to convey, indifferent, portable, tiny, abbreviation, to offend*

Hinführung In einem Unterrichtsgespräch berichten die S über ihre Internetgewohnheiten und die Erfahrungen, die sie *online* in diversen *chatrooms, newsgroups, blogs, etc.* gemacht haben. Dann wird im Plenum der kursiv gedruckte Einleitungstext gelesen und die S werden aufgefordert, in Kleingruppen selbst einige Tipps (*Do's and Don'ts*) zusammenzustellen, bevor die im Buch abgedruckten Hinweise im Plenum gelesen und diskutiert werden. Die Wörter des Kernwortschatzes können von den S leicht aus dem Kontext erschlossen werden.

5 Different forms

Ziel Bewusstmachung der Unterschiede zwischen elektronischer Kommunikation und herkömmlicher Korrespondenz in Form von Briefeschreiben

Erarbeitung Die beiden Fragestellungen werden im Plenum diskutiert und die Ergebnisse in Stichpunkten an der Tafel festgehalten.

Lösungsvorschlag

Main differences between communicating electronically and writing to someone in the traditional way:

- *In general, meaning and shades of meaning in letters are conveyed by more carefully chosen and placed words than in e-mails.*
- *Electronic communication has some features of oral communication: it is much more immediate in terms of time and space than conventional writing.*
- *In electronic writing people often give up traditional conventions of grammar and punctuation, e.g variations on words (cya = see you, latah = later).*
- *Electronic communication is often fragmented: users employ incomplete sentences or short forms in electronic writing.*
- *Meaning is very often conveyed by particular features such as acronyms like IMO (in my opinion), and specialized use of typography (i.e. *word* to signify italics) and the use of nonverbal icons or emoticons like a smiley face :-) which differ from traditionally recognized textual features.*

Why it is important for young people to learn the traditional forms:

- *In many cases it is still important to be able to write letters in a traditional form, e.g. if you want to write a letter-to-the-editor or a letter of application.*
- *Sometimes writing a letter might be more reasonable or more effective than sending an e-mail, e.g. a letter of complaint.*
- *Thus, you should be familiar with the conventions of letter writing although nowadays communicating via e-mail is widespread.*

6 *Emoticons*

Ziel Das Wort *emoticon* als typisches Beispiel von *online language* erklären, weitere Beispiele für *emoticons* sammeln

Erarbeitung Die S erarbeiten diese Aufgabe in Partnerarbeit.

Lösungsvorschlag

The word emoticon consists of two words: "emotion" and "icon", thus stressing that this graphical icon is a symbol or is composed of various symbols to indicate an emotion or an attitude. The word is typical of online language as it is a neologism everybody can understand as the combination of words is quite obvious.

Other emoticons:

:-{ Angry
:-@! Cursing
:0 Hungry
:-< Frowning
:-/ Frustrated

7 *Discussion*

Ziel Ausgehend von einer Karikatur eine Diskussion über die Vorteile und Gefahren des Internets führen

Materialien

- Kopiervorlage 47 *(Grammar)*
- Kopiervorlage 48 *(Extras)*
- → WB ex. 1, 2, 3, 4, 5, 6

Erarbeitung Die S beschreiben und analysieren im Plenum die Karikatur auf Seite 83 unten rechts im Schülerbuch. In zwei Gruppen beschäftigen sich die S entweder mit den Vorteilen oder mit den Gefahren des Internets und sammeln relevante Aspekte, die sie sich in Stichpunkten ins Heft notieren. Dann tauschen jeweils ein Mitglied der beiden Gruppen ihre Aspekte in einem Zweiergespräch miteinander aus und diskutieren die verschiedenen Punkte.

→ S16, p. 100
→ S24, p. 106

Lösungsvorschlag

The cartoon depicts a very old, ugly-looking man with a broad smile on his face sitting in front of a computer. You can see his contribution to the Internet chatroom on the screen: "Hi – I'm a 21 year old male – tall – dark – good looking …" The point the cartoon makes is that communicating with a stranger on the net might be dangerous as this person might be a "fake", i. e. a person who pretends to be someone else and lies about his/her age, gender, looks, etc.

Other aspects:

The Internet

Advantages:	*Dangers:*
• *Amount and availability of information through Internet extended in comparison to the past.* • *You can e-mail all around the world and get to know more about different cultures and lifestyles.* • *Internet makes our daily lives more comfortable: e. g. you can shop online, you can easily get necessary travel information as timetables and delays are posted on the Internet etc.*	• *No real control of the flow of information and of the reliability of sources found on the Internet; websites often contain advertisements for products or services or have offensive contents.* • *Users might receive sexist, racist or homophobic emails.* • *Criminal activities on the Internet: it is sometimes dangerous to reveal one's credit card number as some companies*

• *Online dictionaries and encyclopaedias are comfortable tools for research.* • *With the help of chatrooms or newsgroups or blogs you might be able to find people with the same interests as you.* • *Entertainment: download music or videos onto your computer.* • *Educational programs and online support help learners to expand their knowledge on a particular subject.*	*who pretend to be sellers just want to spy one's personal data.* • *Cyber-bullies use new technologies to terrorise others. For example, some hack into victims' computers or steal pupils' online identities to send nasty messages to their friends.* • *Social networking websites like MySpace are used by cyber-bullies to post bad or false statements.* • *Sharing files or downloading films etc. without paying for them is illegal and might get you into trouble.* • *Plagiarism: some people copy papers or essays from the Internet which is a copyright violation.*

Erweiterung

- Bei **Kopiervorlage 47** *(How to link your sentences)* handelt es sich um eine Übung, bei der die S vorgegebene Sätze zum Thema *Information Technology* so umformulieren sollen, dass sie möglichst viele verschiedene *connective devices* verwenden.
- Abschließend zu dem behandelten Themenkomplex bietet sich der Einsatz von **Kopiervorlage 48** *(Online safety)* an. Es handelt sich um einen Elternratgeber des Internetproviders *Yahoo!*, der zahlreiche Hinweise beinhaltet, wie Eltern ihre Kinder vor den Gefahren des Internets schützen können. Die S werden zunächst aufgefordert, sich zehn wichtige Leitlinien zu überlegen und übertragen dann die Hinweise von *Yahoo!* ins Deutsche. Im Anschluss daran formulieren die S zwei weitere Ratschläge auf Englisch.

⟨Love chips⟩ Seite 84

8 *Read the report …*

Ziel Die wesentlichen Aussagen in einem Text über *RFID chips* verstehen, Bearbeiten von Aufgaben zum Text

Erarbeitung → S2, p. 88 → S9/10, p. 94/95

Der Text wird im Klassenverband oder zu Hause gelesen und die Aufgaben 1 und 2 mündlich besprochen. Die S überlegen sich in Partnerarbeit für Aufgabe 3 mögliche Interviewfragen. Frage 4 eignet sich für eine Diskussion in Kleingruppen, Frage 5 wird als **Hausaufgabe** unter Zuhilfenahme des Internets erledigt.

Lösungsvorschlag

1. *RFID is short for Radio Frequency Identification. RFID chips are small electronic chips which resemble a key-card, granting its users access to front doors or home computers, for example. The RFID responds to an electronic sensor.*
2. *The couple had an RFID chip implanted under their skin in order to get access to each other's homes and personal computers. On the one hand, RFID makes their lives more comfortable (l. 11: "It's convenient and all of that."). On the other hand, they think that this implantation also reveals their affection and love for each other (l. 10).*
3. *Possible interview questions:*
   - *Did it hurt when you had the chip inserted under your skin?*
   - *Can you deny your partner access to your home or computer if you had had a row?*
   - *The text mentioned that you have written several programs that go along with the chip. What are these programmes aiming at?*

- *If you had children, would you implant the RFID tags into them, too?*
- *Aren't you afraid that this tiny glass tube the chip is in could break?*

4. Individuelle S-Antworten.

5. *RFID is a technology similar in theory to bar code identification. It uses electronic tags for storing data and identifying items. These tags are applied to or incorporated into a product, animal, or person. However, unlike bar codes, which must be in close proximity and line of sight to the scanner for reading, RFID tags eliminate the need for line-of-sight. RFID systems can be used at any place that requires a unique identification system, e.g. in automotive manufacturing. Here RFID systems are used to move cars through an assembly line. At each successive stage of production, the RFID tag tells the computers what the next step of automated assembly is. RFID systems are frequently used in enterprise supply chain management. With the help of these electrical devices stored goods can be tracked and managed.*

E Technology and the environment

Seite 85–87

Thema Die Interdependenz von Technologie und Umwelt

Lernziel Anhand von Fotos über positive und negative Auswirkungen des technischen Fortschritts auf die Umwelt sprechen, einem Hörtext die wesentlichen Informationen entnehmen, die zentralen Aussagen aus einem englischen Text auf Deutsch wiedergeben

→ S23, p. 105

1 *The photos*

Ziel Mit Hilfe von Bildstimuli die positiven und negativen Auswirkungen der Wissenschaft auf die Umwelt beschreiben

Kernwortschatz *to contribute, power station, communications tower, migratory, overcast, collision, to eliminate*

Erarbeitung Die Wörter des Kernwortschatzes können von den S leicht aus dem Kontext erschlossen werden bzw. sind leicht verständlich aufgrund ihrer Ähnlichkeit mit deutschen Begriffen oder bereits bekannten Vokabeln aus der gleichen Wortfamilie. Die Aufgabenstellung wird zunächst in Partnerarbeit erledigt und im Anschluss daran auf breiterer Basis im Plenum diskutiert.

Lösungsvorschlag

Photos:

Photo 1: Science has helped bring about modern intensive farming methods which on the one hand lead to increasing production, hence more profit, but on the other hand often harm the environment. In the picture you can see a farmer spraying crops, possibly with pesticides or with fertilizer, both posing a threat to the environment.

Photo 2: Exhaust fumes from cars, lorries and buses contain harmful substances, causing acid rain and contributing to global warming. The emission of carbon dioxide, one of the greenhouse gases, is increased by transport. Released into the atmosphere, CO_2 intensifies the greenhouse effect, causing global warming.

Photo 3/4: The increased use of renewable energy sources such as solar energy or wind power help protect the environment as these energy sources do not emit carbon dioxide.

Photo 5: In this picture the air is being severely polluted by the burning of fossil fuel in a factory.

Photo 6: New technologies enable car manufactures to produce cars run on electricity, thus again curbing the emission of carbon dioxide.

Other examples for the positive or negative effect of science on the environment:

- *Science can help make domestic appliances, heating or lighting more energy-efficient.*
- *Science can help find new ways of how to cope with the problem of waste (e.g. by inventions in the field of biotechnology)*

→ S1, p. 88

2 *Listening*

Ziel Unbekanntes Vokabular erarbeiten und die wesentlichen Aussagen aus einem Hörtext notieren (a), die erhaltenen Informationen auswerten (b)

HINTERGRUNDINFO

Federal Communications Commission (FCC): *The FCC, established in 1934, is an independent United States government agency responsible for the regulation of interstate and international communications by radio, television, wire, satellite and cable.*

Materialien

- LC-CD 1, Track 23
- Kopiervorlage 49 *(Extras)*

[LC 23] **Text:** ***FCC considers protecting birds from 'towerkill'***

Byrd: *The U.S. Federal Communications Commission or FCC is now considering whether it should take protective measures to help prevent collisions of migratory songbirds with communications towers.*

Block: *This is what some call 'towerkill', and it's hard to know just how many birds are killed in this way each year, but estimates are in the millions.*

Byrd: *It happens most on cloudy or foggy nights, when tall communications towers turn on lights for aviation safety. The lights refract off water particles in the air and create an illuminated area around the tower. On clear nights, birds are thought to navigate by taking cues from the stars. But, in an overcast sky, birds can end up circling the lights of communications towers. Some smash head-on into the towers, while others collide with guy wires or other birds.*

Block: *Albert Manville of the U.S. Fish and Wildlife Service told Earth & Sky that he believes there's a need for an industry standard for communications towers. That's what the FCC is considering right now. Where towers must be illuminated, a recent study showed that eliminating all steadily burning lights on tall towers – while leaving on flashing lights – has been shown to reduce bird mortality by 71 %.*

Byrd: *Our thanks today to NASA: explore, discover, understand. We're Block and Byrd for Earth and Sky.*

Erarbeitung Die S beschäftigen sich in Teilaufgabe a) mit den in der *word bank* aufgelisteten Vokabeln. L gibt bei Schwierigkeiten geeignete Hilfestellungen. Während des Hörens notieren sich die S Stichpunkte in ihr Heft, um in Anschluss daran die Fragestellungen der Teilaufgabe b) im Plenum klären zu können.

Lösungsvorschlag

b) *On foggy or cloudy nights a large number of migratory songbirds, irritated by the illuminated area around the towers, crash into communication towers, which are steadily lit for the safety of planes. On clear nights, this problem does not arise as birds obviously navigate by taking cues from the stars. There is a call for an industry standard for communication towers. A recent study revealed that the number of songbirds colliding with communication towers could be reduced by more than 70 % if all steadily burning lights on tall towers were replaced by flashing lights.*

Erweiterung In **Kopiervorlage 49** *(Protecting birds from urban dangers)* sollen die S zunächst ihre eigene Meinung zu den geplanten Maßnahmen der FCC darlegen. In einer weiteren Übung werden die englischen Zeitformen wiederholt. Es geht in erster Linie um die Vergangenheitsformen. Der Zeitungsartikel befasst sich mit einer baulichen Veränderung an einem Wolkenkratzer in Manhattan, an dem Tausende Vögel bereits zu Tode gekommen sind.

→ S28, p. 108

3 *Mediation*

Ziel Verschiedene Standpunkte einer schriftlich festgehaltenen Diskussion auf Deutsch zusammenfassen

Erarbeitung Diese Aufgabe wird als schriftliche **Hausaufgabe** gestellt.

Lösungsvorschlag

Adam: Adam ist der Meinung, dass sich menschlicher Fortschritt nicht aufhalten lasse und dass sich Tiere, insbesondere Zugvögel, an die dadurch entstehenden Gefahren gewöhnen müssten. Er merkt an, dass eine noch viel größere Anzahl von Vögeln durch andere Konstruktionen wie Kraftwerke oder Brücken zu Tode kommt.

Betty: Betty ist der Ansicht, dass der Mensch verpflichtet ist, die Tierwelt zu schützen. Sie weist darauf hin, dass sich Tiere nicht schnell genug an den technologischen Wandel anpassen können. Zudem wehrt sie sich gegen die Auffassung, dass Menschenleben mehr wert seien als Tierleben, da Mensch und Tier Teil der Natur sind. Sie stellt fest, dass alle Diskussionsteilnehmer darin übereinstimmen, dass die städtische Umgebung eine große Gefahr für Vögel darstellt und ein Hauptgrund für die schnelle Abnahme der Vogelpopulation weltweit ist.

Carlos: Carlos stellt Adams Forderung, Vögel müssten sich an den menschlichen Fortschritt anpassen, infrage und weist darauf hin, dass Vögel von ihrem Instinkt geleitet werden. In der Regel orientieren sie sich an den Sternen, werden jedoch in Nächten mit schlechter Sicht von Fernmeldetürmen abgelenkt. Carlos setzt sich dafür ein, dass die Beleuchtung dieser Türme auf Blinklichter umgestellt wird, und dass die Forschung mit Hilfe technologischer Errungenschaften wie Radar oder Nachtsichtgeräten der Frage nachgeht, wie sich Vögel verhalten, wenn sie Hindernissen entgegenfliegen.

Denise: Denise hält die Sicherheit des Menschen für wichtiger als das Leben von ein paar Vögeln. Daher müssen ihrer Meinung nach die Fernmeldetürme richtig erleuchtet sein. Zudem könne man nicht ganz auf Fernmeldetürme oder andere Konstruktionen, die eine Gefahr für Vögel darstellen, verzichten.

⟨White coats (New Model Army)⟩ Seite 87

Thema Die Rolle der Wissenschaft in der Zukunft

HINTERGRUNDINFO

***New Model Army** are an English rock band which was formed in Bradford, Yorkshire, England, in 1980. Their lyrics contain their political views, therefore the band has been classified, among others, as a punk band. The name of the band refers to the life and times of Oliver Cromwell and his anti-royalist army, thus outlining the band's manifesto. British politics in the 1980s was determined by Thatcherism, the Falklands War, the miners' strike, nuclear cruise missiles and various other threatening developments, which the band members eventually elaborated on in their song texts. New Model Army came together to make their point about social injustice and strife, and did so with eclectic music which spanned rock and folk but had its roots in American and Northern Soul.*

***The Luddites**, named after King Ludd, or Ned Ludd, were a social movement of British textile workers organized against technological advances in the textile industry in the Regency area of England from 1811–1816. They rejected technology, in particular the mechanized loom, which was seen as threatening to their way of life and livelihood. The British Parliament dispatched 12,000 soldiers who clashed with this movement which had for a short time become quite strong and widespread. Eventually the leaders of the movement were either executed or deported to Australia.*

Kernwortschatz *Judgement Day, in vain, desperate, innocence, passion, thunder, desire, tide*

4 *Listen to the song, …*

Ziel Auseinandersetzung mit einem Liedtext und der Melodie, detaillierte Analyse sprachlicher Bilder, eigene Meinung zum Zunkunftsbild des Liedtextes formulieren, seinen Standpunkt zur Verantwortung von Wissenschaftlern gegenüber der Umwelt vertreten

Materialien
- PB-CD 2, Track 17
- → WB ex. 1, 2, 3
- → Test yourself 5, ex. 1–10

Erarbeitung L gibt den S Hintergrundinformationen zur Band *New Model Army*, bevor das Lied von der CD vorgespielt wird. Die S bearbeiten den Text zunächst selbstständig und machen

[PB◎17] sich mit Hilfe eines einsprachigen Wörterbuchs mit den unbekannten Vokabeln vertraut.

→ S16, p. 100

Sie diskutieren im Anschluss daran die ersten beiden Teilaufgaben mit einem Partner/einer Partnerin und bearbeiten danach in einer Stillarbeitsphase Teilaufgabe 3. Die beiden letzten Aufgabenstellungen eignen sich für eine Diskussion im Plenum.

Lösungsvorschlag

1. *Feelings and atmosphere conveyed:*
   - *determination, anger: aggressive rhythm (drums; guitar, bass stress lyrics); repetition of statement "enough is enough"*
   - *singer seems to be agitated, excited*
   - *frustration is revealed*
2. *The song portrays the future in a very bleak and rather hopeless way. Surgeons in white coats seem to rule the world and determine one's death (ll. 12–13). People are obviously forced to commit suicide (ll. 16/27), and "the naked truth", which is called "She" in the song (l. 21) will finally triumph over the dead: "She will dance on our graves when we are dead and gone" (ll. 11/19/26/29). The singer asks himself how these surgeons could be stopped: "How do we tell the people in white coats enough is enough?" (ll. 8/34). However, there seems to be no chance of actually stopping their plan (ll. 5–6/12–16/chorus and ll. 30 ff.).*
3. *<u>"Judgement Day" (l. 5):</u> Judgment Day is, according to the New Testament, the day at the end of time when God will decide on the fates of all individual humans, depending on the good and evil of their earthly lives. Here it is the day when truth, assisted by scientists in white coats, decides to put an end to the lives of the human beings.*

   <u>"She will dance on our graves" (l. 11):</u> The capitalized personal pronoun "She" is used for truth as can be seen in line 21. Truth will finally be victorious and finally kill people with the help of science (surgeons in white coats) who force them to commit suicide.

   <u>"We watch the wall" (l. 13):</u> This image reveals the hopelessness of the people and their desperation as the only thing they can do is stay and wait. Watching a wall per se is not really possible as it does not move. Thus people have no chance to actually do anything to avert their fate.

   <u>"The padded cells" (l. 20):</u> This image refers to a lunatic asylym that Truth has already got beyond.

   <u>"The blind man blunders on" (l. 27):</u> The blind man, unaware of his fate, continues living his life and making mistakes, until the day of the mass suicide has come.

   <u>"The wall of sand" (l. 30):</u> The wall of sand is one element of a sand castle that children build on the beach. Here it refers to the hard work people have done, but which finally turns out to be in vain. Just as the tide comes and washes a sandcastle away, the efforts people have made turn out to be worthless in the end.
4. *Individuelle S-Antworten.*
5. *Should scientists be held responsible for discoveries or inventions that damage the environment?*

<u>Yes</u>	*<u>No</u>*
• *Scientists should always be aware of the further significance of their inventions and discoveries and see the dangers involved in using them.* • *Scientists should act reasonably and responsibly and thus prevent any possible damage their inventions could have to the environment.*	• *Scientists should be able to do research without having to consider the consequences of their discoveries and inventions.* • *Even if by their inventions the environment is damaged at first, their findings might eventually turn out to be very positive for human progress and*

• *Guidelines should be worked out for research and scientists violating these should be held responsible.*	*the development of protection measures for the environment.* • *Mankind benefits most if there are no limits to scientific work and thus scientists should not be faced with punishment if their work turns out to be harmful for the environment.*

Skills

Seite 88–109

Erstinformation

Der Anhang von **Green Line New Bayern 6** beginnt mit einer Zusammenstellung von 30 *Skills*, die die S während der Textarbeit möglichst regelmäßig und selbstständig nutzen sollten. Die *Skills-Section* ist in fünf Kapitel untergliedert:

A *Text skills*
B *Word skills*
C *Writing skills*
D *Speaking skills*
E *Special skills* (u.a. zur Informationsbeschaffung).

Es werden nicht nur bereits bekannte *Skills* zusammengefasst präsentiert, sondern auch neue *Skills* für die Jahrgangsstufe 10 erarbeitet. Dieser Serviceteil im Anhang des Schülerbuchs ist teilweise übungsorientiert angelegt, kann aber sowohl zum Nachschlagen als auch zum Selbststudium verwendet werden. Aus den Modulen erfolgen zahlreiche Verweise auf die *Skills-Section*, ebenso gibt es umgekehrt Rückverweise aus den *Skills*-Seiten in die Module. Die S sind bereits mit den *Skills* 1, 2, 5, 8–12, 15–19 sowie 21–24 vertraut. Auf diese Fertigkeiten wurde schon in den früheren Bänden von **Green Line New Bayern** eingegangen und es kann bei Bedarf darauf zurückgegriffen werden, etwa in Form einer systematischen Zusammenstellung in schriftlicher Form für oder durch die S. Definitionen und nähere Hinweise zum Begriff *Skills* finden sich u.a. in den bayerischen Lehrplänen zum G8 (siehe die entsprechenden Seiten für die Jahrgangsstufe 10) und in den gängigen Fachdidaktiken.

Die roten Kästchen mit den *Useful phrases* in der *Skills-Section* sollten von den S besonders aufmerksam bearbeitet und immer wieder verwendet werden. Ratsam ist eine Übertragung auf große Karteikarten oder Ringbuchblätter, die später regelmäßig ergänzt werden können. Die Kästchen liefern die Sprachmittel, die die Anforderungen der Deskriptoren bei Prüfungen erfüllen helfen.

A Text skills

Seite 88–93

Vorbemerkung

Bei den *Text skills* handelt sich um automatisierte Fertigkeiten. Traditionell spricht man von vier Fertigkeiten, heute kommen noch eine fünfte bzw. sechste Fertigkeit hinzu: *Mediation* und *Media literacy*. Die *Text skills* umfassen:

S1 Listening
S2 Reading techniques
S3 Text analysis
S4 Literary genres
S5 Characters
S6 Narrative point of view
S7 Narrative techniques

→ S1, p. 88

S1 Listening

Lange Zeit wurde Hörverstehen als rein rezeptive Fertigkeit betrachtet und damit in der Komplexität der Anforderungen deutlich unterschätzt. Beim Hörverstehen unterscheidet man heute zwischen dem Hör- und Sehverstehen, ferner zwischen den sogenannten rezeptiven und produktiven Fertigkeiten. Die Fertigkeitsschulung erfolgt im Wesentlichen in den drei den S bereits bekannten Schritten:

Pre-listening: Die S erhalten vor dem Hören Informationen zur Situation, zu den Sprechern usw. mit dem Ziel des *predicting*.

While-listening: Das Pensum des Hörstoffs ist häufig unterteilt. Die Trackeinteilung der Hörtexte auf den CDs berücksichtigt Länge und Schwierigkeitsgrad der Texte. Je nach Niveau der Lerngruppe kann beim zweiten und dritten Vorspielen ein kleinschrittigeres Hören mit gleichzeitiger Konzentration auf gezielte Höraufgaben sinnvoll sein. Entsprechend dem Schwierigkeitsgrad des Textes kann die Anzahl des Hörens beliebig erhöht werden. Dazwischen sind Phasen der Partnerarbeit zum Vergleichen bzw. Diskutieren der Ergebnisse sinnvoll. Bei geübteren S bieten sich neben reinen Inhaltsfragen auch Fragen zur Einstellung der Sprecher, deren Charakterisierung usw. an. Schwierige Textstellen, z. B. mit Elisionen oder Assimilationen, sollten durch gezieltes Kognitivieren entschärft werden. Übungen an Einzelsätzen oder kurzen Abschnitten zu diesen Phänomenen sind hilfreich.

Post-listening: In den bisherigen Bänden von **Green Line New Bayern** gab es bereits vielfältige Vorschläge zu diesem Übungsschritt. Sie können gesammelt und neu kombiniert werden. Auch der Vergleich mit dem transkribierten Text, v. a. von Textstellen, die ‚verschluckt' wirken, bietet sich an.

→ S2, p. 88

S2 Reading

Erarbeitung

Ebenso wie das Hören wurde auch das Lesen lange Zeit als rezeptive, d. h. passive Fertigkeit gesehen. Aber die S sind dabei aktiv bzw. interaktiv, sie brauchen Weltwissen, Erwartungen und die Fähigkeit zum Anpassen und Revidieren. Sie müssen entziffern und zusammensetzen, d. h. Buchstabengebilde verstehen, Grammatik, Kontext und Textsorte beurteilen und darüber hinaus Leseerwartungen einbauen können. Der Alltag zeigt, dass dies nicht immer zufriedenstellend der Fall ist. Unzulängliche Fragenbeantwortung liegt häufig daran, dass die S einen Text nicht in seiner ganzen Implikation verstanden, ihn falsch oder nur unvollständig gelesen haben. Frühzeitiges Trainieren von Lesetechniken ist deshalb wichtig. Die drei Schritte zur Schulung des Leseverstehens sind den S bereits aus den früheren Bänden vertraut:

Skimming – reading for gist (Eselsbrücke: *i* in *skim* und *gist*): Einem Text schnell die wesentlichen Informationen entnehmen kann z. B. mit verschiedenen *summaries* geübt werden. Die S entscheiden, welche *summary* passt bzw. welche dem Textinhalt am nächsten kommt.

Scanning: Werden spezielle Fragestellungen bzw. Informationen gesucht, z. B. die Eintrittspreise in einem Werbeprospekt für Freizeiteinrichtungen, bieten sich *grids* zur Unterstützung an. Ein entsprechender Arbeitsauftrag an die S kann lauten: *What question(s) would you want this text to answer?*

Intensive/detailled reading: Kleinschrittiges Verfahren mit Fokus auf Details (gegenüber dem *extensive reading*, das im Idealfall in Form von eigenständiger Lektüre stattfindet).

Die Aufgabe an die S, einen Text laut zu lesen, sollte vorsichtig und umsichtig gestellt und ab der Mittelstufe besser von kommunikativeren Aktivitäten begleitet oder durch solche ersetzt werden. Das bedeutet für die Arbeit im Unterricht, dass zum einen das Fundament an Vokabeln und Strukturen schnell verfügbar gemacht werden muss, zum anderen Dekodierungsstrategien zur Entschlüsselung des Gesamtzusammenhangs ausgebildet werden müssen. Daneben gilt es, das Hintergrundwissen für das *intensive reading* zu aktivieren und herauszuarbeiten, welche Informationen in einem Text enthalten sind und welchen Effekt Wortwahl und Strukturwörter ausüben.

→ S3, p. 89

S3 Text analysis

Erarbeitung

Die S erhalten hier in systematisch zusammengestellter, zukunftsweisender Form handlungs- und zielorientierte Leitfragen bzw. Hilfsaufgaben zur Textanalyse. Der Umgang mit Texten in schriftlicher Form ist von Beginn der Sekundarstufe I an ein wichtiges Ziel, das ständig und zügig erweitert wird. Die S werden vom reinen Verständnis *(reading skills)*, das im Widerspruch zur Bezeichnung ‚passiv' bzw. ‚rezeptiv' sehr komplex sein kann und deshalb nicht vorschnell vorausgesetzt werden sollte, zu systematischen Aufgaben geführt. Die Tipps leiten die S zu einem bewussten Umgang an, der durch häufigen und vielfältigen Gebrauch automatisiert werden sollte.

Die Einstiegsfragen, die an jeden Text gerichtet werden, beziehen sich auf *text type (expository, descriptive, argumentative* – meist Mischform), *purpose (to make the reader aware of a problem, to shock them into awareness, to make them accept this different point of view, to urge them to help to find a solution to the problem), target group (often educated readers with some sort of interest in the issue)* und *author (quotations, examples, statistics, references, allusions, balanced, detached view vs. partial, one-sided, etc.).* Bei den ergänzenden Fragen an einen fiktionalen Text müssen die S zwischen *author* und *narrator* unterscheiden. Die Frage des *setting* erfolgt durch die Analyse von Textauszügen und die dort enthaltenen Beschreibungen, d. h. durch Wortwahl, Hintergrund und Umstände der Handlung. Beim Thema *characters* kann auf die Frage *explicit vs. implicit characterisation* eingegangen werden: Was wird über die Person gesagt? Was sagen das Handeln bzw. die Reaktionen über diese Person aus? *Main theme, plot, turning-point* sind bekannte Begriffe aus den früheren Bänden von **Green Line New Bayern**.

Die Frage nach den *narrative techniques*, d. h. dem Verhältnis von Stil und Inhalt, wird von den S häufig als schwierig empfunden. Deshalb sollte sie in zwei Teilaufgaben erfolgen:
1. Worum geht es? (*content*: Strukturanalyse, Lesefertigkeit, Weltwissen)
2. Welche Art von Wörtern und stilistischen Mitteln werden gebraucht?

Beim Einbeziehen der eigenen Erlebnissphäre ist die Verflechtung besonders nachhaltig und vielschichtig. Dies ist ein wichtiges Mittel, um die Distanz zu einem Text auf einer affektiven Ebene (emotionales Assoziieren) zu reduzieren und damit das Verständnis zu fördern: *Is the story convincing? Do you like it? Give reasons. What do you think about the characters? Could you identify with them? Do you understand their motives? Could this happen in your life, too*? Die Bewusstmachung und das Einüben von Textstrukturen ist wichtig, deshalb sollten die S frühzeitig an das Paraphrasieren gewöhnt werden. Sie müssen erkennen, dass das Textverständnis als Voraussetzung für die Textanalyse eingeschränkt und erschwert wird, wenn der eigene Wortschatz nicht umfassend genug ist. Das Nachschlagen vieler Vokabeln und *idioms* ist kontraproduktiv für das Erfassen des Ganzen.

→ S4, p. 90

S4 Literary genres

Erarbeitung Zur Erklärung wichtiger Schlüsselbegriffe ist ein kurzes Brainstorming empfehlenswert. Dabei werden Absicht *(purpose: information vs. pleasure, imagination, etc.)* und Stil *(sober, detached, factual; clear structure vs. evocative, suggestive to create atmosphere)* herausgearbeitet. Die S können eigenständig über eine Internetrecherche Begriffe wie *novel* (Hinweis auf *false friend:* Novelle = *novelette*), *short story, fable, fairy tale, etc.* klären und ggf. auf passende Textbeispiele eingehen. L kann den Hinweis liefern, dass Gedichte im Allgemeinen aufgrund der Form oder des Tons als solche zu erkennen sind.

Aufgabe In Aufgabe 1 untersuchen die S anhand zweier Textsorten die Unterschiede in Stil, Ton und Intention. Text 1 ist ein Informationstext von einer Website, Text 2 ein Gedicht. Das Gedicht ist thematisch identisch mit dem Sachtext *(style: sober, objective, detached, no argumentation, descriptive and expository; no personal attitude nor opinion, but stress on facts, clearly structured)*, jedoch stilistisch verfremdet *(it conjures up pictures in the reader's mind that produce some new reality)*. Die S werden angeleitet, sich in die Stimmung einzufühlen. Stil und Wortwahl sind in dem Gedicht emotional und assoziierend. Abschließend erfolgt szenisches Lesen der beiden Textsorten (u. a. auch in übertriebener Gegenüberstellung).

→ S5, p. 91

S5 Characters

Erarbeitung Ziel der Charakterisierung ist die Beschreibung von Auftreten, Verhalten und Reaktionen einer Person. Dazu gehört u. a. auch die äußere Erscheinung und die Herkunft. Man unterscheidet zwischen der direkten und der indirekten Charakterisierung. Die S sollten das *character grid* (Seite 91 unten) möglichst oft zur Beschreibung von *characters* heranziehen und an Textausschnitten, auch arbeitsteilig mit anschließender Präsentation, diese Beschreibung üben. L sensibilisiert für die Informationen ‚zwischen den Zeilen' *(implicit characterisation)*, die Reaktionen der zu charakterisierenden Person und die der übrigen Personen auf diese. Die frühe, altersentsprechende Hinführung und Gewöhnung daran, zwischen den Zeilen zu lesen und zu interpretieren, ist für die Textarbeit ausgesprochen hilfreich.

Aufgabe Die S machen sich in Aufgabe 1 (in Einzel- oder in Partnerarbeit) anhand der Vorgaben auf Seite 91 Gedanken zu den abgebildeten Personen. Dabei wird gleichzeitig die Arbeit mit dem Wörterbuch geübt. Es folgt die Beschreibung durch einzelne S oder S-Paare. Die anderen raten, welche Person beschrieben wird. Mithilfe des *character grid* ergänzen die S z. B. für *Topic 1: young, clean-shaven, wears Levi's jeans and jackets, big belt buckle, boots, tall and heavy, a poet.* Indirekte Information zur Haltung des Sprechers: *person seems weird, not what he expected a poet to look like, contrast between outer appearance and calling; astonished and surprised.*

Erweiterung Einen typischen Tag im Leben dieser Person beschreiben, eine fiktive Biographie erstellen, einen Brief an diese Person schreiben (Absicht: konkrete Anwendung und dadurch Festigung) oder eine Situation entwerfen, in der verschiedene der besprochenen Personen interagieren.

Aufgabe Zum Vergleich Film und Roman in Aufgabe 4 kann mit den S ein Kriterienkatalog erarbeitet werden:
Welche Szenen sind jeweils ausgelassen/eingefügt worden?
Worauf wird besonders eingegangen?
Was wird unerwartet stark hervorgehoben?
Verhält sich die Person wie im Buch?
Ist die Handlung verändert? Wenn ja, an welcher Stelle und warum?
Welche Folgen ergeben sich für das Zusammenspiel?
Werden einzelne Züge (unverhältnismäßig stark) hervorgehoben?

→ S6, p. 92

S6 Narrative point of view

Erarbeitung Die S bestimmen, aus welcher Perspektive ein fiktiver Text erzählt wird. Außer beim *first person narrator* tun sie sich damit oft schwer. Die S gehen die zusammengestellten Tipps durch und beantworten anhand eines konkreten Textes die Frage, wer eigentlich ‚spricht'. Dabei wird ihnen bewusst, dass es eine tragende Stimme gibt, die – abgesehen von der ersten Person – als *narrator* vorhanden und nicht mit dem Autor zu verwechseln ist. Beim *first person narrator* besteht häufig die Gefahr einer subjektiven Darstellung. Folgende Gesichtpunkte können miteinander in Beziehung gebracht werden und als Visualisierungshilfe dienen: *point of view/narrative perspective; types can be mixed/can change throughout the story.* Wesentlich ist, dass die S lernen, immer klar zwischen *author, characters* und *narrator* zu unterscheiden.

Aufgabe Die S analysieren die Zeichnungen auf Seite 92, wobei B *(Third-person limited narrator)* für sie am einfachsten sein dürfte. Danach suchen sie zunächst den *extract*, der zu C passt (*scanning*). L gibt den Hinweis, auf Wörter wie *I/my/me/we/our/us* zu achten. (Text 2 enthält nur einen Hinweis: *our suburbs.*) Es folgt leises Lesen von A und B und die Suche nach Schlüsselwörtern, v. a. solchen, die die Unterscheidung der beiden Perspektiven bewirken *(knows everything, feelings and thoughts vs. knows only about feelings, opinion, background of one particular character, narrator not identical with him).* In Partnerarbeit jetzt *scanning* der Texte 1 und 3 und Zuordnen zu den beiden Erzählperspektiven.

Lösung

Text 1 – A, Text 2 – C, Text 3 – B

→ S7, p. 93

S7 Narrative techniques

Erarbeitung Bei der Arbeit mit dem Text *I go along* (Schülerbuch, Seite 12) erhalten und verarbeiten die S viele wertvolle Anregungen, die allgemein bei der Analyse von fiktiven Texten eingesetzt werden *(not only look at what but at how it is told; create interest and influence the way we are affected)*. Emotionale Reaktionen werden logisch analysiert und in Worte gefasst. Dies ist wichtig, um die Frage *How does the narrator succeed in arousing interest?* zu beantworten.

Aufgabe Leises Lesen (*skimming*) von Punkt 1 (*The relationship between author, narrator, reader and characters*) durch die S, danach Gespräch und ggf. Zusammenfassen der wichtigen Ideen *(author = a, narrator = n, reader = r, characters = c)*:

point of view	*tense*	*irony*	*characterisation*
who tells story?	*while reading*	*distance*	*descriptions, comments*
how does n deal with c?	*while happening*	*n + r/c*	*(explicit)*
input for r (suspense)	*(feel closer)*		*dialogues (implicit)*
1st/3rd person n			

Besonders bei *stream of consciousness/interior monologue* ist es ratsam, die Verbindung zur Erfahrungswelt der S anhand von Beispielen herzustellen *(the mind wanders, unstructured, seemingly chaotic, one thought blends into another, leads to, stirs associations; indirect speech, etc.)*. Bei Punkt 2 (*Chronology*) macht L bewusst, dass viele fiktive Texte, gelegentlich auch Sachtexte, nicht chronologisch verlaufen, sondern von einem bestimmten zeitlichen Punkt aus über Bezüge rückwärts (*flashbacks*) und vorwärts (*anticipation, foreshadowing, flashforward*) gehen (*to create suspense, stir interest, make everything more exciting, encourage you to take part in the story, etc.*). Punkt 3 (*Structure*) wird mit der Formel *exposition – main part – conclusion*, die die S u. a. von *short stories* kennen, in Verbindung gebracht. Sie kann auch auf nicht-fiktive argumentative Sachtexte angewendet werden. Gehen Sie abschließend auf *frame story* noch näher ein. Vor allem bei fiktiven Texten, gelegentlich auch bei Sachtexten, die mit einer Anekdote beginnen, erfolgt eine Argumentation um die angesprochene Sache, dann wird der Rahmen geschlossen, indem der Autor mit seiner Schlussfolgerung an den Anfang anknüpft. Damit haben manche S erfahrungsgemäß Probleme, deshalb sollten die Strategien schrittweise mit dem entsprechenden lexikalischen Material vermittelt werden. So erkennen die S, dass es *tools* gibt, um eine Antwort zu finden, und weitere Mittel dazu, diese Antwort in passende Worte zu kleiden. Das erhöht das Selbstvertrauen und ist ein erster Schritt zum Erfolg.

B Word skills

Seite 94–95

Vorbemerkung

Bei den *Word skills* handelt es sich um Fertigkeiten, die den S durch Bewusstmachung und ständige Anwendung ein Mittel an die Hand geben, das sie im Fremdsprachenunterricht unbedingt brauchen: Sicherheit im Umgang mit unbekanntem Vokabular. Die psychische Hemmung auf Seiten der S sollte nicht unterschätzt werden. Nur durch einen großen Grundstock an Vokabular und die Vertrautheit mit gängigen Techniken, die unbekannten Elemente schnell zu erschließen, erhalten die S Selbstvertrauen und Sicherheit. Die *Word skills* umfassen:

S8 Guessing new words
S9 Working with a dictionary
S10 Practical dictionary work

→ S8, p. 94

S8 Guessing new words

Erarbeitung

Zu den gängigen Dekodierungsstrategien gehören Ableitungen (einschließlich Vor- und Nachsilben), syntaktisches Wissen, Kontext, Weltwissen, Muttersprache (einschließlich der Fremdwörter), andere Sprachen, kluges Kombinieren und Raten. L verweist dabei auf die Gefahr der *false friends*. Ebenso ist Vorsicht geboten bei Wörtern wie z. B. *chatshow* (nicht ‚Talkshow'), *mobile* (nicht ‚Handy'). Auch hier gilt es, die Fertigkeit des *noticing*, die bereits in den vergangenen Jahren angelegt wurde, bei den S weiter auszubilden. Als Aktivität bietet sich ein Quiz oder ein Wettbewerb (am besten von den S selbst erstellt) an, bei dem *false friends* and *good friends* herauszufinden sind.

→ S9, p. 94

S9 Working with a dictionary

Erarbeitung

Die zentrale Information für die S lautet: *Word-for-word translations do not always work.* Ein Axiom des Fremdsprachenunterrichts, von den S aber viel zu selten beachtet und deshalb immer noch ein Hauptgrund für Fehler. Die S sollten anhand eines aktuellen Wörterbuchs erfahren, wie anders (meist einfacher) ein deutscher Gedanke im Englischen oft ausgedrückt wird. Sie müssen weg von der Wort-für-Wort-Übersetzung und hin zur Übertragung, zum Assoziieren von Bedeutungen, zur Mediation. Die angestrebte Lösung heißt: *This is how an English-speaking person would express it.* Die Arbeit mit dem Wörterbuch muss diese Zielrichtung beinhalten. *Dictionary skills* sollten frühzeitig begonnen und besonders anhand des einsprachigen Wörterbuchs stetig erweitert werden. Folgende Punkte sind beim Übertragen (neben der Bedeutung) zu entscheiden: Aussprache, Wortart, Stilebene, Kollokationen, Ableitungen, Struktur, grammatische Verwendung (z. B. zählbar oder nicht, transitiv oder intransitiv) usw. Viele Wörterbücher bieten heute CD-ROMs mit an, die zu empfehlen sind, weil die S damit mehrkanalig und selbstständig lernen können *(learner autonomy)* . Daneben sollten die S Wörterbücher auch dazu nutzen, um selbst Wortfelder oder *mind maps* zu entwickeln bzw. zu ergänzen. Wenn die Vokabeln von Anfang an auf nicht zu kleine Karteikarten geschrieben werden, kann diese Arbeit Rückgriff und Ergänzung sein.

→ S10, p. 95

S10 Practical dictionary work

Erarbeitung

Beginnen Sie mit einem Brainstorming *zu vampire jokes (a vampire's favourite fruit: blood oranges)*. Dann lesen die S den Text leise (*skimming*) und es folgt eine kurze Gruppenarbeitsphase mit Aufträgen (z. B. *grid* für Ableitungen, Liste mit *collocations* und *idioms*). Weisen Sie die S auf die Tipps (Seite 95 unten) hin und erwähnen Sie besonders die Begriffe *key words, skim, purpose, word category, words that occur with, context.* Auch hier sind *reading skills (how to deal with texts)* die Voraussetzung für den Erfolg. Ein umfangreicher eigener Wortschatz erleichtert das Verständnis, ansonsten besteht gerade bei langen Einträgen, u. a. auch bei der Suche nach *idioms*, die Gefahr, sich zu ver(w)irren.

Aufgabe Gehen Sie nach Aufgabe 1 ein auf *literal/figurative meaning (pain in the neck, etc.); play on words (grave, sucker, etc.); consequence (humour, irony, light-hearted tone)*. Zu erwartende Antworten zu Aufgabe 1: *an expository text, a school certificate, mock, ironic;* zu Aufgabe 3: *time for a bite, deadly rivals, made my blood boil, opening bat, heart is at stake, makes me cross, sucker, fed up to the back teeth, pain in the neck, grave concern.*

C Writing skills

Seite 96–98

Vorbemerkung

Bei den *Writing skills* handelt es sich um produktive Fertigkeiten, die aus einer Reihe von *Subskills* bestehen und – idealerweise – in der Fertigkeit enden, einen Text thematisch zu strukturieren. Deshalb sollten die S anhand von Texten die thematische Struktur analysieren und dann nach diesen Modellen eigene kurze Textstücke erarbeiten. Sie bauen ihr bereits erworbenes Wissen über typische Merkmale verschiedener Textsorten aus und wenden es praktisch an. Die *Writing skills* sind:

S11 Creative writing
S12 Writing for special purposes
S13 Writing an argumentative essay
S14 News writing

→ S11, p. 96

S11 Creative writing

Erarbeitung

Hierzu gibt es vielfältige Übungsmöglichkeiten: Texte können ergänzt oder an zentralen Stellen abgeändert werden, so dass sie verändert fortgesetzt werden müssen; das gleiche Thema kann in eine andere Textsorte überführt werden; Randfiguren in Fiktion und Film können näher beleuchtet werden; anhand eines Fotos und mehrerer Gegenstände können verschiedene Textsorten erstellt werden. Bevor die S beginnen, sollte ein Brainstorming stattgefunden haben und es sollten feste Ausgangs- und Rahmenbedingungen vereinbart sein. Die S haben ggf. bereits eine Liste mit Beschreibungsvokabular und *connectives/structuring words* vorliegen. Skizze des Ablaufs: *generating ideas, goal setting, organisation, drafting, reviewing, editing.*

→ S12, p. 96

S12 Writing for special purposes

Erarbeitung

Hierbei ist wichtig, dass die S sich klar sind über die Situation und die erforderliche Textsorte. In dem Beispiel auf Seite 96 ist gehobener Stil erforderlich, da es um ein Bewerbungsschreiben geht: *style, clear, well-structured, formal, informative, to the point.* Den S sollten die hier formulierten Ziele in ihren Implikationen klar sein, z. B. was erfüllt sein muss, damit ein Text als *well-structured* angesehen werden kann. Es folgt ein Hinweis auf die Vermeidung von Kurzformen, auf die Wichtigkeit angemessenen Stils und angemessener Wortwahl. Und unter dem Stichwort *cultural awareness* sollte unbedingt erwähnt werden: *Be polite!* Die S können sich selbst als Übung eine entsprechende Situation ausdenken (z. B. Informationen zu Ferienwohnung oder Jobangebot einholen). Im Plenum wird mithilfe der *Useful phrases* in dem roten Kästchen und nach einer kurzen Phase des Brainstorming (ggf. mit *dictionary work*) mündlich ein Brief entworfen, wobei nach jedem Schritt die Evaluation erfolgt (ggf. durch eine Extragruppe, die anhand einer *mind map* die Kriterien – siehe *tips for letter writing* – anlegt).

→ S13, p. 97

S13 Writing an argumentative essay

Erarbeitung

Vor dem Schreiben ist eine gründliche Phase des Erwerbs von Hintergrundwissen und sprachlichem Material sinnvoll (ggf. in Form einer Internetrecherche). Im Interesse der von den S erwarteten Strukturierung ist es ratsam, Konventionen aufzustellen und auf einem klaren Aufbau zu bestehen (Einleitung mit allgemeinem Bezug zum Thema oder Anbindung an den Themenbereich; Überleitung mit modifizierter Wiederholung des Themas, auch als Frage formuliert; Beispiele, bei denen die Reihenfolge pro/contra von der Schwerpunktsetzung aufgrund der eigenen Meinung am Schluss abhängt; Schluss/Synthese/Ausblick/Appell). Die S werden auf die Wichtigkeit von Beispielen zur Illustration ihres Standpunktes und auf die Notwendigkeit tiefergehender mehrperspektivischer Argumentation hingewiesen.

Erweiterung Anhand einer begrenzten Zahl von u. a. auch provokativ gestellten Themen (z. B. *Bullies are victims*) und vorsichtig gewählten Zitaten können die S in einer Gruppenarbeitsphase folgende Schritte durchlaufen:

1. Brainstorming zum Thema, Organisation der Informationsbeschaffung.
2. Abgleichen, Beraten, Schwerpunktsetzung unter Beachtung der erforderlichen Schritte.
3. Einbeziehen der *Useful phrases* und Festsetzen einer Mindestauswahl, die dann auch verwendet werden muss.
4. Gegenseitiges Korrekturlesen am Schluss.

L macht deutlich, dass die Bewertung, d. h. die Zuteilung von Inhalts-, aber auch von Sprachpunkten, von der Beachtung dieser Vorgaben abhängt.

→ S14, p. 98

S14 News writing

Erarbeitung Dieser *Skill* dient der Fortführung, Erweiterung und praktischen Anwendung von Teilkompetenzen zum *argumentative essay*. Als Schlüsselwörter werden genannt: *interesting, important, unbiased, fair*. Differenziert werden muss zwischen *reports*, *features (puts you in the subject's shoes, more details, emotions, background)* und *commentaries*. Geben Sie den S ein *ABC of news writing* als Hilfestellung: *accurate – brief – clear + wh's (who, what, when, where, why) + how*. Auch hier ist eine klare Struktur wesentlich: *Be a planner, don't fumble! Be clear about what you want to say before you start, don't expect to discover it while writing. Will you have to make notes or can you plan in your head?* Als nächstes folgt die Analyse von *puns* in *headlines (Education Matters)* in britischen Zeitungen, und vor allem auch von solchen, die weitere stilistische Mittel wie Alliterationen aufweisen *(minor* als Homophon zu *miner* und mit identischem Wortanfang: *Miner Miracle)* und der Funktion von einleitenden Paragraphen *(to arouse attention, capture interest/imagination, to immediately engage the reader)*.

Aufgabe Anhand des Bildmaterials auf Seite 98 vergleichen die S *headlines* zum gleichen Thema unter Beachtung der Funktion der Fotos. Entsprechend dem Arbeitsauftrag in Aufgabe 1 werden außerdem Stil, Informationen, Layout, *crossheads*, u.ä. herausgearbeitet und die wichtige Unterscheidung zwischen *popular, tabloids/serious, quality, broadsheets* getroffen. In Aufgabe 2 erfolgt die Anwendung. Anhand zweier stilistisch sehr unterschiedlicher Artikel aus Zeitung oder Internet werden die Besonderheiten analysiert. L macht die S auf die Wichtigkeit des ersten Absatzes aufmerksam *(focused, memorable, surprising, intriguing, arousing curiosity, promising, short, involving, immediately significant, human element = effective)*.

D Speaking skills

Seite 99–101

Vorbemerkung

Die *Speaking skills* wurden lange nur als Anwendungsergebnis aus Grammatik- und Vokabellernen gesehen. Inzwischen ist deutlich geworden, dass es hierbei um eigenständige Fertigkeiten mit vielfältigen Anforderungen und Übungsmöglichkeiten geht. Deshalb gehören sie zu den wichtigsten Fertigkeiten, denen heute im Unterricht zurecht ein stark erhöhter Stellenwert zukommt. Auch die Einbeziehung bei der Notenbildung bewirkt eine deutliche Aufwertung des Mündlichen (mündliche Schulaufgaben, zusätzliche mündliche Partner-/Gruppenprüfung im Abitur). Folgende *Speaking Skills* werden behandelt:

S15 Conversation
S16 Discussion
S17 Debate
S18 Giving a presentation
S19 Project work

→ S15, p. 99

S15 Conversation

Erarbeitung

Es ist wichtig, durch eine ständige Festigung die Automatisierung und Internalisierung zu erreichen. Besonders nachdrücklich zu üben sind Phrasen und Floskeln *(openers, how to interrupt, repairers, discourse markers, how to hedge/secure time, fillers: sort of, kind of, yeah, um, repeating answers, etc.)*. Die S müssen den richtigen Moment zum ‚Eingreifen' erkennen und nutzen. Sie begegnen dabei *spoken grammar* (u. a. in Form von unvollständigen Sätzen, aber auch falschen Formen) und nutzen Umschreibungstechniken (siehe *Mediation*). Es gilt, vielfältige interaktive Sprechanlässe zu *conversation, dialogues, drama, games, discussions, etc.* zu schaffen.

Wichtiger Erfolgsfaktor für *conversation* ist u. a. *cultural awareness* zur Vermeidung von interkulturellen Unterschieden (nicht nur zwischen Europa und Asien gewaltig, auch zwischen zwei vermeintlich ähnlichen Ländern wie Deutschland und Großbritannien bzw. Deutschland und den USA). Die S werden daran erinnert, nicht *I want* zu sagen, sondern das höfliche *I'd like* zu verwenden. Fragen sollten mit *downtoners* angereichert werden: *Could I possibly have …? Would you mind doing …? Would you be so kind as to give me …?* Neben der Sprache können auch Inhalte konfliktbeladen sein. Dies zu berücksichtigen ist für eine erfolgreiche Unterhaltung ebenso wichtig wie die sprachliche Komponente. Die S müssen deshalb über vermehrtes Zusammentragen von Informationen etwas über die Unterschiede im Verhalten und in den Reaktionen lernen. Das gilt auch für die Verwendung der Floskeln, die auf Seite 99 angeboten werden.

Aufgabe

Die beiden Fotos sind sehr gute Auslöser *(prompts)* für Sprechtätigkeit. Der Einstieg erfolgt mit einem Brainstorming zu den Bildern (links: *conflict*; rechts: *happiness, harmony*), bei dem auch gleich die affektive emphatische Ebene aktiviert wird. Die Fragestellungen orientieren sich an den *wh's* und an Schlüsselwörtern. Folgende Anforderungen gilt es zu erfüllen:

1. Die Sprache muss situationsangemessen sein.
2. Die Sensibilität für die Bedürfnisse der Gesprächspartner, für Formulierungen, u. a. auch abhängig von der Situation oder der Generation, muss gewährleistet sein.
3. Die Information selbst muss *precise – clear – logical – tactful* sein.

→ S16, p. 100

S16 Discussion

Erarbeitung

Bei der *discussion* besteht eine veränderte Voraussetzung zur *conversation*, da hier die Vorbereitung besser gestaltet werden kann und der Verlauf eher vorhersehbar ist. Wichtig sind wieder die Aspekte *brainstroming (pros/cons)* sowie *structuring (clear – logical – reasons – examples – precise – polite)*. Dazu übertragen die S die *Useful phrases* aus den *Skills* 13 (Seite 97) und 16 (Seite 100) auf *mind maps* oder Klassenposter: *introducing, backreferencing (some article, news programme, etc.), interrupting, avoiding interruptions, reacting, structuring, modifying (rather, quite, a bit, sort of, certainly, actually, not surprisingly, hopefully), agreeing and disagreeing, giving views (in my opinion, quite frankly, to my mind, I think/feel/imagine/suppose, etc.).* Ein Hinweis auf *false friends* bietet sich an. Wesentlich ist bei der *discussion* ein genau abgegrenztes Thema sowie eine Vorlaufphase zur Lexik. Auch die Rollenverteilung, das Zeitmanagement und die Diskussionsregeln gehören dazu. Beachtet werden muss darüber hinaus die Stilebene. Vorübungen können an Transkripten von Interviews, Diskussionen im Fernsehen oder den Printmedien, Expertengesprächen usw. erfolgen. Ziel ist die Erhöhung der Sprechfertigkeit als Vorbereitung für mündliche Partner- und Gruppenprüfungen.

→ S17, p. 100

S17 Debate

Erarbeitung Ähnlich wie bei der *discussion* besteht hier für die S die Gelegenheit zur freien Interaktion. Sie gewöhnen sich an längeres, freies Sprechen und Reagieren, u. a. auch auf unerwartete Einwände. Die Thematik sollte deshalb sorgfältig eingegrenzt und die Themen nicht zu allgemein gestellt werden. Statt *Should smoking be banned?* besser *Should smoking in public places in Germany be banned?* Die *debate* erfolgt nach einem festgelegten Ablauf *(formalised discussion): rules – contest – final vote.* Vorab werden die Rollen festgelegt *(chairperson, speakers, floor)* und die Runden *(motion, etc.)* mit eigener Funktion. Das Zusammenfassen am Ende erfordert die verschiedensten Fertigkeiten von den S. Es kann gleich zu Beginn die Aufgabe gestellt werden (unter Einbeziehung von *creative writing*), nach Ende der *debate* zu den Ergebnissen Stellung zu nehmen, sie zu erweitern und in einer bestimmten Textform *(tabloid article)* zu verarbeiten.

→ S18, p. 101

S18 Giving a presentation

Erarbeitung Diese Fertigkeit ist seit den ausführlichen Anleitungen in **Green Line New Bayern 4** von den S regelmäßig geübt worden. Ziel ist der freie, selbstständig vorbereitete (d. h. recherchierte) Vortrag, der in der Funktion LdL (Lernen durch Lehren) eingesetzt werden kann. Er kann zur Präsentation neuer Bereiche oder zur Wiederholung bzw. Umwälzung von erarbeitetem Stoff dienen. Wichtige Prinzipien sind die klare Intention und die Strukturierung. Dazu kommen die angemessene Verwendung von Floskeln und Beispielen, die Sprechgeschwindigkeit *(Do not rush!)*, die Körpersprache (u. a. Augenkontakt, Atmung, Haltung, gegenseitiges Feedback). Die Präsentation erfolgt anhand eines Stichwortzettels und wird als freier Vortrag ohne vorformulierte Texte gestaltet. Zur Visualisierung dienen Folien und/oder Handouts und den Abschluss bildet die Öffnung des Themas für das Plenum zur Rückkoppelung an den Erfahrungsbereich der Zuhörer. Die S können ein Evaluationblatt mit Kriterien erstellen, anhand deren eine Präsentation bewertet wird (u. a. durch *peer assessment*).

→ S19, p. 101

S19 Project work

Erarbeitung Diese Fertigkeit ist ideal zum Üben von arbeitsteiligen Aufgaben. Vorübungen können ggf. fächerübergreifend erfolgen (siehe Vorgaben des Lehrplans). Auch hier ist die sorgfältige Planung (langfristig, detailliert und möglichst offen) eine wichtige Voraussetzung. Der Erfolg der Durchführung ist komplex und erfordert Fertigkeiten aus den verschiedensten Bereichen, darunter auch metasprachliche Fertigkeiten wie Teamfähigkeit, Empathie, Urteilsvermögen (bei der Aufgabenverteilung), selbstständiges Arbeiten, Zeitmanagement. Die Ergebnissicherung kann in Form einer Präsentation oder als kombinierte schriftlich-visuelle Sicherung an Stellwänden, auf CDs, auf der Schulhomepage, im Jahresbericht, als Zeitung usw. erfolgen. Der *Skill* ist das ideale Beispiel für CLIL (*content-language-integrated learning; bilingual history/geography/music/art projects*) und eignet sich zur Vorführung bei Elternabenden, Projektwochen oder beim Schüleraustausch.

E Special skills

Seite 102–111

Vorbemerkung Die *Special skills* liefern den S wichtige Hinweise zum Umgang mit unterschiedlichen Textsorten und Medien. Im Einzelnen werden in **Green Line New Bayern 6** behandelt:

S20 Working with films
S21 Dealing with poetry
S22 Dealing with songs
S23 Working with pictures
S24 Analysing cartoons
S25 Working with maps
S26 Interpreting diagrams
S27 British English and American English
S28 Mediation and translation
S29 Making a survey
S30 Internet search tips

→ S20, p. 102

S20 Working with films

Erarbeitung Eine wichtige neue Fertigkeit ist *Media literacy (how to read a film)*. Filme bieten eine große Vielfalt an didaktischen Möglichkeiten und sind für den aktuellen Fremdsprachenunterricht von großer Bedeutung. Text, Bild, Ausschnitt, Untertitel, Zusatzmaterial – alles ist vielfältig neu miteinander kombinierbar. Filme bieten eine unerschöpfliche Quelle an authentischem, überzeugendem Material für interkulturelles Lernen. Der Stellenwert des Films hat sich im heutigen Unterricht stark verändert. Er dient nicht länger als sogenannte Belohnung oder als Ergänzung zur Textlektüre. Der Film ist heute Ausgangspunkt für vielfältige Aktivitäten (z. B. zur Textanalyse und Literaturbehandlung: *pre-*, *while-*, *post-viewing activities*; Üben von Hör-Sehverstehen; Unterscheidung von Block-, Sandwich-, Intervall-Verfahren). Filme geben viele Informationen über die Zeit, in der sie entstanden sind oder in der sie spielen. Zu beachten sind beim Einsatz von Filmen neben den Rezeptionsgewohnheiten der S die Bildgröße im Verhältnis zur Lerngruppe sowie die verwendete Sprache (Akzente, Dialekte, Soziolekte, Geschwindigkeit, Inhalt). Die technischen Vorteile der DVD sind eindeutig: verschiedene Sprachen, Untertitel, Zusatzmaterialien und natürlich die Qualität.

Aufgabe Die vier *stills* eignen sich für vielfältige Sprechanlässe (Aufgabe 1 und 2): *Where? Who? What are they doing? Who are they looking at? What will they say next? What is outside our vision? What will happen soon? Try and read their minds.* Weitere Fragestellungen bieten die *Useful phrases* im roten Kästchen. Aufgabe 3 ist auch als Bilderrallye möglich (kopiert und vergrößert an der Wand). Die S bewegen sich im Raum und notieren Gedanken/Impressionen zu einzelnen *shots*. Dann erfolgt die Zuordnung (etwa vier S pro Bild), so dass für einige Bilder zwei Gruppen zur Verfügung stehen. Es folgt ein erneutes Brainstorming mit Material aus der Runde vorher (*titles, setting, character, plot, dialogue*) und anschließendem Vergleich. Interessanter wird es, wenn jede Gruppe zwei Bilder übernimmt, dann sind anschließend mehrere verschiedene Versionen möglich.

Aufgabe 4 sollte unter Beachtung der genannten Tipps erfolgen (Evaluation, Abhaken). Bei Teilaufgabe 5 a) bietet sich ein Hinweis auf die Fertigkeit *Presentation* an; Teilaufgabe b) ist sehr ergiebig: Was wurde warum verändert/ausgelassen/hinzugefügt/hervorgehoben? Wie werden Handlungen/Atmosphäre/zwischenmenschliche Beziehungen hier und dort dargestellt?
Dabei muss unterschieden werden, ob zuerst das Buch vorlag und dann der Film folgte oder umgekehrt. Teilaufgabe c) enthält einen Auftrag für *creative writing*. Siehe dazu BBC *(media data base)* und Imdb *(International Movie Data Base)*. Dort finden sich nicht nur *feature films*, sondern es sind auch Kurzfilme auf den Internetseiten von Printmedien verfügbar. Der Vorteil dabei ist, dass sie überschaubar und schnell zu besprechen sind (Motivation, Vielfalt, Lerneffekt). Beim Thema *commercials* können

Parallelen zu *print media, puns/symbols* hergestellt werden. Sind die Klassen interessiert, kann auf weitere technische Details eingegangen werden (an der Herstellung beteiligte Personen, Materialien, Tricks, Musik).

→ S21, p. 104

S21 Dealing with poetry

Erarbeitung Möglich ist der Einstieg mit einem Brainstorming zu der Tafelanschrift: *A poem is … (like a picture painted with words instead of paint).* Kurzes Eingehen auf *technical terms: stanzas, lines, verses, rhyme, rhythm, style, dealing with language, stylistic devices (contrasts, comparisons, images, symbols for feelings and sounds).* Weitere wichtige Hinweise enthält der gelbe Kasten (*theme* ist oft wichtiger als *story*). Dazu bekommen die S den Auftrag, das Gedicht leise zu lesen. Sie suchen ein Wort, das das "Gesamtgefühl", ihre *emotional reaction* ausdrückt. Hilfreich sind hierzu professionell gesprochene Tonaufnahmen. Danach folgt *buzz reading* durch S oder S-Gruppen, ein szenischer Vortrag, das Hervorheben von sinnbestimmenden Begriffen und nach der Besprechung ggf. *creative writing* eines neuen Gedichts (nicht notwendigerweise mit Reim) um ein oder mehrere Schlüsselwörter herum.

→ S22, p. 104

S22 Dealing with songs

Erarbeitung Die S haben oft Berührungsängste gegenüber Gedichten, v. a. wenn die Begegnung spät oder der Einstieg auf hohem Niveau erfolgt. Oft ist es leichter, die Motivation über einen *Song* herzustellen. Vertonte Gedichte eignen sich gut, auch *music clips* mit poetischem Potential sind geeignet. Dabei gilt die Devise: *The medium is the message.* Das bedeutet, dass die Atmosphäre und die Bedeutung durch die Instrumente ausgedrückt werden, z. B. nur durch eine Gitarre oder durch ein ganzes Orchester. Die S erkennen, wie das Zusammenspiel verschiedener Elemente Wirkung erzeugt. Wichtig ist, dass die S nicht das lyrische Ich *(the speaker of a poem)* mit dem Dichter/Autor des Gedichts verwechseln. Das bedeutet analog beim *Song*, dass der Sänger/Interpret nicht unbedingt auch der Urheber des Textes sein muss.

→ S23, p. 105

S23 Working with pictures

Erarbeitung Bilder sind ein wirkungsvolles Medium, wenn es um die Vertiefung und Erweiterung von Lernprozessen geht. Sie übermitteln Botschaften und haben einen unmittelbaren Einfluss auf den Betrachter. Deshalb bietet es sich an, bei der Arbeit mit Bildern gleich zu Beginn nach dem Gesamteindruck zu fragen. Die S äußern dabei zunächst nur Wörter (v. a. Substantive und Adjektive), die ihrer ersten Reaktion entsprechen. Die verschiedenen Stufen der weiteren Erarbeitung können in Partner- oder Gruppenarbeit erfolgen: Beschreibung, Hintergrund, Interpretation, Absicht usw. Die Ergebnisse werden vorgestellt und es schließt sich bei Bedarf zur Evaluation eine Diskussion im Plenum mit der Aufgabenstellung an: Einigung auf das Bild, das einem gesetzten Anspruch am besten gerecht wird (z. B. eine Ausstellung zu einem Thema). Bewertungskriterien sind der situationsangemessene Gebrauch der *Useful phrases* und der Strategien zur Mündlichkeit. Am Ende wird eine Entscheidung erreicht und begründet.

→ S24, p. 106

S24 Analysing cartoons

Erarbeitung Die Bedeutung von Cartoons wird nicht nur im Fremdsprachenunterricht hoch eingeschätzt. Themen, Motive und Ausschöpfungsmöglichkeiten sind vielfältig. Cartoons eignen sich nicht nur zur Motivation, sondern auch zur thematischen Erweiterung und Visualisierung von ansonsten oft abstrakten Gedanken. Als Bilder mit besonderer Aussage wirken sie nach der Erkenntnis dieser Implikationen nachhaltig.

Cartoons transportieren gesellschaftlich relevante Aussagen mit den Mitteln der Satire, sie dienen der positiven Bloßstellung und sind dadurch in höchstem Maße didaktisch. Sie fordern zum Schmunzeln oder Lachen heraus und enthalten oft eine subtile, manchmal auch eine deutliche Botschaft. Die Erarbeitung beginnt mit der Beschreibung, bei der bereits einzelne Vermutungen geäußert werden. Die benutzten Zeitformen sind das *simple present, present progressive* und *present perfect*. Es folgt die Frage nach der Absicht und damit beginnt bereits die Interpretation. Als abschließender – je nach Aussage nicht zu kurzer – Schritt dient die Evaluation der Thematik mit Bezug auf den eigenen Standpunkt und das eigene Urteil. Eventuell müssen die S für ‚Botschaften zwischen den Zeilen' oder die Fokussierung auf übertriebene Teilaspekte gezielt sensibilisiert werden. Der Cartoon auf Seite 106 enthält viele verborgene Botschaften (Einfluss des Fernsehens, Werbung, Fesseln der Menschen an das Medium, usw.).

→ S25, p. 106

S25 Working with maps

Erarbeitung

Der Umgang mit Landkarten ist für die S eine kontextuelle Herausforderung, die mit dem entsprechenden ‚Handwerkszeug' gut gemeistert werden kann. Die Sammlung der *Useful phrases* in dem roten Kästchen ist ein wertvoller Ausgangs- und Bezugspunkt. Die S müssen außerdem mit der Bedeutung von Symbolen vertraut sein. Die Unterscheidung in *physical maps* und *thematic maps* deckt einen großen Bereich potentieller Bedürfnisse und Anforderungen ab. Die S werden angehalten, verschiedene Karten mit Hilfe der *Useful phrases* zu versprachlichen, dabei können sie z. B. die Lage eines interessanten Punktes im Verhältnis zum umliegenden Gebiet erklären. Die Karte auf Seite 106 entspricht den Kriterien einer *physical map*, der die S entnehmen können, welche Städte, Gebirgszüge, Flüsse usw. in welchem Verhältnis zueinander liegen. Die Karte am Ende des Schülerbuchs *(Republic of South Africa)* ist ein gutes Beispiel für eine *thematic map*. Dort können die S Landwirtschaft und Industrie in verschiedenen Teilen des Landes anhand von Bildsymbolen thematisieren und relativieren.

→ S26, p. 107

S26 Interpreting diagrams

Erarbeitung

Bei Diagrammen handelt es sich um eine, auch in den Lehrplänen geforderte, wichtige Textsorte. Die S müssen ein Werkzeug zur Versprachlichung der visuellen Zeichen erhalten. Dies ist oft nicht einfach, da eine Menge Information in konziser Form enthalten ist. Deshalb ist eine Anleitung zum strukturierten, logischen Entschlüsseln von Diagrammen wichtig (Strukturierung – Lesefähigkeit – Abstraktionsfähigkeit). Dazu ist die Kenntnis der verschiedenen Formen *(bar chart, pie chart, flow chart, line graph)* Voraussetzung. Die Habitualisierung erfolgt durch vielfältigen Gebrauch, immer unter Beachtung der *Useful phrases*. Neben dem Auswerten von aktuellen Diagrammen in den Printmedien oder dem Internet (z. B. zur demographischen Verteilung von Menschen verschiedener ethnischer Herkunft/Rasse in Wohngebieten/Schulen oder zur Entwicklung von Umweltproblemen in einzelnen Ländern), sollten die S zu einem beliebigen Bereich ihr eigenes Diagramm erstellen, es versprachlichen und präsentieren. Dabei entwickeln sie ein Gespür dafür, welche Form von Diagramm sich am besten für die Darstellung einer bestimmten Entwicklung eignet, um dann umgekehrt bei der Interpretation schneller zur Auswertung zu gelangen. Weiterer nützlicher Wortschatz neben den *Useful phrases*: *… has dropped/fallen/decreased/increased/risen slowly/fast/rapidly/steadily/gradually by … per cent, has doubled, has been cut by, has been stagnating, has stayed nearly the same, at the same level, has reached a peak, thus the diagram shows/tells us, the most outstanding development seems to have been/change appears to have occurred.*

→ S27, p. 107

S27 British English and American English

Erarbeitung

Die Bewusstmachung der Unterschiede erfolgt u. a. durch den Vergleich von Texten verschiedener Herkunft (vgl. dazu auch *Skill 10: Practical dictionary work*). Zur Systematisierung eignet sich ein *grid* mit den Kategorien *spelling, pronunciation, grammar* und *vocabulary.* Kommunikationsstörungen sind in erster Linie bei *pronunciation* und *vocabulary* zu erwarten, sie treten aber gelegentlich auch bei *grammar* auf (von Briten als falsch erachteter Gebrauch von *would* im *if*-Satz oder von *present perfect*-Formen in eindeutig abgeschlossenen Zeitverhältnissen). Ein wichtiger Hinweis für die S lautet: Immer konsequent in einem System bleiben, auf keinen Fall AE und BE mischen. Wird die Schreibweise *color* verwendet, sollten auch andere AE-Schreibungen (z. B. *realize* = AE gegenüber *realise* = BE) benutzt werden.

→ S28, p. 108/109

S28 Mediation and translation

Erarbeitung

Mediation gilt heute als fünfte Fertigkeit, d. h. auch hier sind eine Reihe produktiver und reproduktiver *Subskills* zu bedenken. Geben Sie den S als Leitprinzip an die Hand: *to translate = to transfer meaning.* Das betrifft beide Richtungen (Englisch – Deutsch und Deutsch – Englisch). Die *Translation* im herkömmlichen Sinn ist – auch laut Lehrplan – nur noch für rein kontrastive Übungen vorgesehen, z. B. für *false friends* oder gewisse Aspekte von Zeiten (z. *B. I've been here for a long time* – ich bin schon lange hier). Sie sollte zurückhaltend eingesetzt werden, die *Mediation* dagegen, die streng genommen die Vorstufe für jede erfolgreiche Version ist, sollte regelmäßig geübt werden. Sprachmittlung heißt, zwischen in der Regel zwei Sprachen zu vermitteln, das kann schriftlich oder mündlich und in beide Richtungen erfolgen *(to mediate between speakers, levels, languages)*. Ziel dabei ist es, den treffendsten Ausdruck in der Zielsprache zu finden, das kann u. a. im Plenum durch Brainstorming erfolgen. Übungen zur *Mediation* können sehr gut mit Hörübungen kombiniert werden. Dadurch entsteht ein ‚echter/erlebter Kontext', nicht nur bei Lautsprecherdurchsagen, sondern auch beim Dolmetschen im Restaurant oder beim Arzt. Aus den früheren Bänden von **Green Line New Bayern** sind die S mit den vielfältigsten Übungstypen zur *Mediation* bereits bestens vertraut. In den Schülerbüchern 1–5 und den lehrwerkbegleitenden Materialen gibt es reichlich Vorlagen für die Gestaltung eigener Mediationsübungen.

Auf die *Translation tips* unten auf Seite 109 wird kurz gesondert eingegangen. Die Schlüsselsätze lauten: *you will need mediation skills rather than translation skills; editing and polishing (style); apply most of the techniques you need for mediation style; deal with idiomatic differences carefully.* In Letzterem liegt oft die Ursache für Fehler, da das Übersetzen falsche Wege vorgibt. *Translation* in beide Richtungen wurde inzwischen als Überforderung der S erkannt. Die S sollten wissen, dass der größte Teil ihrer Fehler durch Interferenzen, d. h. durch wörtliches Übersetzen aus der und vor allem in die Fremdsprache, bedingt ist.

→ S29, p. 110

S29 Making a survey

Erarbeitung

Die S eignen sich Fertigkeiten an, Informationen gezielt zu sammeln, v. a. dann, wenn sie noch nicht genügend Fakten zu haben glauben und für mehr Anschaulichkeit sorgen wollen. Dabei sind schriftlich durchgeführte *surveys* verlässlicher, d. h. bei einem Interview sollten die S an Notizen denken bzw. anhand eines *questionnaire* gleich vor Ort die wichtigsten Informationen abhaken. Die Befragung kann auch direkt mit dem Mikrofon aufgezeichnet werden. Die Voraussetzung sind sorgfältig formulierte, verlässliche Fragen, auf die eindeutige und aussagekräftige Antworten erwartet werden können. Die Arbeitsergebnisse sind vielfältig einsetzbar, z. B. bei Präsentationen, Facharbeiten, Referaten, *project work* usw. Gute Möglichkeiten für ein *survey* bieten

E-Mail-Befragungen von Personen an Partnerschulen oder Institutionen im In- und Ausland (Konsulate, Kulturinstitute usw.), wobei es ratsam ist, unterschiedliche Personen in die Befragung einzubeziehen. Die Ergebnisse können z. B. als Diagramm präsentiert werden und so als Teil eines Handouts bei einer Präsentation Verwendung finden.

→ S30, p. 111

S30 Internet search tips

Erarbeitung Von allen aufgeführten Fertigkeiten diejenige, in der sich die S am sichersten fühlen dürften. Dennoch sollten die genannten Punkte im Plenum besprochen werden. In der 10. Jahrgangsstufe verfügen die S zwar über die Kompetenz, mittels Suchmaschinen *(subject guides)* Materialien zu finden. Es werden aber möglicherweise nicht alle S über das Fokussieren durch Anführungszeichen bzw. Plus- oder Minuszeichen informiert sein. Es ist ratsam, mit den S die Tipps zur Schnellsuche anhand von verschiedenen Begriffen im Computerraum auszuprobieren. Hilfreich sind die Hinweise zu *bookmarks* und *find function* und ein besonderes Augenmerk sollte auf Punkt 5. liegen *(don't believe everything you read, reliability of information)*. Die S sollten erkennen, dass für die zielgerichtete Nutzung des Computers zur Informationsbeschaffung eine Vernetzung der verschiedensten Fertigkeiten nötig ist, wobei immer im Mittelpunkt steht, dass das Internet dienende Funktion hat und nicht Selbstzweck ist.

Grammar

Seite 112–125

Erstinformation

Die *Grammar-Section* bietet – ähnlich wie die *Skills-Section* – eine zusammenfassende Wiederholung der wichtigsten und fehlerträchtigsten bereits bekannten Pensen und eine Darstellung der wenigen, in der Jahrgangsstufe 10 noch neu einzuführenden Strukturen. Die neuen Pensen finden die S in den Punkten 3, 9, 15 und 16:

G3 Expressing past habits with 'used to' and 'would'
G9 Willingness (wollen)
G15 Subjunctive
G16 Inversion

Jedes Kapitel beginnt mit einem Diagnose-Teil *(Checking up)*. Es folgen eine zusammenfassende Darstellung der Regeln auf Englisch *(Basic rules)* sowie ein Übungsteil (*Practice*). In den Modulen erfolgt ein Verweis auf die entsprechenden Grammatikpensen. Diese finden sich dort, wo die entsprechenden Strukturen im *Topic*-Teil vorkommen. Unabhängig davon können die S aber auch an anderer Stelle mit der *Grammar-Section* selbstständig arbeiten. Die Auswahl der Grammatikpensen orientiert sich an deren Relevanz für die mündliche und schriftliche Textproduktion. Die Lösungen zu *Checking up* sind im Schülerbuch auf Seite 201 enthalten, sodass die S die Möglichkeit zur Selbstevaluation haben. Die *Grammar-Section* ist unterteilt in:

A *Foreword*
B *Talking about the past*
C *Expressing conditions and consequences*
D *Using modal auxiliaries*
E *Describing things*
F *Linking ideas*
G *Advanced style*

A Foreword

Seite 112–113

Erarbeitung

Teil A der *Grammar-Section* erklärt den S zunächst den Aufbau der Abschnitte und gibt Anleitungen zum Vorgehen. Als Einstieg dient *Checking up* zur eigenständigen Wiederholung durch die S mit anschließender Selbstkontrolle. Dies ist ein schnelles und punktuelles Feststellen, wie weit die Grammatik von dem einzelnen S beherrscht wird. Anschließend folgt die Fokussierung auf wesentliche strukturelle Gesetzmäßigkeiten und ein relativ gebundenes, teilweise erweitertes Üben. Die S sollten die bei den *Topics* angebrachten Verweise auf die Grammatik eigenständig verfolgen, sodass im Idealfall die Wiederholung der Grammatik immanent stattfindet.

Ein wichtiger Hinweis betrifft das „selbstständige Verwalten“ von Fehlern, d. h. die S müssen Eigenverantwortung für die erkannten Lücken übernehmen und somit auch die Positivkorrektur in Schulaufgaben nutzen und inventarisieren, ggf. unter erweiterter Eigenrecherche. Dabei kann helfen, wenn L bei der Korrektur gelegentlich statt der Verbesserung nur den jeweiligen Grammatikpunkt am Rand vermerkt, so dass die S gezwungen sind, selbstständig zu arbeiten (z. B. *I'm interested in this group for years.* Markierung am Rand: G2). Die S sollten auch mit den *grammatical terms* in der Tabelle (Seite 113) umgehen können. Es empfiehlt sich, eine Art *grammar library* im Klassenzimmer(schrank) einzurichten, in der die S – analog zu den dort aufbewahrten *dictionaries* – bei Bedarf selbstständig nachschlagen können.

B Talking about the past

Seite 114–1116

Erarbeitung

→ G1, p. 114

→ G2, p. 114

Als Einstieg kann der Hinweis dienen, dass das *past tense* mit der Idee *then* und das *present perfect* mit der Assoziation *up to now* verbunden ist. Falls es sich bei der Textarbeit ergibt, kann L erwähnen, dass diese Unterscheidung im *American English* oft nicht beachtet wird, sie für die S aber im Allgemeinen bindend ist. Die Wiederholung der *Basic rules* erfolgt in Gruppenarbeit, im Plenum, als Hausaufgabe, in Stillarbeit oder in Form eines kurzen Hinweises durch L. Nachhaltig wird die Wiederholung durch das Hinzuziehen neuer Sätze und Situationen aus den *Topics* des Schülerbuchs, aus anderen Texten oder aus Nachschlagegrammatiken. Die englischsprachigen Erklärungen müssen verstanden und mit den Beispielsätzen abgeglichen werden. Es ist sinnvoll, dass die S sich englische Beispielsätze als Vorbild merken. Dies ist vor allem für G2 ratsam. Anstatt sich die Kette der Verben zu merken und sie dann ggf. nicht parat zu haben, ist es besser, mit diesen Verben kurze *chunks* zu bilden und diese zu lernen. Das *Checking up* kann entweder – wie im Schülerbuch vorgesehen – am Anfang der Wiederholung stehen oder nach der Wiederholung der Regeln erfolgen. Wenn Korrektheit und Verständnis gesichert sind, ist bei Bedarf eine produktive Erweiterung möglich (z. B. Brief von Amy an Sandra, in dem sie emotional schildert, wie ihr Treffen mit Luke ablief). Bei sprachlich eher fortgeschrittenen Gruppen können die Implikationen der Formen, die bei *Checking up* nicht erste Wahl, aber u.U. mit Sinnveränderung denkbar sind, angesprochen werden.

Practice

1 *Do you know the answer?*

Ziel Fragen in der korrekten Zeitform stellen

Lösungsvorschlag

1. *When did the Industrial Revolution begin in Britain? (late 18th/early 19th centuries)*
2. *In which century did the US become an independent country? (18th century: 1776)*
3. *What European country did Britain fight against during the 1750s? (France)*
4. *What city has been chosen for the next Olympic Games? (London in 2012)*
5. *Why was a dam built in the Hetch Hetchy Valley a century ago? (provide water for San Francisco area as well as electricity)*
6. *How long have Aborigines lived/been living in Australia? (between 40,000 and 70,000 years)*

2 *Travelling*

Ziel Auf eine vorgegebene Situation sprachlich angemessen reagieren

Lösungsvorschlag

1. *Marion and Sue have just missed their train. They have not managed to catch it because they did not arrive in time. But it was a close shave/they missed it by a cat's whiskers. Perhaps they were delayed on the road because of all the other people jamming it up or they had forgotten to set their alarm clock the night before. Now they have to find out when the next train is due, they are wondering if there will be a problem because they will be late for their appointment.*
2. *Emma's parents have been waiting at the airport for one hour already. They set out early because they did not want to keep their daughter waiting in case the plane was early. But when they arrived they saw that the plane was delayed and they knew that they would have to wait. They are slightly angry because they needn't have rushed so much and Emma's father is still a bit worried that he might have sped through a radar trap. Since they arrived, they have kept wondering when the plane will land at last.*

3. *Daniel has been sitting in the compartment since the train left. When he boarded the train he put his ticket in his pocket. He hasn't worried about it since, but when he sees the ticket inspector he starts rummaging in his pockets. Actually he has been trying to find it for quite some time now and he has started to think that he might have lost it on his way here. Will that man with the grim look on his face believe him or will he make an example of him and make him pay a hefty fine? But it must be somewhere. The more he looks for it the less he can think clearly. He looks up and finds the inspector pointing at his coat. There it is, he put it there and it has been lying there, half hidden from view. What a relief!*
4. *Anna has been sitting in her car for three hours now. The car came to an abrupt halt three hours ago when snow closed in on her and she couldn't move either way. She had been trying to contact her parents on her mobile before this happened but she hasn't been able to reach anybody yet. She has felt quite cold, especially for the last 30 minutes and ever since the thought struck her that she might have to spend the night in her cold car, she has grown really desperate.*

3 New in the New World

Ziel Die korrekte Zeitform von vorgegebenen Verben einsetzen

Lösung

1. *have you heard*	10. *(had) even told him*	19. *had arrived*
2. *emigrated*	11. *were paved*	20. *felt*
3. *was*	12. *had known*	21. *was walking*
4. *were coming*	13. *wanted*	22. *saw*
5. *had/had had*	14. *had discussed/had been discussing*	23. *was*
6. *left/were leaving*	15. *made*	24. *was bending*
7. *had been/were going*	16. *got*	25. *stopped*
8. *sounded*	17. *arrived*	26. *thought*
9. *was beginning/began*	18. *had been looking*	27. *said*

4 The party

Ziel Eine Bildgeschichte mit Sprechblasentexten in der Vergangenheit erzählen, Transfer zur Habitualisierung der Grammatik in freier Verwendung

Hinweis Ausgezeichnete situative Übung mit visuellen Stimuli, die die Erfahrungswelt der S ansprechen.

Lösungsvorschlag

… He wanted her to come along, too, and although Mel seemed reluctant/to hesitate at first, she wasn't quite sure about what to do but agreed in the end. In the evening, Mel was wearing her new party outfit, which suited her very well and her eyes were sparkling. When Luke saw her, he immediately came up to her, holding a bottle of beer in his hand. He smiled at her and started to speak. He asked her if she was having a good time – obviously this was just something to make her look at him and listen. Dean was sitting at the back in a corner watching them, he did not enjoy the evening, especially as his date had just started flirting with another boy and no longer showed any interest in him. To make things worse for Dean, the two of them even started dancing. The following day Mel's phone rang and although Mel had been waiting for Luke's call all day and hadn't dared to leave the room for fear she might miss him, now she pretended to be surprised when she heard his voice. She accepted his invitation right away and 30 minutes later there was another ring – the bell this time with Luke standing outside in full motorbiking gear. She put on the helmet he gave her and although she had never worn a helmet before she got used to it quite quickly – wow, that was life, that was the real thing – not like Dean's scooter, which had once been her dream.

Erweiterung Die vier Bilder können unabhängig voneinander betrachtet werden und die S erhalten den Auftrag, eine Vorgeschichte zu erfinden und dabei die Zeiten in Beziehung zueinander zu setzen und die direkte Rede zu verwenden.

Erarbeitung → G3, p. 116 Der Punkt G3 *(Expressing past habits with 'used to' and 'would')* ist das erste neue Grammatikpensum, das den S in der Grammar-Section begegnet. Neben den angegebenen Sätzen können weitere Beispiele aus dem Schülerbuch angeführt werden, z. B. *he used to hit her (p. 35, l. 32), the master would write an algebra question on the board (p. 42, l. 21), like they used to (p. 81, l. 20).* Wichtig ist, mögliche Interferenzen zum Konditional zu vermeiden, z. B. *he would say (1. conditional, 2. habit in the past).* Besonders auch die Kurzformen *he'd say* als Abgrenzung zu *he'd said (past perfect)* sollten angesprochen werden. Kurze punktuelle Kontrollübersetzungen sind hilfreich, v. a. für *he'd say* (er pflegte immer zu sagen). Dies ist für die S gewöhnungsbedürftig, deshalb ist besonders anfangs die Kognitivierung nötig.

Used to zum Ausdruck der gleichen Sprechabsicht ist den S aus *Unit* 3 in **Green Line New Bayern 5** bekannt, allerdings nur als lexikalische Einheit. Jetzt wird der Gebrauch vertieft und neben would gestellt bzw. in Aspekten davon abgegrenzt. Sinnvoll ist die Kontrastierung von *I used to live in big cities* mit *I'm used to living in big cities although at the beginnning I found it quite hard.* Im zweiten Satz sind alle Zeiten möglich, dies kann von den S durchgespielt und übertragen werden. Als weiterer Hinweis an die S dient *they would sit* gegenüber *they used to sit.* Da die Erklärung zum Unterschied von *would do* und *used to do* für die S wenig greifbar ist, kann L sie (be)greifbarer machen, indem eine visuelle Stütze gegeben wird oder einfach an der Tafel *used to do (activities)/ be (states)* kontrastiert wird mit *would do/–.*

Erweiterung **Kopiervorlage 50** *(Talking about the past)* bietet zwei weitere Übungen zu dem behandelten Grammatikpensum.

C Expressing conditions and consequences Seite 117

Erarbeitung

→ G4, p. 117

Die S bilden die Sätze zu *Checking up* und vergleichen ihre Ergebnisse selbstständig mit den Lösungen auf Seite 201 im Schülerbuch. Es folgt eine kurze Besprechung im Plenum, dann ordnen die S die Sätze den Beispielen in den *Basic rules* zu. Die Sätze können beliebig erweitert oder verändert werden, auch so, dass aus einer realen Bedingung eine irreale wird:
If she hadn't parked her car there, the neighbours wouldn't have complained.
If they hadn't complained, she would not have fought with them and attracted the police car.
If she hadn't lost her temper, she wouldn't be sitting on a bench outside the law courts now waiting for her trial.
If the judge does not see eye to eye with me, I'll have to pay a lot of money for that stupid mistake.

Wichtig für *fluency* sind Ketten wie: *If they told me, I would give them … If I gave them, they would …* Automatisiert werden sollte u. a. auch: *If I were you, I would (have) do(ne) … I wish you didn't do/hadn't done/could do/did …* Weiterhin sollte der Unterschied zwischen *if* = ‚wenn' und *if* = ‚ob' kurz wiederholt werden. Gleiches gilt für den Unterschied zwischen *if* und *when* (Bedingung gegenüber Zeit). Zur Erläuterung eignet sich der Cartoon auf Seite 117 unten: *When she wears her seat belt, that never happens.*

Practice

1 *Spot the error*

Ziel Falsche Verbformen finden und sie korrigieren

Lösungsvorschlag

1. *If I was/were here …*
2. *… if I have time/can make time.*
3. *… if you had told me.*
4. *…, I would invite you …*
5. *…, I'll make a curry.*
6. *… were cheaper, …*
7. *If Jack had been invited, …*
8. *… you'll burn …*
9. *… if I hadn't missed …*

2 *Think about it*

Ziel Einen Cartoon auswerten

Lösungsvorschlag

a) *If she hadn't lost so much weight, the poor bird would regret it.*
b) Individuelle Lösungen.

Erweiterung

- L stellt den S Briefe an *Agony Aunts* (aus Zeitschriften oder dem Internet) zur Verfügung. Die S geben persönliche Tipps und vergleichen diese dann mit den „professionellen" Ratschlägen.
- Kopiervorlage 51 (*Expressing conditions and consequences*) bietet zwei weitere Übungen zu den bisher behandelten Grammatikpensen.

D Using modal auxiliaries

Seite 118–119

Erarbeitung

→ G5, p. 118
→ G6, p. 118
→ G7, p. 118
→ G8, p. 118

Die S ergänzen die Lücken in *Checking up* und vergleichen ihre Ergebnisse mit dem Schlüssel auf Seite 201. Bei Bedarf erfolgt eine Besprechung der abweichenden Lösungen im Plenum, danach folgt eine systematische Wiederholung der *substitute forms* und Sprechabsichten mithilfe der Grammatikpunkte **G5** bis **G8**. Daneben wird die Vergangenheit wiederholt und gefestigt (*they may/must/can't/needn't/ought to/… have done/said/gone/…)*, evtl. mit einer kurzen Drillphase (z. B. *He stole the book. He can't have stolen it, … They are leaving. They ought to be staying here. We could meet them there. You ought not to have told Peter. etc.*). Durch das Gespräch über mögliche Varianten bei *Checking up* und den gleichzeitigen Bezug zu den *Basic rules* sowie ggf. der Erweiterung und Anwendung auf die eigene Situation erfolgt sinnvolles Üben im Kontext mit nachhaltiger Wirkung, da für die S einsichtig und erlebt. Ein wichtiger, neuer Hinweis in **G5** betrifft ‚sollen' *(ought to/should)*. Wie drücke ich im Englischen das deutsche Wort ‚sollen' aus? Die S verwenden dazu oft automatisch *shall/should*. In vielen intendierten Versionen ist aber die Wiedergabe mit *be supposed to/be to* angemessener: *They were supposed to do their beds. You aren't supposed to know this. You're to be back by 10 pm.* Ggf. erfolgen auch hier einige Drillübungen mit Reizwörtern, z. B. *dog – pillow – my sandwich – sleep in its bed: The dog is not supposed to eat the pillow. It is not supposed to eat my sandwich. It's supposed to sleep in its bed.*

→ G9, p. 118

Neu ist für die S der Grammatikpunkt **G9**. Nach einer kurzen situativen Einbettung folgt die Kognitivierung über Induktion und die Habitualisierung für den produktiven Gebrauch. Neu und ungewöhnlich ist *will* in *question tags* und v. a. in Situationen wie *the car won't start*. In beiden Fällen ist die Überführung in weitere Beispiele sinnvoll, da die Erklärung möglicherweise nicht für alle S sofort einsichtig ist: *Open the door, will you! Oh no, it won't open!*

Erweiterung

Die S lesen noch einmal die Beispiele in den Punkten **G5–G9** und bilden analog dazu neue Sätze, die zu Minidialogen erweitert werden. Eine Gruppe trägt eine Kurzsituation vor, eine andere reagiert darauf, z. B.: *We went to an expensive restaurant yesterday. Unfortunately we couldn't leave our dog behind and we couldn't find a note in the window saying you weren't supposed to bring dogs. So in we went and asked, "May we bring in our dog?" The waiter answered, "Of course, you may, but you must/you are to keep it on a leash."* Ein weiterer S berichtet indirekt, was sich in der Vergangenheit zugetragen hat, wobei die direkte Rede angepasst werden muss (*if they were allowed to, they were to keep it*). Wichtig ist, dass die Drills in vielfältigen, modalen Kontexten in allen Zeiten erfolgen, damit sie zu einer Automatisierung führen. Nur so können die S sprachlich reagieren, ohne über die einzelnen Formen nachzudenken.

Practice

1 *How would you react?*

Ziel Auf vorgegebene Situationen mit modalen Hilfsverben reagieren

Erarbeitung Bei Teilaufgabe b) empfiehlt sich Partner-/Kleingruppenarbeit. Die individuellen Lösungen basieren auf einer Erweiterung der Einzelsätze aus Teilaufgabe a).

Lösungsvorschlag

a) 1. *May/Could I try them on? (Be very polite – cultural awareness!)*
2. *Remember this is a non-smoking restaurant, you mustn't smoke/are not supposed to smoke here.*
3. *You are not (supposed) to drive a car yourself when/if you haven't passed your test and got your licence yet. Can't you imagine what might happen? And if the police catches you, you'll have to pay a fine or even go to prison. Move over and let me drive, will you?*

4. *Oh great, thank you very much, but you ought not to have spent so much money. You really needn't have done that!*
5. *You ought not to have tidied my room, when I come to think of it you are not supposed to enter my room without my giving you permission to do so. You should have asked first!*
6. *You are always complaining about the price of petrol and even said you might give me less pocket money because you are short of money yourself. But then you ought to set an example and shouldn't take the car, you could actually walk the short distance! It might even be good for your health!*
7. *The weather forecast warned about this, at least you'll have to put on snow chains. You might get stuck in the snow and then you could easily freeze to death! Other people may not go out in this weather, because you are supposed to be careful, so you may be the only one venturing out. What about staying overnight? You could have my spare room and you wouldn't have to worry.*
8. *You shouldn't have done this – you might actually have achieved more if you hadn't shown off so often. You ought to have been more sensitive. Go back to her and apologise, will you? She might forgive you, if she doesn't, you'll have to think twice in the future before you open your big mouth again!*

b) Individuelle Lösungen.

2 *Learning foreign languages*

Ziel Formen der modalen Hilfsverben einsetzen

Lösungsvorschlag

1. *had to*	10. *could/were able to*
2. *it did not have to*	11. *had to*
3. *could/were allowed/able to*	12. *were able to/could*
4. *could*	13. *were able to/could*
5. *be able to speak*	14. *having to*
6. *must/do we/are we supposed to bother*	15. *May/Might/Could*
7. *needn't learn*	16. *may/might/could*
8. *can*	17. *Being able to*
9. *could not/were not able to*	18. *must/ought to*

3 *Think of another caption for the cartoon*

Ziel Eine Bildlegende für einen Cartoon überlegen

Erarbeitung Es ist ratsam, von den S erst einmal die vorhandene *caption* erklären und paraphrasieren zu lassen, da gelegentlich die *reading skills* nicht ausreichen, um prägnante ironische Sätze zu verstehen. Anschließend sollten die S mit *modal auxiliaries* beschreiben, was passiert ist: *He may not be aware of what happened. He ought to have been more careful. He might never be able to drive a car again. etc.*

Lösungsvorschlag

People are not supposed to park their cars in trees/use trees as overflow car parks. When driving a car you are not to mistake it for a helicopter. You ought not to have overreacted just because a mouse was crossing the street. It might be a good idea not to wait until the leaves fall down in autumn.

Erweiterung **Kopiervorlage 52** *(Using modal auxiliaries)* bietet zwei weitere Übungen zur Vertiefung der behandelten Grammatikpensen.

E Describing things

Seite 120–122

Erarbeitung

→ G10, p. 120
→ G11, p. 120
→ G12, p. 121

Die S erledigen *Checking up* und kontrollieren sich selbst. Bei Bedarf findet wieder ein kurzes klärendes Gespräch statt, wobei das Hauptaugenmerk auf den praktischen Übungen und hier wieder v. a. auf der Produktion in sinnvollen Kontexten liegen sollte. Die Kontrastierung erfolgt über: *What is it like? How is it done?* Dabei kann auch auf Fälle wie *he looked sad* und *he looked at her sadly* eingegangen werden. Den S muss klar sein, dass für eine wirklich gute Beschreibung von Dingen oder Vorgängen viele Alternativen zu *good/well* bzw. *bad/badly* existieren. Erarbeiten und Festhalten auf Karteikarten, v. a. für gewisse Kollokationen (*a poor result, an unsatisfying answer*), sowie regelmäßiges Nachschlagen in *collocation dictionaries*, auch *online*, kann angeregt werden. Bei der Stellung der Adverbien und Adverbialen im Satz ist es wichtig, mit einprägsamen Beispielsätzen zu arbeiten, da die Kognitivierung oft zu abstrakt bleibt und *performance/ fluency* eher behindert. Bei *Checking up*, Teil b) sind oft mehrere Lösungen möglich, die u. a. nur die Betonung verändern. Ggf. kann L Teil a) und b) kombinieren lassen, z. B. *Last year the festival was hardly organized well at the beginning and for the first two days nearly all the bands didn't play as well as they could have done in better circumstances.* Damit erfolgt die Anregung zur Formulierung von vielfältigen Aussagen.

Die S analysieren die Sätze in *Checking up*, Teil c) ohne nähere Angaben. Durch selbstständiges Erkennen wird der Lerneffekt erhöht. Das Prinzip verschiedener Relativsätze ist für deutsche S ähnlich neu wie die Unterscheidung von Aspekten bei den Zeiten, deshalb sollte hier kontrastiv gearbeitet werden: notwendige bzw. nicht-notwendige Information. Verstöße gegen die Kommasetzung führen eigentlich immer zu Bedeutungsänderungen und sind deshalb nicht als geringfügige Satzzeichenfehler zu bewerten: *Yesterday the temperatures fell below zero. At minus 15 degrees Celsius the rabbits which hadn't been taken inside died.* Bedeutung: Nur eine (ungenannte) Zahl von Tieren starb, nämlich diejenigen, die man nicht rechtzeitig ins Haus gebracht hat. In diesen Fällen kann beim Objektsfall auch das Pronomen weggelassen (*contact clause*) bzw. *that* verwendet werden (*the animal that he carried inside*). Die Regel, dass kein Komma vor *that* steht, wird somit einsichtig, da *that* ja den notwendigen, also kommalosen, definierenden Relativsatz einleitet, der die Funktion eines Adjektivs haben kann. Vergleiche dazu: *The rabbits, which hadn't been taken inside, died.* Hier überlebt kein Kaninchen, der Relativsatz kann weggelassen werden, er gibt nur Extrainformation, definiert und beschreibt nicht. In diesem Fall darf kein *that* verwendet werden.

Erweiterung

Die S werden aufgefordert, selbst *defining relative clauses* zu erfinden und den Effekt zu analysieren, wenn Kommas gesetzt werden, z. B. *We stopped at the first hotel which had rooms with their own shower* (d. h. lange Suche, bis endlich ein entsprechendes Hotel gefunden wurde). Gegenüber: *We stopped at the first hotel, which had rooms …* (d. h. gleich das erste Hotel hatte, was gesucht wurde). Alternativ können die S die Sätze in Punkt G12 verändern und sich mündlich über Sinn bzw. Unsinn der Ergebnisse austauschen.

Practice

1 *What's the difference?*

Ziel Übertragen deutscher Satzbeispiele und Ergänzen von geeigneten englischen Adjektiven und Adverbien

Lösungsvorschlag

1. *The festival was superbly/brilliantly organized and all the bands played really well./ The organisation was brilliant.*
2. *As a rock star you'll have a well-paid job and you won't have to/needn't work particularly hard, that's what Tim thinks.*
3. *Is your brother really serious when he thinks of a career as a rock star?*

4. *Luckily for him/Fortunately, he is fairly young, so let's hope that he'll gradually change his opinion.*
5. *Why are you looking at me so strangely/funnily?/Why are you giving me such a funny/strange look? Do I look so/that strange?*

2 *Explaining what's meant*

Ziel Relativsätze zur Erklärung von bestimmten Ausdrücken verwenden

Lösungsvorschlag

1. *a job which is very interesting and which you like very much/which you even identify with because it means a lot for you*
2. *a decision which you take although you are aware of the dangers involved*
3. *an idea which seems unusual, never heard-of and which is likely to effect major change*
4. *a lifestyle which is characterised by a love of a calm and unhurried existence without worries*
5. *parents who are very permissive and don't mind their children doing things that they might be much too young for or/and which might then become dangerous for them*
6. *an arrangement that might profit several people or parties because it is useful and/or easy to achieve*
7. *clothing that is exactly right for a certain situation, for example a raincoat for imminent downpours or black tie for a ball*
8. *a musician whose job it is to make music and who depends on it for his income*
9. *an accident in which people are killed*
10. *a business whose owners earn a lot of money/which is not in the red*
11. *a friend who disappeared ages ago and who, as a consequence, you haven't heard of or from for a long time*
12. *a secret which everybody is informed about/ knows about/ which nobody really doesn't know anything about*

3 *Creative descriptions*

Ziel Sätze inhaltlich durch Adjektive, Adverbien und/oder Nebensätze anreichern

Lösungsvorschlag

1. *Soon/Before long I'm meeting one of my closest/dearest friends from years back in the pub.*
2. *There was a considerably noisy party in front of our neighbours' house last night.*
3. *Strangely enough/Not unexpectedly, I usually/often/always prefer fresh vegetables which haven't been boiled for hours.*
4. *One of the girls who I heard at the school concert yesterday plays the violin extremely/ unusually well.*
5. *Fortunately, I usually get up quite fast in the morning.*
6. *Not surprisingly, the shiny new bike which looked more expensive was stolen behind the cinema in broad daylight.*

4 *Adding extra interest and information*

Ziel Zusatzinformationen mit Relativsätzen in einen Text einarbeiten (a), den Text mit Adverbien weiter ausschmücken (b)

Lösungsvorschlag

a)/b) ***The people who come in and out of the UK***
Quite surprisingly, up to 500 Britons, whose dream is to live comfortably and modestly

abroad, leave the UK every day. Record numbers emigraated from Britain in 2005, most of them to Australia, Spain and France, which of course are the most popular destinations. On the other hand, at the same time, about 1,500 immigrants, most of whom come from Poland, arrive in the UK daily. And another thousand who have finally decided not to remain in Britain leave the country often prematurely to return to their original homes in the EU or other parts of the world.
Understandably, Spain has become extremely popular with older Britons, who obviously want to move away from the UK without delay when they retire. The climate there is usually pleasantly warm in winter, which certainly makes it particularly attractive.
In contrast, younger people who move to Australia are generally attracted by work opportunities abroad and a much lower cost of living than in the UK. Ironically, house prices are considerably lower in France than in Britain now, which, naturally, is especially interesting to young couples.
High numbers of immigrants come from Asian countries, which above all/first and foremost include India, Pakistan and Bangladesh. Interestingly, thousands of Americans, most of whom apparently/quite clearly come for work, also settle in Britain. Similarly/Moreover there are significant numbers of Germans, too, many of whom are doctors and other highly qualified people. All these trends have inevitably had an effect on Britain's population, which disproportionately/dramatically increased by 185,000 in 2005.

Erweiterung **Kopiervorlage 53** *(Describing people: Who is who?)* bietet eine weitere Übungen zu dem Grammatikschwerpunkt.

F Linking ideas

Seite 123–125

Erarbeitung Bei *Checking up* empfiehlt es sich wieder, abweichende S-Lösungen im Plenum zu besprechen, ggf. mit Kontrastierung der englischen Sätze mit den deutschen Ausgangssätzen. Ziel ist das instinktive Erkennen der in der Endung enthaltenen Bedeutung und der automatische Transfer vom Nebensatz zur Verkürzung.
Ein übertriebener Gebrauch der *-ing*-Formen, v. a. zur Verkürzung mehrerer Sätze zu einem, wirkt allerdings oft künstlich und schwerfällig. Hier besteht zusätzlich die Gefahr von *misrelated participles* und der wörtlichen Übertragung von Konjunktionen und Präpositionen aus dem Deutschen *(by, with, etc.)*. Die S sollen anhand der Sätze aus *Checking up* erkennen, dass Haupt- und Nebensatz das gleiche Subjekt haben. Zur Verdeutlichung können Satz 3 und Satz 5 folgendermaßen abgeändert werden: *Several houses were destroyed in the floods. Lots of people lost their homes. I didn't use the underground. My father insisted on walking.* Danach verändern die S die restlichen Sätze mit übereinstimmendem Subjekt selbst entsprechend und erarbeiten sich so die richtige Anwendung. Besonders solche Verben werden angesprochen, bei denen zwar beide Formen möglich sind, aber eine Bedeutungsveränderung erfolgt (*stop doing – stop to do*). Ebenfalls fehlerträchtig sind z. B. *I'm looking forward to doing* und *I'm used to doing.*

→ G13, p. 123 Die S lesen die Beispielsätze in den *Basic rules*. Es folgt die gemeinsame Sicherung durch Umwandeln in Haupt- und Nebensatz. Dabei werden vielfältige Möglichkeiten zugelassen und es kommt zu einer indirekten Erweiterung der sprachlichen Fertigkeiten, z. B. *Instead of helping us to clean up after the party, Tom and Lisa just went home. We expected Tom and Lisa to help us, but guess what happened/what they did – they just went home/they didn't stay although we had asked them/kept asking them. etc.* So erfolgt die Überführung von der reinen Grammatik(wiederholung) in den so wichtigen genuinen Kontext, der zunehmend von den S selbst erstellt werden muss.

→ G14, p. 123/124 Bei dem Grammatikpunkt **G14** bietet sich ein Hinweis auf die Verkürzung von Relativsätzen an. Wichtig ist auch die Bewusstmachung der stilistischen Wirkung von *with*. L weist ferner auf den Bedeutungsunterschied in Sätzen wie *they insisted on them* (neutral) / *their* (formal) *leaving* hin. Oft erleichtern humorvolle Sätze den S das Einprägen, z. B. *Barking up the wrong tree, the cat started to giggle* (= falsch). Statt: *With the dog barking up the wrong tree, the cat started to giggle* (= richtig).

Practice

1 *Expressing things more fluently*

Ziel Verwendung von *gerund* und *participle constructions*, um etwas flüssiger zu formulieren

Lösungsvorschlag

1. *(As a result of) Working in my uncle's office, I earned a bit of money.*
2. *My sister is going straight to university without doing a gap year./Instead of doing a gap year first, she's going …*
3. *I can fit in playing tennis in spite of studying …*
4. *Are you taking part in that course starting next week?*
5. *In spite of our German teacher recommending a lot of books, I haven't read any of them, I'm afraid./Despite a lot of books being recommended …, I'm afraid I haven't read any …*
6. *In addition to going to creative writing classes, Sam also does a lot of watercolour painting.*
7. *What are the advantages of us/our doing volunteer work?*
8. *Knowing you, Jamie, I expect you'll study Maths!*

2 Where does your food come from?

Ziel Ergänzen von *gerunds* oder *participles* der vorgegebenen Verben

Lösungsvorschlag

1. *living*	12. *displayed/sold*
2. *situated/located/to be found*	13. *bought*
3. *selling*	14. *being harvested/picked*
4. *asked/questioned*	15. *put/displayed*
5. *(their) being*	16. *Claiming/Maintaining/Declaring/ Arguing*
6. *driving*	17. *brought/shipped*
7. *shopping*	18. *believing/taking an active interest*
8. *marketing/selling/offering*	19. *existing/surviving*
9. *set up*	20. *bought/acquired/supplied*
10. *played/performed*	21. *asked*
11. *grown/harvested*	

3 Parents!

Ziel Persönliche Erfahrungen ausdrücken und mit anderen vergleichen

Erarbeitung Einstieg mit einem kurzen Brainstorming oder einer *mind map* zu *parents/teenagers*. Danach bilden die S Sätze mit *like, hate, enjoy/insist on/don't mind/look forward/are used to/try etc. doing* wie im Beispiel.

Erweiterung **Kopiervorlage 54** (*Describing things/Linking ideas*) bietet zwei weitere Übungen zu den behandelten Grammatikschwerpunkten.

G Advanced style

Seite 125

Erarbeitung

→ G15, p. 125

Die beiden letzten Grammatikpunkte sind neu für die S. Der *subjunctive* in **G15** bietet eine eher gehobene sprachliche Ausdrucksmöglichkeit, um über Mögliches zu reden, wenn die Sachlage faktisch nicht feststeht. Man unterscheidet zwischen dem *present subjunctive* (identisch mit dem Infinitiv) und dem *past subjunctive* (*were*). Letzterer wird auch in der gesprochenen Sprache als lexikalische Einheit verwendet, v. a. in Sätzen wie *if I were you*. Ansonsten ist auch diese Form eher in gehobenem Stil angesiedelt, u. a. für *unreal conditional sentences*, z. B.: *If he were here, he wouldn't like this. We wouldn't be able to do this if it were not for that committed person*. Für die S und deren praktische Kommunikation ist hier weniger die grammatische Kognitivierung, sondern vielmehr der Gebrauch in sinnvollen Kontexten wichtig. Sprachliche Mittel zum Einschleifen: *I wish I were, if only you weren't so tired, I'd rather/sooner the accident were forgotten, imagine/suppose you were to live to be a hundred, as if/as though it were yesterday, etc.*

→ G16, p. 125

Auch geübte S verstoßen gelegentlich gegen die englische Satzstellung SPO, v. a. bei längern, gedanklich anspruchsvolleren Oberstufenarbeiten. Dass Inversion (**G16**) im Englischen ein ausgezeichnetes Mittel ist, z. B. im *comment* Argumente nachdrücklicher vorzubringen, sollten die S bewusst erarbeiten und nachahmen. Dazu bieten sich einige Satzbeispiele (auf Folie) an:

1. *The battle in the North had just ended. But almost immediately Harold heard of William's landing.*
2. *The Normans conquered England, but what's more/moreover the language they spoke changed.*
3. *William had just become King and almost immediately plans were begun.*
4. *England was not invaded again.*

Danach werden diese Sätze mit denen in **G16** verglichen und laut gelesen, um den Nachdruck zu hören, der sich durch die Inversion ergibt. Anschließend folgt die Analyse der syntaktischen Veränderungen. Durch die Anfangsposition von Adverbien wie *hardly, not only, no sooner, never again, etc.* erfolgt im Fortlauf des Satzes die Umstellung von Subjekt und Prädikat. Die S werden an die Bildung der *do*-Fragen erinnert. Was passiert, wenn ich im Fragesatz ein Vollverb habe? Es wird die Umschreibung benötigt: *Never were they aware …* Gegenüber: *Never did they realise …* Die S erkennen schnell, dass es sich bei den einleitenden Wörtern um ähnliche Ideen (einschränkend, verneinend) handelt und bilden aus dem Stegreif entsprechende Sätze *(scarcely did they know, etc)*.

Everyday English

Zusätzlich zu den Übungen in den *Topics* und im *Workbook* bietet **Green Line New Bayern 6** im modulbegleitenden Vokabular jeweils eine Seite Übungsmaterial pro *Topic* unter dem Stichwort *Everyday English*. Auf diesen motivierend gestalteten Seiten werden Wortschatz und Redemittel zur Bewältigung wichtiger Alltagssituationen zusammengefasst und in Kombination mit einer Hörverstehensaufgabe vertiefend geübt. Ziel ist der weitere Ausbau der Sprechfertigkeit mit Blick auf die Vorbereitung auf mündliche Prüfungen. Die fünf Themenbereiche lauten:

A *At the doctor's*
B *Using public transport*
C *Free-time activities*
D *Holiday preparations*
E *On the telephone*

Der Einsatzzeitpunkt kann frei gewählt werden. Die *Everyday English*-Seiten können entweder nach der Bearbeitung des jeweiligen *Topics* eingesetzt werden oder sie werden während der Textarbeit als abwechslungsreiche, thematische Kurzeinheit eingeschoben.

A At the doctor's

Seite 131

1 *Reasons for going to the doctor*

Ziel Sich in die Situation einfinden und Rahmenbedingungen überlegen

Erarbeitung Eine wichtige Alltagssituation, die die S bei einem Schüleraustausch oder einem anderen Aufenthalt im englischen Sprachraum möglicherweise bewältigen müssen, ist ein Besuch beim Arzt. Da diese Situation – bei einem Auslandsaufenthalt krank zu werden – den S leicht vermittelbar ist, kann durch S-Beiträge eine Art Szenario in der Klasse entstehen: Was ist passiert? Wie fühle ich mich? Was ist zu tun? Das *role play* bietet eine gute Gelegenheit, auf dem Sprachniveau der S und mit vertrauter werdenden sprachlichen Mitteln Sicherheit zu erlangen, damit im Ernstfall nicht auch noch die Sprache zum Problem wird. Die S zählen Anlässe auf, warum sie zum Arzt gehen müssen. Dies kann in einem Minirollenspiel erfolgen, bei dem die S dem Arzt/der Ärztin nicht nur erzählen, welche Beschwerden sie haben, sondern gleichzeitig mögliche Ursachen benennen. Denkbar wäre eine *one-minute speech* von jedem S mit unterschiedlichen Symptomen und Krankheitsursachen.

Lösungsvorschlag *I've got a stomach-ache. I don't think I should have eaten the last pancake yesterday. I had had five before and actually I was no longer hungry. All the people in my host family have been laid up by a bug – they have been vomiting for days and the toilet is always occupied. I'm afraid I've caught it, too, my stomach feels funny and there is an odd feeling in my throat and mouth, etc.*

2 *What phrases might you need …*

Ziel Sammeln von themenbezogenen Redemitteln

Erarbeitung Die S arbeiten alleine oder zu zweit. Zunächst werden die Redemittel in den beiden blauen Kästen auf Seite 131 erarbeitet. Die unbekannten Wörter sind auf der Schülerbuchseite unten als Fußnoten angegeben. Es folgt die Umwälzung des Wortschatzes und der Redemittel, die internalisiert werden sollen. Dazu bietet sich

u. a. eine *mind map* an, in die später weiterer Wortschatz zu dem Wortfeld ergänzen werden kann. Diese Vorgehensweise bietet den S die Möglichkeit, Bekanntes mit vertraut wirkendem Unbekannten zu verknüpfen.

3 Listening: What seems to be the trouble?

Ziel Training des Hörverstehens, Beantwortung von Textverständnisfragen

Materialien LC-CD 2, Track 1

[LC 1] **Text:**

Doctor: *Hello, Lukas. I'm Dr Fotopoulos. I hope it's OK if we speak English. My German is not very good.*
Lukas: *That's OK. I learn English at school.*
Doctor: *Good. So, what seems to be the trouble?*
Lukas: *Well, er, I feel absolutely awful!*
Doctor: *When did this start?*
Lukas: *About three days ago – with a sore throat. I went swimming in the evening and I caught a cold and it has just got worse.*
Doctor: *Open your mouth please. Let's have a look at your tongue.*
Say "Ah!" Hm, looks all right. What other symptoms have you got?
Lukas: *My nose is all blocked up. And I have a terrible headache.*
Doctor: *I see. Where exactly is the pain?*
Lukas: *Mm – mainly here, just by my cheek bone.*
Doctor: *Hmm. It sounds like acute sinusitis. Let's see now: Does that hurt?*
Lukas: *Ow!! Yes, it does!*
Doctor: *Mm. You feel quite hot, too. I'll just take your temperature. … Are you having a nice holiday otherwise?*
Lukas: *Oh yes, thank you. Apart from these headaches.*
Doctor: *Well, I'll see what I can do about them. (Slight pause)*
Yes, your temperature's up quite a bit: it's nearly 39 degrees! I think we'll have to put you on a course of antibiotics to fight the infection.
Lukas: *Antibiotics? My parents say you should try to avoid them. Because of the side effects. Isn't there anything homeopathic I could take?*
Doctor: *Well, if you insist, we can try some homeopathic pills. Take two tablets every two hours. In between meals – that's important! But if you aren't better in a day or two – or if the pain gets worse – come back and see me again and I'll prescribe the antibiotics. They're very effective. But don't delay! If sinusitis is allowed to become chronic, it can be very difficult to get rid of.*
Lukas: *OK, doctor. And should I go to bed?*
Doctor: *As long as you've got that temperature, yes! Definitely. Stay in bed and keep warm. And drink plenty of water. Here's your prescription. All right?*
Lukas: *Fine. Oh – is there a chemist's near here?*
Doctor: *Yes, there's one just around the corner on the left.*
Lukas: *Thank you, doctor. Goodbye.*
Doctor: *Goodbye.*

Hinführung Die Situation wird unter Einbeziehung einschlägiger Urlaubserfahrungen der S kurz umschrieben. Dabei kann L so steuern, dass den S bereits jetzt Vokabeln oder Redemittel aus dem Hörtext begegnen, z. B. *you feel awful, you catch sth and then it gets worse, your nose is blocked up (What could that mean?), acute sinusitis, put you on course of antibiotics, sth homeopathic etc.* Vieles kann von den S erfragt werden, z. B. *Why must you drink plenty of water when you have the flu/a very bad cold?* Es ist hilfreich, den Kontext zu umreißen, die S emotional daran zu binden und somit eine Vorentlastung sicherzustellen.

Erarbeitung Jetzt hören die S den Text vollständig an und beantworten zunächst einige Globalfragen. Anschließend werden die Aufgabenstellungen im Buch gelesen. Auf diese Weise machen

[LC◎1] sich die S mit der Situation vertraut und sie wissen, worauf sie achten müssen, wenn der Text zum zweiten (und ggf. dritten) Mal vorgespielt wird.

Lösungsvorschlag

1. *He feels absolutely awful, has got a sore throat and a cold, which he caught after he had gone swimming in the evening. He thinks it has already got worse. Moreover, his nose is blocked up and he has a very bad headache with the pain being particularly strong just by his cheekbone. His tongue seems to be all right, though. Furthermore he has got a high temperature: 39 degrees.*
2. *She diagnoses that he has acute sinusitis. Especially as his temperature is so high, she suggests a course of antibiotics to fight the fever and the infection.*
3. *Lukas opposes this idea immediately. He quotes his parents, who have warned him against the side effects. So he'd rather have/prefer something homeopathic. They finally agree on some sort of compromise – the doctor is going to prescribe him some homeopathic pills, which he will have to take between meals with lots of water. But she makes him promise to come back if the symptoms don't disappear/if he doesn't feel better. She urges him not to be careless about his health as sinusitis can become chronic if not treated properly – and for her this involves the use of antibiotics.*

4 Your turn

Ziel Einen Dialog schriftlich ausarbeiten, ihn einüben und der Klasse vorspielen

Material Kopiervorlage 55 (*Communication skills*)

Erarbeitung Die S verwenden hier bewusst eine größere, sinnvolle Zahl von *health words/phrases* in einer weiteren natürlichen Situation. Dabei können sie anhand des zur Verfügung gestellten Transkripts des Dialogs zunächst kleinere Veränderungen anbringen, allerdings mit dem Ziel, sich immer mehr vom Vorbild zu entfernen. Dies kann in Partner- oder Kleingruppenarbeit geschehen, wobei verschiedene Gruppen bereits unterschiedliche Vorgaben bekommen können. Bei mehreren Gruppen mit gleichen Angaben sollte nach einer ersten Arbeitsphase ein Zusammenschluss aller Gruppen mit der gleichen thematischen Ausrichtung erfolgen, damit die unterschiedlichen Aspekte zu einem Thema zusammengeführt und verbalisiert werden können. Wichtig für den Erfolg des Rollenspiels sind:

1. eine gründliche sprachliche Vorbereitung,
2. eine nachvollziehbare Situation aus der Erlebnissphäre der S,
3. eine passende Umgebung (Bilder, Mobiliar usw.) zum Zweck des *make-believe* und ein der Situation angemessenes Verhalten der S (z. B. Klopfen an der Tür),
4. die Rolle von L als Beobachter/in (ggf. erfolgt Hilfestellung durch Bereitstellen neuer Wörter und weiterer inhaltlicher Anstöße),
5. die Fehlerverbesserung erst nach dem Rollenspiel (entweder anhand der Tonaufnahme in Form von *self-correction/peer correction* oder durch Hinweise von L).

Erweiterung **Kopiervorlage 55** *(At the doctor's)* enthält den Hörtext. Lukas Repliken fehlen in dem Dialog, sie müssen von den S zugeordnet und ergänzt werden.

B Using public transport

Seite 136

1 *Basic vocabulary*

Ziel Wortschatz zu einem Wortfeld sammeln und strukturieren

Hinführung Je nachdem, ob die S zu einer Studienfahrt, einem S-Austausch oder einem Privataufenthalt im englischsprachigen Ausland sind, werden die Bedürfnisse bezüglich der Nutzung öffentlicher Verkehrsmittel unterschiedlich sein. S dieser Altersstufe können dazu angeleitet werden, im Internet nach Fahrplänen für öffentliche Verkehrsmittel zu suchen. So erweitern sie ihren Bewegungsraum lebensnah. Ferner bietet sich die Wiederholung von themenspezifischem Vokabular an. Dazu gehört auch die Wiedergabe des deutschen Verbs ‚fahren', das von den S häufig irrtümlich mit dem englischen Verb *drive* wiedergegeben wird. Auch ein Hinweis auf *subway* (AE vs. BE) ist angebracht. Im BE hat *subway* die Bedeutung *underground pedestrian passage to get to the other side.*

Erarbeitung Über ein *scanning* von Wortlisten (z. B. des *Dictionary* im Anhang des Schülerbuchs, Seite 155 ff.) oder thematischen Vokabelsammlungen erstellen die S eine ausführliche *mind map* zum Thema *public transport.*

Lösungsvorschlag *go by car, means of transport, car rental, a two-hour drive, can you run me home, to commute, traffic jams, congested roads, rail strike, go by rail/train, to catch/miss a train, express train, through/direct train, local train, when's the next train to, a sleeper, a restaurant car, a shuttle, reserve a seat, seat is taken, call at a station, terminus, luggage trolley, left-luggage, fare/a flat fare, to dodge fares, return ticket, cheap day return, ticket machine, oyster card, to board a train, train journey, to change trains, to make/miss your connection, timetable (AE schedule), be on schedule/to run on time, to be behind schedule/to run late, off peak tickets, underground (AE subway), to/a ride, the nearest (!) station, underground journey, subway ride, to ride free, trains run every ten minutes, request stops, bus-coach, hail a taxi/cab, to tip the driver; How many stops is it to …?, What bus/train/coach do I take for …?, Do I have to change …?, Does this bus go via …?, Which platform is for …?, Do I have to follow the signs for …?*

2 *Listening: How to get there*

Ziel Hörverständnistraining, Textverständniskontrolle über *Multiple choice*-Fragen

Materialien LC-CD 2, Track 2–4

Text:

[LC 2] Announcer: **a)** ***At the Tube Station at Heathrow***

Clerk: *How can I help you, madam?*

Woman: *We've just arrived here in London, and we'd like to buy tickets for the Underground. Our hotel is in Central London, near St James's Park.*

Clerk: *Two singles to St James's Park, madam?*

Woman: *Well, actually we want to travel around a little. Can we get tickets that are valid all day?*

Clerk: *Yes, madam. A London Travelcard offers unlimited travel on the Tube, and also on buses, trams and trains in Central London.*

Woman: *Good, that sounds ideal! Two Travelcards then, please.*

Clerk: *For one day only? Or there's a Weekly Travelcard – if you're going to be in London for a whole week.*

Woman: *No, we're travelling on to Oxford tomorrow.*

Clerk: *Right. Here are your two One Day Travelcards. That'll be thirteen pounds twenty, please. And here's an Underground map with all the information you'll need. Bus routes are on the back, OK?*

2nd woman: *Which Underground line do we take from here?*
Clerk: *There's only the one line from Heathrow. It's the Piccadilly Line. So you can't possibly get on the wrong platform!*
2nd woman: *And will it take us all the way to St James's Park?*
Clerk: *No, madam. Change at Barons Court, and get on the District Line. It's a very easy connection. St James's Park is on the District Line, just a few stops further on. Make sure you take an east-bound train, of course.*
1st woman: *East-bound?*
Clerk: *Going east, madam. Towards Upminster. You don't want to get on a train that's going in the wrong direction!*
1st woman: *No, of course not. Thanks for your help. Goodbye!*

[LC◎3] Announcer: **b) *At a travel agent's in Thailand***
Girl: *Excuse me. Do you speak English?*
Assistant: *Yes, certainly. How can I help you?*
Girl: *Well, we want to travel to Chiang Mai and we're not sure what the best way would be.*
Assistant: *Well, the easiest way is by plane. There are several flights from Bangkok to Chiang Mai every day. Do you want me to see what's available?*
Boy: *Ah, no. You see, we're on a bit of a tight budget. Flying will probably be too expensive. Actually we were thinking more of a coach.*
Assistant: *Yes, there are overland coaches. They're quite cheap– about 300 baht –, but frankly I wouldn't recommend them.*
Girl: *Really? Why not.*
Assistant: *Well, it's a very long journey, at least 11 hours, and the coaches are usually very full. And on top of that there have been accidents, especially at night with drivers getting tired. If I were you, I'd go by train.*
Girl: *Oh – and how much would that cost?*
Assistant: *For 600 baht you can take the overnight sleeper. It leaves Bangkok, Hualamphong Station, at 19:40 and arrives at 9:05 the next morning.*
Boy: *That's a long journey, too.*
Assistant: *Yes, but it's more comfortable than going by coach. It saves you a hotel bill, too, and in the morning you can watch the sunrise from the train as you approach the mountains. That's a fantastic experience.*
Girl: *OK. That sounds good, and 600 baht is only about 10 pounds. Can you get us seats on the overnight sleeper for tonight?*
Assistant: *Sure. I'll see what I can do for you.*
Boy: *Thanks.*
Assistant: *You're welcome.*

[LC◎4] Announcer: **c) *At the ticket office of the main railway station in Munich***
Tourist: *Hi. Sorry, but I don't speak German.*
Clerk: *That's all right, sir.*
Tourist: *Oh, good. You speak English. Well, I'd like to buy a ticket to – let me get this right – (reading from a slip of paper) Neuschwanstein. You know, the castle?*
Clerk: *Yes, I know, but there is no direct train service from here. You will have to change at Füssen and continue from there by bus.*
Tourist: *Oh, I see. But can you give me a ticket that'll take me all the way?*
Clerk: *I'm afraid not, sir. The bus is a different company, it's RVO Oberbayern. Let me have a look in the computer. Yes, you take the number 78 in the direction of Schwangau and get off at Hohenschwangau. There's no information about the price, but it can't be very much. It's only an eight-minute bus ride.*
Tourist: *Fine. And how much is the train ticket?*
Clerk: *Single or return, sir?*
Tourist: *Single, please. I might stay a few days down there in the Alps, maybe go to Austria.*

Clerk: *A single ticket is 20 Euros 80. The next train leaves at 9:51 arriving in Füssen at 12:10. Would you like a seat reservation? It costs three Euros, but it's worth it, as the trains get very full.*
Tourist: *Yes, please. To be on the safe side.*
Clerk: *That makes a total of 23 Euros and 80 cents.*
Tourist: *Here's my credit card.*

Hinführung Kurzes L-S-Gespräch über Urlaubssituationen, u. a. auch über die mögliche Schwierigkeit, sich an unbekannten Orten – seien es Großstädte oder ‚exotische' Länder – zurechtzufinden. Dabei von London oder München ausgehen, auf Urlaub in Amerika erweitern, bei dem man über erst vor Ort gebuchte Inlandsflüge die Reise variieren kann und so schließlich auf die Situation des Mädchens in Thailand im Hörtext b) hinführen. Ggf. kann auf eine mögliche Beeinträchtigung des Hörverstehens durch Akzente hingewiesen werden.

Erarbeitung Die S hören **Track 2** und beantworten die Fragen im Gespräch. L weist darauf hin, dass das Hintergrundwissen nicht verallgemeinert werden darf, da im Text nur ein Aspekt [LC◎2] verwendet sein kann. Genaues Hinhören ist also trotzdem (oder gerade deshalb) nötig. Außerdem zeigen alle drei Dialoge, dass die S sich nicht durch gehörte Namen verleiten lassen sollten, die falschen Antworten zu geben. Die Sicherung der Aussprache der [LC◎3] Ortsnamen in **Track 3** kann in einem kurzen Gespräch (Tafelanschrieb) erfolgen. Da der Text relativ kurz ist, kann er ein- oder zweimal vollständig von der CD vorgespielt werden. Die S beantworten die Fragen im Buch, dabei wieder Erweiterung auf die eigene [LC◎4] Erfahrungswelt. Im Dialog c) – **Track 4** – finden die S wieder eine inzwischen relativ alltägliche Situation vor, in die sie sich schnell hineinversetzen können. Hier lässt sich gut der Kontrast zwischen *formal* and *informal register* aufzeigen. Über einen Vergleich mit typischen Situationen des Wohnortes oder der Umgebung werden die S in die Gesprächssituation hineinversetzt. Sie werden aufgefordert, die zwei Gesprächspartner zu beschreiben: Aussehen, Verhalten, Sprache usw. Dabei erkennen sie, dass bei dem *American tourist* wahrscheinlich aufgrund des Registers mehr *fillers* und vor allem auch *colloquial language* zu erwarten sind. Da nur zwei Fragen beantwortet werden müssen und der thematische Hintergrund klar ist (Ziel und Preis) kann der Text gleich vollständig angehört werden.

Lösung

a) *1C, 2A, 3C*
b) *1B, 2B, 3B*
c) *1B, 2C*

3 *Role play*

Ziel Rollenspiel zur Planung eines Tagesausflugs mit einer schottischen Gastfamilie (a), ein beliebiges Reiseziel aussuchen und die besten Verkehrsverbindungen dorthin im Internet herausfinden (b)

Materialien Kopiervorlage 56 *(Communication skills)*

Erarbeitung Die S finden sich hier in einer konkreten, vielleicht schon selbst erlebten Situation. Sie planen während eines Aufenthalts bei einer Gastfamilie mit deren Unterstützung verschiedene Ausflüge. Die Situation Schottland/Glasgow ist für viele S leicht nachvollziehbar, da in den letzten Jahrzehnten viele Orte Partnerschaften mit diesem Teil Großbritanniens eingegangen sind. Ausflugsmöglichkeiten zu planen ist für die S immer eine motivierende Tätigkeit, deshalb können hier über eine Internetrecherche englischsprachige Materialien über Schottland oder von deutschen Reiseanbietern deutschsprachige Informationen (Mediation) gesammelt werden. Bei den Zielen auf den Fahrplänen handelt es sich um touristische Regionen und Attraktionen, die Urlauber gerne besuchen. Die S konzentrieren sich auf die jeweiligen Abfahrts- und Ankunftszeiten, auf Preise und auf das jeweils Gebotene, auf die Frage, ob bei der

Bustour z. B. auch Informationen durch *guides* oder sogar durch die Busfahrer erwartet werden können, welche zusätzlichen Kosten eingerechnet werden müssen usw. Ein Brainstorming zum Wortschatz schließt sich an *(go by coach/take a day trip/go by ship, etc.)*, Sprechabsichten wie Unsicherheit, Möglichkeit oder Wahrscheinlichkeit müssen ausgedrückt werden *(modal auxiliaries)*. Es gilt Voraussagen zu machen, u. a. auch zum Wetter, zu Umständen der spezifischen Reiseart *(coach vs. train and ferry)*. Wo sind die Abfahrtsorte, v. a. für die Inselausflüge (verschiedene Bahnhöfe in Glasgow)? Wo kaufe ich die Karten? Wie weit ist die Familie behilflich (Höflichkeitsfloskeln, *cultural awareness*)? Will noch jemand mitkommen? Zunächst suchen die S eigenständige Lösungen, danach werden die Fakten und *phrases* in Gruppenarbeit gesammelt. Anschließend erfolgt eine neue Zusammensetzung der Gruppen und zwar so, dass in jeder Gruppe jetzt Vertreter/innen verschiedener Pläne sind. Es geht weiter mit dem Vorstellen des eigenen Ziels, dem Anhören der anderen Pläne, dem gegenseitiges Abwägen der Fakten mit anschließender Lösungsfindung, dem Ziel des gemeinsamen Ausflugs.

Erweiterung **Kopiervorlage 56** *(Two tickets, please!)* enthält eine zum Thema *public transport* passende Übung zur Mediation.

C Free-time activities

Seite 142

Hinführung Dieses Thema bietet vielerlei motivierende Sprechanlässe und ist hervorragend geeignet, die Mündlichkeit im Unterricht in natürlichen Situationen zu schulen. Hier können die S auf besonders viel Weltwissen zurückgreifen, sie bewegen sich sprachlich im Allgemeinen spontaner und haben weniger Hemmungen, da sie spüren, dass ihnen die Inhalte vertrauter sind. Es ist jedoch auch hier ratsam, den thematischen Wortschatz konsequent zu erweitern bzw. durch die S anhand geeigneter Vokabelsammlungen erschließen und in *mind maps* verarbeiten zu lassen. Das daraus resultierende Selbstvertrauen, auch hier adäquateren Wortschatz verwenden zu können, wirkt in andere Bereiche weiter. Vorschläge für geeigneten Wortschatz über die in der *Word Bank* im roten Kästchen angebotenen Wörter hinaus: *to keep company with sb, I'm going to call on, to/a get(-)together, to give/have/throw a party, to gatecrash, host/hostess, hospitality, cheers, on holiday, to take a break, have time off, go away for the weekend, celebrate a birthday, what can we give him for his birthday, a festival, a theme park, have a picnic, go out for a picnic.* Besonders zum Thema Picknick bietet sich eine *mind map* an.

1 *Listening: Planning a picnic*

Ziel Hörverstehen und *note-taking* zur Beantwortung der Verständnisfragen

Materialien LC-CD 2, Track 5

[LC5] **Text:**

Sharon: *Hello.*
Tony: *Hi, Sharon. This is Tony, er, Tony Green.*
Sharon: *Oh … er, hi, Tony.*
Tony: *Yes, I was wondering whether you'd got anything arranged for Saturday …*
Sharon: *Well, I don't really know …*
Tony: *… because Kevin – you know, from our class – and me, well we thought it would be nice to get a few friends together and cycle over to Bearwood Lake. Apparently the weather's going to be really brilliant on Saturday.*
Sharon: *Well, I'm not sure. I've never been to Bearwood Lake. What can you do there?*
Tony: *Oh, it's a great place, and it's only 10 miles away. You can swim there or play football on the grass or whatever. And we thought we'd have a picnic.*
Sharon: *Hey, that sounds like a good idea.*
Tony: *So would you like to come along then?*
Sharon: *Yes, I'd love to. Thanks for the invitation. We'll have to organize the picnic though. How many people are coming?*
Tony: *Well, it's, er, just the three of us so far. But Kevin thought maybe your friend Joanne might want to come, too. He wondered whether you could ask her.*
Sharon: *Oh, he did, did he? Oh, all right. I'll ask her.*
Tony: *Thanks. And I'll see if Jamie Magill and his girlfriend want to join us. I'm sure they will. Then we'll be six.*
Sharon: *What will we have to bring? You weren't thinking of a complicated picnic, were you? I mean, if we're going by bike …*
Tony: *Oh, God no! No plates and knives and forks and things. Sandwiches mainly.*
Sharon: *I suggest that we all bring our own drinks.*
Tony: *Good idea. Well, I'm going to make a lot of cheese and tomato sandwiches. Could you maybe bring some other kind?*
Sharon: *Of course. No problem. How about peanut butter and banana?*
Tony: *Sounds fantastic! Kevin doesn't do food, but he's going to bring a football and a couple of Frisbees, so that's OK. Perhaps Joanne could bring something sweet.*
Sharon: *Yes, I'll ask her. And the other two?*
Tony: *Jamie and his girlfriend can bring some fruit – apples and bananas, that sort of thing.*
Sharon: *Do we need anything else?*

Tony: *Well, we mustn't forget to tell everybody to bring their swimming things.*
Sharon: *And to bring sun cream if it's going to be hot. By the way, when are we going to set off and where are we meeting?*
Tony: *How about meeting at my place at ten?*
Sharon: *OK, that sounds manageable.*
Tony: *I can't think of anything else at the moment. I'll let you know if I do. See you.*
Sharon: *Bye.*

Erarbeitung Die S betrachten den Cartoon oben rechts und versetzen sich sowohl in die Frau als auch in den Mann. Sie äußern deren Gedanken/Meinungen ohne die Bildlegende zu berücksichtigen. Zur thematische Vorentlastung des Kontextes bieten sich folgende Fragen an: *Do you usually arrange something for the weekend in advance? Obviously, when the weather is going to be really brilliant you won't want to stay indoors. What about swimming in a lake? Does that sound like a good idea? So bring along your swimming things. What about the boys? Will they want to play football again for hours? How would you organize the picnic – plates, knives, forks, drinks, salads, sandwiches? What sandwiches would you take along? What about fruit? Sweets? Is that manageable?*

[LC◎5] Beim Hörtext begegnen die S zwar nur zwei Sprechern, da das Telefongespräch aber etwas länger ist, ist es ratsam, vor der Formulierung der Antworten die Fragen zu lesen, zumal bei Aufgabe 1. sehr detaillierte Punkte verlangt werden und die Frage negativ formuliert ist, so dass es leicht zu falschen Schlüssen beim Hören kommt. Für den Gesamteindruck hören die S den Text das erste Mal vollständig an, darauf folgen die Fragen zum Globalverständnis (siehe oben). Die S sollten nun selbst anhand der Fragen die richtige Arbeitstechnik wählen und ein *listening grid* anlegen. Beim zweiten Hören kann der Text bei Bedarf gestoppt werden, bevor Sharon fragt: *What will we have to bring?* Hier werden die S aufgefordert, ganz allgemeine *statements* über das gerade Gehörte abzugeben (z. B. *Sharon doesn't know Bearwood Lake, but she thinks it sounds like a good idea.*). Danach konzentrieren sich die S beim Hören entweder auf das *grid* oder sie machen sich Notizen.

Lösungsvorschlag

1. *Tony: no plates (not necessary for their picnic), no football (Kevin's job)*
   Sharon: no peanuts (but she will bring along peanut butter!), no knives and forks
2. *Sharon's friend Joanne: could bring something sweet*
   Jamie and his girlfriend: can bring some fruit (apples, bananas, etc.)
   Everybody is to bring their own swimming things, sun cream and drinks.
   They're going to meet at Tony's place at ten o'clock on Saturday.

2 *The picnic*

Ziel Einen Dialog zu einem Cartoon ausarbeiten

Erarbeitung Bevor die S den Dialog in Partner-/Gruppenarbeit formulieren, können sie die Aufgabe erhalten, aus dem transkribierten Dialog allgemeine Floskeln herauszuholen und zu verwenden, z. B. *I was/am wondering whether; well, I don't really know; I thought it would be; apparently, this is going to be; well, I'm not sure; hey, that sounds like a good/horrible idea; so would you like to; I'd love to; we'll have to … though; well, it's; etc.*

3 *More plans*

Ziel Transfer auf die persönliche Situation der S

Materialien Kopiervorlage 57 *(Communication skills)*

Hinführung Die S simulieren hier realistisches Verhalten in Dialogsituationen: Was könnten wir machen? Habe ich Zeit dafür? Finden von Kompromissen durch Abwägen, wobei auch Strategien der Gesprächsführung wichtig sind (siehe mündliche Prüfungen).

Erarbeitung Die Situation Wochenende/Ferien/Besuch von Austauschpartnern wird simuliert. Es kann ein imaginäres *diary* (die Bedeutung ‚Terminkalender' ist für die S neu) für ein bis zwei Wochen angelegt werden. Als erste Grundlage dienen die vier Situationen im Schülerbuch (Picknick, Sport, Kino, Besichtigung). Empfehlenswert sind zusätzliche visuelle Impulse, entweder über von S mitgebrachte Magazine, die Freizeittipps anbieten (Mediation) oder über eine vom L getroffene Vorauswahl (z. B. auf Folie oder über Karten an Gruppen verteilt). Es ist auch möglich, an jedes Paar jeweils nur zwei Bilder auszuteilen. Dann erfolgt das Abhaken der einzelnen Schritte und die Einigung. Sobald diese erreicht ist, wird mit einem anderen Paar, das eine neue Variante mitbringt, eine Vierergruppe gebildet. So kann die Zahl der diskutierenden Teilnehmer erhöht und eine mögliche Gruppenprüfung von 5–6 Personen vorbereitet werden. Bei schwächeren Gruppen ist es ratsam, erst die Sprechabsichten als semantische Grundlagen erarbeiten zu lassen.

Erweiterung **Kopiervorlage 57** *(Making plans)* bietet eine weitere Übung zum Training der Sprechfertigkeit.

4 *Saying the right thing*

Ziel Stilistische Verbesserung eines Dialogs

Erarbeitung Hier handelt es sich um eine Übung, deren Bedeutung für die S nicht genug betont werden kann. Neben der Wichtigkeit, Sprechabsichten angemessen umzusetzen, muss unbedingt auch die Bedeutsamkeit von *cultural awareness* in das Bewusstsein der Lernenden gelangen. Dazu gehört die Erkenntnis, dass das Vermeiden von kulturspezifischen ‚Fettnäpfchen' mindestens genauso wichtig ist, wie die Notwendigkeit sich sprachlich richtig zu artikulieren. Es handelt sich hier um eine weitere Fertigkeit, um *cultural appropriacy*. Als zentralen Hinweis erwähnt L auch hier wieder: *Be polite!* Die S lesen den Dialog in Stillarbeit und ihnen wird deutlich, dass die Fragen der Mitglieder der *Hamilton family* Vorbildcharakter haben: *Would you like …? Shall we do …? Are you sure you won't …? Is there anything you'd like to do …? Would you be interested …?* Die Antworten von Jens wirken dagegen plump und ungehobelt. Obwohl die sprachlichen Formen einigermaßen korrekt sind, entsteht der Eindruck, dass es sich bei ihm um einen ignoranten und/oder arroganten Jungen handelt. Die S sollten erkennen, dass die Formulierung in der Einleitung (*His responses to some of their suggestions are a little unfortunate.*) als Untertreibung bzw. Ironie zu bewerten ist.

Lösungsvorschlag

1. *Oh, thank you, Mrs Hamilton, that sounds like a great idea especially with the weather forecast being so good. However, there's a slight problem – I have never done this before.*
2. *Thank you very much for this offer, Mr Hamilton, this is very kind of you! Yes, I'd like to come, there might be a chance of finding some things I need.*
3. *What a great idea, Paul! Yes, let's go and watch it this afternoon, I've read some reviews that were fantastic. But I'd like to treat you to it!*
4. *Thank you, Mrs Hamilton, they are really delicious but I'm afraid I have already eaten one too many!*
5. *Thanks for asking, Mr Hamilton, I'm not sure. What about Paul? What is he going to do? Is there anything you'd think we could do together?*
6. *That sounds really interesting, Paul, especially as I've never been there. Windsor Castle! I have always wanted to know what that place the Royal Family uses as a home is like!*

D Holiday preparations

Seite 148

Hinführung Die S erwerben bzw. festigen die Fertigkeiten, aus einem vorhandenen Angebot (z. B. Broschüren, Prospekten, Internet) mit Unterkunftsmöglichkeiten für den Urlaub eine passende, für alle Beteiligten annehmbare Auswahl zu treffen und diese auch zu begründen. Bei den abgebildeten Anzeigen handelt es sich um Varianten für den Familienurlaub, darüber hinaus sollten die S aber auch die Planung von Studienfahrten oder Austauschaktivitäten mitgestalten lernen. Im Fall von Fahrten werden die S eher verschiedene Jugendherbergen oder Jugendhotels heranziehen, dies gilt auch für weitere imaginäre Situationen, wenn z. B. zwei Freunde nach Amerika/Australien/Südafrika möchten und dort eine Bleibe suchen. Nützliche Vokabeln zur Wiederholung und Erweiterung: *a bank holiday, to be somewhere on holiday, short weekend break, to have time off, travel agent's, brochures, book rooms/accommodation, to cancel a booking, cancellation insurance, take a (day) trip, package tour/holiday, guided tour, a/to hike, destination, a holiday/seaside/mountain resort, do some sightseeing, expired passport, a valid ID card, two pieces of luggage, a holdall, a trolley, guesthouse, inn, youth hostel, are there any vacancies at the moment?, make a reservation/to book, a deposit on the booking, full board, half board, check in/out, can I have ... for breakfast?, etc.*

1 *Advertisements*

Ziel Die Vor- und Nachteile verschiedener Urlaubsunterkünfte diskutieren

Erarbeitung L-S-Gespräch über Ferien(pläne), Urlaub mit oder ohne Familie, Sprachurlaube in Großbritannien, Urlaubsregionen, schließlich fokussiert auf Südengland und hier auf die besonders beliebten Ziele im Südwesten. Die vier Anzeigen gehören zu Unterkünften in Devon, Budleigh Salterton, einem Touristenort am Meer, wenige Meilen östlich von Exmouth. Der *postcode* weist auf diese Stadt hin. Über die Anzeigen im Schülerbuch erfolgt eine schnelle Sicherung der Unterkunftsmöglichkeiten (*bed and breakfast, hotel, caravan/camping, self-catering*). Die S entscheiden, welche Anzeige ihnen am besten gefällt, bereiten diese Anzeige wortschatzmäßig und inhaltlich auf, gehen mit anderen S zusammen, die sich auch für diese Unterkunft entschieden haben und listen Gründe für ihre Entscheidung auf. Im Idealfall entstehen vier unterschiedlich große Gruppen, die in der Auseinandersetzung miteinander eine Unterkunft für die ganze Gruppe finden. Alternativ können auch Vierergruppen mit jeweils verschiedenen Unterkünften gebildet werden. Das Ziel ist es wieder, sich auf eine Unterkunft zu einigen. Die Auflistung kann über Tabellen erfolgen, wobei die Kriterien aus dem gegebenen Material und von den S zusätzlich erwarteten Komponenten bestehen. Auch hier erfolgt neben der sprachlichen auch die Klärung der kulturspezifischen Aspekte *(what to expect for breakfast: cereals, porridge, boiled/fried/scrambled eggs, mushrooms, fried bread, croissants, rolls, toast, marmalade, jam, hot chocolate; full English or continental; double/twin rooms; ensuite facilities vs shared facilities; family rooms; tea and coffee making facilities; central heating throughout; cosy; licensed restaurant (with alcohol), non-residents, fully equipped)*. Je nachdem, ob die Prioritäten in Richtung Meernähe oder *quiet/secluded* gehen, begründen die S ihre Wahl und stellen weitere Vermutungen über die jeweilige Unterkunft an, z. B.: *They say that children/dogs are welcome. Don't you think that the place might not be a bit too noisy then? It says the place is near the seafront, we could take walks or sit on the beach until late at night.* Im Normalfall werden die S eine E-Mail schicken, aber manchmal ist es ratsam, gleich zu telefonieren. Deshalb sollten Strategien (siehe Abschnitt E) geübt und bei den S Schwellenängste abgebaut werden.

2 *Listening: Booking a room at a B&B place*

Ziel Hörverstehen und Beantwortung der Verständnisfragen (a), einen weiterführenden Dialog ausarbeiten (b)

Materialien
- LC-CD 2, Track 6
- Kopiervorlage 58 *(Communication skills)*

[LC 6] Text:

Mrs Jackson: *Hello.*
Markus: *Er – can I speak to Mrs Brenda Jackson, please?*
Mrs Jackson: *Speaking!*
Markus: *Oh, hello, Mrs Jackson. My name's Markus Sontheimer. I'd like to enquire about accommodation for next August. You do bed and breakfast, I believe?*
Mrs Jackson: *That's right. – Did you get my phone number through the Tourist Office?*
Markus: *No, I found it in the internet, through a bed and breakfast guide.*
Mrs Jackson: *Oh, really? – Now you said August, didn't you? When were you thinking of coming, then?*
Markus: *We'll be arriving in Devon on August 10th. That's a Saturday. There'll be two of us. I'm coming with a friend.*
Mrs Jackson: *Right. And how many nights would you like to stay?*
Markus: *Four or five. We'd like to leave that open, though, if that's all right with you.*
Mrs Jackson: *I'd prefer it if you could give me definite dates. There are always lots of visitors in this area in August, you know. I have to know in advance if one of the rooms is going to be free. – Would you be wanting two single rooms, a double or a twin?*
Markus: *Oh! What's the difference between a double and a twin?*
Mrs Jackson: *Well – a double room has just the one bed, OK? A double bed. Whereas a twin has two separate beds.*
Markus: *Oh, I see. Then we'll need a twin room.*
Mrs Jackson: *One twin. From August 10th for five nights. Shall I reserve that for you, then?*
Markus: *Er – just a minute. Does the room have its own bathroom?*
Mrs Jackson: *Oh yes, dear. All our rooms are en-suite. You can have a room with a sea view, too, if you like.*
Markus: *That sounds wonderful! And do you serve an evening meal?*
Mrs Jackson: *I'm afraid not. We only do bed and breakfast. But there are some nice restaurants in town, and you can get quite good food at the pubs.*
Markus: *I see. Another question, though, Mrs Jackson. What does 'full English breakfast' mean?*
Mrs Jackson: *(laughing) Oh, I think you'll enjoy our breakfast! We offer a big choice of fruit juices, cereals, porridge and so on to start with. Then the cooked breakfast of fried egg with bacon, sausage, tomatoes, mushrooms and fried bread. And to finish with, of course, there's toast and marmalade. And tea or coffee.*
Markus: *Wow! I don't expect we'll need any lunch at all after all that! – And what about prices?*
Mrs Jackson: *For the twin room with sea view, we charge 35 pounds per person per night.*
Markus: *(a bit taken aback) Thirty-five pounds each? Oh – that's a bit more than I'd expected. I – er –*
Mrs Jackson: *Well, apart from that, there's a room at the back of the house that looks out over the garden. You can have that for thirty-three pounds. Or there's the self-catering flat.*
Markus: *Self-catering?*
Mrs Jackson: *Yes, we've got a small flat that sleeps two or three. That comes cheaper, of course. Two hundred pounds a week for the flat.*
Markus: *And five days?*
Mrs Jackson: *Seven days is the minimum length of stay for the self-catering, I'm afraid, dear.*
Markus: *Oh. – Well, er, perhaps it might be best if we book the twin room at the back of the house – for four nights, I think.*
Mrs Jackson: *That'll be fine! And – if you don't mind – there's a deposit of ten pounds per person. So if you could just send that as confirmation of the reservation? It'll be deducted from the bill when you leave, of course.*

Markus: *Yes, of course. – Well, I'll discuss all the details with my friend and call you again tomorrow evening if he agrees. Will that be all right?*
Mrs Jackson: *Yes, that'll be fine. I'll keep that room for you so you still have a day or two to decide.*
Markus: *Thank you, Mrs Jackson.*
Mrs Jackson: *It's a pleasure. Goodbye, then!*
Markus: *Goodbye!*

Erarbeitung [LC 6]

Bei dieser Hörverstehensübung erleben die S eine in jeder Hinsicht echte Situation mit viel Nachahmungspotential. Der inhaltliche Aufbau, die sprachlichen Mittel zur Erkundigung, zum Nachhaken, Variieren, etc. können als Modell für eigene sprachliche Produktion dienen. Einerseits ist der Text recht umfangreich, andererseits enthält er viele vorentlastbare Elemente. Deshalb kann er das erste Mal vollständig (in schwächeren Gruppen in zwei bis drei Teilen) vorgespielt werden. Es schließen sich allgemeine Fragen an, die auch über die Aufgaben im Schülerbuch hinausgehen können, z. B. *What kind of accommodation is Markus interested in? Is he phoning to help his parents? How does he react when he hears the description and then the price? Why does Mrs Jackson expect him to give a precise date?* Ebenso sind Fragen denkbar, die über den Inhalt hinaus auf die affektive Ebene der Sprecher abzielen, z. B. *What do you think about Markus's questions? How does Mrs Jackson react? Could this be due to the way Markus phrases his requests?* Über diese Frage kann im Anschluss an die direkte Erarbeitung eine Phase angehängt werden, in der die S nur auf sprachliche Mittel achten, die die Botschaft im Sinne von kultureller Kompetenz färben. Anschließend lesen die S die Fragen auf Seite 148 und machen sich ggf. schon Notizen zu Punkten, die sie noch im Gedächtnis haben. Nach erneutem Hören, mit Pausen zum *note taking*, erfolgt in Partnerarbeit das Ausformulieren der Antworten, vorzugsweise mündlich anhand der Stichwörter. Anhand der Struktur des Gesprächs denken sich die S in Aufgabe b) Fragen des Freundes aus (Namen angeben). Der Dialog wird sich auf die Art und Lage der Zimmer, den Preis, das Frühstück, u.ä. beziehen und könnte auch die Angebote der drei anderen Anzeigen einbeziehen (z. B.vermietet der Campingplatz möglicherweise auch nur wochenweise, obwohl wahrscheinlich billiger, näher am Meer, dafür aber wieder kein ausführliches Frühstück usw.).

Lösungsvorschlag

1. *Markus and his friend are coming to stay in August. He would like to leave the precise date open, but Mrs Jackson cannot have this. So he gives her the required dates: 10th–15th August, five nights in all.*
2. *In a double room there is one large bed for two people, in a twin room there are two separate beds for the same number.*
3. *For a full English breakfast ('the full works') you can expect – according to Mrs Jackson – several fruit juices, cereals, porridge; a cooked breakfast that consists of fried egg with bacon, sausage, tomatoes, mushrooms, fried bread; and there's also toast, marmalade, tea or coffee.*
4. *They'd love to take it as it seems much cheaper but they want to stay for four days only and the rent for the flat is for seven days and can't be reduced even if you wanted to stay only four days.*
5. *A deposit is a certain amount of money you pay the person you rent accommodation from. It is just part of the whole amount and is meant as some kind of guarantee for the people who rent out. It will later be taken off the overall price, so often people are actually relieved because they can pay in instalments. Some people or agencies that rent out accommodation will only confirm your booking after they have received this sum. If people weren't required to pay a deposit in these cases, they might be tempted not to turn up if they change their minds. The landlord/landlady would then be cheated out of their earnings, they would not be able to rent the flat at such short notice and they would lose out on the 'contract'. So this deposit is some kind of safeguard, to help some people to be more responsible.*
6. *After listening to all the options which Mrs Jackson patiently provides he makes a provisional booking for the twin room at the back, which is cheaper than its*

equivalent with the sea view. This one looks out over the garden, which doesn't sound a disadvantage at all. But before he can confirm his booking, he wants to talk things over with his friend. He'll then phone her again the following evening if his friend agrees.

Erweiterung

- **Kopiervorlage 58** (*Holiday preparations*) enthält den Hörtext. Markus Repliken fehlen in dem Dialog, sie müssen von den S zugeordnet und ergänzt werden.
- Die S erhalten den trankribierten Text und entwerfen selber *Multiple choice*-Aufgaben, u. a. mit dem Hinweis, die Formulierungen so zu wählen, dass man im Ernstfall sehr genau hinhören müsste. Beispiel:
  What accommodation does she offer them?
  - *a single room*
  - *an ensuite with a sea view (x)*
  - *a double room for 70 pounds*
  - *a self-catering twin room*

  What is included in the breakfast?
  - *juices and fruit*
  - *mushrooms and fried tomatoes*
  - *marmalade and honey*
  - *Kelloggs and porridge (x)*

Wenn die S solche und ähnliche Aufgaben analysiert haben, können sie nicht nur selbst gewisse Strategien beim Entwerfen anwenden, sondern sie durchschauen über die Kognitivierung des Vorgangs künftig auch die Aufgaben schneller und sicherer.

E On the telephone

Seite 154

Hinführung Wie bereits der Abschnitt *Holiday preparation* zeigte, brauchen die S heute die Fähigkeit und das damit erworbene Selbstvertrauen, mit angemessenen sprachlichen Wendungen telefonisch Anfragen auf Englisch zu bewältigen. Damit der Fokus hauptsächlich auf dem jeweiligen Anliegen liegen kann, sollten die S die *telephone phrases* in der *Word bank* gut beherrschen. In der Fremdsprache mit einer unbekannten Person zu sprechen bzw. zu verhandeln erfordert eine Menge Fertigkeiten, die schon früh in simulierten, spielerischen Situationen geübt werden müssen. Besonders auch die Situation mit der *answering machine* sollte den S vertraut sein, damit nicht unnötige Hemmungen die Kommunikation verhindern.

1 *Useful telephone phrases*

Ziel Nützliche Redewendungen automatisieren

Materialien LC-CD 2, Track 7–10

Text:

[LC 7]
Announcer: a) ***A call to Brown and Wilson***
Mr Brown: *Brown and Wilson Car Rentals. Can I help you?*
Caller: *Hello. Is that Mr Brown?*
Mr Brown: *Speaking!*
Caller: *This is Karl Hoffmann. I'm calling from Germany. I'd like to enquire about renting a car in July.*
Mr Brown: *That shouldn't be a problem. What date in July?*
Caller: *I've got a few questions first. (fade)*
Mr Brown: *Yes, of course. What do you want to know? I'm sure we can help you …*

[LC 8]
Announcer: b) ***A second call to Brown and Wilson***
Telephonist: *Brown and Wilson Car Rentals. Moira speaking. Can I help you?*
Caller: *Could I speak to Mr Brown, please?*
Telephonist: *I'm afraid he's not available at the moment. He's in a meeting.*
Caller: *Shall I ring back later?*
Telephonist: *Yes, could you call back later? Or can I take a message?*
Caller: *I'm calling about a booking for next month. But I'll call back later. What time would be most convenient?*
Telephonist: *Any time after 4 pm. I'll give you his extension: it's 4032.*
Caller: *Could you repeat that, please?*
Telephonist: *Certainly. Mr Brown's extension is 4032.*
Caller: *OK. Thanks. I'll try again after 4.*
Telephonist: *Thank you, goodbye.*

[LC 9]
Announcer: c) ***More useful phrases***
Man: *I've got a complaint about a car.*
Woman: *I'll put you through to the complaints department. (pause)*
I'm afraid the line is engaged at the moment.
Man: *Well, could you take a message?*
(Phone rings)
Man: *I'd like to make an appointment to see the doctor.*
Woman: *I'll connect you to reception. Please hold the line.*
Man: *Sorry, what did you say? I'm afraid the line's very bad. Shall I ring back later?*
(Phone rings.)
Man: *Hello.*
Woman: *Hello, can I speak to Mark, please?*
Man: *Sorry, I think you've got the wrong number.*

[LC 10] Announcer: **d) *Some recorded messages***

Woman: *The person you are calling is not available at the moment. Please leave a message after the tone.*
(Beep)
If you wish to contact the sales department, please press ONE.
If you wish to contact the customer service department, please press TWO.
If you wish to speak to one of our customer service advisers, please hold the line.

Erarbeitung Die S ordnen die *phrases* nach Kategorien wie *answering, introducing yourself, asking for someone, explaining, making sb wait, problems, connecting sb, taking a message*, wobei sie über *dictionary work* oder transkribierte Hörtexte zusätzliche Wendungen heraussuchen und an geeigneter Stelle einfügen. Auch wenn hier vieles offensichtlich ist, so hilft doch der kognitive Umgang und die Übertragung zum Merken und Einbetten in die Situation. Außerdem sind viele analoge Situationen vorstellbar, in denen man wegen einer Reservierung anruft und unerwartete Antworten erhält, z. B. *I'm afraid she's not available at the moment. Can I take a message? Could you call back later? Sorry, I think you have dialled the wrong number.* In all diesen Fällen sollten die S ruhig und angemessen reagieren können. Die Begegnung ist umso authentischer, da die *phrases* über die CD wie in einer echten Situation gehört werden können. Bei Bedarf kann im Laufe der Arbeit gestoppt werden und die S reagieren sofort.

2 *Practising telephone conversations*

Ziel Auf einen Hörtext reagieren (a), Dialoge entwerfen (b), einen Cartoon auswerten (c)

Materialien
- LC-CD 2, Track 11–14
- Kopiervorlage 59 *(Communication skills)*

Text:

[LC 11] Announcer: **a) *A call to a dental centre***

Receptionist: *Fetcham Dental Centre. Can I help you?*

Stéphanie: *My name is Stéphanie Bernard. I've got toothache. Er, I'm from France and I'm here in England on holiday so I can't go to my normal dentist.*

Receptionist: *I see. So you'd like to make an appointment?*

Stéphanie: *Yes – I mean no! Do I have to have an appointment? Can't I come round straight away?*

Receptionist: *No, I'm afraid not. The waiting room's full just now. I'm sorry, but both our dentists are busy.*

Stéphanie: *Oh dear! How soon can you fit me in?*

Receptionist: *Well, we're fully booked all day today. But, let me see, I could squeeze you in with Mr Fletcher at 11.15 tomorrow morning. Do you think you can hold out till then?*

Stéphanie: *I don't know. It's very painful.*

Receptionist: *I suggest you get some over-the-counter pain relief from a chemist's. They'll advise you on what works best for toothache.*

Stéphanie: *OK. I'll try that.*

Receptionist: *And I'll tell you what – why don't you give me a contact telephone number? You never know, there may be a cancellation during the course of today. If so, I'd be able to fit you in after all!*

Stéphanie: *You mean if someone can't keep their appointment?*

Receptionist: *That's right. It sometimes happens.*

Stéphanie: *OK. Thank you! I'll give you the number of the place where I'm staying: it's 01372 373502 – with the Stableford family.*

Receptionist: *373502 – right, I've got that. So if you don't hear from me again today, just come round to the dental centre at 11.15 tomorrow. – Do you know where to find us?*

Stéphanie: *Er – it's that new building near the church, isn't it?*
Receptionist: *That's right. Just at the end of Lower Road.*
Stéphanie: *Thank you. I'll see you tomorrow, then – unless you give me a ring earlier. Goodbye!*
Receptionist: *Bye now.*

[LC 12] Announcer: b) ***Message 1*** *(Bleep)*
Boy: *Hello, this is Chris. When Jimmy gets home, can he give me a ring? I'm having a problem with my computer. I can't get onto the Internet. My number is 843 737. Bye.*

[LC 13] Announcer: ***Message 2*** *(Bleep)*
Woman: *Good morning. This is Jennifer Grant. It's about the mp3 player I ordered from you – er, mail order number 31961. The mp3 player arrived this morning but I can't get it to work properly. Please call me on 0734-340438. Thank you.*

[LC 14] Announcer: ***Message 3*** *(Bleep)*
Girl: *Hello, this is Lucy Martin. Could Jane please call me back. It's about our homework. I don't understand the poem we are supposed to be interpreting. My number is 0208-559726. Cheers.*

Erarbeitung L stellt zur Einstimmung auf die Situation zwei kurze Fragen: *When would you phone your doctor instead of seeing them directly? (make an appointment; feel it's not important enough to go there; refer back to something you talked over in surgery; find out if you can come straight away as you are in considerable pain; etc.) What would you do if they couldn't fit you in because they are busy?(wait another day but go to the chemist's to get some pain relief; try and phone another doctor)* Da der Hörtext kurz ist und die Situation [LC 11] über ein vorausgehenden Gespräch gut simuliert werden kann, wird **Track 11** einmal komplett vorgespielt. Die S geben eine erste Rückmeldung über den Inhalt, wobei eine Hälfte der S für Stéphanie, die andere für die Arzthelferin (*receptionist*) zuständig ist. Diese Einteilung kann auch für das zweite Anhören beibehalten werden, bei dem die S den Auftrag bekommen, auf typische *phrases* zu achten, die in dieser Situation verwendet werden können.

[LC 12–14] Da schnell gesprochene Telefonnummern (**Tracks 12–14**) den S oft Schwierigkeiten bereiten, schreibt L die drei Nummern in verschiedener Reihenfolge an die Tafel. Die S ordnen sie dann den Dialogen zu und ergänzen Stichwörter oder kurze Sätze, die die Situation zusammenfassen, z. B. *technological problem (1., 2.), problem with homework (3.).* Sie hören sich die Texte noch einmal an und notieren dabei den Aufbau einer solchen, oft unerwartet gelieferten Nachricht: *hello/good morning – name – matter/ problem – telephone number – polite request to call back – thank you/bye.* Nach diesem Modell kann auch die Mitteilung der Arzthelferin überprüft werden. Dabei ist auf die unterschiedliche Geschwindigkeit der Sprecher zu achten. Die S können sich weitere Situationen mit der entsprechenden Kurzmitteilung überlegen, z. B. die Reservierung eines Tisches in einer Pizzeria, in der man später noch einmal sicherheitshalber anruft und dann persönlich mit jemandem spricht.
Bei den beiden Cartoons, die in Teilaufgabe c) einbezogen werden, geht es um die ironische Beleuchtung zwischenmenschlicher Beziehungen. Im Cartoon links unten ist die gesellschaftliche Stellung das Trennende, im anderen ist es der übertriebene Gebrauch, der Nähe nicht mehr wahrnimmt und Beziehungen ad absurdum führt. Bei beiden sollten die S den Zusammenbruch natürlicher Kommunikation thematisieren.

Erweiterung

- **Kopiervorlage 59** (*A call to a dental centre*) enthält den Hörtext. Stéphanies Repliken fehlen in dem Dialog, sie müssen von den S zugeordnet und ergänzt werden
- Die S erhalten den transkribierten Text und verändern die Situation anhand neuer Reaktionen der beiden Sprecher. Anschließend kann Aufgabe a) *(The receptionist calls back)* in Partner- oder Gruppenarbeit erfolgen. Dabei ist die kürzeste Variante, dass Stéphanie gerade in der Apotheke ist und daher eine entsprechende Botschaft auf dem Anrufbeantworter wartet, auf die sie wieder reagieren muss. Oder es kommt zu einem Dialog der beiden, der allerdings relativ kurz sein wird.

Hörtexte zum Workbook

Hinweis Alle Hörtexte befinden sich auf der Hörverstehens-CD 2. Die Lösungen zu den Aufgaben sind in der Lehrerversion des *Workbooks* enthalten (Klett-Nr. 547264).

Topic 1 A

[LC◎15] 2 *Mobile phone addiction*

(An Australian radio programme. Elizabeth Jackson is the presenter. Deborah Rice's report is interspersed with "vox pop" recordings of mobile phone users.)

Presenter: *They've already been blamed for bullying and teenage debt, and now there's a new warning about mobile phone use. Psychologists are now warning that some teenagers are becoming so addicted to their phones that their long-term health is threatened. Deborah Rice has the story.*

Deborah Rice: *The ubiquitous mobile phone.*

1st girl: *Yeah, I keep it on all the time, like, it's not that you're addicted or anything …*

Deborah Rice: *With an estimated 85 percent of young people having one, no teenager wants to be left out.*

1st girl: *Well, here my phone goes now.*

(mobile jingle; laughter)

Deborah Rice: *And many parents believe their children are safer when they carry a mobile phone.*

2nd girl: *Oh my God, who is it?*

1st girl: *Hello?*

Deborah Rice: *But there's concern that some are becoming too dependent on them.*

Boy: *I'm very addicted to my phone. I can't live without it, I have to use it all the time, and I'm always messaging people, and my bill's always like hundreds of dollars.*

1st girl: *Yeah, we're here, we're all here. OK, see ya.*

(laughter)

Deborah Rice: *Adolescents with mobiles can face huge bills and phone bullying.*

1st girl: *And then I have so many guys that I'm after and I'll be like, get their number, and I'll be like, "Hi, how are you …"; and it just forms this whole conversation, you have to message them back …*

Deborah Rice: *Now clinical psychologists are reporting a link to depression as well. Dr. Andrew Fuller:*

Dr. Fuller: *In my clinical practices as well as in the research that we're doing, I see many many young people who spend endless amounts of time on their mobile phones. They actually end up with disrupted sleep and poor social habits as a result of their addiction to their mobile phones. And so it certainly contributes to lowered mood, cranky behaviour in their families, and of course, greater difficulty in learning at school.*

2nd girl: *And when you get a text message, you say, "Aah, somebody loves me!"*

Dr. Fuller: *The amount of effrontery that young people experience when I suggest they might switch off their mobile phone is extraordinary. They just think that they're actually going to be left out of a discussion that's going to be absolutely vital and is occurring at 3 am! It seems that we have just created a 'round the clock culture'. And it's one that young people are just unwilling to let go of, at any cost.*

Boy: *You can't leave your … you can't turn your phone off. It's too scary, you feel like you're away from life.*

Topic 1 D

[LC 16] **1 *What the scientists say***

Interviewer: *Good morning, and welcome to 'Science in Action'. Nowadays, British teenagers often complain that they're too tired in the morning and that starting school as early as nine o'clock is cruel. Of course, their parents blame them for going to bed too late, maybe because they've been having marathon phone calls with their friends, or playing computer games until three o'clock in the morning. But now scientists are saying that teenagers really do need more sleep in the morning than they are getting. In the studio here we have Professor Jonathan Morris from the Windsor Institute of Sleep Research. Good morning, Professor Morris. Did you have any problems getting up this morning?*

Prof Morris: *Good morning! No, I never have problems getting up, but then I'm 62.*

Interviewer: *And of course you're also an expert on brain development and sleep. So, tell us Professor Morris, is it really true that teenagers need a good, long sleep in the morning?*

Prof Morris: *Yes, absolutely. My colleagues and I have been investigating the sleep patterns of teenagers, and we discovered that teenagers have a different body clock to that of children and adults. As teenagers get older, they need to go to bed later and get up later. In young women, this trend continues until they are nineteen-and-a-half, and in young men until they're twenty-one!*

Interviewer: *So, what you're saying, Professor Morris, is that as teenagers get older, they need to stay in bed longer – but this is true only up to a certain age.*

Prof Morris: *Exactly. We've done a lot of research into this. On the basis of our data, we know that fourteen-year-olds want to go to bed two hours later than forty-year-olds do. And sixteen-year-olds want to go to bed four hours later than sixty-year-olds.*

Interviewer: *So does that mean parents should allow their lazy sixteen-year-olds to stay in bed?*

Prof Morris: *Well, they should certainly show more understanding. But it has nothing do do with being lazy. It's a proven fact that teenagers are biologically programmed to need extra sleep. Our research has shown that 25 percent of teenagers get less than six and a half hours sleep at night. This is not enough. To be able to perform well at school, sixteen-year-olds need about nine hours sleep.*

Interviewer: *So what are the conclusions? Should schools start later to give teenagers extra time in bed?*

Prof Morris: *Well, it's interesting you should say this, because a school in Windsor is now carrying out an experiment on this. They want to see if starting school later has any effect on educational performance. They've already seen an amazing improvement, after only one month! It's very exciting!*

Interviewer: *So, basically, if teenagers want to be more awake during the day and do better at school, they need more sleep ... but going to bed earlier won't help.*

Prof Morris: *That's correct. Going to bed earlier makes no difference at all. On the other hand, though, studies have shown that teenagers need to go to bed at the same time every night. There is also evidence that they sleep better without a computer or television in the bedroom.*

Interviewer: *(laughs) Teenagers won't want to hear that! But actually, Professor Morris, many of the listeners to this programme are parents who complain that their children were sweet and loving when they were little, only to turn into monsters as soon as they became teenagers. Is this normal?*

Prof Morris: *Yes, such changes in behaviour and personality must be understood as a natural process in brain development. My own sixteen-year-old son is an absolute nightmare at the moment.*

Interviewer: *I hope he isn't listening to this!*
Prof Morris: *It's highly unlikely. He'll still be asleep in bed. In fact, on Saturdays he doesn't usually get up until midday. I was exactly the same at his age. And that's why I don't see any need for alarm. I'm sure he'll become a normal, responsible adult in his mid-twenties, like I did.*

Topic 2 B

[LC◎17] 1 *Where is the love?* (by the Black Eyed Peas)

1. *What's wrong with the world, mama?*
People livin' like they ain't got no mama
I think the whole world's addicted to the drama
Only attracted to things that'll bring you trauma
Overseas, yeah, we tryin' to stop terrorism
But we still got terrorists here livin'
In the USA, the big CIA
The Bloods and The Crips and the KKK
But if you only have love for your own race
Then you only leave space to discriminate
And to discriminate only generates hate
And when you hate, then you're bound to get irate, yeah
Badness is what you demonstrate
And that's exactly how anger works and operates
You gotta have love just to set it straight
Take control of your mind and meditate
Let your soul gravitate to the love, y'all, y'all

Chorus
People killin', people dyin'
Children hurt and you hear them cryin'
Can you practice what you preach
And would you turn the other cheek?
Father, Father, Father help us
Send some guidance from above
'Cause people got me, got me questionin'
Where is the love (Love) …

2. *It just ain't the same, always unchanged*
New days are strange, is the world insane?
If love and peace is so strong
Why are there pieces of love that don't belong?
Nations droppin' bombs
Chemical gasses fillin' lungs of little ones
With ongoin' sufferin' as the youth die young
So ask yourself is the lovin' really gone?
So I could ask myself really what is goin' wrong?
In this world that we livin' in people keep on givin' in
Makin' wrong decisions, only visions of them dividends
Not respectin' each other, deny thy brother
A war is goin' on but the reason's undercover
The truth is kept secret, it's swept under the rug
If you never know truth then you never know love
Where's the love, y'all, come on (I don't know)

Where's the truth, y'all, come on (I don't know)
Where's the love, y'all

3. *I feel the weight of the world on my shoulder*
As I'm gettin' older, y'all, people gets colder
Most of us only care about money makin'
Selfishness got us followin' the wrong direction
Wrong information always shown by the media
Negative images is the main criteria
Infecting the young minds faster than bacteria
Kids wanna act like what they see in the cinema
Yo', whatever happened to the values of humanity?
Whatever happened to the fairness in equality?
Instead of spreadin' love we spreadin' animosity
Lack of understanding, leadin' lives away from unity
That's the reason why sometimes I'm feelin' under
That's the reason why sometimes I'm feelin' down
There's no wonder why sometimes I'm feelin' under
Gotta keep my faith alive until love is found

Where is the love (Love) …

Father, Father, Father help us
Send some guidance from above
'Cause people got me, got me questionin'
Where is the love (Love) …

Sing with me – ah

One world …
We only got … One world …
That's all we got… One world …
Somethin's wrong with it
Somethin's wrong with it
Somethin's wrong with the world
That's all we got… One world …

Topic 2 C

[LC 18] 2 *A news report*

Reader: *A new study published yesterday shows that immigrants represented more than half of the growth in population during the decade between 1991 and 2001 and that people entering Britain from outside Europe and the Commonwealth now outnumber other immigrants. According to researchers, who based their figures on information from the 1991 and 2001 censuses, immigrant communities make up 7.5 percent of the total population.*

Their analysis of details of people living in Britain, but who were born abroad, revealed that the largest groups came from India and Pakistan, followed by those from Germany, because of the large British army presence there in the post-war years, and also the Caribbean. However, they found major increases in immigration from countries with less tradition of migration to Britain, reporting rises in the numbers coming from countries such as the former Yugoslavia, Sierra Leone, South Africa, China and Sweden.

Research showed that people born abroad comprised one in four Londoners and were in the majority in the London suburb of Wembley.

The report highlighted the huge divide between groups of immigrants in top pay brackets, earning at least £750 a week, and those suffering high levels of unemployment. It also produced some surprises. Nearly 20 percent of people born in India, for example, were classified as high earners, scoring above people from Belgium, Canada and France. Similarly, 13 percent of those from Nigeria were in the top pay groups. By contrast, fewer than half of new immigrants from Bangladesh were in work, and fewer than 2 percent were high earners.

Although the report gives an extensive picture of immigration up until 2001, it does not reflect the more recent trend since then of immigration from Eastern Europe. It is already clear that the expansion of the European Union is resulting in large numbers of people from countries such as Poland entering the UK. Future census studies will no doubt reveal an even more diverse Britain than that already shown.

Topic 3 C

[LC◎19] **2 *Asian-Americans at the top of the class***

Reporter: *Why are Asian-Americans so good at school? Or, to put it another way, why is Xuan-Trang Ho so perfect? Trang came to the United States as an 11-year-old Vietnamese girl who spoke no English. Her parents, neither having more than a high school education, settled in Nebraska and found jobs as manual laborers. The youngest of eight children, Trang learned English well enough that when she graduated from high school, she was top of the class. Now she is a new Rhodes Scholar.*

Increasingly in America, excellent academic achievement has an Asian face. Forty-four percent of Asian-American students take calculus in high school, compared with 28 percent of all students. Frankly, you sometimes feel at an intellectual disadvantage if your great-grandparents weren't peasants in an Asian village!

So I asked Trang why Asian-Americans do so well in school. "I can't speak for all Asian-Americans," Trang told me, "but for me and my friends, it was because of the sacrifices that our parents made. It's so difficult to see my parents get up at 5 each morning to earn $6.30 (six dollars and thirty cents) an hour. I see that there is so much that I can do in America that my parents couldn't."

Of course, not all Asian-Americans are so perfect. Success goes particularly to those whose ancestors came from the Confucian belt from Japan through Korea and China to Vietnam. It's not just the immigrant mentality, for Japanese-American students are mostly fourth- and fifth-generation now, and they're still excelling. Nor is it just about family background, for Chinese-Americans who trace their origins to peasant villages also do very well at school.

So then why do Asian-Americans really succeed in school? Aside from immigrant optimism, I see two and a half reasons: First, as Trang suggests, is the filial piety nurtured by Confucianism for 2,500 years. Teenagers rebel all over the world, but somehow Asian-American kids often manage both to exasperate and to finish their homework! And Asian-American families tend to be intact – and also focused on their children getting ahead. Second, Confucianism encourages a reverence for education. In a Confucian culture, the way to achieve glory and success is by working hard and getting an A. Then there's the half-reason: American kids typically say that the students who 'succeed' in school are the 'brains'. But Asian kids typically say that the A students are those who work hard. That means no Asian-American ever has an excuse for not becoming top of the class! "Anybody can be smart, can do great on standardized tests," Trang explains. "But unless you work hard, you're not going to do well!"

Topic 4 B

[LC◎20] **4 *Talking about South African writers***

Teacher: *Well, most of you seemed to enjoy the poem we read last Friday by Sipho Sepamla. I always think 'Measure for measure' is actually one of his best poems. Now, I think two of you agreed to find out more about Sipho Sepamla over the weekend, right? Robbie and Emma, wasn't it?*

Robbie: *Yes, it was us.*

Teacher: *Well, one of the things we wanted to know about was Sepamla's own life. Did he write 'Measure for measure' from his own personal perspective? – Yes, Robbie?*

Robbie: *Oh yes, definitely. Sepamla was born in 1932, and spent most of his life in Soweto, which – just in case you don't know – is an enormous township that was built especially for blacks outside Johannesburg. You know, so that they would be 'out of the way', and not living in the actual city of Johannesburg.*

Teacher: *So can you explain what kind of a place Soweto is, then?*

Robbie: *It seems to be best known for its poverty and for crime. Living conditions there are not at all good, but in the days of apartheid they were a lot worse. So, yeah, Sepamla was certainly speaking from his own experience!*

Teacher: *Thank you, Robbie. And what about Sepamla in his role as a writer? What did you find out there? – Yes, Emma?*

Emma: *Well, Sepamla is very well known as a poet. He's one of a group called the 'poets of the big cities'.*

Teacher: *Which big cities are meant, Emma?*

Emma: *Well, certainly not places like Cape Town and Johannesburg, because blacks see them as 'white cities'! The cities we're talking about here are the huge townships built for blacks: Langa outside Cape Town, for example, and Soweto outside Johannesburg.*

Teacher: *Right, Emma. – And has Sepamla only written poetry?*

Emma: *Oh no, he's written novels as well. One of his novels was about the trouble in Soweto in 1976, when blacks first started protesting about apartheid. The book was actually banned at first. I suppose that was because the government didn't want the white population to know how bad things were for the blacks.*

Teacher: *Yes, that's right, Emma. And were any of his other books banned?*

Emma: *Yes! One of his collections of poems was banned. This collection of poems was called The Soweto I Love.*

Teacher: *Right! Thank you, Emma.*
But it's important to know: blacks weren't the only ones to write about the terrible conditions during apartheid. Have any of you heard of Nadine Gordimer? No? Well, she's a white South African, and – like Sepamla – she was born in South Africa, and has stayed there all her life. She still lives in Johannesburg. Nadine Gordimer has written a lot about the political situation in her native land, and the ways in which it affected people's lives. Her protests against apartheid were very severe. Her first book, a novel called The Lying Days, was published in 1953 – and since then she has published at least 12 or 13 more novels, I think – and several collections of short stories, too. Her characters are always very

realistic, and she gives a number of different perspectives on situations, so that you also see things from the point of view of people who actually supported apartheid. So, you get a very broad view of the situation.

Sophie: *Were any of Nadine Gordimer's books banned?*

Teacher: *Yes! Actually three of them were! That was before apartheid ended, of course. In fact, Nadine Gordimer won the Nobel Prize for Literature in 1991 – three years before the end of apartheid. – Yes, Simon?*

Simon: *And what about J. M. Coetzee? My father's got several of his books. He's South African and he won the Nobel Prize, too, didn't he?*

Teacher: *Yes, he did! He won it in 2003. Like Nadine Gordimer, Coetzee was born in South Africa, and grew up there. He has written some very interesting novels – two of them are actually about his own life, so you can call them 'fictionalized memoirs'. The first of these, about his early years, is called Boyhood, and the second is called Youth. But although he has become so famous through his novels, and also through the essays he has written, people say Coetzee is a very quiet man, who likes to be alone. Apparently Coetzee is also very strict with himself – very self-disciplined. He does a lot cycling – all on his own – to keep fit. And he sits at this desk every morning, seven days a week, writing. Quite a lonely man, I think … – Yes, Sophie?*

Sophie: *Oh, I just wanted to ask about a writer called Christopher van Wyk. I've noticed there's a poem by him in our poetry book. He seems to be South African, too!*

Teacher: *Yes, he is. He was born in Soweto in 1957, and he's a poet and novelist.*

Robbie: *'Van Wyk' sounds Dutch. Is he an Afrikaner, then?*

Teacher: *No, he's a 'coloured' South African. He grew up in a 'coloured' township, and he's written a book – it's a memoir – about his own childhood years there, which has become very popular indeed. It's called Shirley, Goodness and Mercy – and really is well worth reading. A great story and very funny in parts. There's a wonderful description of a writing competition he went in for – at the age of eleven!*

Simon: *Eleven? That's quite young to be taking part in writing competitions! Wow!*

Teacher: *Well, this one was only a competition to write a 10-word slogan for Chappies bubble gum! The prize was a bicycle.*

Sophie: *A bicycle! Just the kind of thing you want when you're eleven!*

Teacher: *Yes, of course. It was just what he wanted. But when his father saw the slogan Christopher had written, he said to his son, "You'll never win! These competitions are only for white children!"*

Robbie: *So, did he win, then, or not?*

Teacher: *No, he didn't. What could he expect? He wasn't white …*

Emma: *Hmm. But that didn't stop him from writing?*

Teacher: *Not at all! Van Wyk has written a very famous series of ten biographies – specially for children and teenagers – called Freedom Fighters. These books are used in a lot of schools in South Africa. One of the biographies in the series is about Nelson Mandela, of course. Van Wyk has also written novels, short stories, books for younger children – and poetry! All very good stuff! In fact, his writing is so brilliant that I'd like to read Shirley, Goodness and Mercy with you in this class later this term. OK?*
(murmurs of approval from class)
Meanwhile, please turn to page 125 of your poetry book, and you'll find the poem by Christopher van Wyk that Sophie was referring to: 'In detention', it's called. Page 125.
(pause while books are taken out and opened, fade)
Have you all found the place? Now, first of all I'd like you to …

Topic 4 E

[LC◎21] **1 *A new kind of 'apartheid'***

Rebecca: *And now to talk about South Africa. It's a long time now since white rule in South Africa came to an end. 1994, wasn't it, Peter?*

Peter: *Yes, it was. That was when apartheid officially ended.*

Rebecca: *So what's all this about a 'new apartheid' in South Africa? What does it mean? A return to the old system?*

Peter: *Oh, no. This phrase 'new apartheid' is actually being used at the moment to refer to a completely new development. The fact is, there are many many thousands of illegal immigrants coming into South Africa all the time.*

Rebecca: *Illegal immigrants? But where do they come from?*

Peter: *They come from all over the African continent! Large numbers of them come into the country from Zimbabwe – but there are also crowds of immigrants from Mozambique, Somalia and the Democratic Republic of Congo.*

Rebecca: *And why do they come?*

Peter: *Basically, of course, to escape poverty – or war – in the parts of Africa they come from. Zimbabwe, for example, where the situation seems to be getting worse all the time.*

Rebecca: *So South Africa is an ideal place to come to, I suppose?*

Peter: *It certainly is! South Africa is one of the continent's wealthiest nations. Its growing economic success makes it extremely attractive. But all these immigrants are causing enormous problems.*

Rebecca: *How many illegal immigrants are there, then, in South Africa?*

Peter: *No one knows exactly. Some official reports suggest just over a million, but the real figure is pretty sure to be a lot higher than that!*

Rebecca: *So the problem is, I suppose, that the legal inhabitants of South Africa simply don't want all these people to come into their country. Is that it?*

Peter: *Yes. Because there are so many of them! Their arrival is causing what some people call a 'second apartheid'. Meaning, of course, that the newcomers are treated badly by the black South Africans, who feel they are having to 'compete' with these illegal immigrants. Over the last few months alone, over 30 people from Somalia have been killed!*

Rebecca: *Oh! Which area of South Africa is affected most?*

Peter: *The Johannesburg area. In Diepsloot, for example, a township of over 120,000 people north of Johannesburg, shopkeepers from Somalia have been asked to leave the township immediately – or to face the consequences.*

Rebecca: *Consequences? Will they be attacked or what?*

Peter: *Quite likely. There've already been many cases of violence. And these people from Somalia – they just don't know what to do, or where to go! They left the fighting in Somalia, but now they're facing violence in South Africa!*

Rebecca: *What do the black South Africans blame them for, exactly?*

Peter: *Everything! They blame the immigrants for the high crime rates and for unemployment in the area. Black South Africans say: "South Africa is for South Africans only. We fought for this South Africa, and now it is for us, the freedom is for us – not for illegal immigrants!" You can understand how they feel, of course!*

Rebecca: *And is it true that the immigrants are responsible for crime?*

Peter: *Sometimes, yes. People say that immigrants from Zimbabwe and Nigeria very often deal in stolen goods and drugs – and are often involved in street robberies, too.*

Rebecca: *It doesn't sound good …*

Peter: *No. It's a big problem. But a lot of the illegals are poor, harmless people. They are willing to work for incredibly low wages. It's so (Start fade) sad! They're trying to build up a new life for themselves – and there's always the threat of violence hanging over them …*

Topic 5 B

[LC◎22] 1 *Galaxy song* by Monty Python

Whenever life gets you down, Mrs Brown,
And things seem hard or tough
And people are stupid, obnoxious or daft
And you feel that you've had quite enough

Just remember that you're standing on a planet that's evolving
And revolving at nine hundred miles an hour.
That's orbiting at nineteen miles a second, so it's reckoned,
A sun that is the source of all our power.
The sun and you and me and all the stars that we can see
Are moving at a million miles a day
In an outer spiral arm, at forty thousand miles an hour,
Of the galaxy we call the 'Milky Way'.

Our galaxy itself contains a hundred billion stars.
It's a hundred thousand light years side to side.
It bulges in the middle, sixteen thousand light years thick,
But out by us, it's just three thousand light years wide.
We're thirty thousand light years from galactic central point.
We go round every two hundred million years,
And our galaxy is only one of millions of billions
In this amazing and expanding universe.

The universe itself keeps on expanding and expanding
In all of the directions it can whizz
As fast as it can go, at the speed of light, you know,
Twelve million miles a minute, and that's the fastest speed there is.
So remember, when you're feeling very small and insecure,
How amazingly unlikely is your birth,
And pray that there's intelligent life somewhere up in space,
'Cause there's bugger all down here on Earth.

Topic 5 B

[LC◎23] 4 *The Mars Society*

Presenter: *The latest pictures of Saturn may have excited many amateur astronomers around the world, but there's one group that has its sights set on a different planet. The Mars Society of Australia is part of a worldwide network of space exploration enthusiasts dedicated to increasing our chances of one day walking on the Red Planet. The society is holding its annual conference in Adelaide this weekend, attracting scientists from around the country and indeed from around the world. The Director of the Mars Society of Australia is Dr Jonathan Clarke, and he told Nance Haxton that Australia is playing a significant role in planning for the first Mars expedition.*

Nance Haxton: *That's right. Dr Clarke says the focus now is coming to grips with the logistics involved in such a long space flight. Dr. Clarke – ?*

Dr. Clarke: *We've also got a number of very major teams who are working in a field such as psychology, social psychology, crew interaction and so on – and that's also a very major discipline if you want to have people going on missions lasting months and years to the Red Planet.*

Nance Haxton: *Well, the latest estimation is, it would probably take two-and-a-half years for that exploration to make it to Mars. What are some of the logistics involved in such a massive task?*

Dr. Clarke: *Well, you can imagine how many ships Captain Cook would have had if he'd come to Australia bringing everything he needed from Britain, but of course he didn't. He brought some things – gunpowder, spares and so on from Britain – but other things he got on the way. They got food, animals, plant matter, and they got. water whenever they came ashore. So they didn't really need to bring all that much material with them to explore Australia and the South Pacific. And if we go to Mars, we're going to have to learn to live off the land as well – learn to extract water and oxygen and other consumable materials from the Martian environment so as to minimise the amount of mass you need to take and bring back.*

Nance Haxton: *If it would take so long to get there, what really is the point? What is the scientific gain in going to this planet?*

Dr. Clarke: *We really only understand one planet very well, and that's ours, and of course there's much we don't understand about our own planet. Imagine how well we would understand human beings if the only human being we ever knew was the one we saw in the mirror. By going to Mars we get an example of a different planet ... but there are many reasons to go, and these experiences are not just physical experiences, they can be spiritual experiences as well. When you look at the Apollo program – the first moon landing was 35 years ago this month – and the image they brought back of the Earth floating in space, this fragile blue bubble transformed not only their own awareness of who they were and where they came from, but many people in the world, you know, the peace movement, the environmental movement, gained enormous energy from the image of this fragile blue world over the lifeless moon. What a broadening of our own horizons, what we get when we go to Mars: they look up and the Earth is just a star in the sky ... you know, how will people then perceive the issues that we get so excited about at the moment – such as terrorism or climate change or economic restructuring?*

Nance Haxton: *So how far away are we realistically from setting off on this great exploration?*

Dr. Clarke: *If people devoted the same sort of resources that they devote to bombing Iraq or Afghanistan, we would be on Mars within 10 years. At current levels of spending, given currrent priorities, it might be another 20 to 30 years before we're on Mars. But sooner or later we'll be there.*

Presenter: *Dr Jonathan Clarke, the Director of the Mars Society of Australia, speaking to Nance Haxton in Adelaide.*

Topic 5 E

[LC◎24] **1 *An 'Earth & Sky' report***

Man: *In Earth's warming north polar region, entire ecosytems are moving north.*

Woman: *That's according to Jackie Grebmeier, a scientist from the University of Tennessee at Knoxville. She is lead author on a study of the Northern Bering Sea, between Alaska and Siberia. Grebmeier told 'Earth & Sky' that, over the past decade, ice in this northern sea has retreated earlier in spring and refrozen later in fall.*

Man: *Clams form the base of the food chain in this region. As the cycle of melting and refreezing changes, less food for the clams is produced, and their population shrinks. Other species of clams move in. As a result, threatened sea ducks that feed on the clams are finding it difficult to survive.*

Jackie Grebmeier: *The other clams that are coming in are thicker shelled and have less meat. So basically, the birds are getting less bang for their buck. They have to dive, they have to expend so much energy, but what they're bringing back as their net carbon is less.*

Woman: *Gray whales have changed their yearly migration patterns in this region, too. They've moved north into shared feeding grounds with other whale species, crowding them. Grebmeier says she expects populations of ice-adapted mammals – like walrus and polar bears – to decline.*

Man: *She said she's not yet able to predict a timeline.*

KV 1: Being a teenager in the 21st century in …

→ PB p. 8, ex. 1 (Communication skills)

You have to find out about what life is probably like for a teenager in the country you are going to pick. Often, there are considerable differences between the way girls and boys are treated, so one of you plays a girl, the other one a boy from the same country. This is the list of countries represented in the project:

USA (white)	Germany	Russia	Canada
South Africa	China	Great Britain	France
Australia (Aborigine)	Spain	New Zealand	India
USA (non-white)	Afghanistan	(Republic of) Ireland	Brazil

Cut out the following cards and put them on the table upside down. Each of you takes one card and looks for the boy or girl with the same number. (Don't mention your country!) Work together in pairs and present your results to the class. You should talk for about three or four minutes about yourselves, but also about your country, without giving away too much. The others have to guess which country you are from.

India boy 1	Germany boy 2	Spain boy 3	Afghanistan boy 4
South Africa boy 5	China boy 6	Great Britain boy 7	France boy 8
Canada boy 9	USA (white) boy 10	USA (non-white) boy 11	New Zealand boy 12
Russia boy 13	(Republic of) Ireland boy 14	Brazil boy 15	Australia (Aborigine) boy 16

India girl 1	Germany girl 2	Spain girl 3	Afghanistan girl 4
South Africa girl 5	China girl 6	Great Britain girl 7	France girl 8
Canada girl 9	USA (white) girl 10	USA (non-white) girl 11	New Zealand girl 12
Russia girl 13	(Republic of) Ireland girl 14	Brazil girl 15	Australia (Aborigine) girl 16

ISBN 978-3-12-547263-1

[LC◎1] KV 2: My brother Jerry

→ PB p. 9, ex. 4 (Extras)

Tick the correct answer(s).

1. Sophie's brother Jerry
   - ☐ a) left his home because he wanted to.
   - ☐ b) left home because his parents wanted him to.
   - ☐ c) left home because it wasn't very nice any more.
2. Jerry
   - ☐ a) finished college before he left home.
   - ☐ b) got his first job before he left home.
   - ☐ c) had to move out to get his first job.
3. Patrick doesn't like
   - ☐ a) people who turn down his stereo.
   - ☐ b) being told what to do.
   - ☐ c) having to finish his homework.
4. Jerry
   - ☐ a) has got his own flat near his parents' home now.
   - ☐ b) looks quite different now.
   - ☐ c) doesn't live alone in his flat.
5. Sophie thinks Jerry has changed because
   - ☐ a) he didn't like his goatee beard any longer.
   - ☐ b) he now likes wearing suits and ties.
   - ☐ c) he is supposed to wear clothes according to a dress code.
6. Jerry's new room
   - ☐ a) needs tidying up.
   - ☐ b) is full of mugs and plates.
   - ☐ c) is full of takeaway curries and other fast food.
7. Jerry has a hard life because
   - ☐ a) he is forced to do things he had never done at home.
   - ☐ b) he has to cook now.
   - ☐ c) he must always clean the loo.
8. What did Jerry do with his dirty clothes?
   - ☐ a) He gave them to his sister.
   - ☐ b) He gave them to his mother.
   - ☐ c) He asked his sister to take them home.
9. Jerry might have an easier life now if
   - ☐ a) he had moved out earlier.
   - ☐ b) he had learnt some things he needs now while still at home.
   - ☐ c) he had learnt to wash clothes without a washing machine.
10. Sophie's attitude towards her brother can be summed up in the words
    - ☐ a) "the early bird catches the worm".
    - ☐ b) "what's happening to you now serves you right".
    - ☐ c) "fine feathers make fine birds".

ISBN 978-3-12-547263-1

[PB◎1–6] # KV 3: Teenage voices

→ PB p. 10/11 (Extras)

First find a partner. Then choose the left or the right side – your partner takes the other side. Partner A reads the first text and partner B has to find out who the statements refer to: Annabel, Bethany, Gabriella, Adrian, Nick or Tony? If the name is correct, write it down on the line. Then take turns.

1 ______________________

With boys, you cannot know whether they are annoyed or depressed, because they don't tell anybody. They don't want to show their emotions. Even if they feel extremely bad, nobody around them will know, so they may kill themselves without having told anybody about their problems.

2 ______________________

When it comes to sex, boys and girls are quite different after the first time. For girls, feelings are very important, for most boys only the first time. After that, it is the physical aspect that is most important to them. It also makes them feel they're adults.

3 ______________________

Girls are better at solving problems. They usually help each other. But they can also be quite mean, telling other girls that they are beautiful because they want them to say the same about themselves. Boys start talking without thinking a lot about the person they are talking to.

4 ______________________

Often people think that girls can be hurt more easily than boys, and also that they are not as good as boys in many fields. If they want to have success, they must fight for it. Moreover, people often think lowly of women who want to be or are successful in their jobs. So girls must find a compromise between wanting to be as successful as boys and their desire to have feminine characteristics.

5 ______________________

Boys like fooling around a lot, often to make an impression on girls, but sometimes even when there are no girls around. It's hard for boys to get girls from their class as girlfriends, because girls usually want older boyfriends. Boys also like walking around in groups. Some boys think it's very important how they look.

6 ______________________

Even though this might not be true for everybody, generally, boys tend to hide their real personality to make a good impression on others. If a boy tries to be sympathetic towards another boy, others will say at once that he is homosexual and make fun of him. Boys have also fewer doubts about themselves, while girls are often rather shy.

ISBN 978-3-12-547263-1

KV 4: Gerund or infinitive? → PB p. 11, ex. 3 (Grammar)

Put in the correct verb forms (gerunds or infinitives) and add prepositions where necessary. Be careful: passive forms may also be needed, as well as forms of the past.

1. ______________ **(be)** a teenager today is not always easy. To girls, it often means ______________ **(spend)** a lot of time with friends and ____________________ **(support)** each other. They enjoy ___________________ **(see)** in small groups and develop something like an *esprit de corps*. Mostly, they'd rather ________________ **(be)** a girl than a boy, but boys, on the other hand, also prefer ________________ **(be)** boys ________________ **(have to)** live as girls. But sometimes, both sexes stop ________________ **(think)** what it would be like if they had to live as a member of the opposite sex. We asked a couple of teenagers about that idea, and here's what they said:

2. Sandra, 15: "I remember _____________________ **(wonder)** for the first time what that would be like when I was 12 or 13. Maybe in some situations, I was even jealous of boys, but generally, I hate the idea ______________________ **(have to)** support stupid football teams just because all your friends do. Lots of girls put make-up on their faces, too, but I can't really tell you how much I hate those silly boys ______________________ **(walk)** around with all that gel on their heads."

3. Steve, 16: "It is my aim _____________________ **(help)** my friends _____________________ **(talk)** about their problems openly. That may sound stupid, but most of us avoid _____________________ **(tell)** anybody what is on our minds, although that often means _____________________ **(suffer)** a lot. Even my closest friends never stop _____________________ **(make)** jokes when deep inside, they're very sad. They certainly don't mean _____________________ **(be)** superficial, but when they behave like that, you just have to judge them that way."

4. Lisa, 15: "Boys just want to have fun. As long as they also want girls _____________________ **(have)** fun, that's okay, but mostly, they just don't care. I'll never forget _____________________ **(meet)** that boy at a party who asked me _____________________ **(kiss)** him in spite _____________________ **(have)** at least four pints of beer. Apart _____________________ **(be)** drunk, he was also aggressive, and I can't stand ______________________________ **(speak to)** by such people."

5. Silvio, 17: "Do this, do that, remember ___________________ **(get)** me a present … That's what I heard day in day out while ___________________ **(be)** together with my girlfriend. Two weeks ago, we split up, and ever since, life has been much easier. I think girls order you around too much, make you _____________________ **(do)** things you'd never do if it wasn't for them. OK, I must get used _____________________ **(live)** alone again, and _____________________ **(think)** back on our happier days makes me quite sad. Actually, I'm not too keen _____________________ **(spend)** the evenings alone, but I can't help ___________________ **(feel)** that girls accept you only as long as you do what they want, but once you start ___________________ **(make)** your own decisions, they can't live with that."

ISBN 978-3-12-547263-1

[LC◎2–4]

KV 5: Family life → PB p. 11, ex. 3 (Extras)

Who said it: Mum, Dad, Nick, Roddy or Anne? First work on your own, then compare with your neighbour. In case you've got different solutions, explain in what context the statement was made.

Mum and Anne

Dad and Nick

Dad and Roddy

1. This is unbelievable! How could you do such a bitchy thing to us? __________
2. Because you didn't eat your supper, that's why. __________
3. Nick! Don't you dare walk out of this house! __________
4. And this action's got to be here, has it? __________
5. Dunno. I'll find somewhere. __________
6. I'll be back in two minutes. I promise. __________
7. OK, so why can't I go home for one night and then catch a train back here? __________
8. Hi, you two. Are you speaking to each other again? __________
9. Oh God! Why can't you guys trust me? __________
10. That's brilliant. One minute it's Ozzie Osbourne, the next it's Enid Blyton! __________
11. Why do you want Conchita's number? __________
12. Yeah, but do they have cable here? __________
13. What you guys don't seem to understand. __________
14. My entire social life was based on it. __________
15. But, darling, where will you all sleep? __________
16. Not tonight I shouldn't think. __________
17. What I mean is, we will 'sleep'. But, you know, not 'sleep together'! __________
18. How could you do this to us? __________
19. You can have something from the fridge. __________
20. Now don't make fun of them. You were young once. __________

ISBN 978-3-12-547263-1

[B◎7–9] KV 6: I go along

→ PB p. 15, ex. 4 (Extras)

Tick the correct answer(s).

1. When Gene's class hear about the poet reading from his works,
   - ☐ a) they say they want to go along.
   - ☐ b) one of the students wants to go along.
   - ☐ c) one of the students takes it from the humorous side.
2. When Gene boards the bus that evening,
   - ☐ a) he doesn't want to be seen by his teacher.
   - ☐ b) he doesn't want to be seen by his classmates.
   - ☐ c) he takes the seat next to Sharon Willis.
3. During the show,
   - ☐ a) the students of the advanced class have to take notes.
   - ☐ b) all of the advanced class seem to take notes.
   - ☐ c) Gene takes notes.
4. Sharon doesn't sit with her friends on the bus. What is the reason for that?
   - ☐ a) She sits with them all day.
   - ☐ b) She wants to sit with Gene.
   - ☐ c) The reader doesn't really learn why.
5. Mrs. Tibbetts
   - ☐ a) makes Gene's class feel that they are inferior to the advanced class.
   - ☐ b) tries to treat the two classes equally.
   - ☐ c) prefers her advanced class, because they're more interested in literature.
6. When Sharon sits next to Gene, he
   - ☐ a) can't believe it at first.
   - ☐ b) tries to look unimpressed.
   - ☐ c) tells her he doesn't mind.
7. When Gene hears the first poem,
   - ☐ a) he's surprised because there's no rhyme.
   - ☐ b) he's surprised because the poet speaks in a strange voice.
   - ☐ c) he's surprised because of its everyday language.
8. On the way back, Gene
   - ☐ a) doesn't say a word.
   - ☐ b) is first a bit lost in thought.
   - ☐ c) thinks of Sharon all the time.
9. The poet
   - ☐ a) wouldn't be recognized as such at first sight.
   - ☐ b) has something special about him.
   - ☐ c) isn't much older than the students.
10. When they're back,
    - ☐ a) Gene's looking forward to being in his class again.
    - ☐ b) Gene's afraid the others will laugh because he attended a poetry session.
    - ☐ c) Gene isn't very cheerful when he thinks of his class.

ISBN 978-3-12-547263-1

KV 7: Tombstoning → PB p. 17, ex. 4 (Cloze test)

X

Find the missing words.

More and more jumpers risk their lives for the latest **(1)** ________________ : tombstoning. Everybody agrees that it is anything but a **(2)** ________________ sport. Experts even compare it to jumping off a skyscraper onto a wet flannel. And yet, maybe because of rather than in spite of its dangers, tombstoning is growing **(3)** ________________ popular, above all with the very young. It has inspired plenty of websites and an expanding group of **(4)** ________________ followers. They travel from coast to coast to find the best **(5)** ________________ . Tombstoning, which got its name from the high level of **(6)** ________________ and serious **(7)** ________________ , is becoming widespread along the British coast, particularly in Devon and Cornwall. The sport has caught on among both **(8)** ________________ and holidaymakers, but the result is alarming: **(9)** ________________ services and coastguards are forced to deal with an **(10)** ________________ of one **(11)** ________________ a week in the summer months. Police have started **(12)** ________________ warnings to people standing on cliffs and waiting to jump.The risk is just so great that below the **(13)** ________________ of what seems to be deep water is a rock that might **(14)** ________________ or even kill the jumper.

In the past years there have been several deaths and dozens of **(15)** ________________ injured people. Fans of the sport, however, state that they just continue a long-standing "subculture". The Internet has helped a lot to spread the news about the most **(16)** ________________ places. Tombstoners claim they know exactly where they have to jump to avoid **(17)** ________________ . Critics, on the other hand, don't stop pointing out that most accidents are caused by people **(18)** ________________ their abilities. The example of Mark Nicholas, who jumped off a 60 ft cliff just three hours after having been **(19)** ________________ from hospital with a severely **(20)** ________________ heart and lung suffered at the same spot 24 hours earlier, shows absurdity of the sport, but also the adrenaline it apparently causes among the jumpers. For him, it was too great a **(21)** ________________ to give it up. Another tragic case is the one of Nick Biddlecombe, who, in March 2000, at the age of 17, jumped into water at a beach and **(22)** ________________ three **(23)** ________________ when he hit a rock invisible to him from above. Now, he is **(24)** ________________ from the shoulders down and confined to a **(25)** ________________ . What is even worse: he didn't want to jump first. But two friends of his encouraged him to, so in the end, it was something like **(26)** ________________ .

✂ -

average	bruised	craze	daredevil	discharged	emergency	
fatalities	increasingly	injuries	issuing	obstacles	overestimating	
paralyse	paralysed	peer pressure	rescue	residents	rush	safe
severely	shattered	sites	surface	thrilling	wheelchair	vertebrae

ISBN 978-3-12-547263-1

KV 8: An imaginary interview

→ PB p. 19, ex. 6 (Communication skills)

Work in pairs. One of you takes the role of Steve, the other one of a journalist who interviews him about his experience.

Journalist

Imagine Steve, against all odds, survived because another hang-glider came to his rescue. You are a journalist and want to write an article about dangerous sports. To find out about hang-gliding and its risks, you interview Steve. Read the story on pp. 18/19 in your text book again to have some clues what questions you might ask Steve. They should be about Steve's first experience with hang-gliding, about the way he became more and more ambitious, but also and above all about his feelings at the various stages of the story.

Useful vocabulary:

When did you first …?

Who helped you do …?

How did you feel when …?

Why didn't you listen to …?

What did your friends say when …?

Would you do … again …?

Steve

You are Steve and survived your dangerous solo. Now, you've realized how risky this sport can be, and you'd like to warn other sportsmen against what may happen when you are too ambitious. Read the story on pp. 18/19 in your text book carefully to be able to answer the journalist's questions as exactly as possible. Moreover, try to identify with Steve as closely as possible to imagine what feelings he may have had at the different stages of the story.

Useful vocabulary:

I'd like to begin with …

I admit that …

It's important to remember that …

You may wonder why …

You might think differently if …

It's certainly difficult to imagine why …

ISBN 978-3-12-547263-1

KV 9: Role play

→ PB p. 20, ex. 2 (Communication skills)

First find a partner. Then choose the left or the right side – your partner takes the other side. Read the information on your role play cards and decide together with your partner which role play (1, 2 or 3) you prefer to work out.

1
You are an English-speaking girl or boy about your age. You are an excellent actress/actor and your school drama group is going to have a performance next day. You love acting and want to be an actress/actor one day. But your father/mother shows only very little interest in your hobby. He/she says he/she has no time to come along. You're deeply hurt and try to persuade him/her of the importance the performance has to you.

1
You are an English-speaking mother or a father. Your daughter or son is about 16 and loves acting. Soon, there will be a performance of her/his drama group at school, but you're not really interested and have a lot of work to do for your firm. You try to tell your daughter/son that you can't come to the performance without hurting her/his feelings too much.

2
You are an English-speaking girl or boy about your age. You would like to go to a party this weekend and meet a girl/boy you fancy a lot. But your mother/father would like you to stay at home that evening and play games together. You don't want to hurt her/his feelings, but you think she/he didn't care too much when you were younger, and now you've got different interests from hers/his.

2
You are an English-speaking mother or a father. You haven't seen much of your daughter/son lately, so you want her/him to stay at home one of the evenings at the weekend and play games with her/him. You feel you may have had too little time for her/him in the past, but you want to make up for it now. You have the feeling that she or he will soon leave home anyway, so you think spending some time with her/his parents should be more important to her/him than being at a party with girls and boys she/he sees all the time anyway.

3
You are an English-speaking girl or boy about your age. Your school certificate was excellent, and you feel you've got the right to expect your mother/father to reward you for it. Actually, you think that you probably make much of your effort at school for her/him anyway, to get her/his attention. Now you would like to go to the cinema with her/him. You prefer spending some time together to getting big presents.

3
You are an English-speaking mother or a father. Your daughter/son is excellent at school, and you're very proud of her/him. You think that having a very good job in life is extremely important, and you know you've sacrificed much of your family life for it. Sometimes, you feel guilty and buy your daughter/son big presents. You've bought her/him a trip to London with her/his friends, but to your surprise, she/he won't hear of it. All she/he wants is to go to the cinema with you at the weekend. But you're extremely busy with your job right now and just can't take a day off, not even at the weekend.

ISBN 978-3-12-547263-1

KV 10: Taboo

→ PB p. 23, ex. 3 (Word power)

Split into two teams. Each team gets half of the words and decides who is going to explain the words to the rest. The one in front of the class has to explain the words in the grey fields without using the words below or words of the same family. Only his / her team is allowed to answer while he / she is explaining within a fixed time limit (7 minutes). If a team finds a word, they get a point. If in one of the explanations a taboo word is used, one point is deducted. The team with the most points wins.

consent	compulsory	to purchase	vulnerable
to agree	to force	to buy	to hurt
to say	must	to give	easy
yes	obligatory	money	timid
allowance	offhand	aisle	gifted
money	without	bus	talented
week	natural	car	intelligent
month	at once	plane	good
to glance	chin	obstacle	to egg sb on
to look	part	way	to motivate
quick	body	to go	to say
eye	face	to keep	to encourage
to mill around	to flinch	locker	flash
to run	back	school	thunder
to walk	afraid	to put	light
to go	fear	to shut	storm
to figure	to rub	advanced	to differ
to think	to move	knowledge	same
to imagine	against	beginner	opposite
to guess	side	intelligent	other
confident	torch	gel	supper
sure	light	hair	meal
shy	flash	to put	dinner
timid	fire	material	evening
to solve	to succeed	to balance	to ban
problem	to do	side	to prohibit
difficulty	to reach	two	to forbid
to find	aim	both	to allow
pregnant	due	weird	to discharge
baby	time	strange	to let
child	to come	bizarre	free
belly	to expect	common	to load
severe	to paralyse	waist	belt
serious	to walk	belt	trousers
effect	to move	belly	clothes
hard	wheelchair	body	waist
plumber	to jam	to stir	liberty
worker	to move	to move	statue
job	stuck	side	freedom
house	to get	still	United States

ISBN 978-3-12-547263-1

X

KV 11: The history of slavery → PB p. 24, ex. 1 (Extras)

How do these pieces of information relate to each other? Fill in the following expressions so that the reader can understand the text.

(1) thus	(2) both – and	(3) however	(4) in 1865	(5) according to
	(6) as a result	(7) though		(8) of the 19th century
(9) from about the 1640s until 1865			(10) first	(11) no doubt
	(12) although	(13) when	(14) not only – but also	(15) but

The history of slavery in the United States began soon after the English colonists **(a)** ________________ settled in Virginia, and ended **(b)** ________________, **(c)** ________________ the 13th Amendment to the U.S. Constitution was written. Slavery existed **(d)** ________________ in the northern states **(d)** ________________ in the southern ones, **(e)** ________________ slavery was far more common in the Southern colonies.

(f) ________________________________ black Africans were legally enslaved **(g)** ________ ________ by whites, **(g)** ________ ________ by a number of American Indians and free blacks. The vast majority of this slaveholding, **(h)** ________________, was in the southern United States. **(i)** ________________ a report in 1860, almost one Southern family in four held slaves.

(j) ________________, the wealth of the U.S. in the first half **(k)** ________________ was greatly increased by the use of negro slaves. **(l)** ________________ with the Northern victory in the Civil War, the slave-labour system was abolished. **(m)** ________________ the southern cotton plantations became much less profitable; the Northern industry became even stronger, **(n)** ________________, and dominated the whole economy of the United States.

(o) ________________ of this fast economic development, the basis for the modern U.S. industrial economy was laid.

ISBN 978-3-12-547263-1

LEARNING ENGLISH
GREEN LINE NEW 6, Ausgabe für Bayern

KV 12: A crossword puzzle → PB p. 26/27 (Word power)

Fill in the words. You can work with a partner.

Across

2. referring to sth particular
3. act of showing courage
5. act of getting a university degree
11. to say that sth is not right
12. act of resisting
13. the lifting of a burden or stress
14. feeling or idea one has towards people or things
15. someone famous who stands for an idea
16. being of the same age or the same group
17. intelligent
19. to make or become smaller
21. after a long period of time
23. belonging to the region lying around a town/city (*adj*)
26. a line that divides people or things
27. synonym for "to influence"
28. to allow officially
29. to admit that sth is true

Down

1. to have the most powerful influence
2. act of separating people of different races etc.
4. right to be accepted to attend an institution
6. synonym for "brave"
7. suitable for one's wishes (*adv*)
8. lasting only for a short time
9. to look closely for details
10. continuing to exist
17. to give up or lose
18. the surrounding region or area you live in
20. sth that cannot be understood
22. a film or programme shown again
24. behaviour that is regularly repeated
25. synonym for "very clear"

ISBN 978-3-12-547263-1

X

KV 13: Rosa Parks → PB p. 26/27 (Cloze test)

Study the summary and fill in the missing words from the original text.

School children know the name of Rosa Parks, the civil rights **(1)** ____________, and what she did to end segregation in the US. But they learn about her and other and other civil rights on certain occasions and together with only few **(2)** ____________. No matter, whatever efforts are made, however, segregation in **(3)** ____________ America is **(4)** ____________ and **(5)** ____________. This attitude still **(6)** ____________, even when teenagers **(7)** ____________ like black culture. Their **(8)** ____________ of black music and fashion is only **(9)** ____________, it can be **(10)** ____________ very **(11)** ____________ when their life changes. To teenagers a catastrophe like the hurricane Katrina in New Orleans is **(12)** ____________ and they forget about it when the next **(13)** ____________ cause comes. There is only little contact between white children and their black **(14)** ____________. This fact does not **(15)** ____________ what Rosa Parks **(16)** ____________, and her act of **(17)** ____________ and **(18)** ____________ ended segregation that had been **(19)** ____________ until that time. She is rightly **(20)** ____________ as the mother of the civil rights movement. But it is very hard to change **(21)** ____________ and **(22)** ____________ between black and white. Segregation can be **(23)** ____________ but nobody can be forced to be friends. It is not so much the adult conversations that often **(24)** ____________ into bitter debates that bring the races together but living, working and playing together. Children are **(25)** ____________ enough to realize that there is a **(26)** ____________, and only a lot of small steps and not **(27)** ____________ **(28)** ____________ can overcome it.

✂- -

accomplished	acknowledged	affect	attitudes	bravery	classmates	
conveniently	defiance	devolved	diminish	divide	enthusiastically	gestures
grand	habits	headliner	icon	incomprehensible	outlawed	peers	persistent
prevails	sanctioned	shed	smart	stark	suburban	temporary

ISBN 978-3-12-547263-1

[PB 12] KV 14: Sister Rosa

→ PB p. 28, ex. 4 (Extras)

Fill in the blanks.

December 1st,1945
Our freedom movement came **(1)** ________________
And because of Sister Rosa you know
We don't ride on the back of the bus no more.

Sister Rosa she was **(2)** ________________ one day
After a hard day on her job
When all she wanted was a well deserved seat
Not a **(3)** ________________ from an angry **(4)** ________________

A bus driver said Lady you got to get up
'Cause a white man wants that **(5)** ________________
But Miss Rosa she sad, no, not no more
I'm gonna stay right here and **(6)** ________________ my feet

Chorus:
Yeah, thank you Miss Rosa
You were the **(7)** ________________
That started our **(8)** ________________ movement
Thank you Sister Rosa Parks

Now the police came without **(9)** ________________
And took Sister Rosa off to jail
And 14 dollars was her **(10)** ________________
Brother Martin Luther King knew it was our time

The people of Montgomery sat down to talk
It was **(11)** ________________ all God's children should walk
Until separation was brought to its knees
And we **(12)** ________________ freedom and **(13)** ________________

Thank you Miss Rosa ...

So we **(14)** ________________ this song to thee
For being a symbol of our **(15)** ________________

Thank you Sister Rosa

ISBN 978-3-12-547263-1

KV 15: Is violence an acceptable means to stop social injustice?

→ PB p. 29, ex. 10 (Communication skills)

Form four groups and organize a panel discussion in your classroom. Each group gets one role card. Here are experts and their arguments:

1. A supporter of the idea of violence
- the answer to repression can only be violence
- how else can injustice become known to a wider public?
- non-violence seldom works and if at all, only after a very, very long time
- violence has often been a means to stop horrendous acts against humanity
- …

2. A supporter against violence
- violence is the beginning of even more violent acts
- bitterness and resentment and no real peace are the outcome of violence
- how can violence be justified by moral standards?
- aren't there many examples of non-violent demonstrations?
- …

3. A historian
- violent reactions to violent demonstrations have often been more aggressive and have caused irreparable harm (China: Tiananmen Square 4/6/1989, conflict in Northern Ireland)
- there are also examples of successful non-violent resistance (Mohandas Gandhi, fall of the Berlin Wall in 1989)
- non-violent resistance only successful when masses of people are involved
- …

4. A hooded streetfighter, a young man, a member of a group of young squatters fighting for acceptable accommodation for homeless adolescents
- nobody would listen to us and help us
- the only way of rousing attention and winning the support of the public
- we are just powerless, organizing demonstrations costs too much money
- …

ISBN 978-3-12-547263-1

KV 16: How would you describe these characters?

→ PB p. 32, ex. 15 (Extras)

Choose adjectives that fit best from the list and write them into the squares. Put the expression which describes the main character trait and/or behaviour into square 1, the second, less obvious, one into square 2 and so on. You may add some information to your choices. Be careful: not all adjectives fit, some fit more than once. And not all squares need to be filled out.

absent-minded	academic	adventurous	aggressive	ambitious	angry	
arrogant	brave	cheerful	communicative	compassionate	considerate	
cooperative	creative	cruel	dishonest	emotional	enthusiastic	faithful
formal	friendly	generous	gentle	gullible	happy	helpful	honest
humorous	humourless	imaginative	impulsive	indifferent	insensible	
insulting	intellectual	intelligent	interested	kind	lazy	loyal
matter-of-fact	modest	obstinate	offensive	patient	pitiful	
positive	quiet	respectful	rude	sad	selfish	sensible
sensitive	serious	shy	sincere	spontaneous	stubborn	thoughtful
unconventional	unfeeling	unselfish	wild	wise	witty	

Main traits	1	2	3	4	5
Carl					
Levi					
Zora					
Jerome					
Howard					

ISBN 978-3-12-547263-1

KV 17: Who said what?

→ PB p. 33, ex. 1 (Extras)

Read the statements of the three members of ethnic minorities in your text book (pp. 33/34) carefully. Turn your book upside down and decide who expressed the following ideas. Be careful: some statements have not been made by any of these people. Tick the box below the name that fits. If no statement is right, put a stroke into each box.

What was said by ...?	Ian Herbert	Sarfraz Manzoor	Zia Haider Rahman
1. The area where he lives is not multicultural.			
2. Though there is poverty in this area, there are good Asian stores.			
3. Translation and interpreting services should be increased to help minorities to become used to British life.			
4. English is a foreign language to the Bangladeshi community.			
5. One family feels at home in England; his relatives, however, think they are "strange".			
6. It seems that white people won't move out of a street when Asians move in.			
7. A Bangladeshi even owns a pub.			
8. Everybody in England should learn English.			
9. Wealth won't reach a shopping street because whites see it as an Asian district.			
10. He thought he would be living in a purely English area but this was not the case.			

ISBN 978-3-12-547263-1

LEARNING ENGLISH
GREEN LINE NEW 6, Ausgabe für Bayern

KV 18: A family drama → PB p. 37, ex. 7 (Extras)

Exploring the text step by step. Read the extract on pp. 35–37 in your text book carefully, then do the tasks.

1. (ll. 1–4): Do you think Jamila's measures against violent attacks are sensible? If not, what advice would you give her?

   ____

2. (ll. 5–14): a) If you were to make up a list of priorities for Anwar, what would it be like?

   ____

   b) Why do you think this intention is important for him? Tick off the answer you think is correct.

   ☐ 1) He wants her to be safe.
   ☐ 2) He just follows his traditional ideas.
   ☐ 3) He does not want to support her any more.

3. (ll. 15–35): a) What do you learn about the relationship between Anwar and his wife?

   ____

   b) Guess if Karim is right in saying to Jamila, "… in the end he can't make you do anything you don't want to do." (l. 35)

   ____

4. (ll. 36–38): What might her father do in order to make his daughter marry the man he chose for her? Tick off the answer you think is correct.

   ☐ a) He threatens to kill himself.
   ☐ b) He has a weapon to threaten all who want to talk to him.
   ☐ c) He has collected all the things Jamila likes to force her to give in.
   ☐ d) He threatens to burn the house.

5. (ll. 39–40): Why does Jamila prepare a kebab and ask Karim to take it to her father?

   ☐ a) She knows that her father has a kebab every day at the same time, but she does not dare take it to him because he is so angry with her.
   ☐ b) She wants his father to be friendly to Karim, so that the latter might influence him.
   ☐ c) The kebab is supposed to by some sort of symbol of peace Karim should take to him.
   ☐ d) Her father is ill and he needs good food.

6. (ll. 41–44): Jamila's mother does not want Karim to see her husband because …

   ☐ a) he might harm Karim.
   ☐ b) he might change her husband's mind, which she cannot accept.
   ☐ c) she is ashamed of the awful mess in the room Anwar is staying in.

7. (ll. 45–47): Why is Anwar sick? ____

8. (ll. 48–107): Find evidence for the following characterizations of Karim's behaviour:

   a) rational: line ________
   b) ironic: line ________
   c) friendly: line ________
   d) helpful: line ________
   e) not traditional: line ________
   f) compassionate: line ________

ISBN 978-3-12-547263-1

KV 19: What can you do against racial discrimination?

→ PB p. 38, ex. 12 (C-test)

Complete the missing words.

Young people of__ __ __ feel very an__ __ __ when they s__ __ acts of rac__ __ __ discrimination in th__ __ __ neighbourhoods, in sch__ __ __, at youth cen__ __ __ __ or other pla__ __ __ where a lot of peo__ __ __ meet. And th__ __ are also frust__ __ __ __ __ because they ju__ __ do not kn__ __ what they perso__ __ __ __ __ could do to pre__ __ __ __ aggressive racial ac__ __ that only br__ __ __ harm to peo__ __ __.

The World Confe__ __ __ __ __ Against Racism h__ __ made a lot of sugge__ __ __ __ __ __ __ to help th__ __ to fight discrim__ __ __ __ __ __ __ __. The first pi__ __ __ of advice th__ __ give is a pro__ __ __ __ to oneself n__ __ to take pa__ __ in any ac__ __ leading to rac__ __ __ prejudice. They a__ __ asked to ta__ __ a pledge against discrim__ __ __ __ __ __ __ __, which reads as fol__ __ __ __: "As a young cit__ __ __ __ of the wo__ __ __ community, I stand wi__ __ the United Nat__ __ __ __ against racism, discrim__ __ __ __ __ __ __ __, and intolerance of a__ __ kind. Throughout my li__ __ I will try to sup__ __ __ __ equality, justice a__ __ dignity among a__ __ people in my ho__ __, in my comm__ __ __ __ __, and everywhere in t__ __ world."

In addi__ __ __ __ to taking th__ __ pledge, they a__ __ asked to dev__ __ __ __ concrete actions in or__ __ __ to put i__ into rea__ __ __ __. Here are a f__ __ suggestions: For a st__ __ __, you can exa__ __ __ __ your own id__ __ __ about other ra__ __ __. You can a__ __ yourself: "Is th__ __ really true wh__ __ I think about ot__ __ __ people, or do I ju__ __ follow other peo__ __ __'__ prejudices?"

You c__ __ also try to le__ __ __ more about diff__ __ __ __ __ racial groups by get__ __ __ __ information from diff__ __ __ __ __ sources about th__ __, seeing movies, go__ __ __ to meetings, a__ __ above all, mak__ __ __ friends with peo__ __ __ from different cult__ __ __ __ and ethnic backg__ __ __ __ __ __. Have you ev__ __ thought of invi__ __ __ __ someone who do__ __ not have t__ __ colour of yo__ __ skin or do__ __ not share yo__ __ beliefs to ha__ __ lunch with y__ __? Maybe, there a__ __ groups at yo__ __ school that wel__ __ __ __ people of a__ __ races.

At le__ __ __, you could av__ __ __ people who exc__ __ __ __ others. Think ab__ __ __ the following ques__ __ __ __ __: Have I ever to__ __ a joke or ma__ __ fun of peo__ __ __ from a cultural backg__ __ __ __ __ that is diff__ __ __ __ __ from yours? Wh__ __ do you do or s__ __ when you he__ __ people making f__ __ of others bec__ __ __ __ their parents or grandp__ __ __ __ __ __ lived in a for__ __ __ __ country? Taking act__ __ __ against racial discrim__ __ __ __ __ __ __ is not an ea__ __ task but it is wo__ __ __ doing because it is contri__ __ __ __ __ __ to create a mo__ __ peaceful world.

ISBN 978-3-12-547263-1

LEARNING ENGLISH
GREEN LINE NEW 6, Ausgabe für Bayern

KV 20: Make your lives extraordinary → PB p. 47, ex. 13 (Grammar)

N. H. Kleinbaum's novel "Dead Poets Society" is about a group of boys at Welton Academy, a private school with a high standard in Vermont/USA, and their English teacher Mr. Keating whose modern teaching methods fascinate his class. One of the messages he tries to bring home to his students is "Seize the day. Make your lives extraordinary!" Neil Perry, a brilliant student, is inspired by Mr. Keating and discovers that his great passion in life is acting. He succeeds in getting the part of Puck in a neighbouring school's production of Shakespeare's "A Midsummer Night's Dream". Neil's father wants his son to become a doctor and when he finds out about his acting he immediately comes to Welton to confront Neil. Here we find Neil talking to another student, Todd.

"God I love this!"

"The play?" Todd asked.

"Yes, and acting!" Neil bubbled. "It's got to be one of the most wonderful things in the world. Most people, if they're lucky, live about half an exciting life. If I could get the parts, I could live dozens of *great* lives!"

He ran and, with a theatrical flourish, leapt onto a stone wall. "'To be or not to be, that is the question!' God, for the first time in my whole life, I feel completely alive!" [...]

Neil leapt and danced down the hallway, jestering his way past other students who eyed him curiously. He pushed open his door with a flourish and jumped into the room, fencing the air with the jester's stick.

Abruptly, he stopped. Sitting at his desk was his father! Neil's face turned white with shock.

"Father!"

"Neil, you are going to quit this ridiculous play immediately," Mr. Perry barked.

"Father, I ..."

Mr. Perry jumped to his feet and pounded his hand on the desk. "Don't you *dare* talk back to me!" he shouted. "It's bad enough that you've wasted your time with this absurd acting business. But you deliberately deceived me!" He paced back and forth furiously as Neil stood shaking in his shoes.

"How did you expect to get away with this? Answer me!" he yelled. "Who put you up to this? That Mr. Keating?"

"Nobody ..." Neil stammered. "I thought I'd surprise you. I've gotten all A's and ..."

"Did you really think I wouldn't find out? 'My niece is in a play with your son,' Mrs. Marks says. 'You must be mistaken,' I say. 'My son isn't in a play.' You made a liar out of me, Neil. Now you will go to rehearsal tomorrow and tell them you are quitting."

"Father, I have one of the main parts," Neil explained. "The performance is tomorrow night. Father, please ..."

Mr. Perry's face was white with rage. He moved toward Neil, pointing his finger. "I don't care if the world is coming to an *end* tomorrow night, you are through with that play! Is that clear? IS THAT CLEAR?"

"Yes, sir." It was all Neil could force himself to say.

Mr. Perry stopped. He stared long and hard at his son. "I've made great sacrifices to get you here, Neil. You will not let me down."

Mr. Perry turned and stalked out. Neil stood still for a long time, then, walking to his desk, he started pounding on it, harder and harder until his fists went numb and tears began rolling down his cheeks.

From *Dead Poets Society* by N. H. Kleinbaum

a) *Collect the -ing forms in the text. Explain what kind of -ing forms they are and why they are used in each case.*

b) *Now translate lines 15–35 of the text on an extra piece of paper, paying particular attention to the -ing forms.*

ISBN 978-3-12-547263-1

KV 21: The dialogue between Neil and Mr. Keating

→ PB p. 47, ex. 13 (Extras)

After the conversation with his father, Neil talks to Mr. Keating. Sum up the important points in German. Don't try to translate word for word!

"Actually, I'd like to talk to you alone," Neil said, looking back at the boys.

Neil took a deep breath. "My father is making me quit the play at Henley Hall. When I think about Carpe Diem and all that, I feel like I'm in prison! Acting is everything to me, Mr. Keating. It's what I want to do! Of course, I can see my father's point. We're not a rich family like Charlie's. But he's planned the rest of my life for me, and he's never even asked me what I want!"

"Have you told your father what you just told me? About your passion for acting?" Mr. Keating asked.

"Are you kidding? He'd kill me!"

"Then you're playing a part for him, too, aren't you?," Keating observed softly. The teacher watched as Neil paced anxiously. Neil. I know this seems impossible, but you have to talk to your father and let him know who you really are," Keating said.

"But I know what he'll say. He'll say that acting is just a whim1 and that it's frivolous and that I should forget about it. He'll tell me how they're counting on me and to put it out of my mind, 'for my own good.'"

"Well," Keating said, sitting on his bed. "If it's more than a whim, prove it to him. Show him with your passion and commitment that it's what you really want to do. If that doesn't work, at least by then you'll be eighteen and able to do what you want."

"Eighteen" What about the play? The performance is tomorrow night!"

"Talk to him, Neil" Keating urged.

"Isn't there an easier way?" Neil begged.

"Not if you're going to stay true to yourself."

Neil and Keating sat silent for a long time.

"Thanks, Mr. Keating," Neil finally said. "I have to decide what to do."

From *Dead Poets Society* by N.H. Kleinbaum

___

___

___

___

___

___

___

___

___

___

___

[1]*Laune, Marotte*

ISBN 978-3-12-547263-1

KV 22: School's over: What now? → PB p. 48, ex. 3 (Word power)

Translate into English, using gerunds and infinitives wherever possible.

1. Ich freue mich darauf, endlich Geld zu verdienen.

____

2. Nach der Schule will ich Architektur studieren. Ich träume schon davon, mein eigenes Haus zu entwerfen.

____

____

3. Ich habe schon daran gedacht, für ein paar Monate nach Amerika zu gehen und dort zu arbeiten.

____

____

4. Ich möchte ganz gern für ein Reisebüro arbeiten. Aber ich hätte kein Interesse daran, den ganzen Tag im Büro zu sitzen.

____

____

5. Ich finde, man sollte etwas wirklich Lohnendes[1] machen, anstatt immer nur ans Geld zu denken.

____

____

6. Meine Eltern wollten schon immer, dass ich im Familienbetrieb mitarbeite. Ich weiß nicht, wie ich nein sagen kann, ohne sie zu enttäuschen. Ich habe Angst, ihnen die Wahrheit zu sagen – aber andererseits hat es keinen Zweck, etwas anzufangen, das mich überhaupt nicht interessiert.

____

____

____

____

[1] sth worthwhile

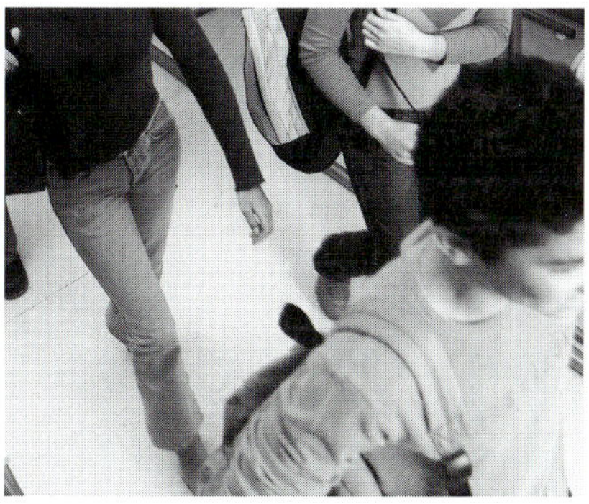

ISBN 978-3-12-547263-1

KV 23: Unable to read → PB p. 48, ex. 3 (Grammar)

Practice the use of auxiliaries.

Peter Ugarte left school unable to read a newspaper or comic book. He knew how to recognize a tin of baked beans in a shop but could not decipher names on new products. Cardiff, his hometown, was the only city he could spell. He would bandage his hand before going to the dole office[1] to avoid having to fill in forms.
Around four million British adults – far more of them men than women – have literacy[2] problems. Around 300,000 cannot read or write at all; the rest might be able to read a simple sentence or might spell so badly that they cannot write a note to the milkman.
A Mori poll[3] several years ago showed that 44 per cent of adults could not understand a simple fire notice. One in four had difficulty filling in a form correctly.
Peter, 29, was a late developer who started to stay away from school at the age of ten to avoid reading. If he had to do an essay, he would write huge words to fill up the page. He left school at 15 with no qualifications.
By his early 20s, panic was starting to set in. He would get on the wrong bus rather than ask what the destination panel[4] said. The crunch[5] came when the dole office upbraided[6] him for not wanting to work. He started his first adult literacy class unable to spell 'cat'.

a) Use suitable auxiliaries (or substitute forms) to complete these statements:

1. When Peter Ugarte left school, he ______________________________.
2. As a 10-year-old, he often missed school so that he ______________________________.
3. In order to fill in a form correctly, it's important to ______________________________.
4. A fire notice describes what you ______________________________.
5. A note to the milkman tells him how many bottles he ______________________________.

b) The auxiliary "would" is sometimes used in formal style to express past habits.
Find examples of this in the text. What other expression could have been used instead?

____

____

c) Comment on Peter's situation, using perfect forms of auxiliaries. Examples:

He **must have felt** very embarrassed about this problem …
He **ought not to have missed** school as a child …
His parents/teachers **should have** …
The people at the dole office **may/might have** …
His friends/wife …

____

____

____

____

[1]*Arbeitsamt* [2]*Fähigkeit zu lesen und zu schreiben* [3]*Umfrage der Organisation* Marketing and Opinion Research International
[4]*Schild mit dem Bestimmungsort* [5]*Knackpunkt, kritischer Moment* [6]*vorwerfen*

ISBN 978-3-12-547263-1

KV 24: Extracurricular activities in American high schools

(Part 1) → PB p. 53, ex. 5 (Word power)

a) *Read about what these four high school students do in their free time.*

The most demanding sport

I'm going to tell you about the best sport of all – cheerleading! We practice four times a week and have a game almost every weekend. A lot of people say that it's not a sport, but if they practiced as hard as we do, I think they would change their minds. Luckily the school recognizes it as a sport and we get varsity letters for our letter jackets just like the other athletes. Besides practices we have to go to gymnastics class twice a week, where we learn all kinds of cool moves. We perform at games to fire up the crowd and they like the gymnastics best! But we also do more than just perform at sporting events. We have a competition squad too with only the best of the best. This squad competes on the regional, state and national levels. In the summer there are camps that you can go to, where you work with college cheerleaders. Usually our whole competition squad goes to at least one camp each summer. We have to if we want be in the finals at the national competition in Florida this year. Well, I gotta go. It's time for practice! *Amanda Roth, age 17*

Instruments and flags

My name's Jill and I'm in band and play the clarinet, but only half of the year, during the concert season in winter and spring. The summer and fall are called marching season and then I'm in color guard. That means that I twirl a flag. During marching season we march in parades. There are a lot all summer. Of course the biggest one is for Independence Day on July 4th. Sometimes the parades are judged. Our band is okay and we occasionally win trophies at the smaller parades. In the fall we perform at half-time of school football home games. This is more than marching because we're on the field and make all different kinds of formations while playing instruments and twirling our flags. I prefer marching season to concert season (Don't tell our band director!). But we have to give a couple of concerts every year, and usually only our parents come. At the end of the year there's an all-school concert, where the bands and choirs perform together. Lots of people come and it's the best part of concert season.

Jill Carlson, age 15

Washington High School – the Fighting Tigers

I played basketball in elementary school and junior high and was pretty good. So I really wanted to play in high school. I didn't think it would be very hard to make the team, but it was! On the first day of try-outs there were 50 freshmen in the gym and only 12 spots on the team. The first day was extremely difficult and for some of the guys it was too hard. The second day, only about 35 came back. I was one of them of course. After two more days of hard practice with the coach taking notes the whole time, he read the names of 20 guys who should come back. Was I relieved when I heard my name! There were two more days of try-outs before I would know for sure if I would be on the team. The practices were packed with speed drills, jump shots, free-throws, dribbling and passing. On the last day of the try-outs we stopped early and the coach went to his office. I went to the locker room with the rest and we waited for the coach to post the team list… I made it! I made it! I'm a Fighting Tiger!

Jerry Jensen, age 14

ISBN 978-3-12-547263-1

KV 24a: Extracurricular activities in American high schools

(Part 2) → PB p. 53, ex. 5 (Word power)

Forensics

I've never been afraid of talking in front of people and enjoy acting so I joined the forensic team at school. It's like a speech/acting/debating club and you can pick which category you want to compete in. The choice was easy for me – the drama category! The coach helped me pick a part from the musical "Oliver!" I practice in front of a mirror at home and with the coach and team at school. We compete almost every weekend in fall and winter. The competitions are all over the state and a lot of fun. The team travels together in a bus and we're all excited. At the competition you present your piece three times for different judges. There are other people from the same category in the room too and we watch each other. You can get some good ideas from them! Each judge gives you points and you can win a trophy, medal or ribbon. I think being on the forensic team is good preparation for when it's time to look for a job.

Leslie Bain, age 15

b) *There are some words in the texts which are unique to the activity and/or to the US. Try to find the correct definition or explanation from the list below and draw lines.*

1. varsity letter	a) students in their first year of high school
2. ribbon	b) another word for team
3. letter jacket	c) giving speeches and performing
4. squad	d) a special way of shooting a basket
5. camp	e) a prize from your school for being on a sports team
6. color guard	f) a special shot in basketball after someone is fouled
7. freshmen	g) a prize from a competition
8. jump shot	h) like a workshop or seminar to learn or practice something
9. free-throw	i) a coat with your school colors
10. forensics	j) part of a marching band

c) *Write a definition or explanation for these words that you read about in the texts.*

1. extracurricular activity: ______________________________

____

2. home game: ______________________________

____

3. try-outs: ______________________________

____

Klett

ISBN 978-3-12-547263-1

KV 25: Young people and university

→ PB p. 54, ex. 1 (Grammar)

Use the definite or indefinite article to fill in the gaps where necessary.

1. *Mary Williams (17, still at school):* I plan to go to ______ university when I leave ______ school. I'll probably study ______ English because I love ______ literature. At ______ moment I'm very interested in ______ poetry of T.S. Eliot. Actually, what I'm looking forward to most is ______ freedom of ______ university life. ______ school I go to is pretty strict – it's ______ boarding school near York.

2. *Professor Richards (Oxford University):* ______ quite ______ large number of ______ candidates who have applied for ______ place at Oxford this year are from ______ European Union. More and more students from ______ Europe, especially ______ German students are keen to go to ______ British university. ______ most of ______ foreign students come to Britain because ______ courses they can take here are shorter – and less crowded – than at ______ home. All ______ students I've talked to especially like our traditional system of ______ close contact with tutors.

3. *John Whitely (19, first-year music student):* My father is ______ clergyman[1] and my mother is ______ social worker. They always hoped I might study ______ theology and become ______ priest – or at least do something to help ______ society. As ______ child, when I still used to go to ______ church regularly, I thought ______ missionary work mightn't be ______ such ______ bad idea. But when I started ______ secondary school, I began to get interested in ______ music. That was when ______ life really got going for me. By ______ time I was 15, I knew I had to take up ______ music as ______ career. So here I am! Luckily my parents have given me ______ full support. They realize I'm not doing all this as ______ act of ______ protest or ______ rebellion against ______ upbringing I had.

[1] *Geistlicher*

ISBN 978-3-12-547263-1

KV 26: Jenny's A-level results → PB p. 55, ex. 2 (Cloze test)

Put in the missing words.

Our **(1)** ______________ in Normandy was over, and I **(2)** ______________ what **(3)** ______________ await me when we got **(4)** ______________ .

My **(5)** ______________ results.

A **(6)** ______________ white envelope[1] – or would it be a postcard? – from the **(7)** ______________ would be on the mat **(8)** ______________ all the other letters that had come while we'd been **(9)** ______________ .

All through the holiday, I had been **(10)** ______________ to forget all about it.

But now the **(11)** ______________ of truth had finally **(12)** ______________ !

I worked out in my **(13)** ______________ what I would do when we got home. I'd take the envelope **(14)** ______________ to my room, then I'd **(15)** ______________ the door and read the **(16)** ______________ on my own.

I knew my **(17)** ______________ were **(18)** ______________ me to do well, but I also knew **(19)** ______________ my Biology **(20)** ______________ hadn't been very impressed with **(21)** ______________ efforts before the exams …

The **(22)** ______________ thing in a way was that I knew I hadn't done as **(23)** ______________ revision as some **(24)** ______________ my friends.

Would they pass? Would I **(25)** ______________ ? I didn't **(26)** ______________ .

I would, of course, **(27)** ______________ if my marks weren't good **(28)** ______________ , I wouldn't get into **(29)** ______________ – which had always been my dream.

[1]*Briefumschlag*

✂- -

A-level	arrived	away	but	day	enough	expecting	fail
head	holiday	home	knew	little	lock	much	
my	of	parents	results	school	teacher	that	
think	trying	university	up	with	worst	would	

ISBN 978-3-12-547263-1

LEARNING ENGLISH
GREEN LINE NEW 6, Ausgabe für Bayern

KV 27: European education → PB p. 55, ex. 3 (Communication skills)

a) *In pairs look at "European education" in the Ammunition box (provides facts and vocabulary for discussions). Discuss which programme interests you the most and choose a subject to study.*

Ammunition Box: European education

- European Union laws allow EU school students to study free for a year in any EU country (if parents pay the accommodation costs).
- The EU Erasmus programme encourages student exchanges between EU universities.
- The EU Petra programme encourages students to go abroad to do vocational training (e.g. in business studies and tourism).

b) *In groups of three, play the roles of a student who wants to go on to higher education and study at an EU higher education establishment outside his/her own country, a student who wants to study at a higher education establishment near to home and a student who wants to leave full-time education at the age of 18 and start work.*
Spend five minutes and choose what type of course/work you would like to do. Prepare arguments as to why your choice is best and plan two questions to ask your partners about their choice. Now try and convince your partner of the advantages of your choice.

Secondary education

- To attend secondary school/college.
- To go to a state school ↔ private/public school.
- To follow the national curriculum.
- To obtain/get qualifications in different subjects.
- To take A-levels/the Bac/Abitur/Maturità.
- To revise for an exam.
- To pass ↔ fail an exam.
- To get good ↔ poor exam results.
- Selective system ↔ non-selective (comprehensive) system.
- Compulsory subjects ↔ optional subjects.
- The academic term (UK)/semester (US).
- A school-leaver.
- Written exams/oral exams/course-work/continuous assessment.

Higher education

- To go on to higher education (e.g. university, business school).
- To get into university/get a university place.
- To study economics/modern languages/engineering.
- To attend a lecture/seminar/tutorial/study program(me).
- To follow an undergraduate/post-graduate course.
- To graduate/get a degree in history/politics.
- An academic/science/arts/vocational course.
- To have a high ↔ low drop-out rate.
- To do a sandwich course.
- To do in-service training.

c) *Debate the following topic: "Our system of education does not prepare us for the future."*

ISBN 978-3-12-547263-1

KV 28: The National Anthem of South Africa → PB p. 56/57 (Extras)

Study both texts and do the tasks below.

a) *What is so unusual about the text on the lefthand side? What might be the reasons?*

b) *Sum up in a few words what the anthem is about.*

c) *What might be the historical background to this anthem?*

Nkosi sikelel' iAfrika
Maluphakanyisw' uphondo lwayo,
Yizwa imithandazo yethu,
Nkosi sikelela, thina lusapho lwayo.

Morena boloka setjhaba sa heso,
O fedise dintwa le matshwenyeho,
O se boloke, O se boloke setjhaba sa heso,
Setjhaba sa South Afrika - South Afrika.

Uit die blou van onse hemel,
Uit die diepte van ons see,
Oor ons ewige gebergtes,
Waar die kranse antwoord gee,

Sounds the call to come together,
And united we shall stand,
Let us live and strive for freedom,
In South Africa our land.

English translation:

God bless Africa
May her glory be lifted high
Hear our petitions
God bless us, Your children

God we ask You to protect our nation
Intervene and end all conflicts
Protect us, protect our nation
Nation of South Africa, South Africa

From the blue of our heavens,
From the depths of our sea,
Over everlasting mountains,
Where the echoing crags resound,

Sounds the call to come together,
And united we shall stand,
Let us live and strive for freedom,
In South Africa our land.

ISBN 978-3-12-547263-1
LEARNING ENGLISH
GREEN LINE NEW 6, Ausgabe für Bayern

KV 29: The Rainbow Nation

→ PB p. 56/57 (Word power)

What expressions and names do you associate with the Rainbow Nation? Decide which words have something to do with South Africa, add in the box what you know about it, and strike out all words that do not fit. Sometimes you will have to choose among a list of words belonging to one generic term.

1. Kalahari:

2. Windhoek:

3. Rand:

4. Garden route:

5. Grand Canyon:

6. Wildlife: elephant, lion, tiger, rattlesnake, impala, water buffalo

7. ANC:

8. Driving on the left:

9. Township:

10. Gold:

11. Whites only:

12. Population: about 27 million, 37 million, 47 million, 67 million

13. Roman ruins:

14. Kimberly:

15. Slavery:

16. Soweto:

17. Cape Horn:

18. Indians:

19. Countries sharing borders with South Africa: Simbabwe, Mozambique, Botswana, Nigeria

ISBN 978-3-12-547263-1

[PB 2] # KV 30: Out of sight → PB p. 58 (Extras)

Listen closely to the dialogue and complete the sentences.

"So you think it would at least be true that his family **(1)** ______________________________ ______________________________?"

"Why would anyone of them need to make that up? It's **(2)** ______________________________ ______________________________."

"What kind of place would they get, where **(3)** ______________________________ ______________________________?"

"Depends. A tent, to begin with. And maybe basic materials **(4)** ______________________________ ______________. Perhaps a one-room prefab. Always a tin toilet set down in the veld, if nothing else. Some industrialist must be making **(5)** ______________________________ ______________. You build your new life round that toilet. His people are coloured, so it could be **(6)** ______________ already built for them; coloureds usually get something a bit better than blacks are given."

"And the house would be more or less as good as the one they had? People as poor as that – and **(7)** ______________________________, fixing it up."

"I don't know what kind of house they had. We're not talking about slum clearance, my dear; **(8)** ______________________________ because they're black, and white people want to build houses or factories for whites where blacks live. I told you. We're talking about loading up trucks **(9)** ______________________________."

"And even where he's come to work – Pietersburg, whatever-it's-called – he doesn't live in the town."

"Out of sight." She has lost the thought for a moment, watching to make sure the car takes the correct turning. "Out of sight. Like those mothers and grannies and brothers and sisters **(10)** ______________ ______________________________."

ISBN 978-3-12-547263-1

KV 31: The development of townships → PB p. 59 (Extras)

Find the correct answers.

1. Egoli – Place of Gold

a) *Decide which activities were not done before the 1900s:*

☐ 1) farming	☐ 4) trading
☐ 2) fishing	☐ 5) hunting
☐ 3) gathering	☐ 6) mining

b) *Decide which kinds of jobs were possible after 1886:*

☐ 1) washing dirty clothes	☐ 4) working in coal mines
☐ 2) working in households	☐ 5) selling sex
☐ 3) working in food stores	☐ 6) doing repairs

2. The creation of townships

Decide which of the summing-ups are right and correct the wrong statements.

a) Establishing the new township Klipspruit improved the black people's situation.

____

b) The native area Klipspruit was cleared and the people were moved away from the City sewerage.

____

c) The new township Klipspruit was established for black people but their situation did not take a turn for the better.

____

3. Systematic resettlement after the Group Areas Act

The points a)–e) refer to three topics. Only two are given below. Find the third one and say which topics the points refer to by putting a tick (✔) in the correct boxes.

Topics	a) Who was responsible for closing down the racially mixed area?	b) Who was grouped according to ethnic identity?	c) Why was this grouping carried out?	d) What area(s) became racially mixed?	e) How was the clearing of the racially mixed area carried out?
1) Meadowlands and Diepkloof					
2) Sophiatown					
3) ________ ________ ________					

ISBN 978-3-12-547263-1

KV 32: This text was censored → PB p. 62 (Extras)

Imagine that the text written by Milton Nkosi has been turned into a more harmless report of the events. Restore the original text. You need not find the exact words that were used by Milton Nkosi, but you should at least restore their meanings and the correct facts. Underline the wrong information and write down the correct facts as in the example below. There are eleven "mistakes" hidden in the text.

It was one of the coldest winters in South Africa's history, and I was only 10 years old. It seemed like a normal Wednesday morning when I went to Belle Higher Primary School in Soweto's Orlando West neighbourhood. But suddenly, in the middle of Mrs Mofokeng's lesson, we heard her voice being drowned by a crowd singing outside the school yard. We looked through the windows. I saw <u>two hundred</u> high school students dressed in different school uniforms singing and shouting songs and slogans.

We walked out of the classroom to join in the singing, only to find that the police had blocked the traffic to let the crowd of singers pass. On the placards I read slogans such as: "Down with Afrikaans", "Black Power", "No to the language of the oppressor".

There was something different about the mood of the police: it was tense and they had guns at the ready. I noticed that there were more white policemen than usual. As the crowd grew bigger, the singing also grew louder. The police dogs were barking, police vans were revving higher and higher as they reinforced the cordon. For the first time in my life I saw armed police. There was a certain degree of excitement in the air. Then it all rose in a crescendo when the marchers did not disperse in "30 minutes" as a police officer had ordered through a loud hailer.

I heard shouts, people screaming and I looked right up into the sky as a teargas canister was flying high up followed by a white trail of smoke. I coughed a bit, a few tears running down my cheeks. Students were scattered across Orlando West as they ran for shelter. The police slowly went to the students, with their dogs still being with them. At that point students were stoning delivery vehicles and police cars, and the looters were at work too! It was chaos! I was excited. On my attempt to cross the main road, I came across one of our neighbours, Mbuyisa Makhubu, who was carrying a schoolboy in his arms. The boy was crying and Mbuyisa was shouting repeatedly in English: "Students, it's enough! It's enough, students!"

l. 5: I saw thousands of ...

ISBN 978-3-12-547263-1

KV 33: In detention

→ PB p. 63, ex. 6 (Extras)

a) *Answer the following questions.*

1. Ignoring the information in the task, what could the poem be about?

2. How does the background information change our way of understanding the poem?

3. Why does the author mention only one person dying?

4. Why does the author combine the bits of information concerning the causes of death even if these combinations make no sense?

5. Why are so many details repeated over and again?

6. Is there anything unusual about the language itself?

b) *Write an interpretation of the poem.*

ISBN 978-3-12-547263-1

KV 34: Truth-telling in South Africa: What witnesses told the TRC

→ PB p. 63, ex. 7 (Word power)

Read this text carefully and fill in the blanks with the words explained in brackets.

Many people who **(1)** ______________ ______________ **(to watch carefully)** what **(2)** ______________ **(people who were harmed by others)** at the Truth and Reconciliation Commission's (TRC) hearings cried upon hearing testimony about the **(3)** ______________ ______________ **(illegal acts that were done)** during apartheid in South Africa. Members of the TRC were offered psychological help after hearing about terrible **(4)** ______________ **(causing pain and injuries; adj)** acts. N. M., a close friend of the killed antiapartheid leader Steve Biko, told the commission of a miserable existence in a small prison cell – never being able to change clothes and being beaten. Her **(5)** ______________ **(period of being under arrest)** meant total isolation from the world outside. Another former prisoner on Robben Island, S. M., wheelchair-bound, **(6)** ______________ **(to tell what happened)** about **(7)** ______________ **(causing pain in a person as a means of punishment)** and constant threats of being **(8)** ______________ **(what is said at the end of a trial is sb is guilty)** to death or **(9)** ______________ ______________ **(having to stay in jail until death)**. During the first round of hearings not only the normally good-humoured Archbishop Tutu and many other members of the public wept. The first week of hearings was marked by an apparent **(10)** ______________ **(absence of sth or sb)** of bitterness. Those who had to suffer only wanted to know the identities of those responsible for the **(11)** ______________ **(unjust and wrongful treatment; pl)** and for the **(12)** ______________ **(those responsible for a crime)**. B. S., a **(13)** ______________ **(a person that has his or her origin in people who came before)** who was seriously injured by "a **(14)** ______________ **(a gun to be fired from a shoulder)** swinging man in khaki uniform" during an attack on a golf course and had to suffer forceful **(15)** ______________ **(act of taking away)**, told the TRC she would like to meet her attacker, to forgive him and to ask his forgiveness "for whatever I might have done." She added, "We must make peace and try by all means to **(16)** ______________ **(keep up, to continue)** it. All possible **(17)** ______________ **(an action taken to change a situation)** should be taken to **(18)** ______________ **(to carry out with success)** this aim. We want to forgive – but we don't know whom to forgive."

ISBN 978-3-12-547263-1

KV 35: A crossword puzzle → PB p. 63, ex. 8 (Word power)

Fill in the words according to the clues given below and find the term for a South African committee in the vertical boxes.

Across

1. using force and doing harm (*adj*)
2. act of not being successful
3. sth that helps you to achieve sth
4. to stretch
5. to forbid officially
6. adjective for "possible"
7. to be out of work (*adj*)
8. synonym for "to win over sb"
9. act of separating races for example
10. to be the son or grandson
11. the basic idea behind an activity
12. a written agreement between partners
13. what is happening now (*adj*)
14. what a judge says before you must go to prison
15. to make stronger
16. synonym for "prison"
17. everything that has two or more wheels
18. synonym for "to keep up"
19. almost identical (*adj*)
20. the sum you have to pay for what you've done wrong
21. to take over, to accept
22. the money and property you have
23. to be distinctive from other groups (*adj*)
24. act of taking away
25. to allow officially
26. act of saying sth against sb's opinion or activity
27. not existing in reality (*adj*)
28. to treat sb cruelly because of his/her religion, race etc.
29. being extremely large or wide
30. act of entering a country to live there
31. opposite of "fixed", "solid"
32. referring to the period of a year (*adj*)

Down

name of a group of people trying to help South Africans live together after apartheid

ISBN 978-3-12-547263-1

KV 36: A witness before the Truth and Reconciliation Committee → PB p. 63, ex. 8 (Cloze test)

Replace the blanks by words that make sense.

On August 13, 1997 Tabani Richard Zulu gave witness to a shooting of a bus by white people: I had finished off work on **(1)** ________ particular day and was on my **(2)** ________ home. A boarded the bus in **(3)** ________ Street. The bus took us **(4)** ________ Alice Street through the **(5)** ________ of the town, and **(6)** ________ we got to a certain **(7)** ________ called Sereteri. There was a **(8)** ________ further down there. I was **(9)** ________ on the right-hand **(10)** ________ when I saw white men in a **(11)** ________ car. Just as we **(12)** ________ passing, they got into **(13)** ________ car very quickly followed us at **(14)** ________ speed. As the bus **(15)** ________ driving along the road; **(16)** ________ driver had apparently also **(17)** ________ that they were following us. … **(18)** ________ was a sharp curve. Just as **(19)** ________ bus was taking the **(20)** ________ , we saw this car **(21)** ________ up towards us with **(22)** ________ bus still continuing on **(23)** ________ road. Just as the **(24)** ________ was approaching the bridge I **(25)** ________ two white people pushing **(26)** ________ guns through the windows. **(27)** ________ started firing at the **(28)** ________ . We all started screaming. **(29)** ________ that I saw were still **(30)** ________ , some were already dead at **(31)** ________ time. They continued firing at us, in **(32)** ________ of the fact that **(33)** ________ were some who had **(34)** ________ died. A few moments later, I **(35)** ________ that I had been injured **(36)** ________ lost consciousness. I don't remember **(37)** ________ long they attacked us, **(38)** ________ happened so quickly. When I **(39)** ________ consciousness I saw that my **(40)** ________ was hanging on by a **(41)** ________ . And I don't remember anything **(42)** ________ I woke up in hospital **(43)** ________ I had to stay there **(44)** ________ a long time. I can't even **(45)** ________ how long this was. **(46)** ________ only then did I realize fully **(47)** ________ I had lost an arm. I **(48)** ________ in terrible pain, and **(49)** ________ today I still have these **(50)** ________ .

✂- -

Alice | alive | already | And | and | and | arm | bus | bus

centre | curve | even | everything | for | from | garage | great | how

machine | Many | noticed | our | our | pains | place | private

realized | regained | remember | saw | side | sitting | speeding | spite

that | that | that | that | the | the | then | There

there | They | thread | until | was | was | way | were

Klett

ISBN 978-3-12-547263-1

KV 37: *Tsotsi:* a film from South Africa

→ PB p. 64 (Extras)

What did the author say? Finish the following sentences according to the information given in the text. You need not use the original words and structures.

1. This South African film won ____________________

2. South Africa now has a ____________________

3. *Tsotsi* is filmed ____________________

4. At the beginning of the film we see ____________________

5. Presley Chweneyagae plays Tsotsie, who leads his gang to a burglary, which ____________________

6. The woman in the car is violently assaulted, and Tsotsi ____________________ ____________________ with a baby ____________________

7. He can't abandon it, ____________________ ____________________ paper bag ____________________

8. This film says a lot about ____________________

9. Director Gavin Hood should know; ____________________

ISBN 978-3-12-547263-1

[LC◎16] KV 38: Kwaito music → PB p. 64, ex. 2 (Extras)

Listen to the interview again and fill the pieces of information in the right boxes. Then compare your findings with those of your partner and complete your own notes.

Topics	Information
origin and roots	
the way of performance	
political and social importance	
the artists mentioned	
the language of the songs	

ISBN 978-3-12-547263-1

KV 39: Küssen verboten für Teenager in Südafrika

→ PB p. 66, ex. 2 (Communication skills)

Mediation: Work together with a partner. First decide who is going to be A and who is B. Then fold the worksheet. Partner A begins. Switch roles after the first section, then after the second one again.

A	B
Have I got this right? – Does this headline really say "Kissing forbidden for teenagers in South Africa?" 	*Yes, you have! Just let me read the first paragraph …* Achtung an alle Eltern, die mit ihren noch nicht 16 Jahre alten Kindern einen Südafrika-Urlaub planen, damit Ihr vielleicht verliebter Nachwuchs Sie nicht unter Umständen in arge Bedrängnis bringt. Seit Ende des letzten Jahres gibt es in Südafrika ein Gesetz, das Küssen und Schmusen für unter 16-jährige verbietet, auch wenn dieses einvernehmlich geschieht. Da sich Südafrikas Teenager diese Einmischung in ihr Privatleben nicht gefallen lassen wollen, hat es schon die ersten Gegeninitiativen und öffentliches „Massenknutschen" als Protest gegen das neue Gesetz gegeben. *You wouldn't believe it but this article really says that …* *(Sum up the main ideas of this paragraph in about three sentences.)*
But why this law?! Has South Africa become a fundamentalist state controlling people's private lives? Do all South Africans welcome this law? 	*I don't know. Here it says that …* Hintergrund des von Präsident Thabo Mbeki Ende des letzten Jahres unterschriebenen „Sexual Offences Act" ist das Bestreben der Regierung, mit einem Bündel von Maßnahmen härter gegen einvernehmliche und nicht einvernehmliche sexuelle Aktivitäten in dem Land vorzugehen. So werden zum Beispiel jedes Jahr über 50.000 Vergewaltigungen angezeigt. Doch viele kritisieren dieses Gesetz als schlichtweg überholt und lächerlich. Das Ziel der Regierung, mit dieser Maßnahme eine Vorbeugung gegen Schwangerschaften Minderjähriger zu erreichen, erntete nur Hohn und Gelächter. Schließlich sei noch niemand nur vom Küssen schwanger geworden. *(Inform your partner about the most important fact leading to this law and what a lot of people think about it.)*
And what do South African teenagers think about this law? Does the article tell anything about this? And what about tourists? Do they also fall under this law? 	*I don't know, just let me read the last paragraph …* *Ah, here it says that …* Es ist also zu erwarten, dass sich die Teenager in Südafrika noch eine ganze Weile mit Massendemonstrationen und kollektiven, öffentlichen Kussparties gegen dieses Gesetz zur Wehr setzen. Bisher sind auch noch keine Eingriffe der Gesetzeshüter gegen diese Demos bekannt geworden. Dennoch sollten alle Südafrikareisende dieses Gesetz zur Kenntnis nehmen und ihren Nachwuchs bei seinen Urlaubsflirt-Bemühungen im Auge behalten (bzw. ihre Töchter und Söhne entsprechend aufklären), damit diese nicht wegen des Verstoßes gegen das Kuss- und Schmuseverbot unter Umständen eine unfreiwillige Verlängerung des Südafrikaurlaubs erleben oder dieser wegen einer möglichen Geldstrafe unnötig teurer wird als geplant. Über das Strafmaß bei Verstößen ist uns leider noch nichts bekannt. *(Give a short answer, stick to the necessary pieces of information only.)*

ISBN 978-3-12-547263-1

KV 40: The wildlife trade → PB p. 67 (Extras)

When finishing this article a computer breakdown messed up the paragraphs of the newspaper article "The Wildlife trade". Put them in the right order again.

1 Conservationists no longer oppose the idea of wildlife being exploited per se. If properly managed, they say, wildlife can provide food for impoverished rural populations and wildlife-based tourism can be an important source of income.

2 Trade bans probably need more time if they are to be made more effective through international pressure on governments and educating consumers. But some argue that trade or no trade, time is running out for wildlife. No matter how effective a trade ban, it cannot slow down the current rate of habitat loss or pay for wildlife protection. Trade which has the potential to save more wild areas and pay for their protection may ultimately be the preferred option.

3 Meanwhile, conservationists have been active in curtailing demand for some wildlife products. Education programmes in China have encouraged consumers to reject tiger bone remedies. Conservationists have also cooperated with Chinese medicinal practitioners to find alternatives to tiger bone and rhino horn, which are used in traditional medicines.

4 South Africa is one of many African countries which argue that a limited trade in wildlife product stockpiles should be allowed so that the proceeds can be used to pay for conservation. Governments and conservation groups that are hostile to this approach claim that any kind of sale will stimulate the illegal market, encourage more poaching and ultimately push species such as elephants and rhino closer to extinction.

5 "Wildlife can be sold three times: to tourists, to sport hunters, and finally as ivory and hide," says Jon Hutton, director of Africa Resources Trust, an NGO involved in community conservation schemes in southern Africa. "The sale of wildlife products often brings in the most revenue."

Correct order: ☐ ☐ ☐ ☐ ☐

ISBN 978-3-12-547263-1
LEARNING ENGLISH
GREEN LINE NEW 6, Ausgabe für Bayern

p. 67, ex. 2 (Extras)

17–21]

KV 41: Five kinds of safari

→ PB p. 67, ex. 2 (Extras)

Do you remember the correct pieces of information? Decide which details are correct and make a cross (✘). More than one answer is possible.

1. Family safaris:
   - ☐ a) Some lodges rent out cars to families to do their own tours.
   - ☐ b) Families can stay at one safari lodge in Kruger National Park.
   - ☐ c) All lodges offer short tours for children and longer ones for parents.
   - ☐ d) Quite a number of lodges take care of children.

2. Luxury safaris:
   - ☐ a) Private game reserves offer the most luxurious safaris.
   - ☐ b) Kruger Park offers luxurious safaris.
   - ☐ c) Guided game drives will give you a chance to see the “Big Five” animals.
   - ☐ d) Experienced rangers make sure you will see the “Big Five” animals.

3. Affordable safaris:
   - ☐ a) Trained field guides will take people of not more than 18 on walking tours.
   - ☐ b) You can watch animals coming down to drink at the river on your own.
   - ☐ c) You will be able to spend the night in the bush.
   - ☐ d) Bigger camps will give you the thrill of watching wildlife very closely.

4. Restcamps:
   - ☐ a) Accommodation here will be in tents and caravans only.
   - ☐ b) In one corner of the park you can watch lions hunting for food.
   - ☐ c) At one camp you will be offered the opportunity of giving food to the lions.
   - ☐ d) You will spend the nights at camping sites.

5. Wilderness trails:
   - ☐ a) This kind of safari is for people between twelve and 60.
   - ☐ b) It will give you the chance of exploring trails on your own.
   - ☐ c) You will have to walk up to 20 miles a day.
   - ☐ d) Accommodation will be in two-bed tents and simple meals are provided.

ISBN 978-3-12-547263-1

KV 42: Nineteen Eighty-four

→ PB p. 76/77 (Word power)

a) *What is meant by the following definitions?*

1. a belief or feeling that sth is true or that sth will happen, although there is no proof ____________
2. the outside or top layer of sth ____________
3. to show an image of sb/sth in a picture or to describe sth in words ____________
4. to make sth known to sb ____________
5. happening or done at the same time as sth else ____________
6. a lack of knowledge or information about sth ____________
7. fine powder of dirt, sand, earth etc. ____________
8. to press sth firmly, especially with your fingers ____________
9. to stay in the air in one place ____________

b) *Find the synonyms:*

1. attempt ____________
2 to come or go into sth ____________
3. rarely ____________
4. to stare ____________
5. pile ____________
6. huge ____________
7. very surprising and unusual ____________
8. to stress ____________
9. immediate ____________

c) *Find the opposites:*

1. sharp ____________
2. physically strong ____________
3. above ____________
4. ugly ____________
5. freedom ____________

d) *Make sentences with the following words:*

1. to distinguish ____________
2. simultaneous ____________
3. feature ____________
4. site ____________
5. to rest ____________

ISBN 978-3-12-547263-1

KV 43: George Orwell – the author and his times → PB p. 78, ex. 5 (C-test)

Complete the missing words.

George Orwell was the pen-name of Eric Blair (1903–1950), who was b__ __ __ in India to w__ __ __ he called “a lower-upper-middle class f__ __ __ __ __”. Working as a g__ __ __ __ __ __ __ __ __ official, Blair’s father sent the family back to E__ __ __ __ __ __ where Blair g__ __ __ up in Henley-on-Thames, west of London, until the a__ __ of eight. He then spent some m__ __ __ __ __ __ __ __ years at a boarding s__ __ __ __ __ where he was not really socially accepted. Later, at the famous p__ __ __ __ __ school of Eton, Blair, again being lonely and an o__ __ __ __ __ __ __ , started writing. As the family could not a__ __ __ __ __ to send him to u__ __ __ __ __ __ __ __ __ , Blair decided to join the Indian Imperial Police. He signed up for a five-year period in Burma, one of the British dependencies where this police force was s__ __ __ __ __ __ __ __ to keep order. However, this e__ __ __ __ __ __ __ __ __ turned out to be difficult for Blair as he was not really content with his work and the c__ __ __ __ __ __ __ __ __ __ __ __ he had to cope with. In particular, he h__ __ __ __ himself for being part of the British police force and the work he had to do there. In 1927 Blair left the police and decided to become an author. Fascinated by Jack London who left behind his comfortable life and lived the life of a pauper and then wrote a book about it, Blair d__ __ __ __ __ __ to do the same. Wearing only r__ __ __ , he lived a poor homeless person’s life for five y__ __ __ __ first in London and then in Paris. In his first book, “Down and Out in Paris and London”, which was p__ __ __ __ __ __ __ __ in 1933 under his pseudonym George Orwell, Eric Blair described his experiences as a t__ __ __ __ . Three years later his publisher sent him to the North of E__ __ __ __ __ __ where he wanted Eric Blair to live with the poor miners and write about them. Blair’s publisher wanted to draw people’s a__ __ __ __ __ __ __ __ to the miserable living and w__ __ __ __ __ __ conditions of these paupers. In the same year Blair m__ __ __ __ __ __ Eileen O’Shaughnessy, a trained psychologist, whom he had met a year before. In 1936 the civil war broke out in Spain. Francisco Franco and his Spanish generals were a__ __ __ __ __ __ __ __ __ to overthrow the newly formed people’s government, which had only r__ __ __ __ __ __ __ replaced the Spanish monarchy. At the same time, two totalitarian systems of government had been established, in R__ __ __ __ __ on the one hand, and G__ __ __ __ __ __ on the other hand. Franco was supported both by Stalin and Hitler. George Orwell decided to assist one of the parties in Spain fighting Franco and left England for Spain. However, Orwell became completely disillusioned by the fact that the street f__ __ __ __ __ could not be ended. Returning home to Britain after Franco had taken over the c__ __ __ __ __ __ , Orwell decided that he would become a political refomer and change the world through his w__ __ __ __ __ __ . He explained his aims in “Why I Write”: “Every line of serious work that I have written since 1936 has been written […] against totalitarianism and for democratic socialism […]”. In 1944 Orwell’s wife died. Orwell had just finished “Animal Farm”, a parable about Stalinism, which brought Orwell fame and financial s__ __ __ __ __ __ __ . Although being seriously ill, he c__ __ __ __ __ __ __ __ working on his novel “The Last Man in Europe”, which he later c__ __ __ __ __ __ to the title “1984” Published in 1949, a period when the Cold War started, this novel eventually made Orwell one of the most f__ __ __ __ __ authors of the 20th century. George Orwell d__ __ __ in 1950.

ISBN 978-3-12-547263-1

KV 44: CCTV cameras at your school? → PB p. 80, ex. 11 (Communication skills)

A group discussion: After several incidents of teenage violence at your school, the School Board is planning to install various CCTV cameras in the hallways, the assembly hall and all the classrooms. There is a meeting of the principal, a parent, a teacher and a student today in which this topic is being discussed. Take one of the following role cards.

Before the discussion, take about seven minutes and write down convincing arguments and illustrative examples which you will mention to make your point. You will be allowed to use your notes, but do not merely read them out.

1

Principal

You strongly support the School Board's plan. You think that CCTV cameras are a good way to reduce the number of violent acts at your school.

It's your task to introduce the other participants to each other and to open and end the discussion.

2

Teacher

You are a teacher who strongly disagrees with the School Board's plan. You think that a school should find other methods to reduce the number of violent acts at your school.

3

Parent

You are a mother/father who agrees with the School Board's plans. On your last trip to the US you were shown around a high school which had previously introduced CCTV cameras and now you are convinced of their effectiveness.

4

Student

You are absolutely not convinced that CCTV cameras would actually reduce the number of violent acts at your school. You suggest various other ways to solve the problem.

ISBN 978-3-12-547263-1

KV 45: Useful phrases for a debate

→ PB p. 80, ex. 12 (Communication skills)

For the chairperson

To introduce the statement/motion/proposal and the speakers

- Today we're planning to debate the following statement (motion/ proposal): …
- First I'd like to call … to speak for …

To address the audience

- Yes, what would you like to say?
- I really must ask you not to interrupt.
- Would you please speak clearly and loudly enough for everyone to understand you.
- I request/ ask the audience (not) to …

To end the debate

- Let's take a vote now. May I please have votes for/ against the statement (motion/ proposal): …?
- I declare the motion carried/ defeated by … votes

For the main speakers

To start the debate

- I would like to introduce my viewpoint by giving the following definition …
- I would like to begin by pointing out the following …/ I'd like to begin by saying …
- I believe it is necessary to propose the following definitions …
- In order to effectively debate this topic, it's important to remember …
- A number of key issues arise from this problem which need to be examined more closely.
- I will elabortate on one of the most important aspects of this issue, namely …
- In the first place I would like to make clear that …
- The main argument focuses on …

To convince in the debate

- You have tried to make some good points, however, one must also consider …
- You seem to have forgotten to mention some very important issues, namely …
- At first sight, your argument seems to be true. But …
- You have obviously failed to reveal the truth of the matter, …
- I agree with you about …, but …/ You've rightly pointed out that, … However, …
- I disagree strongly with what you were saying. One must take into account that …
- I can't approve of …
- That's one way to think about it, but it needs to be pointed out that …
- Your argumentation seems plausible at first glance, however, I would like to remind you of …
- Research findings/ opinion polls strongly support our standpoint that …
- It is easy enough to make broad generalisation about … like you just did, but in reality it is a very complex issue.
- The arguments presented by you are by no means sufficient enough to back up the claim that …
- I'm afraid but your arguments are not really convincing. It is generally accepted these days that …

To conclude

- After careful consideration, we must conclude that …
- To conclude, we must stress our opinion …
- To sum up, in the debate we have convincingly shown …
- This debate has made it obvious that … and therefore …
- The simple truth is …
- The proposed arguments lead us to the conclusion that …

For everyone taking part in the debate

- In my opinion …/My feeling is that …/ The way I see it, …
- You have rightly pointed out that …
- There's no doubt about …
- I'm sorry I have to contradict …
- I agree/ disagree with you on the following points …
- Another way to look at this is …
- Surely you have to admit that …
- You might think differently if …
- You have mentioned … Could you please specify your point?
- Could you set out this point more clearly, please.
- Can you please elaborate and give more details on …
- I did not quite understand why …

ISBN 978-3-12-547263-1

KV 46: The next step in brain evolution → PB p. 82, ex. 3 (Word power)

a) *Find adequate English collocations or phrasal verbs for the German expressions.*

> **Collocation:** a pair or group of words that are often used together, e.g. *to make an effort, ancient monuments*
> **Phrasal verb:** a verb combined with an adverb or a preposition, or sometimes both, to give a new meaning, e.g. *to go in for, to win over* and *to see to*

1. sich jemandem anvertrauen ____________________
2. die Aufmerksamkeit auf etwas richten ____________________
3. nachgeben, sich etwas hingeben, sich in etwas ergehen ____________________
4. zurechtkommen mit etwas, sich mit etwas arrangieren ____________________
5. etwas heranziehen ____________________
6. einen Kurs festlegen ____________________

b) *Define the following words or find synonyms.*

1. instant ____________________
2. impact ____________________
3. smart ____________________
4. to diminish ____________________
5. to determine ____________________
6. gender ____________________
7. essential ____________________

c) *Dictionary work: idioms, collocations, phrasal verbs. Look up the following words in your English-English dictionary and find as many idioms, collocations and phrasal verbs as you can. Be prepared to give the German equivalents, too.*

> **Idiom:** a group of words whose meaning is different from the meanings of the individual words, e.g. *to throw a party (= to give/have a party)*, or: *to let the cat out of the bag (= to tell a secret by mistake).*

1. to shape

____

____

____

2. pace

____

____

____

3. track

____

____

____

ISBN 978-3-12-547263-1

KV 47: How to link your sentences → PB p. 83, ex. 7 (Grammar)

a) *Examples of sentence connectors to link your sentences and thus make them more sophisticated.*

1. Food and drink prices in New York are very high. Renting an apartment in New York is very expensive.
   Food and drink prices in New York are very high, furthermore, renting an apartment is very expensive.
2. Life in New York is very expensive. Life in New York can be extremely exciting.
   Despite the fact that life in New York is very expensive, it can be extremely exciting.
3. Life in New York is very expensive. Many people would love to live in New York.
   Many people would love to live in New York; consequently, life in New York is very expensive.

b) *Use as many different linking phrases as you can find, replacing the underlined word. Sometimes you might have to change the word order, too, or alter the sentence structure itself.*

Information technology

1. Sentence connectors: addition

The Internet has become part of our everyday life. <u>And</u> it is now one of our most important sources of information, opinion and entertainment.

____

____

____

2. Sentence connectors: opposition

<u>Although</u> the internet provides almost endless possibilities for its users, there are also serious drawbacks to this technology.

____

____

____

3. Sentence connectors: cause and effect

Digital TV is now revolutionizing broadcasting <u>because</u> it provides improved sound and picture quality, news services and more channels.

____

____

____

4. Sentence connectors: explaining or exemplifying a statement

Digital TV has got other advantages, <u>for example</u> it offers interactive services or broadcasts programmes in wide-screen mode.

____

____

____

ISBN 978-3-12-547263-1

KV 48: Online safety → PB p. 83, ex. 7 (Extras)

Mediation: The Internet opens a world of entertainment and communication, it allows you to reach out to new sources of knowledge and cultural experiences, but it also allows direct access to people and web sites that can expose kids to age-inappropriate content and risky social contacts.

a) *Before you read the information below, together with your partner note down ten rules that parents should keep in mind in order to provide safe online experiences for their children.*
b) *Read the following text from the website of the Internet provider Yahoo and then, with the help of your English-English dictionary, write down the essential aspects of the text in German.*
c) *Suggest at least two more pieces of advice and write them down in your exercise book. You can use your ideas from a) and explain them in more detail.*

Web Surfing as a Family Adventure
Yahoo! is committed to helping create a safe online experience. But as a parent or caregiver, only you can judge what constitutes a positive and educational online experience for your child. You need to take an active role in assessing when and where your child uses the Internet and what he or she does while online.

Parenting for the online world is very similar to parenting in the real world. Don't let your child go anywhere unsupervised until you're sure he or she can handle it properly. Don't allow your child to talk to strangers, especially if you're not around. And try to keep an eye on how he or she is spending free time and with whom.

Create a basic safety foundation for your child online by emphasizing two rules:
Do not give out any personal information online, and do not set up face-to-face meetings with anyone without a parent's permission.

Before Your Child Goes Online
- **Learn about the Web.** Take a course or ask a knowledgeable friend or relative. Become familiar with how to sign on to web sites, search for information online, and use communication tools such as email and instant messages.
- **Decide where to put your child's computer.** Place the computer that your child uses in the most public area of your home, so you can monitor activity. If your child has access to laptops and cell phones that can access the Internet, establish rules about when and where your child may be online.
- **Parental control software.** Familiarize yourself with parental control software and any control features of your online service. Some programs allow you to filter specific sites, a group of sites that the software deems inappropriate, or sites with inappropriate keywords in them. But remember that software is not a substitute for true parental supervision.
- **Create a Family Pledge for Online Safety.** This pledge should clearly state what your child is and is not allowed to do online. Involve your child in the creation of the pledge, both as an opportunity to talk about the issues that will arise and as a way to get his or her input.

When Your Child is Online
- **Protect personal information.** Teach your child about the importance of safeguarding his or her identity by not posting personal information online. Personal details such as last name, address, phone numbers, school name, date of birth, and photos can be used to identify a child or teenager in real life.
- **Beware of strangers.** When chatting online, playing games, or posting messages, keep in mind that you never know the people you are communicating with. Your child should use caution when approached by someone unknown, just as in real life. Instruct your child to reject invitations from unknown users and never respond to email or instant messages that make him or her feel uncomfortable. And to tell a parent about any personal or sexual questions from a stranger online.
- **Beware of requests for in-person meetings.** Your child should never arrange a face-to-face meeting with an online acquaintance without involving you. The Internet can be a great way for your child to meet people with similar interests, but unfortunately, people are not always who they seem or say they are.
- **Be aware of cyberbullying.** Adults pose a risk to your child online, but so do other kids. Your child might receive unkind messages online from his or her peers. Or a classmate might pretend to be your child and post false information or unflattering photos on a web site. This is the online version of the bullying that goes on in kids' real lives. As a parent, you should keep communication open with your child so that you can help out when such situations occur.

Most importantly, spend time with your child looking at web sites — it can offer a window into his or her interests, concerns, and ways of thinking. Enjoy this opportunity to have some fun together, while explaining what is and isn't appropriate behavior, and why. Make it enjoyable and productive time so that in the future, your child will feel comfortable sharing both good and bad online experiences with you.

From: info.yahoo.com/safety (adapted)

ISBN 978-3-12-547263-1

[LC◎23] **KV 49: Protecting birds from urban dangers** → PB p. 85, ex. 2 (Grammar)

a) *Put in the correct forms of the verbs.*

A huge building on the West Side of Manhattan **(1)** ________________ **(to be)** a deathtrap for the army of migrating birds that soar over the city for a long time. Last fall, over the course of a few weeks, volunteers from the Audubon Society[1] **(2)** ________________ **(to record)** 338 migratory birds which **(3)** ________________ **(to kill)** or **(4)** ________________ **(to injure)** after they **(5)** ________________ **(to strike)** the enormous United States Postal Service skyscraper. The birds **(6)** ________________ **(to crash)** into one of the 440 glass panels on the structure's south side. The panels **(7)** ________________ **(to reflect)** the trees across 28th Street in Chelsea Park and **(8)** ________________ **(to fool)** birds into believing they **(9)** ________________ (to approach) a safe spot to feed and to rest. In fact, of the many dangerous obstacles in Manhattan in the path of migrating birds, this building **(10)** ________________ **(to consider)** most deadly. But with this year's migratory season under way, the carnage[2] at the skyscraper **(11)** ________________ **(to become)** less after the Postal Service, confronted with the Audubon's careful accounting of bird deaths, **(12)** ________________ **(to come up)** with a solution. **(13)** ________________ **(to follow)** recommendations from an architect, black vinyl film **(14)** ________________ **(to place)** over each of the decorative panels, which are not windows. The work **(15)** ________________ **(to complete)** in July and, according to Pat McGovern, a post office spokeswoman, the project **(16)** ________________ **(to cost)** $201,000. "We **(17)** ________________ **(to do)** it because we **(18)** ________________ **(to want)** to be a good neighbor to the community and because of the significant amount of birds that **(19)** ________________ **(to involve)** in the first place," Ms. McGovern said. Audubon officials and Ann Galloway, a volunteer for the group, **(20)** ________________ **(to visit)** the building recently and **(21)** ________________ **(to be pleased)** to discover that no birds **(22)** ________________ **(to crash)** into it so far. "You're not going to find any birds here today," Ms. Delacrétaz said. It **(23)** ________________ **(to be)** a far grimmer sight last November 4, at the height of the migratory season. In a half-hour period that morning, Ms. Galloway, who **(24)** ________________ **(to work)** for a consulting firm, **(25)** ________________ **(to find)** 44 birds on the sidewalk, all but eleven of them dead. "They **(26)** ________________________ **(literally to drop)**," she said. "It **(27)** ________________ **(to be)** awful."

By Peter Duffy, in: *New York Times*, 22/9/2007 (slightly altered)

b) *What is your attitude towards the FCC's plan to protect birds from "towerkill"? (→ PB, p. 85, ex. 2) Write a text of about 50–60 words on an extra piece of paper explaining your opinion.*

[1]an American environment organization, [2]the violent killing of a large number of people or animals

ISBN 978-3-12-547263-1

KV 50: Talking about the past → PB p. 116, ex. 4 (Grammar)

1 **Present perfect simple or progressive?**

Put a cross (✘).

1. He's been to Paris.
   - ☐ a) He's still in Paris. ☐ b) He's come back.
2. You still haven't cleaned your room.
   - ☐ a) The speaker is getting angry. ☐ b) The speaker is not getting angry.
3. They've gone to London.
   - ☐ a) They've come back. ☐ b) They're still there.
4. I've been working in Berlin since May 2006.
   - ☐ a) I'll probably leave Berlin. ☐ b) I'll stay in Berlin, perhaps forever.
5. They've been living in this place for 2 years.
   - ☐ a) They still live there. ☐ b) They moved home recently.
6. I've been writing this article for weeks now.
   - ☐ a) I haven't finished writing the article. ☐ b) I have finished writing the article.

2 **Which verb form is correct?**

Cross out the wrong forms.

1. Mark loves his wife Sandra very much. He **was married/has been married** to her for 20 years. He **was married/had been married** before, however. He **has been/had been** very young when he met/was meeting his first wife.
2. **Have you ever been/did you ever** go to Spain so far? Ah yes, **you have/did**. When **did you go/had you gone** there? **Did you visit/have you visited** a lot of castles there, too?
3. While the parents **were sightseeing/had been sightseeing**, the children **have been playing/were playing** peacefully on the beach.
4. What **were you doing/did you do** when the rain **stopped/was stopping**?

ISBN 978-3-12-547263-1

KV 51: Expressing conditions and consequences

→ PB p. 117, ex. 2 (Grammar)

1 Spot the mistakes

Read "Joanne's story" (→ PB, p. 22/23) again and spot the mistakes. Once you feel sure you've found one, underline it and write the correct form on the right.

Eating disorders must be taken seriously at all	______________
events! If they didn't, they could lead to serious health	______________
problems. If a friend would have been taken ill, you	______________
will have to inform a doctor. If Joanne didn't find the	______________
vomit in the bathroom, she wouldn't have been able to	______________
help. She immediately asked her daughter if she will do	______________
something like this. If Joanne hadn't sneaked in a bit	______________
of fat in some meals, Mara might have suffered even	______________
more. Then she took her daughter to a doctor, who asked	______________
if she will listen to him.	______________

2 Match the sentence parts

Have a look at the story "I get my culture where I can" (→ PB, p. 30) again and find out where things have taken a wrong turn. Draw lines to match the sentence parts.

1. If he hadn't strained to hear,	a) he wouldn't have run after the girl.
2. If he talked to strangers,	b) Carl will go there.
3. If he hadn't found the Discman,	c) if he pushes through the crowd.
4. If you run around shouting 'hey',	d) she would understand what's going on.
5. He'll catch her	e) they won't find out whose it is.
6. If she listened,	f) they would be put off.
7. If she doesn't check the CD,	g) the confusion wouldn't have happened.
8. If Zora hadn't put hers under the chair,	h) the black boy wouldn't have known.
9. If the concert is free,	i) if there had been more than one way.
10. Carl wouldn't have gone there	j) people will give you funny looks.

ISBN 978-3-12-547263-1

KV 52: Using modal auxiliaries → PB p. 119, ex. 3 (Grammar)

1 **Give advice**

Use expressions such as "you could easily create the impression that", "people might think you", "it might be worth it if you", etc. to give advice.

1. Someone has met an old friend's parents only once.
   But he has started calling them by their first names.

   ____

   ____

2. Your boyfriend has invited you out to a snack and a movie.
   But when you get your food, he tells you that he hasn't got any money on him.

   ____

   ____

3. Your sister is supposed to arrive for her job interview at 3 pm sharp.
   When she arrives it is 3.30 pm.

   ____

   ____

4. You don't smoke, nor do your parents. But when a friend stays for dinner,
   he lights up in your sitting room without asking permission.

   ____

   ____

5. A close friend has dropped out of school and refuses to think about the future.

   ____

   ____

2 **What are those people more likely to mean?**

Put a cross (✘).

1. You shouldn't have done this.
   - ☐ a) It wasn't actually a good idea.
   - ☐ b) It was actually prohibited.
2. The situation could get worse.
   - ☐ a) Perhaps the situation got worse.
   - ☐ b) Perhaps the situation will get worse.
3. I don't have to remind you of this!
   - ☐ a) It's not necessary to do this.
   - ☐ b) I mustn't remind you.
4. That must have been done by accident.
   - ☐ a) Perhaps it didn't happen on purpose.
   - ☐ b) I'm sure it didn't happen on purpose.
5. You could have phoned!
   - ☐ a) You did because it was possible.
   - ☐ b) You didn't although it was possible.

ISBN 978-3-12-547263-1

KV 53: Describing people: Who is who? → PB p. 122, ex. 4 (Grammar)

Look at the adjectives that describe five friends. Then match the five passages where they describe themselves with the lists and decide who is who.

Sarah:	reliable – optimistic – open-minded – sensitive – honest
John:	ambitious – generous – reliable – adventurous – romantic
Karen:	bitchy – energetic – impulsive – untidy – easy-going
Stuart:	obstinate – creative – pessimistic – independent – changeable
Alison:	timid – reliable – stoical – generous – absent-minded

1. "I've got a lot of friends and they often tell me things because they know their secrets are safe with me. You won't believe what they have told me over the years but I don't panic and take on challenges, theirs and my own, without hesitating. The same applies to the consequences, as I feel you can't do much after something has happened. Perhaps they also feel I might not remember what they tell me, as I always seem so absorbed in my studies. However, what I really have to work on is money, I'm always short because everybody has borrowed some from me and I don't have the courage to invest in dangerous things, I know I would certainly lose a lot."

   It's ______________________

2. "Ever since I have been working for that bank I have been rolling in money. I have always liked to take risks, and my bosses have come to trust my instincts. The same goes for my friends. They know when to buy shares as they haven't got anything else to do but follow my advice. Part of my money goes to these picturesque little places in Italy where they rent rooms to the few who can afford them. Candlelight, moonshine and music – there's nothing that can beat this. As to my further career, I feel I will go far, New York or some Asian financial centre."

   It's ______________________

3. "I'm interested in what other people say and will accept their ideas if I feel they have a point. You can depend on me and I never despair even if a situation looks hopeless. However, sometimes people hurt me, especially if I find out that they have told lies, which I truly detest."

   It's ______________________

4. "I love physical exercise and work out every evening or go jogging with friends. I can go on for hours but usually give in when the others fall behind after only ten miles. Nevertheless, it does not stop me from making funny comments, so sometimes they accuse me of being hurtful. Never mind, manners and rules are for others, not me. If they are cross with me, no need to take them seriously. Only sometimes, when they find me standing on their doorsteps ready to take off at 7am on a Saturday because I felt like doing something spontaneously, they might complain a little longer. Regular hours, routine, things in their place – I couldn't care less."

   It's ______________________

5. "Some people say they can't depend on me when the only thing I really value is not having to rely on others. If I was married or had children I wouldn't be able to fulfil my dreams when I feel like it. Okay, this sometimes means my coming up with a totally new plan within days, so perhaps those accusations are not too wide off the mark after all. And why then accuse me, on the other hand, of sticking to those plans I'm really convinced of? Are they angry with me because I still have visions and can not only imagine things but make them come true, however far-fetched my ideas may seem to some? To tell the truth, I've come to lose faith in others and, as a consequence, are no longer that sure that my dreams will materialise."

   It's ______________________

ISBN 978-3-12-547263-1

KV 54: Describing things/Linking ideas → PB p. 125, ex. 3 (Grammar)

1 Spot the mistakes

This is an e-mail a German teenager wrote to his friend in Australia. Underline the mistakes and correct them on the right.

Hi Stu,	______
Thanks for correcting my last letter which I'm real ashamed of.	______
When I again looked at it before I sent it, it seemed nicely and	______
even I read it out and it sounded wonderfully. Thanks for	______
looking at it carefully and for correct it, you have done a	______
great job, my teacher couldn't have done it better.	______
Thanks as well for enquiring about my cold, I'm actual again well.	______
The medicine what my mother got worked pretty good.	______
Not surprising, it tasted badly but I regular swallow it and	______
so I am quite positive that I'm going to improve fast. Certain,	______
this letter must have lesser mistakes as I have truly been working	______
so hardly.	______
CU, Max	______

2 Half Moon

Rewrite the information about the new restaurant "Half Moon". Use as many linking elements as possible.

1. It is located in the centre. You can easily reach it.

   ____

2. You can choose from a huge menu. The prices are competitive.

   ____

   ____

3. There are free drinks for children. You needn't buy expensive drinks for them.

   ____

   ____

4. The owners speak English fluently, so there won't be any nasty surprises about the food.

   ____

   ____

5. We haven't been in the papers before. Yet you can rely on our good service.

   ____

   ____

Klett

ISBN 978-3-12-547263-1

[LC 1] KV 55: At the doctor's → PB p. 131, ex. 3 (Communication skills)

Listen again to the recording. Then complete the dialogue. You needn't find the exact words but the correct meaning.

Doctor: Hello, Lukas. I'm Dr Fotopoulos. I hope it's OK if we speak English. My German is not very good.

Lukas: ______________________________

____

Doctor: Good. So, what seems to be the trouble?

Lukas: ______________________________

____

Doctor: When did this start?

Lukas: ______________________________

____

____

____

Doctor: Open your mouth please. Let's have a look at your tongue. Say "Ah!" Hm, looks all right. What other symptoms have you got?

Lukas: ______________________________

Doctor: I see. Where exactly is the pain?

Lukas: ______________________________

Doctor: Hmm. It sounds like acute sinusitis. Let's see now: Does that hurt?

Lukas: ______________________________

Doctor: Mm. You feel quite hot, too. I'll just take your temperature. … Are you having a nice holiday otherwise?

Lukas: ______________________________

Doctor: Well, I'll see what I can do about them. *(Slight pause)* Yes, your temperature's up quite a bit: it's nearly 39 degrees! I think we'll have to put you on a course of antibiotics to fight the infection.

Lukas: ______________________________

____

____

Doctor: Well, if you insist, we can try some homeopathic pills. Take two tablets every two hours. In between meals – that's important! But if you aren't better in a day or two – or if the pain gets worse – come back and see me again and I'll prescribe the antibiotics. They're very effective. But don't delay! If sinusitis is allowed to become chronic, it can be very difficult to get rid of.

Lukas: ______________________________

Doctor: As long as you've got that temperature, yes! Definitely. Stay in bed and keep warm. And drink plenty of water. Here's your prescription. All right?

Lukas: ______________________________

Doctor: Yes, there's one just around the corner on the left.

Lukas: ______________________________

Doctor: Goodbye.

ISBN 978-3-12-547263-1

[LC 2] KV 56: Two tickets, please! → PB p. 136, ex. 3 (Communication skills)

Du bist mit deiner Freundin Anja gerade in Heathrow angekommen. Ihr steht am Schalter und erkundigt euch nach öffentlichen Verkehrsmitteln. Da deine Freundin erst seit einem Jahr Englisch lernt, versteht sie wenig und du musst ihr erklären, worum es geht.

You: We've just arrived, we've never been here, so we don't know what the fastest way is to get into the centre to our hotel near St James's Park.

Anja: *Was hast du da alles gesagt, warum erkundigst du dich hier nach einem Hotel?*

You: ______________________________

____

Clerk: Two singles to St James's Park then? Or would you like a ticket which you can use on public transport all day?

Anja: *Was hat er gefragt? Wieso denn all day? Ich denke, wir wollen nur zum Hotel?*

You: ______________________________

____

Anja: *Frag ihn doch, was billiger ist. Kann er dir denn nicht sagen, was die Tickets kosten?*

You: ______________________________

____

Clerk: Well, miss. If you want to go around Central London you'd better take the Travel Card. Will you be staying for one week, because there is a weekly one which reduces the overall price even more?

You: Good, that sounds ideal. Two weekly Travel Cards then, please.

Anja: *Worum geht es denn jetzt schon wieder? Das ist ja unheimlich kompliziert.*

You: ______________________________

____

____

Anja: *Ja, aber hat er nicht irgendwas von Central London gesagt? Bedeutet das, dass wir zu manchen Sehenswürdigkeiten damit dann nicht hinkommen?*

You: ______________________________

____

Clerk: There are different zones for your journeys, miss. Central London means zones one and two. You are in zone six here, so there is a small extra sum on top of your ticket from here.

Anja: *Siehst du, hab ich dir doch gesagt, extra sum heißt im Klartext doch mehr Geld, oder?*

You: ______________________________

____

Clerk: Ladies, please, do you want the Travel Cards or not? And you'll have to pay extra for today's single journeys through zones six to three.

Anja: *Na gut, dann nehmen wir eben die Travel Cards. Und vergiss nicht gleich zu fragen, wie wir am besten zum Hotel kommen.*

You: ______________________________

____

Clerk: OK then, follow the signs to the Underground. Then get on the Piccadilly Line and watch out for South Kensington. That'll take some time, so try and find seats. Leave the train there and follow the signs for the District or the Circle Lines, the green and yellow ones. Then it's another three stops to St James's Park, where you need to get off.

You: Thank you very much for your help.

Anja: *Ich habe doch gleich gesagt, dass das alles furchtbar kompliziert ist.*

You: ______________________________

____

ISBN 978-3-12-547263-1
LEARNING ENGLISH
GREEN LINE NEW 6, Ausgabe für Bayern

KV 57: Making plans

→ PB p. 142, ex. 2 (Communication skills)

a) *Read the dialogue and fill in the following missing words or phrases. What is the situation?*

yeah	it's a shame	listen	how are you	how about	fine
anyway	hello	see you	that'd be	I'm afraid	OK then
I won't keep you	what a shame	that should be	I'll check	instead	
would you like to	yeah	give me a ring	see you	I'll look forward to	
got anything planned	it'd be nice	thanks for	time	yeah	

Robert: ____________

Sheryl: Hello, Robert. It's Sheryl.

Robert: Sheryl! Where have you been all this time? ____________

Sheryl: ____________ I've just come back from a wonderful holiday.

____________, how are things at your end?

Robert: Fine – everything's fine. I'm doing some research for a paper and …

Sheryl: Yes, I can feel you're busy. ____________, ____________,

I was just phoning to ask if you're doing anything tomorrow night. If not,

____________ come over for a drink and a snack. My sister

and her fiancé are coming too and I thought it would be nice if you could keep us company.

Robert: I can't, ____________. A friend of mine has invited me over to see him before

he leaves for New Zealand the next day. ____________!

____________ to see you again.

Sheryl: ____________, ____________, I know. ____________

the last March weekend ____________? I don't think I've ____________

____________ yet.

Robert: ____________, I think ____________ fine. ____________

with my diary. I'll call you back if there's any problem. ____________ great!

Sheryl: Super! ____________ seeing you. I'll let you get back to your

computer. ____________ as soon as it's handy, so that we can arrange

a ____________.

Robert: ____________. ____________ calling. ____________!

Sheryl: ____________, ____________!

b) *Now make a dialogue with two friends – each of the three of you has a lot of information about what they want to do. Weigh the pros and cons and find a compromise. Use some of the words from this dialogue, especially the fillers.*

ISBN 978-3-12-547263-1

[LC 6] KV 58: Holiday preparations → PB p. 148, ex. 2 (Communication skills)

Listen again to the recording. Then complete the dialogue with the following sentences.

That sounds wonderful!	Er – can I speak to Mrs Brenda Jackson, please?	Self-catering?
What does 'full English breakfast' mean?	Oh, I see.	We'll be arriving in Devon on August 10th.
Does the room have its own bathroom?	What's the difference between a double and a twin?	
Thirty-five pounds each?	No, I found it on the Internet, through a bed and breakfast guide.	
And what about prices?	Four or five.	I'd like to enquire about accommodation for next August.

Mrs Jackson: Hello.

Markus: ______________________

Mrs Jackson: Speaking!

Markus: Oh, hello, Mrs Jackson. My name's Markus Sontheimer. ______________________ ______________________ You do bed and breakfast, I believe?

Mrs Jackson: That's right. – Did you get my phone number through the Tourist Office?

Markus: ______________________

Mrs Jackson: Oh, really? – Now you said August, didn't you? When were you thinking of coming, then?

Markus: ______________________ That's a Saturday. There'll be two of us. I'm coming with a friend.

Mrs Jackson: Right. And how many nights would you like to stay?

Markus: ______________________ We'd like to leave that open, though, if that's all right with you.

Mrs Jackson: I'd prefer it if you could give me definite dates. There are always lots of visitors in this area in August, you know. I have to know in advance if one of the rooms is going to be free. – Would you be wanting two single rooms, a double or a twin?

Markus: Oh! ______________________

Mrs Jackson: Well – a double room has just the one bed, OK? A double bed. Whereas a twin has two separate beds.

Markus: ______________________ Then we'll need a twin room.

Mrs Jackson: One twin. From August 10th for five nights. Shall I reserve that for you, then?

Markus: Er – just a minute. ______________________

Mrs Jackson: Oh yes, dear. All our rooms are en-suite. You can have a room with a sea view, too, if you like.

Markus: ______________________ And do you serve an evening meal?

Mrs Jackson: I'm afraid not. We only do bed and breakfast. But there are some nice restaurants in town, and you can get quite good food at the pubs.

Markus: I see. Another question, though, Mrs Jackson. ______________________

Mrs Jackson: Oh, I think you'll enjoy our breakfast! We offer a big choice of fruit juices, cereals, porridge and so on to start with. Then the cooked breakfast of fried egg with bacon, sausage, tomatoes, mushrooms and fried bread. And to finish with, of course, there's toast and marmalade. And tea or coffee.

Markus: Wow! I don't expect we'll need any lunch at all after all that! ______________________

Mrs Jackson: For the twin room with sea view, we charge 35 pounds per person per night.

Markus: ______________________ Oh – that's a bit more than I'd expected. I – er –

Mrs Jackson: Well, apart from that, there's a room at the back of the house that looks out over the garden. You can have that for thirty-three pounds. Or there's the self-catering flat.

Markus: ______________________

ISBN 978-3-12-547263-1
LEARNING ENGLISH
GREEN LINE NEW 6, Ausgabe für Bayern

[LC 11] KV 59: A call to a dental centre

→ PB p. 154, ex. 2 (Communication skills)

Listen again to the recording. Then complete the dialogue. You needn't find the exact words but the correct meaning.

Receptionist: Fetcham Dental Centre. Can I help you?

Stéphanie: ____

____

Receptionist: I see. So you'd like to make an appointment?

Stéphanie: ____

____

Receptionist: No, I'm afraid not. The waiting room's full just now. I'm sorry, but both our dentists are busy.

Stéphanie: ____

Receptionist: Well, we're fully booked all day today. But, let me see, I could squeeze you in with Mr Fletcher at 11.15 tomorrow morning. Do you think you can hold out till then?

Stéphanie: ____

Receptionist: I suggest you get some over-the-counter pain relief from a chemist's. They'll advise you on what works best for toothache.

Stéphanie: ____

Receptionist: And I'll tell you what – why don't you give me a contact telephone number? You never know, there may be a cancellation during the course of today. If so, I'd be able to fit you in after all!

Stéphanie: ____

Receptionist: That's right. It sometimes happens.

Stéphanie: ____
it's 01372 373502 – with the Stableford family.

Receptionist: 373502 – right, I've got that. So if you don't hear from me again today, just come round to the dental centre at 11.15 tomorrow. – Do you know where to find us?

Stéphanie: ____

Receptionist: That's right. Just at the end of Lower Road.

Stéphanie: ____

Receptionist: Bye now.

ISBN 978-3-12-547263-1

Lösungen zu den Kopiervorlagen

Topic 1

Kopiervorlage 2: My brother Jerry

1. *– b),* 2. *– a)/b),* 3. *– b),* 4. *– b)/c),* 5. *– c),* 6. *– a)/b),* 7. *– a),* 8. *– c),* 9. *– b),* 10. *– b)*

Kopiervorlage 3: Teenage voices

1. *Adrian,* 2. *Tony,* 3. *Annabel,* 4. *Gabriella,* 5. *Nick,* 6. *Bethany*

Kopiervorlage 4: Gerund or infinitive?

1. *Being – spending – supporting – being seen – be – being – to having to – to think*
2. *wondering – of having to – walking*
3. *to help – (to) talk – telling – suffering – making – to be*
4. *to have – meeting – to kiss – of having – from being – being addressed*
5. *to get – being – do – to living – thinking – on spending – feeling – making/to make*

Kopiervorlage 5: Family life

1. *Anne,* 2. *Dad,* 3. *Mum,* 4. *Dad,* 5. *Roddy,* 6. *Nick,* 7. *Nick,* 8. *Dad,* 9. *Nick,* 10. *Dad,* 11. *Mum,* 12. *Anne,* 13. *Anne,* 14. *Roddy,* 15. *Mum,* 16. *Roddy,* 17. *Nick,* 18. *Anne,* 19. *Mum,* 20. *Mum*

Kopiervorlage 6: I go along

1. *– a)/c),* 2. *– a)/b),* 3. *– b),* 4. *– c),* 5. *– b),* 6. *– a)/b)/c),* 7. *– a)/c),* 8. *– b),* 9. *– a)/b)/c),* 10. *– c)*

Kopiervorlage 7: Tombstoning

1. *craze,* 2. *safe,* 3. *increasingly,* 4. *daredevil,* 5. *sites,* 6. *fatalities,* 7. *injuries,* 8. *residents,* 9. *emergency,* 10. *average,* 11. *rescue,* 12. *issuing,* 13. *surface,* 14. *paralyse,* 15. *severely,* 16. *thrilling,* 17. *obstacles,* 18. *overestimating,* 19. *discharged,* 20. *bruised,* 21. *rush,* 22. *shattered,* 23. *vertebrae,* 24. *paralysed,* 25. *wheelchair,* 26. *peer pressure*

Topic 2

Kopiervorlage 11: The history of slavery

a) *– 10.,* b) *– 4.,* c) *– 13.,* d) *– 2.,* e) *– 12.,* f) *– 9.,* g) *– 14.,* h) *– 3.,* i) *– 5.,* j) *– 11.,* k) *– 8.,* l) *– 15.,* m) *– 1.,* n) *– 7.,* o) *– 6.*

Kopiervorlage 12: A crossword puzzle

Across: 2. *specific,* 3. *bravery,* 5. *graduation,* 11. *outlaw,* 12. *defiance,* 13. *relief,* 14. *attitude,* 15. *icon,* 16. *peer,* 17. *smart,* 19. *diminish,* 21. *eventually,* 23. *suburban,* 26. *divide,* 27. *affect,* 28. *sanction,* 29. *acknowledge*

Down: 1. *prevail,* 2. *segregation,* 4. *admission,* 6. *courageous,* 7. *conveniently,* 8. *temporary,* 9. *scan,* 10. *persistent,* 17. *shed* 18. *neighbourhood,* 20. *incomprehensible,* 22. *rerun,* 24. *habit,* 25. *stark*

Kopiervorlage 13: Rosa Parks

1. *icon,* 2. *classmates,* 3. *suburban,* 4. *stark,* 5. *persistent,* 6. *prevails,* 7. *enthusiastically,* 8. *affect,* 9. *temporary,* 10. *shed,* 11. *conveniently,* 12. *incomprehensible,* 13. *headliner,* 14. *peers,* 15. *diminish,* 16. *accomplished,* 17. *bravery ,* 18. *defiance,* 19. *sanctioned,* 20. *acknowledged,* 21. *habits,*

22. *attitudes,* 23. *outlawed,* 24. *devolved,* 25 *smart,* 26. *divide,* 27. *grand,* 28. *gestures*

Kopiervorlage 14: Sister Rosa

1. *alive,* 2. *tired,* 3. *scene,* 4. *mob,* 5. *seat,* 6. *rest,* 7. *spark,* 8. *freedom,* 9. *fail,* 10. *fine,* 11. *decided,* 12. *obtain,* 13. *equality,* 14. *dedicate,* 15. *dignity*

Kopiervorlage 16: How would you describe these characters?
Lösungsvorschlag:

Carl: 1. *friendly,* 2. *intelligent,* 3. *unconventional,* 4. *matter-of-fact,* 5. *impulsive*
Levi: 1. *helpful, interested (in new things),* 3. *enthusiastic,* 4. *communicative,* 5. *offensive (towards Zora)*
Zora: 1. *impulsive,* 2. *rude (offensive),* 3. *aggressive,* 4. *obstinate*
Jerome: 1. *spontaneous,* 2. *interested (in new things),* 3. *rude (towards Zora)*
Howard: 1. *formal,* 2. *intellectual,* 3. *academic,* 4. *insensible (to other people outside his world),* 5. *indifferent (to his kids' rude behaviour)*

Kopiervorlage 17: Who said what?

1. *Sarfraz Manzoor,* 2. *Ian Herbert,* 3. –, 4. *Zia Haider Rahman,* 5. *Sarfraz Manzoor,* 6. –, 7. –, 8. *Zia Haider Rahman,* 9. *Ian Herbert,* 10. *Sarfraz Manzoor*

Kopiervorlage 18: A family drama

Lösungsvorschlag: 1. *This is not very likely: what could she do against a group of racist hooligans, for example? / Don't go out alone, especially not in the dark! Go to public and crowded places only!*

2. a) *He is less interested in Jamila's health than in her getting married.*
   b) *– 2) is correct*
3. a) *He dominates her and he is rude and violent to her.*
   b) *Pro: Jamila has already shown that she is a strong-willed girl. / Contra: The family ties are too strong. Can Karim really help her?*
4. a) *is correct*
5. d) *is the most probable one*
6. c) *is the most probable one*
7. *He is on hunger strike and, this way, wants to force his daughter to give in.*
8. a) *ll. 80 + 85,* b) *l. 63,* c) *l. 63,* d) *l. 72,* e) *l. 86,* f) *l. 94*

Kopiervorlage 19: What can you do against racial discrimination?

often, angry, see, racial, their, school, centres, places, people, they, frustrated, just, know, personally, prevent, acts, bring, people, Conference, has, suggestions, them, discrimination, piece, they, promise, not, part, acts, racial, are, take, discrimination, follows, citizen, world, with, Nations, discrimination, any, life, support, and, all, home, community, the, addition, this, are, develop, order, it, reality, few, start, examine, ideas, races, ask, that, what, other, just, people's, can, learn, different, getting, different, them, going, and, making, people, cultural/cultures, backgrounds, ever, inviting, does, the, your, does, your, have, you, are, your, welcome, all, least, avoid, exclude, about, questions, told, made, people, background, different, What, say, hear, fun, because, grandparents, foreign, action, discrimination, easy, worth, contributing, more

Topic 3

Kopiervorlage 20: Make your lives extraordinary

a) *l. 3:* *acting – gerund; used after verb "to love"*
l. 4: *exciting – present participle; used as an adjective as an attribute to the noun "life"*
l. 8: *jestering – present participle; used to describe accompanying circumstances instead of another noun clause*
l. 9: *fencing – present participle; used to describe accompanying circumstances instead of another noun clause*
l. 11: *sitting – present participle; used to describe accompanying circumstances instead of a relative clause*
l. 16: *acting – present participle; used as an adjective as an attribute to the noun "business"*
l. 17: *shaking – present participle; used after verb describing position ("to stand")*
l. 24: *quitting – present participle; part of present progressive*
l. 27: *pointing – present participle; used to describe accompanying circumstances instead of another noun clause*
l. 28: *coming – present participle; part of present progressive*
l. 33: *walking – present participle; used to describe accompanying circumstances instead of another noun clause*
l. 34: *pounding – gerund; used after verb "to start"*
l. 34: *rolling – gerund; used after verb "to begin"*

b) Lösungsvorschlag: Mr. Perry sprang auf und schlug mit der Hand auf den Schreibtisch. „Wage es ja nicht, mir zu widersprechen," schrie er. „Schlimm genug, dass du deine Zeit mit dieser lächerlichen Schauspielerei vertrödelst. Aber du hast mich absichtlich getäuscht!" Wütend lief er auf und ab, während Neil zitternd dastand. „Wie konntest du erwarten, damit durchzukommen? Antworte mir," brüllte er. „Wer hat dich dazu angestiftet? Dieser Mr. Keating?" „Niemand ...," stammelte Neil. „Ich wollte dich überraschen. Überall habe ich sehr gute Noten und ..."
„Hast du wirklich geglaubt, ich würde das nicht erfahren? ‚Meine Nichte spielt in einem Stück zusammen mit Ihrem Sohn,' sagt Mrs. Marks. ‚Sie müssen sich irren,' sage ich. ‚Mein Sohn spielt in keinem Stück mit.' Du hast mich zum Lügner gemacht, Neil. Morgen wirst du zur Probe gehen und ihnen sagen, dass du aufhörst."
„Vater, ich habe eine der Hauptrollen," erklärte Neil. „Morgen Abend ist die Aufführung. Vater, bitte ..." Mr. Perrys Gesicht war weiß vor Wut. Er ging auf Neil zu und streckte ihm den Finger entgegen. „Und wenn die Welt morgen Nacht untergeht, mit diesem Stück ist Schluss! Ist das klar? IST DAS KLAR?"
„Ja." Das war alles, was Neil aus sich herausbringen konnte. Mr. Perry blieb stehen. Er starrte seinen Sohn lang und eindringlich an. „Ich habe große Opfer gebracht, Neil, um dich hier unterzubringen. Du wirst mich nicht enttäuschen." Mr. Perry drehte sich um und schritt aus dem Zimmer. Eine lange Zeit blieb Neil still stehen, dann ging er an seinen Schreibtisch und begann, darauf einzuhämmern, immer stärker, bis seine Fäuste keinen Schmerz mehr spürten und Tränen über seine Wangen liefen.

Kopiervorlage 21: The dialogue between Neil and Mr. Keating

Lösungsvorschlag: Neil erklärt seinem Lehrer, Mr. Keating, dass ihm die Schauspielerei alles bedeutet, sein Vater ihn aber dazu zwingt, damit aufzuhören. Neil versteht zwar auch die Ansicht seines Vaters, der sich einen Gewinn bringenden Beruf für seinen Sohn wünscht, aber die Schauspielerei ist sein großer Traum. Mr. Keating gibt Neil den dringenden Rat, dass er seinem Vater klarmachen muss, wie viel ihm die Schauspielerei bedeutet, ansonsten würde er auch nur eine Rolle vor seinem Vater spielen, da er seine Wünsche unterdrückt und sich verstellt. Neil ist sich jedoch sicher, dass ihn sein Vater nicht verstehen würde und seine Passion als eine nicht ernst zu nehmende Laune abtun würde. Des Weiteren würde er ihm einreden wollen, dass es nur gut für ihn selber wäre, wenn er seine Leidenschaft aufgeben würde und die Erwartungen seines Vaters erfüllen würde. Mr. Keating rät seinem Schüler, dass er dennoch unbedingt mit seinem

Vater reden sollte. Kann er ihn nicht überzeugen, so müsse er warten, bis er volljährig ist, dann kann ihm keiner mehr etwas verbieten. Neil weist darauf hin, dass die Aufführung schon am folgenden Abend sei. Mr. Keating betont noch einmal, dass ein Gespräch mit dem Vater unbedingt notwendig ist, wenn Neil sich selbst gegenüber treu bleiben will. Neil überlegt, ob er diesen schwierigen Weg gehen soll.

Kopiervorlage 22: School's over: What now?

1. *I look/I'm looking forward to finally earning money.*
2. *After school I want to study architecture. I'm already dreaming of designing my own house.*
3. *I've already thought about going to America and working there for a few months.*
4. *I'd like to work for a travel agent's. But I'm not interested in sitting in an office all day long.*
5. *I think you should do something really worthwhile instead of always thinking of money.*
6. *My parents have always wanted me to work in our family-run business. I don't know how to say no without disappointing them. I'm afraid of telling them the truth, but on the other hand it doesn't make sense to begin something that I'm absolutely not interested in.*

Kopiervorlage 23: Unable to read

a) Lösungsvorschlag:

1. *When Peter Ugarte left school he couldn't/wasn't able to read a newspaper or comic book.*
2. *As a 10-year-old, he often missed school so that he wouldn't have to read.*
3. *In order to fill in a form correctly, it's important to be able to read and write.*
4. *A fire notice describes what you must/have to do in case of an emergency.*
5. *A note to the milkman tells him how many bottles he has to deliver.*

b) *He would bandage his hand … (l. 3); …, he would write huge words … (l. 12); He would get on the wrong bus … (l. 14) / Other possibility: used to + infinitive.*

c) Lösungsvorschlag: *His parents should have helped him. His friends must have noticed something. The people at the dole office might have understood his problem and could have sent him to start a literacy class earlier.*

Kopiervorlage 24/24a: Extracurricular activities in American high schools

b) 1. – *e)*, 2. – *g)*, 3. – *i)*, 4. – *b)*, 5. – *h)*, 6. – *j)*, 7. – *a)*, 8. – *d)*, 9. – *f)*, 10. – *c)*

c) Lösungsvorschlag: 1. *After-school activity that isn't part of the usual course of work or studies at school.*

2. *When a team play in their hometown.*
3. *An act of testing how good or effective somebody is before deciding whether to use them in the future.*

Kopiervorlage 25: Young people and university

1. *–, –, –, –, the, the, the, –, The, a*
2. *–, a, (the), a, the, –, –, a, –, the, the, –, the, –*
3. *a, a, –, a, –, a, –, –, –, a, –, –, –, the, –, a, –, an, –, –, the*

Kopiervorlage 26: Jenny's A-level results

1. *holiday*, 2. *knew*, 3. *would*, 4. *home*, 5. *A-level*, 6. *little*, 7. *school*, 8. *with*, 9. *away*, 10. *trying*, 11. *day*, 12. *arrived*, 13. *head*, 14. *up*, 15. *lock*, 16. *results*, 17. *parents*, 18. *expecting*, 19. *that*, 20. *teacher*, 21. *my*, 22. *worst*, 23. *much*, 24. *of*, 25. *fail*, 26. *think*, 27. *but*, 28. *enough*, 29. *university*

Kopiervorlage 27: European education

c) Lösungsvorschlag: siehe Lehrerbuch, Seite 125/126 (Übung 6, Aufgabe 1)

Topic 4

Kopiervorlage 29: The Rainbow Nation

Lösungsvorschlag: 1. *Kalahari: desert area*
2. *Windhoek: – (capital of Namibia)*
3. *Rand: currency*
4. *Garden route: scenic route east of Cape Town*
5. *Grand Canyon: – (in the US)*
6. *Wildlife: no tigers and rattlesnakes*
7. *ANC: African National Front (political party)*
8. *Driving on the left: yes*
9. *Township: black settlements outside cities*
10. *Gold: was first found in 1886 in the Johannesburg area*
11. *Whites only: sign that could be read before the end of the apartheid policy*
12. *Population: about 47 million*
13. *Roman ruins: –*
14. *Kimberley: capital of the province of Northern Cape, founded 1873, famous for its diamond mine, the "Big Hole", closed in 1914*
15. *Slavery: slaves from Asia, Madagaskar and other parts of Africa, not from the South African territories.*
16. *Soweto: largest township, near Johannesburg*
17. *Cape Horn: – (most southern point of the American continent)*
18. *Indians: from 1866 on Indian labourers worked on sugar plantations and in coal mines*
19. *Countries sharing borders with South Africa: not Nigeria*

Kopiervorlage 30: Out of sight

1. *were kicked out of their home, sent away,* 2. *an everyday affair,* 3. *they were moved,* 4. *to build themselves a shack,* 5. *a fortune out of government contracts for those toilets,* 6. *they were sent where there were houses of some sort,* 7. *they'd spent what must seem a fortune to them,* 8. *we're talking about destroying communities,* 9. *and carting black people out of sight of whites,* 10. *far away on the Cape Flats*

Kopiervorlage 31: The development of townships

1. *a) – 2), 6); b) – 1), 2), 3), 5), 6)*
2. *a) Establishing the new township Klipspruit did not improve the black people's situation. b) Klipspruit was made a nature area and the housing was right next to the City sewerage. c) is right.*
3. *3) Nationalist government; a) – 3), b) – 1), c) – 1), d) – 2), e) – 2)*

Kopiervorlage 32: This text was censored

l. 5: *thousands of high school students, not: two hundred*
l. 6: *shouting anti-apartheid songs, not: songs and slogans*
l. 7: *to investigate, not: to join in the singing*
ll. 7/8: *had already drawn a cordon across the road to prevent the marchers from going further, not: had blocked the traffic to let the crowd of singers pass*
l. 13: *I saw teargas, canisters, armoured and personnel carriers … and real live ammunition rifles , not: armed police*
l. 15: *two minutes, not: 30 minutes*
l. 16: *gunshots, not: shouts*
l. 17: *I choked and began coughing uncontrollably, tears running, not: I coughed a bit, a few tears running down my cheeks*
l. 18/19: *The police let their dogs loose on us, not: The police slowly went to the students, with their dogs still being with them*
l. 20: *I was scared, very scared, not: I was excited*
l. 22: *the boy was bleeding, not: crying"*

Kopiervorlage 33: In detention

a) Lösungsvorschlag: 1. *The poem is about people who died because they were not careful enough. Nobody but the victims themselves was responsible for these fatal accidents.*
2. *It can be assumed that those people in charge of the prisons were responsible for the deaths of the detainees and did not really care if their explanations for the causes of death were convincing.*
3. *This stresses the fact that wilful explanations were given. The reader may decide for himself what led to the death of the prisoner.*
4. *This way of presenting information emphasizes the fact that the authorities need neither really explain nor justify the "accidents".*
5. *The regularity and monotony that come with the repetition is supposed to underline the common practice of explaining the deaths in a wilful way.*
6. *There are no punctuation marks in this text, so that the reader may find new word combinations (for example in ll. 8/9: "He hanged himself; while washing he slipped from the ninth floor ..."). It also adds to the thoughtlessness of the authorities when it comes to explaining the causes of the accidents.*

b) *The poem sheds light on the injustice, inhumanity and arrogance of those responsible for the deaths of many detainees. By explaining the causes of death in such a wilful way, the authorities show that the idea of human dignity is foreign to them. Their arrogance becomes evident by not really trying to explain what led to the deaths of the inmates, thus even making fun of the victims after their deaths. As it can be assumed that the explanations concerning the causes of death were written in official reports, the conclusion must be drawn that the whole political system was responsible for what was really going on in the prisons, revealing its corruption and injustice.*

Kopiervorlage 34: Truth-telling in South Africa: What witnesses told the TRC

1. *observed,* 2. *victims,* 3. *crimes committed,* 4. *violent,* 5. *detention,* 6. *reported ,* 7. *torture,* 8. *sentenced,* 9. *life imprisonment,* 10. *lack,* 11. *abuses,* 12. *perpetrators,* 13. *descendant,* 14. *rifle,* 15. *removal,* 16. *maintain,* 17. *measures,* 18. *achieve*

Kopiervorlage 35: A crossword puzzle

Across: 1. *violent,* 2. *failure* 3. *measure,* 4. *extend,* 5. *prohibit,* 6. *potential,* 7. *unemployed,* 8. *defeat,* 9. *segregation,* 10. *descendant,* 11. *policy,* 12. *contract,* 13. *current,* 14. *sentence,* 15. *reinforce,* 16. *jail,* 17. *vehicle,* 18. *maintain,* 19. *approximate,* 20. *fine,* 21. *adopt,* 22. *fortune,* 23. *racial,* 24. *removal,* 25. *permit,* 26. *criticism,* 27. *fictional,* 28. *persecute,* 29. *vast,* 30. *immigration,* 31. *loose,* 32. *annual*
Down: *Truth and Reconciliation Commission*

Kopiervorlage 36: A witness before the Truth and Reconciliation Committee

1. *that,* 2. *way,* 3. *Alice,* 4. *from,* 5. *centre,* 6. *then,* 7. *place,* 8, *garage,* 9. *sitting,* 10. *side,* 11. *private,* 12. *were,* 13. *the,* 14. *large,* 15. *was,* 16. *our,* 17. *noticed,* 18. *There,* 19. *the,* 20. *curve,* 21. *speeding,* 22. *our,* 23. *that,* 24. *bus,* 25. *saw,* 26. *machine,* 27. *They,* 28. *bus,* 29. *Many,* 30. *alive,* 31. *that,* 32. *spite,* 33. *there,* 34. *already,* 35. *realized,* 36. *and,* 37. *how,* 38. *everything,* 39. *regained,* 40. *arm,* 41. *thread,* 42. *until,* 43. *and,* 44. *for,* 45. *remember,* 46. *And,* 47. *that,* 48. *was,* 49. *even,* 50. *pains*

Kopiervorlage 37: *Tsotsi:* a film from South Africa

siehe Schülerbuch, Seite 64

Kopiervorlage 38: Kwaito music

siehe Lehrerbuch, Seite 160

Kopiervorlage 40: The wildlife trade
4 / 1 / 5 / 3 / 2

Kopiervorlage 41: Five kinds of safari
1. *– d),* 2. *– c),* 3. *– c),* 4. *– b)/d),* 5. *– a)*

Topic 5

Kopiervorlage 42: Nineteen Eighty-four
a) 1. *an assumption,* 2. *the surface,* 3. *to depict,* 4. *to reveal,* 5. *simultaneous,* 6. *ignorance,* 7. *dust,* 8. *to squeeze,* 9. *to hover*
b) 1. *effort,* 2. *to enter,* 3. *seldom,* 4. *to gaze,* 5. *heap,* 6. *vast,* 7. *startling,* 8. *to emphasize,* 9. *instant*
c) 1. *blunt,* 2. *frail,* 3. *beneath,* 4. *handsome,* 5. *slavery*
d) Lösungsvorschlag: 1. *Sometimes reality and fantasy are hard to distinguish.*
2. *He couldn't quite remember the order of events because everything happened at the same time. The events were simultaneous.*
3. *This car has got some interesting features I have always been looking for.*
4. *A site has been chosen for the new school.*
5. *The doctor told my mum to rest.*

Kopiervorlage 43: George Orwell – the author and his times
born, what, family, government, England, grew, age, miserable, school, public, outsider, afford, university, supposed, experience, circumstances, hated, decided, rags, year, published, tramp, England, attention, working, married, attempting, recently, Russia, Germany, fights, country, writing, security, continued, changed, famous, died

Kopiervorlage 46: The next step in brain evolution
a) 1. *to confide in sb,* 2. *to pay attention to sth,* 3. *to indulge (in) sth,* 4. *to come to terms with,* 5. *to draw (on sth),* 6. *to chart a course*
b) 1. *immediate,* 2. *effect,* 3. *clever, intelligent,* 4. *to reduce,* 5. *to officially decide or arrange sth,* 6. *the state of being male or female,* 7. *very important*
c) Lösungsvorschlag: 1. *in the shape of (a heart), sth comes in all shapes and sizes, sb is in good shape, to get (yourself) into shape, give shape to sth, out of shape, take shape, to shape up*
2. *at a steady/gentle/leisurely pace, walking pace, at one's own pace, to keep pace (with sb/sth), to set the pace*
3. *back on track, keep/lose track of sb/sth, on the right/wrong track, stop/halt sb in their tracks, stop/halt/freeze in your tracks, to be on the fast track to sth, railway/railroad tracks*

Kopiervorlage 47: How to link your sentences
b) Lösungsvorschlag: 1. *in addition, additionally, furthermore, moreover, also*
2. *despite the fact that, in spite of, however, nevertheless, nonetheless, in contrast, on the one hand, on the other hand, this does not necessarily mean that, paradoxically*
3. *for/as/since, as a result, consequently, due to*
4. *for instance, in fact, in particular, namely, particularly, such as*

Kopiervorlage 49: Protecting birds from urban dangers
a) 1. *has been,* 2. *recorded,* 3. *were/had been killed,* 4. *injured,* 5. *had struck,* 6. *(had) crashed,* 7. *reflected,* 8. *fooled,* 9. *were approaching,* 10. *was considered,* 11. *will become,* 12. *had come up/came up,* 13. *Following,* 14. *was placed,* 15. *was completed,* 16. *cost,* 17. *did,* 18. *wanted,* 19. *were involved,* 20. *visited,*

21. *were pleased,* 22. *had crashed,* 23. *was,* 24. *works,* 25. *found,* 26. *were dropping,* 27. *was*

Grammar

Kopiervorlage 50: Talking about the past

1 Present perfect simple or progressive?

1. – b), 2. – a), 3. – b), 4. – a), 5. – a), 6. – a)

2 Find the correct form

1. has been married, was married, had been, met
2. Have you ever been, you have, did you go, Did you visit
3. were sightseeing, were playing
4. were you doing, stopped

Kopiervorlage 51: Expressing conditions and consequences

1 Spot the mistakes

l. 2: weren't, not: didn't
l. 3: was/were taken, not: would have been taken; would have, not: will have
l. 4: hadn't found, not: didn't find
l. 6: would do, not: will do
l. 10: would listen, not: will listen

2 Match the sentence parts

1. – h), 2. – f), 3. – a), 4. – j), 5. – c), 6. – d), 7. – e), 8. – g), 9. – b), 10. – i)

Kopiervorlage 52: Using modal auxiliaries

1 Give advice

Individuelle Lösungen.

2 What are those people more likely to mean?

1. – a), 2. – b), 3. – a), 4. – b), 5. – b)

Kopiervorlage 53: Describing people: Who is who?

1. *Alison,* 2. *John,* 3. *Sarah,* 4. *Karen,* 5. *Stuart*

Kopiervorlage 54: Describing things/Linking ideas

1 Spot the mistakes

l. 2: really, not: real (adjective instead of adverb)
l. 3: when I looked at it again (word order); nice, not: nicely (adjective instead of adverb)
l. 4: and I even read it (word order); sounded wonderful, not: wonderfully (adjective instead of adverb)
l. 5: correcting, not: correct (gerund instead of infinitive)
l. 7: I'm actually well again (adjective instead of adverb and word order)
l. 8: the medicine that, not: what (pronoun); worked pretty well, not: good (adverb)
l. 9: Not surprisingly, not surprising (adverb instead of adjective); it tasted bad, not: badly (adjective instead of adverb); I swallowed it regularly, not: regular (adverb instead of adjective and better word order)
l. 11: Certainly, not: Certain (adverb instead of adjective); fewer mistakes, not: lesser (just very wrong!)
l. 12: working so hard, not: hardly (adjective instead of adverb)

2 Half Moon

1. With it/the restaurant (being) located in the centre, you can easily reach it.
2. You can choose from a huge menu with prices being competitive.
3. (With) There being free drinks for children/(With) Drinks being free for children, you needn't buy …

4. *(With) The owners speaking English fluently, there won't be any nasty surprises ...*
5. *Despite our not having been in the papers before, you can rely on our good service.*

Everyday English

Kopiervorlage 55: At the doctor's

siehe *Tapescript* des Hörtextes hier im Lehrerbuch, Seite 235

Kopiervorlage 56: Two tickets, please!

Lösungsvorschlag:

You: Ich habe mich doch gar nicht nach einem Hotel erkundigt, ich will bloß wissen, wie wir am schnellsten in die Stadt zu unserem Hotel kommen.

You: Er will wissen, ob wir wirklich zwei Einzelfahrscheine wollen oder ob wir nicht lieber ein Ticket nehmen wollen, das den ganzen Tag gültig ist.

You: *I suppose that's much cheaper compared to the single one. What is it and how much is it?*

You: Nein, ist es gar nicht. Er hat nur gefragt, ob wir in London viel herumfahren wollen. Wenn wir nämlich eine Woche bleiben, könnten wir die Travel Card nehmen, die wäre auf jeden Fall noch billiger.

You: *The travel card sounds great, but I'd like to know if we can use it everywhere in London.*

You: Ja, aber das geht wohl nicht anders. Wir sind in Zone 6 und die günstigsten Travel Cards gelten nur in den Zonen 1 und 2. Das heißt, wir müssen einen kleinen Betrag zusätzlich zu den Tickets zahlen.

You: *Sorry, I do apologise, yes, I'll have the two Travel Cards, please. Could you just help us some more? How do we get from here to our hotel near St James's Park, please?*

You: Unsinn, hör zu: Wir sollen den U-Bahn-Schildern nachgehen. Dann steigen wir in die Piccadilly Line ein und fahren bis South Kensington. Da das eine Weile dauert, sollen wir schauen, dass wir Sitzplätze finden. Dort steigen wir aus und suchen die Schilder mit der District oder Circle Line, das sind die grünen und die gelben. Dann sind es noch drei Haltestellen bis St James's Park, wo wir aussteigen müssen.

Kopiervorlage 57: Making plans

a) *Robert: Hello!*
Robert: How are you?
Sheryl: Fine! Anyway, ...
Sheryl: Listen, I won't keep you, ...; ..., would you like to ...
Robert: ..., I'm afraid. ... What a shame! It'd be nice ...
Sheryl: Yeah, it's a shame, ... How about ... instead? ... got anything planned ...
Robert: Yeah, ... that should be ... I'll check ..., That'd be ...
Sheryl: I'll look forward to ..., Give me a ring ..., time.
Robert: OK then. Thanks for ... See you!
Sheryl: Yeah, see you!

Kopiervorlage 58: Holiday preparations

siehe *Tapescript* des Hörtextes hier im Lehrerbuch, Seite 245

Kopiervorlage 59: A call to a dental centre

siehe *Tapescript* des Hörtextes hier im Lehrerbuch, Seite 249

Dictionary

In dieser alphabetischen Wortliste ist das gesamte Vokabular von **Learning English – Green Line NEW Bayern Band I-VI** enthalten. Eigennamen werden nicht mehr angegeben.

Die mit * gekennzeichneten Verben sind unregelmäßig. Die Wörter, deren Fundstellen in Spitzklammern stehen, gehören nicht zum aktiv zu beherrschenden Lernwortschatz und werden hier als fakultativ bezeichnet. Manche Wörter kommen zunächst fakultativ vor, z. B. in *Extra Line* oder in authentischen Texten, bevor sie obligatorisch eingeführt werden. Dann werden die Fundstellen kumuliert. Da es in Band VI keine Vokabelprogression mehr gibt, kommt es zu Mehrfachnennungen bei den Fundstellen für Band VI.

Die deutsche Übersetzung erscheint, wenn es zur Bedeutungsdifferenzierung notwendig ist. Die Angaben nach den Einträgen verweisen auf das erstmalige Vorkommen der Wörter mit dem jeweiligen Status – obligatorisch oder fakultativ, z. B.

across IIU1 13 = obligatorisch in Band II, Unit 1, Seite 13
*to **burn** ⟨**IEL** 118⟩; **II U7** 90 = fakultativ in Band I, Extra Line, Seite 118, obligatorisch in Band II, Unit 7, Seite 90
fly IIF2 47, 4 = obligatorisch in Band II, Focus 2, Seite 47, Übung 4
impression VIT1 13; **VIT3** 47, 12; **VIT4** 62, 4 = obligatorisch in Band VI, Topic 1, Seite 13, Topic 3, Seite 47, Übung 12 und Topic 4, Seite 62, Übung 4

Abkürzungen:

LS = Let's start, **U1** = Unit 1, **F1** = Focus 1, **EL** = Extra Line, **T1** = Topic 1

A

a(n) I LS 10
a bit **I U7** 106
a couple of **V U3** 46
a few **II U3** 41
a hundred **I F2** 48, 2
a light ⟨**V U3** 54, 1⟩
a little **IV F3** 91, 5
a long way ⟨**I EL** 114, 1⟩
a lot of **I U5** 78
an hour and a half ⟨**II EL** 103⟩
a pair of **I F2** 49, 6
a week **II U2** 21, 2
to **abandon VI T4** 64
abbreviation ⟨**IV U2** 26, 2⟩; **VI T5** 83
ability ⟨**II U5** 64, 1⟩; ⟨**III U4** 59, 6⟩; ⟨**VI T5** 82⟩
able II U5 64
to be able to (do sth) **II U5** 64
able-bodied ⟨**III U4** 52⟩
aboard VI T1 12; **VI T5** 74
to **abolish V U4** 67, 2
Aboriginal I F4 99
Aborigine IV U1 9, 2
about *ungefähr, circa, etwa* **II U5** 64; *herum; umher; hier in der Gegend* **IV U1** 10
out and about **IV U3** 44
about *über, wegen* **I LS** 10, 2
above I U7 106
*to be a notch **above VI T1** 13
abroad IV F3 90, 2
absolutely IV U2 33
absurd V U4 62
abundant VI T4 56
abuse VI T2 34, 1; **VI T4** 63
human rights abuse **VI T4** 63
sexual abuse ⟨**V U3** 52, 1⟩
to **abuse VI T2** 35; **VI T5** 73, 2
accent II U6 76
to **accept IV F3** 91, 5
acceptance VI T3 48
access V U1 9, 2
accident II U4 54
accidental VI T5 73, 2
accommodation V U2 36, 9
accompaniment ⟨**IV U5** 78⟩
to **accompany V U2** 31, 3
to **accomplish VI T2** 27
according to III U4 53, 3
savings **account V U2** 24, 1
to **account** for **VI T5** 79, 10
accountant V U2 25, 2
accurate ⟨**VI T2** 32⟩
to **accuse** ⟨**V EL** 98, 1⟩
to **achieve V U4** 63, 3
achievement V U1 14
acid rain ⟨**V U5** 80, 3⟩
to **acknowledge VI T2** 27
acoustic IV U3 53, 6
acquaintance ⟨**IV EL** 100⟩
acre ⟨**II U6** 72⟩; ⟨**V U4** 64⟩
acrobat II U5 61
across II U1 13
acrostic ⟨**III EL** 102, 1⟩
act VI T4 59
Civil Rights Act **VI T2** 24
to get one's act together **III U6** 86
to **act IV U1** 15, 5
to act something out **I U4** 67, 6
action I U5 82, 4
active III U3 41, 2
activism VI T4 58
activist ⟨**V U5** 83⟩; **VI T2** 29; **VI T4** 58
activity II U1 10
activity centre **II U1** 10
actor II U1 10
actually I U7 104
ad V F3 91
AD (= Anno Domini) III F1 20
to **adapt V U2** 36, 9
to **add** ⟨**I EL** 120⟩; **II U2** 30, 7
*to be **addicted** to sth **VI T3** 48
additional VI T3 55
address II U1 9, 3
adjective II U2 22, 2
to **admire IV U3** 52
admission VI T2 26
to **admit** *zugeben* **III U2** 26; *zulassen; aufnehmen* ⟨**VI T1** 23⟩
to **adopt VI T2** 29; **VI T4** 57; **VI T5** 72
adult II F1 19, 3
in **advance III U1** 10
advanced ⟨**V U2** 31, 3⟩; **VI T1** 12
advantage III U4 61
adventure II U2 20, 2
adventurous VI T1 17, 4
adverb II U7 87, 2
adverb of manner **II U7** 87, 2
advert V U1 17, 2
to **advertise V U1** 14
advertisement IV F3 90, 3
advice III U4 55, 6
to **advise** (sb to do sth) **III U4** 54
to **advocate** ⟨**VI T3** 43⟩
aerial ⟨**VI T4** 69⟩
affair VI T4 58
affect ⟨**VI T2** 26⟩
to **affect V F1** 20, 1
to **afford VI T4** 66
*to be **afraid** (of) **II U3** 37, 5
African I F4 99
Afrikaans ⟨**I F4** 99⟩
after *nach* **I U3** 50
after all **IV U1** 18
after *nachdem* **III F1** 21, 1
they lived happily ever after ⟨**VI T2** 35⟩
afternoon I U1 32
this very afternoon ⟨**VI T3** 44⟩
aftershave III U4 61
afterwards IV U5 80
again I LS 15, 6
again and again **I U5** 81
now and again **VI T4** 60
against II U1 15
age II U1 9, 3
for ages **III U1** 14
Middle Ages **II U2** 21, 2
aged V F1 23, 3
agency VI T3 48
agent II U4 53, 6
travel agent's **II U4** 53, 6
agitator ⟨**VI T4** 68⟩
ago I U6 90
to **agree** (with) **II U1** 12, 8
to agree (on) **II U1** 12, 8
agricultural V F1 21, 2
agriculture V U5 79
ahead of ⟨**IV U1** 17⟩
hearing **aid** ⟨**III U4** 55, 3⟩
AIDS ⟨**V U3** 49⟩
aim II U5 60
to **aim at III F4** 98, 2
to aim for **V U2** 32
air I U4 68
airplane VI T3 49
airport I U2 38, 2
airstrip ⟨**VI T5** 77⟩
aisle VI T1 13
alarm *Wecker* **III U4** 54
alarm *Alarm* ⟨**III U2** 28, 1⟩; *Alarm; Beunruhigung* **IV U3** 50
album IV U3 53, 6
alcohol V U3 47, 4
alcoholism ⟨**V U4** 64⟩
A Level V U2 28
algebra ⟨**II U5** 68, 7⟩
alien ⟨**IV F3** 90, 1⟩
alien *(fml)* ⟨**V U5** 81⟩
to **alienate** ⟨**VI T3** 46⟩
alike *ähnlich* ⟨**IV EL** 100⟩
alike *gleichermaßen* ⟨**VI T1** 9⟩
*to be **alive I U5** 80
all *alle(s); ganz* **I U2** 38, 1; *ganz, vollkommen* ⟨**I EL** 120⟩
after all **IV U1** 18
all around **IV U1** 17
all over **IV U3** 50
all over the place **V U3** 46
all right *in Ordnung; alles klar* ⟨**I EL** 115, 1⟩; ⟨**I EL** 117, 4⟩; **II U4** 54; *schon* ⟨**VI T5** 74⟩
all the time **I U2** 42
at all **II U5** 67

most of all **II U3** 34, 1
allergic II U1 10
bowling **alley III U6** 83
all-Indian ⟨**V EL** 102⟩
to **allow II U5** 64
to allow for **V U3** 46
to be allowed to (do sth) **II U5** 64
allowance VI T1 11, 3
almost I U5 78
alone I U1 30
let alone **VI T2** 34, 1
to leave sb alone ⟨**II F1** 18, 2⟩; **III U5** 70
*to go **along VI T1** 12
along with ⟨**VI T5** 76⟩
along IV U2 32
aloud ⟨**I EL** 116, 1⟩; **V F3** 93, 4
alphabet I LS 17, 6
already I U1 28
also I U7 100, 2
alternate V U5 88
although II U3 36
altogether VI T5 75
aluminum foil *(AE)* ⟨**III U5** 70⟩
always I U1 30
am I U3 51, 4
amazed II U3 42
amazement III U2 30
amazing IV U2 27
ambassador ⟨**VI T5** 74⟩
ambition V U2 32
ambitious IV U5 78
ambulance III U3 45
American I U7 100, 1
Native American **II U7** 85
ammunition VI T4 62
amnesty VI T4 63
among V F2 56, 2
amongst VI T1 10
amount V U5 80
to **amplify** ⟨**IV U5** 76⟩
to **amuse** oneself **III U5** 72
amusing V U3 42, 1
to **analyse V U3** 52, 1
analysis VI T1 15, 5
ancestor VI T3 42
ancient V U5 83
and I LS 9
angel III U2 30
anger IV U4 69
Angles *(pl.)* ⟨**III F1** 21, 1⟩
anglicism ⟨**V U1** 13, 5⟩
Anglo-Indian ⟨**V EL** 98⟩
Anglo-Saxon ⟨**III F1** 21, 1⟩
angry I U3 54
animal I U1 28
animated ⟨**VI T2** 30⟩
animator ⟨**II U7** 88, 2⟩
ankle VI T5 76
anniversary V F2 56, 1
wedding anniversary ⟨**II F4** 94⟩
to **announce V U2** 33
announcement ⟨**III U4** 57, 2⟩; ⟨**V EL** 102⟩
annoyed II U3 41
annoying II U3 41
annual VI T4 61
anorak I F2 49, 6
another I U4 66
answer I LS 19, 4
Don't take no for an answer. ⟨**IV U1** 10⟩
to **answer I LS** 16, 1
antibiotic V F1 23, 4
anti-smoking ⟨**I EL** 116, 2⟩
any I U5 78
any more ⟨**I EL** 116, 1⟩
at any rate **VI T5** 77
not any better **II U4** 54
not any more **II U5** 66
anybody II U6 74
anyone II U4 55
anything ⟨**I EL** 120⟩; **II U1** 15
anyway II U2 22
anywhere II U6 74
apart ⟨**IV U1** 15, 5⟩; **V U2** 24, 1
apart from I U7 104
apartment *(AE)* **I U7** 103, 5
to **apologise IV F3** 91, 5
apology VI T4 63
apparently IV U5 78
to **appeal** ⟨**V F3** 91⟩
to **appear III U2** 30
appearance VI T1 10; **VI T3** 55
to **appease** ⟨**VI T4** 69⟩
appetite II U2 24
applause ⟨**V EL** 98⟩; ⟨**V EL** 102⟩
apple I U7 104
apple pie **V U3** 51
applicant V U2 30, 1
application V U2 30
letter of application **V U2** 30
to **apply (for) V U2** 30
to apply sth (to) **V F3** 90, 3
appointment ⟨**VI T3** 44⟩
to **appreciate IV U5** 77
approach ⟨**VI T4** 67⟩
to **approach V U4** 70
appropriate VI T3 40, 1; **VI T5** 75
to **approve** ⟨**V EL** 102⟩; **VI T5** 73, 2
approximate VI T4 59
April I U4 62, 1
apron V U4 70
aptitude ⟨**VI T4** 69⟩
aqueduct V U5 79
arboretum, *pl.* **arboreta** ⟨**III U5** 77, 1⟩
archaeologist V U2 25, 2
archaeology II U7 85
archbishop VI T4 60
archery II U2 27
architecture ⟨**IV F1** 23, 2⟩
area III U1 12, 5
argh! ⟨**V U4** 69⟩
to **argue** ⟨**IV U1** 15, 5⟩; **V U4** 65, 4
argument II U6 80, 3
*to **arise VI T1** 10
arm I LS 21, 4
to be up in arms ⟨**VI T3** 43⟩
armed ⟨**III U2** 30⟩
armour ⟨**III U2** 30⟩
armoured personnel carrier ⟨**VI T4** 62⟩
army ⟨**III F1** 21, 1⟩; ⟨**IV EL** 100⟩; **V F2** 57, 2
around I U4 68
all around **IV U1** 17
*to hang **around II U5** 62
to **arrange III U2** 23, 1
arrangement IV U3 44
to **arrest IV U4** 70
arrival III U4 60
to **arrive (at) I U7** 108, 3
arrow II U2 20, 2
art II U1 9, 2
art college ⟨**V U2** 33⟩
arts and crafts **III U3** 38
work of art ⟨**III U4** 53⟩
artful ⟨**V F3** 93, 4⟩
Arthurian ⟨**III U2** 29, 2⟩
article I U6 86
artificial ⟨**VI T2** 32⟩; ⟨**VI T4** 69⟩; **VI T5** 72, 1
artist ⟨**II EL** 105⟩; **VI T4** 64, 2
artistic V U2 25, 2
artwork VI T3 40
as *als* **II U2** 22
as … as **II U2** 22
as a matter of fact ⟨**VI T3** 45⟩
as a result of **III U4** 52
as far as **III U1** 9, 3
As far as … is/are concerned, … **V U2** 28
as soon as **III U2** 30
as well **III U6** 88
… as well as … **V U2** 28
as *da, weil* ⟨**I EL** 121⟩; **IV U1** 8, 1
ASBO (= anti-social behaviour order) *(BE)* ⟨**VI T1** 17⟩
ashes *(pl.)* ⟨**II EL** 106⟩
ash III U5 75
*to be **ashamed** ⟨**VI T4** 68⟩
Asian II F4 94
aside ⟨**I EL** 121⟩
as if ⟨**I EL** 121⟩; **III U4** 61
to **ask I LS** 16, 2
to ask (for) **II U1** 11, 6
aspect II U6 72
aspen ⟨**II U7** 91⟩
asphalt VI T1 13
aspiration ⟨**VI T3** 45⟩
smart **ass** *(slang)* ⟨**VI T3** 43⟩
to cover one's ass *(vulg)* ⟨**VI T3** 43⟩
to **assassinate VI T2** 28
to **assault VI T4** 64
to **assemble** ⟨**VI T1** 19⟩
Assembly I U3 52
to **assess** ⟨**VI T3** 55⟩
asset ⟨**V EL** 99⟩
to **assign VI T4** 59
assignment *(AE)* **II U5** 63, 4
assistant I F2 49, 6
shop assistant **I F2** 49, 6
to **assume IV U3** 46
assumption ⟨**VI T4** 68⟩; **VI T5** 77
as though VI T2 36
astonishing ⟨**VI T1** 19⟩
asylum seeker VI T2 25
at I LS 10
at all **II U5** 67
at any rate **VI T5** 77
at close range ⟨**VI T4** 62⟩
at first **II F1** 19, 4
at home **I U3** 53, 7
at last **I U5** 81
at least **II U3** 42
at once **I U3** 56
at the Burtons' **II F2** 46
at the seaside **I U5** 74
athlete III U4 53
athletic II U7 85
Atishoo! II U1 10
atmosphere V U3 48, 1
to **attach** great importance to ⟨**V U2** 33⟩
attack ⟨**IV U1** 15, 5⟩
to **attack I U6** 86
heart attack ⟨**III EL** 101⟩
attempt VI T4 62
to **attempt VI T4** 62
to **attend VI T3** 53, 6; **VI T4** 61
attendance VI T3 48
attendance book **VI T1** 12
attention *Achtung* ⟨**II EL** 102, 3⟩; *Aufmerksamkeit; Achtung* **V U3** 42, 1
to draw sb's attention to sth ⟨**VI T3** 46⟩
to pay attention to sth ⟨**VI T5** 82⟩
attitude (to/towards) **IV U5** 76, 1
to **attract III F4** 99, 2
attraction I U7 100, 2
attractive III F4 99, 2
audience III U1 18, 2
audition ⟨**IV U5** 78⟩
to **audition** ⟨**IV U5** 78⟩
auditory ⟨**VI T5** 82⟩
*to be **au fait** with ⟨**VI T5** 82⟩
August I U4 62, 1
aunt I F1 24, 1
au pair IV F3 90, 3
Aussie *(infml)* ⟨**IV U1** 9, 1⟩
Australian I F4 99
authentic IV U5 76, 2
author III U4 54
authority ⟨**II U6** 73⟩; ⟨**V F3** 91⟩; **VI T3** 41; **VI T4** 59
autobiography VI T4 61
autograph II U3 42
automatic V U5 84, 3
autumn II U4 53, 6
available V U2 31, 3
avalanche ⟨**III U5** 74⟩
avenue ⟨**II U5** 60⟩
an **average** of **III F2** 51, 3
average III F2 51, 3
to **avoid V U4** 67, 2
to **await** ⟨**V EL** 105⟩
*to **awake** ⟨**IV EL** 99, 3⟩
award VI T4 63; **VI T5** 75
*to be **aware** of **IV U5** 82
away I U3 57
right away **I U6** 92, 1
awful III U6 84
awning ⟨**V F3** 91⟩

B

to **babble** ⟨**VI T5** 77⟩
baboon ⟨**II EL** 103⟩
baby II U2 22
baby boomer **VI T2** 26
to have a baby **IV F2** 56, 1
*to **babysit** ⟨**V U3** 44⟩
back *Rücken* **I U7** 106
the small of the back ⟨**VI T1** 12⟩
back *Hinter-; rückwärtig* **II U4** 52
back *zurück* **I U4** 64
back-and-forth ⟨**VI T4** 68⟩
backbone ⟨**I F3** 73, 3⟩
background II U5 60
backpack III U5 70, 1
backstage II U3 42
backwards VI T2 33, 1
backyard VI T2 27
bacon II F2 47
bad I U3 50, 3
to be in a bad way **I U6** 92, 1
To make matters worse, … **IV U2** 29
badge ⟨**VI T3** 50⟩
bag *Tasche* **I LS** 14; *Sack* **II U5** 62

mixed bag I LS 23, 9
paper bag ⟨I EL 118⟩
paper bag princess ⟨I EL 118⟩
school bag I LS 14
sleeping bag III U5 70; ⟨III EL 100⟩
to pack one's bags V U2 26
baggy VI T2 26
bagpipes *pl.* I F3 72
to **bake** III U5 72
to **balance** VI T1 10
ball I LS 14
bowling ball III U6 82
golf ball III U6 82
ban VI T3 41; VI T4 61
to **ban** VI T1 9; VI T3 41; VI T4 61
banana ⟨I U4 63, 5⟩; III U3 45
band II U1 9, 3
bandage III U6 89
*to get a big **bang** out of sth ⟨VI T1 12⟩
to **bang** ⟨I EL 118⟩; ⟨I EL 121⟩; VI T3 49
to bang down VI T2 35
bank II U6 76
banner VI T4 62
Baptist ⟨VI T2 28⟩
bar *Tafel; Riegel; Stück; Stange* I U5 78; *Bar* ⟨IV EL 103⟩
candy bar ⟨II EL 105⟩
barbecue IV U1 10
barbed ⟨VI T4 69⟩
barbie *(infml)* ⟨IV U1 10⟩; ⟨V U2 27, 5⟩
bare V U4 69
barefoot V U4 69
barely VI T3 42
to **bark** (at) I U3 56
barn ⟨II F1 19, 4⟩
baron ⟨III U2 29, 2⟩
barrel II U4 53, 2
barrier III U1 11, 4
*to be **based** on VI T2 24; ⟨VI T4 67⟩; VI T5 72
baseball I U7 100, 1
baseball bat III U6 82
baseball field III U6 82
basement ⟨III U4 60⟩
basic II U2 22, 2
Basic ⟨IV EL 100⟩
basin V U3 46
basis, *pl.* **bases** ⟨III EL 103⟩; VI T5 80, 10
basket I U6 88
basketball II U1 10
basketball court III U6 82
bass II U3 34, 1
bat II U1 15
baseball bat III U6 82
bath *Bad* I U1 27, 3; *Badewanne* V U3 46
bathing suit V U4 69
bathroom *Badezimmer* I U1 27, 3; *Toilette (AE)* IV U4 63
battery II U4 54
battle III F1 21, 1
baulk ⟨VI T5 77⟩
bay IV U2 24
bazaar II U5 62
the **BBC** ⟨III U1 10⟩
BC (= before Christ) III F1 20
*to **be** I LS 12, 2
for the time being ⟨V EL 102⟩
to be able to (do sth) II U5 64
to be a breeze for sb *(infml)* ⟨V EL 101⟩
to be addicted to sth VI T3 48
to be afraid (of) II U3 37, 5
to be alive I U5 80
to be allowed to (do sth) II U5 64
to be a notch above VI T1 13
to be ashamed ⟨VI T4 68⟩
to be as hungry as a horse II U2 22
to be au fait with ⟨VI T5 82⟩
to be aware of IV U5 82
to be based on VI T2 24; ⟨VI T4 67⟩; VI T5 72
to be better IV U3 51
to be bored out of one's brains ⟨V U2 32⟩
to be born II U6 78
to be called II U3 35, 2
to be clean out of impressions ⟨VI T1 13⟩
to be crazy about IV U4 60
to be fast III U1 13
to be frightened (of) I U5 80
to be going on II U1 10
to be gone II U1 15
to be good at I LS 16
to be hurt I LS 12
to be in a bad way I U6 92, 1
to be in charge (of) ⟨V U4 69⟩; VI T3 42
to be in command VI T3 43
to be in love (with) II U3 40, 5
to be in one's right mind ⟨III EL 105⟩
to be interested in I U7 104
to be keen on II U3 34, 1
to be known as III F1 21, 1
to be late I LS 20
to be likely (to) IV U1 14, 3
to be located II U6 72
to be lucky I U7 107
to be made of II F2 47
to be married to I F1 24, 2
to be obsessed (by/with) V U1 10
to be off ⟨II U5 62⟩
to be on I U2 44
to be on a mean streak ⟨IV EL 100⟩
to be on a team III U6 86
to be on to sth VI T3 42
to be out of one's mind III U1 15
to be pleased III U2 23, 1
to be related to V U1 17, 2
to be sb's cup of tea ⟨IV F3 91, 5⟩
to be scared I U6 86
to be scared stiff ⟨V U4 70⟩
to be set (in) ⟨V EL 98⟩
to be sick IV U3 50
to be sick of *(+ noun/gerund)* V U2 33
to be sick with worry ⟨IV U4 69⟩
to be struck down with flu ⟨V U3 46⟩
to be stuck II F1 18, 2
to be suited (for/to) V U2 25, 2
to be supposed to *(+ infinitive)* V U3 49
to be surprised I U6 87
to be tired of *(+ gerund)* IV U4 60
to be to *(+ infinitive)* V U4 68
to be trapped III U5 75
to be twinned with V U2 30
to be unlikely (to) IV U1 14, 3
to be up in arms ⟨VI T3 43⟩
to be up to sb VI T2 27
to be used to *(+ gerund)* IV U4 60
to be willing to do sth ⟨III EL 105⟩; VI T2 27
to be worried I U6 92, 1
to be worth *(+ gerund)* IV U4 63
to be wrong II U4 55
beach I F3 72
bead ⟨V U4 72, 5⟩
beam V U3 50
bear II U6 73
black bear II U6 73
teddy bear III U1 14
*to **bear** ⟨VI T3 44⟩; VI T4 61; VI T5 75
beard V F3 91
beat ⟨IV EL 99, 3⟩
*to **beat** I F3 72
to beat sb up VI T4 64
beautiful I U7 106; ⟨I EL 118⟩
beauty V U5 86
because I U3 50, 3
because of IV U4 58
*to **become** II U3 43, 4
bed I LS 14
bed and breakfast I U5 75, 3
to wake up on the wrong side of the bed ⟨II U5 66⟩
bedroom I U1 27, 3
bedroom community ⟨IV EL 101⟩
bee ⟨III EL 103⟩
beef III F2 50
Beefeater ⟨III U1 14⟩
beer II F2 47
before *vorher; zuvor; schon einmal* II U4 52
before *vor* I U3 52
before *bevor* I U3 52
to **beg (for)** IV F2 56, 1
I beg your pardon? ⟨VI T3 45⟩
*to **begin** III U2 25, 3
beginning *Anfang; Beginn* I U7 108, 3
beginning *(Partizip)* ⟨I EL 115, 1⟩
to **behave** II U7 86
well **behaved** ⟨II EL 103⟩
behaviour V U3 44, 1
behind *hinten; im Rückstand* III U6 88
behind *hinter* II U1 14, 4
human **being** VI T5 72
belief ⟨IV EL 96, 1⟩; V U4 61, 2
to **believe** II U5 66
bell II U6 74
belly V U4 71
to **belong (to)** V U2 28
beloved ⟨VI T1 23⟩
below I U7 105, 4
belt VI T1 14
*to **bend** ⟨I LS 21, 4⟩; ⟨IV EL 102⟩
bent double VI T1 13
to bend over *sich über etw. beugen* ⟨I EL 121⟩; *sich vorbeugen* III U3 42
beneath ⟨I EL 116, 2⟩; ⟨VI T4 69⟩; VI T5 76
benefit ⟨VI T1 12⟩; VI T4 59
benign ⟨VI T5 80, 10⟩
bereaved ⟨III U2 28, 1⟩
bereavement ⟨III U2 28, 1⟩
berry V U4 68
beside V F3 91
best I LS 10
Best wishes V U4 67, 2
bestiality ⟨VI T3 43⟩
best-known ⟨V U1 13, 5⟩
*to **bet** III U2 24
You bet! ⟨III U2 24⟩
better I U3 58, 2
between II F1 18, 2
in between II U4 56, 2
bewildered ⟨VI T2 32⟩
beyond IV U5 77
BIA *(Bureau of Indian Affairs)* ⟨V EL 102⟩
biased V U4 62
bible IV F1 23, 2
bicycle V U2 28
*to **bid** V U1 12
big I U1 32
bike I U1 27, 2
biking II U4 49
mountain biking II U4 49
bill *Banknote; Geldschein (AE)* IV U4 70; *Rechnung* ⟨IV EL 99, 3⟩; V U3 55, 4; *Schnabel* ⟨V EL 105⟩
billion V U5 81
bin ⟨VI T3 50⟩
biology II U5 68, 7
biome ⟨IV U2 27⟩
bird I U5 75, 1
bird watching ⟨II U1 10⟩
myna bird ⟨I EL 120⟩
biro I LS 14
birth V F2 56, 2
date of birth ⟨V U2 31, 3⟩
birthday I F1 24, 2
birthplace IV U2 24
biscuit II U1 14, 4
bishop ⟨III U2 29, 2⟩
a **bit** I U7 106
not a bit of it V U3 46
bitchiness VI T1 10
*to **bite** IV U1 13
bitter II F2 47
black I LS 13, 6
black bear II U6 73
blackbird ⟨V EL 105⟩
blackboard, board *Tafel* I LS 21, 2
blacktop ⟨IV EL 101⟩
razor **blade** ⟨VI T5 77⟩
to **blame** IV U3 46
blanket II U4 55
zit-**blasted** *(infml)* ⟨VI T1 14⟩
bleachers *(pl. AE)* ⟨VI T1 13⟩
*to **bleed** VI T4 62
to **bless** ⟨II U1 10⟩; ⟨V EL 102⟩
bless you II U1 10
blind *Jalousie; Sonnenblende* IV U4 68
to **blind** IV U5 78
blind *blind* III U4 53
to **blindfold** ⟨I U4 66⟩
blindness ⟨II EL 107⟩
blister V U4 70
block IV U4 69
to **blog** ⟨VI T5 82⟩
blonde I F1 25, 4
blood ⟨II EL 107⟩; ⟨III U2 28, 1⟩; III U2 31
bloody ⟨III U1 15⟩; ⟨V U3 46⟩
bloody *(rude)* VI T3 42

bloody well ⟨V U3 46⟩
petty bloody officiousness ⟨VI T3 44⟩
blouse VI T3 40
blow III U2 31
*to blow III U6 89
to blow a whistle III U6 89
blue I LS 13, 6
bluebottle ⟨VI T5 77⟩
blues III U5 69
bluish ⟨V EL 103⟩
to blunder ⟨VI T5 87, 4⟩
blunt VI T5 77
to blur ⟨V EL 101⟩
to blush ⟨VI T2 32⟩
board *Brett* ⟨IV U1 15, 5⟩; IV F2 57, 3
board, blackboard *Tafel* I LS 21, 2
counter board ⟨IV F2 57, 3⟩
to board II F3 71, 3
boarding school VI T3 52, 4
boarding pass II F3 71, 3
to boast V U3 44
boastful ⟨IV EL 96⟩
boat I U5 75, 1
to bob up ⟨VI T1 14⟩
body *Körper* I F3 73, 3; *Leiche* ⟨III U2 28, 1⟩
heavenly body ⟨VI T3 42⟩
to boil III U5 70
bold ⟨V F3 91⟩
to bomb VI T5 77
to bombard ⟨VI T3 50⟩
bond ⟨VI T3 51⟩
bone ⟨I EL 116, 1⟩; III U3 41, 4
bongoes (pl.) ⟨VI T3 49⟩
Bonjour ⟨I EL 121⟩
book I LS 10, 2
attendance book VI T1 12
exercise book I LS 10, 2
to book II U4 49, 3
booklet IV U5 84, 1
bookshop I U2 38, 1
bookworm ⟨I EL 115, 3⟩
to boom out ⟨VI T3 50⟩
baby boomer VI T2 26
boomerang ⟨IV U1 13⟩
boot II U6 73
booth ⟨IV U4 69⟩
phone booth (AE) IV U4 69
booze (infml) IV U3 50
border IV F2 57, 2
bored II U5 62
to be bored out of one's brains ⟨V U2 32⟩
boring I U3 52
*to be born II U6 78
to borrow III U4 58
boss *Boss; Chef* II U2 22
boss (infml) *cool* ⟨IV EL 101⟩
both I F1 25, 4
both … and … IV U5 80
to bother ⟨V EL 101⟩
I can't be bothered. V U3 49
to bother to do sth *sich die Mühe machen, etw. zu tun* VI T2 36; VI T3 48
bottle I U1 28
bottom IV U2 32
bough ⟨V EL 105⟩
boulevard ⟨II U5 64⟩
boundary ⟨VI T5 82⟩
bouquet ⟨V U2 32⟩
bow II U2 20, 2
bowl I U1 30, 2
bowling alley III U6 83
bowling ball III U6 82
bowstring ⟨II U7 91⟩
box I U1 30
fuse box ⟨III U4 61⟩
boxed in ⟨VI T1 14⟩
Boxing Day ⟨I EL 114, 1⟩
boxwood ⟨VI T4 70⟩
boy I LS 12, 3
boycott V U4 62
boyfriend I U2 42
to brace ⟨VI T4 69⟩
bracket V U3 45, 2
braid V U4 68
brain(s) V U2 32
to be bored out of one's brains ⟨V U2 32⟩
brainstorming ⟨V U1 17, 2⟩
brake VI T1 12
to brake VI T1 15
branch ⟨II EL 106⟩; III U5 70
brand V U1 9, 2
branding ⟨II U6 72⟩
brandy ⟨VI T4 68⟩
brass ⟨IV U4 69⟩
brave I U5 81
bravery VI T2 27
to breach ⟨VI T5 79, 10⟩
bread II F1 18, 1
break II U1 9, 2
to give sb a break ⟨IV U5 78⟩
to give sb a break VI T3 42
to take a break II U6 76
*to break II U1 8
breaking point ⟨IV U3 46⟩
broken home VI T3 48
to break down ⟨III EL 101⟩
to break in II U6 73
to break in(to) IV U1 11, 5
to break it off V U3 44
breakfast I U1 30
bed and breakfast I U5 75, 3
breast ⟨VI T4 70⟩; VI T5 76
breath ⟨I EL 118⟩; III U6 89
to breathe ⟨I EL 118⟩; III U5 75
breeze ⟨V EL 105⟩
to be a breeze for sb (infml) ⟨V EL 101⟩
bride ⟨II EL 106⟩
bridesmaid ⟨V U2 32⟩
bridge *Brücke* I U7 101, 2; *Bridge (Kartenspiel)* ⟨V EL 101⟩
brief III U4 52
bright *leuchtend, strahlend* II F1 19, 3; *intelligent; gescheit* VI T1 15; VI T3 48
to brighten V U3 50
brilliant I LS 16
*to bring I LS 20
on the brink of ⟨VI T3 50⟩
Brit ⟨I U7 104⟩
Made in Britain I U2 46, 4
British I F2 49, 5
Briton III F1 21, 1
broad II U5 60
brochure II U2 20, 2
bronco ⟨II U6 78⟩
to brood (over sth) ⟨V U3 42, 1⟩; VI T3 42; VI T4 64
brook ⟨IV EL 101⟩
brother I F1 24, 1
to brown ⟨V F3 91⟩
brown I LS 13, 6
bruise VI T1 16
to bruise VI T1 16
brush fire ⟨V U5 80, 3⟩
to brush ⟨II EL 101, 3⟩; ⟨IV EL 99, 3⟩
brutal ⟨V EL 99⟩
brutality VI T4 62
bubble IV U2 34, 2
to bubble ⟨V F3 91⟩
buck ⟨VI T4 69⟩
buck-toothed ⟨VI T1 14⟩
buckle ⟨VI T1 14⟩
buddy (infml) ⟨VI T3 49⟩
budgie I F2 48, 1
buffalo, pl. buffalo ⟨III F3 80⟩; V F2 59, 6
buggy ⟨IV U3 50⟩
*to build III U1 10
building I U7 105, 4
light bulb V F1 23, 4
bulimic ⟨VI T1 22⟩
bulldozer ⟨III U2 28, 1⟩
bullet ⟨VI T4 69⟩
bull's-eye II U2 28
bullshit (infml) ⟨V U4 67, 2⟩
bully II U1 9, 3
bum ⟨I EL 119⟩
*to give somebody the bumps I U4 63, 4
to bump I U4 63, 4
bumpy II U6 78
bun III F2 50, 2
bunch ⟨VI T3 50⟩; VI T4 64
burger I U7 104; ⟨I EL 119⟩
burglary VI T4 64
burial society ⟨VI T4 70⟩
*to burn ⟨I EL 118⟩; II U7 90
bursary ⟨VI T4 66⟩
*to burst IV U4 68
at the Burtons' II F2 46
to bury ⟨I EL 116, 2⟩; V U3 51
bus I U2 38, 1
by (bus) I U2 38, 1
bush I U3 54
business I U7 102
on business I U7 102
busker ⟨III U1 13⟩
to bust into ⟨IV EL 101⟩
busy I U1 28
but *bis auf; außer* V F1 23, 3
but *aber* I LS 12
cigarette butt VI T2 36
butter II F2 47
to butter ⟨V F3 91⟩
butterfly V U5 83
buttermilk ⟨II U6 77, 5⟩
button ⟨III EL 105⟩
*to buy I U2 40
buyout ⟨V U4 64, 1⟩
buzz ⟨V U2 32⟩; ⟨VI T1 17⟩
by *von* I U1 28; *bei; an* I F3 72; *bis* III U3 42
by (bus) I U2 38, 1
by chance V F2 58, 4
by clapping your hands ⟨IV EL 99, 3⟩
by default ⟨V EL 102⟩
by mistake III U3 40
by oneself III U5 72
by the way III U3 45
Bye! I LS 10
bypass ⟨V U5 87, 3⟩
to bypass ⟨VI T2 32⟩

C

cab *Taxi* ⟨VI T2 32⟩; *Führerhaus* ⟨VI T4 69⟩
cabbage VI T5 76
cabin IV F2 56, 1
cable III F4 98, 1
cactus III F3 81
café I U2 42
cafeteria VI T3 43
cage ⟨I EL 120⟩
cake I U4 63, 4
sponge cake ⟨I U4 63, 5⟩
calculus ⟨VI T3 42⟩
calendar I U4 62, 1
calf, pl. calves II U6 72
Californian *kalifornisch* ⟨IV U2 27⟩; *kalifornisch; Kalifornier(in)* V U5 78
call *Anruf* I U6 92, 1; *Ruf* III U5 74
to call *(an)rufen; Bescheid geben* I U1 32; *nennen* ⟨I EL 121⟩; II U3 34, 1
to be called II U3 35, 2
to call sb names IV U3 50
callback ⟨IV U5 80⟩
called ⟨I EL 120⟩
caller II U3 36
calling ⟨IV U5 76⟩
callous ⟨VI T4 71⟩
calm ⟨II U4 56, 3⟩
to calm down V F3 92
calorie; calory ⟨VI T1 22⟩
calory; calorie ⟨VI T1 22⟩
camel ⟨IV U1 8, 1⟩
camera I U7 106
camp III U2 26
to camp III U5 70
campaign ⟨V U1 15⟩
campervan ⟨III EL 100⟩
campfire III U5 70
camping II U6 72
campsite III U5 70; ⟨III EL 100⟩
campus VI T1 13
can V U3 46
trash can (AE) V U5 84, 3
can I LS 12, 6
can't I U1 28
I can't be bothered. V U3 49
I can't face (+ gerund) V U3 46
canal V F1 21, 2
to cancel IV U5 81, 4
candidate IV U5 80
candle I U4 63, 4
candy (AE) II U1 14, 4
candy bar ⟨II EL 105⟩
sugar cane ⟨VI T4 56⟩
canoeing II U4 49
canvas ⟨VI T2 38⟩
canyon II U6 78
cap II U6 73
capable (of + gerund) VI T1 9
capacity ⟨VI T3 45⟩
capital I F3 72
capital letter VI T5 83
capitalist V U3 51
captain III U6 86
caption III U4 53
to capture VI T3 42; VI T5 79, 10
car I U2 38, 1
car park ⟨III EL 106⟩; IV U1 11, 5
carbon-based ⟨VI T5 74⟩
card I U4 62, 3
identification card ⟨V EL 102⟩

Valentine's card III U5 72
cardboard VI T5 77
care *Pflege; Behandlung; Betreuung* V U2 25, 2; *Sorge* V U5 83
to **care** (about) IV U5 76
to care for sb ⟨III EL 106⟩
career V U2 25, 4
careful II U4 54
caretaker *(BE)* III U3 40
cargo, *pl.* **cargoes** IV U2 32
Caribbean III U1 13
carnival III U1 9
Christmas **carol** ⟨II EL 100⟩
carpet V U3 47, 3
fitted carpet *(BE)* ⟨VI T5 87, 4⟩
armoured personnel **carrier** ⟨VI T4 62⟩
carrot ⟨VI T1 22⟩
to **carry** I U2 42
to carry on (with/+ *gerund*) V U2 28
to carry out V U2 30
cart IV U2 33
to **cart** ⟨VI T4 58⟩
carton III U5 69
cartoon I U2 40
cartoonist V U2 25, 2
case *Fall* ⟨II U6 74⟩; *Gehäuse* ⟨IV EL 101⟩; *Fall* V U4 65, 4
in case II U6 74
in case of problems ⟨I EL 121⟩
pencil case I LS 14
cash V U4 64
casino V U4 64
*to **cast** V U4 62; ⟨VI T2 38⟩
casting ⟨IV U5 80⟩
castle I U2 38, 1
cat I LS 10
It's raining cats and dogs. ⟨III EL 100⟩
*to **catch** II U1 13
to catch fire IV U3 50
category VI T5 80, 10
catering VI T2 34, 1
Catholic IV F1 23, 2
cattle *(pl. only)* II U6 72
cattle drive II U6 72
cause V U5 78, 1
headliner cause VI T2 26
to **cause** III U3 42
cautious ⟨VI T2 31⟩
cave ⟨I EL 118⟩; IV U2 32
CCTV (closed-circuit TV) ⟨III U1 14⟩; ⟨VI T5 79, 10⟩
CD I U1 27, 3
CD player I U1 28
CD-ROM III U1 14
to **cease** ⟨III EL 105⟩
ceiling I U4 69
to **celebrate** II F1 18, 1
celebration II F4 94
celebrity VI T2 39, 13; VI T3 48
padded **cell** ⟨VI T5 87, 4⟩
cellphone *(AE)* III U4 60
Celt ⟨III F1 21, 1⟩
Celtic II F1 18, 1
cemetery ⟨II U7 92, 4⟩
census ⟨VI T2 24⟩
cent V U4 69
central V U4 64
centre I U1 26
activity centre II U1 10
city centre I U1 26
shopping centre I U2 38, 1
trading centre ⟨III F1 21, 1⟩
to **centre** around ⟨VI T1 22⟩
century III U1 10
cereal III F2 51
ceremony ⟨IV F1 23, 2⟩; V U4 69
certain III U6 89
certificate V U2 28
chain V U3 49
chair I LS 14
chairman, *pl.* **chairmen** ⟨V EL 98⟩
chairperson V U5 88
chalk VI T3 42
chalkboard ⟨V F3 91⟩
challenge V U1 10
to **challenge** V U1 15
chamber ⟨VI T3 42⟩
champion I U2 45
chance II U2 21, 2
by chance V F2 58, 4
change II U6 79, 1
change of clothing ⟨III U5 70⟩
for a change IV U3 44
to **change** *tauschen, wechseln; (sich) ändern* I U4 66; *umsteigen* III U1 9, 3
to change sth into sth II F1 19, 4
changing room III U3 41, 3
to change one's mind II U7 86
channel III F4 98, 1
chaos II U4 50
chapel ⟨III U2 28, 1⟩
chaps ⟨II U6 73⟩
chapter VI T2 26
character II U2 26, 7
characteristic IV U1 19, 1
to **characterize** V U3 52, 1
*to be in **charge** (of) ⟨V U4 69⟩; VI T3 42
to **charge** sb a sum of money IV U5 81, 4
charity II F1 19, 3
chart V U5 80, 1
pie chart V U5 80, 1
to **chart** a course ⟨VI T5 81⟩
to **chase** I U3 54
to **chat** V U1 12
chatroom III U5 72
cheap ⟨II EL 100⟩; III U1 19, 4
to **cheat (on sb)** V U3 42, 1
to **check** I LS 22
Let's check! I LS 22
spell checker ⟨IV U5 82⟩
to check sb/sth out *(AE infml)* V U1 10
check-in II F3 71, 3
cheek V U2 33
cheer III U6 86
three cheers for … ⟨VI T3 51⟩
to **cheer** II U1 15
to cheer up V U3 44
cheerleader III U6 86
cheerleading III U6 86
Cheers! IV U2 29
cheese I U7 104
chef V F3 91
chemise ⟨V F1 23, 3⟩
chemistry V U2 28
chest ⟨IV U2 34⟩
to **chew** VI T2 36
chewing gum IV U3 49, 3
Chicano ⟨V EL 102⟩
chick I U6 95, 4
chicken I U6 86
chief II U7 85
chief protector ⟨IV U1 19⟩
chiefdom ⟨VI T4 59⟩
child, *pl.* **children** I F1 25, 4
only child V U2 32
childish ⟨V EL 105⟩
chili V U4 70
to **chill** *(ab)kühlen* ⟨V U3 49⟩; *abkühlen; sich abregen* ⟨VI T3 50⟩
chime ⟨III U1 10⟩
chimney V F1 21, 2
chimpanzee ⟨VI T3 49⟩
chin *Kinn* VI T1 15; VI T5 76
Chinese II U5 61
chip *(AE)* I U7 104
chips *(pl.) (BE)* I U7 104
fish and chips I U7 103, 3
chocolate I U5 78
choice V U4 68
choir ⟨III U2 23, 1⟩
to **choke** VI T4 62
*to **choose** I U6 94, 1
chorus IV U5 85, 2
Christian II F1 18, 1
Christmas ⟨I EL 114⟩; ⟨II EL 100⟩
Christmas carol ⟨II EL 100⟩
Christmas Day ⟨I EL 114, 1⟩
Christmas Eve ⟨I EL 114, 1⟩
Christmas pudding ⟨I EL 114, 1⟩
Father Christmas ⟨I EL 114, 1⟩
to **chuck** ⟨IV U4 67, 5⟩
church I U2 39, 3
churchyard IV U3 55, 5
to **churn out** ⟨IV EL 101⟩
cider ⟨IV U2 24⟩
cigarette IV U3 50
cigarette butt VI T2 36
cigarette end ⟨V U3 46⟩
cinders *(pl.)* ⟨II EL 106⟩
cinema I U2 39, 3
circle I U4 66
to **circle** IV U1 16
circuit ⟨VI T1 13⟩
circumstances *(pl.)* V F3 90, 1
to **cite** ⟨VI T3 48⟩
citizen V U5 81
citrus fruit IV U2 27
city I U1 26
city centre I U1 26
civil liberty VI T5 79, 10
Civil Rights Act VI T2 24
civil servant VI T4 61
Civil War V U2 33
civilization IV U2 27
to **claim** V F2 57, 3
to **clamber** ⟨VI T3 47⟩
to **clamp** down ⟨VI T3 44⟩
to **clam** up ⟨V U2 32⟩
clan ⟨V U3 54, 1⟩
to **clap** I LS 19, 5
by clapping your hands ⟨IV EL 99, 3⟩
class *Schulklasse, Klasse* I LS 18; *Kurs, Unterricht* II U5 60
class clown ⟨I EL 115, 4⟩
in class I U4 65, 5
working class V F1 21, 2
classic V U4 62
classical ⟨VI T2 30⟩
classmate VI T2 26
classroom I LS 18
clause II U2 25, 3
contact clause II U2 26, 7
defining relative clause V U5 89, 2
non-defining relative clause V U5 82, 4
relative clause II U2 25, 3
subordinate clause ⟨IV U5 81, 3⟩
clay-pit ⟨IV U2 24⟩
to **clean** I U6 86
cleaning staff ⟨III U3 40⟩
clean III U3 44
to be clean out of impressions ⟨VI T1 13⟩
cleaner III U6 88
to **clear** V U3 46
to clear one's throat VI T1 13
clear II U4 56, 2
slum **clearance** ⟨VI T4 58⟩
*to **clear-cut** ⟨V U5 83⟩
clerihew ⟨IV EL 98, 2⟩
clerk III U5 77, 1
clever II U2 27
cliché ⟨V EL 98, 1⟩; VI T1 10, 1
to **click** ⟨III EL 105⟩; V F1 23, 5
client V U5 84, 3
cliff IV U2 24
climate III F3 80
climax V F3 90, 1
to **climb** II F1 18, 2
*to **cling** (to) I U5 81
clinic ⟨V U3 49⟩
video **clip** III F4 98, 2
clipping ⟨VI T4 71⟩
clock III U1 10
clock tower ⟨III U1 10⟩
o'clock I U3 50
to **close** ⟨III U2 28, 1⟩; V F2 56, 2
close II U3 36
close (to) III U3 40
at close range ⟨VI T4 62⟩
to listen closely ⟨IV EL 101⟩
closed I U7 106
close-up ⟨IV EL 103⟩
cloth V F1 21, 2
clothes *pl.* I U1 28
clothing III U5 70
change of clothing ⟨III U5 70⟩
cloud I U2 45
class **clown** ⟨I EL 115, 4⟩
club II U1 10
golf club III U6 83
health club III U1 12, 6
clue II U2 25, 4
cluster ⟨VI T5 75⟩
CO II U5 60
coach *Reisebus* III U3 42; *Trainer(in)* III U6 86
coal II U7 90
coarse ⟨VI T5 77⟩
coast I U7 100, 1
coastal VI T4 56
coastal sinking ⟨V U5 80, 3⟩
coastguard ⟨IV U2 29⟩
coat *Mantel* II U5 64; *Schicht* ⟨II EL 104⟩
cobbled ⟨IV U4 69⟩
to **cock** ⟨I EL 121⟩
cocoa IV U2 27
code ⟨III EL 103⟩
morse code ⟨III EL 103⟩
co-ed ⟨VI T3 41⟩
coffee II U2 21, 2
coffee bar III U5 68
coffin ⟨VI T4 70⟩

cognitive enhancement ⟨VI T5 82⟩
coin IV F2 57, 3
to coin ⟨VI T5 83⟩
cola IV F3 91, 5
cold *Erkältung; Kälte* III U3 44
cold *kalt* I U5 76
collage I F4 99, 2
to collapse V U1 14
colleague ⟨V EL 98, 1⟩
to collect I U3 58, 2
college II U5 60
art college ⟨V U2 33⟩
to collide VI T5 85
collision VI T1 16; VI T5 85
colonial ⟨VI T2 38⟩; VI T4 57
colonist II U7 85
to colonize IV F1 23, 2
colony IV U1 8, 1
colored *(AE)* II U6 79
colour I LS 13, 7
What colour is/are … ? I LS 13, 7
column ⟨III EL 104, 3⟩
coma ⟨IV EL 100⟩
to comb (one's hair) V U4 70
combination ⟨III EL 103⟩; VI T1 14
to combine ⟨IV EL 100⟩
*to come I LS 10
Come on! I LS 10
to come across (sb/sth) VI T4 62
to come around VI T5 75
to come in I U1 28
to come in handy VI T5 83
to come to terms with ⟨VI T5 81⟩
to come true IV U4 58
to come up with VI T2 37
comedy III F4 99, 2
comfort VI T2 27
to comfort VI T1 10
comfortable III U4 58; ⟨III EL 100⟩
comic I LS 14
comma II U5 62, 1
command III U6 87, 3
to be in command VI T3 43
lieutenant commander ⟨VI T5 72⟩
comment III U6 92, 2
to comment (on) V U3 52, 1
commercial III U4 57, 4
commission V U2 32
to commit oneself to IV U5 76
to commit a crime VI T4 63
to commit suicide ⟨V U3 52, 1⟩; VI T1 10
common V U3 48
common sense VI T3 43
to have sth in common V U1 9, 2
to communicate III U4 52
communication ⟨III EL 103⟩; ⟨VI T5 81⟩
communications *Nachrichten; Fernmeldewesen* ⟨V EL 103⟩; ⟨VI T4 70⟩
communications tower VI T5 85
communion ⟨IV U2 32⟩
community I F4 99
bedroom community ⟨IV EL 101⟩
commuter ⟨III U1 10⟩
companion ⟨V EL 102⟩
company II U7 88, 2
comparative II U2 22, 2
to compare (with/to) II U2 23, 5
comparison V U5 80
to compel ⟨VI T4 61⟩
to compete (with) V U1 10
competition II U2 27
competitive V U2 25, 2
competitor II U2 27
to complain II U6 74
complaint IV U5 81, 4
to complete II U1 12, 7
complete III U1 18, 3
complicated ⟨V EL 98⟩; VI T4 61
compliment VI T1 10
to compliment VI T1 10
to compose ⟨VI T3 44⟩
compound II U6 74, 2
comprehension V U4 65, 2
comprehensive school ⟨III EL 106⟩; ⟨VI T3 55⟩
to compress ⟨V U5 84, 3⟩
compulsory VI T1 8; VI T2 34, 1
computer I U1 28
computer programmer V U2 25, 2
computer skills V U2 30
comrade ⟨V U3 51⟩
conceivable ⟨VI T5 77⟩
to concentrate III U5 75
concept VI T5 75
to concern VI T1 9
As far as … is/are concerned, … V U2 28
concert II U3 36
conclusion ⟨III U1 18, 3⟩; V F3 90, 1
to jump to conclusions VI T1 10
concrete VI T5 77
condition IV U1 14, 3
living conditions *(pl.)* V F1 21, 2
conditional III U4 54, 2
condo ⟨V U3 49⟩
to confide in sb ⟨VI T5 82⟩
confidence IV U5 78
confident VI T1 10; VI T4 64
conflict VI T1 10; VI T2 37, 8; ⟨VI T3 46, 7⟩
to conflict VI T5 72
to confront VI T1 10; VI T4 66
confusion ⟨VI T2 31⟩
to congratulate ⟨VI T1 23⟩
Congress V U4 64
conjunction III U3 41, 2
to connect (to) I U3 58, 2
connoisseur ⟨VI T4 56⟩
to conquer II U2 22
conquistador, *pl.* conquistadores ⟨V F2 57, 3⟩
conscious VI T5 74
consciousness ⟨VI T1 19⟩
consent VI T1 8
consequently ⟨VI T2 38⟩
conservation ⟨VI T4 67⟩
conservationist ⟨IV U1 15, 5⟩; ⟨VI T4 67⟩
to consider IV U5 83, 3
considerable IV U5 80
consideration V F3 92
consistent ⟨IV EL 101⟩
to consolidate VI T1 12
to construct V U2 24, 1
construction V U1 12
consultancy ⟨VI T5 82⟩
consultant ⟨VI T5 82⟩
to consume VI T1 8
consumer V U1 15
consumption ⟨V U5 80, 1⟩
contact II U5 60
contact clause II U2 26, 7
to contact V U2 26
to contain ⟨III EL 102, 1⟩; IV U2 27
to contaminate VI T2 33, 1
contemporary VI T4 64
content V U1 8, 1
contention ⟨VI T5 79, 10⟩
contest V U1 10
contestant ⟨III F4 99, 2⟩
context II U2 20, 2
continent IV U1 8, 1
to continue V U3 51
contract ⟨V EL 99⟩; VI T4 58
contrast V U4 71, 3
to contribute VI T5 85
contribution V U2 30
to contrive ⟨VI T5 76⟩
control ⟨VI T1 19⟩; VI T2 25; VI T5 79, 10
to control III F1 21, 1
convenient V U1 12
conventional VI T3 40
conversation *Unterhaltung* ⟨I EL 121⟩; *Konversation, Gespräch* II U1 12, 8
to convey VI T5 83
convict ⟨IV U1 12, 7⟩
to convince IV U5 78
to coo ⟨V U3 54, 1⟩
to cook ⟨I EL 119⟩; II F4 95; ⟨II EL 103⟩; ⟨II EL 106⟩
cookie *(AE)* II U5 64
to cool V U3 46
cool *cool, prima* II F3 71, 3; *kühl* III U5 68
to cooperate ⟨VI T4 67⟩
to cope with ⟨VI T1 23, 4⟩
copy II U6 79, 1
to copy I U3 59, 3
coral IV U1 15, 5
cordon ⟨VI T4 62⟩
corn IV F2 56, 1
corner III U4 61
corner shop IV U3 43, 2
out of the corner of my eye ⟨IV U3 52⟩
corporation ⟨IV U4 68⟩
corpse ⟨II F1 19, 5⟩
corral ⟨II U6 78⟩
to correct I LS 21, 1
correct I U5 75, 1
correspondence V U2 31, 3
corrugated iron ⟨VI T5 77⟩
cosmetics *(pl.)* ⟨V U1 17, 1⟩
cost III F4 98, 2
*to cost III U4 58
costume II F1 18, 1
cotton IV U2 27
couch V U4 70
couch potato ⟨V F1 23, 5⟩
cougar II U5 60
to cough V U3 49
could *konnte* ⟨I EL 118⟩; *konnte(n)* II U1 15; *könnte(n)* II F1 19, 5
council VI T2 35; VI T5 80, 10
to count ⟨I EL 116, 1⟩; IV F2 57, 3
counter *Chip; Jeton; Spielfigur* ⟨IV F2 57, 3⟩; *Zähler(in)* ⟨V F1 23, 3⟩; *Theke; Tresen; Schalter* V U4 69
counter board ⟨IV F2 57, 3⟩
to counter ⟨VI T2 32⟩
country *Land; ländliche Gegend, Landschaft* I F3 72; *Countrymusik* III U5 69
developing country V U1 9, 2
county ⟨IV EL 101⟩
couple IV U1 11, 5
a couple of V U3 46
courage *Mut* ⟨III U2 29, 2⟩; V U4 69
courageous VI T2 26
courier ⟨II U5 61⟩
course *Gang* II F2 46; *Kurs* IV U2 29
golf course III U6 83
of course I F1 25, 4
to chart a course ⟨VI T5 81⟩
court V U2 30
basketball court III U6 82
to take sb to court VI T1 8; VI T3 41
cousin I F1 24, 1
cove IV U2 24
cover ⟨I EL 121⟩
cover girl ⟨V U3 49⟩
to cover (up) III U2 28, 1
to cover one's ass *(vulg)* ⟨VI T3 43⟩
cow I U6 87
coward IV U3 52
cowboy II U6 73
to crack *zerbrechen; springen* ⟨IV EL 96⟩; ⟨IV EL 101⟩; *anknacksen; einen Sprung in etw. machen/bekommen* V U3 47, 3
cracker ⟨I EL 114, 1⟩
crackpot ⟨VI T5 75⟩
cradle ⟨VI T1 20⟩
arts and crafts III U3 38
craftsman, *pl.* craftsmen V F1 21, 2
crap *(vulg)* ⟨VI T3 44⟩
crappy *(infml)* ⟨V U3 51⟩
to crash I U5 80
crash! I U4 69
crater ⟨III U5 76, 1⟩
to crave ⟨VI T3 48⟩
to crawl ⟨VI T3 46⟩
craze ⟨VI T1 16⟩
crazy *verrückt* II U5 66; *Naturstein-* ⟨VI T5 77⟩
to be crazy about IV U4 60
to creak ⟨IV U2 33⟩
cream I U3 52
cream tea ⟨IV U2 24⟩
ice cream I U3 52
to create IV U2 27; ⟨IV EL 96, 1⟩
creative III U1 16, 1
creature VI T3 42; VI T5 74
creep *(infml)* ⟨V U3 50⟩
*to creep III U4 61
crescendo *(ital., musikal.)* ⟨VI T4 62⟩
crew IV U2 32
crime II U7 84
to commit a crime VI T4 63
criminal VI T1 8
crisis, *pl.* crises V U5 86
crisp *(BE)* I U7 104
crispy III F2 50
critic ⟨VI T1 22⟩; VI T3 42

critical ⟨VI T4 67⟩
criticism VI T4 60, 6
to **criticize** V U1 18, 4
crocodile IV U1 8, 1
crop IV U4 63
cross IV U1 8, 1
to **cross** IV U5 82; ⟨IV EL 101⟩
to cross one's fingers V U2 26
crossword (puzzle) II U2 25, 4
crowd II U2 28
crowded IV U1 12, 7
crown ⟨III U3 45⟩
crucial ⟨VI T3 50⟩
crudely-drawn ⟨VI T4 68⟩
cruel II U7 84
crunchy III F2 51
cry ⟨III U2 28, 1⟩
to **cry** I U3 54
crypt ⟨IV U2 34⟩
to **cull** ⟨VI T4 69⟩
cultural II F4 94
culture II F4 95
cultured ⟨I EL 120⟩
cumbersome ⟨VI T5 82⟩
cup *Tasse* I U1 30, 2; *Pokal; Kelch* III U2 30
to be sb's cup of tea ⟨IV F3 91, 5⟩
cupboard I U1 32
to **cure** III U4 56, 7
curious VI T1 15; ⟨VI T3 50⟩
currency VI T4 56
current *Strömung* VI T1 16; *Strom* VI T5 76
current VI T4 57
curriculum, pl. **curricula** ⟨VI T3 55⟩
curry II F2 46
to **curse** III U4 61; IV U2 32
to **curtail** ⟨VI T4 67⟩
curtain III U3 44
to **curve** VI T5 77
custard ⟨I U4 63, 5⟩
custom *Brauch; Sitte* II F1 18, 1
custom *maßgefertigt* VI T3 49
customer I F2 49, 6
customs V F2 56, 2
cut VI T1 17
short cut II U4 55
*to **cut** (off) II U7 90
cute IV U1 8, 1
CV (= Curriculum Vitae) V U2 25, 4
cybernetic ⟨VI T5 72⟩
to **cycle** V U2 32
cycling ⟨III EL 101⟩
cylinder ⟨VI T1 18⟩
Czech VI T5 73, 2

D

dad I U1 27
daily II U2 21, 2
dairy V U5 79
dam V U5 85
damage III U5 76, 1
to **damage** IV U2 27
dammit *(rude)* ⟨VI T3 43⟩
damn II U4 54
damp V F1 21, 2
dance III U1 15
square dance II U6 72
to **dance** II U1 10
danger IV U1 13
dangerous I U5 81

Danish II F4 94
to **dare** IV U2 32
daredevil ⟨VI T1 16⟩
dark I F1 25, 4
darkness II F1 18, 2
darling ⟨II U6 77, 5⟩; ⟨VI T5 87, 4⟩
to **dart** VI T5 77
dashboard VI T1 13
date I U4 62, 1
date of birth ⟨V U2 31, 3⟩
out of date VI T2 36
to **date** from III U1 10
daughter II U4 53, 6
day I LS 17, 6
a day/year off ⟨V U2 25, 4⟩
Boxing Day ⟨I EL 114, 1⟩
Christmas Day ⟨I EL 114, 1⟩
every day I LS 17, 6
G'day *(= Good day)* ⟨IV U1 8, 1⟩
Judgement Day ⟨VI T5 87, 4⟩
Make A Difference Day ⟨II U5 61⟩
the day before yesterday I U6 96, 2
the other day IV U3 46
these days II U3 34, 1
dead I U6 92, 1
stone dead ⟨VI T4 68⟩
deadline V U1 17, 2
deadly IV U1 8, 1
deaf III U4 53
deal ⟨VI T2 31⟩
the whole deal ⟨VI T5 74⟩
to make a deal with sb ⟨II F1 18, 2⟩
*to **deal** with II U5 67, 4
dean ⟨VI T1 14⟩
Oh **dear**! I LS 14
dear I U3 52
Dear Sir or Madam IV U5 80
death III U5 76, 1
deathly ⟨VI T3 45⟩
debate V U5 87
to **debate** V U5 88
decade ⟨VI T3 46⟩; VI T5 80, 10
decaffeinated ⟨V F3 91⟩
deceit ⟨VI T1 22⟩
December I U4 62, 1; ⟨I EL 114, 1⟩
decibel ⟨VI T3 50⟩
to **decide** II U3 37, 4
decision III U6 90, 2
declaration IV F2 57
to **declare** ⟨V EL 102⟩
to declare VI T4 58
decoder ⟨III U4 53⟩
to **decorate** ⟨I U4 63, 5⟩
to decorate V U2 24, 1
decorated II F4 94
decoration II F4 94
decrease V U5 80
to **decrease** V U5 80
to **dedicate** VI T2 28
to **deduct** ⟨VI T1 11, 3⟩
deep ⟨I EL 118⟩; III U2 30
deer, *pl.* **deer** II U2 21, 2
by **default** ⟨V EL 102⟩
to **defeat** ⟨III F1 21, 1⟩; VI T4 57
to **defend** V U1 14
defiance VI T2 27
defining relative clause V U5 89, 2
definite II U4 52, 1
definitely ⟨I EL 120⟩
definition II U2 25, 5

deforestation ⟨V U5 80, 3⟩
degree *Grad* ⟨IV U5 79, 4⟩; *akademischer Grad; Hochschulabschluss* VI T3 54, 1; *Grad* VI T4 62
to **delay** VI T3 42
delayed II F3 70, 2
delicious II F2 47
delighted ⟨II EL 106⟩
to **deliver** V U2 32
delivery VI T3 49
demand VI T2 24
to **demand** IV U4 68
democracy VI T4 61
democratic VI T4 61
dentist ⟨IV EL 99, 3⟩; V U2 25, 2
to **deny** VI T1 9
department III U1 14
departure II F3 71, 3
to **depend** (on) IV U1 14, 3
to **depict** ⟨VI T5 76⟩
deportation ⟨V F3 90, 2⟩
depressed IV U1 17
to **deprive sb of** VI T4 61
deputy ⟨VI T5 80, 10⟩
derby III U5 69
to **descend** ⟨VI T3 45⟩; ⟨VI T3 50⟩
descendant ⟨VI T2 24⟩; VI T4 57
to **describe** II U2 29, 4
description II U7 91, 1
desert V U5 79
to **deserve** VI T2 28
design V U1 11, 5
graphic design V U2 28
to **design** II U5 60
designer IV U3 44
desire ⟨VI T5 87, 4⟩
to **desire** ⟨IV U4 63⟩
to **desist** ⟨III EL 105⟩
desk I LS 14
mixing desk ⟨II U3 41⟩
despair VI T4 64
desperate ⟨VI T1 23⟩; ⟨VI T3 44⟩; ⟨VI T5 87, 4⟩
dessert II F2 46
to **destroy** ⟨III U2 29, 2⟩; V U5 83; ⟨V EL 103⟩
detail II U3 35, 2
to **detain** ⟨VI T4 63⟩
detective III U1 14
detention *Nachsitzen* ⟨II EL 101, 3⟩; *Haft; Verhaftung* ⟨VI T4 63⟩
to **determine** ⟨VI T5 82⟩
determined ⟨VI T3 50⟩
devastated ⟨III U1 12, 5⟩
to **develop** ⟨III EL 103⟩; V U1 9, 2
developing country V U1 9, 2
development V F1 20, 1
device III U4 54
stylistic device VI T2 29, 8
devil ⟨II F1 18, 2⟩
to **devolve** VI T2 27
to **devote** VI T2 29
to **devour** ⟨IV U1 17⟩
diagram II U5 66, 1
We switched some mental **dial** over to Mute. ⟨IV EL 101⟩
dialect I F4 99
dialogue I U2 39, 3
diamond ⟨IV U1 16⟩; ⟨VI T4 56⟩
diary II U3 43, 2
to **dictate** VI T1 9
dictionary I U4 63, 5; ⟨I EL 115, 1⟩

to **die** I U6 93, 1
to die out ⟨III U2 27, 4⟩
*to go on a **diet** ⟨II EL 100⟩
to **diet** ⟨VI T1 22⟩
to **differ** VI T1 8; VI T3 40
difference II U2 26, 7
Make A Difference Day ⟨II U5 61⟩
to settle differences ⟨V F3 92⟩
different I U2 41, 4
difficult II U2 22
digital VI T5 81
dignity VI T2 28
dilemma ⟨VI T4 67⟩
to **diminish** *(sich) verringern* VI T2 27; *abnehmen* ⟨VI T5 82⟩
dimwit ⟨V U3 49⟩
to **dine** ⟨IV EL 98, 2⟩
dinner I U3 50; ⟨I EL 114, 1⟩
to have dinner I U3 50
TV dinner ⟨III F2 50⟩
dinosaur ⟨II U5 61⟩; III F3 81
dip III F2 50
to **direct** V U4 62
direct II U1 12, 8
direct speech III U6 84, 2
direction III U3 47, 1
director IV U1 19
dirt ⟨VI T1 18⟩
dirt track ⟨VI T4 69⟩
dirty ⟨I EL 119⟩; ⟨II EL 106⟩; IV F2 56, 1
disability III U4 52
disabled III U4 52
disadvantage IV U5 77, 3
disadvantaged IV U3 46
to **disagree** II U6 80, 3
to **disappear** III U5 75
disappointed II U3 41
disaster III U2 26
disastrous ⟨V U4 64, 1⟩
recordable **disc** ⟨VI T2 30⟩
to **discharge** VI T1 16
discipline VI T3 41
disco III U5 71, 5
to **discourage** VI T3 41
to **discover** III U5 69
discovery V F1 23, 4
to **discriminate** ⟨VI T5 82⟩
to discriminate against VI T2 25
discrimination VI T2 24
to **discuss** II U6 80, 3
discussion II U6 80, 3
disease IV F2 56, 1
disgraceful ⟨IV U5 80⟩
disguise II U2 27
in disguise II U2 27
disgusting ⟨VI T3 45⟩
dish II F2 46
dislike II U1 9, 3
eating **disorder** ⟨VI T1 22⟩
to **disperse** ⟨VI T4 62⟩
display IV U2 27
to **disqualify** ⟨V EL 102⟩
to **disrupt** VI T3 40
disruption VI T3 40
distance III U5 69; ⟨III EL 104, 3⟩
distant ⟨VI T1 19⟩; VI T4 63
distaste ⟨VI T5 77⟩
to **distinguish** VI T5 76
to **distract sb** (from sth) ⟨VI T2 32⟩; VI T3 40; VI T4 64
distraction VI T3 40
distraught ⟨VI T2 32⟩

distress ⟨VI T4 68⟩
district VI T1 12; VI T2 33, 1; VI T4 58
diversity VI T2 25
divestment ⟨VI T4 68⟩
divide VI T2 27
to **divide** II U6 79, 1
*to get **divorced** IV F1 23, 2
dizzy III U3 44
*to **do** I LS 21, 4
Don't take no for an answer. ⟨IV U1 10⟩
It's nothing to do with me. III U1 15
to do harm ⟨VI T4 71⟩
to do some revision V U2 32
to do well ⟨I EL 120⟩
to have sth done V U3 46
dock ⟨IV EL 99, 3⟩
doctor II U4 56, 2
documentary III F4 99, 4
dog I LS 10
guide dog IV U3 47, 3
It's raining cats and dogs. ⟨III EL 100⟩
sled dog ⟨V U4 72, 4⟩
dog-tired ⟨I U3 57⟩
dollar III F2 51, 3
dolphin ⟨III U4 52⟩
dome IV U4 60
dome-shaped ⟨IV U2 27⟩
to **dominate** ⟨III U2 29, 2⟩
door I U1 27, 3
next door V F3 92; ⟨V EL 99⟩
stage door ⟨II U5 66⟩
doorstep ⟨V F3 92⟩
doorway ⟨V U3 50⟩
to **doss down** *(infml)* ⟨VI T1 11, 3⟩
double I LS 17, 6
bent double VI T1 13
to **doubt** IV U1 10
doughnut ⟨II EL 105⟩
dove ⟨II EL 106⟩; ⟨V U3 54, 1⟩
down I U2 39, 3
down into the teens ⟨V U3 51⟩
down under *(infml)* ⟨IV U1 8⟩
the next size down III U4 58
upside-down ⟨V U3 49⟩
to **download** V U1 12
downstairs II U4 50
downtown *(AE)* I U7 103, 5
dowry ⟨VI T2 35⟩
dozen ⟨VI T1 11, 3⟩
to **doze off** ⟨VI T3 42⟩
drab VI T3 47
to **drag** V U3 49
to drag the ponds ⟨IV EL 101⟩
dragon ⟨I EL 118⟩; ⟨III U2 25, 3⟩; ⟨V EL 101⟩
drama II U1 9, 2
dramatic V F1 21, 2
drastic V U2 32
to **draw** *zeichnen* I LS 15, 6; *ziehen* ⟨VI T2 31⟩; VI T4 62
to draw (on sth) ⟨VI T5 82⟩
to draw sb's attention to sth ⟨VI T3 46⟩
crudely-drawn ⟨VI T4 68⟩
drawer I LS 14
dreadful ⟨III U2 28, 1⟩
dream V U2 32
*to **dream** I U4 69
dreamcatcher ⟨IV U4 58⟩
dress I F2 49, 6
to **dress up** IV U5 77
to get dressed V U3 46
dress code VI T3 40
drill I U7 107
electric drill I U7 107
drink I U3 57
soft drink V U3 46
*to **drink** I U6 90
drive III U5 68
cattle drive II U6 72
economy drive ⟨VI T5 76⟩
hard drive ⟨III EL 105⟩
relief drive VI T2 26
*to **drive** *fahren* I U7 109, 2; *treiben* V U4 66, 1
driving licence IV U3 44
driver I U2 44
to **drool** ⟨IV U1 16⟩
to **drop** II U1 13
to drop sb a line ⟨IV F3 90, 3⟩
to drop sb off V U2 32
dropoff ⟨VI T1 18⟩
drought V U5 79
to **drown** IV U2 32
drug V U3 50
drum II U3 34, 1
drummer II U3 45, 6
drunk IV U2 32
roaring drunk ⟨V U3 46⟩
to **dry** III U5 70
dry III U5 70
to **dub** ⟨IV EL 97, 2⟩
dubious ⟨VI T3 46⟩
duck I U6 95, 4
due VI T1 12
dull V U3 49
dumb III U6 86
to **dump** ⟨VI T3 44⟩
to dump sb V U3 44
dune ⟨VI T1 18⟩
dungeon ⟨III U1 8, 2⟩
during *(+ noun)* III U1 10
dust VI T5 76
dusty IV U1 8, 1
Dutch IV U2 28, 4
duty IV U1 17
heavy-duty VI T1 14
on duty ⟨V EL 103⟩
DVD player III U2 25, 3
DVD writer ⟨III EL 105⟩
to **dwell** ⟨VI T5 87, 4⟩
dwelling ⟨VI T5 77⟩
to **dye** V U3 49

E

each *jede(-r/-s)* I U2 46, 3
each *pro Person; pro Stück* II U3 42
each other II U4 54
eager III U2 30
eagle ⟨IV EL 96⟩; ⟨VI T1 19⟩
ear ⟨I EL 119⟩; II U7 86
early I U3 51, 4
to **earn** I U3 56
earring II U5 66
earth II U5 61
who on earth? ⟨II EL 105⟩
earthquake ⟨III U5 74⟩; V U5 78
easiness ⟨VI T2 30⟩
east I F3 72, 1
eastern V U4 60
easy I LS 15, 8
*to **eat** I U4 68
eating disorder ⟨VI T1 22⟩
economic V U4 64
economy III F3 80
economy drive ⟨VI T5 76⟩
eddy ⟨VI T5 77⟩
edge IV U2 24
editor V U3 53, 3
letter to the editor V U3 53, 3
to **educate** ⟨VI T2 31⟩
education II U1 9, 2
Physical Education II U1 9, 2
Religious Education II U1 9, 2
educational V U2 28
effect IV U3 52, 2
efficient V F1 21, 2
effort VI T3 48; VI T4 61; VI T5 76
egg I U6 86
fried egg II F2 47
scrambled egg V F3 91
to **egg sb on** VI T1 17
Egyptian VI T3 42
eight I LS 11, 5
8X = 8-speed ⟨III EL 105⟩
eighteen I F2 48, 2
eighteenth I U4 62, 1
eighth I U4 62, 1
eight-hundred-year-old I U5 75, 1
eighty I F2 48, 2
either ... or ... IV U3 49
not ... **either** VI T2 37
to **eject** ⟨VI T5 80, 10⟩
elaborate ⟨VI T4 70⟩
elated ⟨VI T4 64⟩
elbow VI T3 43
elder (*Superlativ*: eldest) ⟨II EL 107⟩
elderly V F3 91
to **elect** V F2 56, 2
election VI T1 8; VI T4 57
electric I U7 107
electric drill I U7 107
electricity IV U4 63
electronic V U2 28
electronics *(sg.)* V U2 28; ⟨V EL 98⟩
elegant V U5 86; ⟨V EL 103⟩
element III U2 26
elementary II U5 64
elementary school *(AE)* II U5 64
elephant ⟨I EL 115, 3⟩; ⟨VI T4 67⟩
elevator *(AE)* III U5 68
eleven I LS 8
eleventh I U4 62, 1
elf, *pl.* **elves** ⟨IV U5 77⟩
to **eliminate** VI T5 85
Elizabethan ⟨IV F1 22, 1⟩
else I U7 104
or else IV U3 51
what else II U2 23, 5
e-mail I U2 42
to **e-mail** V U1 15
embarrassed III U1 14
embarrassing III U3 45
to **embrace** V U4 70
emergency I U7 107
to **emigrate** IV F1 23, 2
emotional VI T1 11; ⟨VI T3 45⟩
emphasis V U4 66, 1
to **emphasize** VI T5 76
empire III F1 21, 1
to **employ** V F1 21, 2
employee V F3 91
employment V U4 64
empty I U1 28
emu IV U1 8, 1
to **enable** ⟨V U1 13, 5⟩; VI T5 80, 10
encased ⟨V EL 102⟩
to **enclose** IV U4 58
to **encourage** IV U5 78
encouragement IV U5 80
encyclopaedia ⟨V U1 13, 5⟩
end I U3 51, 4
cigarette end ⟨V U3 46⟩
in the end II U2 24
to **end** II U7 89, 5
endangered ⟨VI T4 67⟩
ending I U4 69, 2
to **end up** V U2 32
endurance ⟨V U4 68⟩
to **endure** V U4 68
enemy II U2 20, 2
energy V U2 24, 1
solar energy V U2 24, 1
engaged *besetzt, belegt* I U2 42; *verlobt* IV U4 69
engaging ⟨VI T5 82⟩
engine I U5 80
steam engine V F1 21, 2
engineer V U2 25, 2
engineering V U2 28
social engineering ⟨VI T4 59⟩
software engineering ⟨V U2 28⟩
English I LS 14, 1
What's ... in English? I LS 14, 1
cognitive **enhancement** ⟨VI T5 82⟩
to **enjoy** II U3 42
to enjoy oneself III U5 72
enjoyable IV U4 62, 5
enormous V U4 64
enough I U6 90
enrollment ⟨V EL 102⟩
to **enter** ⟨VI T4 69⟩; VI T5 76
enterprise ⟨V EL 99⟩
entertainer IV U5 77
entertainment III F4 99, 2
enthusiastic ⟨VI T2 26⟩
entire V U4 69
entrance IV U2 28, 3
entry VI T1 15, 5
environment IV U1 15, 5
environmental V U5 83
environmentalist V U5 85
e-pal ⟨IV F3 90, 3⟩
episode III F4 99, 2
equal III U4 52
on equal terms ⟨V U4 68⟩
equality VI T2 28; VI T4 61
equipment V U1 8, 1
er I LS 16
to **erase** ⟨VI T5 75⟩
erosion V U5 80, 3
to **erupt** ⟨III U5 72⟩
eruption ⟨III U5 75⟩
escalator ⟨V U3 54, 1⟩
to **escape** II U2 28
especially I F3 72
essential ⟨VI T5 81⟩
establishment ⟨VI T3 45⟩
real **estate** ⟨V U3 49⟩
to **estimate** V U5 81
etc. II U3 37, 6
ethnic VI T2 25; VI T4 56
European IV U1 16
to **evaluate** ⟨VI T5 82, 4⟩
Christmas **Eve** ⟨I EL 114, 1⟩
even II U3 42
even *(+ comparative)* II U5 62
even if III U1 12, 5

even though VU3 42, 1
not even II U1 15
evening I U3 50
event I U7 105, 4
eventually VI T2 27
ever *jemals* II U4 52; *immer* V U1 14
they lived happily ever after ⟨VI T2 35⟩
every *jede(-r/-s)* I LS 17, 6
every day I LS 17, 6
every *alle* III F4 98, 1
everybody I U4 68
everyday III U4 63, 3
everyone ⟨I EL 115, 1⟩; ⟨I EL 121⟩; II U1 15
everything I LS 13, 6
everywhere I U6 95, 4
evidence VI T2 34, 1; ⟨VI T4 68⟩; VI T5 79, 10
evident VI T5 79, 10
evil II U7 85
evolution ⟨VI T5 81⟩
exact V U5 81
exactly II U5 61
not exactly IV U5 80
exaggeration IV U5 81, 3
exam IV U3 49
examination ⟨VI T3 45⟩
to **examine** I U6 92, 1
example I LS 11, 3
for example I U3 52
exasperated VI T3 43
excellent IV U2 32
except I U4 68
exchange III U3 39, 2
foreign exchange ⟨VI T4 56⟩
excise man, *pl.* **excise men** ⟨IV U2 32⟩
to **excite** V U4 63, 3
excited I U4 68
excitement V U1 10
exciting I U7 106
exclamation point *(AE)* VI T1 14
to **exclude** V U4 62
excuse *Ausrede* ⟨III EL 107⟩; *Entschuldigung; Ausrede* ⟨VI T3 46⟩
Excuse me! I U2 39, 3
to **execute** IV F1 22, 1
exercise I LS 10, 2
exercise book I LS 10, 2
exhibition II U2 21, 2
to **exist** ⟨III U2 29, 2⟩; III F3 81; ⟨III EL 103⟩
existence VI T5 72
exit V F3 91
to **expand** VI T1 16; VI T4 56
expanse ⟨VI T3 50⟩
expansion VI T4 56
to **expect** ⟨I EL 120⟩; II U6 76
expectation III U6 86, 1
expedition V F2 58, 4
expensive II U4 53, 6; ⟨II EL 100⟩
experience II U5 64
work experience V U2 30
to **experience** II U2 20, 2
experienced IV U2 29
experiment III U4 54
expert ⟨III EL 105⟩; ⟨V EL 103⟩; ⟨VI T5 81⟩
to **explain** I U6 92, 1
explanation VI T4 60
to **explode** III U5 75
to **exploit** V U1 9, 1
to **explore** IV F1 22, 1
explorer IV F1 22, 1
explosion III U5 74
export VI T4 56
to **expose** VI T3 40; VI T4 63
exposition V F3 90, 1
to **express** II U5 65, 4
expression III U3 47, 3
expressway *(AE)* ⟨IV U4 69⟩
expulsion ⟨VI T3 46⟩
to **extend** VI T4 61
exterior IV U2 34, 2
extinction ⟨VI T4 67⟩
extra *zusätzlich; Zusatz-* ⟨I EL 114⟩
extra *extra; besonders* II U3 41
extract IV U1 16
extraction ⟨V U5 80, 3⟩
extracurricular ⟨VI T1 23⟩
extraterrestrial ⟨V EL 103⟩
extreme *Extrem* VI T3 40
extreme *extrem* ⟨VI T1 18⟩
extremist VI T2 34, 1
eye I LS 13, 6
out of the corner of my eye ⟨IV U3 52⟩
eyelash IV U3 50
eyeliner ⟨V U3 49⟩

F

fab *(infml)* ⟨V U3 42, 1⟩
face I U3 56
to **face** V U3 46
I can't face *(+ gerund)* V U3 46
fact II U5 61
as a matter of fact ⟨VI T3 45⟩
in fact III U1 10
factory III U2 24
to **fade away** VI T3 47
without **fail** VI T2 28
to **fail** VI T1 13
to fail to *(+ infinitive)* *versäumen zu; es nicht schaffen zu* ⟨VI T3 45⟩; VI T5 80, 10
failure VI T4 61
to **faint** I U7 107
fair *Messe; Jahrmarkt* II F4 95
fair *gerecht; fair* I U1 34, 2
fairy II U7 84, 1
fairy tale II U7 84, 1
fall *Sturz* III U2 31
falls *(pl.)* I U7 101, 2
fall *(AE)* *Herbst* II U6 73
*to **fall** (over) I U3 57
to fall asleep V U4 70
to fall in love (with) II U7 84
false I LS 21, 1
fame *Ruhm* ⟨IV U5 76⟩; VI T3 48
hall of fame VI T5 72, 1
familiar III U4 60
to seem familiar III U4 60
family I F1 24, 1
family tree ⟨I F1 24, 1⟩
famous II U2 22
fan II U1 15
fanatic VI T3 42
to **fancy** III U3 42
to fancy *(+ gerund) (infml) (BE)* V U2 26, 2
fancy ⟨II U6 78⟩
fantastic I U7 102
fantasy ⟨III EL 101, 3⟩
far *weit* I U2 39, 3
so far II U4 52
far *bei weitem; weitaus* IV U5 80
further V U1 14
far more interesting I U7 101, 2
fare VI T4 59
to **fare** ⟨IV U4 63⟩
farm I U6 86
to **farm** IV U4 64, 3
farmer I U7 100, 2
farmhand ⟨VI T4 69⟩
farmyard I U6 88
fascinating IV U4 63
fashion III F4 98, 2
fashionable V U3 49
fast I LS 12
fast food restaurant III F2 51, 3
to be fast III U1 13
fat *Fett* III F2 50
fat *fett; dick* III U5 72
Fat lot of good it did them. ⟨IV EL 100⟩
fatal ⟨VI T4 68⟩
fatality ⟨VI T1 16⟩
father I F1 24, 1
Father Christmas ⟨I EL 114, 1⟩
(my) **fault** III U1 13
flora and **fauna** ⟨VI T4 67⟩
fave *(infml)* ⟨V U3 42, 1⟩
favor *(AE)* VI T5 75
favorable ⟨IV U5 80⟩
favourite I LS 17, 6
fax II U5 60
fear II U6 78
to **fear** ⟨III U2 28, 1⟩
feather ⟨I EL 120⟩
feature VI T5 76
feature film V U4 62
to **feature** IV U5 85, 2
February I U4 62, 1
federal V U5 85
federally-recognized ⟨V EL 102⟩
fee VI T3 55
*to **feed** I U6 86
feedback II U1 12, 8
*to **feel** I U5 76
to feel like *(+ gerund)* IV U4 60
to feel sick III U6 89
to feel sorry for III U1 15
feeling II U1 12, 8
fellow *Bursche; Kerl* ⟨IV EL 99, 3⟩; *Kerl; Kumpel* ⟨V EL 105⟩
female V U3 50
fence II U6 78
to **fend** for oneself ⟨VI T4 64⟩
ferry IV U2 29
festival II U2 26, 8
to **fetch** I U2 42
fever IV F2 56, 1
few *einige* ⟨I EL 120⟩; *wenige* III U5 69
a few II U3 41
science **fiction** ⟨IV EL 100⟩
fictional ⟨IV EL 100⟩; VI T4 59, 2
fictitious VI T4 59, 4
fiddle II U6 76
field I U6 87
baseball field III U6 82
football field III U6 83
track and field III U6 84
fierce V U4 60
fifteen I F2 48, 2
fifteenth I U4 62, 1
fifth *Fünftel* III F2 51, 3
fifth *fünfte(-r/-s)* I U4 62, 1
fifty I F2 48, 2
*to **fight** I U1 30
figure II U4 55
to **figure** VI T1 12
to figure out VI T2 27
file VI T1 8
to **file** ⟨VI T4 71⟩
file-sharing ⟨V U1 13, 5⟩
to **fill in** II U3 35, 2
film II U4 53, 4
feature film V U4 62
to **film** III F4 99, 2
filthy ⟨VI T3 45⟩
final II U2 28
finally *letztlich, zuletzt* ⟨I EL 118⟩; *schließlich, endlich* II U3 42
financial VI T2 34, 1; VI T4 56
*to **find** I LS 14, 2
Find the odd word out! I U1 30, 2
fine *Geldstrafe; Bußgeld* VI T2 28; VI T4 61
fine *gut; in Ordnung; schön* I LS 12
I'm fine. I LS 12
finger I U7 106
to cross one's fingers V U2 26
to give sb the finger ⟨VI T2 30⟩
to lace one's fingers ⟨VI T1 15⟩
fingerprint VI T2 36
fingertip II U5 68, 5
to **finish** I U3 52
fire *Feuer* ⟨I EL 118⟩; *Feuer; Kamin; Ofen* II U4 55
brush fire ⟨V U5 80, 3⟩
to catch fire IV U3 50
to set fire to III F1 21, 1
to **fire** VI T3 43
firewood ⟨II EL 103⟩
firework IV U3 52
firm *Firma; Unternehmen; Gesellschaft* V U2 24, 1; ⟨V EL 98⟩
law firm ⟨V U2 30⟩
firm *fest; standhaft* ⟨VI T2 30⟩
first I U3 58, 2
at first II F1 19, 4
first name IV U1 11, 4
in the first place ⟨VI T3 45⟩
fish and chips I U7 103, 3
to **fish** ⟨V F3 91⟩
fisherman, *pl.* **fishermen** IV U2 32
fishing II U6 72
fishmonger ⟨III U5 69⟩
fishnet stocking ⟨V U3 49⟩
nuclear **fission** ⟨V EL 103⟩
fist IV U4 70
to **fit** ⟨II EL 107⟩
fitted carpet *(BE)* ⟨VI T5 87, 4⟩
to fit (in) IV U2 26, 1
to fit like a glove ⟨II EL 107⟩
fit III U5 70
fitful ⟨VI T5 77⟩
fitting ⟨VI T4 70⟩
five I LS 11, 5
nine to five ⟨V U3 51⟩
to **fix** V U2 26
to **fix sth up** V U3 49
flag I U7 100, 1
flag-pole ⟨VI T4 69⟩
to **flake** VI T2 36

flame IV U3 50
to **flap** VI T5 75
to flap one's wings ⟨IV EL 96⟩
flash VI T1 14
to **flash** *blitzen; blinken* IV U4 69; *zeigen* ⟨VI T4 64⟩
flashlight *(AE)* V U3 50
flat *Wohnung* I U1 27, 4
flat *flach, platt* III U5 70; ⟨III EL 101⟩
flatly IV U3 51
flavor *(AE)* III F2 50
fleet ⟨IV F1 22, 1⟩
flesh ⟨VI T4 71⟩
flight *Flug* I U7 103, 5; *Treppe* ⟨VI T5 76⟩
to take flight ⟨V U3 54, 1⟩
to **flinch** VI T1 13
to **flip** (a book) open VI T1 14
flippant ⟨VI T3 51⟩
to **float** ⟨VI T1 18⟩
flood V U4 61
to **flood** IV U5 81, 4
floor I LS 14
flora and fauna ⟨VI T4 67⟩
floral hoop ⟨V U2 32⟩
to **floss** ⟨II EL 101, 3⟩
flour ⟨II EL 103⟩
flow ⟨VI T2 31⟩
to **flow** V U5 83
flower II F4 94; ⟨II EL 104⟩
flu V U3 46
to be struck down with flu ⟨V U3 46⟩
fluent ⟨V U2 31, 3⟩
fluffy ⟨IV F3 91, 4⟩
to **flush** IV U2 27
fly II F2 47, 4
*to **fly** I U3 54
to fly on I U7 102
focus I F1 24, 1
to **focus (on)** IV U2 27
fog II U4 55
foggy II U4 52
aluminum **foil** *(AE)* ⟨III U5 70⟩
to **fold** VI T3 43
folder I LS 14
folks *(infml)* ⟨IV EL 100⟩; ⟨V U4 70⟩
to **follow** I U6 92, 1
folly ⟨VI T1 23⟩
food I U4 63, 4
fool ⟨I EL 116, 1⟩; II U7 91
foot, *pl.* **feet** *Fuß* I LS 14; *Fuß (Längenmaß: 30,48 cm)* III U5 75, 1
on foot V F2 58, 4
to put one's foot down ⟨V U4 69⟩
footage VI T5 79, 10
football I LS 14
football field III U6 83
football magazine I LS 14
footprint ⟨IV U1 16⟩
footstep III U4 60
for *für* I U1 30; *wegen* III U1 15; *seit* III U2 24
for a change IV U3 44
for example I U3 52
for many years III U1 10
for their own good IV U1 17
for the time being ⟨V EL 102⟩
for *denn* ⟨I EL 114, 2⟩
force VI T2 27
to **force** III U6 84
forecast II U4 54
weather forecast II U4 54
forefather ⟨VI T3 42⟩
forehead ⟨IV EL 100⟩
foreign IV F3 90, 2
foreign exchange ⟨VI T4 56⟩
foreigner ⟨V EL 98, 1⟩
forest I U1 27, 2
forever IV U5 80
till forever ⟨II U4 56, 3⟩
to **forge** ⟨IV U4 70⟩
*to **forget** I F4 98
fork *Gabel* I U1 30, 2; *Gabelung* II U4 55
form I LS 12, 2
progressive form III U2 26, 2
to **form** III U3 41, 2
formal III U4 59, 5
formula, *pl.* **formulae** ⟨II F3 71, 4⟩; ⟨VI T2 39⟩
for sure ⟨V U2 32⟩
fort ⟨V U2 26⟩
forth ⟨V EL 105⟩
fortunately IV U5 78
fortune ⟨IV U5 76⟩; VI T4 58
forty I F2 48, 2
forum III U4 54
forward IV U5 80
fossil IV U2 25
to **found** III F1 21, 1
fountain ⟨VI T4 61⟩
four I LS 11, 5
fourteen I F2 48, 2
fourteenth I U4 62, 1
fourth I U4 62, 1
fragile ⟨VI T5 87, 4⟩
frail ⟨VI T5 76⟩
freeze **frame** ⟨IV EL 97, 2⟩
Franconian ⟨I F4 99⟩
frankly IV U5 78
freak IV U3 51
to **freak out** ⟨VI T3 45⟩
free *frei* I U3 50; *kostenlos* III U3 44
freedom IV F1 23, 2
*to **freeze** ⟨IV U2 33⟩; V U3 51
freeze frame ⟨IV EL 97, 2⟩
French I F4 99
Frenchman IV U2 34
frequency ⟨III U3 42, 1⟩; V U5 84, 3
fresh *frisch* ⟨I U4 63, 5⟩; I U6 86
freshness V U5 83
friar ⟨II U2 24⟩
Friday I U1 30
fried II F2 47
fried egg II F2 47
friend I LS 10
to make friends (with) III U1 13
friendly II U2 23, 5
friendship V U3 43, 3
fries *pl. (AE)* I U7 104
fright ⟨IV EL 99, 3⟩; ⟨VI T4 70⟩
to **frighten** II U6 78
*to be **frightened** (of) I U5 80
frog I U1 32
from I LS 8
Where are you from? I LS 9
Where … from? I LS 9
front II U5 62
in front of I U2 38, 1
fruit *Frucht* III U5 70
fruit *Obst* ⟨I U4 63, 5⟩
fruit *(pl.) Obst* II F2 46
fruity ⟨VI T5 76⟩
fuel V U5 84, 3
to **fulfil** IV U1 14, 3
full I U5 75, 1
fun I U2 46, 4; ⟨I EL 115⟩
fun to be with V U3 42, 1
to make fun of III F4 99, 2
function IV U3 49, 2
to **fund** VI T1 14
fundamental ⟨VI T1 23⟩
funding ⟨V U3 51⟩
funeral ⟨IV EL 100⟩; ⟨VI T4 70⟩
funky ⟨III U1 13⟩; IV U1 11, 3
funny I LS 18
fur V F2 57, 3
furious IV U4 70
furniture *(singular noun with plural meaning)* IV U3 46
furthermore IV U2 31, 7
fury ⟨VI T5 87, 4⟩
fuse box ⟨III U4 61⟩
*to make a **fuss** VI T2 36
future II U1 10, 2
futuristic ⟨VI T5 78, 4⟩

G

gadgetry ⟨VI T5 82⟩
to **gain** V U2 25, 4
galah ⟨IV EL 96⟩
galaxy ⟨VI T1 14⟩
gallery III U1 8, 2
gallon V U5 84, 3
game *Spiel* I LS 15, 5
game show III F4 99, 4
game *Wild* ⟨VI T4 69⟩
gang II U1 15
gangster I U7 106
gap IV U5 80, 1
gap year ⟨V U2 25, 4⟩
garage I U1 27, 3
garbage *(AE)* V U3 49
garden I U1 27, 3
gardener IV U3 48, 6
gas IV U4 63
gasp ⟨VI T3 45⟩
gate *Tor, Pforte* I U6 95, 3; *Gate, Flugsteig, Ausgang* II F3 71, 3
to **gather** V U4 64
gay VI T1 10
to **gaze** VI T5 76
gear II U6 73
gel VI T1 11
gender ⟨VI T5 82, 4⟩
general II U3 35, 2
the general public V U1 15
to **generalise** VI T1 10
generation IV U1 18, 1
generous IV U2 32
gentle II U7 90
gentleman, *pl.* **gentlemen** II U3 41
ladies and gentlemen II U3 41
geography I U7 101, 2
German I LS 16
gerund I U7 105, 3
gesture ⟨III EL 103⟩; ⟨V EL 98⟩; VI T2 27
*to **get** *(be)kommen; kriegen* I U1 32; *werden* II U1 15
Get lost! *(infml)* V U3 49
Get well soon! III U3 45
I don't get it. III U1 15
to get a big bang out of sth ⟨VI T1 12⟩
to get a grip on ⟨VI T3 50⟩
to get by ⟨VI T2 30⟩
to get divorced IV F1 23, 2
to get dressed V U3 46
to get into I U1 32
to get in touch (with) IV F3 90, 3
to get (sb) involved (in) IV U4 67, 4
to get lost I U3 56
to get married ⟨I EL 119⟩; II U2 24
to get off (the bus) I U2 44
to get off the ground ⟨IV U5 80⟩
to get off with sb *(infml)* ⟨V U3 44⟩
to get on (the bus) I U2 44
to get one's act together III U6 86
to get over sth V U3 44
to get rid of II U6 78
to get (sth) started IV U5 80
to get stick *(infml)* ⟨VI T2 33, 1⟩
to get the gist III U2 28, 1
to get to do sth ⟨IV U5 77⟩
to get to know III U2 25, 4
to get up I U3 52
to get used to *(+ gerund)* IV U4 58
to get wet I U2 42
ghost II F1 18, 1
giant *Riese; Gigant* V U1 14
giant *riesig* ⟨IV EL 101⟩
gifted VI T1 13
Gig = **gigabyte** ⟨III EL 105⟩
Gigahertz ⟨III EL 105⟩
giraffe ⟨II EL 103⟩
girl I LS 12
cover girl ⟨V U3 49⟩
girlfriend III U4 54
*to get the **gist** III U2 28, 1
*to **give** I U4 64, 4
to give a talk III U1 18, 1
to give sb a break ⟨IV U5 78⟩
to give sb a break VI T3 42
to give sb a lift VI T4 58
to give somebody the bumps I U4 63, 4
to give sth a shot ⟨VI T3 48⟩
to give up I U5 81
*to **give** sb the finger ⟨VI T2 30⟩
glad III U6 85, 5
glance ⟨VI T3 50⟩
to **glance at** VI T1 15
to **glare at sb** VI T2 36
glass I U1 30, 2
glasses *pl.* I U4 69
gleeful ⟨VI T4 68⟩
hang **glider** ⟨VI T1 18⟩
glitter ⟨III U4 58⟩
to **glitter** ⟨VI T5 77⟩
global V U1 8, 1
globalisation V U1 8, 1
glove III U6 83
to fit like a glove ⟨II EL 107⟩
to **glow** ⟨VI T2 38⟩
to **glue** ⟨VI T5 81⟩
gm (= gram) I U4 63, 5
gnat ⟨VI T5 81⟩
*to **go** I LS 10
to go *(+ adjective)* II F1 19, 4
It just goes to show … ⟨VI T4 68⟩

Let's go! **I LS** 10
to be going on **II U1** 10
to be gone **II U1** 15
to go ahead **V U2** 36, 8
to go along **VI T1** 12
to go down **II U7** 90
to go down to ⟨**I EL** 121⟩
to go for a walk **I U3** 50
to go on **I U2** 45, 2
to go on *(+ gerund)* **II U3** 42
to go on a diet ⟨**II EL** 100⟩
to go on the warpath ⟨**V U4** 60⟩
to go shopping **I U2** 38, 1
to go to sleep **I U3** 57
to go wrong **II U1** 13
goal **III U3** 40
goanna ⟨**IV U1** 16⟩
goatee ⟨**V EL** 102⟩
goblet ⟨**VI T3** 55⟩
God **II U4** 55
for God's sake ⟨**VI T2** 30⟩
thank God **II U4** 55
goddess ⟨**V U1** 14⟩; **VI T1** 13
goggles *(pl.)* ⟨**II EL** 101, 1⟩
gold *Gold* **II U5** 64
gold rush ⟨**V U5** 79⟩
gold *golden* **III U2** 30
golden **IV F1** 22, 1
golf **III U6** 82
golf ball **III U6** 82
golf club **III U6** 83
golf course **III U6** 83
for their own **good** **IV U1** 17
good **I LS** 16
Best wishes **V U4** 67, 2
better **I U3** 58, 2
G'day *(= Good day)* ⟨**IV U1** 8, 1⟩
good tidings ⟨**I EL** 114, 2⟩
I'd better = I had better **IV U2** 29
no good **II U3** 42
not any better **II U4** 54
to be better **IV U3** 51
to be good at **I LS** 16
Goodbye! **I LS** 15, 8
goodies *(pl.)* ⟨**V U3** 54, 1⟩
goods *(pl.)* **IV F1** 23, 2
gorgeous ⟨**IV EL** 103⟩
gospel **III U5** 69
to **gossip** ⟨**V U3** 54, 1⟩
*to have **(got)** **I U1** 28
gotten *(AE)* **IV U5** 82
to **govern** **VI T4** 61
government **III U1** 10
governor **V U5** 87
to **grab** **I U4** 68
grace ⟨**VI T1** 22, 1⟩
*to say **grace** ⟨**II EL** 104⟩
grade *(AE)* *Klasse* ⟨**I EL** 120⟩; *Klasse (AE); Note (AE)* **II U5** 61
grader *(AE)* **II U5** 65, 4
gradual **III F1** 21, 1
graduation **VI T2** 26
graffiti **III U3** 46, 2
grammar **I U2** 42, 2
grammar school **V U2** 30
grand ⟨**IV U4** 60⟩; **VI T2** 27
grandma **I F1** 24, 1
grandpa **I F1** 24, 1
great-great-**grandparents** ⟨**II F4** 94⟩
granite ⟨**IV U4** 60⟩
granny ⟨**VI T4** 58⟩
grant **VI T1** 14
to **grant** **VI T4** 63
grape **III U3** 44
graph **V U5** 80, 2
graphic design **V U2** 28
grass **III U1** 19, 4
grasshopper ⟨**II U6** 81, 3⟩; ⟨**V U4** 69⟩
grateful **V U1** 18, 3
grave ⟨**II EL** 106⟩; **III U2** 26
gravel pit slide ⟨**IV EL** 101⟩
gravity ⟨**V U5** 85⟩
gray *(AE)* **V U4** 68
greasy ⟨**V F3** 91⟩
great *großartig, toll* **I LS** 12; *groß* **II U1** 10
great-great-grandparents ⟨**II F4** 94⟩
greed **V U4** 61
Greek ⟨**III EL** 104, 3⟩; **V U1** 14
green **I LS** 13, 6
greenhouse **IV U2** 27
to **greet** ⟨**I EL** 121⟩; **IV F3** 91, 5
greeting **III U2** 22, 1
grey **I LS** 13, 6
grid **II U1** 12, 7
to **grill** **III F2** 50
grimy ⟨**VI T5** 77⟩
to **grin** **III U1** 14
*to get a **grip** on ⟨**VI T3** 50⟩
gritty ⟨**VI T5** 76⟩
to **groan** **III U3** 44
to **groom** **VI T3** 40
ground **III U2** 31
to get off the ground ⟨**IV U5** 80⟩
group **I LS** 10
tutor group **I LS** 10
groupy ⟨**VI T1** 14⟩
*to **grow** *anbauen; wachsen* **I U7** 101, 2; *züchten; ziehen* **IV U2** 27
to grow tired of sb/sth ⟨**IV EL** 96⟩
to grow up **II U3** 45, 7
to **growl** ⟨**V U4** 70⟩
grown-up **V U3** 46
growth **V U5** 79
grunge **III U5** 68
guard ⟨**III U1** 14⟩; **VI T5** 80, 10
guerrilla ⟨**VI T2** 35⟩
to **guess** **I U4** 65, 5
Guess what? ⟨**I EL** 120⟩
guesswork ⟨**VI T5** 77⟩
guest **II U4** 48
guide **III U2** 22, 1
guide dog **IV U3** 47, 3
guideline **VI T5** 79, 10
guilty **V U3** 44
guitar **I U2** 40
guitarist **II U3** 41
chewing **gum** **IV U3** 49, 3
gun **I U7** 106
gunsmith ⟨**VI T4** 69⟩
guy **II U1** 10
Mr Nice Guy **V U3** 46
gym(nasium) **III U3** 41, 3

H

habit **V U2** 28, 1
mating habits *(pl.)* ⟨**VI T3** 43⟩
habitat loss ⟨**VI T4** 67⟩
to **hack** ⟨**V U3** 50⟩
hair ⟨**I EL** 119⟩; **II U2** 23, 5
hairdresser ⟨**VI T3** 44⟩
hairstyle **III U1** 13
half, *pl.* **halves** ⟨**I EL** 121⟩; **IV F2** 56, 1
an hour and a half ⟨**II EL** 103⟩
half past (two) **I U3** 51, 4
half-caste ⟨**VI T2** 38⟩
half-time **III U6** 86
hall *Flur, Diele, Korridor* **I U1** 27, 3; *Halle, Saal* **II U1** 10
hall of fame **VI T5** 72, 1
ham **II F2** 46
hamburger ⟨**I EL** 115, 3⟩
hamster **I F2** 48, 1
hand *Hand* **I LS** 19, 5; *Blatt (beim Kartenspiel)* ⟨**IV EL** 100⟩
by clapping your hands ⟨**IV EL** 99, 3⟩
on the other hand **IV U4** 69
to **hand** sth down to sb ⟨**IV EL** 96⟩
to hand sth over **IV U1** 17
to **handle** ⟨**V U3** 50⟩
handmade **V U4** 68
handout **III U5** 70
handrail ⟨**V U1** 10⟩
handsome **VI T5** 76
*to come in **handy** **VI T5** 83
to **hang** **IV U2** 32
*to **hang** around **III U5** 62
to hang on **V EL** 98
to hang out (with) *(infml)* **II U5** 66
to hang up **IV U4** 58
hang glider ⟨**VI T1** 18⟩
to **happen** **I U3** 54
to happen to (be/do) **VI T1** 9
happy **I U4** 62; ⟨**I EL** 114, 2⟩
happy horseshit *(infml)* ⟨**IV EL** 101⟩
they lived happily ever after ⟨**VI T2** 35⟩
to **harass** **V U5** 83
harbour **I U5** 75, 1
hard **II U1** 15
hard drive ⟨**III EL** 105⟩
to **harden** **V U4** 60
hardly **III U2** 23, 1
hardness **V U4** 70
hardwood ⟨**IV U2** 27⟩
harm ⟨**VI T5** 72⟩
to do harm ⟨**VI T4** 71⟩
harmful **VI T2** 34, 1
harsh ⟨**V U3** 50⟩; **VI T5** 75
harvest ⟨**VI T4** 70⟩
hassle **VI T1** 20
hat **II U4** 55
to **hate** **I U3** 52
to **haunt** **IV U2** 32
haunted **IV U2** 32
to **have** *haben* **II U1** 8; *essen; trinken* **II F2** 47
Had I not … *(fml)* ⟨**IV U5** 80⟩
hath ⟨**V EL** 105⟩
I'd better = I had better **IV U2** 29
to have (got) **I U1** 28
to have a baby **IV F2** 56, 1
to have a go ⟨**II EL** 105⟩
to have a look (at) **III U1** 14
to have a point ⟨**VI T3** 45⟩
to have a race **I U2** 44
to have a row **V U3** 44
to have dinner **I U3** 50
to have in mind **VI T5** 74
to have on **II U4** 54
to have second thoughts ⟨**VI T1** 19⟩
to have sth done **V U3** 46
to have sth in common **V U1** 9, 2
to have the nerve to do sth ⟨**II U5** 66⟩
to have to (do sth) ⟨**I EL** 120⟩; **II U5** 64
Hawaiian **V U4** 62
hazard **V U5** 78
hazel ⟨**II EL** 106⟩
he **I LS** 10
he'll ⟨**I EL** 116, 2⟩
head **I F3** 73, 3
head teacher *(BE)* **III U3** 49, 6
to **head (for)** ⟨**III U1** 14⟩
headache **III U3** 40
heading *Überschrift* **I U6** 94, 1; *Abbaustrecke (im Schacht)* ⟨**V F1** 23, 3⟩
headline **VI T1** 16, 2; **VI T2** 26
headliner cause **VI T2** 26
headmistress *(BE)* ⟨**VI T3** 50⟩
headphones ⟨**V EL** 99⟩
to **heal** **VI T4** 63
health **II U1** 9, 2
health club **III U1** 12, 6
healthy **III F2** 51; ⟨**III EL** 101⟩
heap **VI T5** 77
*to **hear** **I U2** 42
hear us rap ⟨**I LS** 17, 6⟩
hearing aid ⟨**III U4** 55, 3⟩
heart **I F3** 73, 3
heart attack ⟨**III EL** 101⟩
My heart jumped into my mouth. ⟨**III U1** 14⟩
hearth ⟨**II EL** 106⟩
hearty ⟨**V U2** 32⟩
to **heat** **V U5** 87
heaven ⟨**II F1** 18, 2⟩
heavenly body ⟨**VI T3** 42⟩
heavy **II U6** 78
heavy-duty **VI T1** 14
heel ⟨**II EL** 107⟩
height **III U1** 10
helicopter **I U7** 105, 6
hell ⟨**II F1** 18, 2⟩; **V U3** 46
Hello! **I LS** 8
to say hello **I U6** 91, 5
*to take the **helm** ⟨**VI T3** 50⟩
helmet **III U6** 82
help **I U5** 81
to **help** **I U2** 43, 5
help yourself **II F2** 47
helpful **V U3** 42, 1
helpless **I U5** 80
her **I LS** 10
herb **V U4** 68
here **I LS** 10
Here you are! **I U2** 44
heritage ⟨**V U4** 68⟩
hero, *pl.* **heroes** **II U7** 84
heroine **II U7** 84
herself **III U5** 72
hesitation ⟨**V F3** 91⟩
Hey! **I LS** 10
Hi! **I LS** 9
hide ⟨**VI T4** 67⟩
*to **hide** **II U2** 21, 2
high **I U7** 105, 4
high school **III U6** 86, 1
highlight **III U2** 26
highway **V U1** 10
hike **III U5** 70

to **hike** III U5 68
hill I U3 54
him I U2 42
himself III U3 45
to **hinder** VI T3 48
Hindu VI T2 25
hip V U3 49
hip-hip-hooray ⟨VI T3 51⟩
hip-hop II U3 34
hippo VI T4 62
to **hire** V F3 91
his *(Possessivbegleiter)* I LS 10; *(Possessivpronomen)* IV U3 46
Hispanic V U5 79
to **hiss** ⟨IV U2 33⟩; VI T1 13; VI T3 42
historian ⟨V U5 85⟩
historical III U3 38, 1
history II U1 9, 2
natural history ⟨III U1 8⟩
hit II U3 35, 2
*to **hit** I U3 54
HIV ⟨V U3 49⟩
hobby II U1 9, 3
hobby horse ⟨VI T3 45⟩
*to **hold** II U1 15
Hold your horses! ⟨II EL 104⟩
hole ⟨III EL 100⟩; VI T3 40
holiday I U6 86
hollow II U2 21, 2
Holy Jeezum! (= Jesus) *(infml)* ⟨IV EL 100⟩
home I U1 32
at home I U3 53, 7
broken home VI T3 48
Home Office *(BE)* VI T5 80, 10
old people's home II U5 64
homeless III U1 9
homepage II U5 61, 1
homesick ⟨VI T1 23⟩
homesite ⟨IV U4 65, 5⟩
homesteader ⟨V U4 60⟩
hometown IV U4 58
homework I LS 20
homey ⟨V F3 91⟩
homicidal ⟨VI T5 73, 2⟩
honest V U2 32
honesty ⟨VI T3 46, 9⟩
honey III U1 13
honour ⟨III U2 29, 2⟩
hood *(AE)* VI T1 12
hoodie ⟨VI T2 31⟩
hooey *(infml)* ⟨V U4 68⟩
The phone is ringing off the **hook.** ⟨VI T3 43⟩
to **hook** in ⟨VI T1 18⟩
hoop ⟨III U6 88⟩
floral hoop ⟨V U2 32⟩
to **hoot** ⟨VI T4 69⟩
hop ⟨VI T1 19⟩
hope ⟨III U2 28, 1⟩; V U2 28, 1
to **hope** I U7 102
hopeful IV U5 78
hopefully IV U5 78
hopeless IV U1 17
horn V F2 59, 6
horrified III U2 30
horror II F1 19, 4
horse I U1 28
hobby horse ⟨VI T3 45⟩
Hold your horses! ⟨II EL 104⟩
to be as hungry as a horse II U2 22
white horses I U5 80
horseback riding II U6 72
happy **horseshit** *(infml)* ⟨IV EL 101⟩
hospital II U4 55
host IV F1 22, 1
hostage ⟨VI T1 14⟩
hostel V U2 27, 4
hostile ⟨VI T4 67⟩
hot *heiß* I U5 76; *scharf* III F2 50
hot dog ⟨III EL 100⟩
hotel II U4 53, 6
hour II U4 55
opening hours I U3 51, 4
an hour and a half ⟨II EL 103⟩
house I LS 12
State House ⟨IV U4 60⟩
terraced house V F1 21, 2
household *Haushalt* ⟨III U2 29, 2⟩
household *allgemein bekannt* VI T2 26
housekeeper ⟨IV U2 32⟩
housing V U3 50
to **hover** VI T5 77
how I LS 9
How about ...? I U7 104
How are you? I LS 12
how many I U1 33, 4
How much is/are ...? I F2 49, 6
How old are you? I LS 9
how to do sth II U1 12, 8
How to write ... ⟨I U3 58, 2⟩
however II U7 84
to **huddle** ⟨V U3 54, 1⟩; ⟨V EL 102⟩
huge I U4 69
Huh? I U2 45
human V U5 80, 3
human being VI T5 72
human rights abuse VI T4 63
humble ⟨VI T2 31⟩; ⟨VI T5 83⟩
humid ⟨IV U2 27⟩
to **humiliate** ⟨VI T3 45⟩
humour V U3 46
a **hundred** I F2 48, 2
Hungarian II F4 95
hungry I U4 68; ⟨I EL 114, 1⟩
to be as hungry as a horse II U2 22
to **hunt** II U2 21, 2
hunting ⟨III U2 30⟩
hurricane VI T2 26
in a **hurry** IV U3 44
to **hurry (up)** II U4 50; ⟨II EL 101, 3⟩
*to **hurt** II U1 8, 1
*to be **hurt** I LS 12
husband II U4 55
hush ⟨VI T3 45⟩
husky II U5 60
hut ⟨II EL 103⟩; VI T4 59
hydrogen-core ⟨VI T5 75⟩
hydropower V U5 86
hysterics ⟨VI T3 43⟩

I

I I LS 8
I beg your pardon? ⟨VI T3 45⟩
I can't be bothered. V U3 49
I can't face *(+ gerund)* V U3 46
I'd II U1 10
I'd better = I had better IV U2 29
I don't get it. III U1 15
I'd rather V U3 44
I'm fine. I LS 12
I see. II U1 10
lyrical I V F3 93, 4
ice I U3 52
ice cream I U3 52
icon ⟨III U4 61⟩; ⟨VI T2 26⟩
idea I LS 21, 3
No idea! I LS 21, 3
ideal *Ideal* ⟨III U2 29, 2⟩; ⟨VI T1 22⟩
identical ⟨VI T2 30⟩
identification card ⟨V EL 102⟩
to **identify** ⟨III U2 28, 1⟩
to identify (with) IV U3 49, 2
identity II U7 84
idiom V U3 48
idiot III U1 14
if I U4 66
ignorance VI T5 77
ignorant VI T5 77
to **ignore** III U2 29, 2
ill ⟨I EL 115, 3⟩; II U3 41
to take ill VI T3 47
illegal V U5 81
illness III U4 52
to **illuminate** ⟨VI T5 85⟩
image IV U3 53, 6
imagery V F3 93, 4
imaginative II U7 88, 2
to **imagine** II U1 11, 6
to **imitate** ⟨IV EL 102⟩; V U1 9, 2
immaculate ⟨V F3 91⟩
immediately I U7 106
immigrant IV U1 10
immigration VI T2 25; VI T4 57
to **immobilize** ⟨VI T4 61⟩
impact ⟨VI T5 81⟩
to **import** V F2 56, 2
importance ⟨III U2 29, 2⟩; IV U2 27
to attach great importance to ⟨V U2 33⟩
important I U6 94, 1
impossible IV U1 14, 3
impoverished ⟨VI T4 67⟩
to **impress** VI T1 10
impression VI T1 13; VI T3 47, 12; VI T4 62, 4
to be clean out of impressions ⟨VI T1 13⟩
impressive VI T2 33, 1
life **imprisonment** VI T4 61
to **improve** II U7 92, 3
improvement V U4 64, 1
in I LS 9
in advance III U1 10
in a hurry IV U3 44
in between II U4 56, 2
in case II U6 74
in case of problems ⟨I EL 121⟩
in class I U4 65, 5
in disguise II U2 27
in fact III U1 10
in front of I U2 38, 1
in my opinion IV U2 31, 7
in need V U2 25, 4
in order to III U5 70, 1
in return ⟨III U2 29, 2⟩; V U3 46
in spite of III U6 84
in terms of VI T5 80, 10
in the end II U2 24
in the first place ⟨VI T3 45⟩
in the late 1100s II U2 20, 2
in time ⟨III EL 105⟩
in time for III U1 10
in vain ⟨VI T5 87, 4⟩
inaction ⟨VI T5 72⟩
inappropriate VI T3 40, 1
incident ⟨VI T3 50⟩
to **include** V U2 28
income IV U3 55, 5
incomprehensible VI T2 26
increase V U5 80
to **increase** ⟨IV U1 15, 5⟩; V U1 14
indeed V U4 68
indefinite IV U3 45, 2
independence IV F2 57
independent III U4 60
Indian I F1 25, 4
Indian summer ⟨IV U4 61, 3⟩
to **indicate** ⟨VI T5 83⟩
indifferent VI T5 83
indirect speech III U6 84, 2
individual IV U5 78, 1
to **indulge (in) sth** VI T2 34, 1; ⟨VI T5 81⟩
industrial V F1 21, 2
industrious VI T3 43
industry III U2 25, 4
mining industry VI T4 60, 5
inevitable ⟨VI T3 46⟩
infancy ⟨VI T3 43⟩
to **infect** ⟨V U1 13, 5⟩
infection VI T4 66
infiltrator ⟨VI T4 70⟩
infinitesimal ⟨VI T5 75⟩
infinitive III U1 12, 7
influence III U5 69
to **influence** IV F1 22, 1
influential ⟨V U1 9, 2⟩
to **inform** V U4 68
informal III U4 59, 5
information I U2 39, 3
information technology V F1 21, 2
infrastructure V F1 21, 2
to **inhabit** VI T4 59
inhabitant IV U1 9, 1
to **inhale** ⟨V U3 50⟩
to **inherit** IV U2 34
to **inhibit** ⟨VI T2 31⟩
to **injure** III U3 44
injury VI T1 16; VI T4 66
inland ⟨III U2 29, 2⟩; VI T4 57
inn IV U2 24
innocence ⟨VI T5 87, 4⟩
innocent ⟨V U3 54, 1⟩
inquiry IV U4 70
insect ⟨I EL 121⟩; III U5 72
inside I U1 27, 3
to **insist (on)** ⟨V U3 51⟩; ⟨V EL 98⟩; VI T2 35; ⟨VI T3 51⟩
insolence ⟨VI T3 45⟩
inspection ⟨VI T3 51⟩
inspector ⟨VI T3 51⟩
inspirational ⟨VI T3 50⟩
to **inspire** IV U3 53, 6
instant *Augenblick; Moment* VI T5 77
instant *sofortig* ⟨V U1 13, 5⟩; ⟨VI T5 81⟩
instantly ⟨IV EL 100⟩
instead III U5 77, 1
instead of III U2 33, 1
institution IV U3 45, 3
instruction III U3 40
instrument I U3 59, 3
to **insult** V U4 62
to **integrate** V U5 84, 3
integration VI T2 27

intellectual VI T3 42
intelligence VI T5 72, 1
intelligent V U3 46
intelligible ⟨VI T5 77⟩
to intend V U4 69
intention II U3 37, 4
interactive II U2 20, 2
interest *Interesse* IV F3 90, 3
interest *(sg. only) Zins(en)* ⟨V U2 24, 1⟩
*to be interested in I U7 104
interesting I U5 75, 1
far more interesting I U7 101, 2
interface ⟨VI T5 82⟩
interference ⟨VI T3 45⟩
interior IV U2 34, 2
international I F1 25, 4
Internet I U5 74, 1
internship *(AE)* V U2 30
to interpret IV U1 15, 5
interpretation IV U5 84, 1
to interrupt III U1 15
inter-tribal ⟨V EL 102⟩
interval ⟨III U2 28, 1⟩
interview I U4 71, 5
to interview II U1 9, 3
into I U1 32
intransitive ⟨IV U2 26, 2⟩
to introduce II U3 42
introduction II U3 42
to invade ⟨III F1 21, 1⟩; V U4 64, 1
to invent II U2 26, 7
invention V F1 23, 4
inventor V U5 84, 3
to invest V U1 14
to investigate V U5 86
invisible II U7 90
invitation I U4 62, 3
to invite I U4 63, 4
to involve V F3 92
to get (sb) involved (in) IV U4 67, 4
Irish I F4 98
iron VI T5 76
corrugated iron ⟨VI T5 77⟩
iron ore V F1 21, 2
pig iron ⟨VI T5 76⟩
ironical VI T4 59
irony ⟨V EL 102, 1⟩; VI T3 44, 5
irregular I U6 89, 4
irresponsible VI T1 9
Islamic ⟨VI T2 39⟩
island I F3 73, 3
issue IV U3 44
to issue ⟨VI T4 61⟩
it I LS 10
It just goes to show … ⟨VI T4 68⟩
it's about time ⟨III EL 105⟩
It's nothing to do with me. III U1 15
It's no use *(+ gerund)* IV U4 63
It's raining cats and dogs. ⟨III EL 100⟩
It's up to you VI T1 15, 5
It's your turn. I LS 15, 1
IT V F1 21, 2
Italian I F1 25, 4
to itemise ⟨VI T5 82⟩
its I LS 18
ivory ⟨VI T4 67⟩

J

jacket II U6 73
jack-o'-lantern ⟨II F1 18, 2⟩
jail VI T2 28; VI T4 61
jam *Marmelade* II F2 47; *Gedränge; Klemme* II U4 49
traffic jam II U4 49
to jam VI T1 13
January I U4 62, 1
Japanese IV U1 10
jasmine ⟨VI T3 47⟩
jazz II U3 34
jealous (of) II U5 66
jeans *pl.* I F2 49, 6
jelly I U4 63, 4
spinning jenny ⟨V F1 21, 2⟩
jerk II U5 66
to jerk sb around VI T1 14
jet VI T3 49
jewellery ⟨II EL 106⟩
jewelry *(AE)* VI T3 40
job *Arbeitsstelle, Job* I U3 56; *Tätigkeit; Arbeit; Aufgabe* V F1 21, 2
nose job *(infml)* ⟨VI T3 48⟩
jock *(AE) (infml)* VI T3 42
jogging I U7 104
to join II U1 10
joke ⟨I EL 115, 1⟩; II U1 13
to joke II U1 10
jolly ⟨V EL 98⟩
jolly well ⟨V F3 92⟩
jolt ⟨VI T4 69⟩
journalist I U7 108, 3
journey II F3 70, 1
joy ⟨V EL 105⟩; ⟨VI T1 19⟩
to judge VI T1 10; VI T2 33, 1
Judgement Day ⟨VI T5 87, 4⟩
judo III U4 53
to juggle II U5 61
juice ⟨I U4 63, 5⟩; II F2 47
July I U4 62, 1
to jump *springen* I U5 81; *erschrecken* ⟨VI T3 50⟩
jump school ⟨VI T1 12⟩
My heart jumped into my mouth. ⟨III U1 14⟩
to jump to conclusions VI T1 10
to jump up ⟨I EL 119⟩
June I U4 62, 1
junior VI T1 12
junk shop VI T2 36
Jurassic ⟨IV U2 25⟩
just I U2 40
justice VI T5 80, 10
to justify ⟨V U3 54, 1⟩; VI T2 29, 10
to jut ⟨VI T4 70⟩

K

kangaroo ⟨II U6 81, 3⟩; IV U1 8, 1
karaoke ⟨II U3 42⟩
kayaking II U4 49
keen ⟨VI T2 38⟩
to be keen on II U3 34, 1
*to keep II U1 12, 8
to keep (+ doing) II U6 76
to keep sb waiting IV U5 80
to keep up II U1 12, 8
keeper *Wärter(in); Aufseher(in)* I U5 80; *Wächter(in); Hüter(in)* II U5 61
key *Schlüssel* III U1 15; *Taste* ⟨VI T2 38⟩
key ring III F2 51
key word III U1 18, 3
keyboard IV U4 61, 3
to kick II U6 78
to kick sb off a team III U6 86
kid I U6 86
to kidnap IV U4 68
kidnapper IV U4 68
Kikamba ⟨II EL 103⟩
to kill II F2 47, 4
kilometre II F3 70
kilt IV U3 42
kin ⟨I EL 114, 2⟩
kind *Art; Sorte* ⟨I EL 120⟩; II U2 24, 2
kind of ⟨II EL 101, 3⟩; IV U4 60
kind *freundlich; nett* II U7 91
kindergarten I U3 59, 2
kindness V U4 70
king I U4 66
kingdom III F1 21, 1
kiss IV U3 50
to kiss IV U3 51
kitchen I U1 27, 3
knee ⟨I LS 21, 4⟩; III U2 30
knife, *pl.* knives I U1 30
knight III U2 29, 2
knock II U4 52
to knock IV U3 50
to knock out III U3 44
to knock over II U6 79
knocker ⟨IV U4 69⟩
*to know I U4 66
to know the ropes ⟨VI T3 43⟩
knowledge V U2 31, 3
*to be known as III F1 21, 1
to knuckle ⟨IV EL 100⟩
koala IV U1 8, 1

L

lab ⟨VI T5 87, 4⟩
label IV U2 27
labour ⟨V U1 15⟩; VI T2 24; VI T4 59; VI T5 73, 2
labour-intensive ⟨VI T2 24⟩
to lace one's fingers ⟨VI T1 15⟩
lack (of) ⟨VI T1 19⟩; VI T2 25; VI T3 48
lad ⟨IV U1 15, 5⟩; V U2 33
lady I U7 106
ladies and gentlemen II U3 41
ladies' room ⟨V U4 69⟩
to lag ⟨VI T3 46⟩
laidback ⟨V U5 78⟩
lake II U4 48
lamb I U6 90
lamp IV U4 69
lance III U2 31
land II U2 21, 2
to land I U7 106
land-based ⟨V EL 102⟩
landing ⟨VI T5 76⟩
landlord IV U2 33
landmark IV U1 9, 1
landscape I U7 101, 2
landslide V U5 78
lane I U1 27, 2
language I U1 28
programming language V U2 28
lantern II F1 18, 2
lap VI T1 13
laptop II U6 76
large I U7 100, 1; ⟨I EL 118⟩
largest I U7 100, 1
to last II F1 18, 2
last I U2 43, 7
at last I U5 81
last night II U1 14, 5
late *spät* I U3 54; *verstorben* ⟨II EL 107⟩
in the late 1100s II U2 20, 2
to be late I LS 20
lately ⟨V EL 101⟩
later I U1 32
latest II U3 36, 3
Latin II U2 20, 2
laugh IV U3 51
to laugh I LS 18
to launch VI T5 73, 2
laundry VI T4 59
lava ⟨III U5 75⟩
law *Gesetz* IV U1 12, 7; *Jura; Recht* V U2 30
law firm ⟨V U2 30⟩
lawyer V U2 25, 2
lax VI T5 79, 10
*to lay ⟨IV EL 96⟩
layer ⟨I U4 63, 5⟩; ⟨VI T4 64⟩
layout II U5 67
lazy I U1 30
*to lead IV U2 34
leader II U3 36
leaf, *pl.* leaves II U7 91
league ⟨V EL 102⟩
*to lean IV U3 52
*to leap ⟨VI T4 70⟩
*to learn I U6 86
at least II U3 42
leather III U3 38
*to leave II U3 43, 2
to leave out II U3 43, 2
to leave sb alone ⟨II F1 18, 2⟩; III U5 70
lecturer ⟨VI T2 30⟩
left *links; linke(-r/-s)* I LS 21, 4
on somebody's right/left I F1 24, 2
left *übrig* II U6 75, 3
leg I LS 21, 4
legal V U2 30
legend II U2 20, 2
legendary IV U2 24
-legged ⟨V U4 60⟩
lemonade III F2 50, 2
*to lend ⟨III EL 101⟩; IV U3 44
length V U4 62
lengthy ⟨VI T5 83⟩
lentils *(pl.)* ⟨II EL 106⟩
less II F3 70, 1
lesson I LS 20
*to let I LS 8
let alone VI T2 34, 1
Let's check! I LS 22
Let's go! I LS 10
Let's start! I LS 8
to let go ⟨VI T1 23⟩
to let off steam IV U3 46
letter I U2 43, 7
capital letter VI T5 83
letter of application V U2 30
letter to the editor V U3 53, 3
thank you letter I U4 63, 4
lettuce III F2 50
level II U5 61
poverty level V U1 14
to levy ⟨VI T4 61⟩

liberal-minded ⟨**V U3** 46⟩
liberty **VI T1** 9
civil liberty **VI T5** 79, 10
library ⟨**I EL** 115, 3⟩; **II U7** 84, 2
licence **IV U3** 44
driving licence **IV U3** 44
lie ⟨**III EL** 107⟩; **V U4** 61
to **lie** **II U7** 90
*to **lie** **I U7** 106
lieutenant commander ⟨**VI T5** 72⟩
life imprisonment **VI T4** 61
life, *pl.* **lives** **I U7** 108, 3
to take one's own life **III F1** 21, 1
lifestyle **III U5** 68
lift-shaft ⟨**VI T5** 76⟩
to give sb a lift **VI T4** 58
to **lift** **IV U2** 34
light **II F1** 18, 2
a light ⟨**V U3** 54, 1⟩
light bulb **V F1** 23, 4
*to **light** **IV U2** 34
light *hellhäutig* ⟨**V EL** 102⟩; ⟨**VI T2** 30⟩; *leicht* ⟨**VI T2** 31⟩
lighthouse **I U5** 80
like *Vorliebe* **II U1** 9, 3
to **like** **I LS** 12
would like ⟨**I EL** 120⟩
Would you like …? **II U1** 8
What's it **like**? **II U1** 8, 2
like *irgendwie* ⟨**IV U5** 77⟩; ⟨**V U3** 44⟩
like (this/that) *so wie (hier/dort)* **I LS** 18
like *als ob* ⟨**IV U3** 51⟩; **V U3** 51
*to be **likely** (to) **IV U1** 14, 3
limerick ⟨**IV EL** 99, 3⟩
limit **VI T1** 8; **VI T5** 75
to **limit** **VI T2** 25; ⟨**VI T4** 67⟩
line *Zeile; Linie* **I U1** 33, 2; *Leitung* ⟨**VI T1** 18⟩
time line **III F1** 20, 1
to drop sb a line ⟨**IV F3** 90, 3⟩
line-up ⟨**V U4** 62⟩
to **linger** ⟨**V U3** 46⟩
link **II U5** 61, 1
lion ⟨**II EL** 103⟩; ⟨**III U3** 42⟩
lip **IV U3** 50
*to **lip-read** ⟨**III U4** 54⟩
lipstick ⟨**V EL** 103⟩
liquor ⟨**V U4** 60⟩
list **I LS** 14, 2
to **list** **V U3** 48
to **listen** (to) **I LS** 11, 5
to listen closely ⟨**IV EL** 101⟩
listening **I LS** 11, 6
literary **V F3** 90, 1
literature **IV F1** 23, 2
little **I U1** 32
a little **IV F3** 91, 5
to **live** **I U3** 59, 3
they lived happily ever after ⟨**VI T2** 35⟩
to live on sth **III U6** 88
live *live* **IV U3** 45, 5; *scharf* **VI T4** 62
living conditions *(pl.)* **V F1** 21, 2
living room **I U1** 27, 4
standard of living **V U5** 81
to make a living from sth **V U2** 33
to **load** **VI T4** 58
lobster ⟨**III F3** 80⟩; **IV U4** 59, 2
local **III U3** 44
*to be **located** **II U6** 72
location ⟨**III F3** 80⟩
lock **I U1** 30
to **lock** **III U3** 40
locker **VI T1** 14
to **lodge** ⟨**V EL** 105⟩
to **log** in ⟨**VI T5** 75⟩
logical **V U4** 66, 2
logo **V U1** 18, 4
Londoner **III U1** 10
lonely **IV U1** 8, 1
to **long (for)** **VI T3** 47
long **I LS** 12, 2
a long way ⟨**I EL** 114, 1⟩
no longer **I U7** 106; ⟨**I EL** 119⟩
longbow ⟨**II U2** 24⟩
long-winded ⟨**V EL** 98⟩
loo *(infml)* **V U3** 46
the **looks** *(pl.)* ⟨**VI T3** 48⟩
to have a look (at) **III U1** 14
to **look** **I LS** 10
to look after **I U3** 56
to look at **I LS** 18
to look down on sb/sth **V U4** 68
to look for **II U1** 10
to look forward to **II U6** 76
to look like **I U7** 106
to look out for **II U4** 52
to look up **II U1** 16, 3
to look upon … as … **V U3** 46
power **loom** **V F1** 21, 2
to **loom** ⟨**VI T5** 82⟩
loose **VI T1** 14; **VI T4** 62
lopsided ⟨**IV U3** 50⟩
lord **II U7** 85
lorry ⟨**III U2** 28, 1⟩
*to **lose** **I U2** 44
Get lost! *(infml)* **V U3** 49
to get lost **I U3** 56
loss ⟨**VI T1** 22⟩
habitat loss ⟨**VI T4** 67⟩
a **lot** of **I U5** 78
Fat lot of good it did them. ⟨**IV EL** 100⟩
lots of **I U2** 38, 1
you lot **I U7** 102
lottery **IV U2** 27
loud **I LS** 18
to read out loud ⟨**II EL** 101, 1⟩
loud hailer ⟨**VI T4** 62⟩
loudspeaker ⟨**III U1** 10⟩
lousy **IV U5** 79, 3
love **I U3** 52
to be in love (with) **II U3** 40, 5
to fall in love (with) **II U7** 84
to **love** **I U3** 52
loved ⟨**II U5** 68, 7⟩
lovely **I U4** 64
low **III F2** 50
to **lower** **V U2** 34, 6
low-paid **V U5** 81
low-riding ⟨**VI T2** 26⟩
luck **I U4** 63, 4
Lucky you did. ⟨**III U1** 15⟩
to be lucky **I U7** 107
lunch **I U1** 30
packed lunch **III F2** 51, 3
lunchbox **I U1** 30
lunchroom *(AE)* **II U5** 66
lung ⟨**III U5** 75⟩; **VI T1** 16
to **lure** ⟨**V F3** 91⟩
to **lurk** **VI T1** 16
lyrical I **V F3** 93, 4

M

MA **II U6** 73
machine **V F1** 21, 2
machinery **VI T4** 56
mad **II U5** 66
madam **I F2** 49, 6
magazine **I LS** 14
football magazine **I LS** 14
magic **II U7** 85
magnificent **III U2** 23, 1
maid ⟨**II U2** 24⟩
mail **IV U5** 77
to **mail** **II U5** 67
main **II F2** 46
main trait **VI T1** 15, 5
mainstream **V U4** 64
to **maintain** **VI T4** 59
maize ⟨**II EL** 103⟩; **IV U2** 27
major **VI T1** 13; **VI T2** 24
majority **V U1** 15
*to **make** **I LS** 11, 3
Made in Britain **I U2** 46, 4
Make A Difference Day ⟨**II U5** 61⟩
to be made of **II F2** 47
to make a deal with sb ⟨**II F1** 18, 2⟩
to make a fuss **VI T2** 36
to make a living from sth **V U2** 33
to make a mark (on) ⟨**V U2** 32⟩
to make a mess (of sth) **V U3** 46
to make for **VI T5** 76
to make friends (with) **III U1** 13
to make fun of **III F4** 99, 2
to make it **IV F2** 56, 1
to make it up **V U3** 42, 1
To make matters worse, … **IV U2** 29
to make of ⟨**VI T3** 51⟩
to make one's way to a place **IV U2** 33
to make sb do sth **II U1** 10
to make sense **IV U4** 69
to make sth up **VI T4** 58
to make the most of **II U4** 52
male **V U3** 50
shopping **mall** ⟨**V U3** 54, 1⟩
mammal ⟨**VI T4** 67⟩
man, *pl.* **men** **I U1** 27
to **manage** to (do sth) ⟨**II EL** 107⟩; **III U2** 23, 1
management **V U2** 25, 2
manager **II U3** 41
manic ⟨**V U3** 49⟩
manner **VI T3** 40
manners *(pl.)* **IV U5** 83, 3
adverb of manner **II U7** 87, 2
mansion **VI T5** 76
to **manufacture** ⟨**V F1** 21, 2⟩; **VI T4** 56
many **I U1** 33, 4
how many **I U1** 33, 4
map **I U2** 39, 3
mind map **I LS** 17, 4
maple ⟨**IV U4** 68⟩
marathon **III U6** 84
to **march** **III U3** 43, 5
March **I U4** 62, 1
margin **VI T1** 15, 5
mariachi ⟨**II U5** 64⟩
marina ⟨**V U4** 69⟩
*to make a **mark** (on) ⟨**V U2** 32⟩
to **mark** **I U1** 35, 4
marked **II U2** 25, 6
white-ripple-marked ⟨**VI T4** 69⟩
market **I U2** 38, 1
marketable ⟨**V EL** 99⟩
marketing **V U1** 14
marmalade **II F2** 47
marriage **VI T1** 8
*to be **married** to **I F1** 24, 2
to get married ⟨**I EL** 119⟩; **II U2** 24
to **marry** ⟨**I EL** 118⟩; **II U4** 57, 2
marsupial ⟨**IV U1** 15, 5⟩
martyr ⟨**VI T5** 87, 4⟩
masculine **VI T1** 10
mask **II F1** 19, 4
mass ⟨**III U2** 28, 1⟩; **IV F1** 23, 2
massacre **V F2** 56, 2
to **massacre** **V F2** 56, 2
master *Herr* ⟨**III U2** 29, 2⟩; *Herr; Meister* ⟨**IV F2** 56, 1⟩; *Meister; Schulmeister; Lehrer* **VI T3** 42
mat ⟨**VI T5** 76⟩
mouse mat **I U5** 78
match *Wettkampf; Spiel; Match* **I U3** 53, 7; *Streichholz* ⟨**III EL** 100⟩; **IV U1** 16; *Heirat; Verbindung* ⟨**V U4** 68⟩
to **match** **I LS** 18, 1
mate **III U6** 89
mating habits *(pl.)* ⟨**VI T3** 43⟩
material **II U5** 61, 1
raw material **V F1** 21, 2
Math *(AE)* **II U5** 66
Maths **I LS** 16
matted ⟨**VI T3** 50⟩
matter **IV U2** 29
as a matter of fact ⟨**VI T3** 45⟩
To make matters worse, … **IV U2** 29
What's the matter? **I U1** 32
to **matter** **V U4** 60
mattress **V U3** 49
mature ⟨**VI T4** 70⟩
may **III U4** 58
May **I U4** 62, 1
maybe **I LS** 14
mayday ⟨**IV U2** 29⟩
mayhaps ⟨**IV U4** 63⟩
me **I LS** 13, 6
Me, too. **II U1** 9, 2
meagreness ⟨**VI T5** 76⟩
meal ⟨**II EL** 103⟩; **III F2** 51, 3
*to **mean** **I U4** 66
to mean (to do sth) **V U1** 12
mean **II U5** 67
to be on a mean streak ⟨**IV EL** 100⟩
meaning **II U1** 16, 3
means, *pl.* **means** **II F3** 71, 4
means of transport *(sg. and pl.)* **II F3** 71, 4
meanwhile **VI T3** 48; ⟨**VI T4** 67⟩
measure *Maßnahme* ⟨**VI T3** 50⟩; **VI T4** 61; **VI T5** 80, 10
meat **II F2** 47
mechanic **IV U3** 43, 2
mechanical **VI T5** 72, 1
medal ⟨**III F1** 20, 2⟩; **V U1** 14
media *pl.* **I U2** 40
medical **V U3** 50
medicinal practitioner ⟨**VI T4** 67⟩
medicine **IV U2** 27
medieval ⟨**III U2** 26⟩
Mediterranean ⟨**IV U2** 27⟩

medium, *pl.* media III F4 98, 1
*to meet I U3 51, 4
Nice to meet you. II U1 9, 2
to meet one's responsibilities ⟨V U1 15⟩
meeting III U3 40
*to meet up V U2 26
Meg = megabyte ⟨III EL 105⟩
mega *(infml)* ⟨V U3 42, 1⟩
to melt ⟨V EL 101⟩
member V U4 63, 1
memorial VI T2 29
memory III U3 44
menace ⟨VI T5 73, 2⟩
to mend II U7 91
mental ⟨III U4 52⟩
We switched some mental dial over to Mute. ⟨IV EL 101⟩
to mention *erwähnen* ⟨II EL 101, 3⟩; III U2 24
Don't mention it. III U2 24
menu II F2 47, 1
mere IV U5 76
merry ⟨I EL 114, 2⟩; II U2 24
mess II U5 66
to make a mess (of sth) V U3 46
you're a mess ⟨I EL 119⟩
to mess sth up IV U4 69
message I U7 105, 6
messenger V U1 14
metal V U3 49
metaphor ⟨VI T1 23⟩
method V F1 21, 2
metre I U7 106
Mexican II F4 94
microphone II U1 13
to microwave III F2 50
mid ⟨IV U5 79, 4⟩
middle I U3 57
Middle Ages II U2 21, 2
middle school II U5 60
midnight IV U2 32
midriff ⟨VI T3 40⟩
Midwesterner ⟨III F3 80⟩
might *könnte* ⟨II EL 101, 3⟩; *könnte(n)* III U4 58
to migrate ⟨VI T5 85⟩
migratory ⟨VI T5 85⟩
mild III U5 68
mile I U5 81
militant VI T2 29; VI T4 62
milk I U6 87
to milk I U6 87
milkman, *pl.* milkmen II U4 52
Milky Way II U7 91
to mill around VI T1 12
millennium, *pl.* millennia III U1 8, 2
million III F3 81
millionaire III F4 99, 2
mime ⟨IV EL 102⟩
mince pie ⟨I EL 114, 1⟩
to mince III F2 50, 2
mind II U7 86
mind map I LS 17, 4
to be in one's right mind ⟨III EL 105⟩
to be out of one's mind III U1 15
to change one's mind II U7 86
to have in mind VI T5 74
to mind I U7 104
mind you VI T1 10
Never mind! III U5 72
Never mind … ⟨III EL 102, 1⟩
mine *Mine* II U4 49
to mine ⟨VI T4 70⟩
mining industry VI T4 60, 5
mine *(Possessivpronomen)* IV U3 46
miner ⟨V F1 21, 2⟩
mineral V F2 59, 6
mineral water IV F3 91, 5
minimum VI T1 8
minister ⟨VI T2 28⟩
ministry VI T5 77
minority VI T2 24
minus I F2 48, 4
minute I U2 40
mirror III U5 74
mischievous II U7 84
miserable V U3 46
mishap ⟨VI T4 68⟩
to misrepresent ⟨V U4 62⟩
to miss *verpassen, nicht teilnehmen* ⟨I EL 121⟩; *vermissen; verpassen, verfehlen* II U1 10
What's missing? I LS 11, 4
mission II U5 60
mist IV U2 27
mistake III U1 15
by mistake III U3 40
mistranslation ⟨III U3 47, 2⟩
misunderstanding IV U5 82
to mix ⟨I U4 63, 5⟩; IV U5 82
to mix well ⟨VI T4 70⟩
mixed II F2 46
mixed bag I LS 23, 9
mixing desk ⟨II U3 41⟩
ml (= millilitre) I U4 63, 5
to moan V U4 70
What are you pissing and moaning about? *(infml)* ⟨IV EL 100⟩
mob VI T2 28; ⟨VI T4 69⟩
mobile I U2 42
mobility V U1 9, 2
moccasin ⟨V U4 68⟩
model IV U4 68
role model VI T3 48
modern II U7 85
Mom *(AE)* ⟨I EL 120⟩; II U6 76
moment I U6 93, 1
Monday I U3 50
money I U2 38, 1
pocket money I U2 40
The smart money says … ⟨VI T1 12⟩
monitor III U1 14
to monitor ⟨VI T1 22⟩; VI T5 79, 10
monotonous V F1 21, 2
monster I LS 9
month I U4 62, 1
mood VI T2 28, 5; VI T4 62
moon IV U2 33
to moor ⟨V U4 69⟩
moose, *pl.* moose ⟨II U7 90⟩; ⟨II EL 102, 3⟩; ⟨III F3 80⟩
moral ⟨IV F1 23, 2⟩; V U5 85
more I U4 63, 4
any more ⟨I EL 116, 1⟩
not any more II U5 66
moreover VI T5 77
morning I LS 21, 2
moron ⟨VI T3 46⟩
morse code ⟨III EL 103⟩
mosque VI T2 33, 1
most II U4 52
most of all II U3 34, 1
most of the time III U3 38, 1
to make the most of II U4 52
mother I F1 24, 1
mother tongue VI T4 57
motionless ⟨V EL 105⟩
to motivate III U6 88
motivation V U1 10
motorbike ⟨II EL 102, 3⟩
motorway *(BE)* ⟨III EL 100⟩; IV U3 44
mountain I U7 100, 1
mountain biking II U4 49
Mountain Rescue II U4 54
mouse, *pl.* mice I U5 78
mouse mat I U5 78
moustache V F3 91
mouth III F2 50, 1
My heart jumped into my mouth. ⟨III U1 14⟩
to move *(sich) bewegen* I U7 107; ⟨I EL 119⟩; *umziehen* III U2 24
movement ⟨III U2 28, 1⟩; V U5 85
movie II U7 84, 2
the movies ⟨V EL 101⟩
Mr I LS 16
Mr Nice Guy V U3 46
Mrs I LS 16
Ms II U5 62
MT II U6 73
much I U4 63, 4
How much is/are … ? I F2 49, 6
muck ⟨III U2 28, 1⟩
mud III U3 44
muddled-up ⟨V U3 54, 1⟩
muddy III U3 44
mud-fight ⟨III U3 44⟩
muesli I U3 56
mug I U5 78
mulga ⟨IV EL 96⟩
multicultural ⟨V EL 98⟩; VI T2 33, 1
multi-ethnic VI T2 25
multinational V U1 9, 2
Mum I LS 14
murder VI T4 66
muscle III U6 84
museum I U5 75, 1
mushroom III U5 70
music I U2 38, 1
musical *Musical* II U1 10
musical *musikalisch; Musik-* III U1 11, 3
musician V U2 25, 2
Muslim VI T2 25
must I U1 28
mustache *(AE)* ⟨V EL 102⟩
mustang II U6 78
We switched some mental dial over to Mute. ⟨IV EL 101⟩
mutton VI T4 56
my I LS 8
(my) fault III U1 13
My name is … I LS 8
(my) own I U1 27, 4
myna bird ⟨I EL 120⟩
myself III U3 40
mystery III U1 12, 5
myth V U4 63, 3

N

nah *(infml)* ⟨VI T2 31⟩
naked V F1 23, 3
name I LS 8
first name IV U1 11, 4
My name is … I LS 8
to call sb names IV U3 50
What's your name? I LS 9
to name ⟨I EL 120⟩; ⟨IV EL 98, 2⟩; V F2 57, 3
narrative V F3 90
narrator IV U4 70, 1
narrow II U6 78
nasty II U1 15
nation V F1 21, 2
national I U7 101, 2
national park I U7 101, 2
nationality II U1 9, 3
native III F1 21, 1
Native American II U7 85
native speaker V U2 31, 3
natural III U1 8
natural history ⟨III U1 8⟩
natural resource IV U2 27
nature *Natur* ⟨II EL 101, 2⟩; III U5 68
to navigate VI T5 73, 2
navigation IV F1 23, 2
navy ⟨VI T4 70⟩
near I U4 64
nearby V F1 21, 2
nearly II U4 54
neat V F3 91
necessary III U5 70
neck ⟨VI T2 30⟩
necklace VI T3 41
need IV F3 90, 3
in need V U2 25, 4
to need I U1 30
needle III U5 68
needless to say VI T1 12
negative I U6 90, 3
negligence ⟨VI T4 71⟩
neighborhood *(AE)* II U5 64
neighbour I U1 31, 6
neither … nor … ⟨VI T2 31⟩; VI T3 40; ⟨VI T4 70⟩
neither V U2 32
nerdy *(slang)* ⟨VI T5 81⟩
*to have the nerve to do sth ⟨II U5 66⟩
nervous I U7 106
network VI T5 83
never I U3 52
Never mind! III U5 72
Never mind … ⟨III EL 102, 1⟩
new I LS 9
New Year ⟨I EL 114, 2⟩
newcomer V U4 64
news *(sg.)* II U2 27
newspaper I U7 108, 3
next *nächste(-r/-s)* I U4 67, 5
next door V F3 92; ⟨V EL 99⟩
next to I LS 14
the next size down III U4 58
next *als Nächstes* II U3 43, 1
NGO *(non-governmental organisation)* ⟨VI T4 67⟩
nice I LS 10
Mr Nice Guy V U3 46
Nice to meet you. II U1 9, 2
nickname ⟨III F3 80⟩
night I U5 80
one night ⟨I EL 120⟩
last night II U1 14, 5
nightmare V U4 68
nil II U1 15

nine I LS 11, 5
nine to five ⟨V U3 51⟩
nineteen I F2 48, 2
nineteenth I U4 62, 1
ninety *neunzig* I F2 48, 2; *neunzig Grad Fahrenheit = ca. 32° Celsius* ⟨IV EL 100⟩
ninth I U4 62, 1
no *kein(e)* I LS 21, 3
no good II U3 42
No idea! I LS 21, 3
no longer I U7 106; ⟨I EL 119⟩
No way! *Auf keinen Fall!* ⟨II EL 105⟩; III U6 89
No worries! ⟨IV U1 10⟩
There's no point in *(+ gerund)* V U2 32
no *nein* I LS 12
Don't take no for an answer. ⟨IV U1 10⟩
noble ⟨III U2 29, 2⟩
nobody II U2 27
to nod IV U3 52
noise I U6 92, 1
noisy I U4 64
nomad ⟨V U4 72, 4⟩
non-defining relative clause V U5 82, 4
none III U4 60
none of this IV U3 50
nonet ⟨IV EL 98, 1⟩
nonsense V F3 92
noodle V U3 51
nope *(infml)* ⟨VI T2 32⟩; ⟨III F4 99, 4⟩
neither … nor … ⟨VI T2 31⟩; VI T3 40; ⟨VI T4 70⟩
normal IV U3 51
Norman II U2 22
north I F3 72, 1
nose I LS 19, 5
nose job *(infml)* ⟨VI T3 48⟩
not I LS 12
not a bit of it V U3 46
not any better II U4 54
not any more II U5 66
not … either VI T2 37
not even II U1 15
not exactly IV U5 80
not till ⟨II EL 103⟩
not until III U3 42
*to be a notch above VI T1 13
note *Notiz; Zettel* III U3 41, 3; *Note (Musik); Ton* IV U5 78
notebook *Heft (AE); Notizbuch; Notebook (Computer)* VI T1 13; VI T3 42
to note down V U2 24, 1
notes *pl.* I U6 91, 7
nothing ⟨I EL 116, 2⟩; ⟨I EL 119⟩; II U6 74
It's nothing to do with me. III U1 15
notice III U1 12, 5
to notice II U3 41
noun II U5 67, 3
novel VI T2 35; VI T3 42; VI T5 75
November I U4 62, 1
now I LS 20
now and again VI T4 60
right now II U3 38
nowadays ⟨VI T4 68⟩; ⟨V U4 72, 5⟩
nowhere II U6 74
nuclear ⟨II U3 36⟩
nuclear fission ⟨V EL 103⟩
to nudge VI T3 42
number I LS 11, 5
nurse II U4 56, 2
nursery school ⟨VI T3 55⟩
nut VI T2 36
to nuzzle ⟨VI T5 76⟩

O

o'clock I U3 50
oak II U2 21, 2
obedient VI T3 42
to obey V U4 71, 3
object III U5 72, 1
obligation ⟨II U5 64, 1⟩; ⟨III U4 59, 6⟩; ⟨IV U3 48, 6⟩
oblong ⟨VI T5 76⟩
to observe VI T3 40; VI T5 83
*to be obsessed (by/with) V U1 10
obstacle VI T1 16
to obtain VI T2 28
obvious IV U4 69
to occupy V F3 91
to occur ⟨IV U1 15, 5⟩; V U4 68
to occur to sb V U4 68
ocean *Ozean* ⟨IV U1 15, 5⟩; VI T3 47; VI T4 56
October I U4 62, 1
odd I U1 30, 2
Find the odd word out! I U1 30, 2
the odd … ⟨VI T3 44⟩
of I U1 27, 4
of course I F1 25, 4
of such standing ⟨VI T4 69⟩
off I U3 54
a day/year off ⟨V U2 25, 4⟩
off to I U7 100
Off to the USA! I U7 100
to be off ⟨II U5 62⟩
to offend VI T5 83
offensive VI T3 40
offer I F2 49, 6
special offer I F2 49, 6
to offer II U1 10, 1
offhand VI T1 12
office I U7 105, 4
Home Office *(BE)* VI T5 80, 10
post office III U2 24
tax office ⟨V U2 29, 2⟩
officer III U4 61
official *Beamter, Beamtin; Funktionär(in)* V U5 86; ⟨V EL 102⟩
official *offiziell* ⟨III U2 28, 1⟩; V U3 50
petty bloody officiousness ⟨VI T3 44⟩
often I U3 52
oh I LS 11, 5
Oh dear! I LS 14
oil IV U3 43, 2
oil rig IV U3 43, 2
OK I LS 12
okay ⟨V U3 51⟩
old I LS 9
How old are you? I LS 9
in olden times VI T3 42
old people's home II U5 64
old-fashioned IV U4 69
olive IV U2 27
omelette I U6 89, 4
*to be on I U2 44
on I LS 14
on business I U7 102
on duty ⟨V EL 103⟩
on equal terms ⟨V U4 68⟩
on foot V F2 58, 4
on one's own V U3 42, 1
on purpose III U6 89
on somebody's right/left I F1 24, 2
on the brink of ⟨VI T3 50⟩
on the other hand IV U4 69
on the run IV U1 17
on time II F3 71, 3
on top ⟨I U4 63, 5⟩
on top (of) II U3 41
on top of that IV U2 29
to be on a team III U6 86
to live on sth III U6 88
once I U6 93, 1
at once I U3 56
one I LS 11, 5
one night ⟨I EL 120⟩
onion I U7 104
online II U5 61
only *einzige(-r/-s)* II U4 54
only child V U2 32
only *nur; erst; bloß* I LS 23, 7
onto II U3 41
Oops! I U2 45
to open I LS 19, 5
open I U3 51, 4
to flip (a book) open VI T1 14
open-access ⟨V U1 13, 5⟩
open-air IV U5 81, 4
opening hours I U3 51, 4
opera IV U1 9, 1
soap (opera) ⟨V U3 42, 1⟩
to operate V F1 21, 2
operation VI T5 80, 10
operator VI T5 80, 10
opinion II U6 80, 3
in my opinion IV U2 31, 7
to swing opinion VI T4 60
opportunity IV F3 90, 1
to oppose ⟨VI T4 67⟩
opposite II U1 17, 3
oppressor VI T4 62
or I LS 14
oral IV U3 49
orange *Orange* II F2 47
orange *orange* I LS 13, 6
orchard ⟨V EL 105⟩
orchestra V U2 31, 3
order *Reihenfolge, Ordnung* II U1 16, 1; *Befehl* V U4 71, 3; *Bestellung* V F3 91
running order ⟨IV U5 80⟩
in order to III U5 70, 1
to order *bestellen* ⟨I EL 116, 1⟩; ⟨I EL 120⟩; II F2 47; *befehlen* III U1 15
ordered ⟨VI T1 18⟩
orderly VI T1 13
iron ore V F1 21, 2
organisation V U2 30
organism ⟨VI T5 72⟩
to organize II U2 27
origin III F1 21, 1
original III F1 21, 3
ornament ⟨II U7 91⟩
orphanage ⟨IV U2 32⟩
other I U2 44
each other II U4 54
the other day IV U3 46
otherwise I U4 66
otherworldly ⟨IV U5 77⟩
ought to *(+ infinitive)* V F3 92
ounce ⟨VI T3 44⟩
our I LS 12
out I LS 19, 5
out and about IV U3 44
out of I U3 54
out of date VI T2 36
out of sight VI T4 58
out of the corner of my eye ⟨IV U3 52⟩
out of work III U2 27, 3
outback IV U1 8, 1
outlaw II U2 22
to outlaw VI T2 27
outline VI T1 15
outlook VI T2 33, 1
outraged ⟨V U4 62⟩
outright ⟨VI T4 67⟩
outside I U1 27, 3
outsourcing ⟨V U2 36, 9⟩
oven VI T3 49
over *(hin)über* I U6 88; *vorüber* II U1 15
all over IV U3 50
over and over IV U3 50
over and over again ⟨I EL 121⟩
over there I LS 12
to overachieve ⟨VI T1 23⟩
overalls *(pl.)* VI T5 76
overcast ⟨VI T2 38⟩; VI T5 85
*to overcome III U4 52
overcrowding IV U2 27
over-exercising ⟨VI T1 22⟩
*to overhear IV U3 46
*to oversleep II U4 50
overtime V U1 15
overweight II U5 61
Ow! I LS 10
to own II U2 21, 2
on one's own V U3 42, 1
(my) own I U1 27, 4
owner ⟨III U2 29, 2⟩
ox, *pl.* oxen V F2 58, 4
oxygen ⟨VI T1 18⟩

P

pace ⟨VI T5 82⟩
pack *Päckchen* ⟨I EL 116, 2⟩; *Packung* III F2 51
to pack II U4 48; ⟨II EL 101, 3⟩
packed lunch III F2 51, 3
to pack one's bags V U2 26
package III U4 60
packet *Päckchen; Paket* ⟨I U4 63, 5⟩; *Packung* V U3 51
pact ⟨VI T5 87, 4⟩
to pad ⟨VI T2 30⟩
padded cell ⟨VI T5 87, 4⟩
page *Seite* I LS 21, 2; *Page* ⟨III U2 29, 2⟩
pail ⟨V U3 49⟩
pain II U6 78
paint ⟨II EL 104⟩; III U3 42
to paint II F1 19, 4
paintbrush ⟨II EL 104⟩
painting ⟨IV EL 98, 2⟩; V U5 85
pair I LS 15, 8
a pair of I F2 49, 6
pajamas *(pl.) (AE)* VI T3 40
palace ⟨II EL 106⟩; ⟨III U1 9⟩

to **position** ⟨**IV EL** 102⟩
positive **II U6** 79, 1
possibility **III U4** 59, 6
possible **III U5** 68; ⟨**III EL** 103⟩
post *Pfosten; Mast* **II U6** 78
post *Post* **I U6** 88; *Versandkosten* **V U1** 12
post office **III U2** 24
to **post** **III U4** 54
post *danach* **VI T4** 61
postcard **I U6** 88
poster **I U1** 28
postgraduate **VI T3** 55
silk **posy** ⟨**V U2** 32⟩
pot *Topf* **III U3** 42; *Kanne* **IV U2** 24
potato, *pl.* **potatoes** **II F2** 46
couch potato ⟨**V F1** 23, 5⟩
potential *Potenzial; Leistungsvermögen* **VI T3** 48
potential *potenziell; möglich* **VI T4** 59
pot-hole ⟨**VI T4** 69⟩
pottery **III U3** 38
pouch ⟨**IV U1** 15, 5⟩
poultry **VI T4** 56
pound **I F2** 49, 5
to **pour** **V F3** 91
poverty **V U1** 14
poverty level **V U1** 14
power *Kraft, Stärke, Macht* **I LS** 17, 4; *Energie; Leistung* **V U5** 85
power loom **V F1** 21, 2
power station **VI T5** 85
Word power **I LS** 17, 4
to **power** **V F1** 21, 2
powerful **IV F1** 22, 1
practical **IV U4** 69
practice *Übung* **I LS** 11, 5; *Praxis; Verfahren* **V U5** 84, 3
sound practice **I LS** 11, 5
to **practice** *(AE)* **II U6** 79
medicinal **practitioner** ⟨**VI T4** 67⟩
to **praise** **V U4** 62
to **pray** **II F4** 94
prayer **II F1** 18, 1
preacher **VI T4** 60
precious ⟨**VI T3** 44⟩
prediction **II U3** 37, 4
prefab ⟨**VI T4** 58⟩
to **prefer** **II U1** 10
pregnant **VI T1** 12; ⟨**VI T4** 70⟩
prehistory ⟨**III F1** 20, 2⟩
prejudice ⟨**V EL** 102⟩; **VI T2** 25; **VI T5** 75
prejudiced **VI T5** 73, 2
Premiership **II U3** 34, 1
preparation **VI T5** 76
to **prepare** **II F1** 19, 4
to prepare (for) **III U5** 73, 2
preposition **II U3** 40, 6
present *Gegenwart, Präsens* **I U3** 55, 5; *Geschenk* **I U4** 63, 4; ⟨**I EL** 114, 1⟩
to **present** ⟨**I EL** 121⟩; **II U2** 21, 3
presentation **IV U4** 67, 5
present-day **V U4** 62
pre-set ⟨**V U1** 13, 5⟩
president **IV U5** 76
press **IV F1** 23, 2
printing press ⟨**IV F1** 23, 2⟩
to **press** ⟨**VI T2** 31⟩
press-up **VI T2** 35

pressure **IV U1** 13
to **pretend** ⟨**V EL** 103⟩; ⟨**VI T1** 22⟩; **VI T3** 43; **VI T5** 75
pretty *hübsch* ⟨**III EL** 106⟩; ⟨**VI T2** 31⟩
pretty *ziemlich; ganz schön* **IV U4** 60
to **prevail** ⟨**VI T2** 26⟩
to **prevent** sth from happening/ sb from doing sth **IV U5** 81, 4
previous ⟨**VI T2** 32⟩
price **IV F2** 57, 3
price range ⟨**V EL** 103⟩
pride ⟨**VI T3** 51⟩
primary school ⟨**V U2** 31, 3⟩; ⟨**VI T3** 55⟩
prime-time ⟨**III F4** 99, 2⟩
prince ⟨**I EL** 118⟩; **II U7** 84
princess ⟨**I EL** 118⟩
paper bag princess ⟨**I EL** 118⟩
principal *(AE)* **II U5** 60
to **print** **IV F1** 23, 2
printing press ⟨**IV F1** 23, 2⟩
printer **II U5** 67
printout **IV U4** 67, 3
prison **IV U1** 12, 7
prisoner **III F1** 21, 1
to take sb prisoner ⟨**III F1** 21, 1⟩
privacy **VI T5** 80, 10
private **IV U4** 68
privilege **VI T1** 9
prize **III F4** 98, 2
probably **II U3** 36
to **probe** ⟨**VI T5** 74⟩
problem **I U6** 92
in case of problems ⟨**I EL** 121⟩
proceeds *(pl.)* ⟨**VI T4** 67⟩
process **VI T4** 61
to **produce** **III F4** 99, 2
product **III F2** 50, 1
productive **V F1** 21, 2
professional **IV U5** 80
professor **III U4** 52
profile **II U1** 9, 3
profit **V U1** 9, 1
profitable **V F1** 21, 2
program *(AE)* **II U5** 60
programme *(BE)* **III U2** 27, 4
programming language **V U2** 28
computer **programmer** **V U2** 25, 2
to **progress** ⟨**V EL** 98⟩
progressive ⟨**V U5** 85⟩
progressive form **III U2** 26, 2
to **prohibit** **VI T3** 40; **VI T4** 61
project **II U5** 64
video **projector** **IV U4** 67, 5
promise **I U6** 88
to **promise** **II U4** 51, 4
pronoun **II U2** 24, 2
relative pronoun **II U2** 24, 2
to **pronounce** **III U4** 57, 3
pronunciation **III U3** 47, 4
proof ⟨**V EL** 102⟩; ⟨**VI T4** 71⟩
-proof **IV U1** 16
to **prop** ⟨**V U3** 49⟩
to **propel** ⟨**VI T5** 82⟩
proper **V U3** 46
properly ⟨**II EL** 104⟩
property ⟨**VI T4** 70⟩
pros and cons **V U3** 43, 3
prose **V F3** 90
prostitute **VI T4** 59
prostitution ⟨**V U3** 52, 1⟩
to **protect sb** (from) **II U2** 20, 2

protection **VI T5** 72
chief **protector** ⟨**IV U1** 19⟩
protest **V F2** 56, 2
to **protest** **III U1** 15
Protestant **IV F1** 23, 2
Protestantism ⟨**IV F1** 23, 2⟩
proud (of) **IV U3** 47, 2
to **prove** **III U2** 27, 5
to prove sb wrong ⟨**VI T3** 48⟩
to **provide** sb with **IV F2** 56, 1
provided that … **VI T1** 8
pseudonym ⟨**VI T5** 77, 1⟩
psychological ⟨**IV EL** 100⟩
pub **III U2** 24
puberty ⟨**VI T4** 70⟩
the general **public** **V U1** 15
public **V U5** 85
public school **VI T3** 52, 4
public utilities *(pl.)* ⟨**V U5** 86⟩
public works **V U5** 85
to **publish** **V U1** 8, 1
puce ⟨**VI T3** 45⟩
Christmas **pudding** ⟨**I EL** 114, 1⟩
puddle **V U5** 86
to **pull** ⟨**I EL** 114, 1⟩; ⟨**I EL** 121⟩; **II U6** 78
pullover **V U3** 44, 2
to **pulse** ⟨**VI T2** 26⟩
pump **I U1** 30
to **pump** **V U5** 89, 2
pumpkin **II F1** 18, 2
to **punch** **VI T2** 36
punctuation ⟨**VI T3** 44, 3⟩
to **punish** **II U7** 91
punk **III U1** 8
puny ⟨**VI T3** 45⟩
pupil **I U3** 52
puppy ⟨**II U3** 36⟩
to **purchase** **VI T1** 8
to **purge** ⟨**VI T1** 22⟩
Puritan **IV F2** 56
purple **I LS** 13, 6
purpose **III U5** 71, 2
on purpose **III U6** 89
purposeful ⟨**VI T3** 50⟩
purse **V U4** 69
to **push** ⟨**I EL** 121⟩; **II U1** 15
pushy **IV U5** 78
*to **put** **I LS** 21, 4
to put in **I LS** 12, 1
to put on **II U4** 54
to put one's foot down ⟨**V U4** 69⟩
to put out **V U3** 50
to put sb on **VI T1** 12
to put up **III U5** 70
to put up with sth **V F3** 92
puzzle **I F1** 24, 2
crossword (puzzle) **II U2** 25, 4
PX ⟨**IV EL** 100⟩

Q

to **quadruple** ⟨**VI T5** 79, 10⟩
Quaker ⟨**IV F2** 57⟩
qualification **V U2** 28
qualifications *(pl.)* **V U2** 28
qualified ⟨**IV F3** 90, 3⟩
quality **IV U5** 81, 4
quarry ⟨**IV U4** 60⟩
quarter past/to **I U3** 51, 4
queen **III F1** 21, 1
question **I LS** 16, 1
question tag **II U1** 12, 7

questionnaire **III F4** 99, 4
queue **IV U3** 46
quick **II U1** 14, 4
quid, *pl.* **quid** *(infml)* ⟨**VI T1** 11, 3⟩
quidditch ⟨**II U7** 85⟩
quiet *leise* **I LS** 20; *still* **III U2** 31
quilt ⟨**V U3** 49⟩
quite **I U4** 64
quite a **IV U1** 8, 1
quiz **I F3** 73, 4
quotation **V U3** 52, 1
to **quote** ⟨**VI T4** 68⟩

R

rabbit **I F2** 48, 1
raccoon ⟨**III U5** 74⟩
race *Wettlauf, Rennen* **I U2** 44; *Rasse* **VI T2** 25; **VI T4** 57
race relations **VI T2** 25
to have a race **I U2** 44
racial **VI T2** 24; **VI T4** 57
racism **VI T2** 33, 1
racket *Schläger* **I U1** 28
racket *(infml) Lärm; Radau* ⟨**V F3** 92⟩
radiator **VI T1** 14
radio **I U4** 69, 3
rag **II U7** 90
railroad **V U4** 60
railway **IV U1** 17
rain **I U2** 42
acid rain ⟨**V U5** 80, 3⟩
to **rain** **I U2** 42
It's raining cats and dogs. ⟨**III EL** 100⟩
rainbow ⟨**I LS** 13, 6⟩; **II U7** 91
raindrop **IV U1** 16
rainforest **IV U2** 27
rainwater **IV U2** 27
to **raise** **II U5** 62
raisin ⟨**IV EL** 100⟩
to **rake** ⟨**VI T4** 69⟩
RAM ⟨**III EL** 105⟩
ramshackle ⟨**V U4** 67, 2⟩
ranch **II U6** 72
range ⟨**III F3** 80⟩
at close range ⟨**VI T4** 62⟩
price range ⟨**V EL** 103⟩
to **rank** **VI T2** 34, 1
ransom ⟨**IV U4** 68⟩
rap **I LS** 17, 6
hear us **rap** ⟨**I LS** 17, 6⟩
rape ⟨**VI T4** 66⟩
rapid **VI T4** 56
rare **IV U2** 27
raspberry ⟨**I U4** 63, 5⟩; **III F2** 50
rat ⟨**II EL** 104⟩
rate **V U4** 64
at any rate **VI T5** 77
to **rate** **V U1** 18, 3
rather *ziemlich* **IV F3** 91, 5; *eher; eigentlich* ⟨**VI T2** 31⟩
I'd rather **V U3** 44
rather than **VI T4** 56
raw material **V F1** 21, 2
ray **VI T3** 42
razor blade ⟨**VI T5** 77⟩
RE **II U1** 9, 2
to **reach** *erreichen* **III U5** 70; *reichen; greifen* **VI T1** 12; **VI T2** 27
to **react** **III U5** 77
reaction **II U2** 27
*to **read** **I U2** 39, 3

ready I LS 20
real ⟨I EL 119⟩; II U1 15
real estate ⟨V U3 49⟩
realistic II U3 43, 1
reality III F4 98, 3
to realize II U6 76
really I LS 12
reason ⟨I EL 116, 1⟩; II U5 67
reasonable VI T2 36
to rebel ⟨VI T1 23⟩
rebellion III F1 21, 1
rebelliousness ⟨VI T3 41⟩
to receive IV U5 80
recent V U2 31, 3
in recent years ⟨IV U1 15, 5⟩
recently V U5 82, 4
recipe II F4 95
to reclaim a toast ⟨VI T5 87, 4⟩
recognition V U4 64, 1
to recognize II U7 86
federally-recognized ⟨V EL 102⟩
recon vessel ⟨VI T5 74⟩
to reconcile ⟨VI T4 63⟩
reconciliation ⟨VI T4 63⟩
record *Rekord* IV U2 24; *Aufzeichnung; Akte* VI T5 75
to record III U4 57, 4
recordable disc ⟨VI T2 30⟩
to recover III U6 84
re-creation ⟨IV U4 63⟩
to recruit ⟨V U2 36, 9⟩
red I LS 13, 6
to redeem ⟨VI T4 64⟩
to reduce V U1 14
reduction VI T5 79, 10
redwood (tree) ⟨III F3 81⟩; ⟨V U5 83⟩
reef ⟨IV U1 9, 1⟩
re-enactment ⟨III U3 38, 1⟩
to refer (to) IV U2 27
referee III U6 83, 4
reference V U2 31, 3
refinery ⟨V EL 101⟩
reflexive III U5 73, 2
refrigerator VI T3 49
refugee VI T2 25; ⟨VI T3 50⟩
refund ⟨IV U5 81, 4⟩
refusal ⟨VI T1 23⟩
to refuse V U1 15
to regain V U4 64
region III F3 80
regret V U3 46
regular I U6 86
regulation VI T5 79, 10
reign IV F1 22, 1
reindeer, *pl.* reindeer ⟨V U4 72, 4⟩
to reinforce VI T4 62
to reject ⟨VI T4 67⟩
*to be related to V U1 17, 2
race relations VI T2 25
relationship III U4 52
relative *Verwandte(r)* I U4 63, 4
relative *relativ* II U2 24, 2
defining relative clause V U5 89, 2
non-defining relative clause V U5 82, 4
relative clause II U2 25, 3
relative pronoun II U2 24, 2
to relax I U7 106
release VI T4 61, 3
to release ⟨VI T2 32⟩
relentless V U4 64
relevant V U1 18, 4

reliable V U2 24, 1
relief ⟨VI T4 70⟩
relief drive VI T2 26
*to relight ⟨V U3 51⟩
religion IV F2 56
religious II U1 9, 2
Religious Education II U1 9, 2
to relinquish ⟨VI T1 23⟩
reluctant VI T4 64
to remain V F3 91
remains ⟨VI T2 30⟩
remedy ⟨VI T4 67⟩
to remember I U4 64, 5
to remind sb of sth/sb IV U1 17
remote ⟨VI T4 70⟩; VI T5 72, 1
removal VI T4 58
to remove III U3 40
to rename V U4 65, 4
renewable V U5 81
to rent III U2 23, 1
to repair III U4 54
to repeat ⟨I EL 116, 1⟩; ⟨I EL 120⟩; II U1 12, 7
they are repeated ⟨I EL 116, 1⟩
repetition V F3 93, 4
repetitive VI T5 72, 1
to replace (sth by/with sth) IV U2 26, 1
reply IV F3 90, 3
to reply III U1 15
report *Bericht* IV U1 17; *Knall* ⟨VI T4 70⟩
to report *berichten; (sich) melden* III U1 12, 5; *anzeigen; melden* VI T3 43
to represent ⟨III EL 103⟩
representation V F2 56, 2
to require IV U5 80
rerun VI T2 26
rescue II U4 54
Mountain Rescue II U4 54
to rescue II U4 55
rescuer ⟨III U2 28, 1⟩
research V U1 17, 2
to research V U1 17, 2
to resemble VI T3 40; VI T5 73, 2
reservation V F2 59, 6
reserve ⟨VI T4 70⟩
reservoir ⟨IV EL 101⟩; V U5 85
*to reset ⟨II U5 61⟩
resident V U5 88
residential ⟨VI T1 23⟩; VI T4 59
residue ⟨VI T2 30⟩
to resign ⟨VI T2 30⟩
to resist V F3 91; ⟨V EL 102⟩
resistance (to) V U4 64
resolution ⟨V U2 32⟩
resource IV U2 27
natural resource IV U2 27
respect ⟨III U2 28, 1⟩
to respect V U1 15
to respond ⟨VI T1 19⟩; ⟨VI T3 48⟩
respondent ⟨VI T3 48⟩
response VI T1 9, 2; VI T3 43
responsibility V U1 15
to meet one's responsibilities ⟨V U1 15⟩
responsible ⟨IV U1 15, 5⟩; V U2 24, 1
rest *Rest* I F3 72; ⟨III EL 101⟩; *Rast* VI T2 28
to rest VI T2 28; ⟨VI T3 51⟩; VI T5 76
restaurant I U4 63, 4
fast food restaurant III F2 51, 3

to restore V U5 85
to restrain ⟨VI T3 50⟩; ⟨VI T4 70⟩
to restrict VI T2 25
result II U3 42
as a result of III U4 52
résumé *(AE)* V U2 31, 3
retailer VI T2 33, 1
to retire III U6 84
to retrieve ⟨VI T2 30⟩
in return ⟨III U2 29, 2⟩; V U3 46
to return II U1 15
to rev ⟨VI T4 62⟩
to reveal VI T5 77
revenge III U6 88
revenue ⟨VI T4 67⟩
Reverend IV U2 32
to reverse V U4 64
review II U5 66
to revise V U1 12
*to do some revision V U2 32
revolting ⟨VI T3 45⟩
revolution V F1 21, 2
revolutionary V U5 84, 3
*to rewrite V U4 63, 2
rhino ⟨VI T4 67⟩
rhyme ⟨I EL 116, 1⟩; ⟨II EL 101, 1⟩; ⟨IV EL 98, 2⟩; V F3 93, 4
to rhyme ⟨I EL 116, 2⟩; ⟨IV EL 98, 2⟩; V U3 54, 1
rhyming ⟨I EL 116, 2⟩
rhythm ⟨I EL 116, 1⟩; ⟨II EL 101, 1⟩; IV U5 84, 1; ⟨IV EL 98, 2⟩
rice II F2 46
rich *reich* I U7 102; *reichhaltig* III F2 50
stinking rich ⟨IV U4 68⟩
*to get rid of II U6 78
riddle ⟨I EL 115, 2⟩
ride II U2 20, 2
*to ride I U3 50
rider II U6 78
ridge ⟨II U5 61⟩; ⟨III U5 74⟩
ridiculous ⟨III EL 105⟩; V F3 92
horseback riding II U6 72
rifle VI T4 62
oil rig IV U3 43, 2
right *Recht* ⟨IV U1 15, 5⟩; V U1 15
Civil Rights Act VI T2 24
human rights abuse VI T4 63
right *richtig, korrekt* I LS 14, 2; *rechts; rechte(-r/-s)* I LS 21, 4
all right *in Ordnung; alles klar* ⟨I EL 115, 1⟩; ⟨I EL 117, 4⟩; II U4 54; *schon* ⟨VI T5 74⟩
on somebody's right/left I F1 24, 2
to be in one's right mind ⟨III EL 105⟩
right away I U6 92, 1
right now II U3 38
righteous ⟨VI T3 43⟩
key ring III F2 51
*to ring II U1 14, 6
The phone is ringing off the hook. ⟨VI T3 43⟩
to ring up ⟨V F3 91⟩
riot VI T4 62
ripe V U4 69
*to rise V U2 28
risk III F4 99, 2
to take a risk III F4 99, 2
to risk ⟨II EL 105⟩; IV U4 68
ritual V U4 68
rival III U6 88

river I F3 72
road I U1 27
roar ⟨V EL 102⟩
roaring drunk ⟨V U3 46⟩
roast ⟨I EL 115, 1⟩
robot ⟨I EL 121⟩; ⟨VI T3 44⟩; VI T5 72
rock *Fels; Stein* I U5 75, 1
rock *Rock (Musik)* II U3 34
to rock ⟨V EL 101⟩
rocky IV U2 32
rodeo I U7 100, 2
role I LS 13, 4
role model VI T3 48
role play I LS 13, 4
roll *Brötchen* II F2 47; *Register* ⟨V EL 102⟩
to roll III U3 45
roller coaster ⟨VI T1 22⟩
Roman ⟨III F1 20, 1⟩
roof I U1 27, 3
room I LS 27
changing room III U3 41, 3
ladies' room ⟨V U4 69⟩
living room I U1 27, 4
sitting room V U3 46
staff room III U3 40
root III U5 69
rope II U6 78
to know the ropes ⟨VI T3 43⟩
roping ⟨II U6 72⟩
rosary ⟨VI T3 41⟩
rose ⟨I EL 116, 1⟩
to rot VI T5 77
rotor ⟨VI T1 18⟩
rotten V U4 71
rouge ⟨V U3 49⟩
rough VI T3 48; VI T5 77
to sleep rough ⟨VI T5 80, 10⟩
round *Runde* II U2 28
the Round Table ⟨III U2 29, 2⟩
round *um … herum* I U4 66
route II F3 71, 4
routine V U2 31, 3
row *Sträßchen; Reihe* I U2 39, 3
row *Streit; Krach* V U3 44
to have a row V U3 44
to row I U5 81
royal III U3 45
R-rated *(AE)* ⟨VI T1 9⟩
to rub ⟨III EL 100⟩; ⟨V EL 103⟩; VI T1 12
rubber *Radiergummi* I LS 14; *Gummi; Kautschuk* IV U2 27
rubbish II U3 38
rubble ⟨VI T5 77⟩
rude II U6 76
rug ⟨V U3 54, 1⟩
rugby I F3 72
rugged ⟨VI T5 76⟩
to ruin II U3 36
rule I U1 31, 3
slide rule ⟨II U5 68, 7⟩
to rule IV F1 22, 1
ruler *Lineal* I LS 14; *Herrscher(in)* ⟨III U2 29, 2⟩
rum ⟨V U3 46⟩
to rumble ⟨III U2 28, 1⟩
rumor *(AE)* ⟨V EL 102⟩
rump ⟨I F3 73, 3⟩
on the run IV U1 17
*to run *rennen, laufen* I U2 44; *führen, leiten* III F4 98, 2
running order ⟨IV U5 80⟩
to run down II U4 54

to run out IV U4 64, 3
to run out of sth V U5 86
runaway IV U1 16
RUOK? ⟨III U5 72⟩
rural ⟨VI T4 67⟩; ⟨VI T4 69⟩
rush ⟨VI T1 17⟩
to rush I U3 54, 2
Russian ⟨V EL 103⟩

S

sack II U6 78
sacred ⟨VI T4 69⟩
sad I U6 93, 1
saddle II U6 73
safe *Safe; Tresor* IV U4 68
safe *sicher* I U5 81
safety III U5 70
to sag ⟨VI T5 77⟩
to sail III U4 52
sailor IV F1 22, 1
saint VI T3 42
salad II F2 46
sale V U5 85
sales V U2 25, 2
salmon, *pl.* salmon III U5 69
salt III F2 50, 2
salute VI T2 29
the same I U6 86
to sanction VI T2 27
sanctuary ⟨V EL 105⟩
sand I U5 75, 1
sandwich I U5 76
sanguine ⟨VI T5 76⟩
satellite III F4 98, 1
satirical ⟨VI T2 38⟩; VI T5 77, 1
to satisfy ⟨VI T4 69⟩
Saturday I U3 50
sauce III F2 50
saucer I U1 30, 2
to saunter ⟨VI T3 50⟩
sausage II F2 47
savage ⟨V U4 66, 1⟩
to save *retten, bergen* I U5 80; *sparen* III U2 28
to save up V U2 27, 4
savings *(pl.)* ⟨V U2 24, 1⟩
savings account V U2 24, 1
Saxon II U2 22
saxophone ⟨V EL 99⟩
*to say I LS 11, 5
needless to say VI T1 12
to say grace ⟨II EL 104⟩
to say hello I U6 91, 5
You can say that again! ⟨II U1 10⟩
saying V U4 60
scaffolding ⟨V U3 49⟩
scale V U1 18, 3
to scam ⟨V U1 12⟩
to scan VI T2 26
scanning ⟨III U2 28⟩
scar II U7 86
*to be scared I U6 86
to be scared stiff ⟨V U4 70⟩
scary II F1 18, 1
to scatter ⟨VI T4 62⟩
scene I U5 82, 4
scenery III U2 23, 1
scented ⟨VI T3 47⟩
schedule II U5 60
scheme ⟨VI T4 67⟩
scholarship ⟨III U6 88⟩
school *Schwarm* ⟨I EL 115, 4⟩; *Schule* I LS 10
boarding school VI T3 52, 4
comprehensive school ⟨III EL 106⟩; ⟨VI T3 55⟩
elementary school *(AE)* II U5 64
grammar school V U2 30
high school III U6 86, 1
jump school ⟨VI T1 12⟩
middle school II U5 60
primary school ⟨V U2 31, 3⟩; ⟨VI T3 55⟩
public school VI T3 52, 4
school bag I LS 14
science II U1 9, 2
science fiction ⟨IV EL 100⟩
scientist V U2 25, 2
scone ⟨IV U2 24⟩
scooter I U3 54
score III U6 88
to score III U3 40
scorer III U6 88
Scot IV U3 46
Scottish IV U3 42
scout ⟨III U6 88⟩
scrambled egg V F3 91
scrapbook II U4 48
to scrape ⟨IV EL 100⟩
scrapheap ⟨VI T3 44⟩
scratch IV U1 13
to scream I U4 69
screen *Bildschirm* I U7 104; *Leinwand* III F4 98
to screw ⟨VI T3 44⟩
to scrutinize ⟨VI T5 77⟩
scuba diving ⟨IV U1 9, 1⟩; ⟨V EL 103⟩
sculpture III U4 53
sea I U5 74
seagull ⟨VI T1 18⟩
seal I U5 75, 1
search party ⟨IV U1 17⟩
to search III U4 60
to search for III U4 60
seasick IV U2 29
seaside I U5 74
at the seaside I U5 74
season III U6 88
seat II F3 71, 3
second *Sekunde* ⟨I EL 119⟩; III U5 68
split second VI T1 17
second *zweite(-r/-s)* I U4 62, 1
to have second thoughts ⟨VI T1 19⟩
secondary school ⟨VI T3 55⟩
second-hand II U1 10
second-hand shop II U1 10
secret I U4 66
secretly V U2 32
section V U4 71, 1
sector VI T4 56
security ⟨VI T4 68⟩; VI T5 80, 10
*to see I LS 13, 6
I see. II U1 10
See you! I LS 21, 2
seed IV U2 27
to seek VI T4 59
to seem II U3 34, 1
to seem familiar III U4 60
segregation VI T2 24; VI T4 57
seldom VI T5 76
to select V F3 91
whole self ⟨I LS 21, 4⟩
self-esteem VI T4 66
self-sufficient V U4 64
*to sell II U2 20, 1
semantics ⟨II U5 61⟩
*to send I U7 102, 2
sense IV U4 69
common sense VI T3 43
to make sense IV U4 69
sensitive V U2 24, 1
sentence *Satz* I LS 11, 3; *Verurteilung; Strafmaß* VI T4 61
to sentence VI T4 61
sentience ⟨VI T5 74⟩
sentient ⟨VI T5 74⟩
to separate IV U3 44
separate III F1 21, 1
September I U4 62, 1
sequoia ⟨V U5 79⟩
sergeant ⟨IV U4 70⟩
serial V F3 92
series, *pl.* series III F4 99, 2
serious II U3 42
to take sth seriously V U5 86
servant ⟨III U2 29, 2⟩; ⟨IV U1 19⟩; IV F2 56, 1
civil servant VI T4 61
to serve *(be)dienen; aufschlagen (Sport)* II U1 15; *servieren* III F2 50
to serve it up double ⟨VI T3 45⟩
service *Service, Dienst* III U1 10; *Gottesdienst* IV U2 32; *Militärdienst* VI T1 12
session V U1 17, 2
*to set IV U5 80
to be set (in) ⟨V EL 98⟩
to set fire to III F1 21, 1
to set off *aufbrechen* II U4 54; *auslösen* ⟨VI T4 70⟩
to set the table I U1 30
to set up IV F2 56
setting IV U5 84, 1; ⟨IV EL 97, 1⟩
to settle *siedeln; sich niederlassen* ⟨III U2 29, 2⟩; IV F1 23, 2; *festlegen; erledigen* V U4 60
to settle differences ⟨V F3 92⟩
settlement IV U1 12, 7
settler IV U1 9, 2
seven I LS 11, 5
seventeen I F2 48, 2
seventeenth I U4 62, 1
seventh I U4 62, 1
seventy I F2 48, 2
several V U2 28
severe VI T1 16
*to sew V U1 15
sewerage ⟨VI T4 59⟩
sex VI T1 8
sexual abuse ⟨V U3 52, 1⟩
shack VI T4 58
shade ⟨VI T2 30⟩
shadow V U3 50
shake III F2 50
*to shake *schütteln* I U4 69; *zittern* III U6 89
to shake it all about ⟨I LS 21, 4⟩
shallow VI T1 16
shantytown ⟨VI T4 59⟩
shape IV U3 51
to shape ⟨VI T5 81⟩
to share ⟨III EL 103⟩; V U5 80, 1
shark IV U1 8, 1
sharp ⟨V EL 99⟩; ⟨VI T2 31⟩
to shatter VI T1 17
to shave II U4 50
she I LS 10
shed I U6 87
to shed ⟨VI T2 26⟩
sheep, *pl.* sheep I U6 88
sheepdog I U6 88
sheepish V U4 70
sheet V U1 18, 4
shelf, *pl.* shelves I U1 30
taco shell ⟨III F2 50, 2⟩
shelter IV U1 17
sheriff II U2 20, 2
shield ⟨III U3 38⟩
to shield ⟨V U3 50⟩; VI T1 13
shift *Schicht* V U1 15; *Wechsel; Verschiebung* VI T5 80, 10
to shift VI T1 13
*to shine I U2 45
shiny II U5 67
ship I U5 80
shirt I F2 49, 6
shit *(vulg)* ⟨VI T2 31⟩
to take no shit *(vulg)* ⟨VI T3 42⟩
to shiver *zittern* ⟨II EL 106⟩; *erschauern; frösteln* V U4 70
shock II U7 92, 4
to shock V U4 70
shoe I F2 49, 6
*to shoot (at) II U2 28
shop I U1 27, 2
corner shop IV U3 43, 2
junk shop VI T2 36
second-hand shop II U1 10
shop assistant I F2 49, 6
shopping I U2 38, 1
shopping centre I U2 38, 1
shopping mall ⟨V U3 54, 1⟩
to go shopping I U2 38, 1
to shore up ⟨VI T5 77⟩
short I LS 12, 2
short cut II U4 55
shortage V U5 79
to shorten V U4 65, 3
shorts *(pl.)* IV U1 13
shot II U1 15
to give sth a shot ⟨VI T3 48⟩
should II U5 62
shoulder I F3 73, 3
shout III U4 61
to shout I U3 54
to shove VI T2 36
show II U1 13
game show III F4 99, 4
talk show IV F1 22, 1
*to show I U3 54
It just goes to show … ⟨VI T4 68⟩
Show and Tell ⟨I EL 121⟩
to show sb around (a place) III U1 11, 3
to show up *(infml)* IV U5 80
shower IV U1 8, 1
show-off II U1 15
to shrug (one's shoulders) IV U3 51
Shsh! I U4 66
*to shut I LS 19, 5
to shut off ⟨VI T5 76⟩
to shut off/down ⟨III EL 105⟩
to shut up ⟨III U3 42⟩
to shut up *(rude)* ⟨VI T2 32⟩
shutdown ⟨VI T3 50⟩
shy IV U4 63
sick VI T2 36

I feel sick. ⟨II EL 100⟩
to be sick IV U3 50
to be sick of *(+ noun/gerund)* V U2 33
to be sick with worry ⟨IV U4 69⟩
to feel sick III U6 89
side II U5 66
to wake up on the wrong side of the bed ⟨II U5 66⟩
to side with sb ⟨V U4 68⟩
sidewalk *(AE)* ⟨VI T2 32⟩
sierra ⟨VI T1 18⟩
Sierra Wave ⟨VI T1 18⟩
sigh ⟨V U3 51⟩
to sigh III U1 14
sight II U2 20, 2
out of sight VI T4 58
sights *(pl.)* ⟨V U4 60⟩
sightseeing I U7 105, 6
sign ⟨II EL 102⟩; III U1 12, 7
to sign V U4 60; ⟨V EL 99⟩
signal II U2 28
signature V U2 30
significant VI T2 33, 1
silence ⟨III U2 28, 1⟩; IV U1 16
silent IV U3 46
silhouette ⟨V U3 50⟩
silk posy ⟨V U2 32⟩
silly *Dummkopf* I LS 16
silly *dumm; albern; doof* I LS 20
silver II U2 27
similar ⟨II U7 91, 2⟩; III U4 54, 1
simple II U6 76
simultaneous VI T5 77
sin VI T3 42
since *seit, seitdem* II U4 55; *da* III U3 40
sincere ⟨IV EL 100⟩; VI T3 42
Yours sincerely IV U5 80
*to sing I LS 13, 6
to sing along I LS 13, 6
singer II U3 34, 1
single *einzeln; individuell* ⟨V U3 54, 1⟩; *einzeln; einzig; alleinstehend* V U4 62; ⟨V EL 101⟩
to single sb out ⟨V EL 102⟩; ⟨VI T3 45⟩
singular IV U3 47, 2
*to sink IV U2 29
coastal sinking ⟨V U5 80, 3⟩
to sip ⟨V F3 91⟩; ⟨V EL 98⟩
sir I F2 49, 6
Sir III U2 30
sister I F1 24, 1
*to sit I U2 42
sitting room V U3 46
to sit (down) I LS 19, 5
sitcom III F4 99, 2
site VI T1 16; ⟨VI T4 67⟩; VI T5 77
sit-in VI T2 29, 9
situation II U3 39, 4
six I LS 11, 5
sixteen I F2 48, 2
sixteen-track ⟨VI T2 31⟩
sixteenth I U4 62, 1
sixth I U4 62, 1
sixty I F2 48, 2
size I F2 49, 6
the next size down III U4 58
to skate V U1 10
skateboard I U1 28
skates *pl.* I LS 12
skating I U4 63, 4
skeletal ⟨VI T1 22⟩
sketch ⟨V EL 98⟩
to ski IV U4 62, 4
skiing I F3 72
skill ⟨II EL 104⟩; III U1 18, 1
computer skills V U2 30
to skim VI T5 77
skimming ⟨III U2 28⟩
skin I U6 93, 1
to skip ⟨II U6 77, 5⟩
to skip sth VI T3 48
skirt I F2 49, 6
sky I U2 45
skyscraper I U7 103, 5
to slap ⟨IV EL 100⟩; VI T5 75
to slash ⟨VI T4 64⟩
slate II U4 49
slave V F2 57, 3
slavery VI T2 24; VI T5 77
sled II U4 49
sled dog ⟨V U4 72, 4⟩
*to go to sleep I U3 57
*to sleep I U3 57
sleeping bag III U5 70; ⟨III EL 100⟩
to sleep over ⟨VI T1 11, 3⟩
to sleep rough ⟨VI T5 80, 10⟩
sleepover ⟨VI T1 11, 3⟩
sleeve ⟨V EL 101⟩
gravel pit slide ⟨IV EL 101⟩
slide rule ⟨II U5 68, 7⟩
slight IV U5 82
slim VI T5 75
to slip *(aus)rutschen* III U3 45; *schlüpfen; gleiten* V U5 81
slipper ⟨II EL 106⟩
slippery II U4 54
slogan V U5 84, 3
to slow (sb) down VI T1 12
slow I U5 81
slowly I U7 107
slum clearance ⟨VI T4 58⟩
to slump ⟨V U2 32⟩
small I U3 54
the small of the back ⟨VI T1 12⟩
smart ⟨I EL 121⟩; ⟨V EL 101⟩; VI T2 27; ⟨VI T5 81⟩
smart ass *(slang)* ⟨VI T3 43⟩
The smart money says … ⟨VI T1 12⟩
to smash ⟨I EL 118⟩
smell I U6 86
*to smell ⟨I EL 119⟩; II F1 18, 1
smile I U6 99, 1
to smile I U4 68
smog V U5 79
smoke III U5 74
to smoke ⟨I EL 116, 2⟩; ⟨II EL 102, 2⟩; ⟨V U3 46⟩
to smooth out ⟨VI T5 75⟩
to smother ⟨IV EL 101⟩
to smuggle II U4 53, 2
smuggler II U4 52
snack III U3 44
snake I U1 35, 4
to snatch VI T2 36
to sneak ⟨VI T1 22⟩; VI T4 60
to sneer II U2 27
to sneeze II U1 10
to snicker ⟨V U3 50⟩
to sniff ⟨IV EL 103⟩
snigger ⟨VI T3 45⟩
to snog ⟨V U3 46⟩
snooker ⟨II U1 10⟩
to snoop ⟨VI T5 77⟩
snot *(infml)* ⟨VI T4 68⟩
snow II F3 70, 2
snowboarding IV U4 60
so *so* I LS 18
so far II U4 52
so *also; deshalb* I U4 64
so (that) I U3 56
to soak ⟨I U4 63, 5⟩; ⟨VI T4 71⟩
soap I U5 78
soap (opera) ⟨V U3 42, 1⟩
to soar ⟨VI T1 18⟩; ⟨VI T4 69⟩; ⟨VI T5 77⟩
to sob ⟨VI T4 68⟩
soccer *(AE)* I U7 104
social II U5 60
social engineering ⟨VI T4 59⟩
society II U5 60
burial society ⟨VI T4 70⟩
sock I F2 49, 6
soft IV F3 91, 5
soft drink V U3 46
software IV U3 44
software engineering ⟨V U2 28⟩
soil ⟨V U5 78⟩
solar energy V U2 24, 1
soldier III F1 20, 2
solemn ⟨VI T4 70⟩
to solo ⟨VI T1 18⟩
solution III U4 60
to solve ⟨V EL 103⟩; VI T1 11, 3
some *einige; etwas* I U3 53, 7
some *etwas davon* ⟨I EL 114, 2⟩
somebody I F1 24, 2
somehow V U2 32
someone II U1 9, 3
something I U3 54
sometime II U5 64
sometimes I F1 25, 4
somewhat VI T5 76
somewhere II U3 41
son II U4 53, 6
song I LS 12, 6
soon I U7 106
sordid ⟨VI T5 77⟩
sore IV U1 17
sorry I LS 20
to feel sorry for III U1 15
sort V U3 46
to sort sth out IV U2 33
soul *Seele* ⟨II F1 18, 1⟩; *Seele; Soul* III U5 69
sound *Ton, Geräusch* I LS 11, 5; *Sund, Meerenge* ⟨III U5 69⟩
sound practice I LS 11, 5
to sound (like) ⟨I EL 121⟩
to sound II U3 34
soundman ⟨II U3 41⟩
soup II F2 46
sour III F2 50
source III U1 18, 2
south I F3 72, 1
southbound ⟨V U3 54, 1⟩
southern II U6 72
souvenir I U5 78
Soviet Union ⟨VI T5 76, 1⟩
space I U7 100, 2
spacecraft VI T5 73, 2
span VI T5 74
Spanish I F4 98
Spare me! ⟨VI T5 74⟩
spare V F3 91
spark VI T2 28
to sparkle ⟨IV U1 16⟩
spasm ⟨V U3 50⟩
spatula ⟨V F3 91⟩
*to speak I F4 98
to speak up ⟨IV EL 103⟩
speaker *Lautsprecher* II U3 41; *Sprecher(in)* IV U1 14, 3
native speaker V U2 31, 3
spear III U2 30
special *Sonderangebot* V F3 91
special *speziell; besonders* I F2 49, 6
special offer I F2 49, 6
specialty *(AE)* IV U4 59, 2
species, *pl.* species VI T4 56
specific VI T2 26; VI T3 40
spectacular IV U4 60
speech III U4 52
direct speech III U6 84, 2
indirect speech III U6 84, 2
part of speech V U3 48
speed VI T5 75
*to spell I LS 17, 6
spell checker ⟨IV U5 82⟩
spelling II U7 87, 2
*to spend I U2 38, 1
spicy III F2 50
spider II F1 19, 4
spiky ⟨III U6 89⟩
*to spill III U3 42
*to spin V F1 21, 2
spinning jenny ⟨V F1 21, 2⟩
spine ⟨I F3 73, 3⟩
to spiral ⟨VI T1 19⟩
spirit ⟨II EL 100⟩; ⟨VI T3 51⟩
spirits *(pl.)* VI T1 8
*to spit V U4 69
in spite of III U6 84
spiteful ⟨VI T2 38⟩
splash I U4 69
splint ⟨IV U1 13⟩
*to split ⟨VI T5 87, 4⟩
split second VI T1 17
to splutter ⟨V U2 33⟩
to spoil ⟨VI T4 69⟩
sponge cake ⟨I U4 63, 5⟩
to sponsor V U2 28
sponsorship ⟨V U1 10⟩
to spook sb out ⟨VI T5 79⟩
spooky ⟨III U5 74⟩
spoon I U1 30, 2
sport I U7 105, 4
sportsman, *pl.* sportsmen III U6 85, 3
sportswear V U1 14
sportswoman, *(pl.)* sportswomen III U6 85, 3
spot V F3 91
to spot IV U5 78
urban sprawl ⟨V U5 80, 3⟩
to spray VI T5 85
*to spread ⟨IV EL 101⟩; V U1 8, 1
spring II U4 53, 6
*to spring up VI T5 77
to sprint VI T1 13
spur II U6 73
squadron ⟨IV U1 15, 5⟩
square *Platz* I U2 38, 1; *Quadrat* III U5 68
square dance II U6 72
squeaking ⟨II U6 76⟩
to squeeze VI T5 77
squid ⟨IV EL 101⟩
squire ⟨III U2 29, 2⟩

to squirt ⟨VI T5 75⟩
to stab (to death) ⟨VI T3 50⟩
stable I U6 87
staff III U3 40
cleaning staff ⟨III U3 40⟩
staff room III U3 40
stage *Bühne* II U1 10; *Stadium* VI T1 21, 4; VI T3 55; VI T5 74
stage door ⟨II U5 66⟩
to stagger (about) II U3 41
to stagger ⟨VI T3 50⟩
stairs (pl.) III U4 60
stall III U1 13
stand *Ständer* ⟨II U3 41⟩; *Tribüne* ⟨V EL 102⟩
*to stand II U5 66
to stand (up) I LS 19, 5
to stand up for oneself IV U3 52
standard III U5 68
standard of living V U5 81
of such standing ⟨VI T4 69⟩
stanza V F3 93, 4
star I LS 17, 6
pop star I U3 59, 3
to stare IV U3 52
stark ⟨VI T2 26⟩
to start I LS 8
Let's start! I LS 8
to get (sth) started IV U5 80
starter II F2 46
startling VI T5 77
to starve IV F2 56, 1
state *Staat, Land* I U7 100; *Zustand* V U1 10, 4
State House ⟨IV U4 60⟩
to state V U3 52, 1
statement II U1 12, 8
station *Haltestelle, Bahnhof* I U7 102, 2; *Farm (in Australien)* IV U1 8, 1
power station VI T5 85
station wagon ⟨VI T2 26⟩
statistics (pl.) V U1 17, 2
statue I U2 38, 1
status II F3 71, 3
status quo ⟨V U3 51⟩
to stay *bleiben* I U3 52; *übernachten* II U4 48
to stay put VI T1 13
steady on! ⟨VI T3 45⟩
steak II F2 46
*to steal II U2 22
steam III U5 74
steam engine V F1 21, 2
to let off steam IV U3 46
steel IV U2 27
steep II U4 49
steering wheel ⟨II EL 102, 3⟩; ⟨V EL 103⟩
step *Stufe* ⟨II EL 107⟩; *Stufe; Schritt* III F4 99, 2
to step IV U2 34
stepmother II U7 84
stepsister II U7 84
stereo I U1 28
stereotype V U4 62
stick ⟨III EL 100⟩
to get stick (infml) ⟨VI T2 33, 1⟩
*to stick III U3 40
to be stuck II F1 18, 2
sticker ⟨VI T2 30⟩
sticky ⟨VI T2 30⟩
*to be scared stiff ⟨V U4 70⟩
still *still* III U3 44
still *noch; immer noch* I U4 68
to stimulate ⟨VI T4 67⟩
stimulus, pl. stimuli ⟨VI T5 81⟩
*to stink VI T2 36
stinking rich ⟨IV U4 68⟩
to stir VI T1 14
to stitch ⟨V F3 91⟩
stocking ⟨I EL 114, 1⟩; V F1 23, 3
stockpile ⟨VI T4 67⟩
stomach ⟨VI T1 19⟩
stone I U3 54
stone dead ⟨VI T4 68⟩
stool ⟨II EL 107⟩; V F3 91
to stop I U2 42
stopover ⟨V U2 26⟩
storage V U5 86
store ⟨I EL 116, 1⟩; III U1 14
pet store ⟨I EL 120⟩
to store V U5 86
storehouse ⟨IV F2 57, 3⟩
storm I U5 80
story I U1 33, 4
storybook V U4 60
to straggle ⟨VI T5 77⟩
straight *gerade; direkt* ⟨I EL 119⟩
straight *geradewegs; direkt* I U7 102
straightforward ⟨V EL 98⟩
to strain ⟨VI T2 30⟩
strand ⟨V U3 49⟩
strange III U3 45
stranger II F1 19, 3
stranglehold ⟨VI T3 47⟩
strap VI T3 40
strategic ⟨V U5 81⟩
strawberry II F2 47
*to be on a mean streak ⟨IV EL 100⟩
stream *Bach* III U5 70; *Strom* V U3 50
street I U2 39, 3
streetcar (AE) V U5 86
strength VI T5 73, 2
stress *Stress* II U2 21, 2; *Betonung* V U3 45, 2
to stress ⟨I EL 117, 4⟩; III U1 13, 2
stressed ⟨I EL 116, 1⟩
to stretch ⟨I LS 21, 4⟩; VI T2 35
strict ⟨II EL 101, 2⟩; IV F1 23, 2
strike VI T2 28
*to strike IV U3 50
to be struck down with flu ⟨V U3 46⟩
string ⟨II EL 104⟩; III U1 14
strip IV U1 13
stripe IV F2 57, 2
*to strive IV U5 76
strong I U5 76
structure IV U2 36, 5
to structure VI T2 27, 1
struggle (for sth) V U1 14
to struggle V U4 64
stubborn VI T1 15
stud ⟨VI T3 44⟩
student II U4 52
studies V U2 28
studio V U2 32
study time ⟨II EL 103⟩
to study III U6 84
stuff II F1 19, 5
to stumble ⟨V EL 101⟩; ⟨VI T4 70⟩
stumpy ⟨IV EL 96⟩
stupid I U2 44
style II U6 76
stylistic device VI T2 29, 8
sub (AE: substitute teacher) ⟨VI T1 12⟩
subconscious ⟨VI T3 44⟩
subcontinent ⟨VI T2 25⟩
subject I U3 52
to subject (sb to sth) VI T2 33, 1
subordinate clause ⟨IV U5 81, 3⟩
substitute ⟨II U5 65, 2⟩
subtitle ⟨V U4 73, 2⟩
suburb IV U1 10
suburban VI T2 26
to suburbanize ⟨IV EL 101⟩
subway IV U5 82
to succeed (in + noun or gerund) VI T1 10
success II U5 60
successful ⟨IV EL 100⟩; V U4 64
such IV U3 44
such as III U5 68
to suck up (infml) ⟨VI T3 44⟩
the poor sucker ⟨IV EL 101⟩
suddenly I U3 54
to suffer V U1 15
sugar ⟨I EL 116, 1⟩; ⟨II EL 103⟩; III F2 50
sugar cane ⟨VI T4 56⟩
to suggest *vorschlagen* II U7 89, 6; *andeuten; nahe legen* V U3 52, 1
suggestion I U7 105, 4
suggestive ⟨V U3 49⟩
suicide V U3 52, 1
to commit suicide ⟨V U3 52, 1⟩; VI T1 10
bathing suit V U4 69
to suit III U4 58
suit yourself ⟨V U4 70⟩
suitable III F2 51
suitcase III U4 60; ⟨III EL 100⟩
*to be suited (for/to) V U2 25, 2
sum *Summe; Betrag* IV U2 34; *Rechenaufgabe* ⟨IV F2 57, 3⟩
to summarize V U4 71, 1
summary ⟨II U7 91, 2⟩; V U4 71, 1
summer I U7 102
Indian summer ⟨IV U4 61, 3⟩
to sum up IV U4 70, 1
sun I U2 42
Sunday I U1 32
sunny I U2 44
sunscreen I U5 76
sunset V U4 69
sunshine II U5 61
super II U3 42
superintendent ⟨V U5 85⟩
superlative II U2 22, 2
supermarket I U1 27, 2
to supervise V U2 31, 3
supper VI T1 11, 3
supplier V U1 14
support ⟨VI T1 22⟩
to support V U2 28
supportive VI T1 10; ⟨VI T4 70⟩
to suppose VI T1 17
to be supposed to (+ infinitive) V U3 49
sure I U1 30
surface VI T5 76
surfer ⟨IV U1 15, 5⟩
surfing I F3 72
surgeon VI T5 73
surprise I U4 69, 3
to surprise IV F3 90, 2
*to be surprised I U6 87
to surround IV U4 58
surveillance VI T5 79, 10
survey III F4 99, 4
survival V U4 68
to survive III F4 98, 3
suspense V F3 90, 1
suspicion ⟨VI T3 45⟩
Swahili ⟨II EL 103⟩
to swallow V U4 69
to swap ⟨VI T2 31⟩; VI T5 74
to swarm ⟨VI T3 50⟩
*to swear ⟨VI T2 30⟩; ⟨VI T3 50⟩; ⟨VI T4 69⟩
swearword ⟨VI T1 11, 3⟩
sweatshirt I F2 49, 6
sweaty ⟨IV EL 100⟩
*to sweep ⟨V EL 102⟩; ⟨VI T3 50⟩
to sweep away VI T1 16
sweets pl. I U5 78
sweet I U4 63, 4
sweetcorn III F2 50
sweetie ⟨III U5 76, 3⟩
*to swell V U4 70
to swig ⟨V U3 46⟩
*to swim I U5 75, 1
swimmer III U4 53
swimming I U4 63, 4
swimming pool I U1 27, 2
swing ⟨V EL 101⟩; ⟨V EL 105⟩
*to swing VI T1 12; VI T4 60
to swing opinion VI T4 60
swirl VI T5 76
to swirl VI T5 76
switch VI T5 76
to switch off III U4 54
to switch on III U2 24
We switched some mental dial over to Mute. ⟨IV EL 101⟩
sword ⟨III U3 38⟩
to swot up ⟨V U2 33⟩
syllable ⟨I EL 116, 1⟩; ⟨II EL 101, 2⟩; IV U5 81, 3; ⟨IV EL 98, 1⟩; ⟨IV EL 102⟩
symbol ⟨III U2 29, 2⟩; IV U1 18
symbolic ⟨III U2 29, 2⟩
sympathetic V U3 42, 1
to sympathize VI T2 37, 5
sympathy ⟨V EL 99⟩
synthesizer ⟨III U4 52⟩
syrup ⟨I U4 63, 5⟩
system II U5 61
systematic IV U4 67, 5

T

table *Tisch* I F1 24, 2; *Tabelle* II F3 70, 1
tables (pl.) V U2 32
table tennis II U1 10
the Round Table ⟨III U2 29, 2⟩
to set the table I U1 30
tableau, pl. tableaux ⟨VI T5 77⟩
to tack VI T5 76
taco III F2 50
taco shell ⟨III F2 50, 2⟩
tactful IV F3 91, 5
tactics (pl.) V U1 14
tag ⟨II U1 12, 7⟩
question tag II U1 12, 7
*to take *(mit)nehmen; bringen* I U1 32; *dauern, (Zeit) brauchen* II F3 70, 1

Don't take no for an answer. ⟨IV U1 10⟩
to take a break II U6 76
to take a pee ⟨II EL 101, 1⟩
to take a risk III F4 99, 2
to take a vote ⟨II U6 80, 4⟩
to take flight ⟨V U3 54, 1⟩
to take ill VI T3 47
to take no shit *(vulg)* ⟨VI T3 42⟩
to take off *abheben* I U7 106; *ausziehen* III U2 31
to take one's own life III F1 21, 1
to take over IV U2 29
to take part (in) II U6 72
to take photos I U7 106
to take place III U1 12, 5
to take sb prisoner ⟨III F1 21, 1⟩
to take sb to court *jmdn verklagen* VI T1 8; VI T3 41
to take sb (time) to do sth II U5 67
to take sth out on sb VI T2 35
to take sth seriously V U5 86
to take to *(+ gerund)* ⟨VI T3 45⟩
whatever it takes V U2 32
takeaway II F2 46, 1
*to take the helm ⟨VI T3 50⟩
tale II U2 20, 1
fairy tale II U7 84, 1
talent IV U5 78
talk III U1 18, 1
pep talk ⟨III U6 88⟩
talk show IV F1 22, 1
to give a talk III U1 18, 1
to talk I U1 27, 1
tall I F1 25, 4
tame V U4 60
tap IV F3 91, 5
tap water ⟨IV F3 91, 5⟩
tape II F1 19, 4
tapestry ⟨III F1 21, 3⟩
target II U2 28
tarmac ⟨VI T3 50⟩
tart ⟨VI T2 31⟩
tartan ⟨IV U3 42⟩
task V U1 16, 4
taste III F2 50
to taste II F2 47
tasty III F2 50
to tattoo ⟨V U3 54, 1⟩
tax IV U3 42
poll tax ⟨VI T4 61⟩
tax office ⟨V U2 29, 2⟩
taxation V F2 56, 2
taxi I U2 38, 2
tea I U1 32
cream tea ⟨IV U2 24⟩
to be sb's cup of tea ⟨IV F3 91, 5⟩
*to teach I U3 56
teacher I LS 14, 4
head teacher *(BE)* III U3 49, 6
team I LS 21, 3
to be on a team III U6 86
team-mate ⟨III U6 89⟩
tear ⟨II EL 106⟩; III U3 40
*to tear IV U1 13
to tease VI T1 10; ⟨VI T4 70⟩
teatime I U1 32
technical V U2 24, 1
technician ⟨VI T3 51⟩
technique IV U4 67, 5
techno II U3 34, 1
technological V F1 20, 1
technology II U1 9, 2
information technology V F1 21, 2
teddy bear III U1 14
to teem (with) ⟨V U3 54, 1⟩
teen V U3 42, 1
down into the teens ⟨V U3 51⟩
teenage IV U5 78
teenager III F2 51, 3
telegraph ⟨III EL 104, 3⟩
telephone I LS 11, 5
telescope I U5 80
television I U2 40
*to tell (somebody) I U2 39, 3
telling ⟨VI T5 82⟩
temperature V U3 51
template ⟨VI T3 50⟩
temporary VI T1 17; VI T2 26
ten I LS 9
to tend to V U4 62
tennis I U1 28
table tennis II U1 10
tense *Zeit; Zeitform (gramm.)* I U5 82, 4
tense *angespannt; verkrampft* ⟨VI T4 62⟩
tension IV U3 52, 2
tent II U7 90
tentacle ⟨IV EL 101⟩
tenth I U4 62, 1
term *Trimester; Semester; Halbjahr* IV U3 50; *Begriff* V F3 90, 1
in terms of VI T5 80, 10
on equal terms ⟨V U4 68⟩
to come to terms with ⟨VI T5 81⟩
to terminate ⟨V U4 64⟩
terrace VI T5 77
terraced house V F1 21, 2
terrible I LS 18
terrific ⟨I EL 121⟩; ⟨III EL 105⟩
terrified II U6 78
territory V F2 58, 4
terrorist V U5 81
to terrorize VI T2 29
test II U3 41
Tex-Mex ⟨III F2 50⟩
text I LS 21, 1
textile V F1 21, 2
than I F4 99
to thank II U4 55
thank God II U4 55
thank you letter I U4 63, 4
Thank you very much! I LS 18
thankful ⟨III U2 28, 1⟩
thanks I LS 12
that *dass* I F3 72
that *das; jenes* I LS 10
that *(Relativpronomen)* ⟨I EL 117, 4⟩; II U2 24
the I LS 9
the same I U6 86
the odd … ⟨VI T3 44⟩
theatre I U3 50
theatrical ⟨VI T2 31⟩
thee ⟨VI T2 28⟩
theft ⟨V EL 99⟩; VI T4 66
their I LS 12
theirs IV U3 46
them I U2 39, 4
theme V U4 66, 2
theme park V U5 88
then I U2 44
theory V U4 64
therapy ⟨III U4 52⟩
there I LS 12
over there I LS 12
there are I LS 14
there's I LS 14
therefore VI T3 41; VI T4 59
thermal ⟨VI T1 18⟩
these I LS 14
these days II U3 34, 1
they *sie (Plural)* I LS 12; *man* III U1 12, 6
they are repeated ⟨I EL 116, 1⟩
they're I LS 12
thick II U6 73
thief, *pl.* thieves III U1 15
thin II U5 61
thing I LS 14
The thing is … IV U3 50
*to think (of) *denken (an)* I U4 64, 5
to think of *halten von* II U2 22, 1
third *Drittel* III F2 51, 3
third *dritte(-r/-s)* I U4 62, 1
thirsty III U5 75
thirteen I LS 23, 6
thirteenth I U4 62, 1
thirty I F2 48, 2
this I LS 10
this very afternoon ⟨VI T3 44⟩
those I LS 14
even though V U3 42, 1
thought ⟨V EL 99⟩; ⟨VI T1 19⟩; ⟨VI T1 23⟩; ⟨VI T5 77⟩
to have second thoughts ⟨VI T1 19⟩
two thousand III U1 8, 2
thread V F1 21, 2
threat VI T4 66
three I LS 11, 5
three cheers for … ⟨VI T3 51⟩
thriller ⟨IV EL 100⟩
throat ⟨III U5 75⟩; V U2 33
to clear one's throat VI T1 13
through I U5 80; ⟨I EL 115, 3⟩
throw ⟨III U6 88⟩
*to throw I U3 56
to throw a party V U3 46
*to throw up ⟨VI T1 22⟩
thud ⟨VI T4 70⟩
thug ⟨VI T4 64⟩
thumb ⟨VI T2 32⟩; VI T3 49
to thump ⟨VI T4 69⟩
thunder VI T4 56; ⟨VI T5 87, 4⟩
to thunder VI T4 56
Thursday I U3 50
thus V U5 84, 3
ticked off ⟨VI T1 11⟩
ticket I U2 38, 1
tide ⟨V U3 54, 1⟩; VI T4 60; ⟨VI T5 87, 4⟩
good tidings ⟨I EL 114, 2⟩
to tidy (up) II U4 50
tidy I U1 28
tie *Unentschieden* ⟨III U6 89⟩; *Krawatte* ⟨V U4 72, 5⟩
to tie II U6 78
tiger ⟨VI T4 67⟩
tight *(infml)* ⟨VI T2 31⟩
till *Kasse* VI T2 35
till *bis* IV U4 60
till forever ⟨II U4 56, 3⟩
timber ⟨IV U4 63⟩; ⟨V U5 79⟩; ⟨VI T5 77⟩
time *Zeit* I U1 32; *Mal* I U4 64
all the time I U2 42
for the time being ⟨V EL 102⟩
in olden times VI T3 42
in time ⟨III EL 105⟩
in time for III U1 10
it's about time ⟨III EL 105⟩
most of the time III U3 38, 1
on time II F3 71, 3
study time ⟨II EL 103⟩
time line III F1 20, 1
time out ⟨V U1 8, 1⟩
What time … ? I U3 51, 4
timetable II U1 8, 2
timid VI T1 10
tin *Dose, Büchse* I U5 78; *Blech* VI T4 58
to tingle ⟨VI T1 18⟩
tiny VI T2 27; VI T4 64; VI T5 83
tip *Tipp* I U5 74, 1; *Trinkgeld* V F3 91
to tiptoe ⟨IV EL 102⟩
tired I U3 57
to be tired of *(+ gerund)* IV U4 60
to grow tired of sb/sth ⟨IV EL 96⟩
tissue ⟨VI T3 44⟩
title I U6 92, 1
to *bis* I U3 51, 4; *in; nach; zu* I LS 12
toast II F2 47
to reclaim a toast ⟨VI T5 87, 4⟩
tobacco IV U2 32
today I U1 30
toe ⟨II EL 107⟩
toenail VI T2 36
together I U1 30
toilet ⟨III EL 100⟩; IV U2 27
to tolerate VI T3 42
to loot ⟨VI T4 62⟩
tomahawk ⟨V U4 72, 5⟩
tomato, *pl.* tomatoes II F2 46
tombstone ⟨VI T1 16⟩
tomorrow I LS 21, 2
ton I U7 106
tone IV U3 44
tongue V U4 61
mother tongue VI T4 57
tonight ⟨I EL 120⟩; II U3 42
too *auch* I LS 10; *zu* I LS 18
Me, too. II U1 9, 2
tool II U5 62
buck-toothed ⟨VI T1 14⟩
tooth, *pl.* teeth I U4 68
top *Spitze, oberer Teil* II U3 41; *Top* III U4 58
on top ⟨I U4 63, 5⟩
on top (of) II U3 41
on top of that IV U2 29
topic III U6 91
topping III F2 51
to topple ⟨VI T4 70⟩
torch ⟨III EL 104, 3⟩; VI T1 11, 3
tormentor ⟨IV EL 100⟩
torture VI T2 36
total *Summe; Gesamtmenge* V U5 79
total *total; gesamt; vollständig* V U5 81; ⟨V EL 103⟩
*to get in touch (with) IV F3 90, 3
to touch I LS 19, 5
touching ⟨VI T3 51⟩
tough IV U4 68
tour I U7 106

tourism VU5 79
tourist IU7 100, 2
tournament ⟨VEL 102⟩
to tow IVU2 29
towards IU2 44
towel IU5 76
tower IIF3 71, 4
 clock tower ⟨IIIU1 10⟩
 communications tower VIT5 85
to tower ⟨VIT3 50⟩; ⟨VIT5 77⟩
town IU2 38, 1
township VIT4 59
toy IIU5 62
to trace ⟨VIT3 48⟩
track ⟨VIT2 31⟩; ⟨VIT5 81⟩
 dirt track ⟨VIT4 69⟩
 sixteen-track ⟨VIT2 31⟩
 track and field IIIU6 84
tracker ⟨IVU1 16⟩
to track sb VIT5 79, 10
trade ⟨IIEL 101, 3⟩; VIT2 24
 trade union ⟨VU1 15⟩; VIT4 61
to trade IVU1 10
 trading centre ⟨IIIF1 21, 1⟩
 trading places ⟨IIEL 101, 3⟩
tradition IU4 63, 4
traditional IIF2 47
traffic IIU4 49
 traffic jam IIU4 49
tragedy ⟨VIT3 50⟩
trail *Wanderweg* IIIU5 68; *Spur; Schleppe; Schweif* VIT4 62
train IU2 38, 2
to train IIU6 78
trainer VU1 14
training IIU6 78
main trait VIT1 15, 5
tramp ⟨VIT3 45⟩
transcript ⟨VU5 85⟩
to transfer VU1 12
to transform VIT4 59; ⟨VIT5 81⟩
transitive ⟨IVU2 26, 2⟩
to translate IIIU3 47, 2
translation IIU5 69, 1
to transmit VIT5 77
transparency IVU4 67, 5
transport IIF3 70
 means of transport *(sg. and pl.)* IIF3 71, 4
to transport IIU5 64
trap IIU2 27
to trap ⟨VU5 85⟩
*to be trapped IIIU5 75
trash *(AE)* IIU5 62
 trash can *(AE)* VU5 84, 3
trauma, *pl.* traumata VIT4 63
travel IIU4 53, 6
 travel agent's IIU4 53, 6
to travel IIU4 52
treasure VF2 57, 3
treat IIF1 18, 1
to treat IIU6 74
treatment VU4 62
treaty VF2 59, 6
tree IF1 24, 1
 family tree ⟨IF1 24, 1⟩
 palm tree IVU2 25
tree-fern ⟨VIT4 69⟩
trek IVU1 16
to trek IIU4 49
pony trekking IIU4 49
to tremble IIU7 91
tremendous ⟨VEL 102⟩
trend VU5 80, 2
trial VIT4 61
tribal ⟨IIEL 103⟩
tribe IU7 100, 1
trick IU1 32
to trick IU6 93, 1
trifle IU4 63, 4
trigonometry ⟨IIU5 68, 7⟩
trip IU5 75, 1
to trip (over) IIU1 13
troops *(pl.)* VF2 56, 2
tropical IVU2 27
trouble IIU1 15
troublesome ⟨VIT3 50⟩
trousers *pl.* IF2 49, 6
trout, *pl.* trout IIU6 72
truck IIU6 78
true ILS 19, 3
 to come true IVU4 58
trumpet IIU5 63, 4
trunk ⟨IF3 73, 3⟩
to trust IIU6 78
 Trust you (to do sth). ⟨VF3 92⟩
truth IIU5 67
to try ⟨IEL 116, 1⟩
 to try (on) IF2 49, 6
T-shirt *T-Shirt* ⟨IEL 115, 3⟩; IIU4 54
tsunami ⟨VU5 80, 3⟩
to tuck in VIT3 40
tucker *(infml)* ⟨IVU1 16⟩
Tuesday IU3 50
tug ⟨IIIU4 60⟩
tune IIU6 77, 5
to tune ⟨IVEL 101⟩
 to tune out ⟨VIT1 12⟩
tunnel IVU2 33
to turf sb out *(BE) (slang)* ⟨VIT3 44⟩
turkey IU6 86; ⟨IEL 114, 1⟩; ⟨IEL 115, 1⟩
It's your turn. ILS 15, 1
to turn IU2 39, 3
 to turn (into) IIIU5 74
 to turn around ⟨ILS 21, 4⟩
 to turn off VU4 69
 to turn on sb VIT2 35
 to turn out to be ⟨VEL 102⟩; VIT2 26; VIT4 64
 to turn up ⟨VIT3 45⟩; VIT3 48
 turning point IIIU4 62, 2
turnip ⟨IIF1 18, 2⟩
turnover ⟨VIT5 82⟩
tutor ILS 10
 tutor group ILS 10
TV IU2 40
 to watch TV IU2 40
 TV dinner ⟨IIIF2 50⟩
twelfth IU4 62, 1
twelve ILS 9
twentieth IU4 62, 1
twenty IU2 44
twenty-one IF2 48, 2
twice IIU3 35, 2
twinkle ⟨VF3 92⟩
*to be twinned with VU2 30
to twist IVU4 70
two ILS 11, 5
 2-1 IIU3 36
 a two-minute walk away from … IIU2 20, 2
 two at a time ⟨IIIU3 44⟩
 two by two ⟨IIU6 77, 5⟩
 two-lane ⟨IVEL 101⟩
 two thousand IIIU1 8, 2
 2.45 (point) IU7 106
type IIIU4 54, 2
to type IIIU5 72
typical (of) IU6 89, 4
tyranny ⟨VIT1 22⟩
tyre *(BE)* ⟨IIIEL 101⟩

U

ugali ⟨IIEL 103⟩
Ugh! ILS 16
ugly IVU3 50
Uh huh. ⟨IIIEL 105⟩
varicose ulcer ⟨VIT5 76⟩
ultimately ⟨VIT4 67⟩
unable IIIU5 74
unaccountable VIT5 80, 10
unbelievable IVU4 58
unbridgeable ⟨VU3 46⟩
uncle IF1 24, 1
uncountable IVU3 45, 3
under ILS 14
 down under *(infml)* ⟨IVU1 8⟩
*to undergo VU4 68
undergraduate VIT3 54, 1
underground ⟨IVU5 82⟩
to underline IVU1 19, 1
underneath ⟨VIT3 50⟩
*to understand IF4 99
understandable IVU5 80
underwear VIT3 40
undesirable VIT5 80, 10
undeveloped ⟨IVEL 101⟩
unemployed ⟨VEL 103⟩; VIT4 61
unemployment VU4 64
unexpected VU4 64, 1
unforgettable IVU4 62, 5
unfortunately IVU5 78
unhappy IIU5 63, 3
uniform IF2 49, 6
Soviet Union ⟨VIT5 76, 1⟩
 trade union ⟨VU1 15⟩; VIT4 61
unique IVU1 15, 5
unit IU1 26
to unite VF2 57, 2
universal VIT3 42
universe IIIU4 52
university IVU4 58
unknown IVF1 23, 2
unless IVU2 33
unlike IVU4 68
*to be unlikely (to) IVU1 14, 3
unlocked VU4 69
unnecessary IIIU5 70
to unpack IIIU4 60
unpleasant ⟨VIT3 45⟩
unpopular VU4 65, 4
unprecedented ⟨VIT4 63⟩
unprofessional IVU5 80
unreasonable VF3 92
unskilled VU5 81
unthinkable VU5 87
until *bis* IU3 52; *bis; erst wenn* ⟨IEL 114, 2⟩
 not until IIIU3 42
unusual ⟨IEL 120⟩
unutterable ⟨VIT5 75⟩
up (to) *herbei; auf … zu* IIIU3 40
 It's up to you VIT1 15, 5
 to be up in arms ⟨VIT3 43⟩
 up to IIIF3 81
up *(hin)auf; hoch* ILS 19, 5
upset VU2 32
upside-down ⟨VU3 49⟩
upstairs IU4 68
urban VU5 79
 urban sprawl ⟨VU5 80, 3⟩
urbanisation ⟨VU5 80, 3⟩
us ILS 8
US IU7 100, 1
It's no use *(+ gerund)* IVU4 63
to use IU1 29, 2
 to be used to *(+ gerund)* IVU4 60
 to get used to *(+ gerund)* IVU4 58
 used to *(+ infinitive)* VU3 46
useful IIU2 29, 3
useless IIIU2 30
user ⟨VU1 13, 5⟩
usual IIU3 41
usually IU3 51, 4
public utilities *(pl.)* ⟨VU5 86⟩
utter IVU5 78

V

vacation *(AE)* IIU6 72
vague VIT5 77
in vain ⟨VIT5 87, 4⟩
Valentine's card IIIU5 72
valley IIU4 49
valuable IIIU4 61
value IVF1 23, 2
van IVU1 10
varicose ulcer ⟨VIT5 76⟩
various VIT1 16, 2
to vary VU4 66, 1
vast VIT4 56; VIT5 77
vegetable IU6 86
vegetarian IIF2 47
vehicle VIT4 62
venue ⟨VIT5 83⟩
verb VU1 10, 4
 phrasal verb VU3 48
 verb of perception VU5 84, 2
verbal ⟨VIT5 81⟩
verse IVU5 84, 1
version IIU7 88, 2; ⟨IIEL 100⟩
vertebra, *pl.* vertebrae ⟨VIT1 17⟩
very ILS 16
 this very afternoon ⟨VIT3 44⟩
recon vessel ⟨VIT5 74⟩
vet IU6 92, 1; ⟨IEL 115, 3⟩
vibrant ⟨VIT2 33, 1⟩
to vibrate IIIU4 54
vicar IVU2 32
victim VIT2 25; VIT4 62
victory IIIU6 87, 5
video IU2 40
 video clip IIIF4 98, 2
 video projector IVU4 67, 5
view IF3 72
 point of view IVU5 78, 1
viewer ⟨IIIF4 98, 2⟩
vile ⟨VIT5 76⟩
village IU2 39, 5
violence VF2 56, 2
violent ⟨VEL 103⟩; VIT1 9; VIT4 61
violet ⟨IEL 116, 1⟩
virgin ⟨VU3 54, 1⟩
virtual VU2 28
virus IVU3 50
visa *(pl.* visas*)* VU5 81
visible ⟨VEL 103⟩
vision VU3 46

visit II U6 72
to **visit** I U5 74, 1
visitor I U6 86
vista ⟨VI T5 77⟩
visual IV U4 67, 5
vocabulary IV U3 49, 1
vocals IV U3 53, 6
vocational ⟨VI T3 55⟩
vodka ⟨V U3 46⟩
voice I U4 66
volcano, *pl.* **volcanoes** III U5 69
volleyball IV U1 10
volume V U5 84, 3
voluntary V U2 25, 4
volunteer V U2 26
vomit ⟨VI T1 22⟩
vote V U5 88
to take a vote ⟨II U6 80, 4⟩
to **vote** V U5 88
vulnerable VI T1 10

W

to **wade** ⟨IV U5 77⟩
wages *(pl.)* V U1 14
wagon V F2 58, 4
station wagon ⟨VI T2 26⟩
waist VI T1 17; VI T3 40
waistband ⟨VI T2 31⟩
to **wait (for)** I U2 40
to keep sb waiting IV U5 80
waiter II F2 47
waitress V F3 91
*to **wake** (somebody) up I U3 56
to wake up on the wrong side of the bed ⟨II U5 66⟩
walk I U3 50
a two-minute walk away from … II U2 20, 2
to go for a walk I U3 50
to **walk** I U2 44
wall I U1 27, 3
wallet VI T4 64
wallpaper VI T2 36
wannabe *(infml)* ⟨VI T3 48⟩
to **want** (to) I U4 64
to want sb to do sth II U1 12, 8
war V F2 56, 2
Civil War V U2 33
warm I U6 90
to **warn** II U4 54
*to go on the **warpath** ⟨V U4 60⟩
warrior ⟨II U7 90⟩; ⟨V U4 63, 3⟩
wary ⟨VI T5 80, 10⟩
was going to marry ⟨I EL 118⟩
to **wash** I U3 56
to wash up II U4 50
washroom ⟨V F3 91⟩
waste III U5 70
to **waste** ⟨II EL 103⟩; IV U1 10
watch III U1 13
to **watch** I U2 40
to watch TV I U2 40
bird **watching** ⟨II U1 10⟩
Watch out! I LS 17, 3
water I U5 76
mineral water IV F3 91, 5
tap water ⟨IV F3 91, 5⟩
to **water** ⟨II EL 106⟩; IV U2 27
waterproof III U5 70
wave I U5 80
Sierra Wave ⟨VI T1 18⟩
wave pool ⟨V U3 42, 1⟩
to **wave** I U3 54

way I U2 39, 3; ⟨I EL 117, 4⟩
a long way ⟨I EL 114, 1⟩
by the way III U3 45
Milky Way II U7 91
No way! ⟨II EL 105⟩; III U6 89
the wrong way round IV U1 8, 1
to be in a bad way I U6 92, 1
to make one's way to a place IV U2 33
we I LS 12
we're (= we are) I LS 12
we won't go ⟨I EL 114, 2⟩
weak I U6 93, 1
weakness VI T5 73, 2
wealth IV F1 22, 1
wealthy IV F1 22, 1
weapon ⟨III U2 29, 2⟩; III U3 38
*to **wear** I U3 52
to wear off V U4 68
weary ⟨V U2 32⟩; ⟨V EL 105⟩
weather I U5 75, 1
weather forecast II U4 54
*to **weave** V F1 21, 2
web IV U1 13
website II U2 21, 2
wedding V U2 32
wedding anniversary ⟨II F4 94⟩
Wednesday I U3 50
to **weed** ⟨VI T4 70⟩
week I U3 50, 3
a week II U2 21, 2
What a week! II U3 41
weekend I U3 51, 4
weekly ⟨VI T1 23⟩
*to **weep** V U4 68
to **weigh** I U7 106
weigh-in ⟨VI T1 23⟩
weight ⟨IV EL 102⟩; V U4 70
weird VI T1 14; ⟨VI T3 44⟩
weirdo *(infml)* ⟨V U3 50⟩; VI T2 33, 1
to **welcome** II U3 42
You're **welcome.** III U5 77, 1
Welcome! I LS 12
to **weld** VI T5 73
welfare V U3 51
well *gesund* III U3 45
Get well soon! III U3 45
well *gut* I U4 64
as well III U6 88
… as well as … V U2 28
bloody well ⟨V U3 46⟩
to do well ⟨I EL 120⟩
to mix well ⟨VI T4 70⟩
well behaved ⟨II EL 103⟩
well *also; na ja; nun gut* II U1 10
well-known V U4 71, 1
welly I U6 86
Welsh III U2 24
werewolf ⟨II F1 19, 5⟩
west I F3 72, 1
western II U6 72
westwards V U4 64
wet I U2 42
to get wet I U2 42
wetter and wetter II U4 54
whale ⟨III U5 69⟩
what I LS 9
What about you? I LS 12
What a pity! II U1 10
What are you pissing and moaning about? *(infml)* ⟨IV EL 100⟩
What a week! II U3 41

What colour is/are … ? I LS 13, 7
what else II U2 23, 5
what it's all about ⟨I LS 21, 4⟩
What's … in English? I LS 14, 1
What's it like? II U1 8, 2
What's missing? I LS 11, 4
What's the matter? I U1 32
What's your name? I LS 9
what the heck? ⟨V U4 70⟩
What time … ? I U3 51, 4
what you will ⟨V U3 49⟩
whatever V U2 32
whatever it takes V U2 32
wheat I U7 101, 2
wheel I F3 72
steering wheel ⟨V EL 103⟩
to **wheel** VI T1 12
wheelchair III U4 53
to **wheeze** ⟨V U3 49⟩
when I U3 51, 4
whenever V U2 32
where I LS 9
Where are you from? I LS 9
Where … from? I LS 9
whereas IV U5 77
wherever III U6 89
whether III U6 86
which *welche(-r/-s)* I U2 45
which *(Relativpronomen)* II U2 24
a **while** IV U4 58
while I U4 68
whim ⟨V U3 54, 1⟩
to **whine** ⟨VI T4 70⟩
whip ⟨II U6 78⟩
to **whip** ⟨I U4 63, 5⟩; III F2 50
to **whirl** ⟨VI T5 77⟩
whisky *Whisky* I F3 72; ⟨IV U3 42⟩
to **whisper** ⟨I EL 119⟩; III U5 74
whistle III U5 70
to blow a whistle III U6 89
to **whistle** ⟨V EL 105⟩
whistle-blowing ⟨VI T1 22⟩
white I LS 13, 6
white-ripple-marked ⟨VI T4 69⟩
white horses I U5 80
who *wem, wen* I U4 66; *wer* I LS 16
who on earth? ⟨II EL 105⟩
who *(Relativpronomen)* II U2 24
whole *ganz* ⟨I EL 118⟩; II U3 35, 2
the whole deal ⟨VI T5 74⟩
whole self ⟨I LS 21, 4⟩
wholewheat ⟨III F2 51⟩
whom ⟨V EL 102⟩
whose *(Fragepronomen)* I U4 66
whose *(Relativpronomen)* II U2 24
why I U1 27, 3
wide I U7 101, 2
widow V U2 32
wife, *pl.* **wives** II U2 30, 7
to **wiggle** ⟨V U3 49⟩
the **wild** IV U2 27
wild II U6 73
wilderness III U5 68
wildlife II U6 73
will *Wille; Testament* ⟨IV EL 96⟩
will *werden (futurisch)* II U3 36
*to be **willing** to do sth ⟨III EL 105⟩; VI T2 27
willow-herb ⟨VI T5 77⟩
wimp *(infml)* IV U3 52
*to **win** I U2 45
to **wince** ⟨V EL 103⟩

wind I U5 76
window I LS 21, 2
window pane ⟨VI T5 77⟩
windsurfing II U4 49
wine II F2 47
wing V U4 69
wings *(pl.)* ⟨I EL 115, 1⟩
to flap one's wings ⟨IV EL 96⟩
to **wink** ⟨VI T5 83⟩
winner II U2 27
winter II U4 53, 6
to **wipe** ⟨V EL 101⟩; ⟨V EL 102⟩
wire VI T5 77
wish V U3 46
to **wish** ⟨I EL 114, 2⟩; IV U5 80
witch ⟨II F1 19, 4⟩
with I LS 13, 6
within V F1 21, 2
without I U3 52
without fail VI T2 28
to **witness** ⟨VI T4 70⟩
wizard II U7 85
wolf, *pl.* **wolves** ⟨V U4 73, 2⟩
woman, *pl.* **women** I F1 25, 4
womanhood ⟨V U4 68⟩
wombat ⟨IV U1 8, 1⟩
wonder IV U1 15, 5
to **wonder** ⟨II U4 56, 3⟩; III U2 30; ⟨II EL 101, 3⟩;
wonderful II U5 61
won't II U3 36
wood *Holz* III U3 38; *Wäldchen* ⟨III EL 100⟩; *Wald* V U4 69
woodchuck ⟨IV U4 67, 5⟩
wooden IV F2 56, 1
Woof! I LS 10
wool VI T4 56
word I LS 15, 8
words *(pl.)* II U3 41
Find the odd word out! I U1 30, 2
key word III U1 18, 3
Word power I LS 17, 4
work I U4 66
out of work III U2 27, 3
public works V U5 85
work experience V U2 30
work of art ⟨III U4 53⟩
to **work** *arbeiten* I U1 28, 5; *funktionieren* II U4 51, 4
working class V F1 21, 2
workman, *pl.* **workmen** I U7 107
to **work out** III U1 9, 3
workplace VI T2 27
worksheet ⟨III EL 106⟩
workshop III U3 38
world I F4 98; ⟨I EL 118⟩
worldwide ⟨V U1 13, 5⟩; V U1 15
worm ⟨I U7 104⟩; ⟨I EL 121⟩
*to be **worried** I U6 92, 1
worry IV U4 69
No worries! ⟨IV U1 10⟩
to be sick with worry ⟨IV U4 69⟩
to **worry** I U4 63, 4
*to be **worth** *(+ gerund)* IV U4 63
would II U1 8
I'd II U1 10
I'd rather V U3 44
would like ⟨I EL 120⟩
would not IV U5 78
Would you like …? II U1 8
wound ⟨V EL 103⟩; VI T4 63
to **wound** V F2 59, 6; ⟨V EL 101⟩
wow! I LS 10

Y

Z